國語史 文獻 研究

國語史 文獻 研究

安秉禧 지음

신구문화사

책머리에

이 책은 故 安秉禧 선생의 국어사 문헌 연구를 집대성하기 위하여 마련되었다. 이미 선생의 생전에 『國語史 研究』와 『國語史 資料 研究』(文學과知性社, 1992)로써 1990년대 초까지 행해졌던 연구 성과를 한데 모은 적이 있고, 선생의 1週忌에 즈음하여 문하생들에 의해 『訓民正音硏究』(서울대학교출판부, 2007)와 『崔世珍硏究』(國語學叢書 6, 太學社, 2007)가 간행된 바 있다. 그러나 1990년대 초 이후에 행해진 선생의 문헌 연구 업적은 앞의 책들에 실리지 않았기 때문에 그것들을 한 자리에 모을 필요성이 제기되었다. 연구의 성격상 그 논문들이 쉽게 찾아보기 힘든 학술지나 영인본의 해제, 신문 등에 실려 있어 이 분야 연구자들의 접근이 쉽지 않음을 매우 안타깝게 생각해 왔던 것이다. 이제 이 책을 통하여 선생이 행한 晩年의 국어사 문헌 연구가 어떠했는지 잘 알 수 있을 것으로 생각한다.

국어학 연구, 그 가운데에서도 국어사 연구는 문헌 자료에 대한 정밀한 탐색에서 비롯한다. 면밀한 서지학적 통찰력을 바탕으로 한 개별 문헌의 연구는 가장 기초적인 것이라고 할 수 있다. 그러나 理想은 그러하지만 실제로는 그러한 연구가 잘 행해지지 않고 있는 현 단계의 국어사 연구에서, 선생이 추구했던 학문의 방향이 아직도 우리 후학들에게 던져 주는 바는 의미심장하다고 하지 않을 수 없다. 선생은 만년에 국어사 문헌 자료의 연구에 특히 매진하였다. 이 책을 통하여 선생의 문헌 자료에 대한 서지적 탐색과 그를 통한 국어사 연구가 어떻게 조화롭게 어울려 있는지 쉽게 목격하게 될 것이다.

이 책은 선생이 생전에 간행한 『國語史 資料 硏究』의 속편 격이라 할 수 있다. 그 책 간행 이후의 글들을 싣는 것을 원칙으로 하였으나, 거기에서 누락된 이전의 글도 몇 편 포함되어 있다. 모두 25편의 글을 제1부와 제2부에 나누어 수록하였는데, 발표 당시의 글에서 주석의 방식을 통일하고 한자의 사용을 되도록 줄이는 등 편집의 체재를 통일하였다. 제1부는 문헌 일반에 대한 연구, 2부는 개별 문헌에 대한 연구에 해당하는 것이나 그러한 구분이 엄격한 것은 아니다. 수록된 글의 내용과 논지가 서로 중복되는 것도 없지 않으나 앞서 말한 바와 같이 선생의 문헌 연구 업적을 집대성한다는 데 더 큰 의미를 두고 해당 논문을 모두 수록하였다. 이 점에 대해서는 독자의 양찰을 빈다.

오는 10월 24일은 선생의 3週忌이다. 선생이 가시고 난 뒤 벌써 세 번째 가을을 맞이하고 있으나 날이 갈수록 깊어만 가는 追慕의 마음을 눅일 수 없다. 더 좋은 모습으로 이 책을 꾸몄더라면 하는 아쉬움도 없지 않지만, 일단 이 책으로써 선생에 대한 尊崇의 念을 표하고자 한다. 끝으로 상업성이 전혀 없는 이 책의 출판을 흔쾌히 허락해 주신 신구문화사의 任美英 사장님과 꼼꼼히 정성을 다해 편집해 주신 崔乘福 편집부장께 감사의 인사를 드린다.

2009년 10월 일

문하생 일동 삼가 적음

차 례

제2부

제 1 부

제1장 국어사 연구와 한글 자료

Ⅰ. 머리말

각종 국어사 자료를 활용하여 국어사 연구는 이루어진다. 이러한 국어사 자료의 대종을 이루는 국내 자료는 기록된 문자에 따라 吏讀 자료와 한글 자료로 크게 나눌 수 있다. 이두 자료는 한글 창제 이전부터 존재하여 개화기까지 나타난다. 국어사의 거의 모든 역사시대의 국어를 기록한 자료가 된다. 그러나 그 자료는 漢字를 차용한 표기이기 때문에 解讀의 문제가 쉽지 않다. 다시 말하면 기록한 문자를 통하여 자료가 말하는 국어의 실상에 접근하기가 여간 어렵지 않다. 『三國遺事』의 鄕歌나 『新羅墨書華嚴寫經』 跋文의 吏讀文이 나타내는 국어를 생각하면 누구나 수긍할 것이다. 이에 비하여 한글 자료는 국어의 표기를 위하여 창제된 표음문자로 표기되어 자료를 읽으면 곧 당시의 국어에 접근하게 된다.[1] 그뿐 아니라 한글 자료는 그 수효가 많고 다양한 점에서도 이두 자료를 압도한다. 15세기 중엽 이후의 국어사 연구가 그

---

1) 연속적인 음성을 비연속적인 문자로 표기할 경우에는 약간의 굴절이 있게 마련이다. 따라서 한글 자료를 읽으면 곧 국어에 접근한다는 이 記述은 어디까지나 일반론이다. 이러한 일반론을 떠나서도 여기에는 예외가 있다. 너무나 유명한 예로 『訓民正音(解例本)』(1446)과 『東國正韻』(1448)에 따른 漢字音의 표기가 그것이다. 예컨대 '糾, 彆'이 전자에서는 '뀨, 볃', 후자에는 '귷, 볋'으로 표기되어 있으나, 그 어느 것도 당시의 실제 국어의 한자음이라 하지 못한다. 비슷한 예로 다라니의 한글 音譯을 들 수 있다. 『釋譜詳節』(1447)과 『月印釋譜』(1459)에 나타난 다라니의 한글 음역은 齒頭音과 正齒音의 표기가 나타나는 등 대체로 『洪武正韻譯訓』(1455)에 따랐으나 똑같지는 않다. 이 사실은 『홍무정운역훈』의 편찬 과정에 있었던 수정에 관한 정보를 제공하는데, 그 한글 음역이 곧 당시 중국의 한자음이라 하기 어려움도 말하는 것이다. 한편 『五大眞言』(1485)이나 『眞言集』(중간본. 1569) 등의 음역에는 전통적인 한자음이 반영되어 있다. 그러나 초성의 ㅸ, 중성의 ! 등은 우리의 한자음의 초·중성이 아니다. 따라서 이들 한글 음역이 당시의 언어사실이라 하기는 어려운 일이다.

이전보다 훨씬 정치한 이유가 여기 있다.

한글 자료는 한글로 표기된 문헌이 주류를 이룬다. 문헌은 筆寫本이 없지 않으나 대체로 刊本이다. 그러한 문헌의 이용에는 우선 서지학적인 검토로써 그 연대를 정확히 파악하는 일이 가장 중요하다. 그러나 연대에 따라 문헌을 나열하고 거기에 나타난 언어사실을 비교한다고 하여 국어사의 서술이 가능한 것은 아니다. 문헌에는 연대 이외에도 여러 변수가 있다. 그러한 변수를 고려하지 않은 연구에는 뜻하지 않게 오류를 저지르게 된다. 이 글에서는 한글 자료에서 고려하여야 할 그러한 변수를 살펴보기로 한다.[2)]

Ⅱ. 諺解의 樣式과 한글 자료

한글 자료는 대부분 한문으로 된 原典을 번역한 것이다. 한문 원전의 번역은 諺解라 부르는 것이 일반적이다. 한 원전은 한 번 언해된 경우가 대부분이다. 물론 두 번 또는 그 이상 다르게 언해되는 경우가 있다. 그러한 자료는 언해의 양식, 거칠게 말하여 意譯과 直譯에 따라서 필연적으로 다른 양상의 국어를 나타내게 된다. 그것은 복수의 언해에서 쉽게 확인할 수 있다. 그것을 한 번 언해된 자료에 원용할 수도 있다. 여기에서 자료를 연대의 선후로만 다루어서는 안 된다. 언해의 양식을 고려하여야 하는 것이다.

잘 알려진 바와 같이 『法華經』은 한글 창제 직후에 언해되어 『석보상절』과 『월인석보』에 수록되었는데, 뒤에 새로이 언해되어 『법화경언해』(1463)란 단행본으로 간행되었다. 10여 년 사이에 세 번이나 언해된 매우 드문 자료다. 그것을 대조하면 처음 언해의 고유어가 다음 언해에서는 원전의 漢字語가 그대로 나타나는 일이 있다.

(1) 象ᄋᆡ 소리 ᄆᆞᆯ쏘리 쇠소리 술윗소리 우는 소리 시름ᄒᆞ야 한숨 디ᄂᆞᆫ 소리 골와랏소리 갓붑소리(석상 19, 14b)
(1′) 象聲 馬聲 牛聲 車聲 啼哭聲 愁嘆聲 螺聲 鼓聲(월석 18, 60/ 법화 6, 33a)
(2) 諸根ᄋᆡ ᄂᆞᆯ카ᄫᆞ며 鈍ᄒᆞ며 精進ᄒᆞ며 게을우믈 보아(월석 13, 50b)
(2′) 諸根의 利鈍과 精進과 게을우믈 보아(諸根利鈍精進懈怠. 법화 3, 19a)

---

2) 이 변수의 설명은 안병희(1992b)의 제1, 2, 6장에 나오는 내용이 대종을 이룬다. 독자의 양해를 빌어 마지않는다.

이러한 사실로써 국어에 한자어가 10여 년 사이에 급격히 증가된 현상으로 설명하여서는 안 된다. 『석보상절』과 『월인석보』가 기본적으로 독자에게 원전의 내용을 알리려고 한 의역인 반면에, 『법화경언해』가 원전인 한문의 정확한 이해를 통하여 원전 내용을 알리려고 한 직역인 데에 말미암은 언해의 양식에서 온 차이로 이해하여야 할 것이다.

비슷한 일은 『老乞大』의 두 언해서인 『번역노걸대』(1517 무렵)와 『노걸대언해』(1670)에서도 보게 된다.

(3) 小人은 아븨누의게 나니오 뎌는 어믜오라븨게 나니이다(小人是姑姑生的 他是舅舅生的. 번노 상, 16a)
(3′) 小人은 姑姑의 난 이오 뎌는 舅舅의 난 이라(노언 상, 14b)

이들도 같은 원문의 언해이지만 공손법에서 차이가 난다. (3)은 문장의 내용을 좀 더 대화의 장면과 부합시키려는 의도에서 주어 '小人'과 문말어미의 호응을 고려하고 (3′)가 그것을 고려하지 않은 언해인 데 말미암는다고 설명된다. 그리하여 (3′)는 원문의 '姑姑, 舅舅'를 원문 그대로 옮겨놓았으나, (3)은 '아븨누의, 어믜오라비'라고 언해하였다. 이들 언해를 그대로 믿는다면, 17세기 국어에는 현대어 姑母와 外叔에 대하여 중국어와 동일한 한자어 姑姑, 舅舅가 사용되고, 16세기에는 고유어 '아븨누의, 어믜오라비'가 사용되었다고 하겠다. 그러나 이는 지나치게 순박한 해석이다. 이들 친족명칭의 어느 것도 당시의 실재한 국어 어휘라고는 생각되지 않는다. '아븨누의, 어믜오라비'는 원전에 나오는 중국어의 친족명칭을 설명적으로 언해하여 그 개념을 이해시키려 한 데 대하여, (3′)는 중국어를 그대로 옮겨놓은 데 지나지 않는다. 『大明律直解』(1395)를 비롯하여 친족명칭에 대한 언해는 여기 인용한 두 방식이 일찍부터 공존하여 왔던 것이다. 예컨대 원전의 '父母之姑舅'를 예문 (3)과 같이 설명적으로 언해한 『대명률직해』의 '父矣 三寸少爲母, 母矣 三寸少爲父'(권6, 5b)로써 당시 국어의 친족명칭으로 '아비 삼촌 아촌어미, 어믜 삼촌 아촌아비'를 추정할 수는 없다.

이러한 두 자료의 선후에 따른 언해 성격의 차이가 언제나 불변인 것은 아니다. 위 (3, 3′)의 조금 앞에 나오는 아래 예문은 다음과 같이 『노걸대언해』

도 『번역노걸대』와 똑같이 친족명칭을 설명적으로 언해하였다.

(4) 이는 내 아븨 동싱누의와 어믜 동싱오라븨게 난 형이오(是小人姑舅哥哥. 번노 상, 15b)
(4′) 이는 小人의 아븨누의 어믜오라븨게 난 형이오(노언 상, 14a)

(4)와 (4′)도 (3, 3′)와 같은 짝의 글이지만, 비문말어미로 끝나므로 공손법의 차이가 드러나지 않는다. (4)의 마무리 문장이 (4′)와 똑같이 '이 내 이우지라'(권상, 16a)로 되어 'ᄒᆞ라'체로 되어 있다. 그러나 이 문말어미 '-라'는 중립적인 성격이 있으므로, (3, 3′)에서 드러난 공손법의 차이가 (4, 4′)에도 그대로 적용된다고 하겠다. (4)에서 '小人'을 '나'로 언해하였으나, 당시의 '나'가 謙稱으로도 사용되었으므로 문제될 것이 아니다. 한편 (4)의 '동싱'은 同腹을 뜻하므로, (4)와 (4′)는 다같이 '姑舅'를 '아븨누의, 어믜오라비'로 언해하였다고 하겠다. 같은 『노걸대언해』이면서 (4′)는 (3′)와 달리 '아븨누의, 어믜오라비'로 언해한 것은, 원전에서는 (4′)가 앞선 데 이유가 있다. 곧 앞에 나오는 친족명칭은 (4′)와 같이 고유어로 설명하고 뒤의 (3′)에서는 이미 설명적으로 언해한 원문의 한자어를 그대로 옮겨 온 차이인 것이다. 이로써 『노걸대언해』의 언해 성격이 직역이지만 의역인 사실도 나타남을 확인하게 된다. 설명적으로 된 (4, 4′)의 언해를 그대로 믿는다면, 姑從兄과 外從兄이 16, 17세기에는 '아븨(동싱)누의(와) 어믜(동싱)오라븨게 난 형'이란 명칭으로 불려졌다고 하여야 한다.[3] 이는 (3, 3′)에 나온 친족명칭의 해석과 같이 무리한 일이다. 요컨대 (4, 4′)의 예는 언해 양식으로 모든 자료를 일관되게 해석하여서는 안 된다는 사실을 말한다. 직역의 성격이 강한 자료라 하여도 의역으로 해석되는 자료가 있다. 모든 언해 자료는 언해 성격과 결부하여 다루어야 하지만, 그 성격만으로 자료를 한 묶음으로 판단할 수는 없다. 항상 자료에 대한 전반적인 성격을 감안하면서도 개별 자료에 대하여는 세밀한 주의가 필요한 것이다.

그런데 한 번 언해된 한글 자료에도 위에서 설명한 대조적인 성격이 드러

3) 이 명칭은 (4)의 원문에 나오는 '姑舅哥哥'인데, 『老乞大集覽』에는 '俗呼父之姉妹曰姑 母之兄弟曰舅 姑舅之出 相謂曰姑舅哥哥'(권상, 1b)라 설명되어 있다. '姑姑, 舅舅'의 설명에도 이용될 수 있는 내용이다.

난다. 예컨대 실용적인 醫藥書 등은 『석보상절』과 같은 성격의 언어사실이 나타나고, 儒教와 佛教의 경전 언해 곧 校正廳의 경서언해와 刊經都監의 불경언해는 원전의 한문을 정확히 이해시키는 데 주안점을 두기 때문에 『법화경언해』와 같은 성격의 언어사실이 나타난다. 여기서는 의약서의 예로 『神仙太乙紫金丹』(1497)과 『牛馬羊猪染疫治療方』(1578. 중간본)에서 한 대문씩 인용하기로 한다.

(5) 여러가짓 심 알커든 새로 어드나 오라거나 ᄒᆞᄅᆞ 걸이나 이틀 걸이나 날마뎡 알ᄒᆞ나 다 묻디 말오(諸般瘧疾 不問新久. 자금, 12a)
(6) 이베 브으라(灌之. 이두 번역: 牛口良中 灌注爲乎事. 우마, 1b)

두 언해가 모두 원문의 내용을 부연하여 이루어져 있다. 원문인 한문의 이해보다 원문의 내용을 이해시키는 데 주안점이 놓인 의역이기 때문이라 하겠다. 이에 한글 자료의 언해가 반드시 동질성의 언어 사실을 반영하지는 않음을 알게 된다. 이러한 두 대조적인 언어사실이 나타나는 것을 염두에 두고 한글 자료는 이용되어야 한다.

Ⅲ. 誤字와 校正

여기서 말하는 誤字는 刊本에 나타나는 정확하지 않은 글자들로서 좁은 뜻의 誤字를 비롯하여 脫字, 衍字, 倒字를 아우르는 용어다. 때로는 『三國史記』의 國學에 둔 관료의 변천에 관한 기사(권38, 12a)와 같이 雙行인 夾註가 본문과 같이 1행으로 나타나는 잘못도 포함된다. 우리나라 간본에는 원래 이러한 誤字가 적은 것으로 유명하다. 오자가 적은 것은 대부분의 책이 佛敎와 儒學에 관한 것이기 때문이다. 종교적인 願力으로 갖은 정성을 들여 출판되는 佛書와, 오자에 대한 가혹할 정도의 처벌이 규정된 校書館 등 관아에서 출판되는 儒書에 오자가 적을 수밖에 없었던 것이다. 더욱이 인출된 책에 오자가 있더라도 배포되기 전에 철저한 校正이 행하여졌다. 이러한 교정은 목판본보다 활자본에서 더 많이 보게 된다. 목판본은 이른바 版下書를 한문에 능한 사람들, 예컨대 僧侶나 書寫官 또는 書吏 등이 쓰고서 판각하기 전에 판하서의 교정이 행해지기 때문에 오자가 나타나기 어렵다. 활자본은 唱準을 비롯하여 守藏匠, 均字匠, 印出匠과 같은 匠人이 組版과 印出 과정에 따로따로 관여하여 오자를 피하기 어려운 것으로 생각된다.4) 한글 자료도 사정은 마찬가지여서 활자본인 자료는 특히 조심스럽게 다루어야 한다. 교정 가운데는 인출된 뒤에 원고본의 언해를 수정하여 행한 것도 없지 않다. 이러한 예는 교정되지 않은 複本의 對校로 확인되는데, 국어사의 귀중한 자료가 되기도 한다.

乙亥字로 된 『杜詩諺解』 원간본(1481)은 인출된 뒤에 교정이 이루어진 책과 그렇지 못한 책의 두 계통이 있다. 오늘날 알려진 원간본은 거의 후자에 속한다. 거기에는 다음과 같은 오자가 그대로 남아 있는 것이다.

(7) 구룸ㅅ시옛 그려기를 울워러 보니 들토 또 行列이 잇도다(仰看雲中雁 禽鳥亦有行. 두언 8, 29)
(7′) 구름ㅅ이옛 그려기를 울워러 보니 새들토 또 行列이 잇도다(두언중 8, 29)

문례 (7)에는 '새'의 脫字가 있다. 이 글자는 詩의 마지막 구절의 언해에 나온다. 雙行인 언해의 앞 행 마지막 자리에 있어야 할 것(뒤에는 상당한 여백으로 끝난다)인데, 아마도 인출 과정에서 떨어져 나간 것으로 추정된다. 이러한 원간본의 오자는 (7′)와 같이 『중간두시언해』(1632)에서 바로잡혀 있다. 이와 같이 오늘날 같은 책이 교정된 것과 오자로 된 책이 複本으로 전래할

4) 교서관의 활자본으로 오자가 많은 책은 역대의 實錄이 아닌가 한다. 국어학사와 관련된 기사인 '二十七字諺文(『세종실록』 26년 2월 20일자), 欲使人易習(『세종실록』 28년 9월조), 崔世振無行人也 不可處師表之地 教誨儒生 請遞直講(『중종실록』 4년 1월 2일자)'의 二十七字, 使人과 崔世振은 각각 二十八字, 使人人과 崔世珍의 오자로 생각된다. 첫 예는 崔萬理 등의 諺文反對上疏文에 나오는데, 崔 등의 착각에 의한 잘못이거나 또는 『慵齋叢話』의 한글 창제와 관련된 기록이 창제 초기의 '언문'을 근거한 것이라면 실록 기사가 상소문을 베낀 史草에 따랐다고 하여야 하므로 오자라 하지는 못한다. 그러나 약 1년 앞선 기사인 '上親制諺文二十八字(『세종실록』 25년 12월조)'에 비추어서 여기서는 일단 조판 등에서 일어난 오자로 보기로 한다. 마지막 예는 2일 뒤에 있은 臺諫의 계속된 諫諍으로 최세진이 문제의 관직에서 교체된 기사(『중종실록』 4년 1월 4일자) 이후로는 이와 관련된 간쟁이 더 없는 점으로 미루어서 분명한 오자이다. 실록에 이와 같이 오자가 많은 것은 간행이 매우 폐쇄적으로 행해질 뿐 아니라, 지난 시기에는 일반 사람이 거의 접근하지 못하였기 때문이 아닌가 한다. 거기에 실록 기사가 하나하나 독립되어 날짜 단위로 수록되어서 앞뒤 맥락이 있는 일반 서적과 달라 교정에서 오자를 놓치기 쉬운 점도 있었을 것이다.

경우에 중간본은 교정된 책과 일치한다. 이는 중간할 때에 校正本을 바탕으로 하였음을 알려주는 일이다.

그러나 교정본이라고 해서 모든 오자가 바로잡히는 것은 아니다. 오늘날과 마찬가지로 교정에서 놓치는 오자가 있다. 『두시언해』 원간본 권7의 교정본에는 분명한 오자가 교정되지 않은 책과 똑같이 그대로 남아 있는 예가 있다. 이것을 교정본에 나타났으니까 실재한 語形이라고 단정하고서 궁색한 설명을 시도하여서는 안 된다.

(8) 녀름지ᅀᅵ슈메 나라ᄒᆞᆯ 버으리와다쇼미 머도다(爲農去國賒. 두언 7, 5b)

여기의 '녀름지ᅀᅵ슘'(爲農)은 중간본에서도 '녀름지이유메'로 되어 있어서 이에 대한 몇 가지 해석이 행해지고 있다. 그러나 오늘날 전하는 교정본뿐 아니라 중간본의 간행에서 이용한 교정본도 교정을 빠뜨린 오자를 답습한 것으로 추정된다. 문제의 어형은 '녀름지ᅀᅥ슘'의 오자로서 뒤에 나오는 '버으리와다숌'과 동일한 동명사의 구성으로 보아야 할 것이다. 따라서 중간본도 '녀름지어슘'으로 되었어야 할 어형이다.

원고본을 수정하여 일어난 교정은 단순히 기술적인 문제로 생긴 교정과 다른 성격의 자료가 된다.5) 그 예를 보이기로 한다. 원고본대로 인출한 어형을 괄호 안에 보인다. 두 어형의 대조로 알 수 있는 바와 같이 괄호 안의 어형은 결코 기술적인 문제로 생긴 오자로 볼 수 없는 것이다. 원고본에 따른 인출이라 할 것이다.

(9) 힝혀(몃다) 잇ᄂᆞᆫ 蘇司業이 時時예 술 살 돈ᄋᆞᆯ 주ᄂᆞᆺ다(賴有蘇司業 時時與酒錢. 두언 19, 47a)
(10) 쥬ᅀᅵᆫ곳(봇) 절ᄒᆞ거든 답례ᄒᆞ고(主人拜則答之. 1574. 향약 중간본, 27a)
(10′) 졍곳(봇) 듕ᄒᆞ거든 비록 쥬ᅀᅵᆫ이ᅀᅡ 오ᄉᆞᆯ 고텨 닙디 아니ᄒᆞ며 우디 아니ᄒᆞ야두 ᄯᅩ 오ᄉᆞᆯ 고텨 닙고 울라(情重則雖主人不變不哭 亦變而哭之. 1574. 향약 중간본, 27b)

---

5) 오자가 나왔을 경우의 처벌을 규정한 『大典後續錄』(1543)에서도 협주에서 '元本誤字 不在此限'(권3, 「禮典」, 雜令)이라 하여 원고본의 잘못으로 일어난 오자는 처벌을 하지 않는다고 주기하였다.

괄호 안에 보인 어형은 앞선 시기의 것이라 할 수 있다. 문례 (9)의 '몃다'는 고어사전류에 오르지 않았을 정도로 희귀한 용례다. 당시로도 거의 死語化한 어형이어서 '힝혀'로 수정한 것으로 해석된다. 後考를 기다려야 하겠지만, '몃다'가 '힝혀'와의 미묘한 의미의 차이에서 수정된 것이란 해석도 가능하지 않을지 모를 일이다. 문례 (10, 10′)의 '봇'은 『呂氏鄕約』 1574년판(을해자 교정본)보다 앞선 목판본이나 을해자본에서도 똑같이 나타난다. 따라서 교정된 '곳'은 '봇(<ᄫᅩᆺ)'의 변화된 어형인 것이다. 15세기 후반 자료에 나타나는 보조조사 'ᄫᅩᆺ'이 '봇'으로 변화하였다가 16세기 후반에 '곳'으로 대체되었다고 해석된다.

활자본의 교정에는 조판이나 인출에서 일어난 기술적인 오자를 바로잡은 것이 대부분이나 이상과 같이 원고본을 수정하여 일어난 것도 있다. 후자의 경우에는 국어사 연구에 귀중한 정보를 얻는다. 교정을 소홀히 다룰 수 없는 이유인 것이다.

목판본의 오자는 원간본보다 중간본, 그 중에서도 원간본을 복각한 책에 주로 나타난다. 이른바 池叱方寺(喜方寺)本(1568)의 『월인석보』 권두에 실린 『훈민정음언해』에는 방점을 제외하여도 '之ᄂᆞᆫ 임겨지라(1a), 우리나탓 常談(1), 初총發성聲셩(6b, 1-2)'과 같이 '입겨지라, 우리나랏, 총벓셩'의 오자가 나타난다. 그 『월인석보』의 다른 곳에는 다음과 같은 오자가 있다.

(11) 鮮有는 ᄠᅳᆺ비리 잇디 아니타 ᄒᆞ논 ᄠᅳ디라(석상 서, 2b)
(12) 緣ᄋᆞᆯ ᄆᆞᆮᄃᆞᆼᄀᆡ야 가져 著ᄒᆞ야(攀緣取著. 월석 서, 3b)
(13) ᄂᆞ미 너교ᄃᆡ 夫人이 菩薩ᄋᆞᆯ 당다이 이리ᄫᅵ 나ᄒᆞ시리라 ᄒᆞ릴ᄊᆡ(권2, 35b)

여기의 'ᄠᅳᆺ비리, ᄆᆞᆮᄃᆞᆼᄀᆡ야, 이리ᄫᅵ'는 한때 고어사전류에도 표제어로 올라 특이한 중세국어의 어형으로 다루어졌으나, 원간본의 출현으로 'ᄠᅳᆺ바리, ᄇᆞᆮᄃᆞᆼᄀᆡ야, 어려ᄫᅵ'의 오자임이 밝혀졌다. 그러므로 상대적으로 오자가 활자본보다 적은 목판본이라 하더라도 특이한 어형이 나타나면 반드시 오자로 말미암은 것이 아닌가 하는 의문을 가지고 검토하여야 할 것이다. 예컨대 『월인석보』 원간본의 「월인석보서」에 나오는 'ᄆᆞᅀᆞᆷ다보ᄆᆞᆯ'(盡心. 20a)은 'ᄆᆞᅀᆞᆷ다오ᄆᆞᆯ'의 분명한 오자임과 같다. 그 오자에 근거하여 중세국어 동명사어미 '-옴/움'의 고형을 '-봄'으로 추정할 수는 없다.

Ⅳ. 原刊本과 重刊本

原刊本은 최초로 간행된 책으로서 初刊本이라고도 한다. 重刊本은 원간본을 다시 간행한 책인데,[6] 再版本 또는 再刊本, 後刊本이라고도 한다. 중간본은 간행 방식에 따라 다시 여러 종류로 나눈다. 우선 앞선 간본을 底本으로 하여 그 版式, 字樣을 그대로 모방하여 간행한 覆刻本이 있다. 覆刊本이라고도 하는 이 간본은 앞선 간본을 해체하여 1장씩 版下로 하거나, 앞선 간본을 影寫 또는 臨模하여 그 판식과 자양을 동일하게 한 版下로 하는 두 경우가 있다. 『월인석보』, 『능엄경언해』의 16세기 중간본 등이 그러한 복각본의 예다. 다음으로는 앞선 간본을 저본으로 하되 판식과 자양을 달리하거나 때로 本文을 수정하여 간행한 飜刻本이 있다. 飜刊本이라고도 한다. 『삼강행실도언해』와 『이륜행실도』의 중간본, 『중간두시언해』 등이 그러한 책들이다.

복각본과 번각본의 이러한 구별과 관련하여 근래 일부 서지학 연구자 사이에서 복각본이 日本의 용어이며 우리나라에서는 번각본이라 하였으므로 복각본 대신에 번각본이란 용어를 사용하여야 한다고 주장하면서 나아가 복각본 대신에 번각본이란 용어를 사용하는 경향이 있는 사실에 대하여 언급할 필요를 느낀다.[7] 물론 『奎章閣志』(권1, 編次 제4, 刊印 조)와 正祖의 『群書標記』 기사에서는 翻刻이 활자본을 복각하여 목판본으로 간행하는 뜻으로 보이는 용례가 있다. 그러나 한국본 『洪武正韻』(1770) 권말의 刊記인 '上之二十八年壬申(1752) 因筵臣建白 命校書館飜刻'에 나오는 번각은 결코 중국본의 복각을 가리키지 않는다. 판식이 底本인 중국본과 다를 뿐 아니라 본문의 주해에서도 첨삭이 나타나기 때문이다. 오히려 위에서 말한 우리의 번각이란 뜻으로 이해하여야 한다. 우리나라에서 복각본을 번각본이라 하였다면, 이 『홍무정운』의 간기는 나라의 출판 기관인 교서관에서 覆刻이 아닌 데도 翻

6) 중국본을 우리나라에서 다시 간행한 경우도, 엄밀히 따지면 중간본의 범주에 든다고 할 수 있다. 중국본 『五大眞言』에 한글 音譯을 추가하여 간행한 우리나라의 『오대진언』을 學祖는 그 발문에서 '於是 求得唐本 注諺重刊 印而施之'라 하여 중간본이라고 보았던 것이다. 그러나 이러한 경우는 우리나라의 원간본이라 함이 온당할 것이다.

7) 이에 대하여는 이미 안병희(2004: 14)에서 언급한 바 있다. 참조 바란다. [본서 제10장]

刻이란 용어를 잘못 사용하였다고 하여야 한다. 이는 있을 수 없는 일이다. 사실 우리나라 先人들이 사용한 서지학 용어는 명확한 개념 규정을 거치지 않은 예가 적지 않다. 佛書의 중간본 간기에서 '重刊'이라 하기도 하나 그보다도 '開板' 또는 '開刊'이라 함이 일반적이다. 예컨대 『월인석보』 권1 · 2의 '隆慶二年戊辰(1568)月 日 慶尙道豊基地小伯山 池叱方寺 開板'과 『법화경언해』 권7의 '乾隆二十九年甲申(1764) 至月 日 忠淸右道德山伽倻寺 開刊' 등과 같다. 이러한 명확하지 않은 개념으로 사용된 용례를 일반화하여 우리나라에서는 중간을 개판이나 개간이라 하였다고 한다면 큰 망발이 될 것이다. 일부 기록에서 번각이 복각의 뜻으로 사용된 듯한 예가 있다고 하더라도, 개판이나 개간과 같이 그것을 중간이란 일반화된 개념으로 비약시켜서 안 되듯이 오늘날의 복각을 우리나라에서는 번각이라 하였다고 하지 못할 것은 당연하다. 더욱이 일본과 중국의 서지학계에서도 복각본(복간본)이란 용어와 별도로 번각본(번간본)이란 용어를 『홍무정운』 권말의 '校書館 翻刻'과 같은 뜻으로 사용하고 있다. 복각본이 일본만의 용어가 아님을 알아야 될 것이다.[8] 나아가 중국과 일본에서 복각본과 구별하여 사용하는 번각본은 무슨 용어로 불러야 할지도 문제가 아닐 수 없다. 그러므로 학계 관용의 용어를 바꾸는 일은 매우 신중하게 하여야 할 것이다. 용어를 쉽게 바꾸는 일은 결코 바람직한 현상이 아님을 지적하고자 한다.

그런데 이 번간본의 범주에 넣을 수 없는 간본이 있다. 『內訓』의 본문을 새로이 언해하다시피 한 『御製內訓』(1737) 등과 앞선 『법화경언해』의 내용을 발췌하여 節略本으로 간행한 『改刊法華經諺解』(1500) 등이 그 예다. 이들은 『내훈』이나 『법화경언해』의 번각본이 아니라 그와 다른 독립된 한글 자료가 된다. 그러나 이들과 번각본을 명쾌하게 구분하는 기준을 세우기는 쉽지 않다. 『삼강행실도』의 중간본과 『어제내훈』의 성격은 정도의 차이에 지나지 않는다. 후자가 書名에 '御製'란 冠稱을 명시적으로 더한 것이 큰 차이라고 할 것이다. 『개간법화경언해』는 『법화경언해』의 내용을 상당 부분 삭제한 점이 다른 번각본과 크게 다른 것이다.

한글 자료도 다른 문헌과 같이 원간본이 중간본보다 중요하게 다루어진다.

---

8) 일본의 예는 굳이 들지 않아도 되겠지만, 대만에서도 일본과 똑같이 번각본(혹 重刻本)과 복각본(혹 影刻本)이란 용어를 구별하여 사용하고 있다(臺灣 國立中央圖書館(1959/1973: 29) 참조).

일반적으로 책을 정성들여 만들어서 오자가 거의 없기 때문이다. 중간본에는 오자가 나타나는 비율이 상대적으로 높다. 16세기 중간본인 『월인석보』의 복각본에서도 앞에서 본 바와 같이 '어려ᄫᅵ, ᄇᆞᆺ' 등이 '이리ᄫᅵ, ᄆᆞᆺ' 등의 오자로 인쇄되어 있다. 이러한 예는 다른 복각본에서도 아주 흔하다. 그러나 국어사의 관점으로는 복각본과 번각본의 차이가 단순한 오자로 해석할 수 없는 일이 있다. 원간본의 간행 뒤에 일어난 언어변화를 반영한 차이가 나타나기도 한다. 중간본의 언어를 소홀히 할 수 없는 경우인 것이다. 『삼강행실도언해』와 『이륜행실도』의 원간본과 그 중간본에서 그것을 보기로 한다.

(14) 모지마라 門밧긔 가개 짓고 이셔…아ᇫ이 生計 ᄂᆞᆫ호아 닫 사로려 커늘(不得已 廬于外…弟求分財異居. 삼강 효자, 7a)
(14′) 마디몯ᄒᆞ야 문밧긔 가개 짓고 이셔…아이 셰간 ᄂᆞᆫ호아 닫 사로려 커늘(1581. 삼강 중간본 효자, 7a)
(15) 버근 ᄒᆡ예 언쇠 급뎨ᄒᆞ니라(次年彦霄 一擧及第 鄕人大敬服之. 이륜, 21b)
(15′) 버근 ᄒᆡ예 언쇠 급뎨ᄒᆞ니 ᄆᆞᄋᆞᆯ사ᄅᆞᆷ이 크게 고마ᄒᆞ고 항복ᄒᆞ더라(1579. 이륜 중간본, 21b)
(15″) 버근 ᄒᆡ예 됴언쇠 급뎨ᄒᆞ니 ᄆᆞᄋᆞᆯ사ᄅᆞᆷ이 크게 공경ᄒᆞ고 항복ᄒᆞ더라(1727. 이륜 중간본, 21b)

문례 (14, 14′)는 『삼강행실도언해』 원간본의 '모지마라, 生計'가 중간본에서 '마디몯ᄒᆞ야, 셰간'으로 바뀌었음을 말하고 있다. 문례 (15, 15′, 15″)는 『이륜행실도』의 원간본과 두 중간본의 예인데, 16세기 후반의 '고마ᄒᆞ다'가 '공경하다'로 바뀐 것을 보이고 있다. 모두 약 100년에서 150년 사이에 일어난 어휘변화를 반영한 예들이다. 중간본이 국어사 연구에 기여할 사실인 것이다.

중간본만 전하는 경우에 중간본 사이의 연대가 언어자료의 연대와 반드시 일치하지 않는 일도 있다. 『내훈』의 두 중간본에서 그 예를 본다.

(16) 後에 나니를 곧 ᄀᆞᆷ초아 民間애 기르더니(後生者 輒隱秘 養於人間. 1573. 내훈 2하, 16b)
(16′) 後에 나니를 곧 ᄀᆞ초아 民間애 기르더니(1611. 내훈 중간본 2, 68-69)
(17) 니ᄅᆞ샤ᄃᆡ 알ᄑᆞ디 아니혼 주리 아니언마는…ᄎᆞᆷ노라(曰ᄒᆞ샤ᄃᆡ 非不痛也ㅣ언

마ᄂᆞᆫ…忍之耳로라. 1573. 내훈 중간본 2하, 7b)

(17′) 니ᄅᆞ샤ᄃᆡ 알ᄑᆞ디 아니혼 주리 아니언마ᄅᆞᆫ…ᄎᆞᆷ노라(曰ᄒᆞ샤ᄃᆡ 非不痛也ㅣ언마ᄅᆞᆫ…忍之耳로라. 1611. 내훈 중간본 2, 60b)

『내훈』은 원간본이 전하지 않고 중간본인 1579년판과 1611년판 등이 전한다. 간행 연도대로라면 1579년판이 오랜 언어사실을 보여줄 것으로 기대되지만, 위 (16, 16′), (17, 17′)의 대비로 드러나는 바와 같이 오히려 1611년판보다 후대의 언어사실을 보인다. 이것은 전자의 간행에서는 원간본 권2의 分卷과 본문의 수정이 있었지만, 후자의 간행에서는 그러한 수정이 없이 원간본을 저본으로 하여 그에 충실히 따르려고 한 데 있다.

간본 가운데는 간행지의 方言을 반영한 경우가 있다. 특히 주의할 것은 중간본에서도 그러한 일이 있는 사실이다. 예컨대 『蒙山法語』의 1577년 송광사판과 『村家救急方』의 1570년 極初의 함경감영판에는 이들보다 후대의 중앙에서 간행된 간본에서 보지 못하는 간행지의 구개음화가 나타난다.

V. 맺음말

위에서 국어사 연구에서 한글 자료의 이용에서 주의하여야 할 사항을 예시하고 설명하여 왔다. 한글 자료의 이용에서 주의할 일은 이 밖에도 더 있을 수 있다. 예를 들면, 중간본에서 설명한 자료의 연대와 언어사실이 반드시 일치하지 않는 사항이 원간본 사이에도 나타나는 일이 있다. 『牧牛子修心訣諺解』(1467)는 같은 간경도감의 『법화경언해』보다 5년이나 뒤에 간행되었으나 'ㅸ'이 사용되고 있다. 현대의 영인본이 원전과 다르게 되어 연구자를 괴롭히는 일도 있다. 오늘날 대부분의 국어사 연구자가 이용의 편리함에 따라 한글 자료의 영인본을 이용하는 점에 비추어 특히 주의하여야 한다. 영인본에는 영인 과정에서 일어나는 기술적인 잘못 외에도 영인하는 사람이 底本을 손질하여 엉뚱한 실수를 저지르는 사례가 있는 것이다. 저명한 예가 국립중앙도서관 소장의 『석보상절』과 성암문고 소장의 『번역노걸대』(권하)를 영인하면서 원전에 나타나는 교정 부분을 삭제한 일이다. 영인본에서 특이한 사항이 있을 경우에는 말할 것도 없지만, 평소의 영인본 이용에서 원전을 대조하는 노력이 있어야 할 것이다. 국어사 연구자 사이에서 진지하게 논의되어야 할 사항에 한글 자료의 서명, 특히 그 略稱의 문제가 있다. 이는 자료의 인용과 관련된 일이므로 연구자 사이에 합의만 있으면 서명의 통일이 쉽게 이루어지리라 믿는다. 권위 있는 학회의 주도적인 노력이 있기를 기대한다.

국어사 연구에서 차지하는 한글 자료의 중요성을 생각한다면, 위에서 지적하고 설명한 사항은 자료의 이용에서 신중하게 고려되어야 한다. 거기에서 더욱 정밀하고 정확한 국어사 연구는 보장되리라 믿는다.

제2장 언해의 역사

Ⅰ. 번역과 언해

번역은 일찍이 『석보상절』 서문의 주석에서 정확히 정의한 바와 같이[1] 외국어의 문장을 국어의 문장으로 옮겨놓는 일이다. 口頭로도 번역이 행해지기는 하나, 그것은 보통 通譯이라 하여 글로 쓰여진 것과 구별된다. 그러므로 우리나라의 번역은 국어를 표기하기 위한 문자체계의 성립 이후에 가능한 것이다.

국어의 문자 체계는 한자를 차용한 借字 체계와 독창적으로 창제된 훈민정음 곧 한글의 두 가지가 있다. 번역에 이용된 차자 체계는 좁은 뜻의 吏讀가 있을 뿐이다. 따라서 우리나라의 번역은 이두와 한글에 의하여 행하여진 것이다. 하나의 원문에 대하여 이두와 한글로 된 번역이 동시에 나타난 책은 『牛馬羊猪染疫治療方』(1525, 중종 20)이 있을 뿐이다.[2] 다른 모든 번역은 이두가 아니면 한글로 이루어져 있다.

개화기 이전의 번역은 중국어로 된 문헌을 대상으로 하여 행하여진 것을 특징으로 한다. 다시 말하면, 당시 번역의 원문은 漢文인 것이다. 문화의 교류로는 적어도 梵語로 된 佛經을 번역할 수 있었을 것이다. 그러나 실제 번역은 언제나 한문으로 번역된 것을 대상으로 한 것이었다. 梵語에서 직접 번역한 것이 아니라 重譯이었던 것이다. 『眞言集』에 보이는 다라니의 音譯까지도 한자의 음역을 중시할 정도였으므로, 한문 내지 한자 일변도의 번역을 알 수 있다. 물론 사역원에서 몽고어, 청어 곧 만주어, 일본어를 한글로 번역하

---

1) 서문의 "爰采諸經 別爲一書 名之曰釋譜詳節 旣據所次 繪成世尊成道之迹 又以正音 就加譯解"에 나오는 譯에 대한 다음 주석을 말한다.
譯은 翻譯이니 ᄂᆞᄆᆡ 나랏그를 제 나랏글로 고텨쓸씨라(서 6a)

2) 문헌의 연대는, 중간본만 전하더라도 원간본으로써 표시한다. 중세어의 한글 문헌의 이러한 연대는 전적으로 안병희(1979)에 의한다.

여 간행한 譯學書가 있다. 그러나 이것은 역학서란 이름과 같이 외국어의 학습을 위한 참고서란 성격에 말미암는 특수한 경우다. 이 밖의 경우에는, 하나의 예외도 없이 한문만을 대상으로 한 번역이었던 것이다.

이 시기 번역의 또다른 특징은 大文 곧 문단을 단위로 나누어서 원문과 번역을 대조하여 놓는 일이다. 이두로 된 『大明律直解』와 한글로 된 불경언해와 경서언해가 모두 그러한 체재다. 한글로 된 불경언해와 경서언해에서는 원문의 句讀에 한글로 口訣 곧 吐를 다는 것이 또한 관례다. 물론 여기에는 예외가 있다. 첫째로, 譯學書에서는 원문과 번역이 대조되기는 하나, 大文이 아니라 文을 단위로 나누어져 있다. 외국어 학습의 편의가 배려되었기 때문이다. 한자 입문서인 『千字文』 등에서 漢字 하나에 새김과 音을 단 것도 이 범주에 속한다고 하겠다. 둘째로는, 번역만 있고 원문은 간행되지 않거나 따로 간행되는 일이다. 『석보상절』과 『영험약초』(1485, 성종 16) 등이 그러한 번역이다. 이것은 번역의 의도와 관련된 것으로 보인다. 내용의 전달에 초점이 놓일 때에는 원문이 대조되지 않고, 원문의 이해에도 도움을 주고자 할 때에 대조되는 체재가 채택된 것으로 생각된다. 여기에서 우리는 개화기 이전의 번역이 知的인 정보를 제공하면서 한글의 보급에 이바지하였을 뿐만 아니라, 한문의 학습과 보급에도 상당히 기여하였음을 이해할 수 있다.

개화기 이전에는 번역을 보통 諺解라 불렀다. 원문이 이른바 眞書인 漢文인 데서 온 용어인 것이다. 원문을 諺文인 한글, 또는 諺語인 國語로 번역한다는 뜻이다. 따라서 漢語 곧 중국어가 아닌 역학서에는 언해란 용어가 사용되지 않았던 것이다. 같은 『노걸대』를 번역한 경우에도, 중국어 역학서는 『노걸대언해』라 하였지만 몽고어와 만주어 번역서는 『몽어노걸대』, 『청어노걸대』라 하였다.[3] 그러나 이러한 뜻의 언해를 기록으로 살펴보면 한글 창제 이후 상당한 시일이 지난 뒤에 일반화된 것임을 알게 된다.[4] 鄭道傳이 『대명률직해』에 대하여 『朝鮮經國典』 憲典總序에서 "譯以方言"이라 하여 譯, 또 『양잠경험촬요』의 刊語에서 翻譯이라 한 창제 이전은 말할 것도 없고, 창제 이후에도 譯解, 譯, 翻譯(이상 석보상절서), 翻書(능엄경언해 信眉跋), 反譯(同上 韓繼禧跋), 諺釋(영가집언해 信眉跋, 내훈 跋)이란 용어가 사용되었던 것이

3) 언해에 대한 이러한 설명은 이미 小倉進平(1940: 169-170), 최현배(1961: 97)에 나타나 있다.

4) 안병희(1977a: 24-26) 참조.

다. 언해란 용어가 기록상으로는 16세기 초기의 『이륜행실도』 序와 『노박집람』 범례에서 보이는 것이다. 書名으로는 題簽에서 『능엄경언해』 활자본을 '능엄경언해'라 한 것이 있지만, 首題에서 언해를 명시한 것은 선조 때 교정청 간행의 『소학언해』, 『논어언해』 등이 최초의 예다. 그러나 17세기 이후에는 교정청 경서언해의 보급으로 언해란 용어가 보편화된 것으로 생각된다.

우리는 이 글에서 개화기 이전의 번역을 역사적으로 살펴보려고 한다. 우리나라 번역의 기원과 변천을 구명하고, 번역과 관련된 문제를 논의하고자 하는 것이다. 그러함에도 표제에서 굳이 諺解라 한 것은 17세기 이후의 관용을 존중한 점도 있지만, 이 글의 대상인 번역을 개화기 이후의 그것과 구별하려는 뜻이 있기 때문이다. 개화기 이후로는 비록 한문을 번역할 경우에도 언해라 한 일은 없다. 언해는 지난 시기의 유물이다. 이 글은 바로 그러한 유물을 대상으로 함을 표제에서 분명히 하려 한 것이다.

Ⅱ. 이두에 의한 번역의 실태

우리나라의 번역은 앞에서 말한 바와 같이 차자 체계가 성립된 이후에 가능하다. 기록에 의하면 薛聰이 吏讀를 처음으로 만들었다고 한다. 학계에서는 그 이전의 金石文에도 차자표기가 나타나는 사실에 근거하여, 이 기록을 믿지 않음이 일반화되어 있다. 그러나 차자표기의 자료를 검토하면 借字의 성격이 같지 않음을 보게 된다. 즉 설총 이전의 금석문에 나타나는 借字는 한자 고유의 뜻을 벗어난 것이 아니다. 설총이 활약한 것으로 추정되는 8세기 중엽 이후의 금석문에서부터 원뜻과 상관없이 차용된 한자가 나타나기 시작한다. 이러한 차자가 등장함으로써 향가와 이두에서 보는 국어의 표기가 가능하여진다. 그러므로 옛 기록에 따라 차자 체계의 완성은 설총에 의한다고 할 것이다.[5] 번역도 그때부터 생겨날 수 있다.

『삼국사기』는 설총에 대하여 "以方言讀九經 訓導後生"이라 기록하고 있다. 이는 차자 체계의 성립과 관련되지만 번역과도 무관하지 않다. 문면대로 해석하면, 설총은 方言 곧 국어로써 九經을 읽어서 후배를 가르쳤다는 뜻이

---

5) 차자 체계의 형성을 이와 같이 2단계로 파악하여, 설총의 借字 창시의 기록을 새로이 인식하려 한 것은 안병희(1984)에 자세히 설명되어 있다.

다. 그러나 이를 냉정히 따져 보면, 설총이 九經의 풀이를 차자로 표기하였다는 뜻을 읽는다. 한문을 공부할 때에 국어로 풀이하는 일은 설총을 기다릴 것도 없이, 한문이 수입되었을 때부터 있었을 것이다. 口頭로 행해지던 풀이를 문자화한 것이 설총이 처음이기 때문에 '以九經訓導後生'이라 하지 않고 '以方言讀九經'과 같이 기록한 것이다.[6] 이에 우리는 번역 또한 설총으로 시작된다고 추정할 수 있다. 설총의 번역이 훈독 자료인 『舊譯仁王經』의 예를 크게 벗어나지 못하였겠지만, 번역의 단초를 연 것임에는 의심할 여지가 없는 것이 아닌가 한다.

그러나 차자 곧 이두로 된 번역은 1395년(태조 4)의 『대명률직해』가 현재 우리가 볼 수 있는 최초의 실례인 것이다. 설총의 번역은 그만두더라도, 『경국대전』의 전신이라 할 『경제육전』이 이두로 된 사실에 비추어서 元나라 律書에 대하여도 『대명률직해』와 같은 번역이 있었으나 『경제육전』과 함께 전하지 않을 뿐인지도 모른다. 그것은 어떻든, 이두에 의한 번역은 극히 적다. 『대명률직해』 이외에 전하는 번역은 1415년(태종 15)의 『양잠경험촬요』와 한글 번역도 있는 『우마양저염역치료방』뿐이라 할 수 있다. 그 밖에 藥材의 이름을 이두로 표기한 『향약구급방』과 『향약채취월령』이 있으나 번역이라 하기 어렵고, 또 중국인이 만든 대역 어휘집인 『계림유사』와 『조선관역어』가 있으나 우리나라의 번역과 직접적인 관련이 없으므로 제외함이 온당하다.

그런데 이들 이두에 의한 번역은 모두 大文을 단위로 하여 원문과 대조되어 있다. 그러나 원문과 상당한 차이를 보인다. 그러한 차이는 『대명률직해』가 가장 심한 편이다.[7] 그 책에서는 많은 원문이 번역되지 않은 채로 있는가 하면, 「徒流遷徙地方」(권1)과 같은 조항은 우리나라 地名으로써 또 하나의 조항을 만들어서 번역하기도 하였다. 원문에 따른 경우에도 우리나라 실정을 감안하여 다르게 번역한 것이 많다. 「入嫡子違法」(권4) 조항 중에서 그것을 단적으로 볼 수 있다. 원문은,

> ○若以子與異姓人 爲嗣者罪同 其子歸宗 ○其遺棄小兒 年三歲以下 雖異姓仍聽收養 卽從其姓

---

6) 정인승(1957: 648)을 참조할 것.

7) 그러한 차이에 대한 자세한 논의는 안병희(1985c)에 나타난다.

으로 되어 있으나, 번역은[8)]

親子乙(를) 異姓人亦中(에게) 收養以(으로) 給付爲在乙良(한 경우에는) 罪同遣(하고) 其子乙良(는) 還父母齊(한다) 其遺棄小兒乙良(는) 三歲以下是去等(이면) 必于(비록) 異姓是良置(이라도) 聽許收養 卽從其姓爲乎矣(하되) 遺棄小兒叱段(인즉) 親生父母亦(가) 難便棄置小兒是去有乙(이었을) 時亦中(에) 父母俱存 民財富足爲在(한) 人等亦(이) 貪利爲要(하려고) 自矣(저의) 子息乙(을) 他戶良中(에) 强置 冒稱遺棄小兒爲臥乎所(하는 바) 毁亂風俗爲臥乎事是良尒(하는 일이므로) 不在此限齊(한다) (권4, 4)

와 같이 처음부터 내용이 부연되어 있으며, 더욱이 후반부는 원문에 전혀 없는 내용인 것이다. 『대명률』은 버린 아이가 3살 이하일 경우에 異姓養子를 허용하고 있는데, 번역에서는 재력이 있는 부모가 남의 재산을 노려 제 아이를 억지로 버렸을 적에는 그 규정을 적용하지 못한다는 유보 조항을 규정하고 있다. 이러한 점을 종합하면, 『대명률직해』는 『대명률』을 번역한 책이라기보다, 이두로 번안하여 만든 우리나라의 刑典이라 할 만하다. 그 정도로 번역이 원문과 어긋난 것이다.

『양잠경험촬요』에 있어서도 사정은 비슷하다. 원문은 元나라의 農書인 『農桑輯要』 권4 「養蠶」條를 약 1/4 정도로 줄인 것이다.[9)] 앞의 「收種」이란 항목의 번역을 대조된 원문과 비교하면 차이가 드러난다. 즉 원문은 본문과 주석의 2행으로서,

齊民要術 收種繭 必取居蔟中者 / 近上絲薄 近地子不生也

로 되어 있는데, 번역은 典據인 『齊民要術』을 제외하였을 뿐 아니라 내용이 부연되어 있는 것이다.

蚕子收取 高致乙(고치를) 須只(모름지기) 蚕薪中間良中(에) 造作爲乎(한) 高致乙(고치를) 摘取爲臥乎事段(하는 일인즉은) 薪頭上良中(에) 造作高致段(고치

8) 이두는 괄호 안에 그 뜻을 현대 맞춤법으로 표시한다. 이하도 같다.
9) 원문은 이광린(1965)에 의한다. 그리고 이 책과 『우마양저염역치료방』의 번역에 대해서는 안병희(1977b: 6-7)에 언급된 바 있다.

인즉) 懶惰蚕矣(의) 所作是齊(이며) 薪下未良中(에) 造作高致段(고치인즉) 殘病蚕矣(의) 所作是乎等用良(이므로) 種子良中(에) 合當不得(못하다) (2)

즉 收種할 고치에 대한 설명이 번역에서 근원적으로 되어 있다. 이러한 예는 浴連(8a), 苫薦(15b)의 항목에 관한 번역에서도 나타난다. 끝에 「祀先蠶神」이란 항목이 새로 추가되었으나 번역은 없다. 그리하여 『양잠경험촬요』도 『대명률직해』보다는 못하나 번안에 가까운 번역, 다시 말하면 심한 의역으로 된 책이라 할 것이다.

위의 두 번역이 보이는 이러한 성격은 『우마양저염역치료방』에서 크게 변모되어 원문에 충실하게 번역된다. 그러나 여전히 의역이라 할 번역을 보인다. 맨 앞의 方文을 보면, 원문은

治牛馬時疫病 獺肉及屎煮汁 停冷灌之

인데, 번역은 '牛口'를 보충하여,

牛果(와) 馬矣(의) 交相傳染病乙(을) 治療爲乎矣(하되) 獺肉是乃(이나) 獺糞是乃(이나) 煎煮待冷爲良(하여) 牛口良中(에) 灌注爲乎事(할 일) (1a)

로 되어 있다. 이 方文이 원문에 따르더라도 소뿐 아니라 말, 書名에 따르면 양, 돼지에게도 소용되는 점에서 '牛口'란 번역은 합당하지 않다. 그러나 다른 동물을 소로 대표하였다고 한다면, 더구나 이 책 간행이 우리나라의 牛疫과 관련된 사실을 생각한다면[10] 그 보충을 이해할 수 있는 것이다. 아무튼 이 책의 번역도 이와 같이 의역을 보인다. 참고로 동시에 번역되어 대조된 한글의 번역은 이두의 '牛口良中'를 '이베'로 고친 점이 다르나 대체로 이 이두 번역을 따르고 있음이 주목된다. 원문과 상당히 달라진 번역인 것이다. 그것을 보이면 다음과 같다.

쇠며 ᄆᆞ리며 서르 뎐염ᄒᆞᄂᆞᆫ 병을 고툐ᄃᆡ 너고릐 고기나 너고릐 ᄯᅩᆼ이나 므레 글혀 그 즙을 머믈워 ᄎᆞ거든 이베 브ᅀᅳ라(1b)

---

10) 三木 榮(1965) 참조.

이상으로 이두에 의한 번역에 대한 설명을 마치기로 한다. 겨우 3책에 지나지 않고 또, 한글에 의한 번역보다 약 50년 앞서 나타나기 시작한 번역이지만, 그것은 앞으로 볼 한글 번역과 달리 원문을 크게 벗어난 것임을 확인하였다. 『대명률직해』는 번안이라 할 정도인 것이다. 이러한 성격은 한글의 번역에서 사라지지만, 일부의 한글 번역에서는 상당한 기간이 지난 뒤에도 계승되고 있다. 이제 한글에 의한 번역에 대하여 살펴보면서 그러한 번역 성격의 변모를 보기로 한다.

Ⅲ. 한글에 의한 번역의 실태

한글의 창제는 국어의 문자화에 혁명을 가져왔다. 借字로써는 도저히 생각할 수 없는, 완벽한 국어의 표기가 가능하여졌다. 그러한 결과로 많은 한글 문헌이 간행되었다. 그러나 그 책들을 살펴보면 대부분이 번역으로 되어 있다. 15세기 말까지 약 50년 사이에 간행된 30종 가까운 책에서, 엄격하게 따져서 번역이 아닌 것은 『훈민정음』 해례본과 『월인천강지곡』과 『악학궤범』이라 할 수 있다. 해례본은 한문을 가지고 한글을 설명한 것이고, 『악학궤범』도 고려가요가 수록되어 있으나 원래 한문으로 쓰여진 책이다. 처음부터 한글로 쓰여진 것은 『월인천강지곡』뿐인 셈이다. 이러한 경향은 개화기까지 계속된다. 16세기 말부터 창작된 시가와 고대소설이 나타나지만, 수량에 있어서 번역된 문헌에 상대가 되지 않는다. 한글의 창제는, 그 동기와 목적이 어디에 있었든, 실제에 있어서 개화기까지 번역에 새로운 시대를 열어놓은 것이다.

번역된 문헌의 내용도 다양하다. 유교 경전을 비롯하여 불교, 교화, 의학, 농업, 병학, 역학, 시가, 소설, 도교에 관한 책에 걸쳐 있다. 많은 분야의 책들이 동시에 고루 번역된 것은 물론 아니다. 시대에 따라 번역의 대상이 한 분야에 국한되기도 하고, 어떤 책은 극히 제한된 분량만 번역되었던 것이다. 15세기에는 불경언해가 절대적인 우세를 보이고, 도교에 관한 책은 19세기 후반에 5, 6종 번역된 것이 그 예증이다.

이제 그러한 번역의 실상을, 현재 전하는 刊本을 통하여 보기로 한다. 설

명의 편의를 위하여 분야로 나누어서 중요한 문헌을 중심으로 말하게 될 것이다.11)

1. 유교 경전의 번역

사서삼경의 언해는 한글 창제 직후부터 착수되었다고 하나, 15세기에 간행된 것은 세조 때의 『周易傳義口訣』 등 구결을 단 책뿐이다. 언해서는 『翻譯小學』(1518, 중종 13)이 이 분야 최초의 책이다. 그 번역이 지나치게 의역에 흘렀다 하여 선조 때에 교정청이 설치되어 『소학』과 경서의 언해서가 편찬되었으나, 임진란 이전에 간행된 것은 『小學諺解』(1587, 선조 20), 『中庸諺解』, 『大學諺解』, 『論語諺解』, 『孟子諺解』(이상 1590)다. 이 무렵에 같은 체재로 『孝經諺解』 1권(1589)이 간행되었는데, 교정청이란 분명한 기록이 없지만 함께 이루어진 편찬으로 생각된다. 삼경의 언해서는 임진란으로 稿本이 없어져서 교정청이 다시 설치되어 『周易諺解』(1606, 선조 29), 『詩經諺解』(1613, 광해 4)와 그 무렵의 『書傳諺解』의 간행을 보게 되었다. 이들 언해는 官本이라 지칭되어 개화기까지 절대적인 권위를 가지고 있었고, 또 중앙과 각도 감영에서의 중간이 많았으므로 가장 널리 보급되고 많이 읽힌 언해서다. 이들의 중간본은, 『효경언해』가 1666년(현종 7)의 중간에서 크게 수정된 것을 제외하면, 모두 방점과 ㅿㆁ의 폐기 이외에는 원간본과 차이를 거의 보이지 않는다. 뒤에 『四書栗谷先生諺解』(1749, 영조 25)가 간행되었으나 크게 보급되지 못하고 말았다. 그 책은 율곡 이이가 교정청이 설치되기 전에 선조의 명령으로 언해한 稿本인데, 홍계희가 교서관에서 간행한 것이다. 요컨대 경서 언해는 사서삼경과 『소학』 및 『효경』의 언해에 그치고, 그것도 교정청의 언해서에 그친다고 하여도 지나치지 않는다.

2. 불교서의 번역

한글로 가장 먼저, 그리고 가장 많은 번역이 이루어진 것이 불교서다. 한글로 된 최초의 산문인 『釋譜詳節』(1447, 세종 29)이, 수양대군의 序에 의하

11) 언해서의 분야와 문헌에 대하여는 안병희(1979)와 안병희(1983c)[본서 제11장]에 의한다.

여 바로 그러한 것임을 알 수 있다. 이것을 개편한 『月印釋譜』(1459, 세조 5)도 마찬가지로 번역이다. 『월인석보』 권두의 『훈민정음언해』는 佛書가 아니지만, 『석보상절』과 동시에 번역되어 간행된 것으로 보인다. 새 문자인 한글로 된 방대한 책을 간행하면서, 그 문자에 대한 해설서의 보급이 필요하였을 것이다. 실지로 『훈민정음언해』의 언어사실은 『석보상절』과 일치하고 있다. 여기에서 불교서의 번역이 번역의 역사에서 차지하는 비중이 얼마나 큰가를 볼 수 있는 것이다.

이러한 불교서의 번역은 간경도감의 언해서로써 절정에 이른다. 불교 경전의 간행과 언해를 위하여 1461년에 설치되어 1471년(성종 2) 혁파될 때까지의 10년 간, 여기에서 간행된 언해서는 10종에 가깝다. 이러한 양뿐 아니라, 언해서의 완벽한 체재를 보인 점으로도 가치가 크다. 간년의 순서로 보면, 『楞嚴經諺解』(1462), 『法華經諺解』(1463), 『永嘉集諺解』, 『阿彌陀經諺解』, 『金剛經諺解』, 『心經諺解』(이상 1464), 『圓覺經諺解』(1465), 『牧牛子修心訣諺解』, 『四法語諺解』(이상 1467)가 있다. 이보다 약간 앞서 번역되어 간행된 것으로 『蒙山法語諺解』와 활자본인 『능엄경언해』와 『아미타경언해』가 전한다. 『몽산법어언해』는 『월인석보』와 같은 언어사실을 보이고, 활자본의 두 책은 간경도감의 同名인 목판본과 같은 언어사실을 보이지만 번역과 불교 용어의 한자음 표기 등에서 앞선 연대의 간행으로 추정된다. 아무튼 간경도감의 언해서는 불교서 번역의 절정이 될 뿐만 아니라, 15세기 언해의 대종을 이루고 있다.

불교서의 언해는 간경도감이 혁파된 뒤에도 15세기 말까지 왕실, 특히 왕비의 후원으로 계속되었다. 을해자로 간행된 『金剛經三家解諺解』, 『南明集諺解』(이상 1482, 성종 13), 『佛頂心經諺解』, 『靈驗略抄諺解』(이상 1485)와 목활자로 간행된 『六祖法寶壇經諺解』, 『施食勸供諺解』(이상 1496, 연산 2)가 그러한 책이다. 이들은 간경도감 언해서의 체재를 답습하였고 언어사실까지 을해자본의 경우 『원각경언해』에 일치한다. 간경도감에서 추진된 언해사업의 계속이라 할 수 있다.

16세기에 들면 민간 신도의 힘으로 사찰본의 언해서가 간행된다. 『別行錄節要諺解』(1522, 중종 17)를 비롯하여[12] 『父母恩重經諺解』(1553, 명종 8), 『六

12) 이 책은 '法集別行錄節要私記諺解'의 줄인 이름으로서, 아직 학계에 알려져 있지 않다. 16세기 전반기의 유일한 불교서의 언해로서 가치가 인정된다. 소개는 안병희(1985b)에 있다.

字禪定諺解』(1560), 『禪家龜鑑諺解』, 『七大萬法』(이상 1569, 선조 2), 『誡初心學人文 · 發心修行章 · 野雲自警序諺解』(1577)가 그 예다.

17세기 이후로는 이들 언해가 크게 줄어든다. 중요한 불경서가 이미 번역되었기 때문이 아닌가 한다. 『勸念要錄』(1637, 인조 15), 『彌陀懺節要諺解』(1704, 숙종 30), 『念佛普勸文』(1741, 영조 17), 『地藏經諺解』(1762)를 들 수 있을 뿐이다.

3. 교화서의 번역

한자를 가르치고 유교의 규범과 가치관으로써 백성을 교화하려는 문헌의 번역도 상당히 일찍부터 시작되었다. 세조 때 『初學字會』가 간행되었으나 전하지 않고, 현재 전하는 것으로 『內訓』, 『三綱行實圖諺解』 등 성종 때의 언해서가 있다. 한자 입문서는 성격이 특수하므로 뒤로 돌리고, 간년에 따라 이들 언해서를 설명하기로 한다.

15세기의 간행은 『내훈』(1475, 성종 6), 『삼강행실도언해』(1471)뿐이다. 『내훈』에는 경서의 구절이 인용되어 있으므로 유교서 언해와 관련되어 흥미있는 것이다. 16세기에는 10년대에 당시의 정치상을 반영하여 간행된 『續三綱行實圖』(1514, 중종 9), 『二倫行實圖』, 『呂氏鄉約諺解』, 『正俗諺解』(이상 1518), 『警民編諺解』(1519)가 있을 뿐이다. 17세기에도 『東國新續三綱行實圖』(1617, 광해 8)와 『家禮諺解』(1632, 인조 10) 그리고 『改刊警民編諺解』(1658, 효종 9)가 간행되었으나, 18세기의 영 · 정 시대에는 대대적인 언해가 행하여졌다. 『女四書諺解』와 『御製內訓』(이상 1737, 영조 13)이 그 시작이다. 후자는 『내훈』을 다시 번역한 것인데, 문체와 어휘가 완전히 달라져서 새로운 언해서라 할 것이다. 이어서 『御製常訓諺解』(1745), 『闡義昭鑑諺解』(1755), 『御製訓書諺解』(1756), 『種德新編諺解』(1758), 『御製百行源』(1765), 『十九史略諺解』(1772), 『明義錄諺解』(1777, 정조 1), 『續明義錄諺解』(1778), 『五倫行實圖』, 『童蒙先習諺解』(이상 1797)가 간행되었다. 한편 『御製戒酒綸音諺解』(1757)를 비롯하여 정조 때까지 약 30여 종의 윤음언해가 있다. 교화서의 언해는 18세기 후반이 가장 활발하였던 것이다. 19세기에는 『斥邪綸音』(1839, 헌종 2) 등의 윤음만 있을 뿐이다.

한자 입문서는 한글로 새김과 한자음을 단 형식이어서 다른 언해서와 구별된다. 그러나 언해를 넓게 잡으면 함께 다룰 수 있다. 역학서의 번역이 文을 단위로 하여 외국어의 음과 새김을 보인 것과 비슷한 것이다. 『訓蒙字會』(1527, 중종 22), 『光州千字文』(1575, 선조 8), 『石峯千字文』(1583), 『新增類合』(1576)이 16세기의 간본들이고, 17세기 이후의 간행으로 믿어지는 『類合』이 있다. 이들은 뒤에 여러 번 중간되었으나 대체로 원간본을 따른 것이다. 다만 『註解千字文』(1752, 영조 28)이 새로운 번역을 보이는 책이다.

4. 기술서의 번역

의약, 농사, 병학 등에 관한 문헌의 번역은, 앞에서 본 『양잠경험촬요』에 나타난 번역의 전통과 藥材의 번역뿐이지만 『향약구급방』(13세기 중엽 원간)과 『향약채취월령』(1431, 세종 13)에 나타난 이두에 의한 약재 이름 표기의 정신에 의하여 한글 창제 직후부터 시도된 것으로 생각된다. 현존하는 것으로는 『救急方諺解』(1466, 세조 12)가 가장 빠른 것인데, 불경언해에는 뒤지지만 다른 분야보다는 앞선다. 계속하여 『救急簡易方』(1489, 성종 20), 『瘡疹方撮要』(1517, 중종 12), 『簡易辟瘟方』(1524), 『牛馬羊猪染疫治療方』(1541), 『分門瘟疫易解方』(1542), 『救荒撮要』(1554, 명종 9) 등이 16세기 말까지 간행되었다. 17세기 이후에도 의약 관계 언해는 계속되지만, 임진란과 병자호란의 영향으로 병학서의 언해가 등장되었다. 『諺解痘瘡集要』, 『諺解胎産集要』(이상 1608, 선조 41), 『練兵指南』(1612, 광해 4), 『火砲式諺解』(1635, 인조 13), 『新刊救荒撮要』에 『救荒撮要』와 합편된 『救荒補遺』(1660, 현종 1), 『馬經抄集諺解』(1682, 숙종 8), 『新傳煮硝方諺解』(1698), 『兵學指南諺解』(1787, 정조 11), 『武藝圖譜通志諺解』(1790), 『增修無寃錄諺解』(1792), 『新刊增補三略直解諺解』(1805, 순조 5)가 그것을 말하는 것이다.

5. 역학서의 번역

사역원에서 通事를 양성하기 위하여 편찬된 교재가 역학서다. 여기에 한글이 사용된 것은 왜학서인 『伊路波』(1492, 성종 23)가 처음이다. 그러나 여기에는 假名의 한글 음역만 있다. 對譯까지 보인 것은 한학서인 『翻譯老乞大』와 『翻譯朴通事』가 최초의 언해서다. 최세진이 번역한 이들의 간년은 분명하지는 않으나 『四聲通解』(1517, 중종 12)보다 약간 앞선 것으로 추정된다. 17세기 이후로도 한학서가 가장 많이 언해되었는데, 이는 중국과의 특수한 관계에 말미암는다. 『老乞大諺解』(1670, 현종 11), 『朴通事諺解』(1677, 숙종 3), 『伍倫全備諺解』(1721, 경종 1), 『老乞大新釋諺解』(1763, 영조 39), 『朴通事新釋諺解』(1765), 『重刊老乞大諺解』(1795, 정조 19)가 있다. 이로 보면 『노걸대』와 『박통사』는 3, 4회 번역되어 간행되었음을 알 수 있는데, 그때마다 원문에도 손질이 가해졌다. 어휘집으로 『譯語類解』(1690), 『譯語類解補』(1775), 『方言集釋』(1778)이 있다. 『방언집석』은 만주어, 몽고어, 일본어까지 다루어진 책이나 간행되지는 못하였다.

왜학서는 『捷解新語』(1676, 숙종 2)가 최초의 대역서인데, 편찬은 1630년(인조 8)경이라고 한다. 이 책도 원문과 번역의 수정이 1748년(영조 24), 1765년 경의 2차에 걸쳐 있었으나, 현재 전하는 간본은 제2차 개수본인 『重刊改修捷解新語』(1781, 정조 5)이다. 대역어휘집으로 『倭語類解』(18세기 초)가 있다. 몽학서로는 『捷解蒙語』(1737, 영조 13), 『蒙語老乞大』(1741), 『蒙語類解』(1768)가 있다. 현재 남아 있는 책은 모두 1790년(정조 14)의 중간본이다. 『몽어노걸대』와 『몽어유해』는 音譯만 수정되었으나 『첩해신어』는 어형까지 손질하였다고 한다. 대역어휘집인 『몽어유해』에는 이때 補篇이 추가로 편찬되었다. 청학서는 이른바 淸語總解인 『八歲兒』, 『小兒論』, 『三譯總解』, 『淸語老乞大』가 있다. 간기는 1703년(숙종 29)이나 실지로는 1704년의 간행으로 보인다. 전하는 것은 모두 중간본으로 『新釋淸語老乞大』(1765, 영조 41), 『重刊三譯總解』(1774), 『新釋八歲兒』, 『新釋小兒論』(1777, 정조 1)이다. 『역어유해』의 체재인 대역어휘집인 『同文類解』(1748), 중국어와 만주어를 표제어로 내세운 사전인 『漢淸文鑑』(1770년대 후반)이 따로 있다. 요컨대 왜·몽·청학서의 번역, 간행은 모두 17세기 이후의 일로서 한학서의 그것과 구별된다.

6. 시가서와 그 밖의 번역

『龍飛御天歌』(1447, 세종 29)가 엄격히 따지면 언해라고 할 수 있으나, 국문가사가 主文이므로 『月印千江之曲』과 같이 창작이라 할 것이다. 이 분야 최초의 번역은 역시 『杜詩諺解』(1481, 성종 12)다. 이듬해의 『남명집언해』와

『금강경삼가해언해』도 똑같은 번역이나 내용에 따라 불교서에 소속시켰다. 이 밖에 『百聯抄解』(16세기 후반), 『龍飛御天歌諺解』(1612, 광해 4), 『重刊杜詩諺解』(1632, 인조 10)가 있다. 『용비어천가언해』는 漢詩에 借字와 한글로 구결을 달고 번역한 것으로, 『용비어천가』의 국문가사와 판이한 노래가 되었다. 『중간두시언해』는 방점과 ㅿㆁ이 폐기되었을 뿐 원간본과 같으나 현재 없어진 원간본을 보완하는 데 가치가 있다.

한문소설의 번역도 17, 18세기부터 행하여진 듯하다. 『太平廣記諺解』 등이 그 증거다. 그러나 모두 寫本뿐이다. 그 밖에 19세기 후반에 『太上感應篇圖說諺解』(1852, 철종 3), 『關聖帝君明聖經』(1855), 『過化存神』, 『敬信錄諺解』(이상 1880, 고종 17) 등 도교서가 번역된 것도 특기할 일이다. 도교가 민간에 상당히 유포되었음을 말하기 때문이다.

지금까지 한글에 의한 번역을 분야별로 개관하여 왔다. 이것을 종합하면 번역의 시대적인 특징 등 좀 더 논의되어야 할 문제가 제기된다.

먼저, 가장 많은 번역서가 간행된 시대는 영·정 시대 곧 17세기 후반부임이 주목된다. 이것은 교훈서와 역학서가 대대적으로 번역, 간행된 결과다. 改譯이 안 되었기 때문에 위의 설명에서 제외된 언해본의 중간까지 계산하면 번역서의 양은 훨씬 많아진다. 교훈서의 경우만 보더라도, 『삼강행실도』, 『이륜행실도』, 『정속언해』 등이 중간되었던 것이다. 이와 같이 영·정 시대에 번역서가 많은 것은 그때가 이른바 문예부흥기인 데 말미암은 것으로 생각된다. 그러나 보다 근본적인 이유는 한글이 널리 보급되어 한글 문헌의 독자층이 두터워진 데 있는 것이 아닌가 한다. 법적인 효력을 갖는 문서에도 이두에 대신하여 한글이 사용되어 이를 금지한 受教가 내려진 것이 이미 17세기 중엽이므로, 한글 사용이 이 시대는 더욱 왕성하였을 것이다.[13] 한자는 모르지만 한글을 해독하는 국민을 위하여 많은 번역서의 간행은 당연한 일이라 하겠다.

다음으로 주목되는 점은, 한글 창제로부터 15세기 말까지 약 50년 간은 불교서의 번역이 절대적인 우세를 보이는 사실이다. 이에 대하여는 세종, 세

13) 문서에 한글 사용을 금한 受教 및 한글의 보급에 대하여는 안병희(1985a)에 자세한 논의가 있다. 참조할 것.

조와 같은 제왕의 적극적인 참여와 명령, 그리고 인수대비 등 왕실의 강력한 후원이 원인이라는 해석이 있다. 그러나 유교서의 번역이 16세기 초에『번역소학』이 간행되고, 16세기 말에야 사서삼경의 언해서가 간행됨으로써 마무리된 점은 그 원인만으로 설명되지 않는다. 세종은 물론 세조도 경서의 번역에 대하여 대단한 열성을 갖고 있었다. 불교서와 유교서의 번역은 다음 장에서 논의할 필요를 느낀다.

끝으로, 위에서 전혀 언급되지 않았으나 번역의 用語와 樣式의 문제가 제기된다. 이것은 번역서의 내용을 검토함으로써 해결될 것이다. 그러나 용어의 문제는 번역에 관여한 인물과 책이 간행된 지역을 고려하면 쉽게 해결된다. 한마디로 말하여 대부분의 번역서가 중앙에서 번역되어 간행되었기 때문에 용어는 공통어인 것이다. 지방에서 번역되어 간행된 것은 16세기 10년대 후반의『창진방촬요』,『여씨향약언해』,『정속언해』등이 최초의 일이다. 그러한 책도, 한글 번역에 의한 문자언어의 전통이 이미 형성된 뒤에 이루어졌기 때문에 대체로 공통어를 용어로 하고 있다. 16세기 후반의 전라도와 경상도 간행의 번역서에서 서남방언과 동남방언의 음운 및 어휘의 영향이 나타나는 것은 움직일 수 없는 사실이다. 1577년 전라도 송광사 간행의『계초심학인문언해』등에 구개음화가 나타난 것은 그 저명한 예다. 그러나 이러한 방언의 영향은 부분적이다. 그뿐 아니라 그러한 영향을 받는 번역서의 수효는 20종 정도에 지나지 않는다. 그러므로 번역의 양식만 문제로 남는다. 유교의 경서언해에 이어 이 문제를 다루어볼까 한다.

Ⅳ. 번역의 절차와 구결

조선조는 유교국가로서 건국되었다. 그리하여 건국 초기부터 유교의 진흥 정책과 유교 이념에 의한 교화 정책이 강구되었고, 한글 창제 이후에는 한글을 이용한 방법까지 고려되었던 것이다. 위에서 본 경서의 언해와 교화서의 번역이 그러한 방법인데, 그것은 이미 세종에 의하여 계획되고 추진된 사업이다. 세종은 일찍이『삼강행실도』를 한문으로 간행하면서 쉽게 이해하도록 하기 위하여 도판까지 붙였으나, 더욱 쉽게 이해시키기 위하여 그 언해를 한글의 창제 과정에서 구상하고 있었다. 崔萬理 등의 한글 창제 반대 상소문을 처리하면서 鄭昌孫에게 한 이야기와 관련된 실록기사에서 그것은 확인되는 것이다.

> 上曰前此金汶啓曰…又鄭昌孫曰 頒布三綱行實之後 未見有忠臣孝子烈女輩出 人之行不行 只在人之資質如何耳 何必以諺文譯之而後 人皆效之 此等之言 豈儒者識理之言乎 甚無用之俗儒也 前此上敎昌孫曰 予若以諺文 譯三綱行實 頒諸民間 則愚夫愚婦 皆得易曉 忠臣孝子烈女輩出矣 昌孫乃以此啓達 今有是敎(세종 26년 2월 庚子)

또 세종은 한글 창제 직후에 집현전에서 金汶을 주재로 하여 四書를 언해하도록 명령하였다.[14] 그것은 1448년(세종 30) 3월 김문이 사망하게 되자 후임자로 천거된 상주목사 金鉤를, 부임한 지 반년도 안 된 지방관인 그를 임기를 무시하고 특별히 불러들였다는 실록기사로 확인된다.

> 驛召尙州使金鉤 鉤爲尙州未半年 時集賢殿奉敎 以諺文譯四書 直提學金汶主之 汶死 集賢殿薦鉤故特召之(세종 30년 3월 癸丑)

이와 같이 유교서의 번역이 세종에 의하여 일찍부터 추진되었다. 그러나 실제 사업은 『삼강행실도언해』가 15세기에 간행되었을 뿐이고, 四書의 언해서는 약 140년이 지나 이루어질 정도로 지지부진하였다. 불교서의 번역이 왕명과 거의 동시에 완성된 것과 너무나 대조적이다. 예컨대 1448년 3월에 돌아간 昭憲王后의 명복을 빌기 위하여 세종의 명령에 따라서 세조 곧 당시의 수양대군이 한문본을 편찬하여 번역한 『석보상절』은 1449년 7월에 완성된 것이다. 왕명의 강도가 다를 수 있지만, 사서의 번역에 대하여서도 임기를 무시한 인사 조치로 미루어서 결코 형식적인 왕명으로 진행되었다고 할 것이 못 된다. 여기에서 유교서의 번역이 늦은 이유를 새로이 찾지 않으면 안 된다. 그 이유는 번역 자체에 있으리라 생각된다. 이에 우리는 당시의 번역이 어떻게 이루어졌는가를 살펴보기로 한다.

번역의 절차에 대하여는 당시에 정연한 체재와 통일된 번역을 보이는 간

---

14) 세종, 세조 때의 유교서의 번역과 구결에 대한 이하의 설명은 안병희(1983b)를 요약한 것이다.

경도감의 불경언해서의 여러 발문에서 귀중한 증언을 듣는다. 그 중에서 불경언해에 대표적인 인물로 활약한 儒臣의 글을 보면,

> 恭惟我主上殿下…萬機之暇 特徵乙覽 親加口訣 正其句讀 命工曹參判臣韓繼禧及金守溫 悉以國語依之而譯(능엄경언해, 김수온 跋)
> 於是親定口訣 臣敬依口訣宣譯 孝寧與僧海超等 更加研究 凡五日告成 命刊經都監 鏤板印布(금강경언해, 한계희 跋)

와 같이 세조가 구결을 달아서 句讀를 올바르게 한 뒤에, 그 구결에 따라서 번역하였다고 한다. 다시 말하면 원문에 구결을 다는 일이 앞서 있은 다음에 번역이 그에 따라 행하여진다는 것이다. 이것은 유교서의 번역에서도 똑같이 적용되는 원칙이라 생각된다. 경서언해서의 序跋은 아니나, 崔恒의 「經書小學口訣跋」에 그러한 인식이 보인다. 최항은 앞으로 보게 될 바와 같이 세조의 경서와 『소학』의 구결 사업에 핵심적인 역할을 하였는데, 그 발문 첫머리에서,

> 大抵欲觀書者 須先曉正經 正經既曉 則諸家之解已蹄 欲讀書者 須先正語訣 語訣既正 則他岐之惑自袪 然則正經之有口訣 誠儒者指月之指也(太虛亭集 권2, 經書小學口訣跋)

라 하여 구결의 중요성을 강조하고 있다. 즉 경서 본문에 구결이 있다면, 그것은 경서를 정확하게 이해하는 길잡이가 된다는 것이다. 이 글은 물론 경서를 읽고 이해하는 데 구결이 중요함을 말한 것이나, 번역이 원문에 대한 이해로부터 출발된다는 사실을 생각한다면 구결이 정해지지 않으면 번역이 불가능하다는 사실을 말한다고도 할 것이다.

이 발문은 年記가 없다. 그러나 교서관을 개칭한 典校署가 나오는 점으로 1466년(세조 12) 1월 이후에 쓰여진 것은 확실하다. 구결 사업에 참여한 姜希孟, 鄭自英, 李永垠, 金壽寧 등의 이 글에서의 당시 관직으로는 1468년 8월 중순에 쓰여진 것으로 추정된다. 이때는 세조가 돌아가기 한 달 전이다. 따라서 경서언해는 적어도 세조 말년까지 성립되지 못하였음을 알 수 있다. 이것은 세종의 경서 언해에 대한 명령을 다시 검토하면 더욱 분명히 드러날

것이다.

세종은 경서를 한글로 번역하라고 하기 20년 전에 이미 구결을 달도록 명령하였다. 『세종실록』에,

> 上語卞季良曰 昔太宗命權近 著五經吐 近讓之不得 遂著詩書易吐 唯禮記四書無之 予慮後學 或失本義 以訓諸生 若因此而教 豈不有益(세종 10년 윤4월 己亥)

이라 한 것이 그것이다. 태종의 명령으로 三經口訣은 이루어졌으나, 四書와 『禮記』의 구결이 없으니 卞季良에게 달도록 한 것이다. 이 구결만 완성되었다면 한글로써 번역하는 일은 문제가 있을 리 없다. 그러나 이것은 명령대로 되지 못한 것으로 보인다. 후대의 구결에 대한 기록에 권근의 구결은 나타나지만 세종이나 변계량의 경서구결은 전혀 언급되지 않기 때문이다. 더욱이 김문에게 명령한 위의 한글에 의한 경서의 번역이 언해가 아니라 구결을 확정하는 일이라는 기록까지 있다. 그것은 徐居正의 「崔恒碑銘」의 일절이다.

> 英陵命臣金汶金鉤及公等 定小學四書五經口訣 居正亦與其後 每見諸君講論同異 公議論發越諸君咸推讓之(四佳文集補遺 권2, 崔恒碑銘)

세종이 명령한 것은 『소학』과 사서오경의 구결을 정하는 일이며, 거기에는 김문을 비롯하여 김구, 최항, 그리고 뒤에 서거정 등이 참여한 것을 알 수 있다. 이것은 『세종실록』의 기사와 어긋난다. 그러나 실록기사가 지방관의 특수한 人事를 주제로 한 것이나, 이 글은 경서구결을 주제로 하여 참여한 인물까지 자세히 기록하고 있다. 碑銘의 신빙성이 크다고 하겠다. 그런데 이 구결 사업도 결실을 못 보고 계속되어 약 20년 뒤에 세조의 경서와 『소학』의 구결 사업으로 단락을 지은 것으로 생각된다. 변계량의 구결과 같이 이때의 구결도 뒤에 이용된 일이 없고, 최항과 서거정은 다음의 최항 碑銘의 다른 일절과 같이 세조를 도와 경서의 구결을 확정하는 일에 계속하여 참여하였기 때문이다.

> 光陵嘗嘆東方學者 語音不正 句讀不明 雖有權近鄭夢周口訣 紕繆尙多 腐儒俗士 傳訛承誤 遂命臣鄭麟趾申叔舟丘從直金禮蒙韓繼禧及公與臣居正等 分授五經

四書 考古證今 定口訣以進

이에 세종의 경서언해는 구결을 확정하는 단계에 머물렀고, 그 단계조차 완결하지 못하였음을 확인하게 된다. 그 구결 사업은 세조에 의하여 계속되게 된다. 『세조실록』에는 1465년(세조 11) 9월에 처음으로 경서구결에 관한 기사가 나타나지만, 위의 최항 碑銘과 같이 일찍부터 관심을 갖고 추진하였던 것이 틀림없다. 이듬해인 1466년 3월 親定의 『周易口訣』을 성균관에 頒賜하였기 때문이다. 그것은 어떻든 『세조실록』에는 경서구결에 관한 기사가 돌아가기 한 달 전까지 3년 간 계속 나타난다. 등장하는 인물은 정인지, 신숙주, 최항, 정창손 등 70여 명의 文臣이다. 세조는 만년에 재상과 많은 문신을 동원하여 추진 중인 경서와 『소학』의 구결 사업을 일단 완결한 것으로 보인다. 그 사업의 구체적인 분담까지 보인 것이 앞에 인용된 최항의 「경서소학구결跋」이다. 그에 따라 경서 구결의 분담 책임자와 교정자를 보이기로 한다.

周易	世 祖	詩經	鄭麟趾
書經	鄭昌孫	禮記	申叔舟
論語	李石亨	孟子	成 任
大學	洪 應	中庸	姜希孟
小學	世 祖		
校正	丘從直 · 金禮蒙 · 鄭自英 · 李永垠 · 金壽寧 · 朴楗		

이에 따르면 최항은 국외자로 되어 있다. 그러나 세종 때부터 구결 사업에 참여한 경력과 『세조실록』의 기사(특히 14년 8월 을미)와 서거정의 碑銘으로 보아서, 더욱이 발문을 쓴 비중으로 보아서 그는 세조를 도와 그 사업을 총괄한 것으로 생각된다.

이리하여 간행된 口訣書에 『周易傳義口訣』이 전한다. 그때의 구결서로 추정되는 것으로 중간본이지만 『論語大文口訣』이 있고, 그때의 구결만 전하는 것으로 보이는 『小學集說口訣』(한글)과 『禮記集說大全口訣』이 있다. 그러므로 발문에서 말한 구결서는 모두 간행된 것으로 생각된다. 이에 유교서의 번역은 가능하게 된 것이다. 그러나 사정은 단순하지 않았다. 이때 확정된 구결에 대하여 의견이 일치된 것은 아니었던 것이다. 『주역전의구결』을 교정청의 『주역언해』에 나타난 구결과 비교하면 상당한 차이가 있다. 세조의 면전에서도 권근의 구결을 따르는 의견이 있었음을 실록기사(세조 14년 8월 임진 · 정유)가 적고 있으니 그러한 차이는 당연한 일이다. 그 밖의 구결도 마찬가지로 의견이 분분하였던 것으로 보인다. 번역까지 나아가지 못한 사정이 여기에 있었다고 하겠다.

그 사정을 분명히 하기 위하여 『소학』의 구결을 보기로 한다. 먼저 교정청의 『소학언해』에서 원문과 구결을 보이면 다음과 같다.

> 汲黯이 景帝時예 爲太子洗馬ᄒᆞ야 以嚴見憚이러니 武帝ㅣ 即位ᄒᆞ샤 召爲主爵都尉ᄒᆞ시니 以數直諫으로 不得久居位ᄒᆞ니라 是時예 太后第武安候田蚡이 爲丞相이라 中二千石이 拜謁이어든 蚡이 弗爲禮ᄒᆞ더니 黯은 見蚡에 未嘗拜ᄒᆞ고 揖之ᄒᆞ더라(권6, 34a)

『번역소학』의 구결은 이와 다르다. 큰 차이는 아니나 그 구결을 원문의 바로 앞 한자와 함께 보인다.

> 黯이 時예 馬ᄒᆞ야 嚴으로 憚ᄒᆞ니 位ᄒᆞ샤 尉ᄒᆞᆫ대 諫으로 位ᄒᆞ니라 時예 蚡이 相이러니 石이 謁이어늘 禮ᄒᆞ더니 黯이 蚡ᄒᆞ야 拜ᄒᆞ고 之ᄒᆞ더라(권9, 37b)

그런데 이들보다 앞선 것으로 추정되는 구결서가 있다. 『小學集說』로 欄上에 본문과 한글로 된 구결을 써놓은 것과 본문에 借字로 된 구결을 쌍행으로 써 놓은 책이 그것이다. 이 두 책은 서로 대동소이한 구결을 보인다. 『번역소학』과 같은 방식으로 먼저 전자의 한글 구결을 보이고, 구결이 다른 경우에만 괄호 안에 후자의 차자 구결을 대조하여 둔다.

> 黯이 時예 馬ㅣ러니 嚴으로 憚ᄒᆞ더라 位ᄒᆞ샤 尉ᄒᆞᆫ대 諫으로 位ᄒᆞ니라 時예 蚡이 相이러니(是羅) 石이 謁이어든(於乙) 禮ᄒᆞ더니 黯이 蚡ᄒᆞ야 拜ᄒᆞ고 之ᄒᆞ더라(권6, 19. 借字 권9, 26)

이와 같이 『소학』의 구결이 『소학언해』, 『번역소학』, 『소학집설』의 한글 및 차자 구결의 4책이 모두 다르다. 이러한 구결서로 확인되지는 않으나, 경서의 구결도 『주역』의 세조 구결 등과 같이 사정은 비슷하였을 것이다. 선조가 經筵에서 柳希春에게 구결의 혼란을 말하면서 사서삼경의 구결과 언해를 명령하고,[15] 약 10년 뒤에 교정청을 설치하여 『소학』과 경서의 구결과 언해를 확정한 것이 그것을 뒷받침한다. 그러므로 유교서의 번역은 늦을 수밖에 없었다고 생각된다.

물론 구결만 있으면 번역이 가능하다. 그러나 혼란된 구결로는 번역이 혼란되고 그러한 번역은 改譯이 불가피하다. 『번역소학』이 『소학언해』로 다시 번역된 것은 다음 장에서 설명될 번역 양식의 문제가 주된 이유이지만, 위에서 본 구결의 차이에도 말미암는다고 우리는 생각한다. 그것은 『효경언해』의 원간본과 중간본의 번역을 봄으로써 알게 된다. 『효경언해』의 원간본은 교정청의 언해본과 같은 시기에 같은 체재로 간행되었다. 그 책은 교정청의 언해본과는 달리, 1666년에 대폭적인 改譯으로 중간되었다. 구결에 잘못이 있었던 것이다. 가령 章旨를 말하는 大文이,

此ᄂᆞᆫ…釋至德以順天下ᄒᆞ니라(8a)

와 같이 원칙의 제시로 되어 있는데, 중간본에서는 객관적인 서술로 되어 'ᄒᆞ다'란 구결로 바뀌었다. 이것은 다른 章旨에서도 되풀이된다. 번역도 구결에 따라 '사기니라'(8a)에서 '사기다'로 고쳐져 있는 것이다.

경서의 번역이 늦은 것은 구결이 확정되지 못한 데 있다면, 구결의 확정이 늦은 이유는 번역이 늦은 문제를 해명하는 열쇠라고 할 것이다. 경서 구결의 변천과 배경에 대하여는 儒學史의 연구에서 구명되기를 기대할 뿐이다. 다만 우리는 경서에 대한 이해와 소양이 적어도 15세기에는 불교서의 그것에 미치지 못한 데 이유가 있지 않을까 하는 의문을 제기하고자 한다. 세종이 변계량에게 사서와 『예기』의 구결을 달라고 한, 저 위에 인용된 실록기사(10년 윤4월 기해)의 계속에서 변계량은 『예기』를 배우지 못하였다고 왕께 말한 사실이 의문의 근거인 것이다. 구결의 확정을 왕으로부터 명령받은 당대의 유학자가 그러하므로, 유학의 이해와 연구가 15세기에 있어서는 경서 구결이 확정될 수준에 아직 도달하지 못한 것이 아닌가 한다.

---

15) 『眉巖日記草』, 甲戌(1574, 선조 7) 10월 10일, 13일자 일기 참조.

V. 번역의 양식, 의역과 직역

우리는 중세어의 연구 자료의 성격을 구명하기 위하여 한글에 의한 번역의 양식을 상대적인 개념으로서의 의역과 직역으로 나누어 설명한 일이 있다.16) 한 원전이 두 번 이상 번역된 언해서, 곧 同文異譯의 언해서를 대조하여 처음 번역이 의역이며 두 번째의 번역이 직역임을 확인한 것이다. 즉 유교서인 『소학』을 번역한 『번역소학』과 『소학언해』, 불교서인 『법화경』을 번역한 『석보상절』, 『월인석보』 및 『법화경언해』, 그리고 역학서인 『노걸대』와 『박통사』를 번역한 『번역노걸대』, 『번역박통사』와 『노걸대언해』와 『박통사언해』에서 똑같은 경향을 보았던 것이다. 여기서 의역이라 함은 번역에서, 첫째 직역과 비교하여 상대적으로 고유어가 많으며, 둘째 원문의 체언적 어구가 문맥에 따라서 용언적 어구로 바꾸어지며, 셋째 직역에 나타나는 번역 차용에 의한 轉移語인 '뻐(以), 시러곰(得), 젼ᄎᆞ로(故)' 등을 사용하지 않고, 넷째 경어법을 민감하게 사용하여 등장하는 인물의 존비 관계를 명확히 밝히려고 한 것을 말한다. 그러한 결과, 의역인 언해서의 번역은 상당히 부드러운 구어를 반영한 것으로 생각된다.

이러한 의역과 직역의 차이를 同文異譯인 언해서로써 한 사례씩 구체적으로 대조하기로 한다. 먼저 한자어와 고유어의 사용 비율을 나타내는 것으로,

원문: 象聲馬聲牛聲車聲啼哭聲愁歎聲螺聲鼓聲鐘聲鈴聲(법화)
의역: 象ᄋᆡ소리 ᄆᆞᆯ쏘리 쇼소리 술윗소리 우는 소리 시름ᄒᆞ야 한숨 디ᄂᆞᆫ 소리 골와랏소리 갓붑소리 쇠붑소리 바옰소리(석상 19, 14b)
직역: 원문과 같음(월석 17, 60, 법언 6, 33a)

의 예가 있다. 이것은 극단적인 것으로, 원문의 한자어를 직역에서 그대로 가져왔으나 직역에 한자어가 많은 예는 일일이 들 필요가 없을 정도다.

원문 단어나 어구의 품사적인 성격을 의역에서 바꾼 것은,

원문: 觀…諸根利鈍精進懈怠(법화)

16) 번역 양식에 관한 이 章의 설명은 안병희(1973)을 요약한 것이다.

의역: 諸根이 늘카ᄫᆞ며 鈍ᄒᆞ며 精進ᄒᆞ며 게을우믈 보아(월석 13, 50b)
직역: 諸根의 利鈍과 精進과 게을우믈 보아(법언 3, 19a)

로 된 번역에서 의역과 직역을 보면 알 수 있다. 의역에서는 목적어를 용언의 명사화로 표현하였으나, 직역에서는 일부 목적어를 원문과 같이 명사로 한 것이다.

轉移語에 대한 사용은, 의역에는 나타나지 않으나 직역에 나타난 다음의 '뻐, 시러곰'으로 보게 된다.

원문: 日必冠帶 以見長者 平居雖甚熱 在父母長者之側 不得去巾襪縛袴 衣服唯謹(소학)
의역: ᄅᆞᆯ마다 모로매 冠帶ᄒᆞ야 얼우시늘 뵈ᅀᆞ오며 샹해 비록 ᄀᆞ장 더운 저기라도 부모와 얼우신의 겯틔 이셔는 곳갈와 보션과 힝뎐을 밧디 아니ᄒᆞ야 衣服ᄒᆞ고 조심ᄒᆞ야 겨시더라(번소 9, 2b)
직역: 날마나 반ᄃᆞ시 冠帶ᄒᆞ야 뻐 얼우신ᄭᅴ 뵈ᄋᆞ오며 샹해 이실제 비록 심히 더우나 父母와 얼우신 겯틔 이셔 시러곰 곳갈와 보션과 힝뎐을 밧디 아니ᄒᆞ야 衣服을 오직 삼가더라(소언 6, 2b)

끝으로, 경어법에 의한 차이는 존경법, 겸양법, 그리고 공손법 접미사가 어떻게 사용되느냐에서 나타난다. 동일 인물에 대하여 의역에서는 존경법 접미사를 통합하여 그 동작을 서술하나 직역에서는 그 접미사 없이 서술하는 것이다. 여기서는 존경법과 겸양법 접미사의 통합으로 달라진 同文異譯을 보기로 한다.

원문: 如今國家行仁義重詩書 你學的成人長大 應科擧得做官 輔國忠君 孝順父母 光顯門閭時如何(박통)
의역: 이제 나라히 仁義之道를 펴ᄡᅳ시며 詩書之敎를 크긔 너기시ᄂᆞ니 네 ᄇᆡ화 사ᄅᆞᆷ도의며 ᄌᆞ라나 급ᄒᆞ야 벼슬ᄒᆞ야 나라돕ᄉᆞ와 님금ᄭᅴ 진심ᄒᆞ야 셤기ᅀᆞ오며 부못ᄭᅴ 효도ᄒᆞᅀᆞ오며 가문을 빗내요미 엇더ᄒᆞᆯ고(번박 상, 50)
직역: 이제 國家ㅣ 仁義를 行ᄒᆞ고 詩書를 重히 너기니 네 ᄇᆡ화 成人長大ᄒᆞ야 科擧를 應ᄒᆞ며 벼슬홈을 어더 輔國忠君ᄒᆞ며 孝順父母ᄒᆞ야 門閭에 光顯ᄒᆞ면 엇더ᄒᆞ뇨(박언 상, 45b)

이러한 同文異譯의 대조에서 우리는 한글에 의한 번역에 나타난 의역과 직역의 실상과 함께 의역으로부터 직역으로의 변화를 본 것이다. 그러나 번역에 따라서는 뒤에 된 것이 오히려 의역으로 흐른 예가 있다. 『삼강행실도언해』가 그러한 것으로, 원래 이 책은 위에서 본 의역의 특징을 보이고 있는데, 영조 때의 중간본까지도 그 특징이 계속되다가 『오륜행실도』에 이르러서는 원문과 크게 벗어난 번역까지 나타난다. 「提上忠烈」의 앞부분이 바로 그러하다.

> 實聖王이 奈勿王아ᄃᆞᆯ 末斯欣ᄋᆞᆯ 보내야 倭國에 質ᄒᆞ시고 ᄯᅩ 斯欣의 兄卜好ᄅᆞᆯ 보내야 高句麗에 質ᄒᆞ야 잇더시니 訥祇王이 셔아 辯士보내야 마자오고져 커시ᄂᆞᆯ 朴提上이 니거지이다 ᄒᆞ야 高句麗예 가아 王ᄭᅴ 달애야 더브러 오나ᄂᆞᆯ(삼강 충신, 30a)
>
> 신라왕의 두 아이 ᄒᆞᆫ나ᄒᆞᆫ 왜국에 볼모잡히이고 ᄒᆞᆫ나ᄒᆞᆫ 고구려에 볼모잡혀 갓더니 왕이 심히 보고져 ᄒᆞ여 변ᄉᆞᄅᆞᆯ 어더 가 마자오랴 ᄒᆞᆯᄉᆡ 뎨샹이 ᄌᆞ원ᄒᆞ여 고구려에 가 그 왕을 다래여 볼모ᄅᆞᆯ 노케 ᄒᆞ고(오륜 2, 72)

이들은 원문이 동일하나 번역이 사뭇 다르다. 전자가 원문대로 번역한 데 대하여, 후자가 원문을 크게 요약하여 번역하였기 때문이다. 그리하여 후대의 번역이 翻案에 가까운 의역으로 바뀐 것이다. 이러한 번역 양식의 변화는 위의 일반적 경향과 상반된다. 그러나 변화를 일으킨 원인은 같은 성격이 아닌가 한다. 이에 그 원인을 찾아보기로 한다.

한글에 의한 번역이 초기에 의역으로 된 것은 무엇보다 借字에 의한 번역의 전통을 계승한 데 있는 것으로 보인다. 차자 곧 이두에 의한 번역인 『대명률직해』와 『양잠경험촬요』가 번안에 가까운 의역임을 이미 보았다. 한글 창제 직후에 24권이나 되는 방대한 『석보상절』을 한글로써는 처음으로 산문으로 번역하면서 이두에 의한 번역 양식을 참고하고 따른다는 것은 당연하다고 할 수 있다. 더욱이 이들 번역은 연대 상으로도 가까운 것이다.

다음으로, 그리고 가장 근원적인 이유로 번역 의도의 차이를 들 수 있다. 번역은 물론 원문의 내용을 전달하려는 목적에서 행하여진다. 그러나 원문인 한문의 정확한 이해도 고려되면 의역보다 직역이 채택될 수밖에 없다. 『석보상절』과 『월인석보』의 번역, 특히 그 속에 수록된 『법화경』과 『아미타경』의 번역이 『법화경언해』와 『아미타경언해』보다 의역인 이유는 주로 여기에 있다. 『석보상절』과 『월인석보』는 석가의 일생을 알리기 위하여 불교 경전을 번역, 수록하였지만, 『법화경언해』와 『아미타경언해』는 경전인 원문의 이해를 위하여 번역하였기 때문이다. 그러한 의도는 『석보상절』 등의 체재가 원문이 대조되지 않은 것에서 드러난다. 그뿐 아니라 『석보상절』 등에 수록된 『법화경』의 번역이 完譯이 아님도 그 의도와 관련된 것이다. 『법화경』은 아는 바와 같이 산문인 長行과 운문인 偈頌으로 이루어져 있으며, 게송은 장행의 내용을 되풀이한 것이다. 『법화경언해』는 그것을 모두 번역하였으나, 『석보상절』과 『월인석보』에서는 그 중 하나만 골라서 번역하였던 것이다. 번역 의도의 이러한 차이는 『소학언해』와 『번역소학』에서 아주 뚜렷이 나타나 있다. 『소학언해』의 李山海 발문에서,

> 中廟戊寅年間 館閣諸臣奉敎撰解 其時多以文學自許者 爲此解頗詳密 獨舍其字義 衍以註語 故文與釋判爲二 覽者病之 萬曆乙酉春 設校正廳 撰儒臣若干人 使之釐正舊本 刪去繁冗 逐字作解 要以不失文義爲重 皆上旨也

라 한 바와 같이, 『번역소학』은 번역이 지나치게 상세하여 원문의 뜻을 잃었을 뿐 아니라, 주석까지 大文의 번역에 들어 있어서 원문과 번역이 각각이므로, 교정청에서 선조의 뜻에 따라 원문을 직역하여 『소학언해』를 간행한다는 것이다. 또 『소학언해』의 범례에서는 이 발문과 같은 내용의 한 조항을 설정하였는데, 대문의 번역만으로 뜻이 통하지 않으면 협주로써 풀이한다고 하였다. 협주의 처리와 관련된 번역을 보면, 발문에서 말한 원문과 번역이 각각이란 『번역소학』에 대한 비판을 이해할 수 있다.

원문: 賈有蒼頭頗張威福(소학)
의역: 賈餗의 죵이 㫆외여 사ᄅᆞᄆᆞᆯ 주기며 사ᄅᆞ며 ᄒᆞᄂᆞᆫ 유셔ᄅᆞᆯ ᄌᆞᄆᆞ 쓰거ᄂᆞᆯ(번소 10, 17)
직역: 賈의 蒼頭 [ᄉᆞ나히 죵을 프른 두건 쓰이ᄂᆞ니라] ㅣ ᄌᆞ못 威福을 쥬댱ᄒᆞ리 잇거ᄂᆞᆯ [유셰쓰단 말이라] (소언6, 116a)

즉 원문의 '蒼頭, 張威福'을 『번역소학』에서는 부연하여 번역하고 있으나, 『소학언해』에서는 한자어를 그대로 써서 직역한 뒤에 협주로써 설명한 것이

다. 이 협주는 현대의 각주에 해당하는데, 서양에서도 직역의 번역에 나타나는 한 특징이라 한다. 그것은 어떻든, 『소학언해』는 범례와 발문에서 밝힌 바와 같이 의도적으로 직역을 취한 번역임을 알 수 있는 것이다.

역학서가 의역에서 직역으로 된 것도 이러한 번역 의도와 관련된 것으로 보인다. 위에서 보인 『박통사』 번역의 예에서 『번역박통사』가 원문의 '仁義, 詩書'를 '仁義之道, 詩書之敎'라 하고 '應科擧'를 '급제하여'라 한 것과 『박통사언해』가 '仁義, 詩書, 科擧를 應하며'라 한 것을 대조하면 그 의도를 읽을 수 있기 때문이다.

그러나 모든 번역이 후대에 오면서 원문의 이해를 고려 또는 중시한 것은 아니다. 원문의 내용만을 전달하려는 번역이 있는 것이다. 『오륜행실도』가 그 전형적인 예다. 『삼강행실도』의 번역은 효자, 충신, 열녀의 행적을 어린이와 여인들에게 널리 알리기 위한 것이지,[17] 원문의 이해를 위한 것이 아니다. 그러나 그 번역은 원문의 내용을 거의 완전히 담았기 때문에 그 중에는 행적을 아는 데 꼭 필요한 것이 아니면서 상당한 지식이 있어야 알 수 있는 내용이 있다. 앞의 「提上忠烈」을 보면 알 것이다. 『오륜행실도』에서 그러한 내용을 줄여서 번역한 것은 『삼강행실도』의 번역 의도를 더욱 철저히 지킨 셈이다. 경서나 역학서 등과 같이 원문을 올바르게 읽도록 할 필요도 없는 책이기 때문에 그것은 가능하였을 것이다. 비슷한 예로서 『법화경언해』보다 뒤의 불교서 번역인 『칠대만법』, 『권념요록』, 『염불보권문』의 번역이 고유어의 사용, 번역 차용인 轉移語의 억제 등 의역의 특징을 갖는 것도 같은 이유로 설명된다. 요컨대, 한글에 의한 번역의 양식은 이두에 의한 번역 양식의 전통을 이어 받기도 하였으나, 근원적으로는 번역 의도가 원문의 내용만을 전달하려는 것이냐, 원문의 이해도 고려하는 것이냐에 따라 결정되었다고 할 수 있다.

Ⅵ. 결어

우리는 지금까지 개화기 이전의 번역 곧 언해를 역사적으로 살펴보아 왔

17) 그러한 의도는 『경국대전』(권3, 禮典 獎勵)에서 "三綱行實 翻以諺文 令京外士族家長父老 或其敎授訓導等 敎誨婦女小子 使之曉解云云"이라 한 데 잘 나타나 있다.

다. 이두에 의한 번역은 신라시대, 좀 더 정확히는 설총 때에 있었을 것으로 생각되지만, 현재 전하는 最古의 번역은 『대명률직해』다. 따라서 이 글이 실질적으로 다룬 것은 약 5백 년에 걸친 번역의 역사다.

이 기간의 번역은 한글의 창제 이후부터 활발하게 행하여졌다. 분야와 연대에 따라 기복이 있으나, 18세기 말까지 유교의 사서삼경, 불교의 주요 경전을 비롯하여 각 분야의 중요한 문헌은 거의 번역되었다. 이것은 번역이 한글의 보급을 가져오고, 한글 보급에 의한 한글 문헌의 증가된 독서 인구가 한글에 의한 번역을 자극한 상승작용의 결과가 아닌가 한다. 그리하여 19세기에 이르면 公的인 문자생활에 한글이 등장될 기반이 마련된 것이다. 이 기반의 조성에 번역의 역할이 컸음을 알 수 있다.

번역에 나타나는 의역과 직역의 문제는 이 시기의 번역에도 있었다. 대체로 초기의 번역이 의역이고 후대의 번역이 직역이다. 이러한 경향은 同文異譯의 번역에서 확인된다. 그 원인은 주로 번역 의도의 차이에 있는 것으로 생각된다. 경서언해와 같이 원문을 정확히 읽고 이해하도록 하는 목적으로도 쓰게 번역할 경우에는 처음부터 직역이기 때문이다. 우리가 다룬 번역은 국어사, 유학사 등의 연구 자료가 되지만, 고전 국역은 물론이고 서양서의 번역에서 이러한 번역 양식의 차이는 참고할 가치가 있을 것이다. 이 글이 그러한 참고로서 조금이라도 이바지되었으면 하는 것이 우리의 바람이기도 하다.

[편자 후기] 발표된 논문에는 장별로 소제목이 달려 있지 않았으나, 저자가 별쇄본에 내용 교정과 함께 소제목을 달아놓은 것이 있어 여기서는 그에 따랐다.

제3장 초기 불경언해와 한글

Ⅰ. 머리말

훈민정음 곧 한글이 창제된 동기와 목적은 세종의 훈민정음 서문으로 잘 알려져 있다. 국어의 말소리가 중국과 달라 한자와 더불어 통달하지 못하므로 어리석은 국민들이 문자생활을 못 하는 형편이라, 국어에 바탕한 새 글자를 만들어서 날로 사용함에 편하도록 하겠다는 것이다. 다시 말하면 한자를 모르는 어리석은 국민들도 나날의 문자생활을 쉽게 하도록 하기 위하여 한글이 창제되었다는 것이다. 그러므로 한자를 아는 사람들은 한자로써 행하던 문자생활을 계속하게 하고 한자를 모르는 사람들은 한글로써 문자생활에 참여하게 한 것이다. 그리하여 우리나라의 문자생활은 한자와 한글에 의한 이원적인 체계를 갖게 되었다.[1] 한글의 창제는 한자에 의한 문자생활의 지양이 아니라, 문자생활을 보완하는 또 하나의 문자생활의 길을 열어 놓은 셈이다.

그러나 한자와 한글에 의한 두 문자생활은 대등한 것이 아니다. 관청에서 주고받는 문서, 개인 사이에 오가는 문서라도 법적으로 보호를 받기 위하여는 한자로 작성되어야 한다. 한자는 吏讀 등 차자표기까지 포함된다. 예컨대 관청에 호소하는 所志와, 전답과 노비 매매의 明文의 작성이 이두로는 가능하나 한글로는 불가능하였던 것이다. 한글은 관청이나 법적인 보호와 무관한 사사로운 문자생활에 사용되었다. 여기에서 한자와 한글에 의한 이원적인 문자생활이 한자를 아느냐 모르느냐 하는 데서 나뉠 뿐 아니라, 公과 私로써도 구별되는 것임을 알게 된다.[2] 이에 한글 창제의 목적이 국민의 제한된 문자생활의 길을 보장한다고 할 수밖에 없다. 더욱이 한글을 창제한 세종과 세종의 한글 창제를 보필한 집현전의 소장학자들이 활약하던 시기의 한글 문헌은

1) 한글 창제를 문자생활의 이원적 체계로 이해한 것은 김완진(1972)에서 주장되었다.
2) 안병희(1986a/1992a: 397-407) 참조.

특정한 분야에 치우쳐 있다. 이 사실은 한글 창제의 목적이 그 특정 분야와 관련된 것으로도 느끼게 한다.

한글을 창제한 이후로 세종과 집현전의 소장학자들이 활약한 시기는 15세기 후반 50년 간이다. 한글이 창제된 뒤로부터 15세기 말까지의 이 기간에 이루어진 한글 사용의 문헌을 초기 한글 문헌이라 한다. 초기 한글 문헌은 1446년(세종 28)의 『훈민정음』 해례본을 비롯하여 1497년(연산 3)의 『神仙太乙紫金丹』까지 약 40부에 이른다. 이 중 불경언해는 『석보상절』, 『월인석보』를 비롯하여 『육조단경언해』까지 20여 부가 되어 전체 한글 문헌의 약 6할에 해당한다. 언해는 아니나 불교와 관련된 한글 문헌인 『월인천강지곡』과 『舍利靈應記』까지 합치면 佛書인 한글 문헌의 양은 압도적이다. 위에서 초기 한글 문헌이 특정한 분야에 치우쳐 있다는 것은 바로 이것을 말한다. 불교를 배척하고 유교를 건국 이념으로 한 조선 초기의 일로서는 더욱 주목할 일이다. 그러므로 초기 불경언해의 실상을 살피고 한글 창제와의 관련을 생각해 보지 않을 수 없다.

Ⅱ. 초기 불경언해의 실상

엄격하게 말하면 언해는 고전 한문이든 백화문이든 한자로 쓰여진 책, 즉 한문본을 국어로 번역하는 것을 가리킨다. 佛經諺解는 한문본인 불경의 번역만을 가리켜야 용어의 정확한 뜻이 된다. 그러나 이 글의 목적이 불교와 한글 창제와의 관련을 살피는 데 있으므로, 불경언해를 불교와 관련된 한글 문헌으로 확대하여 한글 불서와 같은 뜻으로 사용하기로 한다. 그럼에도 초기 불경언해라고 하는 것은 15세기에 간행된 한글 불서는 한글에 의한 다라니의 音譯인 책이나 人名이 한글로 표기된 책이 있기는 하지만 대종이 불경언해이기 때문이기도 한다.

그런데 불경언해의 간행은 帝王의 불교에 대한 信心이나 불경 간행에 대한 열의와 밀접한 상관관계가 있다. 세종, 세조 때와는 대조적으로 문종, 단종 때에는 불경언해가 전혀 간행되지 않았던 것이다. 이에 15세기 후반을 제왕 중심으로 나누어 불경언해의 실상을 살피기로 한다.[3)]

3) 불경언해에 대한 설명은 전적으로 안병희(1992b)에 의한다.

1. 세종 때의 불경언해

세종은 즉위 초에도 선왕이나 모후를 위하여 設齋를 행하고 陵寢 곁에 佛寺를 짓게 하였으나 재위의 중기부터서는 文臣의 반대를 물리치고 본격적으로 佛事를 돕고 佛寺의 重修에 재물을 내리며 불경을 간행하도록 하였다. 더욱이 한글이 창제되어 반포된 1446년 3월에 중궁인 昭憲王后가 돌아가자 명복을 빌기 위하여 돌아간 바로 그 날 金泥佛經의 조성을 하도록 하였다. 잇따라 편찬 간행된 것이 『석보상절』을 비롯한 3부의 불경언해이다.

최초의 불경언해는 『석보상절』이다. 모두 24권으로 추정되는 巨帙이다. 현재 원간본은 권6, 9, 13, 19, 20, 21, 23, 24의 8권만 전하고, 16세기에 원간본을 복각한 중간본도 권3, 11의 2권만 전한다. 중간본까지 합쳐도 10권이므로 절반이 채 안 된다. 그러나 뒤에 말한 『월인석보』를 합쳐 보면 전체 책의 짜임새와 편찬을 알 수 있다.

그것은 현재 『월인석보』의 권두에 실려 전하는 首陽大君의 「釋譜詳節序」와 세조의 「月印釋譜序」로써도 대충 드러난다. 곧 세종의 명령에 따라서 뒤의 세조인 수양대군이 소헌왕후의 追薦을 위하여 저작한 석가의 일대기인 것이다. 수양대군은 이를 저작하려고 중국의 『釋迦譜』 등을 보았으나 詳略이 같지 않으므로 스스로 한문본 『석가보』를 먼저 만든 다음, 그것을 번역하여 이 책을 만들었다고 한다. 다른 언해서와는 달리 원문인 한문이 대조되어 있지 않으나 이 서문의 기록에 따라 언해임이 분명하다. 원간의 연대는 明記가 없으나 「석보상절서」가 쓰여진 1447년으로 추정되고 있다. 내용은 석가의 전생으로부터 시작하여 탄생, 출가, 설산 수도, 설법, 열반, 그리고 사후 불교의 전파까지 다루고 있는데, 『석보상절』의 내용상 특징은 중국의 『석가보』 등에서 못 보는 『아미타경』, 『법화경』, 『지장경』, 『목련경』 등도 축약하여 놓은 점이다. 『아미타경』과 『법화경』은 세조 때에 새로이 번역되어 단행본으로도 간행된 바 있으므로, 『석보상절』이 단순한 석가의 일대기라고 할 수는 없다. 석가의 설법이라는 명목으로 주요 불경을 망라하려 했던 것으로 보인다.

『석보상절』은 한글로 표기된 최초의 산문을 보이는 점으로도 주목된다. 한글 문헌으로서 『훈민정음』(해례본)이나 『용비어천가』가 이보다 앞서 간행되었으나 어휘와 歌詞만 보이는 데 대하여, 이 책은 자연스러운 회화까지도 보여주는 자료인 것이다. 국어의 한글에 의한 문자화는 산문의 성립으로 이루어진다고 할 것이므로 이 책의 가치는 크다. 그 산문이 당시 국어의 구어를 바탕으로 한 점에서 더욱 가치가 큰 것이다.

「월인석보서」에 따르면, 수양대군이 지어 올린 『석보상절』을 본 세종이 석가의 큰 공덕을 달에 비유하여 樂章體 노래를 읊은 것이 『월인천강지곡』이다. 모두 580여 수의 노래로 추정되는데, 상 · 중 · 하 3권으로 간행되었다. 현재 권상 1책이 온전한 상태로 전하고, 권상과 권중의 낙장이 『석보상절』에 끼어 전한다. 이 책은 단독으로 중간된 일이 없으나, 『석보상절』과 합편되어 『월인석보』로 간행되었다. 원간본과 『월인석보』에 전하는 노래를 합치면 현재 알 수 있는 노래는 400수에 가깝다. 8할 이상이 알려진 셈이다.

『월인천강지곡』은 한글로 표기된 운문으로서는 『용비어천가』 다음으로 오랜 것이다. 더욱이 한자어의 표기에서 한글 위주로 하여 한자를 협주로 처리한 사실은 특기할 일이다. 『용비어천가』는 한자어가 한자로만 표기되고 『석보상절』을 비롯하여 초기 언해서는 한자 위주로 표기되고 독음 표기의 한글이 협주로 처리되어 있다. 여기에서 세종이 지은 이 노래의 표기는 한글 창제에서 세종이 가진, 한글에 대한 생각을 보인 것으로 이해하기도 한다.

『석보상절』과 마찬가지로 『월인천강지곡』의 간년에 대한 明記는 없다. 「석보상절서」의 연대에 따라 1447년의 간행으로 추정된다. 사실 이 두 책은 판식과 활자가 똑같다. 한자가 甲寅字로 되고, 한글은 최초의 동활자로서 필획의 굵기가 고른 篆書體이다. 갑인자는 한글 창제 이전에 이미 주조되어 사용되던 것이나, 한글 활자는 이 두 책을 위하여 특별히 만든 것이다. 세종이 한글 창제 직후에 한글 활자까지 만들어서 사용한 일은, 문자의 기능은 어쩌지 못하더라도, 한자와 한글을 인쇄에서는 대등한 자리에 놓으려고 한 것으로 생각된다.

세종 때의 마지막 한글 문헌이며 한글이 사용된 불서는 『사리영응기』다. 세종이 말년에 대궐 안에 內佛堂을 짓고 佛像을 만들자 舍利가 나타난 상서가 있었다. 이를 한문으로 기록한 책이 『사리영응기』다. 金守溫이 기록한 것인데, '上之三十有一年秋七月十九日癸卯云云'의 문면과 '守兵曹正郎金守溫謹記'의 김수온의 관직으로 미루어서 1449년(세종 31)의 간행으로 추정된다. 책 끝에 이 일에 참여한 信眉 등의 이름을 「精勤入場人名」이라 하여 적었는데, 그 중 '韓실구디, 朴검동' 등과 같이 이름을 한글로 적은 것이 약 50개 나타난다. 인명을 한글로 표기한 최초의 예다. 이 책은 19장으로 된 갑인자본이다. 한글 활자는 『석보상절』의 그것과 같다. 세종 때의 불교와 관련된 한글 문헌은 모두 동일한 활자본인 것이다.

세종 때의 한글 문헌은 이 밖에 『훈민정음』(해례본), 10권의 『용비어천가』, 6권의 『동국정운』이 있다. 部數로는 불서인 한글 문헌과 똑같다. 그러나 『용비어천가』의 한글 노래 125수를 제외하면 어휘나 한자음을 한글로 표기한 책이다. 한글 사용의 분량만 따지면 『월인천강지곡』 권상에도 미치지 못한다. 세종 때의 한글 문헌에서 불경언해가 갖는 의미가 어떠함을 느끼게 된다.

2. 세조 때의 불경언해

세종을 이은 문종과 단종 때는 불경언해가 간행되지 않았다. 그러나 뒤이은 세조 때는 조선조를 통틀어서도 유례가 없을 정도로 불경언해가 대대적으로 간행되었다. 이는 뒤에 문신들로부터 세조조의 三和尙으로 비난된 信眉, 學悅, 學祖를 비롯한 학승들과 불경에 조예가 깊은 김수온, 한계희 등 문신들의 도움을 받기는 하였으나 세조 자신의 불교에 대한 열의와 불경에 대한 깊은 이해에 말미암는다고 할 것이다. 위에서 말한 바와 같이 潛邸 시절 세종의 명령을 받아 大君으로서 『석보상절』을 편찬하며 세종이 행한 佛事에 적극적으로 참여하였고, 왕위에 오른 뒤로는 한문본 불경을 본격적으로 간행하는 한편, 불경언해도 『월인석보』의 편찬 간행을 시작으로 간경도감을 설치하여 주요한 불경을 번역하여 간행하였던 것이다.

『월인석보』는 1447년의 『월인천강지곡』과 『석보상절』을 합편하여 만든 책이다. 앞에서 말한 바와 같이 『석보상절』은 1년 남짓한 기간에 만들었고 『월인천강지곡』은 그것을 보고 곧장 지은 노래이기 때문에 두 책은 처음부터 수정될 운명을 지닌 채 간행된 셈이다. 1457년 9월 懿敬世子(뒤에 德宗으로 추증되었다)의 죽음은 두 책을 수정, 간행하는 직접 동기가 된다. 돌아간 世子를 위해서는 많은 한문본 불경을 전사하거나 간행하였지만, 한문을 모르는 대중을 위해서는 국어로 번역된 불경이 필요하였다. 더욱이 『월인천강지곡』은 세종이 짓고 『석보상절』은 세종의 명령에 따라 이루어진 책이다. 세종과 소헌왕후의 명복을 빌기 위해서도 『월인석보』의 간행은 바람직한 일이다.

세조의 「월인석보서」에 의하면 위와 같은 동기에서 세조는 『월인석보』를 편찬하기 위하여 침식을 잊고 정성을 다하였다고 한다. 따로 간행된 두 책을 가다듬어 정밀히 하고 새 책에 고치고 더하였는데 한두 구절의 손질에도 소홀함이 없었다. 의심이 있으면 信眉 등 학승과 김수온 등 문신에게 반드시 물었다는 것이다. 그리하여 2년이 채 안 되는 기간에 『월인석보』는 완성되었다.

『월인석보』의 편성은 『월인천강지곡』을 본문으로 하고 『석보상절』을 주석으로 한 것이다. 이 체재는 『용비어천가』와 비슷하나, 『용비어천가』는 노래 한 수마다 주석이 붙지만 『월인석보』는 이야기 단락에 따라 『월인천강지곡』이 적게는 한 수에서 많게는 50수가 함께 실리고 그에 해당되는 『석보상절』이 주석으로 실린다. 물론 『용비어천가』는 주석이 한문이고 노래에 漢詩 對譯이 있는 사실도 『월인석보』와 다른 점이다. 그런데 주석인 『석보상절』은 말할 것도 없고 본문인 『월인천강지곡』도 이 책에 실리면서 크게 손질되었다. 『월인천강지곡』 권상만 보더라도 한자와 그 독음의 위치가 바뀌는 형식의 차이뿐 아니라, 노래 한 수가 새로 추가된 듯하고, 또 같은 노래도 어휘와 語尾를 바꾸어 놓은 것이 있다.[4)]

『월인석보』의 전체 권수는 『석보상절』과 같이 24권으로 추정되어 왔었다. 두 책의 권9가 똑같이 『藥師如來本願功德經』을 底經으로 한 사실, 『법화경』이 『석보상절』 권13~21에 수록되고 『월인석보』 권11~19에 수록되어 모두 9권으로 번역된 사실이 근거다. 그러므로 『월인석보』 권11부터 권차만 조정되어 달라졌으나 권수는 똑같은 것으로 생각되었다. 그런데 최근 공개된 『월인석보』 권23의 내용은 종래의 추정에 의문을 제기한다. 이미 알려진 『석보상절』 권23, 24의 내용은 석가보의 마지막 부분을 저경으로 하고 있는데, 그 차례를 앞당길 수도 없거니와 석가의 이야기에서 생략될 수도 없다. 그러나 『월인석보』 권23에는 그 이야기가 없다. 그 이야기는 『월인석보』 권23에 이어지는 내용이다. 여기에서 『월인석보』의 전체 권수는 25권 정도로 추정함이 온당하지 않을까 한다.

『월인석보』는 목판본이다. 판각이나 印面, 지질 등이 매우 훌륭하다. 유감스럽게도 이러한 원간본은 모두 전하지 않는다. 현재 전하는 것은 권1, 2,

---

4) 『월인천강지곡』의 이러한 손질에 대하여는 안병희(1992c)를 참조할 것. [본서 제12장]

7~15, 17~20, 23, 25의 17권이고, 16세기 40년대에서 70년대 사이에 복각된 중간본으로 권1, 2, 4, 7, 8, 21~23의 8권이 알려져 있다. 중복된 것을 제외하면 모두 18권의 내용을 알 수 있다. 권1의 내용에서 주목되는 사실은 권두의 「훈민정음언해」이다. 1446년의 『훈민정음』의 본문인 세종의 훈민정음 序文과 例義만을 언해한 것이다. 이것은 언뜻 보면 석가의 일대기와 아무런 관련이 없으므로 이상하게 생각될 수 있다. 그러나 20여 권이나 되는 큰 책을 새 문자로 지어 간행하면서 그 문자에 대한 해설의 필요에 말미암는다고 이해하면 오히려 당연한 일로 생각된다. 더군다나 「훈민정음언해」는 함께 실린 「석보상절서」와 언해의 체제가 같을 뿐 아니라 번역된 언어 현상이 완전한 일치를 보인다. 그러므로 이 「훈민정음언해」는 『석보상절』의 권두에도 그대로 실렸을 것으로 추정된다. 반포된 지 1년이 채 안 된 한글로 된 책 앞에 그 한글에 대한 설명을 싣는다는 것은 너무나 당연한 일이다.

세조는 『월인석보』의 편찬, 간행에 이어 본격적인 불경언해의 간행에 착수한다. 그 첫 사업이 활자본 『능엄경언해』이다. 그 책의 세조 跋에 따르면 1449년 세종이 『능엄경』을 번역하려고 하여 세조에게 그 일을 맡겼으나 완성되지 못하다가 1461년 5월 舍利가 나타나는 상서가 있자 세조가 직접 구결을 달아서 한계희, 김수온 등에게 번역하게 하여 그 해 10월 교서관에서 활자로 찍어내게 하였다고 한다. 한자는 을해자이고 한글은 필획이 『석보상절』의 한글 활자보다 부드러워서 楷書에 가까운 활자다. 따라서 이 책은 한자와 한글이 균형을 잡은 활자본이 되었다. 현재 10권 10책이 모두 전하나 한두 권씩 따로따로 소장되어 있다.

위에서 말한 1461년 5월의 상서가 계기가 되어 세조는 불경을 간행하기 위한 간경도감을 그 해 6월 설치한다. 간경도감은 1461년의 『金剛經疏開玄鈔』를 비롯하여 서울의 本司와 府牧의 分司에서 많은 한문본 불경을 간행하였다. 현재까지 알려진 불경은 25종에 이르고 그 중에는 100여 권의 책도 있으므로 간경 사업의 규모가 방대함을 알 수 있다.[5] 그런데 교서관에서 활자로 간행된 위의 『능엄경언해』는 번역하기 시작하여 출판되기까지 겨우 4, 5개월이 걸렸다. 상당한 오역이 있을 수밖에 없다. 이 잘못을 바로잡아 한문본 불경과 같이 목판본으로 출판하여 한문을 모르는 대중에게 보급하려는 사

5) 한문본 불경의 구체적인 목록은 천혜봉(1991: 21-24)에 나타나 있다.

업에 간경도감은 착수하였다. 그리하여 간행된 것이 목판본『능엄경언해』이며, 이를 典範으로 하여『법화경언해』등이 간행되었던 것이다.

간경도감판『능엄경언해』는 10권 10책으로 1462년 8월에 간행되었다. 이때의 원간본과 임진란 이전의 복각본이 전한다.『법화경언해』는 세조가 구결을 달고 간경도감에서 번역하여 1463년 9월에 간행되었다. 책의 체재와 번역양식은 말할 것이 없고 정서법에 이르기까지 목판본『능엄경언해』와 일치한다.『법화경』은 진작『석보상절』에 번역되어 수록되었다가 크게 손질되어『월인석보』에 수록되었는데『법화경언해』로써 번역이 확정된 셈이다. 이 새 번역은『석보상절』이나『월인석보』의 그것과 내용에서도 다르지만, 문체에서도 큰 차이가 있다.『석보상절』등이 구어체 산문인 데 대하여 이 책은 당시의 문어체 산문인 것이다. 이 문어체 산문은『능엄경언해』에서 비롯되지만 국어의 문자화에서 크게 주목하여야 할 일이다. 이『법화경언해』는 드물지만 원간본과 16세기 이후의 중간본이 전한다.『영가집』의 언해는 활자본『능엄경언해』의 세조 跋에 따르면 1461년 5월의 상서 때에 효령대군이 세조에게『능엄경』의 언해와 함께 번역을 요청하였으나, 간행은 1464년 간경도감에서 이루어졌다. 세조가 친히 한글로 구결을 달고 신미 등이 번역한 것이다. 2권 1책의 목판본인데, 체재와 번역 등이 모두 간경도감의『능엄경언해』와 같다. 원간본과 16세기 전반의 복각본이 전한다. 같은 해에『아미타경언해』,『금강경언해』,『반야심경언해』가 간경도감에서 간행되었다. 간경도감의『능엄경언해』와 같은 체재와 번역이다. 1권인『아미타경언해』는 內題 다음에 '御製譯解'라 하였는데, 이는『월인석보』권7의「석보상절」부분과 같으므로 세조가 구결과 함께 번역도 한 것으로 생각된다. 원간본과 16세기 중엽 이후의 복각본이 여럿 있다. 각기 1권인『금강경언해』와『심경언해』는 세조가 구결을 달고 한계희가 번역을 하여 간경도감에서 동시에 간행되었다. 똑같은 간경도감 都提調 黃守身의 '進金剛心經箋'이 두 책에 있기 때문이다. 모두 원간본과 16세기의 복각본이 현존한다.『원각경언해』는 세조가 구결을 달고 신미, 효령대군, 한계희 등이 번역하여 1465년 간경도감에서 간행하였다. 책의 체재와 번역양식은 간경도감판『능엄경언해』와 같으나 정서법에서 각자병서가 안 쓰이는 점이 다르다. 이 차이는 성종 때의 불경언해에 그대로 이어지는 특징이다. 서문과 11권으로 나뉜 본문으로 되어 10책으로 장책되었다. 원간본은 零本으로 전하나 16세기 후반의 복각본은 전질이 전한다. 『목우자수심결언해』는 간경도감의 마지막 불경언해다. 내제 다음에 '丕顯閤訣/慧覺尊者譯'이라 있으므로 東宮 便堂인 丕顯閤에서 구결을 달고 신미가 번역한 책이다. 간경도감의 불경언해로서 갖는 번역양식과 판식은 이 책도 똑같으나 책의 체재에서 약간의 차이가 있다. 곧 經 本文만 번역되고 주석의 번역이 없으며, 번역 앞의 圈標가 다른 책은 쌍행인 번역의 제1행에 나타나지만 이 책에서는 쌍행에 걸쳐 있다. 그리고 번역문의 한자 독음도 『법화경언해』 등과 함께 한자나 보통의 한글보다 작은 글자로 쓰여 있는데, 『능엄경언해』의 독음은 한자나 다른 한글과 똑같은 크기이다. 1권인 이 책은 원간본이 전하며, 1500년(연산 6)의 복각본도 전하고 있다.

책에 간기가 없으므로 간년이나 간행 기관을 분명히 하지는 못하지만, 판식과 번역양식 및 정서법으로 미루어서 세조 때의 불경언해로 추정되는 책들이 있다. 먼저 『몽산법어언해』와 『사법어언해』의 합부 1책이 있다. 『목우자수심결언해』와 합철되어 있으므로 1467년 간경도감에서 간행된 것으로 간주되었다. 그러나 구결의 한글에도 방점이 쓰이고 번역에 순경음의 사용이 있는 점 등으로 『월인석보』와 비슷한 연대의 간행으로 보아야 할 것이다.[6] 원간본과 16세기 이후의 많은 중간본이 전한다. 다음으로 활자본 『능엄경언해』와 같은 활자로 간행된 『아미타경언해』가 있다. 한자의 을해자와 한글 小字가 공통되나, 한글 中字는 이 책에만 나타난다. 그런데 이 책에는 『몽산법어언해』와 같이 구결의 한글에도 방점이 나타나며, 불교 용어의 한자음 표기가 『월인석보』와 활자본 『능엄경언해』와 공통된다. 따라서 간년은 『월인석보』와 활자본 『능엄경언해』 사이가 아닐까 한다. 간경도감판 목판본이 있기 때문에 복각된 일은 없다. 끝으로 乙酉字로 간행된 『원각경구결』이 있다. 원각경의 經 本文과 당나라 宗密의 疏鈔에 구결만 한글로 단 책이다. 언해가 없는 점이 『원각경언해』와 다르다. 간기는 없으나 을유자가 1465년 『원각경』을 찍기 위하여 주조한 활자이므로 그 해 간행된 것이라 생각된다. 11권 5책인데, 원간본과 16세기 복각본이 함께 전한다.

불경언해는 아니나 佛事와 관련된 언해가 있다. 1464년 신미 등이 세조를 위하여 상원사를 중창할 때, 세조가 그 일을 돕기 위하여 재물을 보내면서

---

6) 간년을 이렇게 올려 잡는 일은 志部昭平(1986)에 주장되어 있다.

쓴『上院寺御牒』과 신미 등이 쓴『上院寺重創勸善文』이 그것이다. 두 글이 모두 한문과 번역으로 되어 있다. 印本이 아니라 필사본인데, 帖裝으로 강원도의 절에 보관되어 있다. 가장 오랜 필사본 언해로서 높이 평가될 뿐 아니라, 권선문이기 때문에 필사본이지만 번역되어 널리 읽게 한 것으로 주목된다.

불경언해를 제외한 세조 때의 한글 문헌은 1466년의『주역전의구결』과『구급방언해』, 그리고 1466년경 간행인『주역전의대전구결』만 원간본과 중간본으로 전한다.『주역전의구결』은 20권의 을해자본이나 經 본문에만 한글로 구결을 단 책이다.『주역전의대전구결』은 한문본의 난상에『주역전의구결』의 경 본문과 한글 구결을 찍은 것이므로 새로운 한글 문헌이라 할 수 없는 책이다.『구급방언해』는 2권으로서 16세기의 을해자 복각본만 전한다. 엄격하게 말하면, 불경언해를 제외하면 세조 때의 유일한 언해라 할 것이다. 여기에서 세조 때의 한글 문헌에서 불경언해가 차지하는 비중이 얼마나 큰가를 알게 된다.

3. 성종 · 연산군 때의 불경언해

세조가 1468년(세조 14) 9월 돌아가고 예종이 즉위하여 1년 남짓 재위하였으나 불경언해의 간행은 없었다. 세조의 명복을 빌기 위한『禮念彌陀道場懺法』등 한문본 불경의 간행이 있었을 뿐이다. 성종이 즉위한 뒤에도 사정은 마찬가지였다. 세조 때 불경언해를 본격적으로 간행한 간경도감이 1468년(세조 14)『林間錄』등 한문본 불경의 간행을 끝으로 불경언해는 물론, 한문본 불경의 간행도 중단하고 있었는데, 마침내 1471년(성종 2)에 혁파되기에 이르렀다. 그러나 세조비인 정희왕후 곧 자성대왕대비, 성종의 생모이며 덕종비인 소혜왕후 곧 인수대비, 예종비 안순왕후인 인혜왕대비 등이 선왕의 追薦을 명분으로 대대적인 한문본 불경과 불경언해를 간행하였다. 이러한 사정은 연산군 때에도 계속되었다. 이들 대비의 후원으로 불서가 간행될 수 있었는데 특히 인수대비의 힘이 컸다.

성종 때 간행된 최초의 불경언해는 1472년에 인출된 후쇄본들이다. 인수대비가 세조, 예종, 덕종의 명복과 대왕대비, 주상, 왕비의 만수무강을 빌면서, 아울러 돌아간 친정아버지 서원부원군을 위하여『佛祖歷代通載』,『六經合部』등 23종의 한문본 불경을 重印하였는데, 동시에 불경언해인『법화경언해』, 『능엄경언해』 각 60부, 『원각경언해』 20부, 『반야심경언해』 300부, 『몽산법어 · 사법어』, 『영가집언해』 각 200부를 세조 때의 책판으로 다시 찍어내었던 것이다. 이들 후쇄본의 인출 경위는 책마다 갑인자로 된 김수온의 발문에 나타나 있다. 이들 책은 발문이 아니면 초쇄의 원간본과 거의 구별되지 않는다. 그러므로 현재 불경언해의 원간본으로 인정되는 책 가운데는 이 때의 인출본이 없지 않을 것이다.

성종 때 최초로 편찬 간행된 불경은 한글판 『오대진언』이다. 약 10년 뒤에 간행된 『오대진언』이 梵字와 한자 音譯의 陀羅尼에 한글 音譯이 덧붙여서 된 책인데, 이 책은 한글 음역의 다라니만으로 이루어진 것이다. 다라니의 한글 음역 이외에 진언에 대한 설명을 한글로 한 부분과 「隨求靈驗」과 같이 『靈驗略抄』를 번역한 부분이 있지만, 범자와 한자 음역이 없는 특징으로 한글판이라 부른다. 현재 전하는 원간본은 간경도감판 불경언해에 뒤지지 않는 훌륭한 목판본으로서, 「四十二手眞言」 1권 1책과, 「隨求卽得陀羅尼」와 「隨求靈驗」 1권과 별권인 「佛頂尊勝陀羅尼」 낙장으로 된 1책뿐이다. 16세기 중엽의 복각본에는 「神妙章句大陀羅尼」의 한글 음역이 더 있다. 이 중간본도 완전하지 못하므로 원간본에는 『오대진언』이 모두 수록된 것으로 보인다. 원간본의 간기는 「사십이수진언」에만 나타나는데, 1476년에 후궁과 왕자, 공주 등이 합력하여 간행한 것이 기록되어 있다. 시주질에 貴人湛月軒朴氏, 德源君, 貞懿公主 등의 이름이 있기 때문이다.

한글판 『오대진언』에 이은 성종 때의 불경언해는 1476년의 『금강경삼가해』와 『남명집언해』, 1485년의 『불정심경언해』와 『오대진언』 · 『영험약초』다. 『금강경삼가해』와 『남명집언해』는 동시에 간행된 책으로, 한계희와 강희맹의 발문이 두 책에 똑같이 붙어 있다. 그에 의하면, 두 책은 원래 세종의 명령에 따라 문종, 세조로 이어져 오면서 번역되었으나 완성되지 못하였는데, 자성대왕대비가 學祖에게 교정하여 완성시켜 모두 을해자로 간행하였다. 5권 5책인 『금강경삼가해』는 300부, 2권 2책인 『남명집언해』는 500부를 인출하였다고 한다. 두 책 원간본이 다 전하며, 중간된 일은 없다. 『불정심경언해』는 성종의 만수무강을 위하여 간행한 책으로, 앞에 한문 원전을 목판본으로 인출하고 뒤에 번역을 을해자본으로 인출하여 합책한 것이다. 불경언해가 大文을 단위로 하여 한문과 번역을 짝짓는 것과는 다른 체재다. 한문본 뒤에는 1485년 2월의 學祖跋이 있다. 원간본과 16세기 이후의 중간본이 전한다. 『오대진언』과 『영험약초』는 장차가 계속되는 1책이나, 분책으로 전하기도 한다. 『오대진언』 뒤에 붙어 있는 1485년 孟夏의 學祖跋에 의하면, 인수대비가 성종의 만수무강을 빌기 위하여 일반 민중이 진언을 쉽게 誦習하도록 범자와 한자 음역에 한글 음역을 덧붙여 간행하였다고 한다. 『불정심경언해』와 같이 『오대진언』과 『영험약초』의 한문 원전은 목판본, 『영험약초』의 번역은 을해자본으로 간행되었다. 원간본과 16세기 이후의 중간본이 모두 전하고 있다.

연산군 때의 불경언해도 성종 때와 같이 세조 때의 책판을 이용한 후쇄본으로 시작된다. 이들 후쇄본에는 성종 때의 그것과 같이 같은 학조의 발문이 활자로 인쇄되어 있다. 그에 따르면, 1495년(연산 1) 성종의 追薦을 위하여 인수대비의 명령에 따라 『법화경언해』 50부, 『능엄경언해』 50부, 『금강경언해』 60부, 『반야심경언해』 60부, 『영가집언해』 60부, 『월인석보』 20부와 함께 한문본인 『금강경오가해』 50부, 『육경합부』 300부가 인출되었다고 한다. 이들 책이 후쇄본이라고 하나 세조 때의 印本과 거의 구별되지 않을 정도로 훌륭한 인본이다. 당시의 인본으로 인정되는 근거가 학조의 발문만일 경우도 있다. 그런데 여기의 『월인석보』에 대하여는 발문에 '석보상절'이라 하였다 하여 달리 보는 견해가 있으나, 활자본인 『석보상절』은 후쇄본이 아니라 중간본이라야 하는데 당시의 상황이 그럴 형편이 못 되며, 또 당시에 『월인석보』를 '석보상절'로 부른 예증이 있으므로 『월인석보』의 후쇄본이라 함이 온당하다. 다만 학조의 발문이 있을 『월인석보』 마지막 권이 전하지 않으므로 확인이 안 될 뿐이다.

위의 학조 발문은 정교한 목활자로 되었는데, 1496년 3월에 한문본인 『天地冥陽水陸雜文』을 그 목활자로 인출하고, 그 해 5월에 한글 목활자를 추가로 만들어서 3권 3책인 『육조단경언해』와 각기 1권인 『진언권공』과 『삼단시식문』을 합부 1책으로 간행하였다. 뒤의 책은 보통 『시식권공』으로 약칭되는데, 그 뒤에 연기만 밝힌 필자 미상의 발문이 있다. 그에 따르면, 인수대비의 명령에 따라 발문을 쓴 승려가 『육조단경언해』와 『시식권공』을 번역하여 목활자로 각각 300부와 400부를 동시에 간행하였다고 한다. 이 승려는 인수대비의 특별한 신임을 받은 것이라야 하므로 학조로 추정된다. 따라서 이들 책은 학조가 번역한 것이라 생각된다. 이들 책은 모두 원간본이 전하나, 『육조단경언해』 권하만 전하지 않는다.

연산군 때의 불경언해는 이 밖에 『개간법화경언해』와 『목우자수심결언해』가 더 있다. 전자는 간경도감의 『법화경언해』에서 주석문을 삭제하고 경 본문과 그 번역만을 옮겨 실었으나 표기법과 한자음 표기에서 차이가 있다. 시주질에 비빈, 왕자, 상궁이 대거 나타나므로 궁중의 후원으로 간행된 것임을 알 수 있다. 후자는 간경도감판을 그대로 복각한 것이므로 세조 때의 불경언해와 다르지 않다. 그러나 합천 鳳栖寺에서 간행된 사실이 주목된다. 한글문헌으로서는 최초의 지방판이기 때문이다. 지금까지 설명된 불경언해와 함께 다른 초기 한글 문헌도 모두 중앙에서 간행된 책이다. 비록 복각본이지만 지방에서 한글 문헌이 간행된 것은 한글 문헌의 수요가 지방에서도 나타나기 시작한 것을 말하며, 그것은 곧 한글의 보급이 꽤 이루어졌음을 말한다. 그것이 다른 책이 아닌 불경언해인 사실을 우리는 특히 주목하고자 한다. 그런데 『개간법화경언해』와 『목우자수심결언해』의 중간본은 모두 1500년에 간행되었다. 엄격하게 말하면 초기 한글 문헌의 범주에 들지 않는다. 불경언해가 적어도 1500년까지 궁중의 후원으로 간행되고, 이미 불경언해의 수요가 지방에서도 일어나고 있은 점에서 덧붙여 두는 것이다.

이상 본 바와 같이 성종과 연산군 때의 불경언해는 자성대왕대비를 비롯한 대비들의 주도로 간행되었다. 세종, 세조와 같은 제왕의 도움이 이미 존재하지 않았다. 제왕의 관심은 불경이 아닌 교화서의 언해에 있었다. 당시에 간행된 불경언해가 아닌 한글 문헌이 그것을 말하고 있다. 성종 때의 것으로 1475년의 『내훈』, 1471년의 『두시언해』와 『삼강행실도』, 1489년의 『구급간이방』, 1492년의 『금양잡록』과 『이로파』, 1493년의 『악학궤범』이 있고, 연산군 때의 것으로는 1497년의 『신선태을자금단』이 있다. 重印本을 제외하면 성종 때의 불경언해는 한글 문헌에서 차지하는 비중이 세조 때에 비교되지 않을 정도로 줄어들었다. 25권이나 되는 『두시언해』의 절반만으로도 불경언해를 모두 합친 분량에 맞먹는다. 불경언해의 갑작스러운 퇴조가 시작된 것이다. 연산군 때의 불경언해는, 편자 李宗準이 사사로이 간행한 1권인 『신선태을자금단』에 비교하면 양과 질에서 압도하는 한글 문헌이다. 불경언해의 퇴조가 끝난 것으로 보이게도 한다. 그러나 연산군 때는 나라에서 교화서의 언해를 한 책도 간행하지 않은 시기다. 불경언해는 인수대비를 비롯한 비빈이나 지방 사찰에서 간행하였을 뿐이다. 그러므로 성종 때의 퇴조는 이 시기에도 계속된다고 할 것이다.

Ⅲ. 결론

우리는 지금까지 초기 불경언해가 당시의 다른 한글 문헌 전체보다 많은 양임을 살펴보았다(요약된 목록은 [부록]을 참조할 것). 특히 세종, 세조 때에는 거의 절대적이라 할 만큼 많은 양이다. 불경언해는 다른 한글 문헌과 비교하여 양뿐 아니라, 한글에 의한 국어의 문자화에 끼친 기여나 인쇄문화의 역사적인 의의로 보더라도 뛰어난 바 있다. 국어의 구어체 문장은 『석보상절』과 『월인석보』, 문어체 문장은 간경도감의 불경언해로 틀을 잡았다고 할 수 있다. 조선 초기의 대표적인 활자인 갑인자, 을해자, 을유자와 함께 사용된 다양한 한글 활자, 印經字와 같이 사용된 정교한 한글 목활자는 불경언해에서 그 가치를 돋보이게 한다. 간경도감의 불경언해가 보이는 우아하고 미려한 목판본은 서지학계에 정평이 나 있다.

초기 불경언해가 이와 같이 양과 질에서 다른 한글 문헌을 능가한 것은 세종과 세조, 그리고 자성대왕대비를 비롯하여 인수대비에 이르는 역대 왕후의 불경 간행에 대한 열의에 말미암는다. 일반 儒臣들의 강력하고 집요한 반대를 물리치고 왕실의 절대적인 재력과 朝野의 우수한 인력을 동원할 수 있었으므로 그러한 불경언해를 간행한 것이다. 세조 자신의 불경에 대한 깊은 소양에, 이른바 세조조 三和尙이라 일컬어진 신미, 학열, 학조를 비롯한 學僧, 불경에 깊은 이해를 가진 김수온, 한계희 등 文臣의 힘이 어우러졌기 때문에 언해하게 될 불경의 校勘, 구결과 번역이 매우 짧은 기간에 이루어지고 불경언해로 출판될 수 있었을 것이다.

불경언해의 간행은 돌아간 왕이나 왕후의 명복을 빌거나 주상의 만수무강을 빌기 위한 것이라고 序跋 등에 명기되어 있다. 그러나 그것을 위하여는 다른 佛事나 한문본 불경의 조성이나 간행으로도 가능하다. 실지로 金泥佛經의 조성이나 한문본 불경의 대대적인 간행도 그를 위하여 행해졌다. 불경언해에는 그에 덧붙여서 한문을 모르는 백성들까지 불경을 듣거나 읽고 三寶에 귀의하게 하겠다는 뜻이 있다. 이는 바로 한글을 창제한 세종의 뜻을 구현한 것이다. 불경언해의 序跋에서 그 구체적인 실증이 나타난다.

> 頃因追薦 爰采諸經 別爲一書 名之曰釋譜詳節 旣據所次 繪成世尊成道之迹 又以正音 就加譯解 庶幾人人易曉 歸依三寶焉(수양대군, 석보상절서)
>
> 梵軸崇積 觀者猶難於讀誦 方言謄布 聞者悉得以景仰(세조, 어제월인석보서)
>
> 今我聖上 … 萬機之暇 將使聾瞽開明 於此禪經 親印口訣 乃命儒臣 招集緇流 詳加諺釋 刊板流通 非但禪門兄弟 因言以達其文 因文以得其義 以至販夫竈婦 皆得聞佛祖之旨 然則我殿下法施之恩 至矣盡矣(신미, 영가집언해발)

불경이 아무리 많더라도 梵字는 말할 것도 없거니와 漢字로 되었더라도 읽기 어려울 것이나, 국어로 번역하면 승려가 쉽게 글뜻을 통달할 뿐 아니라 한문을 모르는 장사꾼이나 부엌데기라도 부처의 말을 알아듣고 불교에 귀의하게 되리라는 것이다. 이러한 동기에 따라 간행된 불경언해는 당시 일반 민중의 돈독한 불교 신앙으로 널리 유통되어 읽히었을 것이므로 불교의 전파에도 크게 이바지하였을 것이다. 이 과정에서 한글도 크게 보급되었을 것은 틀림없다. 그뿐 아니라 『월인석보』의 권두에는 「훈민정음언해」가 실려 있다. 한글을 깨쳐서 한글로 쓰여진 『월인석보』를 스스로 읽도록 한 배려로 보인다. 『훈몽자회』의 권두에 「諺文字母」를 싣고, 『진언집』의 권두에 「梵本」이나 「諺本」을 싣는 것과 똑같은 뜻이다. 그러나 이러한 배려가 한글의 학습과 보급에 적극적으로 이바지한 것도 사실이다. 더욱이 「훈민정음언해」는 『석보상절』의 권두에도 실렸을 것이 확실하다. 「훈민정음언해」는 국어사 자료로서 갖는 성격이 『석보상절』과 같으나 『월인석보』와는 다르고, 언해의 체재도 「석보상절서」와 일치하나 「월인석보서」와는 다르기 때문이다. 그렇다면 「훈민정음언해」는 한글이 반포되고 채 1년이 안 된 시기에 불경언해에 실려 유포된 셈이다. 한글과 불경언해의 관계가 어떠함을 단적으로 말한다고 하겠다.

세종의 한글 창제가 불경언해를 위한 것이라고 단정할 수는 없다. 그러나 초기 한글 문헌, 특히 세종, 세조 때의 한글 문헌에서 차지하는 불경언해의 절대적이라고도 할 위치, 창제 직후에 행해진 한글의 보급과 학습에 이바지한 불경언해의 기능을 생각한다면 한글 창제에서 불교에 대한 고려가 없었다고는 못할 것이다. 세종이 겉으로 표방하지는 못했지만, 속으로는 불경언해를 생각하고 한글 창제에 임했으리라는 강한 의혹을 떨쳐버릴 수가 없는 것이다.

[부록] 초기 불경언해 연표

(범례)

(1) 이 연표에는 한글 사용의 佛書도 포함된다. 불경언해와 관련된 사항은 괄호 안에 표기한다.

(2) 刊年이 분명하지 않은 문헌은 그 앞에 ?를 덧붙인다.

(3) 不分卷은 표시하지 않으나 2권 이상이면 卷數를 문헌 뒤 괄호 안에 표기한다. 권수와 책수가 일치하지 않을 경우에는 책수를 부기한다. 분명하지 않은 권수는 그 앞에 ?를 덧붙인다.

1446(세종 28)	훈민정음 반포
1447(세종 29)	『석보상절』(?24권), 『월인천강지곡』(3권)
1449(세종 31)	『사리영응기』
1459(세조 5)	『월인석보』(?25권), ?『몽산법어언해』
1461(세조 7)	간경도감 설치 『능엄경언해』(활자본 10권), ?『아미타경언해』(활자본)
1462(세조 8)	『능엄경언해』(목판본 10권)
1463(세조 9)	『법화경언해』(7권)
1464(세조 10)	『영가집언해』(2권), 『아미타경언해』(목판본), 『금강경언해』, 『반야심경언해』, 『상원사중창권선문』
1465(세조 11)	『원각경언해』(11권 10책), 『원각경구결』(11권 5책)
1467(세조 13)	『목우자수심결언해』, 『사법어언해』
1471(성종 2)	간경도감 폐지
1472(성종 3)	『법화경언해』, 『능엄경언해』, 『원각경언해』, 『반야심경언해』, 『몽산법어 · 사법어언해』, 『영가집언해』(이상 重印)
1476(성종 7)	『오대진언』 · 『영험약초』(한글판)
1482(성종 13)	『금강경삼가해』(5권), 『남명집언해』(2권)
1485(성종 16)	『불정심경언해』(3권 1책), 『오대진언』 · 『영험약초』
1495(연산 1)	『법화경언해』, 『능엄경언해』, 『금강경언해』, 『반야심경언해』, 『영가집언해』, 『월인석보』(이상 重印)
1496(연산 2)	『육조단경언해』(3권) 『진언권공』 · 『삼단시식문』

제4장 刊經都監의 언해본

Ⅰ. 머리말

잘 아는 바와 같이 刊經都監(이하 '도감'으로 줄임)은 세조가 1461년(세조 7) 6월 16일에 佛經의 간행을 국가 사업으로 추진하기 위하여 설치한 기관이다. 도감 설치의 배경과 동기는 드러나 있지 않으나, 세조의 불교에 대한 깊은 信心에다 1461년 5월 중순에 석가의 眞身舍利 100여 매가 나타난 상서가 계기가 된 것이 아닌가 한다.[1] 아무튼 세조의 도감은 고려 시대의 大藏都監과 敎藏都監에 필적할 기관으로 설치된 것이다.[2] 그러나 세조가 1468년 돌아가고 예종과 성종이 해를 달리하여 즉위하게 되자 조정에서 도감의 혁파에 대한 논의가 거세게 일어났다. 논의의 초기에는 조정의 일부에서 혁파가 불가하다는 반론도 있었지만, 대세는 혁파 쪽으로 기울어 있었다. 세조가 설치한 기관일 뿐 아니라 그 사업이 마무리되지 않았으므로 혁파할 수 없다는 왕의 반응으로 명목만 유지되는 상황이었다. 실제로 세조가 돌아간 이후로 도감에서 간행한 경전은 없다. 그러다가 마침내 성종은 1471년(성종 2) 12월 5일에 도감을 혁파하기에 이른다. 이러한 사정은 당시의 실록에 자세히 기록되어 있다.

도감은 결국 10년 반 동안 존속한 기관이다. 그러나 목적 사업인 불경 간행을 수행한 기간은 7년 남짓에 지나지 않는다. 그와 같이 짧은 기간임에도 수많은 한문본 불경과 언해본 불경을 간행하였다. 현재까지 알려진 한문본은 1461년 『金剛經疏開玄抄』를 비롯하여 서울의 本司와 지방의 府牧에서 간행

---

1) 眞身舍利 100여 매에 대하여는 『능엄경언해』의 세조 발문, 특히 그 번역의 협주에서 상세히 기술되어 있다. 정확히는 모두 102매의 진신사리가 순차적으로 나타났다고 한다.

2) 이에 대하여는 김두종(1974), 江田俊雄(1977), 천혜봉(1991b)의 관계 부분을 참고할 것.

된 불경이 모두 25종이다. 그 중에는 1종이 100여 권인 책도 있으므로 얼마나 많은 책인가를 짐작할 수 있다.[3] 한문본이 이렇게 대량으로 간행된 것은 목판을 새로 새긴 것도 있지만, 사찰에 전래하던 冊板을 修補하여 인출하였기 때문이다. 修補에는 일부 보판도 있겠으나, 목판을 새로 새기는 일에 비하면 노력과 물자의 절약이 여간 큰 것이 아니다. 간기에서 '朝鮮國刊經都監 奉敎雕造'라 한 것은 책판을 새로 새긴 책이고, '朝鮮國刊經都監 奉敎重修'라 한 것은 전래하던 책판의 수보로 인출한 책이다.[4] 언해본은 1462년의 『능엄경언해』를 비롯하여 약 10종의 불경이다. 책수도 이 『능엄경언해』가 10권 10책으로 가장 많으므로 한문본에 비하면 훨씬 적은 분량이다. 이는 언해본의 간행에는 번역에 상당한 시일이 소요되었을 뿐 아니라, 지방의 부목이 아닌 서울의 본사에서만 간행이 가능하였기 때문이다.[5] 그러나 도감의 언해본은 서지학계에서 훌륭한 판각, 인면, 지질 등으로 인쇄 문화사의 금자탑의 하나로 일컫는다. 그 최초의 언해본으로서 완질인 동국대학교 도서관 소장의 『능엄경언해』는 국보로 지정되고 零本으로 전하는 언해본들도 신청만 하면 보물로 지정되었던 것이다. 한편 15세기 중엽의 한글 문헌, 이른바 초기 한글 문헌으로서 국어사 자료로서 갖는 가치도 크다. 우리 서지학계와 국어학계에서 일찍부터 중요하게 다룬 것은 당연한 일이 아닐 수 없다. 우리도 이것을 다룬 일이 있다.[6] 그러므로 도감의 언해본을 다룬다는 것은 새삼스럽다는 느낌이 있다. 그러나 이왕의 연구와 중복되는 일이 있더라도 종합적으로 살펴보는 것은 의미가 있다. 더욱이 잘못 설명되거나 연구가 미진한 부분도 있다. 여기에서 우리는 도감의 언해본과 그에 관련된 문제를 새로이 살펴

3) 위 주 2)의 책, 특히 천혜봉(1991b: 691-693) 참조.

4) 우리나라의 논저에서는 이 간기의 차이를 명확하게 구별하지 않는 경향이 있다. 重修를 覆刻으로 다루는 일이 있는 것이다. 그러나 雕造에도 복각이 있을 수 있으므로, 사찰에 대한 重修는 사찰의 創建이나 重創과 대립하여 쓰이는 뜻으로 보아야 한다. 이에 우리는 江田俊雄(1977: 314-315)에 따라서 중수를 새로운 판각이나 복각이 아니라 전래하던 책판을 수보한 것으로 생각한다.

5) 언해본이 본사에서만 간행된 일은 주목할 일이다. 우리의 조사로는 15세기 중엽 한글이 창제된 이후로 한글이 사용된 문헌은 불경의 언해본을 비롯하여 모두 서울에서 간행되었다. 그러한 문헌이 지방에서 간행된 일은, 복각의 경우를 포함하여 1500년 이후의 일이다. 이 글의 끝에서 설명하겠지만 한글의 보급을 극명하게 말하는 사실로 이해된다.

6) 안병희(1992b), 특히 제31장 「중세 국어의 한글 자료」 참조.

보려고 한다.

Ⅱ. 도감의 언해본과 그 특징

도감이 설치된 그 해부터 한문본은 간행되었으나, 언해본은 1년이 넘게 지난 1462년 8월에야 『능엄경언해』가 간행되었다.[7] 이는, 앞에서도 잠깐 언급된 바와 같이 언해본은 原典의 불경에 한글로 口訣을 달고 국어로 번역하는 작업이 선행되어야 하기 때문이다. 그러한 작업은 어려운 일이다. 불경에 대한 이해와 해석이 아무리 완벽하였다고 하더라도, 창제된 지 겨우 15년인 문자로써 불경을 국어로 옮긴다는 일은 결코 쉽지 않았을 것이다. 그러한 어려움이 있었겠지만, 세조는 9종의 언해본을 연차적으로 편찬하여 도감에서 간행하게 하였다. 간년의 차례에 따라 이들을 정리하면 다음과 같다.

1. 『능엄경(갖은이름은 大佛頂如來密因修證了義諸菩薩萬行首楞嚴經)언해』 10권 10책

송나라 戒環이 해설한 『능엄경』의 경 본문과 계환의 要解에 구결을 달고 번역한 책이다. 원래 1461년 10월에 활자로 간행된 것을 수정하여 도감의 첫 번째 언해본으로 간행된 것이다.[8] 책머리에 1462년 8월 21일의 도감 도제조 桂陽君 璔의 箋文과 雕造官員의 명단, 곧 도감의 列銜이 있다. 전문에는 '御譯'이라 되어 있으나, 언해본 편찬자의 記名을 위한 행이 卷首에 배정되지는 않았다. 그러나 권10의 끝에 구결과 번역이 있는 세조와 信眉의 발문, 한문만인 金守溫 등의 발문 등으로 편찬에 관한 자세한 절차와 관여자가 드러나 있다. 요약하면 세조가 구결을 달고 金守溫과 韓繼禧가 번역하였다고 한다.

---

7) 도감 언해본의 首題는 저본인 한문본의 그것과 똑같다. 『논어언해』, 『맹자언해』 등 경서 언해의 수제에 나오는 언해란 말이 부가되지 않는다. 우리는 저본의 원전과 구별하기 위하여 서명에 '언해'를 덧붙인다. 그것은 국어학계의 관용이기도 하다.

8) 활자본 『능엄경언해』에 대하여는 안병희(1997) 참조. [본서 제14장]

2. 『법화경(갖은이름은 妙法蓮華經)언해』 7권 7책

계환이 해설하고 一如가 集註를 한 『법화경』의 경 본문과 계환의 해설에 구결을 달고 번역한 책이다. 책머리에 1463년 9월 2일의 도감 도제조 尹師路 등의 전문과 도감의 열함이 있다. 『능엄경언해』와 마찬가지로 전문에 '御譯'이라 되어 있으나, 언해본 편찬자를 권수에 記名으로 밝히지는 않았다. 다만 저본인 원전의 편찬자 기명에 이은 1행이 빈칸으로 있을 뿐이다. 세조가 편찬한 1447년의 『석보상절』과, 그것을 수정하여 『월인천강지곡』과 합편한 1459년의 『월인석보』에 『법화경』의 내용이 요약되어 번역된 사실에 비추어서도 다음에 말할 『아미타경언해』와 같이 '御製譯解'가 현재의 빈칸에는 있었을 가능성이 있다. 그러나 실지로는 『능엄경언해』와 같이 구결은 세조가 달고 번역은 김수온과 한계희가 한 것으로 봄이 온당하다.

3. 『영가집(갖은이름은 禪宗永嘉集)언해』 2권 2책

당나라 永嘉 玄覺의 『영가집』에 송나라 行靖이 주를 달고 淨源이 科門을 수정한 원전에서 본문과 주에 구결을 달고 번역한 책이다. 1464년 1월 5일의 도제조 黃守身 등의 전문과 열함이 책머리에 있다. 책 뒤에 「涵虛堂說義」가 구결과 번역 없이 실려 있고, 끝에 신미와 1463년 11월의 孝寧大君의 발문이 붙어 있다. 발문에는 구결이 있고, 신미의 발문은 번역까지 되어 있다. 발문에 따르면 세조가 구결을 달아서 儒臣과 韻釋으로 번역하게 하고 효령대군, 海超 등에게 교감하도록 하게 하였다고 한다. 그런데 현재 전하는 원간본에서는 수제 뒤에 원전 편찬자의 기명이 있은 뒤에 2행의 빈칸이 있으나, 중간본의 권하에는 '御定口訣/慧覺尊者信眉等譯'이란 분명한 기명이 있다. 그러므로 원간본에서도 원래 구결은 세조가 달고 번역은 신미 등이 한 것임을 밝혔던 것으로 보인다.

4. 『금강경(갖은이름은 金剛般若波羅蜜多經)언해』 1권 2책

六祖 惠能이 주해한 『금강경』의 경 본문과 육조의 주해에 구결을 달고 번

역한 책이다. 책머리에 1464년 4월 7일의 도제조 황수신 등의 전문과 열함이 있다. 전문의 제목이 '進金剛心經箋'이므로 전문과 열함은 다음의 『심경언해』에도 그대로 실렸다. 끝에 1464년 2월의, 구결과 번역을 단 효령대군의 발문과 한문만인 해초, 김수온, 한계희, 盧思愼의 발문에 이어 구결과 번역을 단 「飜譯廣轉事實」이란 글이 있어서 이 책의 번역 동기와 경위에 대해 소상하게 알려 준다. 거기에 따르면 세조가 구결을 달고 한계희가 번역을 하였다고 한다. 따라서 현재 수제 뒤에 빈칸으로 있는 2행에도 위의 『영가집언해』와 뒤의 『원각경언해』의 예에 비추어서 '御定口訣/仁順府尹臣韓繼禧譯'이란 기명이 있었을 것으로 생각된다.

5. 『심경(갖은이름은 般若波羅蜜多心經)언해』 1권 1책

당나라 法藏이 略疏를 짓고 송나라 仲希가 주석을 붙인 『심경』의 경 본문과 약소에 구결을 달고 번역한 책이다. 이러한 내용에 따라 『심경약소언해』라 할 수도 있으나,[9] 『능엄경언해』의 원전이 송나라 咸輝의 『楞嚴經義海』, 원나라 惟則의 『楞嚴經會解』 등과 구별하기 위하여는 『楞嚴經要解』라 하고 『금강경언해』의 원전인 『금강경』을 『金剛經五家解』와 구별하기 위하여는 『金剛經六祖解』라 한다고 하여[10] 그 언해본을 『능엄경요해언해』나 『금강경육조해언해』라 부르지 않음과 똑같이 『심경언해』라 하여야 할 것이다. 책머리에는 『금강경언해』와 동일한 전문과 열함이 있으므로 함께 간행되었다고 하겠다. 끝에 1484년 2월의 한계희 발문이 있다. 그에 따르면 세조의 명령으로 효령대군과 한계희가 번역하였다고 하는데, 언해본 편찬자를 위한 記名의 행은 처음부터 없다.[11]

9) 김영배 · 장영길 편(1995: 91) 참조. 더욱 『심경언해』의 한 영인본(불서보급사, 1972)의 表題를 '國譯般若心經顯正記'(원래는 國譯 뒤에 '賢首 疏/仲希 釋'이란 협주가 있다.)라 한 것도 비슷한 견해다. 그러나 앞 책의 김영배 교수의 해제는 국어학계의 관행에 따라 『심경언해』란 서명이 적합하다고 하였다.

10) 『능엄경언해』의 권말에 실린 音釋에서 이들 『능엄경』을 要解, 義海, 會解 등이라 하고, 1495년(연산 1, 홍치 8) 8월 下澣의 學祖의 불경 인출 발문에서 한문본 『금강경오가해』에 대하여 『금강경언해』를 '飜譯…金剛經六祖解'라 한 일이 있다. 그러나 '諺解'를 덧붙일 경우는 『능엄경언해』, 『금강경언해』라 함이 온당하다.

11) 江田俊雄(1977: 318-319, 328)에서 '天順癸未(1463) 後7月(윤7월) 仲旬有日'

6. 『아미타경(갖은이름은 佛說阿彌陀經)언해』 1권 1책

羅什이 한역하고 天台智者 곧 智顗가 주석한 『아미타경』의 본문에 구결과 번역을 단 책이다. 이보다 앞선 도감 언해본과는 달리 전문과 언해가 없고, 한문본과 같이 끝에 '天順8年甲申歲(1464) 朝鮮國刊經都監 奉敎雕造'란 간기와 安惠가 판바탕, 이른바 版下의 글씨를 썼다는 필서기가 있다. 발문이 없고, 수제 다음에 '御製譯解'란 행이 있어 세조가 번역한 것임을 밝혀 놓았다. 『아미타경』도 『법화경』과 함께 번역되어 『석보상절』과 『월인석보』에 들어 있으므로 세조가 번역하였다고 한 것이다. 그런데 이 책은 도감의 언해본으로서 목판본이 나오기에 앞서 1461년경에 활자본으로 간행되었다.[12] 이 책은 체재와 번역을 거의 활자본에 따르고 있으므로, 번역이 쌍행으로 된 도감 언해본과 다르게 1행으로 되어 있다.

7. 『원각경(갖은이름은 大方廣圓覺修多羅了義經)언해』 序 1권, 상하 11권 10책

당나라 宗密이 그의 『圓覺經略疏』에 스스로 주석을 단 『圓覺經略疏鈔』를 원전으로 하여 경 본문과 略疏에 구결과 번역을 단 책이다. 본문의 分卷은 상하로 크게 나눈 뒤에 다시 上1之1~2, 2之1~3, 下1之1~2, 2之1~2, 3之1~2로 세분하였다. 다음에 말할 전문에서 '1部 11卷'이라 한 것은 이 책 본문의 자세한 분권을 뜻하는 것이다. 책 첫머리에 1465년 3월 19일의 도제조 황수신 등의 전문과 열함이 있다. 수제에 이어 원전 편저자의 기명이 있고 이어 빈칸 2행으로 둔 것이 보통이나, 그 2행을 '御定口訣/慧覺尊者臣僧信眉

의 전 속리사 주지 演熙의 발문이 있는 『심경언해』와 '飜譯沙門法藏述, 孝寧大君補禪德臣斯智奉敎譯口訣'인 편역자 기명이 있는 간년 미상의 『심경언해』를 소개하고 있다. 전자는 발문에 따르면 효령대군을 비롯하여 海超, 斯智, 禧尙, 曉雲, 演熙 등이 세조의 명령으로 번역하였다고 하는데, 江田는 도감의 언해본이 아니라 세조가 속리산에 간 것과 관계된 것으로 추정하였다. 후자는 수제가 '般若波羅蜜多心經略疏'라 되었다고 하니까 도감의 언해본의 그것(1a)과 같으나 편역자 기명이 특이하다. 도감 언해본에서는 경 본문 앞에서는 '般若波羅蜜多心經'(14b)이라 있는 점도 다르다. 江田의 두 『심경언해』는 국내에서 볼 수 없으므로 후일을 기다릴 수밖에 없다.

12) 안병희(1992b: 제14장)을 참조할 것.

孝寧大君臣補 仁順府臣韓繼禧等譯'이라 한 책도 있다. 세조가 구결을 달고 신미 등이 번역한 것임을 말한다.

8. 『수심결(갖은이름은 牧牛子修心訣)언해』 1권 1책

고려의 普照國師 牧牛子 知訥의 『수심결』에 구결과 번역을 붙인 책이다. 원전이 도감 언해본으로는 유일하게 우리나라 불서이다. 『아미타경언해』와 같이 권말에 '成化3年丁亥歲(1467, 세조 13) 朝鮮國刊經都監 奉敎雕造'란 간기와 安惠, 柳睆, 朴耕의 필서기가 있다. 수제 다음에 '丕顯閤訣/慧覺尊者譯'이란 언해본 편찬자의 기명도 있다. 丕顯閤은 왕의 便堂으로 사용된 곳이다. 그러므로 세조가 구결을 달고 신미가 번역한 것을 안혜 등이 판바탕을 써서 1467년에 도감에서 간행한 것이다.

9. 『법어언해』 1권 1책

「皖山正凝禪師示蒙山法語」, 「東山崇藏主送子行脚法語」, 「蒙山和尙示衆」, 「古潭和尙法語」의 법어 4편에 구결을 달고 번역한 책이다. 이 책 원간본의 尾題는 수제와 같이 法語이나, 『蒙山法語諺解』와 함께 간행되어 합철되어 있는 중간본에서는 미제가 四法語이므로 흔히 『사법어언해』라 한다.[13] 수제 다음 행에 '慧覺尊者譯訣'이라 있으므로 신미가 번역과 함께 구결까지 단 것이다. 같은 신미의 번역인 데다 분량이 겨우 9장이라 『수심결언해』와 함께 간행되어 1책으로 합철되어 있다. 두 책은 체재, 판식, 인면의 字樣, 언어사실 등이 일치한다. 두 책은 원전도 다른 언해본의 그것과 달라서 주석이 없이 본문만이고, 또 그 본문을 언해에서 나눈 大文이 매우 커서 법어 1편이 한 대문으로 되어 있다. 그러므로 『법어언해』에는 따로 간기와 필서기가 없고 『수심결언해』의 그것으로 대신된 것이다.

---

13) 서명을 首題보다 尾題에 따라 정하는 일은 국어사 자료에 더러 예가 있다. 1485년(成化 21, 성종 16)의 활자본 『불정심경언해』, 1579년(선조 12) 진주에서 중간된 『중간경민편』 등이 그것이다. 수제에 따르면 전자는 『불정심다라니경언해』, 『불정심요병구산방언해』, 『불정심구난신험경언해』 등으로 하고 후자는 『경민편』이 될 책이다.

이상이 도감에서 간행된 언해본의 전부다. 이들 사이에도 위에서 본 바와 같은 작은 차이가 있지만, 공통되는 특징이 있다. 그 특징은 그 무렵에 간행된 다른 언해본에 나타나지 않는다. 이에 그러한 특징을 설명하고자 한다.

첫째, 번역의 체재와 양식이다. 먼저 원전을 大文으로 나누고 한글로 구결을 쌍행으로 단 다음에, 국한 혼용의 번역을 쌍행으로 잇따라 싣는다. 원전의 대문, 곧 원문의 한자에는 독음 표기가 없으나 번역의 한자에는 『동국정운』에 따른 한자음이 반드시 주기된다. 번역의 한글에는 방점이 쓰이나 구결에는 쓰이지 않는다. 다만 『아미타경언해』는 세조의 「월인석보서」나 『몽산법어언해』와 같이 번역이 잇따르지 않고 행을 달리하여 1자씩 낮추어서 원문과 같은 1행으로 되어 있다. 이는 앞서 을해자로 간행된 언해본과 같은 체재로 중간된 데 말미암는다.[14] 번역의 양식은 원문과 그 구결을 의식한 직역이다. 같은 『법화경』을 번역한 『석보상절』과 『월인석보』의 해당 부분과 『법화경언해』를 비교하면 분명히 드러나는 것이다.[15]

둘째, 목판본으로서 공통되는 판식인 점이다. 도감 언해본은 그 한문본과 마찬가지로 목판으로 간행되었다. 비슷한 시기에 활자로 간행된 『능엄경언해』나 『아미타경언해』는 뒤에 다시 설명되겠지만 목판본이 아니므로 도감 언해본으로 다룰 수 없다. 行格은 크게 두 가지로 나뉘는데, 『능엄경언해』, 『법화경언해』, 『원각경언해』, 『수심결언해』가 1면 9행 17자이고 『영가집언해』, 『금강경언해』, 『심경언해』, 『아미타경언해』가 8행 19자이다. 두 행격은 아주 다른 것 같으나, 따져 보면 1면 총 字數는 153자와 152자로 거의 같다. 그러나 匡郭의 크기는 상당히 다르다. 『능엄경언해』, 『법화경언해』, 『원각경언해』는 세로 가로가 대체로 21.5㎝, 18㎝이고 『수심결언해』는 18.5㎝, 12.5㎝이며 8행본인 『영가집언해』 등은 21㎝, 15㎝이다. 이와 같이 광곽에서 차이가 나는 것은 『능엄경언해』, 『법화경언해』, 『원각경언해』가 다른 언해본보다는 중시되었기 때문이 아닐까 한다. 그 밖의 차이점으로 한자의 독음을 표기한 한글이 『능엄경언해』에서는 고유어 표기의 한글과 크기가 같으

14) 을해자본 『아미타경언해』에 대하여는 안병희(1992b: 제14장)을 참조. 다른 언해본과 같이 도감의 『아미타경언해』에서는 구결의 방점을 없앤 차이가 있다. 번역을 1행으로 한 것은 언해본 편찬자 기명을 '御製譯解'라 하여 세조가 친히 구결과 번역을 한 것이라고 밝힌 사실과도 관련이 있지 않을까 한다.

15) 번역의 양식에 대하여는 안병희(1992b: 제1장)을 참조.

나 『법화경언해』 이후의 언해본부터는 고유어 표기의 한글보다 조금 작게 하여 번역문에서 일종의 주석임을 글자의 크기로 분명히 하였다. 따라서 도감 언해본 판식은 세밀하게 본다면 『법화경언해』에서 비로소 확립되었다고 할 수 있을 것이다. 이러한 차이가 없지 않으나, 크게 보면 『능엄경언해』를 비롯한 언해본은 모두 광곽이 사주쌍변이고 판심이 上下大黑口에 內向黑魚尾이며 어미 사이에 원전의 약칭인 서명과 卷, 張次가 놓이는 점이 똑같다. 거기에 훌륭한 용지와 미려한 印面이 공통되는 특징이 있다.

셋째, 번역에 나타나는 표기법과 언어사실의 동질성이 있다. 다시 말하면 도감 언해본에 사용된 한글 글자와 표기법, 어휘와 조사, 어미 등 문법 형태소는 대체로 일치되어 있다. 이들 사이에도 물론 차이가 있다. 글자만 보더라도, ㅸ, ㆆ, 각자병서의 사용이 그러하다. ㅸ는 『능엄경언해』부터 사용되지 않는다고 할 것이나, 『아미타경언해』는 『월인석보』와 같이 사용되고 있고 『수심결언해』와 『법어언해』에서는 '가ᄇᆡ야ᄫᅵ, 어려ᄫᅵ' 등과 같이 부사파생접미사 '-이'에서만 사용되었다.[16] 『아미타경언해』는 세조의 번역으로 세종 때의 『석보상절』 등에 수록되었을 뿐 아니라 앞서 간행된 활자본을 그대로 따른 중간이고, 『수심결언해』와 『법어언해』는 ㅸ가 『월인석보』와 같이 사용된 『몽산법어언해』와 함께 신미 혼자서 번역한 언해본인 데 이유가 있을 것으로 생각된다. ㆆ와 각자병서는 범위가 줄기는 하나 『수심결언해』까지 사용되는데, ㅸ의 경우와 같은 이유로 『아미타경언해』는 말할 것도 없고 『수심결언해』와 『법어언해』에서는 『영가집언해』 이후의 다른 언해본보다 사용례가 더 많다. 『원각경언해』에서는 이들이 원칙적으로 사용되지 않는다고 하겠는데, '飮ㆆ字'(상 1-1, 116b)와 같이 사잇소리 표기의 ㆆ, 각자 병서의 ㅆ이 나타나긴 하나 극히 예외적이다. 이러한 현상은 도감 언해본 뒤에 간행된 한글 문헌에도 이어지는 것으로 시기에 따른 변화로 생각된다. 그러나 그 밖의 글자 사용은 차이가 없다. 더욱이 표기법과 어휘 사용 등 언어 사실은 동질성을 보이는 것이다.

넷째, 이들에는 도감에서 간행했다는 기록이 있다. 앞의 언해본에 대한 개

---

16) ㅸ이 사용되지 않은 『능엄경언해』의 유일한 예외인 '디샛지벽[瓦礫]'(5, 72b)과 『수심결언해』의 '가ᄇᆡ야ᄫᅵ' 등의 ㅸ이 y, i 앞이란 사실이 주목된다. ㅸ이 완전히 탈락된 표기로 나타나는 이러한 환경은 어떤 음성적인 이유가 있었는지 모를 일이다.

별적인 설명에서 언급된 것이지만, 『능엄경언해』, 『법화경언해』 등에는 도감 도제조 등이 임금에게 올린 전문과 雕造官의 명단이 있다. 이들은 주요한 경전으로서, 번역하여 간행함으로써 승려만이 아니라 일반 사람들도 쉽게 그 경전에 접하게 하므로 분명히 경하할 일이다. 특히 그 일이 임금이 친히 참여하거나 명령하여 이루어진 것이므로 전문은 필요하였음에 틀림없다. 『아미타경언해』, 『수심결언해』와 『법어언해』에는 刊記만 있다. 이들 세 언해본은 『능엄경언해』, 『법화경언해』 등보다 상대적으로 덜 중요할 뿐 아니라 분량도 50장이 채 안 되는 작은 책이다. 간기만 있는 것은 도감의 모든 한문본도 마찬가지다. 한문본에는 중요한 경전이 있고 분량도 『능엄경언해』 등보다 훨씬 많은 책이 있다. 그러나 이들은 언해본과 달리 우리나라나 중국에서 이미 간행된 책으로서, 도감에서 책판을 새기거나 보수하여 간행한다고 하더라도 임금에게 특별히 경하하는 전문까지 붙여서 올리지 않은 것으로 생각된다. 요컨대 언해본에는 전문과 열함이 있고 그것이 없으면 간기가 있어서 도감 간행임을 분명히 하고 있는 것이다. 다만 합철된 『수심결언해』와 체재, 판식, 언어사실이 완전히 일치하고 전체 분량이 9장인 『법어언해』는 앞에서 말한 바와 같이 『수심결언해』의 간기로써 겸하므로 굳이 따로 간기를 두지 않았을 뿐이다.[17]

이상으로 도감 언해본의 전모와 그 특징에 대한 설명을 마친다. 그런데 여기에서 설명되지 않았으나 도감이 설치된 기간에 간행되었거나 간행된 것으로 추정되는 불경의 언해본과 구결본이 존재한다. 목판본인 『몽산법어(갖은 이름은 蒙山和尙法語略錄)언해』와 활자본인 『능엄경언해』, 『아미타경언해』, 『원각경구결』이 그러한 책이다. 이 중에는 종래 도감 언해본으로 다루어 온 책도 있으므로, 도감 언해본에서 제외된 근거가 논의되어야 할 것이다.

『몽산법어언해』는 도감 언해본과 같이 목판본인 데다가 1472년(成化 8, 성종 3)에 仁粹大妃의 명령으로 『능엄경언해』, 『법화경언해』 등과 함께 세조 때의 책판으로 인출된 일이 있어서 도감에서 간행된 것으로 다루어져 왔다. 더욱이 도감 언해본인 『법어언해』가 『몽산법어언해』의 1517년(중종 12) 連山 孤雲寺版의 중간본 이후로 함께 간행되어 합철되어 있으므로, 그것을 연

17) 도감의 한문본 중에는 같은 책의 각 권에 간기가 나타나는 일이 있다. 그러나 이 경우는 간기에 계속되는 필서기가 같지 않으므로 권마다 간기를 밝힌 것으로 보인다.

결 고리로 하여 『몽산법어언해』도 도감에서 『수심결언해』와 동시에 간행한 것으로 추정한 것이다.[18] 이 추정은 국어학뿐 아니라 서지학 연구자들도 받아들였다.[19] 그러나 도감 언해본의 체재 확립이란 관점과 ㅸ의 사용, 불교용어인 解脫의 독음 표기의 특징으로 보아서 『몽산법어언해』는 1459년의 『월인석보』 이후, 1461년의 간행으로 추정되는 활자본 『아미타경언해』 이전에 간행되었으리라 추정하고, 그에 따라 도감 언해본이 아니라는 주장이 나왔다. 구체적으로 말하면 언해의 체재에서 『몽산법어언해』는 원문의 한자에 한글 독음이 있고 구결 표기에 방점이 나타나며, 번역도 행을 달리하고 1자씩 낮추어서 원문과 같이 1행으로 배열된다는 것이다. 그것이 활자본 『능엄경언해』를 거쳐 도감의 언해본으로 오면 원문에는 독음이 표기되지 않고 구결에 방점이 쓰이지 않으며, 번역은 원문에 잇따라 쌍행으로 배열되게 바뀌었다고 한다. 그러므로 『몽산법어언해』는 도감 언해본보다 앞서서 간행되었다고 주장한다.[20] 이러한 주장은 타당하므로, 우리는 그것을 받아들여 도감 언해본이란 종래의 설명을 수정하게 되었다.[21] 이 수정에는 새로운 근거도 있음을 여기에 덧붙이기로 한다. 첫째로 『몽산법어언해』는 도감 언해본과 전혀 다르게 판심이 白口로 되고, 行格이 8행 17자이다. 거기에 수제와 '慧覺尊者信眉譯解'란 언해자 기명에 한글로 독음이 표기되어 있다. 이는 원문의 한자에 독음을 다는 일과 맥을 같이 하는데, 불교와 관련된 초기의 한글 문헌인 『월인천강지곡』, 『석보상절』, 『월인석보』에 국한되고, 도감 언해본은 말할 것도 없고 활자본인 『아미타경언해』와 『능엄경언해』에서도 한자만으로 되어 있다. 거기에 원문을 대문으로 나누는 것도 도감 언해본과는 다르다. 「훈민정음언해」, 「석보상절서」, 「월인석보서」의 대문과 같이 아주 작은 단위로 나누는 것이다. 그 책 안에서도 아주 작은 대문을 예시하기로 한다.

> 纔覺眼皮重ᄒᆞ야둔/便著精彩ᄒᆞ야/提話頭一二聲ᄒᆞ야/睡魔ㅣ 退커든 可如常坐ㅣ니라 (26-3a)

---

18) 안병희(1979/1992b: 517) 참조.

19) 천혜봉(1991b: 690) 참조.

20) 志部昭平(1986) 참조.

21) 안병희(1992d: 32-33) 참조 [본서 제3장]. 그런데 그곳에서 『법어언해』가 『몽산법어언해』와 合部 1책으로 한 것은 큰 착오다. 두 책이 세조 때는 동시에 간행되어 합철된 일이 없기 때문이다. 물론 체재도 다르다.

도감 언해본이라면, 원전이 주석을 달기 위하여 원래 짧은 구절로 나뉜 경우를 제외하고 주석이 없는 원전을 언해한 경우라면, 예컨대 『수심결언해』와 『법어언해』라면 한 대문도 안 될 원문이 빗금으로 표시한 바와 같이 네 대문으로 나뉘어 있다. 이러한 예는 「훈민정음언해」에서 익히 보는

國之語音이/異乎中國ᄒᆞ야/與文字로 不相流通ᄒᆞᆯᄊᆡ (1)

와 같은 대문 나누기다. 그러므로 『몽산법어언해』는 1459년 이후, 1461년 이전에 간행된 책으로 추정되므로 도감 언해본에서 마땅히 제외되어야 한다.

그렇다면 『법어언해』를 고리로 한 『몽산법어언해』와 『수심결언해』와의 관계, 다시 말하면 1464년에 함께 간행되었다는 일은 성립되지 않는다. 여기에는 종래의 간년 추정에 대하여 좀 더 설명이 따라야 한다. 현재 『몽산법어언해』의 원간본이 더러 전하는데, 모두 『법어언해』나 『수심결언해』가 합철되지 않았다. 『몽산법어언해』는 半郭이 세로 가로 각각 21.4㎝, 15.3㎝로서 반곽이 18.5㎝, 12.5㎝인 『법어언해』나 『수심결언해』와 물리적으로 합철하기 어려운 크기다. 그리하여 『몽산법어언해』와 『법어언해』의 합철은 중간본에서 비로소 행해진다. 『몽산법어언해』의 임진란 이전 중간본으로 『법어언해』가 합철된 것은 1517년 고운사, 1525년 황주 심원사, 1535년 영변 빙발암, 1543년(중종 38) 진안 중대사, 1577년(선조 10) 순천 송광사에서 간행된 책이다. 여기의 법어는 『수심결언해』와 함께 간행된 원간본의 구결과 번역을 따랐다. 차이는 대문 나누기와 미제다. 원간본에서는 법어 하나가 한 대문으로 되었으나 중간본에서는 『몽산법어언해』와 같이 작은 대문으로 나뉘어 있다. 이는 합철된 『몽산법어언해』와 체재의 균형을 생각한 결과가 아닌가 한다. 예컨대 원간본에서 한 대문인 「환산정응선사시몽산법어」가 일곱 대문으로 나뉜 것과 같다. 尾題는 四法語로 되었는데, 이는 다 같이 판심제가 法語인 『몽산법어언해』와 구별하기 위한 것으로 보인다. 다만 송광사판은 원문의 한자에도 현실화된 것이나 독음을 달고 번역을 1행에 배열하고 끝에 『몽산법어언해』의 부록인 普濟尊者의 법어를 붙인 다음에 원간본과 다르게 번역이 쌍행에 배열된 『몽산법어언해』가 있다. 이들 중간본에서는 광곽도 『몽산법어언해』와 비슷한 크기로 되어, 고운사판의 『법어언해』의 반곽이 세로 가

로 20.8㎝, 13.5㎝로 커져 있다. 요컨대 『법어언해』를 연결고리로 한 『수심결언해』의 간기는 『몽산법어언해』와 아무런 상관이 없는 것이다. 나아가 『법어언해』 원간본의 간년도 『몽산법어언해』 원간본과는 전혀 무관하다고 할 것이다.[22)]

다음으로 을해자로 간행된 『아미타경언해』와 『능엄경언해』의 문제가 있다. 특히 활자본 『능엄경언해』는 도감이 설치된 이후인 1461년 10월 말에 간행되었고, 도감 최초의 언해본이 바로 그 책을 수정하여 목판으로 간행한 것이므로 도감과 무관하게 간행되었을까 하는 의문이 있다.[23)] 그러나 도감 언해본의 특징인 목판본이 아니며, 현재 완전한 권1 1책이 2부나 전하는 데도 전문이나 열함 등 도감 간행임을 밝힌 기록이 없다. 세조의 발문에 있는 대로 校書館에서 출판한 언해본인 것이다. 활자본 『아미타경언해』도 앞뒤가 완전한 책이 있지만, 똑같이 도감과 관련된 기록이 나타나지 않는다. 교서관 간행의 언해본이다. 언해본이 아니나 『원각경구결』도 도감 언해본인 『원각경언해』와 동시에 1467년 교서관에서 을해자로 간행되었다. 구결이 『원각경언해』의 그것과 같은 점과 간년으로 미루어서 도감에서 그 책의 간행에 관여하였으리라 추정되지만, 활자로 된 언해본과 똑같은 도감의 기록은 없다. 따라서 이들 활자본은 도감과 무관하게 간행된 것으로 보아야 한다. 도감 언해본은 위에서 설명한 9종에 그치는 것이다.

Ⅲ. 도감 언해본의 편찬과 간행[24)]

중요한 도감 언해본인 『능엄경언해』, 『법화경언해』 등의 책머리에는 도제조 등의 전문에 이어 '奉敎雕造'라 하여 도감 관원의 명단이 있다. 이 명단,

---

22) 『몽산법어언해』와 『법어언해』가 다 같이 신미가 구결을 달고 번역하였는데도 언해자 기명에서 한자 독음이 있고 없는 차이가 있으나 전자가 '慧覺尊者信眉譯解'이고 후자가 '慧覺尊者譯訣'이라 하여 譯解와 譯訣로 다르다. 이것도 두 책이 동시 간행으로 보기 어려운 점이다. 참고로 활자본 『아미타경언해』의 언해자 기명이 '御製譯解'로 되어 역해인 사실에서 『몽산법어언해』와 그 책의 간년이 비슷함을 말하고 있다.

23) 활자본 『능엄경언해』에 대하여는 안병희(1997) 참조. [본서 제14장]

24) 이 장의 설명은 안병희(1998b)의 '3. 법화경의 원간'[본서 제16장]을 약간 손질하여 이루어졌다. 독자의 양해를 빌어 마지않는다.

곧 열함은 임금의 명령을 받들어 책을 만든 관원을 망라한 것이다. 우선 열함이 실린 언해본을 간년 순서로 제시하고 직책에 따른 인원수를 보이기로 한다.

직책 / 언해본	都提調	提調	副提調	使	副使	判官	합계
『능엄경언해』	3	7	5	4	2	3	24
『법화경언해』	2	8	2	5	2		19
『영가집언해』	1	8	2	3	4	2	20
『금강경언해』	1	8	2	3	4	2	20
『원각경언해』	1	9	1	5	3	1	20

책에 따라 약간의 출입이 있으나 정1품인 도제조로부터 종5품인 판관까지 20명 내외의 관원이 참여한 것으로 파악된다. 실무는 따로 상당한 수의 吏胥가 동원되었을 것이므로 전체 참여 인원은 열함의 수효를 훨씬 능가할 것이다.[25] 따라서 그만한 인력이라면 언해본의 원고를 편찬하여 간행하는 데 부족함이 있을 수 없다. 그러나 '奉敎雕造'는 엄격하게 해석하면 임금의 명령을 받들어서 책을 만들어 간행한다는 뜻이다. 책의 편찬까지 뜻하지는 않는다. 앞 章에서 본 바와 같이 이미 중국에서 편찬된 한문본 불경의 간기에도 바로 그 '奉敎雕造'가 나타난다. 그뿐 아니라 전문과 열함이 있는 언해본의 발문과 권수의 편찬자 기명으로도 우리의 그러한 해석이 정당함은 입증된다. 특히 발문에서는 언해본 원고의 편찬 과정을 아주 소상하게 알려 주기도 한다. 열함이 언해본 편찬과 무관함을 보기도 하려니와, 편찬 작업을 알기 위하여 발문과 편찬자 기명을 살피기로 한다.

저 위에서 설명한 바와 같이 『금강경언해』에서는 효령대군, 해초, 김수온, 한계희, 노사신의 발문이 있는데, 그 중에서 한계희 발문의 본문과 협주에는 번역 경위와 작업 과정이 자세히 설명되어 있다.[26] 곧 발문의 본문에서도

25) 1571년(성종 2) 1월 21일 대사간 金壽寧 등이 도감에서 布 50필로써 불서를 중국에서 구입하는 일의 부당함을 논한 상소에 의하면, 도감에 대체로 장인 170여 인이 있어서 소비하는 양식이 하루 5, 6섬 이하가 아닐 것이라 한다(『성종실록』 2년 1월 갑오조). 그러므로 도감의 인원이 어떠하였음을 짐작할 수 있다.

26) 안병희(1997) 참조. [본서 제14장]

1464년 2월 1일에 세조가 한계희와 효령대군에게 『금강경』을 번역하여 널리 펴려고 하는 생각을 말하고 그대들이 그 일에 힘쓰라고 하였다고 한 뒤에 번역의 절차가, 첫째 세조의 구결 親定, 둘째 구결에 따른 한계희의 번역, 셋째 효령대군과 해초 등의 덧붙인 연구로 나뉘어서 수행되었다고 한다. 여기 좀 더 부연하면, 세조의 번역 동기는 발문 뒤의 「飜譯廣轉事實」에 따르면 1462년 9월 9일에 세조가 꿈에서 세종과 요절한 세자인 桃源君을 만난 데 있고, 셋째의 연구에 참여한 승려는 효령대군의 발문에 따르면 교종판사 해초, 회암사 주지 弘一, 전 진관사 주지 明信, 전 속리사 주지 연희, 전 만덕사 주지 正心과 효령대군 자신이라 하니 당시의 고승이 망라된 것이다. 그런데 한계희 발문의 협주에서는 작업 절차가 아주 자세하게 설명되어 있다. 첫째 구결의 확정에서는

(1) 貞嬪韓氏가 세조 앞에서 구결을 씀.
(2) 社堂慧瓊, 道然, 淑儀朴氏 등이 구결을 쓰고 겸하여 교정함.
(3) 永順君이 세조의 명령을 받아 출납을 맡음.

이라 하고, 둘째 번역과 셋째 연구에서는

(1) 예조 참의 曺變安은 『동국정운』에 따른 한자음을 씀.
(2) 공조 판서 김수온, 공조 참판 강희맹, 도승지 노사신은 참조하여 바로잡음.
(3) 의정부 사인 朴楗, 공조 정랑 崔灝 등 관원 5인이 여러 불경을 상고함.
(3) 典言 曺氏, 행동판내시부사 安忠彦, 호군 張末同 등 19인이 번역을 씀.
(4) 行同勇 張治孫, 金今音同, 承供校尉 朴成林 등 11인이 번역을 교정함.

이라 하여 분업의 체재로 행해졌음을 밝히고 있다. 이러한 본문과 협주에 이어 발문의 본문은, 원고가 5일 만에 완성되자 세조가 도감에 명령하여 목판에 새겨 간행하도록 하였다고 한다. 이것으로 언해본의 편찬과 간행이 명확히 분리되어 있음과 편찬 작업의 자세한 내용을 알게 된다. 그런데 『금강경언해』의 열함에는 위의 번역에 참여한 김수온, 한계희, 강희맹, 노사신 등 관원 7인도 포함되어 있다. 따라서 책의 편찬과 간행을 분리하기가 어렵지 않은가 하는 질문이 제기될 법하다. 그러나 열함의 나머지 13인은 편찬 작업에 전혀 거명되지 않으며, 편찬에 참여한 조변안과 박건은 당시 각각 정3품과

정4품의 관직에 있었으나 열함에 이름이 빠져 있으므로 열함은 언해본을 간행한 도감의 관원을 말한다. 열함이 번역과 관련된 것이라면, 세조, 효령대군을 비롯한 승려와 妃嬪, 內人과 內侍의 이름은 빠지겠지만, 품계로 보더라도 관원인 조변안, 박건 등의 이름이 빠질 수 없기 때문이다. 번역에 참여한 관원이 열함에 있는 것은 도감의 간행에도 참여한 것으로 이해되는 것이다.

『원각경언해』는 원간본에 따라 빈칸으로 있는 것과 언해본 편찬자 기명으로 '御定口訣/慧覺尊者臣信眉 孝寧大君臣補 仁順府尹臣韓繼禧等譯'이란 2행이 나타나는 책이 전한다. 그런데 이 책의 열함에는 한계희만 들어 있다. 구결을 확정한 세조나 번역을 한 신미와 효령대군 등 승려는 열함이 편찬자의 명단이라 하더라도 나타날 수 없으므로 한계희만 열함에 있다고 해서 문제되지 않는다. 문제는 한계희의 관직과 품계이다. 권수의 기명에는 종2품직인 仁順府尹으로 되어 있고 열함에는 정2품인 資憲大夫로서 정2품직인 이조 판서로 되어 상충된 점이 문제인 것이다. 열함의 품계와 관직은 『원각경』을 번역한 공로로 말미암아, 한계희가 강희맹과 함께 『원각경언해』 箋文을 붙여 간행하여 세조에게 진상한, 곧 전문의 날짜인 1465년(세조 11) 3월 19일보다 10일 앞서서 승진한 결과가 반영된 것이다. 『세조실록』에서는 다음과 같이 기록하고 있다.

> 孝寧大君補 嘗讎校圓覺經 至是事訖 上御思政殿 設宴慰之……以韓繼禧爲吏書(曹의 잘못: 인용자)判書 梁誠之爲知中樞院事 姜希孟仁順府尹 韓致仁僉知中樞院事 吳凝司憲執義 繼禧希孟以譯圓覺經功也(11년 3월 병진(9일)조)

다시 말하면 열함은 한계희가 『원각경언해』 간행에 참여한 관원으로서 자헌대부, 이조 판서에 승진한 날로부터 箋文이 이루어지기까지의 10일 사이에 작성되어 판각된 것이지만 편찬자 기명은 번역에 참여하여 원고를 완성하였을 때의 관직이 인순부윤이므로 그때의 관직으로 둔 결과로 같은 책의 열함자 편찬과 기명의 품계와 관직이 서로 다르게 된 것이다. 고서의 간행도 오늘날의 양장본과 마찬가지로 책의 본체가 먼저 이루어지고 序跋 등 부속 문자가 나중에 이루어지는 관례임을 고려한다면,[27] 본체의 권수에 나오는

27) 이러한 관례는 관판본의 序跋 날짜와 內賜記 날짜를 비교하면 확인될 수 있다. 분량이 큰 책임에도 두 날짜가 가깝다면 서발은 책의 본체보다 늦게, 어쩌면 간행

기명은 이미 인출까지 마친 단계였을 가능성이 있다. 그러나 하려고만 한다면, 각 권수의 1행에만 나오는 기명 표시는 쉽게 보정하거나 아니면 그 책판을 이른바 埋木으로 고쳐 인출하여 바꿀 수 있다. 그것을 굳이 어긋나는 관직으로 남겨 두어 열함과 다르게 된 것은 열함이 번역에 참여한 관원과 무관하기 때문이라 생각된다.

요약하여 말하면 언해본의 간행은 열함에 나오는 도감의 관원과 그 밖에 도감의 이서가 담당하고 편찬은 권수 편찬자 기명과 발문에 나오는 세조, 김수온과 한계희 등 관원, 신미와 효령대군 등 승려가 중심이 되고, 그 밖에 관료, 비빈과 나인의 도움으로 이루어진 것이다. 편찬의 중심 인물이 담당한 작업도 똑같은 것이 아니다. 세조는 주로 구결을 확정하였다. 편찬자 기명으로 보면 번역까지 한 『아미타경언해』를 비롯하여 『영가집언해』, 『원각경언해』, 『수심결언해』, 『법화경언해』, 『금강경언해』도 그러하니 거의 모든 언해본의 구결은 세조가 단 것이다. 김수온과 한계희는 세조의 구결에 따라 번역하는 작업을 담당하였는데, 편찬자 기명과 발문에 따르면 한계희는 대부분의 언해본 번역에 참여한 것으로 되어 있다. 신미와 효령대군 등 승려는 번역에도 참여하였으나 원전의 참조와 교감 등 작업을 담당한 것으로 보인다. 물론 신미는 『법어언해』와 도감 언해본이 아니지만 『몽산법어언해』를 구결과 번역을 달아 편찬하고 세조가 구결을 단 『수심결언해』를 혼자서 번역하였다고 편찬자 기명에서 밝히고 있다. 그러므로 그는 언해본의 편찬에 매우 큰 활약을 한 것으로 생각된다. 이러한 사람에 따른 담당도 달랐지만, 언해본의 편찬은 위에 말한 『금강경언해』의 한계희 발문에서 밝힌 바와 같이 첫째 원문에 구결을 달고, 둘째 그에 따라 번역하는 일과, 셋째 원전의 연구와 교감으로 이루어지는 3단계로 나뉘었다. 이것은 활자본 『능엄경언해』의 세조 발문으로도 확인된다.[28] 그러므로 다른 도감 언해본도 같은 방식으로 편찬되었을 것으로 보인다.

직전에야 이루어졌다고 할 수밖에 없기 때문이다. 도감 언해본에서는 발문이 원고 완성 무렵이고 전문이 책의 간행에 맞추어 쓰여졌다. 『영가집언해』의 전문은 1464년 1월 5일이나 효령대군 발문은 1463년 11월, 『금강경언해』의 전문은 1464년 4월 7일이나 효령대군의 발문은 1464년 2월, 『심경언해』의 전문은 1464년 4월 7일이나 한계희 발문은 1464년 2월 중순임과 같다.

28) 안병희(1997) 및 영인본을 참조.

이러한 번역의 3단계 작업에서 셋째의 원전에 대한 연구와 교감은 종래 학계에서 별로 논의된 일이 없다. 언해본은 하나의 원전을 대문으로 나누어 구결을 달고 번역한 책으로 이해했던 것이다. 그러나 언해본을 자세히 검토하면 셋째 작업 절차에서 얻은 결과가 언해본에 나타남을 보게 된다. 도감 언해본 중에는 각 권의 끝에 어려운 한자를 가려서 독음과 새김을 보인 것이 있다. 『능엄경언해』와 『법화경언해』의 音釋, 『영가집언해』의 음석이 그것이다. 그런데 이것은 한 원전에서 그대로 가져온 것이 아니다. 『능엄경언해』는 원전인 戒環의 『능엄경요해』를 비롯하여 송나라 咸輝의 『능엄경의해』, 원나라 惟則의 『능엄경회해』, 송나라 思坦의 『능엄경집주』에서 그 음석을 각각 要解, 義海, 會解, 集註란 서명의 약칭으로 전재하였다. 이러한 음석의 수합은 『능엄경요해』는 물론이고, 『능엄경의해』 등 다른 한문본에서 보지 못한다. 『능엄경언해』에서 유일하게 행해진 일이다. 거기에 도감 언해본인 『능엄경언해』에는 그 활자본에 없는 권1부터 권10까지의 음석을 권10 끝에 몰아서 붙여 놓았다. 우리가 그 음석의 출전을 밝히지는 못하나 『능엄경언해』의 편찬이 구결과 번역만으로 끝난 것이 아님을 말하고 있다.29) 『법화경언해』의 음석도 똑같다. 각 권 끝에 실린 음석도 각기 '一本'이라 하여 세 한문본에서 전재된 것이다. 우리는 그 한문본을 구체적으로 밝히지 못함을 유감으로 생각한다. 그러나 그 언해본의 편찬에 적어도 세 개의 다른 한문본이 참조되고 고증된 것은 분명한 것임을 알 수 있다.

더욱이 『법화경언해』에는 원전을 교감하여 난상에 판각한 註記도 있다. 아단문고 소장의 원간본 권1에만 있는데, 모두 세 곳뿐이므로 여기에 옮겨 적기로 한다.

> 是法下敎一/是諸下行一/下皆倣此 (182b 9상)
> 舍利下人一/欲以下理一 (184b 8상)
> 舍利弗當知下/亦名大乘機動/我卽作是念下/亦名佛歡喜於/諸菩薩中下亦/名正顯實菩/薩聞是法下亦/名受行悟入 (241a 6-9상)

이들 주기는 원전의 경 본문과 관련된 것이다. 첫 주기의 '是法, 是諸' 등은 그 주기 아래의 본문인 것이다. 이 주기의 출전도 그 책 音釋의 '一本'과

---

29) 안병희(1997) 참조. [본서 제14장]

같이 우리로서는 알지 못한다. 불교 경전 연구자들의 연구를 기대할 뿐이다. 그러나 주목하는 것은 도감 언해본의 편찬에서 원전에 대한 교감이 있었다는 점이다. 그런데 이상하게도 이러한 주기가 다른 언해본은 말할 것도 없고 『법화경언해』의 다른 곳에서도 보이지 않는다. 그것은 다른 곳에서는 아예 필요하지 않아서 그러한 주기가 없다고 설명할 수 있다. 이 설명은 같은 원간본 권1에서도 이 주기가 곧 없어진 사실로 설득력을 잃는다. 그 주기가 삭제되어 인출된 것은 그것으로 해명되지 않는다. 뒤에 곧 설명되겠지만, 『법화경언해』는 도감의 다른 중요한 언해본과 같이 원간본이 간행된 뒤로 두 번 인출되었는데, 그 인출의 한 과정에서 문제의 주기가 삭제된 것이 아닌가 한다. 따라서 난상의 주기는 권1에서 시도되었지만, 기본적으로 원전 이해의 참고서라 할 언해본에서는 그 효용이 의심스럽게 되어 중단되고 권1의 한 원간본에서만 남은 것이라고 함이 온당할 것이다. 그러나 언해본의 편찬에서 원전의 교감도 행해졌음이 이 주기로써 분명히 드러난다.

『심경언해』의 경우는 원전까지 새로 손질된 것을 본다. 이 언해본은 위에서 설명한 바와 같이 法藏의 略疏와 仲希의 주석이 있는 『심경』을 번역한 것이다. 그러나 원전은 언해본에서 구결과 번역을 삭제하면 얻어지지 않는다. 중희의 주석인 『般若心經疏顯正記』는 법장의 『般若心經略疏』에 적절히 나뉘어 들어간 것이다. 한계희는 발문에서

> 自譯此經 逮唐迄今 造疏著解 代各有人 法藏之註 獨得其宗 上命孝寧大君臣補率臣繼禧 就爲宣譯 又得大宋沙門仲希 所述顯正記 科分藏疏 逐句消釋 極爲明備 據疏分節 釐入各文之下 但希所據本 非今所行 時有不同 大君與名緇 詳加讎校 旣克脫蒿 亟令入梓模印廣布

이라 하여 『심경언해』의 원전이 법장의 약소가 『심경』의 宗旨를 얻었음을 말하고, 이어 약소에 대한 중희의 『현정기』가 명확하고 완비된 해석이나 중희가 의거한 약소가 그 당시 통행되던 책이 아니어서 효령대군과 명승들이 상세히 교정하여 약소의 대문 아래에 바로잡아 넣게 되었다고 한다. 이것으로 『심경언해』의 원전은 이 언해본을 위하여 새로이 편찬되었음이 분명하다.

이와 같은 절차와 힘들인 작업으로 편찬된 언해본의 원고는 곧 도감으로 넘겨져서 간행되었다. 『아미타경언해』 등 간기만 있는 언해본은 간년만 밝혀

졌지만, 『능엄경언해』 등 전문을 가진 언해본은 간년의 날짜까지 밝혀져 있다. 실제 간행된 날짜는 전문의 날짜보다 뒤질 수 있다. 그러나 『법화경언해』의 전문이 1463년 9월 2일자인데, 같은 날짜의 『세조실록』에서

> 刊經都監 進新刊法華經 (9년(1463) 9월 무오(2일)조)

이라 한 기록으로 보면 전문의 날짜를 간행된 날로 보아 무방하다. 실록의 기사가 뒤에 책의 전문만 보고 작성되었을 가능성이 없지 않으므로 전문의 날짜를 간행된 날로 보는 것은 무리라는 생각도 있을 수 있다. 그런데 『원각경언해』의 전문은 1465년 3월 19일이나, 그날 실록에는 그에 대한 기사가 없다. 그러나 다음 달인 4월 초순에 세조가 창건된 원각사에서 『원각경언해』를 열람하였다는 기록이 다음과 같이 실록에 있다.

> 圓覺寺成 設慶讚會 赴會僧一百二十八 披覽御定口訣飜譯圓覺修多羅了義經 飯外護僧二萬 是日幸圓覺寺 (11년 4월 계미(7일)조)

이 기록은 이미 보았을 수도 있지만, 『원각경』의 서명에 이름을 딴 원각사에서 다시 열어 보았을 수도 있다. 그러나 그 기록이 비로소 본 것이라 하더라도 책의 간행이 전문 날짜로부터 20일 안에 간행된 것이다. 그러므로 전문을 가진 언해본은 전문 날짜에 그 책이 간행되었거나 늦어도 그 날짜에서 20일을 넘지 않은 날에 간행되었다고 생각된다. 전문이 있는 도감 언해본은 이와 같이 간행 날짜까지 밝힐 수 있는 점으로 우리나라 古書로서는 매우 특이한 예에 속한다.

전문의 날짜가 간행된 날이라 한다면 도감에서 언해본을 간행하는 데 소요한 시간을 짐작할 수 있다. 『금강경언해』와 『심경언해』는 다 같이 전문 날짜인 1464년 4월 7일에 간행된 셈인데, 두 책의 발문에 따르면 2월에 원고가 완성되었다고 하므로 간행에 2개월이 채 걸리지 않은 것으로 된다. 이것을 기준으로 추측하면 분량이 많은 『법화경언해』는 4, 5개월이 소요된 것이라 하겠다. 다른 언해본도 그것을 원용하여 추정할 수 있을 것이다.

도감 언해본은 전문으로 날짜까지 밝혀지는 책도 있으나, 모두 세조의 후반기인 1462년부터 1467년까지의 6년 동안에 간행되었다. 이때 각기 처음

으로 인출된 원간본의 주요한 책은 그 뒤에 적어도 1472년(成化 8, 성종 3)과 1495년(弘治 8, 연산 1)의 두 번, 또는 한 번의 인출이 더 있었다. 그때는 도감이 유신의 강력한 반대로 혁파된 뒤이지만, 先王의 薦度를 위한 불경의 대대적인 인출이 왕비의 명령으로 행해졌다. 그때 인출본의 각 책 끝에는 각기 갑인자로 된 성화 8년 6월 初吉의 김수온 발문과 목활자로 된 홍치 8년 8월 하한의 학조 발문이 있다. 발문이 활자로 된 것은 인출된 불경의 광곽 크기에 맞추어 판을 크게도 작게도 짤 수 있었기 때문이다. 예컨대 똑같은 김수온 발문이 『법화경언해』 권7에서는 12행 15자 쌍행(단, 판심 쪽 1행은 쌍행이 아니라 15자 1행임)이나, 『몽산법어언해』에서는 9행 15자 쌍행으로 조판되어 있다. 두 발문은 인출된 불경의 종류와 부수를 밝히고 있는데, 먼저 김수온 발문에서 문제의 도감 언해본을 보기로 한다.

> 我仁粹王妃殿下…… 於是 命令分詣板本所在 模印法華經六十件 楞嚴經六十件 圓覺經二十件 注華嚴經五件 維摩經三十件 懺經四十件 心經三百件 六經合部五百件 梵網經二十件 地藏經四十件 藥師經二十件 恩重經十件 法語二百件 永嘉集二百件 大藏一覽四十件 南明證道歌二百件 金剛川老解二百件 楞嚴義海六十件 眞實珠集二百件 中禮文二百件 志盤文一百件 結手文一百件 仔夔文五十件 法華三昧懺二十件 佛祖歷代通載三十件 禪門拈頌十件 景德傳燈錄十件 龍龕手鑑五十件 六道普說三十件 以經計者 凡二十九秩 總若干件 將以施于緇素

이를 보면 모두 불경 29종 2,800여 부가 인출된 것이다.30) 매우 큰 불경 인출 사업이다. 그런데 이 발문에서는 한문본과 언해본이 구별되어 있지 않다. 발문만으로는 극단적으로 말하면 한문본만 인출되었다고 할 수도 있다. 그러나 다행히 이 발문을 가진 『법화경언해』와 『원각경언해』가 전하고 도감 언해본은 아니나 『몽산법어언해』가 전하고 있다.31) 발문에서 『법화경』, 『원

30) 이때 사용된 책판은 원각사 등 서울의 사찰에 있던 것만이 아니다. 한 예로 김수온 발문을 가진 『육경합부』(보물 965호)의 『금강경』 끝에는 '正統 5年庚申(1440, 세종 22)華岳山永濟菴開板'이란 간기가 있다. 『신증동국여지승람』에 의하면 경기도 가평현에 화악산과 영제암이 있으므로 간기의 영제암은 가평에 있던 사찰인데, 거기의 책판으로 이때 『육경합부』가 인출되었음을 알 수 있다.

31) 이때의 『법화경언해』는 서울의 중앙승가대학 도서관, 『원각경언해』는 고려대학교 도서관 육당문고, 『몽산법어언해』는 통문관, 서울의 김민영 씨 등이 소장하고 있다.

각경』, 『법어』가 이들 책인 것이다. 『법어』는 『법어언해』를 가리킨다고 할지 모르나, 김수온 발문의 『몽산법어언해』가 여러 부 전하므로, 그 책이 판심제에 따라 당시 『법어』 또는 『법어언해』란 양칭으로 통용된 것이라 하겠다. 이 밖에 언해본으로 볼 수 있는 것은 『능엄경』, 『심경』, 『영가집』이다. 그러나 『영가집』은 이 발문을 가진 한문본이 나타나게 되어 언해본이라 할 수 없다. 발문을 가진 책이 나타나기 전에는 단언하기 어려우나 『능엄경』, 『심경』은 언해본일 가능성이 크다. 특히 『능엄경』은 발문에서 『법화경』과 나란히 적혔을 뿐 아니라 따로 한문본 『楞嚴經義海』가 있으므로 『능엄경언해』라 하여도 틀림없을 것이다. 『심경』은 위에서 말한 바와 같이 『심경언해』가 仲希의 「顯正記」를 대문 아래에 교감하여 넣는 원전에 상당한 손질이 가해진 점에서 언해본으로 볼 수 있지 않을까 한다. 그러므로 1472년에 인출된 도감 언해본은 『능엄경언해』, 『법화경언해』 각 60부, 『원각경언해』 20부이고 그 밖에 『심경언해』 300부가 있었으리라 추정된다.

학조의 발문은 언해본의 서명 앞에는 '飜譯', 한문본의 서명 앞에는 '漢字'를 붙여 책의 성격을 명확히 하였다. 인출본에 대한 기록은 다음과 같다.

> 我王妃殿下……於是 擇經律論中開人眼目者 印出飜譯法華經楞嚴經各五十件 金剛經六祖解心經永嘉集各六十件 釋譜詳節二十件 又印漢字金剛經五家解五十件 六經合部三百件

이때 인출된 불경은 모두 8종 380부이다. 1472년의 인출 때보다 불경의 종류는 2/7약, 부수는 1/7 이하로 줄어들었다. 20여 년이 지나는 사이에 아무리 왕비라도 불경 인출은 쉽게 하지 못하는 상황으로 바뀐 것이다. 그러나 우리로서 다행히 생각하는 것은 언해본이 1472년보다 적지 않게 인출된 점이다. 곧 도감 언해본이 『법화경언해』, 『능엄경언해』 각 50부, 『금강경(육조해)언해』, 『심경언해』, 『영가집언해』 각 60부의 5종이 『석보상절』 곧 『월인석보』 20부와 함께 인출되었다. 이 중 『금강경언해』, 『심경언해』, 『영가집언해』는 이 발문을 가진 책이 전한다.[32) 『능엄경언해』와 『법화경언해』의 현전하는 원간본 중에는 완전한 마지막 권이 없어서 발문을 보지 못하지만 그때

32) 이때의 『영가집언해』는 동국대학교 도서관, 『금강경언해』는 성균관대학교 임형택 교수, 『심경언해』는 고 최범술 씨 등이 소장하고 있다.

의 인출본이 있을 것이다. 이리하여 『아미타경언해』, 『수심결언해』, 『법어언해』를 제외한 도감 언해본의 원간본은 간행과 동시에 있은 초쇄를 포함하여 두 번 또는 세 번의 인출이 있었음이 확인된다.[33]

그런데 1472년과 1495년에 다시 인출된 원간본도 인면과 지질 등으로는 다른 원간본, 어쩌면 초쇄본인 원간본과 쉽게 구별되지 않는다. 1472년의 김수온 발문을 가진 『법화경언해』가 이 발문을 제외하면 다른 원간본과 차이가 없다. 그보다 20여 년이 늦은 1495년의 학조 발문을 가진 『영가집언해』, 『금강경언해』, 『심경언해』도 인면이나 지질에서는 다른 원간본과 똑같다고 할 수밖에 없다. 발문이 있기 때문에 뒤에 인출되었다고 하는 것이다. 다시 말하면 판목의 변형이나 자형의 마모로 후쇄본이라 할 책이 아니다. 그러므로 발문이 있는 다른 책과 같이 도감 언해본도 발문으로 인출 시기가 밝혀지더라도 모두 원간본으로 다루지 않으면 안 된다. 그러나 부속 문자에서는 차이가 있다. 『영가집언해』 등 1495년의 인출본에는 신미, 효령대군, 한계희 등의 발문이 삭제되었다. 1권으로 권수가 완전한 『금강경언해』, 『심경언해』에는 전문과 열함도 볼 수 없다. 따라서 이때의 인출본이 다른 원간본과 구별되지 않는다고 한 것은 언해본의 본체 그것을 두고 말한 것이다.

도감 언해본의 원간본에는 각 책 첫머리 난상에 [校正](朱文長方印)이란 印記를 갖는 것이 있다. 드물게 첫머리 난하에 찍힌 책도 있다. 서울 강태영 씨 소장인 『능엄경언해』와 自在菴 소장의 『심경언해』가 그러하다.[34] 이들 인기는 도감 언해본이 아니나, 1457년의 을해자본 『능엄경의해』, 1459년의 『월인석보』 등 불서뿐 아니라 활자로 1458년에 간행된 것으로 추정되는 유학서인 『易學啓蒙要解』에도 볼 수 있다. 이와 같이 이들 책은 모두 세조 때의 간본이다. 따라서 이 인기의 도감 언해본은 세조 때 도감에서 인출된 책임이 분명하다. 그런데 인기의 성격은 명확하게 구명되지 않은 것이 아닌가 한다. 우리의 잘못된 추측인지는 모르나, 학계에서는 印文의 '校正'이 오늘날 출판

33) 전문이 있는 도감 언해본은 전문 날짜나 그 날짜보다 늦어도 보름 정도 뒤에 초쇄가 있었겠지만 그 뒤에도 필요에 따른 인출이 없었다고 할 수 없다. 보물 959호인 기림사 비로자나불 腹藏 典籍의 하나인 『법화경언해』의 한 책에는 '乙酉九月功畢 正校尹(手決)'이란 識記가 있다. 이 을유년은 1465년이므로 전문 날짜보다 2년 늦게 인출된 일도 있었다고 보이기 때문이다.

34) 교정 印記가 난하에 찍힌 근거는 명확하지 않다. 앞으로의 논의와 해명을 기다린다.

과정에서 행해지는 용법과 같이 본문의 잘못된 곳을 바로잡은 뜻으로 파악하고 있는 듯이 보인다. 그러나 이 인기를 가진 책에서, 붓으로 된 본문의 교정이 우리가 본 『월인석보』나 도감 언해본 등 한글 문헌에서는 나타나지 않는다. 활자본 『능엄경언해』는 그 인기의 있고 없음과 상관없이 朱墨으로 교정이 되어 있지만 그 인기를 가진 성암문고 소장인 권1에는 그러한 교정조차 볼 수 없다. 그러므로 이러한 인기는 인출된 책장을 매는 과정, 곧 장정에서 책장의 인면 상태, 책장의 탈락과 중복, 또는 착란을 바로잡았다는 뜻으로 사용된 것이라 생각된다. 『법화경언해』는 1권이 분량 과다로 상 · 하 2책으로 나뉘어 장정되기도 하는데, 그 하책의 첫째 장 앞쪽 제1행 난상에도 이 인기가 있으므로 장책 과정의 잘못이 없음을 확인하고서 인기를 찍은 것으로 생각되는 것이다. 거기에 이 인기를 가진 책이 모두 인면 상태가 훌륭하고 책장 순서 등에 착오가 없음도 그러한 해석을 뒷받침한다.35)

印文의 校正을 어떻게 해석하든, 그 인기를 가진 도감 언해본은 모두 세조 때에 인출된 책이다. 1472년이나 1495년의 인출본보다 앞선 책인 것이다. 그런데 이 추정에는 언해본 편찬자 기명의 문제가 걸림돌로 남는다. 이 인기를 가진 책에도 권수의 기명이 빈칸으로 된 것이 있다. 『법화경언해』를 예로 들면, 권수 제1행에는 수제가 있고 제2, 3행에는 원전 편찬자인 각각 '戒環解, 一如集註'가 있으나, 구결과 번역한 사람의 기명이 있어야 할 제4행이 빈칸이다. 『법화경언해』의 모든 원간본은 이 인기와 상관없이 저 위에서 말한 난상 주기를 가진 권1을 포함하여 이 제4행이 빈칸이다. 우리는 일찍이 도감 언해본을 포함하여 당시 언해본에서의 언해본 편찬자 기명의 삭제가 인출 연대 추정의 기준이 된다고 한 일이 있다. 예컨대 『몽산법어언해』의 초쇄본에는 권수 제3행에 '慧覺尊者信眉譯解'란 기명이 있으나 1472년 인출본에서는 그것이 삭제되어 빈칸인 사실을 예증으로 하였던 것이다.36) 이에 따른다면 교정의 인기가 있는 책도 1472년 이후의 인출본이라 하여야 될 처지에 놓인

35) 이 인기를 가진 책에는 뒤 표지 안쪽에 '中校, 三校, 正校'라 하고 서명을 한 識記를 간혹 본다. 이 지기도 교정의 인기와 연관된 것으로 우리는 이해한다.

36) 안병희(1992b: 509, 각주 14) 참조. 『원각경언해』, 『영가집언해』, 『금강경언해』, 『심경언해』가 그러한 언해본이라 하였으나, 『심경언해』에는 처음부터 편찬자 기명을 위한 행이 배정되어 있지 않다. 다시 말하면 그 책에는 빈칸이 없다. 잘못을 바로잡는다.

다. 그러나 그 인기가 있는 책은 세조 때의 인출본이다. 여기서 편찬자 기명의 빈칸이 적어도 『법화경언해』의 경우에는 인출 시기를 결정하는 절대적인 기준이 되지 못함을 인정하지 않을 수 없는 일이다. 1472년의 『몽산법어언해』와 1495년의 『영가집언해』 등의 인출본에서 삭제된 빈칸이 후대의 복각본에서는 편찬자 기명이 되살아나기도 하는 데 대하여, 『법화경언해』의 세 번에 걸친 복각에서는 모두 빈칸 그대로인 사실도 그 기준에 매일 수 없음을 말한다. 그러므로 『법화경언해』의 빈칸은 달리 해석되어야 할 것이다. 현재 우리의 생각으로는 언해본 편찬자의 기명을 권수 제4행에 밝혔었으나 기명이 아예 없는 『능엄경언해』의 체재에 맞추어서 1463년의 인출 때부터 삭제하고 인출한 것이 아닐까 한다. 그러나 초기의 『능엄경언해』나 『법화경언해』와는 달리 『영가집언해』, 『금강경언해』 등 도감 언해본과 『몽산법어언해』에서의 언해본 편찬자 기명이 있고 없음은 여전히 인출 시기를 판별하는 기준이 된다고 생각한다.

도감 언해본의 원간본은 16세기에 들어서 다시 인출되었다는 기록이 없다. 인출을 말하는 단서도 없다. 1495년의 도감 언해본 인출은 위에서 여러 번 언급하였거니와 그 해 6월 26일(정축)과 28일(을묘)에는 홍문관 직제학 表沿沫, 典翰 金壽童 등이 箚子로써 원각사에서 행하는 불경 인출의 중단을 건의하였으나, 왕은 大妃의 하는 일이라고 하여 확실한 태도를 보이지 않고 있다.[37] 그 차자에서 '圓覺寺多印佛經'(26일자 차자)이라 한 것이 2개월 뒤의 1495년 學祖 발문에 나오는 불경 인출일 수밖에 없다. 그러므로 도감이 혁파된 이후 중앙의 도감에서 판각된 책판은 원각사로 옮겨지고, 거기에서 1472년과 1495년에 도감 언해본이 인출되었다고 할 것이다. 그러나 원각사가 연산군의 폭정으로 廢寺로 되면서 그 판목들도 산일된 것이 아닌가 한다.[38] 그리하여 1495년을 마지막으로 도감 언해본의 원간본은 더 이상 인출

37) 『연산군일기』 원년(1495) 6월 정축 및 을묘조, 27일에는 藁精紙 1,000권을 궁중으로 들이라는 왕명이 있었는데(동 6월 무인조), 28일 차자에는 그 일이 불경 인출과 상관된 것이 아니냐는 구절도 있다.

38) 원각사가 폐사로 된 것은 1504년(연산 10) 이후의 일이다. 연산군은 1500년 가을에 흉년으로 격감된 물품을 전과 같이 원각사에 지급하라는 전교도 내린 바 있다.(『연산군일기』 6년 9월 병인조). 그러나 1504년부터는 태도가 바뀌어 성균관을 원각사로 옮겼으면 하는 전교가 있고(동 10년 7월 무술조), 마침내 1505년 초에는 掌樂院을 그리로 옮겨 假興淸 등을 교습하게 하였다(동 11년 2월 정축조).

할 수 없게 된 것으로 생각된다. 그리하여 도감 언해본은 16세기 이후로 전국의 지방 사찰에서 복각으로 중간되어 유포되는 운명을 맞는다. 1500년(연산 6) 겨울에 陜川 鳳栖寺에서 간행된 『수심결언해』의 복각본을 비롯하여 1762년(영조 37) 봄부터 판각하여 1768년 봄에 인출과 장정이 끝난 충청도 德山 伽倻寺의 『법화경언해』 복각본까지 간헐적인 중간이 있었다. 도감 언해본을 일정한 계획에서 중간한 것이 아니라, 사찰마다 독자적으로 시주를 모아 간행한 것이다. 그러므로 이들 복각본에는 간기와 施主秩이 있어서 간행 경위가 분명함은 좋으나, 지방 사찰의 복각이므로 원간본에 비교되지 않을 정도로 판각, 인출, 용지와 장정이 좋지 않을 뿐 아니라 誤刻까지 나타나는 결함이 있다. 그러나 모든 언해본이 적어도 한 번 이상 복각되어, 오늘날 전하지 않는 일부의 원간본을 알려 주는 이점도 적지 않다.

Ⅳ. 맺는말

세조는 잠저 시절부터 불경을 번역하여 간행한 일이 있다. 父王인 세종의 명령을 받들어 母后인 소헌왕후의 명복을 빌기 위한 『석보상절』의 편찬이 그것이다. 그 책은 석가의 일대기라고 하나 석가의 중요 설법인 불경도 축약되어서 번역, 수록되어 있다. 『아미타경』, 『약사경』, 『지장경』, 『법화경』 등이 그러한 불경이다. 즉위하여서는 세자가 요절하는 慘慽을 만나게 되어 『영가대사증도가』, 『금강경』, 『능엄경』, 『법화경』 등을 간행하고 寫經으로 『법화경』, 『지장경』 등을 조성하는 한편, 해인사에서 고려 대장경을 대대적으로 인출하였다. 이들은 모두 한문본이다. 그러나 1459년(세조 5)에 『석보상절』과 『월인천강지곡』을 수정하여 합편한 『월인석보』를 간행하고서는 곧 불경을 본격적으로 번역, 간행하는 사업을 일으킨다. 『석보상절』과 똑같이 『월인석보』에도 불경은 번역, 수록되었으나, 그 불경은 전체 책의 체재로 불경으로서 역할을 하지 못하는 아쉬움이 있었기 때문이 아닌가 한다. 석가의 분신사리가 100여 매가 나타나는 상서도 그 사이에 있었다. 이에 스스로 번역하

중종은 1507년(중종 2)에 한성부의 관아를 원각사로 옮긴 일이 있고(『중종실록』 5년 1월 기사조), 『중종실록』의 史評에 의하면 연산군 때 승려를 내쫓고 불상을 끌어내어 빈 절이 되었다고 한다(동 9년 8월 병신조). 그러므로 1504년 말 이후로 원각사가 사찰의 기능을 상실하게 된 것으로 보인다.

여『석보상절』에 수록된『아미타경』을, 원전에 구결을 달고 번역도 수정하여 활자본으로 간행하고, 신미가 번역한『몽산법어언해』를 목판본으로 간행한다. 잇따라 1461년에는 10권이나 되는『능엄경언해』를 활자본으로 간행하기에 이른다. 그런데 활자본과 목판본으로 간행된 언해본 사이에는 체재의 통일이 없다. 같은 활자본인『아미타경언해』와『능엄경언해』사이에도 체재가 달랐던 것이다. 거기에『능엄경언해』에는 번역의 상당한 잘못까지 나타났다. 그리하여 세조는 그 해에 설치되어 한문본 불경을 간행하기 시작한 도감에서 언해본도 통일된 체재로 간행하도록 한 것으로 보인다. 이미 활자본으로 간행된『능엄경언해』,『아미타경언해』를 비롯하여『석보상절』과『월인석보』에 수록된『법화경언해』, 거기에 새로 번역한『영가집언해』,『금강경언해』등, 우리가 위에서 살펴본 도감 언해본 9종은 그러한 경위로 간행된 것이다. 이들 언해본의 구체적인 종류와 그 특징, 편찬의 절차와 간행에 대하여는 본론에서 장황할 정도로 설명되었으므로 여기 되풀이하지 않는다. 또 이들 책이 인쇄문화사와 국어사에서 차지하는 위상과 가치는 학계에 정평이 나 있다. 그러므로 우리는 이들 도감 언해본이 한글 보급의 역사에서도 큰 기여가 있음을 설명함으로써 이 글을 끝맺기로 한다.

한글은 1446년(세종 28)에 반포되고 1447년에 한글이 사용된『용비어천가』,『석보상절』,『월인천강지곡』등 한글 문헌이 간행되었지만 그 보급은 매우 서서히 진행된 것으로 생각된다. 1527년(중종 22)에 최세진이『훈몽자회』를 편찬하면서 그「범례」의 한 항목에서 한글을 깨친다면 스승이 없이도 그 책을 읽을 수 있으나 시골에는 한글을 모르는 사람이 많아서「諺文字母」를 짓는다고 한 사실만 보아도 보급의 사정을 알 수 있다. 그 사정은 한글 문헌의 간행으로써 확인된다. 한문본의 불경, 경서 등 각종 책들은 고려 시대에 오면 여러 지방에서 간행된 기록과 실물이 전한다. 그러나 한글 문헌은 창제 초기는 말할 것도 없지만 15세기 말까지 모두 중앙에서 간행되었다. 지방에서 간행된 실책도 없거니와 기록도 없다. 최초의 지방판은 도감 언해본의 복각으로 위에서 말한 1500년 합천 봉서사의『수심결언해』이다. 불경이 아닌 한글 문헌은 1518년에 경상도에서 간행된『여씨향약언해』,『정속언해』,『이륜행실도』등이다. 여기에서 우리는 불경의 언해본, 특히 도감 언해본이 한글 보급에 이바지한 바를 보게 된다. 이는 언해본의 간행 목적에서 부수적으로 생겨난 소득이라 할 수 있다. 세조는 『석보상절』과 『월인석보』의 서문에서 한글로 번역된 책이 모든 사람으로 하여금 쉽게 이해하도록 하여 삼보에 귀의하게 할 것이라고 하였는데, 도감 언해본의 발문에서도 같은 간행 목적을 보게 된다. 한 예로 신미의 『영가집언해』 발문을 보기로 한다.

> 今我聖上……萬幾之暇 將使聾瞽開明 於此禪經 親印口訣 乃命儒臣 招集緇流 詳加諺釋 刊板流通 非但禪門兄弟 因言以達其文 因文以得其義 以至販夫竈婦 皆得聞佛祖之旨 然則我殿下 法施之恩 至矣盡矣

곧 세조가 이 언해본을 간행하는 뜻은 승려가 말로써 글을 통달하고 글로써 그 뜻을 얻게 할 뿐 아니라, 장사꾼이나 부엌데기와 같은 匹夫匹婦도 부처의 뜻을 듣게 하려는 것이라 한다. 이러한 목적으로 간행된 도감 언해본은 승려와 일반인에게 널리 읽혔을 것이다. 그로 말미암은 언해본의 수요로 도감의 한 언해본이 최초의 지방판 한글 문헌으로 복각되었다고 할 것이다. 이를 시작으로 도감 언해본은 계속하여 지방의 여러 사찰에서 중간되었는데, 그것은 불교의 전파와 한글의 보급에 상승 작용을 한 것으로 보인다. 여기에서 도감 언해본이 한글 보급으로 문자사용의 인구를 늘이게 된 사실을 인정하게 된다. 우리는 그것으로써 우리의 문화사에서 도감 언해본이 갖는 또 다른 의의가 크다고 하지 않을 수 없는 것이다.

제5장 왕실 자료의 한글 필사본

Ⅰ. 머리말

종래 국어사 자료라 하면 으레 刊本을 대상으로 하였다. 筆寫本을 포함하여 직접 붓으로 쓴 자료는 간본에 비하여 분량이 적은 데다가 연대의 추정에 어려움이 따르기 때문이다. 한글이 나타나는 필사 자료로는 매우 예외적으로 1464년(세조 10)의 「上院寺重創歡善文」과 1593년(선조 26)의 「宣祖國文諭書」를 비롯하여 약간의 諺簡이 이용되었을 뿐이다. 이에 비하여 吏讀와 관련된 자료는 사정이 달라서 고문서 등 필사자료가 적지 않게 이용되었다. 고문서는 발급한 날짜가 분명하여 연대 추정에 문제가 없는 이점을 가진 까닭이다. 그러나 다양한 용례가 나타나는 『大明律直解』나 『養蠶經驗撮要』 등 간본에 비하면 그 중요성은 크게 떨어진다. 근래 들어서 口訣에 대한 관심과 연구가 활발해지면서 새로운 자료의 발굴로 한글 창제 이전의 구결에 대한 연구에서는 필사자료가 중시되고 있는데, 국어사 자료에 대한 인식을 바꾸게 하는 일로 주목된다.

이러한 추세에 맞추어서 한글 자료에 관해서도, 필사본에 대하여 관심을 돌려야 할 때가 되지 않았나 생각된다. 널리 알려진 바와 같이 藏書閣에는 한글로 필사된 많은 고전소설이 수장되어 있다. 원래 樂善齋 소장인 이들 소설은 유일본도 상당히 있어서, 국문학 연구자들의 관심을 끌어서 그에 관한 많은 연구가 발표되었다.[1] 그러나 국어학 연구자들은 간본이 적지 않은 근대어의 후기 자료란 사실과 함께, 앞서 말한 필사 연대를 추정하기 어려움, 그리고 궁체로 쓰여져 판독하기에 여간한 노력이 소요되지 않는 점 등으로

1) 낙선재문고 소설 또는 낙선재본 소설로 일컬어지는 이들에 대하여는 일찍이 이병기(1940)에서 언급된 일이 있고, 정병욱(1969)에서 구체적으로 소개된 뒤로 상당한 연구가 행해져 있다.

전혀 돌보지 않았다. 더욱이 장서각에는 그 밖에도 많은 한글 필사본이 수장되어 있다. 이들은 모두 王室 자료로서 독특한 성격도 지니고 있다. 그러므로 이들 한글 필사본은 국어학 자료로서도 이용될 충분한 가치를 갖는다. 이에 우리는 그 한글 필사본에 대하여 국어학의 견지에서 검토하기로 한다.

Ⅱ. 한글 필사본의 書名

간본과 필사본을 막론하고 본문이 한글로 된 책은 書名을 어떻게 정하고 표기하느냐 하는 문제가 제기된다. 한글로 된 권두의 首題와 표지에 한자로 된 表題가 다르기 때문이다. 본문이 한문인 책에서 흔히 보는 갖은이름[具稱]인 수제와 줄인이름[略稱]인 표제가 다른 사실과는 다르다. 잘 아는 바와 같이 우리나라 대부분의 고서목록은 標目인 서명을 수제로써 정하기 때문에 한문으로 된 책에서는 수제를 그대로 취하면 그만이다. 그러나 한글본에서는 사정이 그렇게 단순한 것이 아니다.

『장서각도서 한국판 총목록(附보유편)』(한국정신문화연구원, 1984, 이하 『총목록』으로 줄인다)도 범례와 내용을 보면, 모든 도서를 동양의 전통적인 經史子集의 사부 분류법을 참고하여 주제에 따라 분류하여 표목인 서명의 가나다순으로 배열하였다. 그런데 서명에 대하여는 그 범례에서 다음과 같이 3항으로 나누어 설명하고 있다(『총목록』 8쪽).

> 1) 卷首題에 의함을 원칙으로 하고, 다만 그 권수제가 부적당하거나 없는 경우에 한하여 表題, 裏題, 版心題 등에서 채택하였다.
> 2) 표목에 채택된 것과 다른 서명은 일일이 주기하였다.
> 3) 國譯書에 있어서 國·漢字竝用의 서명을 사용하였거나, 또는 國譯文과 원문을 병록한 것은 국역서명을 채택하고, 原書名은 그 다음에 圓括弧로 묶어 明朝體로 표시하였다.

여기 제1, 2항은 다른 고서목록에서도 나타나는 것이나, 제3항이 특이한 내용이다. 구체적인 예로써 보면, 『총목록』은 교정청의 경서언해 중간본을 '셔젼언히(書傳諺解), 시경언히(詩經諺解), 듕용언히(中庸諺解), 론어언히(論語諺解), 밍즈언히(孟子諺解)'와 같은 표목으로 수록하였다. 이들 언해서를 국한 병용의 서명을 사용한 것으로 보고 국역 서명을 채택한 것이다. 이러한 처리는 책을 면밀히 살피지 않은 결과로 행해진 것이다. '셔젼언히'로써 예를 들어 설명한다면 서명은 국한 병용이 아니다. 한자로 된 '書傳諺解'가 主文이고 '셔젼언히'는 상대적으로 작은 글자로 主文인 한자에 하나씩 주기되어 있는 것이다. 오늘날의 간행물이면, 한글 서명이라 채택된 것은 '書(셔)傳(젼)諺(언)解(히)'와 같이 괄호 안에 쓰여진 것이다. 따라서 한자 서명과 한글 서명은 병용 곧 대등의 관계가 아니라 主從의 관계인 것이다. 그러한 관계를 인식한다면 교정청의 언해서 곧 국역서의 서명은 한자로 된 것을 표목으로 채택하여야 한다.

성격은 다르지만 首題가 한글로 된 필사본에서도 서명의 문제는 있다. 수제에 쓰여진 대로 서명을 채택하는 데서 오는 문제인 것이다. 『총목록』 集部의 國文小說類(1212-3쪽)에는 위에서 말한 낙선재 소장의 고전소설이 등록되어 있다. 수제의 頭音이 나행과 다행에 속하는 약간의 소설을 배열된 순서대로 보이면 다음과 같다.[2)]

남정긔(南征記)
냥문츙의록(楊門忠義錄)
녀션외ᄉ(女仙外史)
뉴니냥문녹(劉李兩門錄)
……
대송흥망록(大宋興亡錄)
뎍셩의젼(狄城義傳)
뎡수뎡젼(鄭水晶傳)

이들은 수제를, 쓰여진 대로 정확히 채택한 것이므로 당연한 표목이다. 그런데 색인에서는 전혀 다른 기준으로 배열되어 있다. 이들 서명 표기에 해당하는 현대어, 정확하게 말하면 현대어의 발음 순서에 따라 배열되어 있는 것이다. 예컨대 '냥문츙의록, 녀션외ᄉ'는 그 표기대로 되었으면서 '양문충의록, 여선외사'가 놓일 자리에 배열되고, '뎍셩의젼, 뎡수뎡젼'은 '적성의전, 정수

2) 여기 예시한 소설은 표제 등에 따라 모두 한자를 주기하였다. 그러나 『총목록』에서는 한자의 주기가 없는 경우도 있다. 목록 작성 때에 편찬의 일관성을 잃은 결과가 아닌가 한다.

정전'이 놓일 자리에 배열되었다. 물론 여기에는 예외가 있다. 소설은 아니나, '녈셩지장통긔(烈聖誌狀統記), 녈셩후비지문(烈聖后妃誌文)'은 표목의 배열과 색인에서 모두 수제의 표기대로 배열되어 있다. 이러한 데서도 표목의 한글 서명에 문제가 있음을 알게 된다.

이러한 한글본, 특히 고전소설의 서명이 표목으로 된 경우에는 다른 고서목록에서도 똑같은 문제가 일어난다. 주요한 고서목록을 보더라도 처리가 조금씩 차이를 보인다. 먼저 『규장각도서 한국본 종합목록』(서울대도서관, 1981)을 보면, 서명은 수제에 따랐으나 배열에서는 현대어의 발음을 기준으로 하였다. 곧 표목의 배열은 '셔한연의(西漢演義), 션부인가젼, 셜씨닉범셔(薛氏內範書)'가 '聖賢公淑烈記' 앞에, '뎡운치젼'이 '장화홍연젼'과 '鄭乙善傳' 사이에 배열되어 있다. 그러나 색인에서는 다시 표기의 한글 순서에 따르고 있어서 일관성이 결여되어 있다. 연세대의 『고서목록』(연세대 중앙도서관, 1977)은 표목은 수제대로 표기되나 배열은 현대어의 발음에 따라 배열되었다. 곧 표목은 수제의 '녈국연의(列國演義), 뉴씨삼딕록(劉氏三代錄)' 등이 채택되었으나 배열은 '열국연의, 유씨삼대록' 등의 차례에 놓였다. 이상 보아온 바와 같이 한글본 서명의 채택은 다른 고서와 마찬가지로 수제로 하고는 있으나, 목록의 표목의 배열과 색인에서 일정한 원칙이 없이 수록되어 있다. 한 목록에서 서명의 표기대로 배열하는가 하면 현대어의 발음에 따라 배열하기도 한다. 이러한 혼란은 목록에서 한글본의 고서를 검색하는 데 큰 부담이 아닐 수 없다.

이러한 혼란을 지양한 목록이 없지는 않다. 『아단문고 장서목록 (二)古書』(아단문화기획실, 1996)는 수제의 표기에 따른 배열이 충실히 지켜져 있다. 고서목록 편찬의 방식으로는 가장 합리적이라 할 수밖에 없다. 그러나 목록이 목록을 위한 것이 아니라 이용자를 위한 것이란 전제를 생각하면 그 방식이 반드시 훌륭하다고만 하기는 어렵다. 한글 필사본은 거의 18세기 이후에 필사되었는데, 음운 변화에 따른 표기의 혼란으로 '냥, 니, 뎡, 됴, 셔, 쇼' 등은 각기 '양, 이(또는 '리'), 졍(또는 '정'), 죠(또는 '조'), 서, 소' 등으로 필사된다. 실지로 아단문고에는 표제가 '李大鳳傳'의 복본의 수제가 '니딕봉젼, 리딕봉젼, 이딕봉젼'으로 다르게 되어 여간 주의하지 않으면 함께 검색하거나 열람할 수 없게 따로 떨어져 배열되어 있다. 장서각에 수장된 '楊門忠義錄'도 복본인데, 수제가 '냥문튱의록'과 '양문튱의록'으로 다른 표기로 되었다. 위에 말한 바와 같이 『총목록』은 표목의 배열은 다른 자리이지만 색인에서는 나란히 배열되어 있는 것이다. 이들은 하나의 표목으로 수록하고, 이용자의 편의를 고려한 방법을 마련하는 노력이 있어야 할 것이다.

여기에서 우리는 수제를 표목으로 한다는 원칙을 가능한 한 따르면서 이용자를 배려한 방법을 제안하려고 한다. 그것은 수제의 표기를 현대어의 발음에 따라 고쳐서 등록하고, 수제의 표기는 주기하는 방법이다. 다시 말하면 '녀션외ᄉᆞ, 니ᄃᆡ봉젼(또는 '리ᄃᆡ봉젼, 이ᄃᆡ봉젼'), 뎍셩의젼, 뎡슈뎡젼' 등은 '여선외사, 이대봉전, 적성의전, 정수정전' 등의 서명을 표목으로 하고, 색인에서도 그러한 서명으로 하자는 것이다. 이용자를 배려하고 표목 선택의 원칙을 지키려면, 수제대로의 표기를 표제와 같이 목록에 주기하고 색인에 副出 서명으로 올릴 수도 있을 것이다. 이 글에서는 그러한 방법에 따라서 한글본 서명을 통일하기로 한다. 처음 나올 경우에 한하여, 책에 표기된 수제와 표제를 괄호 안에 주기하고 모든 서명의 한글 표기는 현대어의 발음에 따라서 고쳐 표기하게 될 것이다.

Ⅲ. 한글 필사본의 내용과 검토

경 · 사 · 자 · 집의 사부 분류로 나누어서 왕실 자료인 한글 필사본의 내용을 소개하고 국어학적인 검토를 행하기로 한다. 그러나 集部의 국문소설류 곧 낙선재 소장의 한글소설은 이미 잘 알려져 있으므로 제외한다.

經部에는 不分卷 1책의 『국풍(國風)』(1-35)이 있다.[3] 수제와 표제에 따라 표목이 정해졌으나, 내용은 『詩經』「國風」의 關南으로부터 小雅의 蓼莪六章까지 시 原文의 독음을 한글로 보이고, 구결은 『시경언해』와 같이 협주로 부기하였다. 이어서 한 자 낮추어서 『詩傳大全』에서 원시의 필요한 주석을 발췌하여 번역하였다. 필사 연대에 대한 기록이 없으나, '서로, 소ᄅᆡ'가 '셔로, 쇼ᄅᆡ'로 나타나는 점으로 19세기 국어 자료로 이용될 수 있다. 첫 대문과 그

3) 도서 열람의 편의를 위하여 처음 인용한 책일 경우에는 청구기호에 해당하는 일련번호를 서명 뒤의 괄호 안에 명시한다. 일련번호는 두 단위로 이루어지는데, 앞 단위는 經史子集을 1, 2, 3, 4로 주고, 뒤 단위는 각 部에 수록된 도서의 일련번호이다.

주석만을 예시한다. 협주는 괄호 안에 적는다.[4)]

> 관관져구(關關雎鳩, 여) 진하지쥐(在河之洲, 로다) 뇨됴슉녀(窈窕淑女) 군즈호구(君子好逑, 로다)
>
> 흥애(興也)라(흥은 몬져 다른 거솔 닐어 음영하는 바를 니릐혀단 말이라) 관관은 즈웅(雌雄)이 셔로 응ᄒᆞ야 화ᄒᆞᄂᆞᆫ 쇼릐오 져구ᄂᆞᆫ 물싀 일홈이니(즉금 증경이란 식라) 나며 졍ᄒᆞᆫ ᄧᅡᆨ이 이셔 셔로 ᄧᅡᆨ을 어즈러이지 아니ᄒᆞ고 샹히 안기와 날기를 ᄀᆞᆺ치 ᄒᆞ듸 셔로 닐압지 아니ᄒᆞ야 각별ᄒᆞᆫ 거시 잇ᄂᆞ니라(1a)

史部에는 상당히 많은 한글 필사본이 수록되어 있다. 類別로 나누어 설명하기로 한다.

먼저 編年類에는 불분권 1책의 『實錄抄本』(2-74)[5)] 복본의 『조야회통(됴야회통 · 朝野會通)』이 있다. 『실록초본』은 조선조 현종부터 철종까지의 왕조실록을 초역한 책이고, 『조야회통』은 조선조의 역대 사실을 쓴 것인데 태조부터 영조까지를 다룬 54권본(2-97)과 태조부터 경종까지를 다룬 47권본(2-98)이 있다. 중국의 紀年을 다룬 책은 불분권 1책의 복본인 『역대기년(역ᄃᆡ기년 · 歷代紀年)』(2-126, 2-127)이 있다. 필사 연대는 밝혀져 있지 않으나, 非ㅣ母音 아래서도 주격조사 'ㅣ'가 생략되는 점 등으로 19세기 국어 자료로 추정된다. 여기서는 『실록초본』의 첫머리 곧 현종의 즉위에 대한 기사를 보인다. 이 책은 철종이 승하하고 고종이 즉위한 기사에서 고종의 諱를 '아모'라 하고 협주로 '틱황졔 잠져 어휘'(太皇帝潛邸御諱)라 하였으므로 순종 재위시(1907년 7월~1910년 8월)에 이루어진 것이다. 20세기 초의 국어 자료로서, 된소리는 된시옷으로만 표기되어 있다.

---

4) 원문 인용에서 괄호 안에 주기한 한자는 인용자가 독자의 이해를 위하여 써넣은 것이다. 그러나 이른바 딴ㅣ는 주기에서는 무시한다. 예컨대 '흥애'를 '興也ㅣ'로 하지 않음과 같다. 그런데 한자와 원문 협주의 한글을 괄호 안에 주기한 것과 혼동함이 없기 바란다.

5) 이 『실록초본』은 雜史類 『선보집략언해』(2-965)의 권하일 것으로 생각된다. 뒤에 말할 바와 같이 내용이 바로 계속되고, 책의 형태와 글씨, 人名 표기 방식이 완전히 같다. 더욱이 두 책이 『선보집략언해』 권 상, 하 2책으로 된 것을 장서각에 팔러 온 일도 있었다고 한다. 그러나 여기서는 首題가 없으므로 表題에 따른 『총목록』과 같이 『실록초본』을 서명으로 하여 설명하여 둔다.

> 상은 효종의 뎍자(嫡子)ㅣ시니 탄싱ᄒᆞ심이 이상한 품질(稟質)이 잇더니 심양(瀋陽)으로붓허 환국ᄒᆞ심이 인조ㅣ 요순과 걸주(桀紂)의 일을 무르신ᄃᆡ 상이 사략(史略)에 잇ᄂᆞᆫ 말노ᄡᅧ 자셰이 그 셩인됨과 포학(暴虐)됨을 증거ᄒᆞ시니 인조ㅣ 크게 킈특이 녁이신지라 … 효종이 승하ᄒᆞ심이 익통ᄒᆞ시ᄂᆞᆫ 례절과 안싁의 초쵀ᄒᆞ심을 졔신(諸臣)이 참아 앙시(仰視)치 못ᄒᆞᄂᆞᆫ지라 인션왕후(仁宣王后)ᄭᅦ셔 즉위키를 권ᄒᆞ시니 비로소 즉위ᄒᆞ시다

別史類에는 『강감정사약전(강감졍ᄉᆞ약전 · 綱鑑正史略鍮)』(2-144)과 『정사기람(뎡ᄉᆞ긔람 · 正史紀覽)』(2-149)이 있다. 전자는 5권 5책으로 중국 上古시대로부터 秦漢시대까지의 『綱鑑正史』를 19세기 말에서 20세기 초 사이에 번역한 것이고, 후자는 80권 80책의 거질로 중국 상고시대로부터 명나라 말까지의 역사 기록을, 1909년(융희 3) 고종의 명령에 따라 尹用求가 번역하여 편찬한 책이다. 후자의 윤용구 서문은 왕실 자료에 이러한 역사 관계 한글 필사본이 들어 있는 이유가 밝혀져 있다. 그 부분을 보이기로 한다.

> 복유(伏惟) 아태황뎨폐하(我太皇帝陛下) 겨올샤 님어ᄒᆞ올신디 ᄉᆞ긔(四紀)의 우문(右文)ᄒᆞ여 다ᄉᆞ리샤 뎡녕(政令)과 뎐녜(典禮)를 ᄒᆞᆫ갈노 경ᄉᆞ(經史)로 표젹을 삼으시고 일즉 건신(近臣)다려 일너 ᄀᆞᆯᄋᆞᄉᆞᄃᆡ 고금 국가의 흥체(興替)와 인ᄉᆞ의 득실(得失)이 ᄒᆞᆫ갓 군신만 맛당이 감계(鑑戒)ᄒᆞᆯ 바ᄲᅮᆫ이 아니라 안으로 후비(后妃)와 녀관(女官)이 ᄯᅩᄒᆞᆫ 다 익혀 알면 거의 비익(裨益)ᄒᆞᆯ 거시 잇스ᄃᆡ 다만 우리나라 문ᄶᆞ가 한문 언문 두 길이 잇고 듕국의 뎡ᄉᆞ(正史)ᄂᆞᆫ 당초의 언셔(諺書)로 긔록ᄒᆞᆫ 거시 업고 다만 픽잡쇼셜(稗雜小說)만 잇셔 거짓으로 참을 어즈레여 도로혀 의리의 히로오니 짐이 항상 겸언(慊然)ᄒᆞ여 ᄒᆞ노라 ᄒᆞ시고 인ᄒᆞ여 쳔신(賤臣)을 명ᄒᆞ샤 태고로브터 원명(元明)ᄭᆞ지 이르기 ᄒᆞᆫ갈노 ᄉᆞ승(史乘)을 좃ᄎᆞ 국언(國諺)으로ᄡᅥ 번역ᄒᆞ여 푸러셔 ᄒᆞ여곰 뉵궁(六宮)의 편남(便覽)을 지으라 ᄒᆞ올시니(序 1)

이를 보면 고종이 일찍이 近臣에게 말하기를 역사의 귀감이 君만이 아니라 황후와 비빈, 女官도 익히 알면 도움될 바가 있으나, 중국의 正史는 한문으로만 되어 있고 한글로 기록된 것이 없어 고종 스스로 미안하고 면목이 없어 한다 하고서 윤용구에게 중국의 태고에서 원나라, 명나라까지의 史乘을 한글로 번역하여 六宮에서 쉽게 읽도록 하였다는 것이다. 그러므로 앞에서 말한 編年類와 여기의 別史類, 그리고 앞으로 말할 雜史類, 傳記類 등의 한글

필사본은, 비록 이 『정사기람』보다 앞서 이루어진 책이라 하여도, 모두 똑같은 취지에서 번역된 것으로 생각된다.

국어사 자료로서는 『강감정사약전』은 19세기, 『정사기람』은 20세기 초의 국어를 반영한다고 하겠다. 특히 후자에서는 ㅡ가 ㅓ로 잘못 표기되어 '근신(近臣), 근셔(謹書)'가 '건신(序 1a), 건셔(序 2b)로 나타난다. 일부 서울말에서 ㅡ와 ㅓ의 혼란이 일어난 결과인지, 필사자의 방언이 반영된 결과인지 자세한 조사가 있어야 할 것이다.

雜史類에는 5권 5책의 『국조고사(국됴고ᄉᆞ · 國朝故事)』(2-168), 불분권 1책인 『산성일기(산셩일긔 · 山城日記)』(2-218, 2-219)와 『신미록(辛未錄)』(2-233), 23권 23책의 『조야기문(됴야긔문 · 朝野記聞)』(2-288), 53권 53책의 『조야첨재(조야쳠ᄌᆡ · 朝野僉載)』(2-291)와 그 복본인 불분권 16책의 『조야첨재(됴야쳠ᄌᆡ)』(2-292)가 수록되어 있다. 병자호란을 다룬 『산성일기』와 洪景來亂을 다룬『신미록』은 문학작품으로도 알려져 있으나, 역사적 사실의 기록으로 다루어져서 여기에 등록된 것으로 보인다. 다른 책은 모두 조선조의 역사에 관한 한문본을 한글로 번역한 것인데, 국어사 자료로서는 언급된 일이 없다. 번역과 필사 연대는 미상이나 18세기 이후의 자료로 추정된다. 『산성일기』는 17세기에 이루어진 작품이라는 주장도 있으나, 국어사 자료로서는 같은 시기의 자료로 다루어야 할 것이다. 여기서는 이들 조선조의 역사를 다룬 책의 편찬 동기를 알려주는 『조야첨재』(2-291)의 서문의 앞쪽을 보이기로 한다.6)

> 우리 동방의 문헌지칭(文獻之稱)이 그 오미 먼지라 은ᄐᆡᄉᆡ(殷太師, 긔ᄌᆞ) 셜교양휵(說敎養育)ᄒᆞ므로브터 문인과 셔ᄉᆞ(碩士) ᄃᆡ마다 사ᄅᆞᆷ이 업지 아니ᄒᆞ야 졔ᄌᆞᄇᆡᆨ가와 태ᄉᆞ(太史)의 실닌 바롤 겨유 초ᄎᆞᆫ(髫齔)을 ᄡᅥ나ᄆᆡ 강습지 아니미 업ᄉᆞᄃᆡ 홀노 국조고실(國朝故實)은 홀(忽)ᄒᆞ야 살피지 아니믄 엇지뇨 다만 젼ᄇᆡ(前輩)의 젼기(傳記)ᄒᆞ미 만히 궐ᄒᆞ야 문헌을 징험(徵驗)홀ᄃᆡ 젹고 셕실비쟝(石室秘藏)은 혹도 엿보지 못ᄒᆞ니 만혹후ᄉᆡᆼ(晩學後生)이 어ᄃᆡ로 조ᄎᆞ ᄌᆞ셰ᄒᆞ리오

---

6) 이 책에는 편저자가 드러나 있지 않으나, 『총목록』에서는 尹衡聖과 尹得載의 편찬으로 기술되어 있다. 이는 편자가 尹衡聖이라 한 安鍾和의 『國朝人物志』(1909, 권3)와 尹得運(尹得載와 같은 사람인 듯)이라 한 李肯翊의 『燃藜室記述』(別集, 권14)을 합친 것으로 보인다. 『국조인물지』에 인용된 서문의 내용은 이 책과 같은 내용도 있으나 차이도 크다. 고려대 소장의 한문본에 윤득재의 편찬이라 명시된 점을 고려하면 『연려실기술』에 따르는 것이 온당할 듯하다.

아조ᄉᆞ실(我朝事實)은 비컨ᄃᆡ ᄌᆞ가(自家)의 문ᄂᆡᄉᆞ(門內事) ᄀᆞᆺ거늘 만연이 엇지 ᄒᆞᆫ지 아지 못ᄒᆞ니 엇지 어긔지 아니리오 ᄂᆡ 또ᄒᆞᆫ 이ᄅᆞᆯ 전혀 몰나 샹히 스ᄉᆞ로 겸연(慊然)ᄒᆞ더니 나히 칠십의 다ᄃᆞ라 소견[消遣, (2-292)에서는 '견한(遣閑)'] ᄒᆞᆯ 거시 업셔 비로소 두어가지 야ᄉᆞ(野史)ᄅᆞᆯ 어더보니 혹 샹냑(詳略)이 다ᄅᆞ고 혹 쳡츌(疊出)ᄒᆞᆫ 것도 잇고 혹 궐유(闕遺)ᄒᆞᆫ ᄌᆞ도 이시니 이ᄂᆞᆫ 쇼견(所見)이 ᄀᆞᆺ지 아니ᄒᆞ미라 그러나 년죄(年條) 또ᄒᆞᆫ 분명치 아냐 가히 징험ᄒᆞ고 밋기 어려올지라 … 쳥농국츄(靑龍菊秋)의 한한옹(閑閑翁)은 ᄇᆡᆨ익산방(白厓山房)의셔 졔(題)ᄒᆞ노라.

傳記類에는 10권 4책의 『열성지장통기(녈셩지장통긔 · 列聖誌狀通紀)』(2-358)와 불분권 1책의 『선보집략언해(션보집략언ᄒᆡ · 璿譜輯略諺解)』(2-965)가 있다. 전자는 목조로부터 성종까지의 왕과 왕비의 行狀, 陵誌文, 碑銘, 冊文, 祭文 등을 수록한 같은 이름의 한문본, 후자는 璿源先系, 世系에 이어 태조로부터 효종까지의 『璿譜輯略』을 번역한 것으로, 18세기 후반 이후의 국어사 자료다. 특히 후자는 인명이 한자로 표기되고, 책의 장정, 광곽, 판식, 서체가 『실록초본』과 같으므로 20세기 極初의 자료이다. 여기서는 전자(권1)의 앞쪽에 실린 태종조 卞季良이 지은 「친힝종묘츈향대제축문(親行宗廟春享大祭祝文)」을 보인다.

외(於)라 황(皇)ᄒᆞ신 목왕(穆王)이 누인젹덕(累仁積德)ᄒᆞ오시고 ᄀᆞ즉ᄒᆞ오신 효비(孝妃) 유가유측(柔嘉維則)ᄒᆞ오셔 샹셔(祥瑞)ᄅᆞᆯ 후인(後人)의 발ᄒᆞ샤 이에 신민(臣民)을 쥬(主)ᄒᆞᆫ디라 나 묘말(眇末)이 슉야(夙夜)이 공경ᄒᆞ야 긔셰(氣序) 흘너밧고이매 나의 효ᄉᆞ(孝祀)ᄅᆞᆯ 다ᄒᆞ야 이에 ᄭᅬᄒᆞ고 이에 ᄉᆡᆼ각ᄒᆞ야 제ᄉᆞ(祭祀)ᄅᆞᆯ ᄣᅢ로ᄡᅥ 닷그니 거의 흠지(歆止)ᄒᆞ오셔 만ᄒᆞᆫ 복을 주오쇼셔

政書類에는 왕실에서 행해진 의식과 度支에 관한 책이 일일이 거명할 수 없을 정도로 다량 수록되어 있다. 거의 모두 불분권 1책의 작은 책인데, 대부분이 『강녕전야진작홀기(강령뎐야진쟉홀긔 · 康寧殿夜進酌笏記)』(2-2406)를 비롯한 홀기들이다. 홀기는 현대의 式順에 해당하는 것으로 원래 한문으로 되었는데, 한글 필사본은 한문의 독음을 구두점을 찍기도 하여 써놓았다. 한자음 연구 자료가 된다. 그 밖에 책수는 적으나 『경우궁 정유신조(경우궁 뎡유신조 · 景祐宮丁酉新造)』(2-2412), 『설찬도(셜찬도 · 設饌圖)』(2-2458), 『정미가례시

일기(뎡(정)미가례시일긔 · 丁未嘉禮時日記)』(2-2708, 2-2709), 『병인맹춘 큰전의련도(병인밍츈큰뎐의련도 · 丙寅孟春大殿衣練圖)』(2-3168), 『병인 큰전분료도(병인큰뎐분뇨도 · 丙寅大殿分料圖)』(2-3169) 등에는 궁중에서 사용된 음식, 옷감, 피륙, 패물, 木物 등의 이름이 나타나므로 어휘사 자료로 이용될 수 있다. 그런데 이들 政書類에 수록된 자료는 모두 19세기에서 20세기 극초의 국어사 자료다. 『총목록』에서는 『정미가례시일기』 2책의 丁未嘉禮를 『璿源譜考』의 「英祖丁未冊封世子嬪行嘉禮」에 근거하여 1727년(영조 3)의 왕세자 가례라 추정하였다. 『영조실록』에 의하면 그해 9월에 가례가 있었고, 10월 초하루에는 가례에 대한 조정 백관의 賀禮가 있었다. 그러나 『정미가례시일기』에 의하면 三揀擇이 10월 18일이고 가례일은 10월 21일이므로 1727년의 가례와 무관한 기록이다. 『일성록』(헌종 13년 丁未)과 『헌종실록』(13년 10월 丙寅)의 기사에 비추어서 1847년(헌종 13) 慶嬪 책봉 때의 일기이다. 따라서 이 책도 19세기 중반의 자료인 것이다.

그런데 政書類의 서명에서 특기할 일은 『병인맹춘 큰전의련도』, 『병인 큰전분료도』와 같이 '大殿'을 '큰전'으로 표기한 점이다. 이들 책은 왕을 모시는 나인들에게 옷감과 양식 등을 나누어준 기록이므로, 여기의 '큰전'은 왕이 계시는 궁전을 가리킨다. 한편 '大殿'을 '대전'으로 표기한 『대전친상치사홀기(대뎐친상치샤홀긔 · 大殿親上致詞笏記)』(2-2864)가 있다. 이는 대전인 고종이 神貞翼皇后의 회갑에 친히 치사를 올리는 홀기이다. 여기서 현대어 '대전'은 임금이 거처하는 궁전과 '대전마마'의 준말로 임금을 함께 가리키지만, 이들 문헌이 이루어진 당시의 왕실에서는 임금이 거처하는 궁전은 '큰전'이라 하여 임금을 가리키는 '대전'과 구별되었음을 알 수 있다. 이는 한문본이면 다같이 '大殿'으로 표기되어 차이가 드러나지 않을 것이 한글 문헌이므로 구별된 사실이다. 이러한 점에서도 한글 필사본의 가치는 인정된다.7)

여기서는 간단한 홀기로, 1882년(고종 19)의 『가례후 빈조현왕대비전홀기(가례후빈죠현왕대비뎐홀긔 · 嘉禮後嬪朝見王大妃殿笏記)』(2-2607)의 전문을 보이기로 한다. 구두점에 따라 띄어쓰고 협주는 생략한다. /은 행이 끝나는 곳

7) 『동국여지승람』과 『동국신속삼강행실도』 원문에서 '仇叱非, 仇叱德'으로 표기된 人名이 『동국신속삼강행실도』 언해에서는 '굿비, 굿덕'으로 표기된 것도 같은 사실이다. 따라서 한자로 표기된, 고유명사를 비롯한 어휘 표기의 해독은 주의하여야 한다. 현대의 관습으로 한자의 음독으로 끝나서는 안 된다.

이다.

슈측(守則) 궤ᄇᆡᆨ(跪白) 외비(外備)/ 슈규(守閨) 젼인(前引) 이출(以出)/ 슈측 궤찬쳥(跪贊請) 승련(乘輦) 빈승련(嬪乘輦)/ 슈측 궤찬쳥 강련(降輦) 빈강련(嬪降輦)/ 슈규 인빈립('입'의 잘못: 필자)합(引嬪入閤)/ 슈규 인비 지셔샹(至西廂) 동향립(東向立)/ 상의(尙儀) 궤계(跪啓) 즁엄(中嚴)/ 상의 궤계 외판(外辦)/ 상궁(尙宮) 젼도(前導) 이츌/ 젼빈(典賓) 인빈(引嬪) 립취(立就) 계하위(階下位)/ 국궁ᄉᆞᄇᆡ(鞠躬四拜) 빈(嬪)국궁ᄉᆞᄇᆡ/ 국궁ᄉᆞᄇᆡ 빈국궁ᄉᆞᄇᆡ/ 젼빈 인빈츌/ 상의 진(進)왕대비좌젼(座前)/ 궤계례필(禮畢)/ 례필.

金石類에는 2권 2책인 『열성후비지문(열셩후비지문 · 烈聖后妃誌文)』(2-3926)이 있다. 조선조 역대 왕후의 지문을 번역한 것인데, 원래 불분권 1책인 것을 粧冊에서 2권으로 나누어 분책하였다. 권1 끝에 'ᄒᆞᆫ권의 장칙을 ᄒᆞ랴다가 너모 ᄃᆞᆺ겁기 두권의 ᄂᆞᆫ화 ᄆᆡ다'란 기록이 있고, 수제와 卷次는 앞표지 뒤의 護紙에만 쓰여 있기 때문이다. 내용은 태조비인 神懿王后 韓氏의 神道牌銘으로 시작하여 영조비인 貞聖王后 徐氏의 지문으로 끝난다. 이 책에는 특이하게 필사기가 '셰지을유삼월상슌일필셔'(권1 말), '셰지을미계츈상슌 안국동샹방의셔 쓰다. 을미이월이십팔일 시작ᄒᆞ야 삼월초구일 등하의 다쓰다'(권2 말)가 있다. 그러나 乙酉, 乙未는 10년의 시차가 있는데, 한글 서체와 지질 등으로 보아서 같은 시기의 필사로 생각된다. 하나가 잘못이라면, 乙未가 두 번이나 있고 필사를 시작한 날짜까지 있는 권2의 기록이 정확한 것으로 보인다. 따라서 19세기 말인 1895년(고종 32) 을미에 쓰여진 책으로 추정된다. 19세기 말기 국어사 자료인 것이다. 여기서는 權近이 지은 신의왕후 한씨의 신도비명 앞머리를 보인다.

녜로브터 졔왕(帝王)이 명을 바다 니러나매 반ᄃᆞ시 ᄇᆡ필의 착ᄒᆞ믈 힘닙어 덕이 ᄀᆞᆺᄐᆞ며 경ᄉᆞ(慶事)를 흘여 ᄡᅧ 그 ᄉᆞᆺ출 길게 ᄒᆞᆯᄉᆡ 하(夏)의 도산(塗山)이 계시매 계(啓) 능히 잇고 쥬(周)의 ᄐᆡᄉᆞ(太姒) 계시매 무왕이 크게 니으시니 대우(大禹)와 문왕의 하늘의 ᄇᆡᄒᆞᆫ 졔ᄉᆞ(祭祀) 일노 말미암아 길미 이시니 의여셩ᄌᆞ(猗歟盛哉)라 오직 우리 신의왕휘 텬ᄌᆞ(天資) 슉의 (淑懿)ᄒᆞ시며 곤덕(坤德)이 유졍(柔貞)ᄒᆞ샤 일즉 뇽연(龍淵)의 빈(嬪)ᄒᆞ샤 왕업을 도와 닐우시며 셩인(聖人)의 아ᄃᆞ님을 독ᄉᆡᆼ(篤生)ᄒᆞ샤 큰 통(統)을 ᄀᆞ업ᄉᆞᆫᄃᆡ 드리오시니 신공(神功)과 의범(懿範)이 녜 비ᄒᆞ매 붓그러오시미 업도다

史部의 마지막으로 地理類에는 중국 北京을 다녀온 여행기 3종이 있다. 1798년(정조 22) 書狀官 徐有聞의 6권 6책인 『무오연행록(무오연ᄒᆡᆼ녹 · 戊午燕行錄)』(2-4518), 1866년(고종 3) 서장관 洪淳學의 불분권 1책인 『연행록』(2-4527)과 그 복본인 『연행록(연ᄒᆡᆼ녹)』(2-4528), 그리고 1765년(영조 41) 서장관 洪檍의 軍官 洪大容의 20권 20책인 『을병연행록(을병연ᄒᆡᆼ녹 · 乙丙燕行錄)』(2-4532)이 그것이다. 여행 시기로는 18, 19세기 국어사 자료가 될 것 같지만, 필사본 자료의 성격으로 보면 19세기 국어를 반영한 것으로 생각된다. 여기는 『무오연행록』의 첫 부분을 보이는데, '서로, 줄'이 '셔로, 쥴'로 쓰여진 점으로 19세기 국어사 자료임이 분명하다.

> 무오 팔월 초구일 정ᄉᆞ(政事)의 샤은겸동지ᄉᆞ(謝恩兼冬至使) 셔장관을 슈망(首望)을 낙뎜(落點)ᄒᆞ신지라 이역(異域)의 멀니 ᄯᅥ나기ᄅᆞᆯ 당ᄒᆞ니 견마(犬馬)의 미셩(微誠)이 지극 경결(?梗結)할[8] ᄲᅮᆫ아니라 ᄯᅩᄒᆞᆫ 냥친(兩親)이 년셰 놉흐시고 ᄌᆞ당병환(慈堂病患)이 ᄌᆞ즈시니 인ᄌᆞ(人子)의 ᄉᆞ정이 엇지 졀박지 아니리오마ᄂᆞᆫ 감히 ᄉᆞᄉᆞᄅᆞᆯ 니ᄅᆞ지 못ᄒᆞ믄 고인의 니ᄅᆞᆫ 배오 왕ᄉᆞ미고(王事靡盬)ᄂᆞᆫ 인신(人臣)의 직분이라 ᄒᆞᄆᆞᆯ며 연경은 텬ᄌᆞ의 도읍이니 문물이 비록 다ᄅᆞ나 산천은 의구ᄒᆞ고 의관(衣冠)이 비록 변ᄒᆞ여시나 인물은 고금이 업ᄂᆞ니 엇지 ᄒᆞᆫ번 몸을 니ᄅᆞ혀 텬하의 크믈 보지 아니며 내 나히 졈멋고 다ᄒᆡᆼ이 태평무ᄉᆞ시ᄅᆞᆯ 당ᄒᆞ야 ᄒᆞᆫ번 먼니 놀미 ᄯᅩᄒᆞᆫ 남ᄋᆞ의 쾌ᄉᆡ(快事) 아니리오

子部로는 儒家類, 釋家類, 醫家類, 術數類 등에 나뉘어 수록된 책이 있으나 수효는 많지 않다. 그러나 국어사 자료로 전혀 거명조차 되지 않은 책이 있다. 차례로 살펴보기로 한다.

먼저 유가류에는 『곤범(壼範)』(3-9), 『사문대의록(ᄉᆞ문대의록 · 斯文大義錄)』(3-33), 『여사서(녀ᄉᆞ셔 · 女四書)』(3-100), 『후감(后鑑)』(3-164)이 있다. 『곤범』은 3권 3책인데, 經書와 『心經』 등 유학의 고전에서 婦道에 교훈이 될 구절을 뽑아서, 원문의 독음과 구결을 한글로 보인 뒤에 원문 이해에 필요한 한문 주석을 번역한 체재로 되어 있다. 이 체재는 經部의 『국풍』과 같으므로, 같은 시기의 책으로 추정된다. 『사문대의록』은 3책으로 되었는데, 尤庵 宋時

8) 주기된 한자가 분명하지 않거나 아예 모를 경우에는 의문부호를 앞세우거나 주기한다. 이 경우에 한글의 판독이 잘못된 가능성도 있다.

烈의 사상과 주장을 쓴 글들을 번역하여 수록한 것이다. 제1책에는 宋奎濂의 「후동문답(後洞問答)」, 제2책에는 韓弘祚의 「강상문답(江上問答)」, 제3책에는 「독ᄃᆡ셜화(獨對說話)」, 「긔ᄒᆡ봉사(己亥封事)」 등이 있다. 『여사서』는 무신자본 『女四書』에서 권4의 「王節歸」, 「女範捷錄」을 제외한 3권의 언해 부분을 한글만으로 옮겨 적은 책인데, 표기에서 약간의 차이가 나타날 뿐이다. 『후감』은 모두 27권으로 추정되는데, 현재 권22~27의 6권 6책만 전한다. 한문으로 된 宋, 明의 역대 后妃에 대한 글을, 『內訓』과 『女四書』의 체재에 따라 원문에 독음과 구결을 달아 보인 뒤에 언해한 것이다. 엄격하게 말하면, 서체도 해서로 되어 있으므로 다른 한글 필사본과 구별된다. 그러나 이 책도 『곤범』, 『사문대의록』과 함께 18, 19세기 국어 자료를 갖고 있어서 국어사 연구에서 다룰 만한 책이고, 더욱이 『한국민족문화대백과사전』(한국정신문화연구원, 1991)의 올림말이 될만한 문헌이므로, 특별히 함께 설명한 것이다. 사실 지금까지 소개한 다른 한글 필사본도 거의 국어사 연구나 백과사전에서 돌보아지지 않았는데, 이러한 일은 되도록 빨리 지양되어야 할 것이다. 여기에서는 『곤범』의 '시뎐(詩傳), 풍쥬람(風周南)'의 첫 부분을 옮겨 적는다. 「국풍」에서 인용한 것과 같은 내용이므로, 비교하는 뜻이다.

관관져구ᄌᆡ하지쥬(ㅣ로다) 뇨됴숙녀(ㅣ) 군ᄌᆞ호구(로다)
흥야(라. 흥은 몬져 다른 거ᄉᆞᆯ 닐러 음영ᄒᆞᄂᆞᆫ 말로 니ᄅᆞ혀다 말이라)
관관은 ᄌᆞ웅이니 서ᄅᆞ 응ᄒᆞ야 화ᄒᆞᄂᆞᆫ 소ᄅᆡ오 져구ᄂᆞᆫ 물새 일홈이니 즉금 증경이라 나며 뎡ᄒᆞᆫ 빡이 이셔 서ᄅᆞ 빡을 어ᄌᆞ러이디 아니ᄒᆞ고 샹해 안기와 날기를 ᄀᆞ티ᄒᆞᄃᆡ 서ᄅᆞ 닐압디 아니ᄒᆞ야 각별ᄒᆞᆫ 거시 잇ᄂᆞ니라

석가류에는 『묘법연화경(묘법년화경 · 妙法運華經)』(3-217)과 『불설천지팔양신주경(불셜텬디팔양신쥬경 · 佛說天地八陽神呪經)』(2-234) 2종이 수록되어 있다. 전자의 『법화경』은 7권 7책으로 鳩摩羅什의 『법화경』과 같이 전체가 28品으로 되어 있으나, 내용은 각 품과 약간의 관련을 지었지만 전혀 다르다. 미타신앙을 고취하는 설화로 이루어진 것이다. 서문도 海東元曉國師의 것이라 한다. 우리나라에서 이루어진 僞書가 아닐까 생각된다. 각 책의 호지에 'ᄃᆡ황졔폐하 셩슈만셰' 등의 축원기와 책끝에 '시쥬목록'이 있다. 韓末의 필사본임을 말하는 것인데, 癸卯 6월에 水月居士가 썼다는 필사기가 있으므로

1903년(광무 7, 계묘)에 쓴 것이 분명하다. '이오, -리오'가 '이요, -리요'로 된 사실도 그것을 뒷받침한다. 그 밖에 '더럽다'가 '드럽다', '이'가 '니'로 표기되는 특징이 있다. 후자의 『팔양신주경』은 경 본문의 독음만 적은 책인데, '병ᄌᆞ츈졀근셔'(권말)란 필사기에 의하여 1864년(고종 1, 丙子)의 필사본이다. 이보다 앞서 1833년(순조 33) 목판으로 된 같은 音譯本과 함께 19세기 중엽 한자음 자료가 된다. 여기서는 『법화경』 서문의 앞쪽을 보인다. 좀 길게 인용하지만, 그 책의 성격을 이해하는 데 도움이 될 것이다.

> 묘한 법(法)니 년화쏫갓치 ᄂᆡ ᄆᆞᄋᆞᆷ과 갓틀니라 엇지 ᄂᆡ ᄆᆞᄋᆞᆷ를 닥가 일심으로 져 년화쏫갓치 만리지경(?曼理之景)의 일르지 못ᄒᆞ리요 ᄂᆡ ᄆᆞᄋᆞᆷ니 어두오면 릉히 미ᄅᆡ(未來) 일을 알니요 부쳐 될 성니(性理)ᄂᆞᆫ ᄂᆡ 몸의 잇것만은 공을 닥지 못ᄒᆞ여 ᄇᆡᆨ지(白紙) ᄒᆞᆫ 장니 가리온 듯ᄒᆞ여 그 밧글 보지 못ᄒᆞ니 법(法)은 셩인의 근본니요 만인의 아비라 엇지 즁ᄃᆡ치 아니ᄒᆞ리요 이 법를 동참ᄒᆞᄂᆞᆫ ᄉᆞ람은 부쳐 되기 어렵('지' 탈락) 안니 ᄒᆞ리니 ᄆᆞᄋᆞᆷ을 진즁(珍重)히 닥가 극진히 분별ᄒᆞ여 지옥 가ᄂᆞᆫ ᄉᆞ람을 다 불국(佛國)으로 인도ᄒᆞ야 드러온ᄃᆡ 버셔ᄂᆞ게 ᄒᆞ면 이 도ᄂᆞᆫ ᄉᆞᆷ십ᄉᆞᆷ천(三十三天)의 웃듬니라 여셧가지 드러온ᄃᆡ 간 즁ᄉᆡᆼ을 다 졔도ᄒᆞ여 젼셰(前世) 일을 알게 ᄒᆞ리니 불법(佛法) 근본은 여셧가지 드러온ᄃᆡ 버셔ᄂᆞ 이 불법을 알게 ᄒᆞ라 ᄒᆞ시며 일은 ᄇᆡ얌 되ᄂᆞᆫ 것시오 이ᄂᆞᆫ 버러지 되ᄂᆞᆫ 것시오 ᄉᆞᆷ은 우마 되ᄂᆞᆫ 것시요 샤ᄂᆞᆫ 말즘ᄉᆡᆼ 되ᄂᆞᆫ 것시요 오ᄂᆞᆫ 병신 되미요 뉵은 남의 노비 되ᄂᆞᆫ 것시니 이 여셧가지 드러온 것슬 벗고 후셰의 복을 어더 남의 웃ᄉᆞ람니 되거든 이 실상셔(實相書)을 외오며 시쥬ᄒᆞ고 칭찬ᄒᆞ며 이 ᄒᆡᆼ업(行業)을 힘쓰면 평ᄉᆡᆼ의 궁곤(窮困)을 면ᄒᆞ리니 가히 만세 업보(業報)을 일로 드ᄃᆡ여 면ᄒᆞ리니 갈ᄉᆞ록 ᄆᆞᄋᆞᆷ을 말케 존즁(尊重)니 가지라

의가류에는 『동의보감(東醫寶鑑)』(3-327) 5권 5책이 있다. 『동의보감』의 서문과 內景篇 권1, 2를 5권으로 나누어 번역한 책이다. 필사기가 없으나, '제(自), 조하(好)' 등으로 미루어서 19세기 말의 국어사 자료로 이용될 수 있다. 여기서는 서문의 앞 부분을 보인다.

> 의원이 샹ᄒᆡ 헌원시(軒轅氏)와 기ᄇᆡᆨ(岐伯)을 말ᄒᆞᄂᆞ니 헌원 기ᄇᆡᆨ이 우흐로 하ᄂᆞᆯ 벼리ᄅᆞᆯ 궁구ᄒᆞ고 아ᄅᆡ로 사ᄅᆞᆷ의 니치(理致)ᄅᆞᆯ 궁극(窮極)히 ᄒᆞ니 맛당이 긔록ᄒᆞ기에 셜셜(屑屑)치 아니ᄒᆞᆯ듯ᄒᆞᄃᆡ 오히려 므로믈 긔록ᄒᆞ고 논난(論難)을 지어 후셰의 법을 드리온즉 의원의 글이 잇시미 오ᄅᆡᆫ지라 우흐로 챵공(倉公)과 편

작(扁鵲)으로브터 아릭로 유시(劉氏) 댱시(張氏) 쥬시(朱氏) 니시(李氏)의 밋쳐 일빅집이 이어 니러나 의논이 분연(紛然)ᄒᆞ야 남져지만 도적ᄒᆞ여 닷토와 문호(門戶)를 셰우믹 글이 졈졈 만흘ᄉᆞ록 슐슈(術數) 더옥 어두워 녕추경(靈樞經) 본뜻으로 더부러 어긔지 아닌 재 젹은지라 세샹의 용녈(庸劣)ᄒᆞᆫ 의원들이 궁니(窮理)ᄒᆞᆯ 줄을 아지 못ᄒᆞ야 혹 경훈(經訓)을 빅반ᄒᆞ고 졔 임의(任意)로 ᄒᆞ기를 조하ᄒᆞ야 혹 녯법의 거릿겨 변통ᄒᆞᆯ 줄을 아지 못ᄒᆞ야 침작(斟酌)ᄒᆞ야 갈힐 줄을 모ᄅᆞ고 그 빗장과 열쇠를 일허시니 사ᄅᆞᆷ살니기를 구ᄒᆞ다가 도로혀 사ᄅᆞᆷ을 죽이는 재 만흔지라

子部로는 이 밖에 術數類에 『선택요람(션틱요람 · 選擇要覽)』(3-429), 『十二支解說』(3-432), 『十二支解說(국문)』(4-433)의 3종, 藝術類의 雜技藝에 『아패영류(아픽령뉴 · 牙牌佮類)』(3-593) 1종이 더 있다. 『선택요람』은 택일에 관한 것이고, 『十二支解說』과 『十二支解說(국문)』은 수제가 없어서 表題에 따른 서명인데, 모두 宮合과 唐四柱에 관한 것이며, 『아패영류』는 표제를 '골픽칙'이라 한 바와 같이 내용이 골패에 관한 책이다. 이들은 다 불분권 1책으로서, 19세기 말에서 20세기 초의 국어를 반영한 자료들이다. 여기서는 『선택요람』의 앞쪽을 보인다.

갑ᄌᆞ일(甲子日)은 션ᄌᆡ동ᄌᆞ(善財童子) 하강일(下降日)이믹 불공(佛供)ᄒᆞ면 ᄌᆞ손 챵셩(昌盛)ᄒᆞ고 부귀복녹이 구족(具足) ᄃᆡ길(大吉)ᄒᆞᄂᆞ니라
을튝병인일(乙丑丙寅日)은 나한(羅漢)이 쳔신(天神)으로 더부러 하강ᄒᆞ믹 불공ᄒᆞᆫ즉 소원셩취ᄒᆞ고 의식이 유족(裕足)ᄒᆞ니라
정묘일(丁卯日)은 ᄉᆞ명신(司命神)이 하강ᄒᆞ믹 비명(非命)의 ᄉᆞ(死)ᄒᆞᄂᆞ니라.

集部에는 앞에서 말한 바와 같이 소설류에 많은 고전소설이 수록되어 있고, 詞曲類에도 약간의 한글 필사본이 있다. 이들은 이미 국문학계에 잘 알려진 자료이나, 국어학계에서는 다루어진 일이 없다. 여기에서 소개한 한글 필사본과 함께 국어사의 측면에서 본격적으로 다루어져야 할 것이다. 그러나 개략적인 소개에 머무는 이 글에서는 이미 알려진 소설류와 사곡류는 제외하고, 總集類와 別集類에 수록된 한글 필사본을 다루기로 한다.

총집류에는 중국 시문의 선집을 언해한 『고문백선(고문빅션 · 古文百選)』(4-388)과 『고문진보언해(고문진보언ᄒᆡ · 古文眞寶諺解)』(4-389) 2종이 있다. 전

자는 金錫胄가 편찬한 『古文百選』을 언해한 책인데, 원문의 독음과 구결을 제시한 뒤에 언해하는 체재로 3편(상편 5권, 중편 4권, 하편 1권) 10책으로 되어 있다. 후자는 『古文眞寶大全』 본문을 언해한 것으로, 책장의 상반부에 원문과 독음을 짝지어 보이고 하반부에 언해하는 체재로 되었다. 전집 권1-5, 7과 후집 권6-7의 8권 8책이 전한다. 여기서는 『고문백선』 하편 첫머리 屈原의 「漁夫辭」의 언해 부분 앞쪽과 『고문진보언해』 전집 권1에서 陶淵明의 「四時」를 언해한 부분을 차례로 보인다. 두 책은 18세기 후반에서 19세기 전반의 국어사 자료로 추정된다.

> 굴원이 임의 내치이매 강담(江潭)의 ᄂᆞᆯ고 ᄐᆡᆨ반(澤畔)의 ᄃᆞ니며 음영(吟咏)ᄒᆞᆯ식 안ᄉᆡᆨ이 쵸췌(憔悴)ᄒᆞ고 형용(形容)이 고고(枯槁)ᄒᆞ거ᄂᆞᆯ 어뷔 보고 무러 ᄀᆞᆯ오ᄃᆡ 삼녀태위(三閭大夫) 아니냐 무ᄉᆞᆷ 연고로 이에 니르럿ᄂᆞ뇨 굴원이 ᄀᆞᆯ오ᄃᆡ 거셰(擧世) 다 ᄒᆞ리거ᄂᆞᆯ ᄂᆡ 홀노 쳥ᄒᆞ고 뭇사ᄅᆞᆷ이 다 취ᄒᆞ거ᄂᆞᆯ ᄂᆡ 홀노 ᄭᆡᆫ지라 이러믈 ᄡᅧ 견방(見放)호라 (楚屈原, 漁夫)
>
> 봄믈은 네녁 못ᄉᆡ ᄀᆞ득ᄒᆞ엿고 녀름구룸은 긔특ᄒᆞᆫ 봉(峯)이 만토다 ᄀᆞ을ᄃᆞᆯ은 ᄇᆞᆯ근 빗ᄎᆞᆯ ᄂᆞᆯ리고 겨ᄋᆞᆯ재예ᄂᆞᆫ 외로온 솔이 ᄲᅡ혀낫도다 (陶淵明, 四時)

御製類는 제왕이 친히 저술한 시문집이다. 제왕이 친히 저술한 글, 곧 御製라 하여도 성격과 내용에 따라 史部의 詔令類, 子部의 儒家類로도 소속될 수 있다. 그러나 그 처리가 일정하지 않아서 같은 책이 달리 수록되는 일이 있다. 가령 『총목록』[9]에서 한글 필사본인 『어제자성편(어졔ᄌᆞ셩편 · 御製自省編)』(4-4106)은 집부의 어제류이지만, 그 원전인 한문본 『御製自省編』은 자부의 유가류에 수록하고 있는 것이다. 국어사 자료에 초점을 맞추어서, 여기에서는 모두 어제류로서 다룬다.

어제류는 영조의 것이 가장 많다. 곧 『어제조훈(어뎨조훈 · 御製祖訓)』(2-1882), 『어제경세문답속록(어졔경셰문답쇽녹 · 御製警世問答續錄)』(3-697), 『어제(어졔)』(4-3534)가 그것이다. 거의 모두 같은 이름의 한문본을 언해한 책으로, 『어제자성편』만 2권 2책이고 나머지는 1책이다. 마지막 책은 '어제'라 하고서 「셕

---

9) 『총목록』은 이 책의 서명을 표제에 따라 '御製自省編諺解'라 하고 있다. 우리는 다른 한글 필사본에 따라서 수제가 있을 경우에는 그 수제로 서명을 잡는다. 뒤에 언급될 『어제(어졔)』도 '御製諺文셕년을 튜모ᄒᆞ야'란 표제에 따른 서명을 수제와 판심제에 따라 바로 잡은 것이다.

년을 튜모ᄒᆞ야 셩훈을 외와 ᄡᅥ 튱ᄌᆞ를 뵈노라」란 글 1편과 「경셰편언ᄒᆡ(警世編諺解)」, 「어졔ᄌᆞ셩면틱뉸음(御製自省勉飭綸音)」, 「어졔빅힝원(御製百行源)」의 3편으로 이루어져 있다. 처음 글은 영조의 御製追慕의 1편, 나머지는 같은 제목인 한문의 전부 또는 일부의 번역이다. 그런데 『어제조훈』, 『어제경세문답속록』, 『어제경세문답』, 『어제』의 4책은 서체가 약간 다르나 변란과 판심 魚尾가 朱墨으로 인쇄된 책장에 정성스레 필사되어 있다. 같은 시기의 필사임을 말한다. 그러한 점으로 말미암아 『어제』를 제외한 3책과 『어제자성편』은 국어학계에도 알려져 있어서, 『한국민족문화대백과사전』에도 올림말로 수록되어 18세기 중반 국어사 자료로 소개되어 있다. 그러나 『어제』를 비롯하여 『어제속자성편』도 똑같이 18세기 중반의 국어사 자료가 되는 것이다.

어제류에는 이 밖에 翼宗의 시문집인 『학석집(학셕집 · 鶴石集)』과 『睿製』(4-6933)가 수록되어 있다. 『학석집』은 같은 이름인 한문본 시문집의 앞쪽 절반 가량을 언해한 것이다. 체재는 『고문진보언해』와 같으나, 상단에 원문이 없고 독음과 구결만 제시되고 하단에 번역이 실린다. 『睿製』는 한문으로 된 致詞, 箋文, 樂章, 唱詞에 이어 국한문혼용인 歌詞가 실려 있다. 이 두 책은 『翼宗文集(二)』으로 수록되어 영인되었다. 이들은 19세기 전반의 국어사 자료로 이용될 수 있다.10)

어제류에서는 아직 소개되지 않은 『어제속자성편』에서 서문 앞쪽을 보이기로 한다.

> 희(噫)라 사ᄅᆞᆷ의 참예(參預)ᄒᆞ야 삼ᄌᆡ(三才)되오믄 인의예디(仁義禮智)의 셩(性)이 이시미라 오희(嗚呼)라 셩인(聖人)은 슌연(純然)ᄒᆞᆫ 텬리(天理)시라 일만 어딘거시 족ᄒᆞ시고 우차(吁嗟)홉다 즁인(衆人)은 물욕(物慾)의 골믈(汨沒)ᄒᆞ야 이에 그 별이를 믄희티니 가히 앗가오믈 이긔랴 나의 냥덕(凉德)으로 ᄡᅥ 늣게야 혹ᄒᆞ야 이믜 격티(格致)ᄒᆞᄂᆞᆫ 공뷔(工夫) 업고 ᄯᅩ 슈제(修齊)ᄒᆞᄂᆞᆫ 효험이 업ᄉᆞ니 ᄆᆡ양 ᄒᆞᆫ번 조차 ᄉᆞᆯ피매 다만 스ᄉᆞ로 븟그리되 유유(悠悠)ᄒᆞᆫ 이 ᄆᆞ음이 오ᄃᆡᆨ 종국(宗國)의 잇ᄂᆞᆫ 고로 년이 오십(五十)이오 ᄯᅩ 세힌제 특별이 ᄒᆞᆫ 편을 지어 일흠ᄒᆞ야 ᄌᆞ셩(自省)이라 ᄒᆞ얏더니 져근덧 ᄉᆞ이의 이믜 열세히 디나시되 유위(猷爲)ᄒᆞ믈 샹고(相考)ᄒᆞ니 글은 스ᄉᆞ로 글이오 나ᄂᆞᆫ 스ᄉᆞ로 내라 심샹(尋常)히 송연(悚然)ᄒᆞ더니

10) 『한국학자료총서』 17(한국정신문화연구원, 1998) 참조, 이 책에는 이종묵 교수의 자세한 해제가 있어서 이용에 도움이 된다.

Ⅳ. 맺음말

장서각에 소장된 수많은 왕실 자료에서는 한글 필사본이 큰 비중을 차지한다. 한글 필사본 가운데는 처음부터 한글로 쓰여진 것이 있으나 그 수효는 매우 적다. 대부분은 한문으로 된 책을 한글로 번역하여 필사한 것이다. 번역은 『정사기람』의 서무에 있는 바와 같이 한문을 모르는 妃嬪과 內人들에게 읽히기 위한 것으로 생각된다. 번역과 필사의 연대는 대개 밝혀져 있지 않다. 필사본의 형태, 국어 자료의 특징, 한글로 된 고전소설의 유통 등을 고려하면 대부분 자료의 필사는 18 · 19세기의 일로 추정된다. 그 밖에 20세기 극초에 이루어진 자료는 있으나, 자세한 검토로 확인되어야 하지만 17세기 이전으로 소급되는 자료는 없는 것으로 생각된다. 그러므로 왕실 자료인 한글 필사본은 근대어의 후기 자료가 된다. 이 글은 그러한 관점에서 한글 필사본을 검토하려 하였으나, 워낙 방대한 자료이므로 세밀한 조사는 다음 기회로 미룰 수밖에 없었다. 한글 필사본의 내용과 국어사 자료로서의 성격을 종합적으로 소개하는 데 그침으로써 두어 가지 사실을 확인하게 되었다. 그것을 요약하면서 이 글을 끝맺기로 한다.

먼저 한글 필사본의 書名에 관한 일이다. 고서의 서명은 원칙적으로 首題를 따른다. 그런데 한글 필사본의 수제에는 이미 사용하지 않은 한글 字母가 나타나고, 또 당시의 혼란된 표기로 하나의 음절이 여러가지로 적힌다. 수제만을 고집하면 국어의 규범이 무너질 뿐 아니라, 동일 고서의 複本이 전혀 달리 다루어질 수도 있다. 그러므로 한글 필사본의 수제는 표기된 대로가 아니라, 그 현대어 발음으로 고쳐 써서 서명으로 채택하자는 것이 우리의 주장이다. 원래의 수제와, 대개 한자로 표지에 쓰여진 表題는 괄호 안에 주기하고, 색인 등에서 필요할 경우에는 副出로 하여 새로 고쳐진 서명을 검색하도록 할 일이다. 이는 서지학계와 고서 목록의 편찬자들에게 관련되지만, 국어사 자료로서의 한글 필사본을 인용할 때에도 적용될 사항이다.

다음으로 우리가 검토한 대부분의 한글 필사본은, 고전소설을 제외하면 대체로 학문적인 조사나 검토가 이루어지지 않은 것이 아닌가 한다. 특히 국어사 자료의 관점으로는 그러한 느낌이 절실하다. 국어사 자료를 종합하여 다룬 저서에서 이들 필사본은 거의 거명조차 된 일이 없다. 『한국민족문화대백과사전』에는 국어사 자료가 가장 광범위하게 다루어져 있는 것으로 정평이 있다. 그러나 고전소설이 아닌, 우리의 한글 필사본을 검색하면 거의 누락된 것을 알 것이다. 국어사 자료로서 가치가 있으면서, 분량이 많은 책만 들더라도 『국조고사』, 『동의보감』, 『역대기년』, 『열성지장통기』, 『조야기문』, 『조야첨재』, 『조야회통』, 『후감』 등이 그러한다. 이 사실은 백과사전의 수정, 보완만이 필요함을 말하는 것이 아니다. 국어사 연구에서도 반드시 보완되어야 할 사실인 것이다. 여기에 덧붙일 사실은 한글 필사본에 대한 『총목록』의 記述도 상당한 과오가 있다는 점이다. 이 또한 수정, 보완을 요한다.

끝으로 한글 필사본에 나타나는 한글 궁체, 특히 그 흘림체에 대한 문제가 있다. 저 위에서 거듭 말한 바와 같이 흘림체로 된 필사본은 정확히 판독하는 데 상당한 어려움이 따른다. 지금까지 학계에서 행해진 판독은 오랜 경험으로 스스로 터득한 결과이다. 객관화된 판독의 방법이 개발되지 않은 상태다. 사실 한글 궁체에 대한 체계적인 연구가 본격화되지 않고 있다. 그 서체의 기원과 발달 및 사용이 구명되지 않은 채로 있는 것이다. 흘림체에 관한 것은 그 중에서도 덜 연구된 편이다.11) 따지고 보면, 우리나라 고문서에 사용된 한자 흘림체의 판독, 이른바 탈초도 비슷한 사정이 아닌가 하는데, 동양의 다른 나라에 비하면 매우 뒤떨어진 것이 숨김없는 사실이다. 한자의 흘림체는 고문서 연구자에게 밀더라도 한글의 흘림체는 국어학과 국문학 연구자, 그리고 한글 서예가에 의하여 하루빨리 많은 연구가 이루어지기를 바라 마지않는다. 그러한 연구에는 궁체의 본산이라 할 왕실 자료의 한글 필사본을 많이 수장한 장서각은 가장 좋은 조건을 갖추어 있다고 하겠다. 앞으로 그러한 연구가 이곳에서 나오기를 바라며 우리의 검토를 마친다.

11) 필자의 관견으로는 한글 궁체에 대한 체계적인 저서는 박병천(1982)가 유일한 것이 아닌가 한다.

제6장 중세어의 口訣 記寫 자료

Ⅰ. 서언

刊本과 寫本[鈔本]을 막론하고 책에는 책의 내용과는 아무 상관이 없는 문서가 있는가 하면, 본문과 관련된 묵서의 기입이나 附箋이 나타나기도 한다. 전자의 경우로서는 폐기된 고문서를 冊紙로 이용한 이른바 紙背文書를 들 수 있다. 후자의 경우로서는 『석보상절』과 을해자본 『능엄경언해』의 교정을 그 저명한 예라 할 것이다.[1)]

그런데 묵서 기입은 先儒의 手澤本일 경우에는 誤字를 교정할 뿐 아니라 본문 評釋까지 걸쳐서 행하여진다. 그러한 평석은 그 방면 전문가에게는 여간 귀중한 자료가 아니다. 그러나 국어학에 관한 한 그와 같은 묵서 기입은 아직 발견된 것이 없다. 오직 국어사 자료로서 구결의 記寫 곧 懸吐를 볼 수 있다.

구결이 기사된 현존 자료는 상당한 양에 이르고 있으나, 그 인쇄된 자료와 마찬가지로 15세기를 넘어갈 것 같지는 않다.[2)] 물론 14세기의 간본에도 구결이 보인다. 1378년에 간행된 『白雲和尙語錄』이 그것이다. 권두의 序(장 1~4)에만 국한되었으나, 略字와 正字로서 행간에 기입하여 놓았다. 그 구결의 표기를, 약자를 정자로 고쳐 보이면 다음과 같다.

---

1) 지배 문서와 교정에 대하여는 안병희(1975a)와 안병희(1974) 참조.

2) 필자가 實査한 구결 자료는 차자표기인 경우 16세기의 것이 가장 빠르다. 그런데 李仁榮氏는 세종조의 경자자본을 복각한 『소학대전』을 소장하고 있었는데, 그 책에는 借字로 구결이 달려 있다고 한다(이인영 1968: 35). 그 책의 현존 여부를 모르게 된 것은 유감이나, 가장 빠른 간본 자료임에는 틀림없다. 그러나 그 자료도 15세기 중엽의 구결 자료인 것이다. 그런데 고려시대의 구결 자료라고 하는 『舊譯仁王經』은 여기서 고려하지 않는다. 그 책의 묵서는 15세기 이래의 구결자료(사실 口訣이란 용어는 15세기에 비로소 문증된다.)와는 성격이 다르기 때문이다.

爲也, 乎隱矣隱, 奴多(이상 1a), 於是, 是, 是羅, 面, 里五, 厓, 爲尼, 衣, 爲奴羅 (이상 1b)

그런데 이들 구결 記寫의 연대는 반드시 간년과 같은 것이 아니다. 간년이 그 연대의 상한이라고 일단 추정될 뿐인 것이다. 이 『백운화상어록』에는 같은 필치로 한자의 字音이 한글로 기사되어 있다[예: 髫쇼齕흘(서 3a)]. 그러므로 이 구결 자료는 연대의 상한이 15세기 중엽 한글 창제까지 내려오는 셈이다. 더욱 字音 표기가 『동국정운』을 따르지 않은 점으로 본다면 16세기 자료가 아닐까 하는 것이다.

그러나 하한인 16세기라는 단정은 여전히 문제이다. 구결의 표기로서 추정할 수 있을 뿐이나, 17세기 이후에 의고적인 표기를 하지 않았다는 보장은 없다. 그런데 책의 전승 관계로 연대를 알게 되는 때가 있다. 가령 구결이 기사된 책이 외국인의 손에서 보존되고 있다면, 그 구결 기사의 연대는 간년을 상한으로 하고 외국인의 손에 들어간 때를 하한으로 한다. 구결은 우리나라 특유의 것이기 때문에 외국인이 기입할 수는 없는 것이다. 그 실례로서 임진란에 일본으로 건너간 책을 들고자 한다. 그 구결의 하한이 선조 임진년 곧 1592년인 자료들이다. 간년 미상인 간본과 사본인 경우에는 연대의 상한이 문제된다. 그러나 우리의 조사로는 구결이 기사된 사본이 임진란에 건너간 일은 없어 보인다. 간년이 15세기 이후로 믿어지는 간본에서만 나타난다. 요컨대 중세어의 구결 자료인 것이다.

이러한 자료는 면밀히 조사할 필요가 있다. 중세어의 구결을 밝혀줄 뿐 아니라, 그것을 기준으로 하여 많은 국내 자료의 연대를 정할 수 있기 때문이다. 여기 그러한 자료를 소개하고 거기 나타난 구결의 특징을 살펴보려고 한다. 그럼으로써 간본의 구결 기사가 갖는 자료의 가치를 확인하려는 것이다.

Ⅱ. 『心經附註』의 구결 記寫

먼저 儒書인 『심경부주』를 소개하고자 한다. 4권 1책인 이 책은 송나라 眞德秀의 『心經』에 명나라 程敏政이 註를 단 것이다. 중국보다도 우리나라에서 애독되던 책이어서 상당한 이본이 있다. 임진란 이전 간본으로 필자가 實査

한 것만도 두엇 있다. 활자본의 복각도 두 이본이 있는데, 여기에는 1566년에 된 李滉의 「心經後論」이 권말에 첨부되어 있다. 이 後論이 附刊된 것은 1573년 이후의 일이므로, 모두 16세기 후기의 간행인 것이다.[3] 그런데 여기 다루려고 하는 『심경부주』는 그 後論이 없다. 다른 이본보다 앞선 간본이다.

일본의 蓬左文庫 소장인 이 『심경부주』는 행간에 차용 한자의 정자와 약자로 구결이 전책에 기사되어 있다. 이 기사의 연대가 문제된다. 그 하한은 藏書印으로써 1592년이라고 쉽게 단정된다. 德川義直의 장서인인 [御/本](朱文方印)이 首葉 난상에 있다. 이 印記가 있는 한국본은 임진란에 일본으로 건너간 것으로, 아버지 德川家康에게서 義直이 물려받은 책들이기 때문이다. 그 상한은 간년이 없으므로 명확하지 않다. 그러나 일본에 가기 전의 장서인이 있어서 연대 추정의 유력한 근거가 된다. 즉 首葉 右下의 [辛璉/器之], [鷲山/世家](각 朱文方印), [直齋](朱文香爐印)란 인기가 그것이다. 1549년(명종 4) 문과, 光州목사를 역임하고 1573년(선조 6)에 卒한 辛璉의 수택본임을 말하는 것이다.[4] 같은 인기를 갖는 신연의 수택본인 『東槎續集』(1562), 『小學日記故事』(1566), 『大學衍義』(갑인자 改刊本)가 蓬左文庫에 있다. 그러므로 記寫 연대의 상한은 16세기 중엽이라 하겠다.

판식은 15세기 말에서 16세기에 걸쳐 나타나는 것이다. 사주쌍변에 반곽 크기가 세로 24.7㎝, 가로 17.1㎝이다. 有界, 10행 23자, 주쌍행이다. 판심은 黑口, 上下內向黑魚尾인데, 특이하게도 書名이 없고 권차와 장차만이 있다. 흑구와 어미 안에 刻手 記名으로 보이는 '万ㅅ朴'이 보인다. 전라도에서 간행된 지방판이 아닌가 한다.[5] 보존은 잘 되어 있으나 자획이 조금 마멸되고 인면의 착묵이 고르지 못하다. 초쇄본은 아니라 할 것이다.

---

3) 「심경 후론」의 첨부에 대하여는 안병희(1975b: 99, 특히 각주 15) 참조.

4) 신연의 죽음과 인품에 대하여는 柳希春의 1574년(갑술) 1월 4일자 일기(조선사료총간 제8 『眉巖日記草』 4, p. 221)에 다음과 같이 기록되어 있다.

聞光州前牧使辛璉器之 去年臘月 傷寒犯色而沒 量雖狹而才可用 治民可視 惜哉

5) 陰刻인 판심의 刻手名인 '万'은 전라도에서 간행된 1563년의 『家禮大全書』('嘉靖癸亥谷城縣開刊南原府移上'의 간기 있음)와 1566年의 『新增圖像小學日記故事大全』('嘉靖丙寅季夏 錦山郡守李義臣'의 跋 있음)에도 보인다. 이들은 모두 봉좌문고 소장인데, 더욱 후자의 책은 신연의 수택본이다. 같은 무렵 전라도에서 『심경부주』도 간행되어 신연의 손에 들어간 것(그 때 광주목사로 있었는지 모른다.)이 아닌가 한다. 참고로 임진란 전 『고사촬요』의 책판 목록에 의하면 전라도에는 남원과 광주에 『심경부주』의 책판이 있다.

위에서 말한 바와 같이 辛璉의 수택본이기 때문에, 구결뿐 아니라 같은 필치로 본문에 대한 교정과 주석도 기사되어 있다. 약간의 예만을 들어 두기로 한다.

伊川說人心道心 天理人欲便是 朱子初從此說 後來定論 謂人心非人欲 今中庸序說之類 是也(1, 1b 問人心道心의 난상)

曰上脫子字(1, 6b 易坤之六二曰의 난상)

近思錄無如字 遺書有如字(1, 8b 知如何所寓의 난상)

이러한 記寫는 본문의 내용과 관련된 것이다. 유학자가 이것에 관심을 가져야 할 것이다. 이 예시로만 그치기로 한다. 우리의 관심은 이보다도 口訣에 대한 것이다. 이에 그 구결 기사를 살펴보려 한다. 구결은 正字와 略字를 細筆로 바른쪽 행간에 기사하고 있다. 권1 첫머리 제1행을 예시하면 다음과 같다(단, 약자는 정자로 고친다).

心經附註卷一
西山眞氏
帝曰人心惟危道心惟微惟精惟一允執厥中
朱子曰心之虛靈知覺一而已矣而以爲有人心道心之
異者以其或生於形氣之私或原於性命之正而所以爲
知覺者不同是以或危殆而不安或微妙而難見爾然人
莫不有是形故雖上智不能無人心亦莫不有是性故雖
下愚不能無道心二者雜於方寸之間而不知所以治之
則危者愈危微者愈微而天理之公卒無以勝夫人欲之
私矣精則察夫二者之間而不雜也一則守其本心之正

<사진 1> 『심경부주』(蓬左문고 소장)

帝曰人心隱 惟危爲古 道心隱 惟微爲尼 惟精惟一羅阿 允執厥中尼羅(1, 1a)
<사진 1 참조>

이러한 구결의 차자표기는 다른 간본에도 있다. 그러면 이 책에 표기된 구결의 특징은 무엇인가. 형식과 내용의 두 면으로 나누어 설명하기로 한다.

첫째 형식의 면, 즉 차자의 字體上 특징을 들 수 있다. 다른 자료와 마찬가지로 빈번히 쓰이는 차자는 그 문자의 한두 획으로 줄여서 표기된다. 즉 丶(是), ㄱ(隱), 厂(厓), ソ(爲), ヒ(尼), ㅌ(飛) 등이다. 그러나 다른 자료, 예컨대 다음에 소개할『誡初心學人文』에 비하면 획수를 덜 줄이거나 아예 正字를 사용하는 일이 많다. 전자는 夕(多), 亽(羅) 등이고, 후자는 훨씬 많은데 果, 矣, 叱, 亦, 底, 乎, 也, 加, 所, 地, 西 등이 그 예다.

둘째 내용의 면, 즉 用字上 특징을 들 것이다. 모든 차자의 용법을 설명함으로써 그 특징이 밝혀지겠지만, 여기서는 약간의 항목으로 요약하여 보이는데 그치기로 하겠다.

그 1은 매개모음에 의한 형태 교체가 반영되지 않는 점이다. 체언 말음이 자음이든 모음이든 관계없이 같은 차자가 쓰인다. 隱, 奴가 그 예다.

人心隱…異者隱(1, 1a), 是以奴(1, 1a), 必使道心奴(1, 1b)

이와 마찬가지 현상으로서 계사 是는 자음 아래서도 생략 표기됨이 보통이다.

惟精惟一羅阿 允執厥中尼羅
然乃 人莫不有是形羅
三者是 雜於方寸之間令等(이상 1, 1a)

그 2는 같은 형태 표기에 두 借字가 쓰이는 점이다. 字音이 완전히 같은 경우와 비슷한 경우가 있다. 전자의 예는 五와 午, 후자의 예는 刀와 斗, 那와 乃다. 刀와 斗는 16세기 문헌의 한글 표기에서도 字音대로 나타나므로 당시의 언어사실을 그대로 반영한다고 하겠다. 乃는 '乃終'의 예로 미루어서 속음이 那와 같을지도 모르나, 중모음의 부음 j가 무시되어 나타난 혼용으로 봄이 온당하다. 이 책에서 선어말접미사 '-러-'가 驢(字音, 려)로 적히고 있음도 그것이다. 이제 그 혼용의 실례를 들어둔다.

有好有樂五(총목 2b) — 心應此事午(1, 10b)
豈不深可憫哉里五(1, 2b) — 何所知識里午(서 2a)
雖宴息之地羅刀(총목 3b) — 雖下愚羅斗(1, 1a)
然那(1, 3b) — 然乃(1, 1a)

이러한 혼용이 언어변화의 과도기임을 말하는 경우도 있다. 강세의 沙와 阿, 공동격의 果와 臥가 그것이다. 전자는 '사>아', 후자는 ㄹ 뒤의 '와>과'의 변화로 말미암은 것이다.

皆歸於禮羅沙 方始是仁尼羅(1, 16a) — 惟精惟一羅阿 允執厥中尼羅(1, 1a)
無欲之一臥 程子涵養吾一之一臥(1, 10b) — 聖賢所謂精一果(4, 12b)

그 3은 조사의 표기에 관한 것이다. 주격은 是로만 표기된다. 간본 자료에는 伊도 보이나 기사된 자료는 모두 是다. 그 약자가 1획이기 때문이 아닌가 한다. 속격이 矣로 표기된다. 앞으로 말할 『계초심학인문』과 같은 불서에서 衣로 표기되는 것과는 대조적이다. 그 책에서는 이 矣가, 이 책에서 代로 적힌 'ᄃᆡ'를 나타내고 있다. 끝으로 처격은 厓, 於是, 亦是로 표기된다. 한글 표기의 '애, 에, 예'에 대응한다. 그런데 모음 i, 반모음 j 뒤에서 亦是가 아닌 厓, 於是도 쓰인다. 한글 표기에서는 그러한 일이 없으므로, 순전히 차자표기상의 문제라 할 것이다.

未有議論時亦是(1, 1b), 前時厓(4, 21a), 如入宗廟見君父之時令是隱(1, 10b)

이러한 표기상의 혼란은 간본 자료에도 보인다. 『여씨향약언해』(출전 표시는 1574년판 을해자본)와 『중간경민편언해』(1579년판)가 그러하다.

聚會厓(향약 14b), 吊禮厓(향약 17b), 春夏農務之時厓, 秋成卽時厓(이상, 경민 12b)

그 4는 활용 어미에 나타나는 점이다. 가장 특징적인 예가 가정을 뜻하는 '-거든'이 巨等으로 표기되는 것이다. 형태 '거'와 '든'이 불서에서는 간본 자료까지도 去와 入隱으로 나타난다. 구결이 보여주는 儒書와 佛書의 차이인 것이다. 이 책의, 그 형태를 표기한 구결만을 들면 다음과 같다.

巨隱大(1, 10a) 乎羅巨隱麽隱(4, 20a) 於等(1, 3a), 於時等(1, 8a)

그 밖에 선어말접미사를 표기한 時, 里, 是도 주목된다. 각각 존경과 추측을 뜻하는 時, 里는 『계초심학인문』 등 불서의 記寫에서는 示, 利로 나타나는 것이다. 공손법의 是는 『계초심학인문』에서도 같다. 차자표기의 불완전성으로 말미암은 현상이라 생각된다.[6] 이들 구결의 예는 아래와 같다.

爲時尼(서 1a), 爲時弥(1, 16b)
爲里尼(1, 15a), 羅爲時里尼(1, 3b)
爲奴是多(1, 15b) 爲尼是多(1, 9a)

이상에서 말한 특징을 갖는 『심경부주』 구결 표기에 나타난 차자의 일람표를 제시함으로써, 이 책의 소개를 마치고자 한다.[7] 차자는 釋과 音을 차용한 두 부류로 나뉜다. 전자를 훈독자, 후자를 음독자라 부른다. 각 훈독자, 음독자의 배열은 구결의 가나다順에 따른다. 괄호 안은 당시의 한글 표기로 추정한 것이다.

1. 훈 독 자

飛(ᄂᆞ) 月(ᄃᆞᆯ) 加(더) 是(이) 爲(ᄒᆞ)

6) 공손법 접미사는 차자 표기가 중세어의 간본 자료에서도 是 또는 伊로 되어 있다. 다만 『地藏經』에서 應이 나타난다. 그러나 그 책에서도 伊로 나타나거나 아예 표기에서 무시되는 일이 있다. 모두 표기 상의 문제라 생각되는 것이다.

7) 이 일람표는 불완전하다. 4권 가운데서 권1, 4에서만 자료를 뽑았기 때문이다. 누락된 예가 약간은 있겠지만, 이 책에 쓰인 借字에 대한 개략은 이로써 넉넉히 알 수 있을 것이다.

2. 음 독 자

[모음] 阿(아) 厓(애) 也(야) 於(어) 亦余(여) 五午(오) 臥(와) 矣(의)
[모음+자음] 言(언) 溫(온) 印(인)
[자음] 隱(ㄴ) 乙(ㄹ) 叱(ㅅ)
[자음+모음] 可(가) 巨(거) 古(고) 果(과) 那乃(나) 奴(노) 尼(니) 代(ᄃᆡ) 多(다) 大(대) 底(뎌) 刀斗(도, 두) 地(디) 羅(라) 驢(려) 里(리) 亇麽(마) 弥(며) 士(ᄉᆞ) 舍(샤) 西(셔) 所(소) 時(시) 沙(ᅀᅡ) 乎(호) 屎(히)
[자음+모음+자음] 等(ᄃᆞᆼ) 丁(뎡) 面(면) 申(신)

Ⅲ. 『誡初心學人文』의 구결 記寫

다음에는 儒書 『심경부주』와 대조적인 佛書 『계초심학인문』을 소개하려고 한다. 서명을 '계초심학인문'이라 부르기로 하나, 사실은 5권 1책이어서 여러 책의 合部다.[8] 그 내용을 괄호 안에 판심서명과 통번호인 張次를 덧붙여 보이면 다음과 같다.

「誡初心學人文」(戒 1~4) · 「發心修行章」(章 5~7) · 「野雲自警序」(自 8~16) · 「四法語」(法 17~20) · 「蒙山法語」(六 21~31)

가장 널리 읽혀진 불서의 하나로서 여러 이본이 알려져 있다. 더욱 이들의 언해본도 여러번에 걸쳐 重刊된 것이다. 여기서 다루는 이 책은 일본 국회도서관 소장인데 [養安院藏書](朱文長方印)란 印記가 있다. 이 인기를 갖는 다른 한국본들과 함께 임진란 때 일본으로 간 책인 것이다. 간기는 "嘉靖四十三年癸亥(1563, 명종 18) 夏孟月日全羅道綾城地雙峯寺開刊"(六 21a)이라 있으나, 인면으로 보아 초쇄는 아닌 듯하므로 16세기 말의 인출본이라 믿어진다.

모두 31枚의 작은 책자다. 판식은 그 무렵 간본과 비슷하다. 즉 사주단변, 반곽의 크기가 세로 가로 각 16.7㎝, 11.2㎝다. 계선이 없다. 「계초심학인문」, 「발심수행장」, 「야운자경서」는 8행 16자, 法語類는 9행 17자로 되어 행관이 다르다. 그 이전 판의 계통이 다르기 때문인 듯하다. 판심은 白口, 상하내향

8) 일본에서 개장되어, 일본 표지에 4침안정법으로 장정이 되어 있으나, 원표지도 그대로 일본 표지 안에 남아 있다. 원표지에 묵서된 外題도 '誡初心學人文 全'이라 되어 있다.

흑어미, 간혹 3엽화문어미(章 5~8 등)도 있다. 下魚尾 안에 '云 · 민 · 玄'의 陰刻이 보인다. 刻手秩(六 21a)에 있는 法雲과 玄敏의 약칭이다.

이러한 판식과 간기를 갖는 동일본이 다른 곳에도 있다. 그러나 이 책은 구결이 묵서로 행간에 記寫되어 있다. 즉 정자와 약자로 차용된 한자를 바른쪽 행간에 기사한 것이다. 「몽산법어」의 첫머리로써 그 실례를 보인다(단, 약자는 정자로 고친다).

> 話頭上厓 有疑不斷爲面 是名眞疑尼 若疑一上少時爲古 又無疑者是面 非眞心發疑羅 屬做作爲尼羅(六 21b) <사진 2 참조>

이 책은 16세기 말에 인출되고 임진란에 일본에 갔으므로, 이 구결 記寫의 연대는 16세기 말이다. 『심경부주』에는 약간 뒤지지만 거의 동시기의 자료

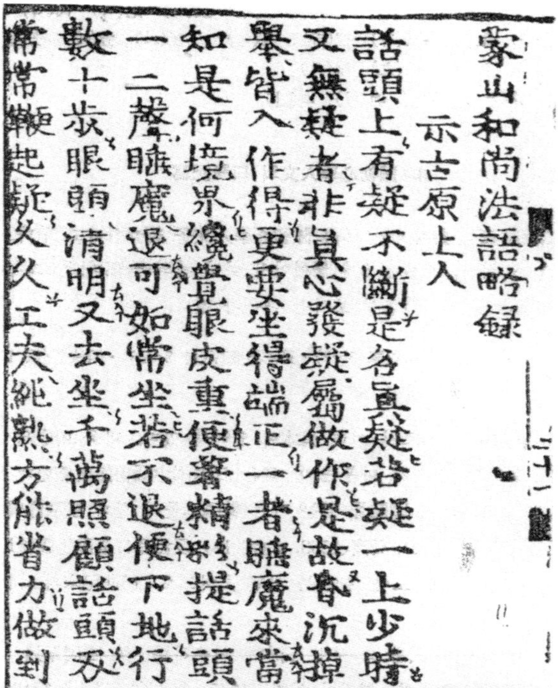
蒙山和尚法語略録
示古原上人
話頭上有疑不斷是名眞疑若疑一上少時
又無疑者非眞心發疑屬做作是故昏沉掉
擧皆入作得更要坐得端正一者聽魔來當
知是何境界纔覺眼皮重便着精彩提話頭
一二聲睡魔退可如常坐若不退便下地行
數十歩眼頭清明又去坐千萬照顧話頭[illegible]
常常鞭起疑久久工夫純熟方能省力做到

<사진 2> 「몽산법어」(일본 국회도서관 소장)

라 할 수 있다. 이들의 비교로써 16세기 후반의 유서와 불서의 구결 기사의 특징이 구명될 수 있다.

이제 『계초심학인문』의 구결이 보여주는 특징을, 형식과 내용으로 나누어 보기로 한다.

첫째, 차자의 字體가 보여주는 특징이 있다. 빈번한 용도의 차자는 한두 획으로 줄여지는 일이 아주 철저하다. 『심경부주』에서 획수가 약간 줄여진 ㇇, ㅿ는 丨, 丶의 한 획으로 표기된다. 또 정자로 나타난 것이 약자로 표기되어 있다. 즉 ノ(乎), 亽(舍), ム(矣), ㇇(衣), 土(地), 户(所), 氵(沙), 刂(利), 七(叱), 木(果) 등.

둘째 用字上의 특징이 있다. 위의 『심경부주』와 비교하여 항목별로 설명하기로 한다.

ㄱ 1, 매개모음에 의한 형태 교체가 이 책에서도 반영되지 않는다. 조사를 표기한 隱, 奴는 체언 말음에 관계없이 쓰인다. 그러나 계사 是는 체언 말음에 따라 생략된다. 한글 표기와 같이, 말음이 i, j인 경우에 그러하다. 구결 앞의 본문 끝 字와 그러한 표기를 보이면 다음과 같다.

夫是隱大隱(18a) — 非隱大隱(1a)
行是乃(6a) — 智乃(6a)
護是尼(4a) — 衣尼(10a)
子是羅(5a) — 致羅(3b)
心是奴多(6a) — 起奴多(7a)

ㄱ 2, 같은 형태는 언제나 같은 차자로 표기된다. 『심경부주』의 五와 午, 刀와 斗, 那와 乃는 午, 刀, 乃만으로써 표기되는 것이다. 이러한 현상은 예외가 없다. 강세의 첨사가 『심경부주』에서는 沙와 阿로 나타났으나, 이 책에서는 沙뿐이다. 배경으로 가진 언어사실의 반영이기보다는 표기상의 문제가 아닌가 생각된다.[9] 이 책의 표기가 보수적이면서 동시에 같은 형태를 일관하여 동일하게 표기하려고 했기 때문인 것으로 보이는 것이다.

9) 남부 방언을 배경으로 한다면 1577년 송광사판 『계초심학인문』 등과 같이 구개음화가 노출되어야 할 것이다. 이 책에 그러한 흔적이 전혀 없는 것은 方言差로써 여기 나타난 借字를 고려할 수는 없음을 말한다. 구개음화에 대하여는 안병희(1972: 97-102)를 참조할 것.

그 3은 자음 ㄴ으로써 끝나는 음절을 분석 표기하는 점이다. 위『심경부주』에서 言, 溫, 印으로 표기되는 형태가 於, 午, 是와 隱으로 표기되고 있다.

是於隱(30a) 是於隱丁(1a); 是午隱(10a) 午隱(10b); 是隱大(12b) 是隱大隱(18a)

다른 문헌에서는 難, 論, 陳, 忽로 표기되는 것도 분석되어, 羅, 奴, 地와 隱 그리고 乎와 乙로 표기된다. 이 경우는『심경부주』도 이 책과 같다. 그러나 이『계초심학인문』은 面을 제외하고, 철저하게 분석 표기를 채택하고 있다. 그 차자표기의 한 특징인 것이다.

爲羅隱矣(1a); 爲奴隱(26a) 爲奴隱地(6b) 奴隱地(4a); 乎乙地隱大(26a)

그 4는 조사의 표기에 관한 점이다. 다른 記寫 자료와 같이 주격은 是로 표기된다. 그러나 속격은 衣로 표기된다.『심경부주』의 속격 矣는 乎矣(호ᄃᆡ), 爲舍矣(ᄒᆞ샤ᄃᆡ)와 같이 'ᄃᆡ'를 표기하고 있는 것이다. 처격은 厓, 於是, 亦是로 표기된다.『심경부주』와 달리 이 경우도 亦是가 쓰일 자리에 厓가 나타나는 일은 없다. 亦是로 고정되어 있다.

그 5는 활용어미에 나타나는 특징이다. 가정을 뜻하는 어미 '-거든'이 去入隱으로 표기되고 있다. 예외적으로 '-야ᄃᆞᆫ'이 也月隱, 즉 爲也月隱(21b)이라 표기되는 일도 있으나 이 去入隱은『심경부주』를 포함하는 유서와 다르고, 불서의 구결 자료와 공통된다. 그 형태를 표기한 구결만을 들어두기로 한다.

爲去隱大隱(30b) 爲去示尼(23a) 去隱大(15b) 去尼臥(31b) 去多(23a)
去入隱(6b) 去示尼(17b) 爲也入隱(1b) 是於入隱(1a)

선어말접미사에서 공손법의 是는『심경부주』와 같다. 그러나 존경과 추측을 뜻하는 접미사는 示와 利로 표기되고 있다. 이 책의 특징이라 하겠다. 이들이 나타난 구결의 약간 예를 들기로 한다.

爲<u>示</u>古(17a) 爲<u>示</u>飛尼(6a) 爲<u>示</u>弥(6a); 爲<u>利</u>羅(1b) 爲<u>利</u>弥(5b) 爲<u>利</u>午(24a) 乎<u>利</u>尼(17b) 乎<u>利</u>羅(1a); 爲奴<u>是</u>多(17a) 乎<u>利是</u>多(17a)

그런데 공손법의 是와 계사의 是가 연결될 때, 다시 말하면 是가 이중으로 나타날 때는 그 중 하나의 是가 생략된다. 즉,

僧是問趙州乎矣 狗子隱 還有佛性也是叱可 無是叱可(23a)

이때 계사의 是가 생략 표기되었다고 해석할 수도 있다. 그러나 앞에 말한 바와 같이 계사는 체언 말음이 i, j인 경우에만 생략되기 때문에 차라리 공손법 접미사 是의 생략이라 할 것이다. 이 是叱可에 해당하는 15세기의 한글 표기는 'ㅣ잇가'(몽산법어언해 11a)다. 그렇다고 이 是叱可는 16세기 말 자료이므로, 한글 표기의 'ㅣ잇가'와는 다른 언어사실, 적어도 공손법 접미사의 모음 i가 탈락된 사실을 반영한다고 할 수는 없다. 같은 조건인 한글 표기 '호리이다'(사법어 1a)가 이 책에서 乎里是多(17a)로 표기되고 있는 것이다. 따라서 두 是의 표기에서는 한 是가 생략되는 표기상의 규칙을 설정함이 온당한 것이다.

선어말접미사의 하나인 겸양법 접미사가 白으로 표기된다. 다른 이 시기 자료에서는 보통 음독자로 적히는 접미사인 것이다. 이 책의 구결 표기의 한 특징이다. 그 예는 다음과 같다.

괄호 안에 1577년판『야운자경서언해』(81-82)의 한글 표기를 적어 둔다.

我今亽是(에) 證明三寶爲白古(ᄒᆞᅀᆞᆸ고) 一一戒汝爲奴羅(ᄒᆞ노니)(16b)

이상『계초심학인문』에 나타난 구결 표기 차자의 특징을 몇 항목으로 나누어 살펴 보았다. 그러한 특징을 보이는 차자의 일람표를,『심경부주』의 예에 따라 제시하여 둔다.

1. 훈 독 자

飛(ᄂᆞ) 月(ᄃᆞᆯ) 矣(ᄃᆡ) 入(ᄃᆞ) 白(ᄉᆞᆸ) 是(이) 爲(ᄒᆞ)

2. 음 독 자

[모음] 阿(아) 厓(애) 也(야) 於(어) 亦(여) 午(오) 臥(와) 衣(의)
[자음] 隱(ㄴ) 乙(ㄹ) 叱(ㅅ)
[자음+모음] 可(가) 去(거) 古(고) 果(과) 乃(나) 奴(노) 了(뇨) 尼(니) 多(다) 大(대) 底(뎌) 刀(도) 地(디) 羅(라) 利(리) 亇(마) 弥(며) 米(미) 士(ᄉᆞ) 舍(샤) 西(셔) 所(소) 示(시) 沙(ᄉᆞ) 吐(토) 乎(호) 兮(히)
[자음+모음+자음] 丁(뎡) 面(면) 勿(믈)

그런데 『심경부주』와는 달리 이 『계초심학인문』은 한글로 구결이 표기된 언해본이 있다. 이 언해본과의 對校로써 이 자료의 성격을 살필 수도 있는 것이다. 法語類는 언해본의 한글표기와 극히 미세한 차이를 보일 뿐이다. 거의 완전히 일치하고 있다. 「사법어」와 「몽산법어」가 禪宗에서 차지하는 위치, 그리고 세조조의 언해본에 나타난 구결의 전통으로 말미암은 것이 아닌가 한다. 그러나 「계초심학인문」, 「발심수행장」, 「야운자경서」의 구결은 문맥이 달라지는 것은 아니나 字句上에서 상당한 차이를 보인다. 현재 가장 빠른 언해본이 1577년 송광사판인 점도 있지만, 원전 자체의 위치에 더 큰 이유가 있다고 생각된다. 이 1577년판과 같은 언해본인 1583년 서봉사판의 구결도 다르기 때문이다. 그 언해본끼리의 두드러진 차이를 1577년판으로써 보이는데, 1583년판에서 달라진 구결만을 괄호 안에 대조하여 써 넣기로 한다.

> 行者이(ㅣ) 心浄ᄒᆞ면 諸天이 共讃ᄒᆞ고 道人이 變色ᄒᆞ면 善神이 捨離ᄒᆞ니(ᄒᆞᄂᆞ니) 四大忽散ᄒᆞ야(이라) 不保久住이니라(이니) 今日夕矣라 頗行朝哉인뎌[33 (발심 6a)]

이 책의 차자 구결은 어느 것과도 같지 않다. 위 大文을 인용하면 알 수 있다.

> 行者是 心浄爲面 諸天是 共讃爲古 道人是 變色爲面 善神是 捨離爲飛尼 四大忽散爲也 不保久住是尼 今日是 夕矣羅 頗行朝哉底(7a)

이로써 보면 세 책의 구결은 다 다르다고 할 것이다. 그러나 전반적으로 보아서는 언해본끼리 서로 가깝다. 그러므로 1577년판의 한글 표기의 구결로만 대조하여 이 책의 차자표기의 성격을 보기로 한다.

결론부터 말한다면 이 책의 구결은 언해본에 비교하여 더욱 원전에 가까운 것이라 하겠다. 극히 상대적인 뜻에서, 그리고 구결도 일종의 번역이라 한다면 이 책이 보다 직역인 것이다. 그것은 첫째 명사적 표현이 쓰였고 둘째 경어법이 덜 엄격하기 때문이다.[10] 다음 예문이 그것을 말하고 있다. (1), (2)가 전자, (1)과 (3)이 후자의 예를 보이고 있는 것이다.

(1) 夫諸佛諸佛是(이) 莊嚴寂滅宮隱(ᄒᆞ샤ᄆᆞᆫ) 於多劫海亦是(예) 捨欲苦行是午(ᄒᆞ샤미오) [5a (22a)]

(2) 故奴(로) 破戒爲古(코) 爲他福田爲奴隱地(ᄒᆞ면) 如折翼折鳥是(이) 負龜(코) 翔空是尼羅(틋ᄒᆞ니) [6b (31a)]

(3) 古曰(ᄒᆞ샤ᄃᆡ) 不遠人是令乙(이어늘) 自遠矣羅爲弥(라ᄒᆞ시며) 又云(ᄒᆞ샤ᄃᆡ) 我欲仁是面(이면) 斯仁是至矣羅爲尼(라ᄒᆞ시니) [16a (81b)]

Ⅳ. 결어 - 관련 구결 記寫 자료

이제까지 16세기의 구결 기사의 자료인 『심경부주』와 『계초심학인문』을 소개하였다. 두 책은 의심할 나위없는 중세어의 구결 기사를 제공하는 점에서 국어사의 귀중한 자료가 된다. 또 다행히도 儒書와 佛書인 두 책은 기사 자료에 나타나는 儒佛書의 구결 표기의 차이를 알려주는 자료인 점에서 그 가치는 큰 것이다. 위의 소개에서 두 자료의 대조를 게을리하지 않은 것은 그러한 점을 배려하였기 때문이다. 그러나 이 책들의 가치는 거기에 그치지 않는다. 거기 나타난 구결 표기를 기준으로 하여 다른 유사 자료를 평가할 수 있는 이점을 갖는다. 이제 그러한 사실을 설명하려고 한다.

먼저 『심경부주』의 경우, 규장각 소장 무신자본 『심경부주』의 한 책(중1456)에 記寫된 구결의 성격을 밝혀 주는 것이다. 이 무신자본은 18세기 중엽의 간본으로 믿어지는데, [侍講院](朱文長方印, 大小兩印)이란 印記가 있다. 經筵에 사용되던 책이라 생각된다. 細筆로 구결이 바른쪽 행간에 記寫되어 있다. 略字가 쓰이고 있으나, 앞에 소개된 辛璉 手澤本 『심경부주』보다도 오

---

10) 번역의 직역과 의역이 국어사 자료에 미치는 영향에 대하여는 안병희(1973)을 참조할 것.

히려 덜 나타난다. 이것은 경연이란 특수한 성격에서 이해되어야 할 것이다. 그런데 이 책의 구결은 근대어의 성격을 갖는다. 책의 간년이 그것을 말하지만, 신연 수택본과의 비교로서 확인되는 것이다.

우선 예문을 들기로 한다. 괄호 안이 신연 수택본의 記寫다.

道也者飛隱(隱) 不可須臾離也是尼(尼) 可離面(隱) 非道也是羅(羅) 是故奴(奴) 君子飛隱(隱) [1, 34b (20b)]
以子朱子尊德之銘乙奴(奴) [서 1a (서 1a)]

여기 나타난 차이는 계사 是와 조사 飛隱과 乙奴다. 그러나 주의할 것은 무신자본이 18세기 자료기 때문에 이 차이가 생겼다고 단정하는 일이다. 중세어의 자료에서도 무신자본과 같이 나타나는 예가 있다. 즉 위의 『계초심학인문』의 是는 이 무신자본과 같고, 또 16세기 간본 자료인 을해자본 『書傳大文』과 『地藏經』에서 飛隱과 乙奴는 사용되고 있는 것이다.

飛隱(서전上 41a, 41b; 지장上 11a, 14a)
乙奴(서전上 15a, 16a; 지장上 4a, 5a)

그러므로 신연 수택본은 문맥의 혼란이 없는 한, 되도록 간편한 표기를 채택한 데 대하여, 무신자본은 매개모음에 의한 형태 교체까지도 표기에 반영하려고 한 데 말미암은 차이라 할 것이다. 이와 같은 차이점도 따지고 보면 무신자본이 중세어의 차자표기 예컨대 『서전대문』 등의 그것을 답습한 것에 지나지 않는다. 무신자본이 근대어 자료이기 때문에 달라진 借字는 地가 之로 된, 즉 구개음화가 이루어졌음을 말하는 다음 예이다. 구개음화는 남부 방언을 반영하는 일부 자료를 제하고는 근대어 자료에 비로소 나타나는 현상인 것이다.

又歸宿於我爲奴隱之(爲奴隱地) [1, 26a (15b)]

이 밖에 강세의 첨사가 也로 나타나는 예(是羅也 Ⅳ,17a)도 있으나,[11] 무신

11) 구결 표기의 借字 자체에서 근대어 자료와 중세어 자료의 차이는 앞으로 면밀한

자본의 구결 기사가 근대어 자료란 사실은 표기보다 표기된 구결 자체에서 더 잘 드러난다. 다음이 그 예다.

> 仲弓是(是)問仁爲隱大 子是(없음)曰 出門如見大賓爲弥(爲弥) 使民如承大祭爲古(爲弥) 己所不欲乙(乙) 勿施於人是尼(面) 在邦無怨爲弥(爲弥) 在家無怨是尼羅(尼羅) [1, 32b (19a)]

『논어』「顔淵」편의 일절인 이 大文의 구결이 무신자본의 선조조 교정청본 『논어언해』(3, 19a)의 한글 표기와 완전 일치하고 신연 수택본은 차이를 보여주는 것이다. 교정청본이 나온 이후의 자료, 따라서 근대어 자료에 나오는 경서 구결은 모두 교정청본에 일치하고 있으나, 그 이전의 자료인 중세어 자료에서는 차이를 보이기도 한다. 이로써 무신자본이 근대어 자료, 신연 수택본이 중세어 자료임을 확인하게 되는 것이다.

다음 『계초심학인문』의 경우, 국립중앙도서관 소장인 『六祖大師法寶壇經』의 구결 기사의 연대를 판정하는 것이다. 이 『육조단경』은 "弘治 9(1496, 연산 2)年五月日 慶尙道居昌土玉泉寺開板"이란 간기가 있다. 15세기 말 간본인데 細筆로 구결이 기사되어 있다. 기사 연대에 대한 아무런 기록이 없으나, 구결 표기가 『계초심학인문』에 거의 일치하므로 중세어 자료라 할 수 있다. 이 책에 쓰인 차자의 일람표를 먼저 제시하면 다음과 같다. 『계초심학인문』에 없는 차자만 괄호 안에 한글 표기를 보인다.

1. 훈 독 자

飛 月 矣 加(더) 入 是 其(지) 爲

2. 음 독 자

[모음] 阿 厓 也 於 亦 午 臥 衣

[자음] 隱 乙 叱

[자음+모음] 可 去 古 果 乃 奴 了 尼 多 大 刀 地 羅 驢(러) 利 弥 未(미) 士

연구가 있어야 한다. 본론에 언급된 것 이외에도 미세하지만 차이는 있다. 간본 자료에서 그 한 예를 든다면 선어말접미사의 驢, 汝가 근대어 자료에서는 戾로 나타나는 일이 있는 것이다. 이 무신자본에서 戶로 나타나는데, 驢와 戾 중 어느 글자의 略字인지 분명하지 않다. 어떻든 이러한 인출 자료와 기사 자료를 망라한 검토가 선행되어야만, 위 본론의 기술도 더욱 확실해질 것이다.

舍 西 所 小(쇼) 示 沙 之 他(타) 乎 兮
[자음+모음+자음] 丁 田(뎬) 萬(만) 面 勿

이 표를 보면 『계초심학인문』과 같음을 알 수 있다. 부분적인 차이가 없지는 않다. 正字로 고쳤으므로 이 표로는 나타나지 않았으나 『계초심학인문』과 약자 표기가 일치하는데 다만 약자인 所가 이 책에서는 정자로 쓰였다. 형태 교체, 음절 말음 ㄴ의 분석 표기, 조사와 선어말접미사의 표기도 일치한다. 그러나 ケ隱으로 분석 표기된 '만'이 이 책에서는 萬으로 된 점과 白으로 표기된 겸양법 접미사가 士午로 나타난 점이 다르다. 특히 후자의 표기는 'ᄒᆞᅀᆞᆸ-'이 'ᄒᆞ숩-'인 남부 방언을 사용한 사람의 記寫가 아닌가 한다. 刊地가 경상도인 점도 이것을 지지하여 주고 있다. 그 구결의 예는 다음과 같다.

爲士臥(7a), 爲士午尼(3b), 爲士午矣(25a), 爲士古(25a), 爲士奴尼(8b)

그런데 마지막 두 예가 보여주듯 음절 말음 ㅂ이 무시되고 있다. 매우 불완전한 표기다. 그러므로 강세의 沙와 같이 이 士도 단순한 표기상의 문제일지 모른다. 이 책에 쓰인 차자 표기 가운데 나타난 한글 'ᄆᆞ'는 그러한 불완전한 표기를 지양하려는 하나의 흔적으로 이해되는 것이다.

師是 自黃梅得法爲舍ᄆᆞ奴 回至韶州曺候村爲示尼(40a)

이와 같이 『계초심학인문』과 약간의 차이가 없지는 않으나, 그 전체적인 검토에서 『육조단경』의 구결 기사가 중세어 자료임은 움직일 수 없다. 더욱이 1469년의 『육조단경언해』의 한글 표기의 구결과 일치되는 사실이 이를 뒷받침하고 있다. 『계초심학인문』에는 없는, 이 책에만 나타난 借字의 한두 예로써 그것을 보기로 한다. 괄호 안이 언해본의 한글 표기다.

他日令是 造塔爲示乙其伊(ᄒᆞ실제) 幸望存留爲小西(ᄒᆞ쇼셔) [4b (서 16b)]
若論相說乎乙田(홀뎬) 里數是(ㅣ) 有十萬八千尼(이니) [26b (상 89a)]

이로써 묵서로 記寫된 중세어 자료인 『심경부주』와 『계초심학인문』의 소개와 거기 나타난 구결에 대한 설명, 아울러 관련된 다른 자료에 대한 성격

구명을 시도한 논의를 마치기로 한다. 이것을 계기로 하여 고도서에 나타나는 구결 기사의 가치가 정당하게 인식되어 그에 대한 연구가 활발하게 일어났으면 한다. 이것이 이 글의 의도인 것이다. 그러나 규장각 설립 200주년을 맞이하면서 이 글을 쓰는 것은, 좀 더 구체적으로 규장각에 소장된 侍講院 도서에 있는 구결 기사에 연구자의 주의를 환기시켰으면 하는 필자 나름의 의도도 있다.

아는 바와 같이 규장각에는 시강원 舊藏의 도서가 상당히 수장되어 있고, 그 중에는 구결이 기사된 것도 적지 않다. 위의 무신자본 『심경부주』도 바로 그러한 책이다. 이들은 대부분이 18세기의 자료로 보인다. 그러나 『심경부주』에서 본 바와 같이 이들 자료에는 차자표기의 보수성과 經筵의 오랜 구결의 전통으로 말미암아,[12] 근대어 자료라고만 하지 못할 사실도 나타난다. 이러한 복합적인 요소는 자료로서의 결점이라 할 것이다. 그러나 관점에 따라서는 장점일 수도 있다. 아무쪼록 규장각 장서의 가치가 이와 같은 구결 자료의 연구로써도 드러나게 되기를 빌어 마지않는 것이다.

끝으로 古書를 수장하고 또 열람시키고 있는 모든 도서관에 대한 요망을

---

12) 경연에서 사용되는 책에 구결이 기사된 것은 유희춘의 일기에 소상하다. 선조 즉위년인 1567년 정묘 11월 4일자의 일기를 비롯하여 1576년 병자 7월 27일자의 일기까지 『대학』의 구결에 관한 記事만도 10여 곳 나타난다. 그 마지막 記事들인 1576년 7월 20일 경의 기사만 보이면 다음과 같다.

上 下付御覽大學一冊 令臣標點輯釋(7월 23일)/ 余又看詳經筵冊大學註吐 以上命書寫官懸吐御覽冊故也(7월 26일)/ 書寫官鄭致 來畵大學輯 取者以靑墨 不似朱恐傷聖上之眼也(7월 26일)/ 手校玉堂大學口訣 欲以正御覽冊也(7월 27일)

그러나 이러한 구결 자료가 임진란과 같은 전화로 국내에서 현재 볼 수 없게 된 것은 매우 유감이다. 그러한 자료가 일본에 어느 정도 남아 있는지 앞으로 조사하여야 할 것이다. 필자가 우연히 본 갑인자본 『高麗史節要』(蓬左文庫 소장)가 그러한 책이다. 1453(단종 1, 景泰 4)년에 인출된 이 책에는 [經/筵](주문방인)이란 인기가 책머리에 있다. 그런데 이 책의 난상에 한글로 표기된 구결의 附箋이 있는 것이다. 구결이 들어갈 구절의 끝 漢字와 구결을 적은 附箋이 첨부되어 있다. 그 한 예를 든다.

制ᄒᆞ시고 曰ᄒᆞ샤ᄃᆡ 朕이 制ᄂᆞᆫ 詳이오 民은 令을 愼이니 者애 主ㅣ官과 號ᄅᆞᆯ 野ㅣ라ᄒᆞ야 制ᄒᆞ니 年이로ᄃᆡ 知ᄒᆞ야 亂ᄒᆞ더니 制호ᄃᆡ 者란 制ᄒᆞ라(Ⅰ, 9a)

이러한 표기 방식은 15세기 말~16세기 초의 간본으로 믿어진 『주역전의대전』 권16~17(일본 궁내청 서릉부 소장) 이래의 간본에 가끔 나타난다. 그것은 어떻든 이 자료가 經筵에서 所用된 책에 나오는 구결 자료임에는 틀림없다. 행간에 차자로 記寫된 자료도 없지는 않으리라고 기대된다.

덧붙임으로써 이 글을 마치고자 한다. 위에서 본 바와 같은 墨書의 記載가 고서에 나타난다면, 그 사실은 도서목록서나 도서카드에 반드시 기재되었으면 하는 것이다. 대부분의 도서목록서 등에서는 이것이 전혀 고려되지 않고 있다. 실지로 우리가 다루어온『심경부주』와『계초심학인문』은 각기 그들 목록서에 등록되어 있으나, 구결 기사에 대하여는 아무런 단서도 없다. 이들은 국외의 일이지만, 국내 자료인『육조법보단경』이 그 해제에서조차 언급이 없음은 유감스런 일이다. 다만 무신자본『심경부주』에 대한 목록서만이 예외다. 이 예외인 조그만 記載가 연구자에게 얼마나 큰 도움을 주는지 모른다. 고서에 나타난 묵서의 가치가 인식되어 목록서 등에 적절한 방법으로 표시되기를 감히 제언하는 것이다.[13]

---

13) 구결에 관한 것은 아니나 이와 같은 제언을, 다른 곳에서도 한 일이 있다. 안병희(1975a: 10) 참조. 여기서 다룬 자료의 목록서, 또는 해제를 부기하여 둔다. 앞 3책에서는 구결 記寫가 무시되어 있는 것이다.

蓬左文庫編(1975: 64)의 『심경부주』 항, 日本國立國會圖書館參考書誌部編(1975: 3)의『계초심학인문』항, 국립중앙도서관 편(1970: 102-103)의『육조법보단경』항, 서울대학교 부속도서관 편(1972: 207)의『심경부주』(무신자본) 항.

제7장 內賜本

Ⅰ. 머리말

우리나라는 나라의 출판 기관에서 서적을 간행하여 왕이 朝臣이나 官衙에 반사하는 관례가 있었다. 『고려사』(권6)에 의하면 고려 靖宗은 그 11년(1045) 4월에 당시의 출판 기관인 秘書省에서 새로 간행한 『禮記正義』 70질과 『毛詩正義』 40질을 진상하니 1질은 御書閣에 소장하고 나머지는 文臣에게 반사하도록 명령하였다고 한다. 이것이 나라에서 서적을 반사한 최초의 현전 기록이 된다. 조선 시대에는 鑄字所나 校書館에서 간행한 책을 반사한 기록은 말할 것도 없고, 반사된 實冊도 다수 전하고 있다. 그 책은 인쇄, 지질, 장정이 다른 책에 비교되지 않을 정도로 뛰어난 것으로 정평이 나 있다. 더욱이 거기에는 언제 반사한다는 內賜記와 宣賜之記란 印記가 있어서 간년의 정보를 제공하여주는 점에서 서지학의 연구에 귀중한 자료가 된다. 그러한 내사기는 年紀 다음에 '內賜'라는 문구로 시작되므로 흔히 內賜本이라 부른다.[1)] 그러므로 내사본이라 할 때는 왕이 반사한 조선 시대의 서적을 가리킨다. 내사는 보통 頒賜와 같은 용어로 왕이 신하에게 물품을 내려준다는 뜻으로 쓰이나, 엄격하게 따지면 大內에서 반사한다는 뜻이 있어서 반사한 주체를 명시한 점이 반사와 다르다. 문헌상으로 內賜가 쓰인 것은 『大明律直解』의 한 조항에서

> 凡御賜百官衣物 使臣不行親送 … 凡百官良中 內賜教是臥乎 衣服等乙 使者亦 親送不冬爲遣(御賜衣物조. 12, 3a)

---

1) 실록 등의 史書에서 서적의 내사보다는 반사라는 용어가 주로 쓰인다고 하여 반사본이라 바꾸어 부르는 일(천혜봉, 1989)이 있다. 그러나 내사기, 內賜印과 함께 내사본이란 용어가 학계에 일반적으로 통용되는 사실을 무시할 수는 없다. 내사기의 '內賜'와 함께 이 엄연한 사실을 우리는 중시하고자 한다.

와 같이 원문의 '御賜'를 '內賜이시누온(하시는)'이라 번역한 것이 가장 오랜 예가 아닐까 한다. 아무튼 이러한 내사본에 대하여는 中村榮孝(1962)를 비롯하여 백린(1969), 윤병태(1997)의 연구가 있다.2) 이 글은 그러한 앞선 연구를 발판으로 하여 약간의 管見을 펴고자 한다.

내사본에 내사기와 御寶의 印記를 갖추도록 한 연대는 일찍이 中村榮孝(1962: 150-151)에서 지적한 바와 같이 1440년(세종 22)의 일로 보인다. 그에 관한 실록 기사는 해석에 미묘한 문제가 있으므로 전문을 인용하여 설명한다.

> 傳旨承政院 鑄字所模印書籍 頒賜各品 其受賜者 不用心粧績 以致損毁 自今 令限以三月粧績 呈本院 受宣賜之記 永以爲式(8월 기묘(10일)조)
>
> 승정원에 傳旨하기를 주자소에서 간행한 서적을 각 品官에게 반사하였으나 반사된 책을 受賜者가 마음을 써서 장정하지 않아서 책이 손상되기에 이르니, 지금부터 3개월을 기한으로 장정하여 승정원에 제출하여 宣賜之記를 받도록 하되 영구히 법식으로 하라 하였다.

이 기사의 傳旨는 이미 반사된 책에 관한 전반부와 앞으로 반사될 책에 대한 후반부로 되어 있는 것으로 해석되었다. 전반부는 내사본을 受賜者가 정성스러이 장정하지 않아서 책이 헐게 된 폐단을 지적한 것인데, 여기에서 그 이전의 내사본은 受賜者가 장정을 잘 하지 않았다고 한 점으로써 책의 본문만 假製本인 채로 전달된 사실을 뜻하게 된다. 후반부는 내사본 장정의 허술한 폐단을 지양하기 위하여 앞으로 반사될 책은 受賜者가 반사된 지 3개월 안에 장정하여 승정원에 제출하여 宣賜之記를 받도록 하되 그것을 영구한 법식으로 하라는 것이다. 傳旨의 '지금부터 3개월'이란 구절을 '반사의 때로부터 3개월'(中村榮孝 1962: 151)이나 '금후부터는 3개월 이내'(백린 1969: 10)이

---

2) 中村榮孝 교수와 윤병태 교수는 각각 이보다 앞선 中村榮孝(1933)과 윤병태(1983)이 있다. 필자는 아쉽게도 그것을 보지 못하였으나 그 내용이 뒤의 연구에 그대로 답습되었거나 보완되었다고 생각된다. 그러므로 가까운 시기의 논문에서 인용하더라도 문제가 없을 것이다. 그런데 이들 연구에서 공통되는 중요 내용은 中村榮孝(1962)에서 거의 밝혀진 것이다. 다른 연구는 거기에 御寶 등을 약간 보완한 데 지나지 않는다. 中村 교수의 先功에 謝意를 표하고자 한다.

라 하여 반사될 때를 기준으로 한 시한으로 해석한 것이 그것을 말한다. 그리하여 宣賜之記가 있는 책은 1440년 이후의 내사본이라 설명한다(中村榮孝(1962: 152, 附記) 및 백린(1969: 10) 참조). 그러나 이러한 후반부의 해석은 문제가 있다. 무엇보다 내사본이 주자소나 교서관에서 受賜者로 전달된 뒤에 각자 장정하여 승정원으로 가져갔다가 다시 受賜者에게 가는 일은 여간 번거롭지 않다. 오늘날 전하는 16세기 이후의 내사본은 모두 주자소나 교서관에서 장정까지 되어 승정원에서 앞표지 안쪽에 내사기를 쓰고 宣賜之記를 날인하여 반사된 책이다. 이는 앞선 연구에서 해석한 법식과는 어긋나나, 번거로운 반사 과정이 지양된 것이다. 여기에서 후반부의 거의 全文은 새로이 해석할 필요가 있다.

필자는 후반부도 이미 반사된 책에 대한 처리, 다시 말하면 경과 조치로 보아야 하지 않을까 한다. 그리하여 3개월은 앞선 연구에서의 해석과 달리 기왕의 受賜者, 다시 말하면 위 傳旨가 있기 전에 책을 수사한 사람이 그 책 곧 내사본을 새로이 장정하여 승정원에 제출하여 선사지기를 받는 시한으로 보는 것이다. 다만 마지막 구절에서 말한 영구한 법식은 앞으로 내사될 책에도 선사지기를 날인하도록 한 것으로 이해한다. 실지로 이 傳旨보다 앞선 시기의 내사본에서도 선사지기를 보게 된다. 성암문고 소장의 초주갑인자본 『資治通鑑』 권1~5, 1책이 그러하다.[3] 표지도 原裝인 채로 보존된 책이지만 내사기는 없다. 宣賜之記란 印記만 있는 것이다. 더욱이 그 印記의 좌변 중간 밖에 細筆로 된 '丁巳年'이란 묵서가 선명히 남아 있다. 추측컨대 傳旨가 있은 뒤에 그에 따라 장정하여 승정원으로 가져가서 선사지기의 인기를 받은 것이 아닌가 한다. 묵서는 승정원에서 날인과 동시에 하였는지, 아니면 受賜者가 印記를 받고 하였는지 알지 못한다. 그러나 印記의 날인 시기와 멀지는 않을 것이다. 따라서 이 묵서는 반사와 간행에 관련된 것이 분명하므로 문제의 『자치통감』이 丁巳年인 1447년(세종 19)에 반사된 책임을 말하는 기록이 된다. 내사기까지 가진 내사본으로 가장 이른 시기의 책은 1502년(연산 8)에

---

3) 이 책은 趙炳舜 회장의 호의로 알게 되어 조사할 수 있었다. 깊은 사의를 표한다. 실사한 바로는 그 책은 活字와 함께 下向黑魚尾의 형태상 특징이 15세기 40년대의 간행임이 틀림없다. 앞 표지 안쪽의 아래 왼쪽에 '盧氏家藏'이란 묵서가 있는데, 소장자 말로는 盧守愼의 집안에 전래하던 책이라 한다. 先祖의 受賜本인지는 모르나 전래가 오랜 것을 알 수 있다.

반사된 京都大學 소장의 계축자본 『東國輿地勝覽』이 진작부터 알려져 있다. 이로 미루어서 15세기 후반의 어느 시기에 선사지기에 내사기까지 갖추는 법식으로 바뀌어서 조선 말기까지 계속된 것으로 생각된다. 물론 印記의 종류는 후대에 늘어났으나 이 법식에는 아무런 변화가 없었다. 이 글은 그러한 내사본을 대상으로 하여 두어 문제를 다루어보려 한다.

Ⅱ. 내사본의 간행과 반사

중앙의 모든 관판본이 그러하겠지만, 내사본의 간행은 원칙적으로 왕의 윤허로 착수된다. 특정한 책을 필요로 하는 官衙나 신하의 건의를 왕이 받아들인 뒤에 주자소나 교서관에 명하여 그 책을 간행하게 한다는 뜻이다. 지방에서 관찰사의 명령으로 간행된 책이 인출되어 서울로 이송되어 반사되는 일도 있으나, 그것은 예외에 속한다. 왕의 윤허에 의한 내사본 간행은 문헌에 간혹 기록이 있으나, 간행과 반사의 절차를 확인하고 분명히 하는 뜻에서 柳希春의 『眉巖日記草』를 중심으로 하여 설명하기로 한다. 유희춘은 그의 卒記에서 서적을 몹시 좋아하여 음악과 여색에 빠진 것처럼 하였다(『선조수정실록』 10년(1577) 5월조) 한 바와 같이 책을 좋아하여 책에 관한 기사가 일기에 자주 나타난다. 특히 교서관 提調로 재직하면서는 많은 책을 간행하고 그것을 일기에 충실히 기록하였을 뿐 아니라 스스로 내사본을 받은 것까지 세세히 기록하였던 것이다.

먼저 『朱子大全』을 예로 하여 교서관에서의 간행을 日記에서 추적하기로 한다.4) 이 책의 간행은 『朱子語類』와 맞물려서 이루어지는데, 선조 초의 일기에는 『주자어류』의 간행에 관한 기록부터 나온다. 1571년(선조 4)에 선조가 전교하여 『주자어류』를 간행하여 널리 유포하도록 명령하였는데 대제학 朴淳의 건의에 따른 것(1571년 11월 2일)이라 한다. 그 명령에 따라 간행된 책은 1575년 5월의 내사본(만송문고 및 蓬左문고 소장)으로 전한다. 간행의 명령보다 약 4년 뒤의 일인 것을 알게 된다. 『주자대전』의 간행에 대한 논의는 『주자어류』 간행의 명령보다 1년 여 지나서 이루어진다. 제자인 許篈이 유희

4) 日記는 번역만으로 인용하고, 출전은 괄호 안에 날짜를 밝히는 것으로 한다. 원전은 연도를 干支로 하였으나 여기서는 서기로 바꾸었다.

춘을 찾아와서 교서관에서 『주자대전』을 인출하는 것이 좋겠다고 건의하였다. 일찍이 盧守愼도 같은 말을 하였으나 유희춘 스스로는 『讀杜愚得』을 먼저 간행하는 것이 좋을 것으로 생각하였지만 지금 생각하니 『주자대전』을 간행함이 옳겠다(1573년 1월 11일) 한 기사가 그것이다. 이튿날 晝講에 유희춘은 지금 儒林이 모두 『주자대전』의 간행을 원하니 인행함이 어떻겠느냐고 하자, 선조가 마땅히 간행하되 다만 교서관 관원의 교정이 정밀하지 못하여 오류가 많았는데 지금은 경이 提調이니 반드시 정밀한 교정이 될 것이라 하였다. 이에 유희춘이 과거 중종 癸卯(1543, 중종 38) 연간에 간행하였으나 그때 교서관 관원이 많이 거칠어서 교정이 정밀하지 않아 식자가 안타까워하는데 지금은 李滉이 교정한 것을 얻었고 자신의 管見을 아울러서 교정을 하겠지만 분량이 많은 책이라 정밀한 교정을 다하기가 쉽지 않다(1573년 1월 12일) 하는 기사가 있는 것이다. 그날 실록에도 저녁에 승정원에서 『주자대전』 간행이 결정되지 않아서 아뢴다고 하니 그대로 간행하라는 전교가 있었다(6년 1월 계사(12일)조) 하고 기록되어 있다. 이로써 『주자대전』 인행은 왕의 윤허로 확정된 것이다.

다음으로는 冊紙의 마련과 印出匠의 준비 등으로 인출 부수가 문제된다. 이 또한 왕의 최종 결정으로 해결된다. 교서관에서 提調의 뜻으로 『주자대전』의 인출 부수를 啓請하여 왕이 進上 5件, 國用 100件이라 써서 내려보냈다(1573년 1월 29일) 하는 기사가 그것을 말한다. 여기 國用은 바로 내사본의 부수인 것이다. 이제 교서관에서 교정을 정밀히 하여 간행하기만 하면 된다. 『미암일기초』는 일부가 전래 과정에서 산일되었으므로 유감스럽게도 교정에 관한 기사의 일부(1573년 10월 3, 4, 15일 등 참조)만 볼 수 있을 뿐이다. 그 외에 『資治通鑑綱目』의 인출과 관련되어 기록된 것도 있다. 곧 夕講이 끝난 뒤에 유희춘이 경상도에서 올라온 『자치통감강목』 목판은[5] 중종 때에 교서관에서 인출한 판본인데 잘못된 글자가 많으니 세종 때의 『資治通鑑訓義綱目』

5) 일기에 의하면 판각은 원래 永同에서 되어 책판이 金泉의 直指寺로 옮겨져 보관되어 있었는데 책판이 지방에 있거나 山寺에 보존되어 있으면 폐단이 있다면서 경상도 감사에게 교서관으로 移送하게 한 전교가 있었다고 한다(1573년 9월 24일). 이 전교에 대하여 監司가 狀啓로 직지사 소장 책판을 서울보다는 星州書院으로 옮기는 것이 보존이나 지방의 선비를 위하여 좋겠다고(1573년 11월 28일) 하였으나, 전교대로 경상도에서 수송하여 온 것으로 보인다.

에 따라 홍문관 관원으로 교정하게 하라고 아뢰면서 자신과 교서관 著作 趙憲이 하기로 한다면 『주자대전』의 교정을 끝내는 내년 무렵에야 할 수 있다(1574년 12월 1일) 하는 아룀으로써 거의 2년 가까운 기간에 걸쳐 『주자대전』의 교정이 있었음을 알게 된다. 이러한 교정이 있은 다음에 조판과 인출이 행해져서 장정되고 반사되어서 당연히 일기에도 기록되었을 것이나, 이에 대한 기사는 일기의 산일로 나타나지 않는다. 그런데 조판, 인출과 장정 등은 寺刹과 私家에서의 그것과 크게 다르지 않을 것으로 생각된다. 그것을 원용하면 누구나 추측할 수 있을 것이다. 문제는 頒賜의 절차와 방식이다. 이는 다른 내사본의 기사로써 보완할 수 있다.

다행히 다른 책의 반사에 대한 기사는 꽤 나타난다. 그것을 종합하면, 첫째 반사의 대상을 왕에게 薦望하여 落點을 받는다. 이때 천망은 되었으나 낙점을 받지 못해서 탈락되는 일이 있게 마련이다. 낙점을 받은 유희춘이 감격해 하는 다음 기사에서 그것을 읽을 수 있을 것이다.

> 교서관에서 『十九史略』 400부(원문은 件이라 되었다. 이하 같다)를 인출하였는데 왕이 朝臣에게 많이 반사하여 홍문관 관원은 빠짐없이 受賜하였다(1568년 6월 12일).
>
> 通報를 보니 어제 『東文選』을 문신에게 반사하였는데 京外의 당상관이 다 참여되었다. 希春의 수사도 그 가운데 있다(1569년 6월 4일).
>
> 이날 왕이 『聖學十圖』 40여 부를 반사하였는데 승지 등이 다 참여하였고… 希春도 수사하였다(1569년 9월 4일).

끝으로 내사본 전달의 절차가 있다. 후대의 규장각 閣臣의 수결이 있는 내사본은 다르나, 그 이전의 내사본은 모두 승정원 승지의 수결이 있다. 그러므로 교서관에서 제본이 된 책들이 승정원으로 갔다가 수사자에게 전달된 것으로 일단 추측된다. 그러나 『주자대전』이나 『자치통감강목』과 같이 巨帙인 경우는 그러한 전달이 매우 불편하고 비경제적인 일이다. 여기서 당연히 생각되는 방식은 내사기를 써야 되는 제 1책만 승정원으로 갔다가 수사자에게 가고, 나머지는 교서관에서 직접 수사자에게 가는 것이다. 日記에서는 바로 이 방식의 전달을 알리는 기사가 있는 것이다.

> 승정원의 내 전일 하인이 수사할 安印(御寶가 날인)된『東文選』初卷을 가져왔다. 지극한 보물을 얻게 되어 매우 기쁘다(1569년 윤6월 5일).
>
> 승정원 書吏 李壽千이 내사한『儀禮經傳通解』首卷을 가져왔다(1570년 6월 15일).[6)]
>
> 승정원 朴允貞이 반사한『禮記』초권을 가져왔다. 감격하여 절하고 절하다. 삼가 마땅히 보장하여 길이 자손에게 전할 것이다(1573년 1월 24일).

유희춘이 수사한『동문선』등은 모두 1부가 20책이 넘는 巨帙이다. 초권 또는 수권만, 그것도 모두 승정원의 하인이나 書吏가 가져왔다는 기사는 내사기를 써야 할 책만 승정원을 거쳐 왔다는 사실을 말한다. 나머지 책들은 교서관에서 직접 전달되었다는 것을 암묵적으로 말하고 있는 것이다. 실지로 그것을 알려주는 기사가 있다.

> 교서관 사람이 希春이 수사할『禮記』20책을 가져왔다. 감격하여 기쁘기 가이없다(1573년 1월 28일).

일기에는 유감스럽게도 다른 책의 나머지를 받은 기사가 없다. 그러나 이『예기』의 제 2책 이하는, 승정원의 하인이나 書吏가 가져온 初卷 또는 首卷과 달리 위 일기의 교서관 사람이 가져왔다는 기사로써 교서관에서 직접 전달되었다고 믿기에 충분한 것이다. 그뿐 아니라 승정원의 초권과 4일이란 시차를 두고 전달된 점도 음미하여야 할 일이다. 승정원에서 내사기를 써서 제 1책이 전달된 것이 확인된 뒤에 비로소 나머지 책을 교서관에서 전달하였음을 말하기 때문이다. 비록 낙점을 받았더라도 수사 과정에서 만에 하나 탈락될 경우를 대비한 장치라고 하겠다. 內賜本이 수사자에게 전달될 마지막 단계까지 얼마나 용의주도하게 다루어졌는가 하는가를 알려주는 사실이 아닐 수 없다.

그런데 이러한 受賜者는 기록으로 상당 기간 보존되어 있었던 것으로 보인다. 유희춘이 새로 간행할 책의 교정을 위하여 앞서 간행된『주자어류』를 참고하기 위하여 書吏를 보내어 갑진년(1544, 중종 39)의 수사자 90인을 상고하게 한 결과 洪敍疇, 尹溉 등등의 이름을 알아내고서 그들의 자제에게 그

6) 도산서원 소장의 그 책 내사기는 같은 해 5월로 되어 있다. 전달은 내사기보다 상당히 늦을 수 있었겠다.

때의 책을 빌릴 수 있겠다는 기사(1568년 4월 10일)가 있다. 35년 전의 수사자 명단이 아마도 승정원이나 교서관에 보존되어 있었으므로, 그러한 조사가 가능한 것이다. 내사본의 관리가 반사된 이후에도 매우 엄격하였음을 말하는 기록이다.

이와 같이 내사본은 제작에서 배포에 이르기까지 여간한 정성을 들인 것이 아니다. 그러나 항상 그러한 정성을 쏟을 수는 없다. 엉성한 제작이 더러는 있었던 모양이다. 그것을 규제하는 1674년(현종 15 갑인)의 傳旨가 『新補受教輯錄』에 다음과 같이 나타난다.

> 頒賜冊子 粧績不如前 衣紙甚薄 約絲亦細 事極可駭 校書館當該掌務官 依大明律造作不如法者 笞四十 其應供奉御用之物 加二等杖六十康熙甲/寅承傳(工典, 工匠)

반사되는 책의 장정이 전과 같지 못하고 衣紙(표지)도 매우 엷고 約絲도 가늘어서 극히 해괴한 일이다. 교서관의 해당 掌務官은 大明律의 造作不如法(의 法조항)에 따라서 笞 40에 처하고, 그것이 御用에 바칠 물건이면 2등을 더하여 杖 60에 처한다.

이 규정은 법령의 문장으로는 산만하므로 자구의 수정을 거쳐 『續大典』(6, 工匠)과 『大典會通』(6, 工匠續)에 다음과 같이 수록되었다.

> 頒賜冊子 粧績不如法 則校書館掌務官 論以造作不如法之律 供奉御用之物 加二等
>
> 반사되는 책의 장황이 법대로 되지 않으면 교서관 掌務官은 造作不如法의 율로써 논하고, 御用에 바칠 물건이면 2등을 더한다.

이는 제작에 국한된 것이나, 내사본이 조선 말까지 정성껏 제작되고 배포되도록 노력하였음을 알리는 데는 충분할 것이다.

Ⅲ. 내사기와 御寶

잘 알려진 바와 같이 책자의 내사기는 앞표지 안쪽에 墨書로 되어 있다.

이러한 묵서는 表題紙나 護紙가 있는 경우라도 변함이 없다. 다시 말하면 白紙인 標題紙의 한 면이나 護紙에는 내사기를 쓰지 않는 것이다. 그러나 책자가 아닌 경우, 이른바 一枚物을 반사한 경우에는 그 印面의 여백에 내사기가 나타난다. 1766년(乾隆 31년, 영조 42) 11월 16일에 明安公主의 손자 吳載純에게 반사된 『(영조)御筆』(<사진 1> 참조, 크기는 세로 126.7㎝ 가로 74.5㎝)이 그 예다.[7] 제목 아래에 宣賜之記가 있고, 그 아래에 내사기를 쓴 것이다. 내사기의 양식도 다른 내사본의 그것과 같으나 書名이 없는 점이 다르다. 제목 아래에 썼기 때문에 중복을 피한 결과이다. 덧붙일 일은 왼쪽 아래에 세필로 된 '柔兆閹茂(丙戌, 1766) 至月望(11월 15일)/ 是年七十三 弄筆兼試眼'이 인쇄되어 있어서 글을 쓴 다음날 바로 반사된 점이다. 어쩌면 각판과 인출은 글 쓴 그날일지도 모른다. 뒤에 말하겠지만, 내사기와 간년의 관계를 파악하는 데 귀중한 자료가 될 것이다.

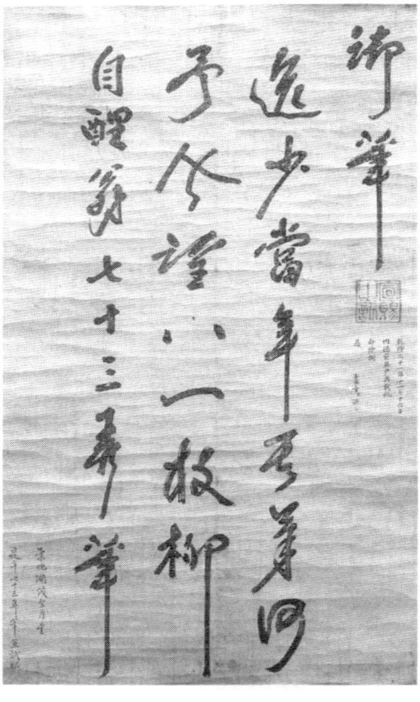

<사진 1>

내사기의 양식은 개인, 관아, 서원에 따라 조금씩 다르다. 개인은 거의 朝臣이다. 먼저 年月日을 쓰는데, 간혹 날짜는 공백으로 된다. 잇달아 '內賜'를 쓴 다음에 受賜者의 題名 곧 관직과 성명이 쓰여진다. 관직은 實職만 쓰고, 종친이나 부마는 某君(성명은 이름만 쓴다), 某尉(성명을 다 쓴다)를 쓴다. 書名은 일반적으로 약칭이 쓰이나, 御製는 수제까지 그대로 정확히 쓰여진다. 예컨대 1782년(건륭 47년, 정조 6) 11월의 『諭入庭宗親文武百官綸音』과 1783년 1월의 『諭中外大小臣庶綸音』 등이다.[8] 서명 뒤에

---

7) 이 자료는 필자가 일찍이 실사하였으나, 여기의 사진은 『明安公主 關聯 遺物圖錄』(강릉시립박물관, 1966)에서 옮겨왔다.

8) 이 글에 인용되어 설명된 거의 대부분의 내사본은 규장각 소장의 도서이다. 하루에도 10여 부가 넘는 자료의 열람을 가능하게 하는 등 여러 가지로 편의를 베풀

는 一襲 또는 1부를 뜻하는 '一件'이[9] 반드시 있고, 謝恩의 의식을 그만두게 명령한다는 뜻인 '命除謝恩'이 쓰인다. 이 서명 뒤의 一件이 '一秩'로 적힌 내사본이 있다. 필자가 알기로는 유일한 예인 정문연 소장 『程書分類』(1718년(숙종 44) 12월 상순 跋)의 '乾隆四十八年(1783)正月 日/ 內賜程書分類一秩 檢校/直閣(성명 부분은 오려내었다)/ 命除謝/恩/ 同副承旨臣李(押)'이란 내사기가 그것이다. 우리나라의 一秩은[10] 1책 1부인 경우에도 쓰이는 一件과 달리, 항상 2책 이상으로 된 책 1부를 가리키는 말이다. 그러나 다른 책은 여러 책으로 된 一秩이라도 내사기에서 항상 一件으로만 적혔다. 이 책 내사기의 一秩이 관행의 一件을 대신한 이유는 분명하지 않다. 혹 書帙 속에 넣어 반사된 데서 온 것으로 추측할지 모른다. 그러나 위에 설명된 반사의 절차와 우리나라 고서에서 書帙이 극히 드물게 사용된 사실에 비추어서 그러한 가능성은 배제된다. 뒤에 있을 御寶에 대한 설명에 있겠지만 1782년부터는 대부분의 내사본이 규장각을 거쳐 반사되었다. 이 책과 같이 승정원을 거치는 일은 예외적이라 할 정도이다. 그러한 데서 일어난 착오로 말미암은 일이 아닐까 한다. 그것은 어떻든 이 一件으로써 내사기 본문은 끝난다. 행을 달리하여 아래쪽에 承旨나 閣臣의 직명과 姓을 쓴 뒤에 수결이 있는 것으로 내사기는 마무리된다. 수결의 주체인 승지나 각신은 필요한 경우에 당시의 실록이나 『승정원일기』 등으로 實名을 확인할 수 있다. 언해본이 동시에 반사될 경우에는 '一件'에 이어 '具諺解'가 쓰이는데, 1745년(건륭 10, 영조 21) 7월 10일 승정원에 반사된 『御製常訓』 내사기의 '御製常訓一件 具諺解'가 그러하다.

내사기에는 다른 글에서와 같이 擡頭法이 철저히 지켜진다. 왕에 관련된 '內賜', '命除謝恩'의 命, 恩은 제 1행의 年月日을 기준으로 單擡法이 철저하

어준 열람실 여러분의 배려를 명기하고자 한다. 그 밖에 정문연 소장의 도서는 李鍾黙 교수의 수고를 빌어 조사하였다. 규장각의 관계자와 李교수에게 깊은 사의를 표한다.

9) 여기 一件의 件은 物目과 수량을 열기한 문서를 가리키는 件記의 件과 같다. 件記가 '볼긔' 또는 '건긔'로 읽혀지므로 件은 '볼' 또는 '건'으로 읽히는 吏讀이다.

10) 여기의 秩은 일반 자전에 따르면 帙로 써야 올바른 용법이다. 그러나 우리나라에서는 불경의 施主秩 등과 같이 帙에 대신하여 秩이 널리 쓰여 왔다. 『漢語大字典』(중국 四川省新華書店, 1993)에 의하면, 중국의 고전에서도 '『大唐西域紀』 一秩 十二卷'과 같이 秩 · 帙은 통용되었다고 한다. 우리나라에서 帙을 대신하여 쓴 秩을 오용이라 할 것은 아니다.

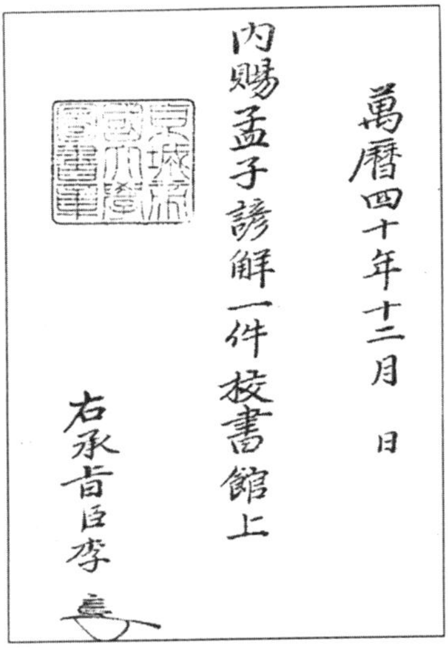
萬曆四十年十二月 日
內賜孟子諺解一件 校書館上
右承旨臣李

<사진 2>

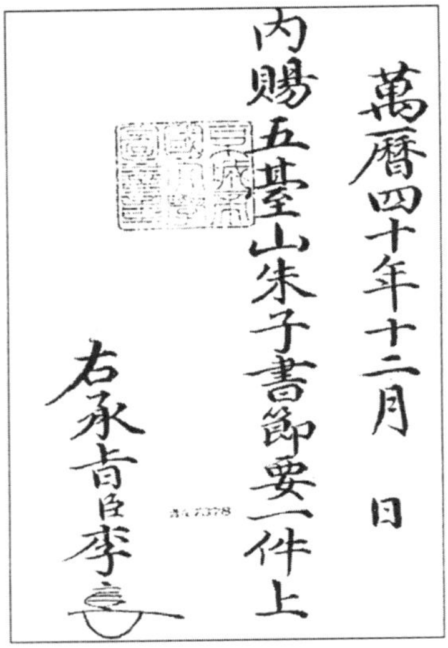
萬曆四十年十二月 日
內賜五臺山朱子書節要一件上
右承旨臣李

<사진 3>

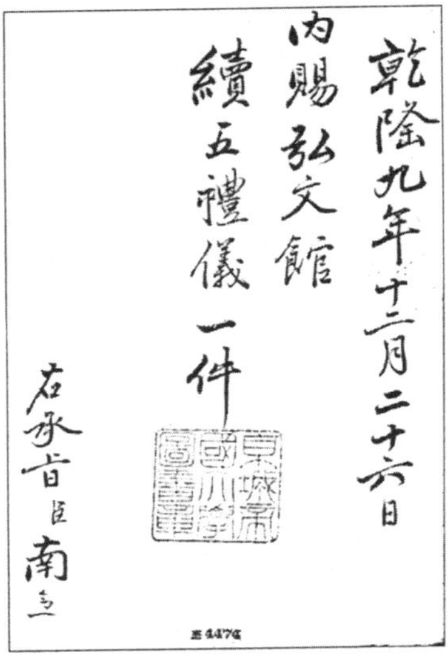
乾隆九年十二月二十六日
內賜弘文館
續五禮儀一件
右承旨臣南

<사진 4>

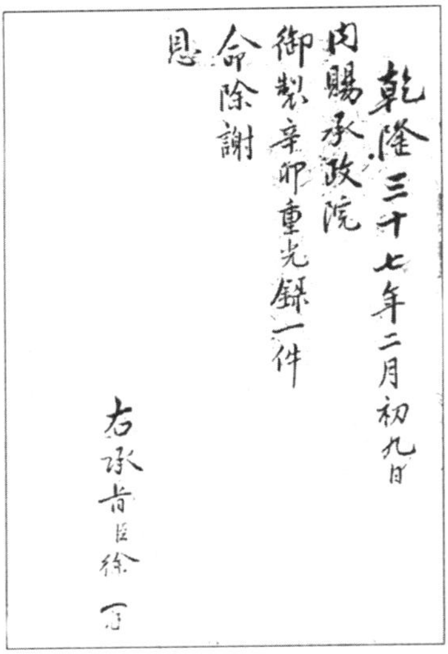
乾隆三十七年二月初九日
內賜承政院
御製辛卯重光錄一件
命除謝
恩
右承旨臣徐

<사진 5>

게 나타난다. 16세기 전반의 내사본 등에서 雙擡法으로 보이게 하는 예도 있으나 單擡法이 일반적이다. 이것은 서명에서도 예외가 아니다. 관칭의 '御製, 諭(위의 약칭이 쓰이지 않은 綸音 참조), 國朝(1782년 11월에 반사된 『國朝寶鑑』의 서명)'는 모두 대두법이 적용된다. 서명에 중국 황실과 관련된 구절이 있을 경우에는 쌍대법이 적용된다. 일본의 蓬左문고 소장인 『大明會典』의 내사기에서 서명이 '內賜, 命, 恩'보다 1자를 더 올려서 쓰인 것이 그 예다. 대두법은 題名의 관직에도 적용된다. 예컨대 '國朝'로 시작된 '國朝寶鑑考校郎廳 洪仁浩'의 관직이 그러한 것이다. 서명이 '續五禮儀, 聖學十圖' 등등과 같은 경우에는 平擡法이 적용되어 행을 달리하여 쓴다.

다음 관아의 내사기는 상당한 변이가 있다. 첫째 개인의 경우에 수사자의 題名과 서명의 순서로 되나, 관아의 경우에는 受賜 관아와 서명의 순서가 뒤바뀌는 일도 있다(<사진 2, 3> 참조). 둘째 수사 관아와 서명 뒤에 收藏을 뜻하는 '上'의 쓰임이[11] 수의적이다(<사진 4> 참조). 셋째 '命除謝恩'이 없음이 일반적이나 드물게 나타나는 예도 있다(<사진 5> 참조). 넷째 승지의 제명과 수결이 있기도 하고 생략되기도 한다(<사진 6> 참조). 아주 특수한 경우에는 '太白山城, 五臺山'과 같이 史庫나 관아의 이름만 쓰고 奎章之寶란 御寶만 날인하여 반사되기도 하였다. 규장각 소장의 정리자본 『五倫行實圖』가 그러하다.

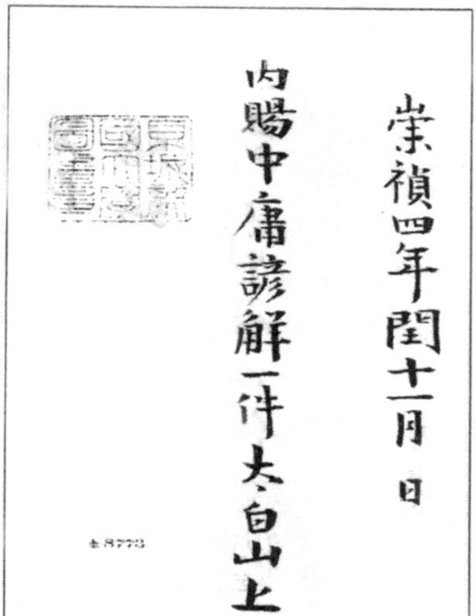

<사진 6>

서원에 반사된 책의 내사기는 개인과 관아의 내사본을 절충한 양식이다. 年月日에서 '一件'('上'을 안 쓴다)까지와 마지막 행의 승지 제명과

11) 이 '上'의 뜻은 향교에서 소장하였던 책의 장 1 앞쪽의 우변 아래 난외에 간혹 보게 되는 '某校上'이란 묵서에서 확인된다. 이두 '捧上, 外上, 還上'의 上과 같은 뜻인 것이다. 읽기는 '자', 또는 음독하여 '상'이라 한다. 還上이 '환자' 또는 '환상'이라 읽힌 문증으로 알 수 있다.

수결은 개인, '命除謝恩'이 없는 것은 대부분의 관아 내사본과 같다. 임진란 직전에 반사된 『小學諺解』의 '萬曆十六年(1588, 선조 21)正月 日/ 內賜陶山書院 小學諺解一件/ 左承旨臣朴(押)'과 18세기 말에 반사된 『鄕禮合編』의 '嘉慶二年(1797, 정조 21)六月 日/ 內賜慶尙道星州檜淵書院 鄕禮合編一件/ 直提學臣李(押)'이란[12] 내사기에서 확인된다.

끝으로 내사기의 書寫者가 누구냐 하는 문제가 있다. 당연히 수결의 당사자인 승지나 각신이 직접 썼을 것으로 추측되고 있어서 서사자의 문제를 제기하는 일이 이상하게 느껴질지 모른다. 그러나 같은 승지의 같은 날, 같은 책의 내사기 글씨가 전혀 다른 예가 없지 않다(<사진 7, 8> 참조). 반대로 수결의 승지나 각신은 다르지만 비슷한 시기의 내사기 글씨가 한 사람의 것으로 보이게 하는 예도 꽤 있다. 여기에서 내사기는 書寫에 능한 승정원이나 내각의 雜職인 書吏가 쓰고 승지나 각신은 수결만 한 것으로 생각된다. 실지로 이러한 공문서의 작성은 일반적으로 각 관아에 소속된 잡직의 몫이다. 이를 뒷받침하는 글자도 내사기에 나타난다. '一件'의 숫자는 年月日과 같이 單字 또는 小字로 쓰도록 된 관례를 무시하고 大字인 '壹'의 俗字 '乇'을 쓴 예인 것이다(<사진 9, 10> 참조).[13] 이 속자는 古文書의 明文 등에 '壹'을 대신하여 사용되는 글자이다. 그러나 왕실문서나 朝臣과 士類의 글에서는 볼 수 없는 것이다. 당상관인 승지가 내사기를 직접 썼다면 그런 잘못을 저질렀을 리가 없다. 필시 서리가 착각하여 單字 대신에 大字의 속자를 썼다고 이해함이 자연스러운 추측이다.[14] 내사기의 글씨는 서리의 것으로 보아야 하는 유력한 근거인 것이다.

12) 같은 서원의 내사기에서 檜淵書院 앞에 慶尙道를 얹은 것은 陶山書院과 달리 전국적으로 잘 알려지지 않았기 때문이라 생각된다.

13) 이 속자는 최남선의 『신자전』에도 수록되지 않았다. 오직 鮎貝房之進(1934: 11)에서 다루었을 뿐이다. 거기에서 그는 字源이 분명하지 않으나 『康熙字典』의 '正'의 古字 '乇'와 관련이 있지 않을까 하면서도 첫 자획의 가로와 세로의 차이가 문제라고 하였다. 그 문제 외에도 의미의 유연성을 설명할 수 없는 약점도 있다. 현재의 필자는 '一'을 '止'의 긴 세로획 위에 겹쳐서 만든 合字일 가능성이 큰 것으로 추측하고 있다. 同學의 관심과 연구를 기대한다.

14) 이 속자도 위의 一秩과 10여 년의 시차는 있으나 승정원에서 작성된 내사기에 나타나는 사실이 주목된다. 똑같이 내사기를 모처럼 쓰면서 일어난 착오일 가능성이 있다.

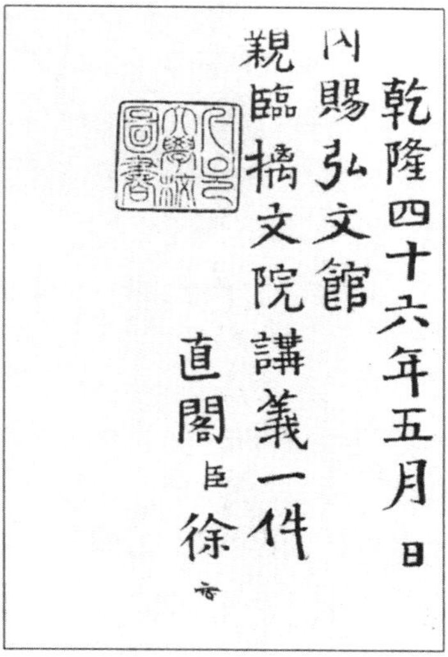
乾隆四十六年五月 日
內賜弘文館
親臨摛文院講義一件
直閣臣徐

<사진 7>

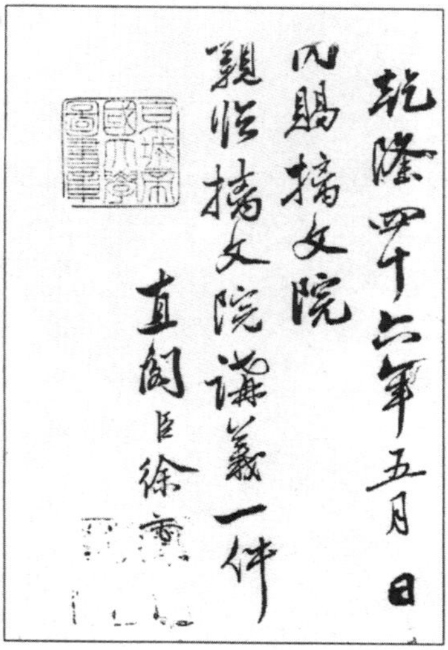
乾隆四十六年五月 日
內賜摛文院
親臨摛文院講義一件
直閣臣徐

<사진 8>

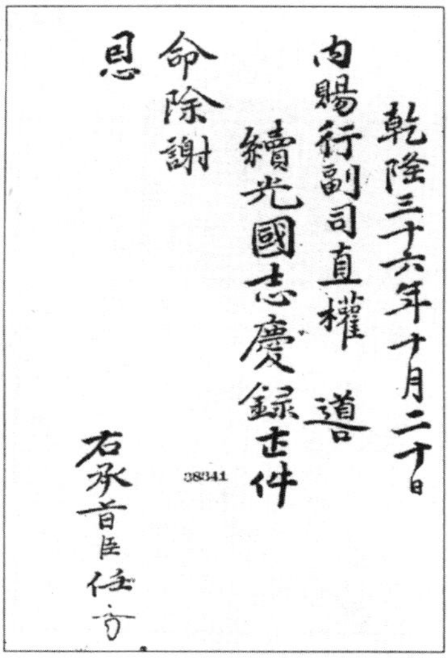
乾隆三十六年十月二十日
內賜行副司直權 道
續光國志慶錄壹件
命除謝
恩
右承旨臣任
38341

<사진 9>

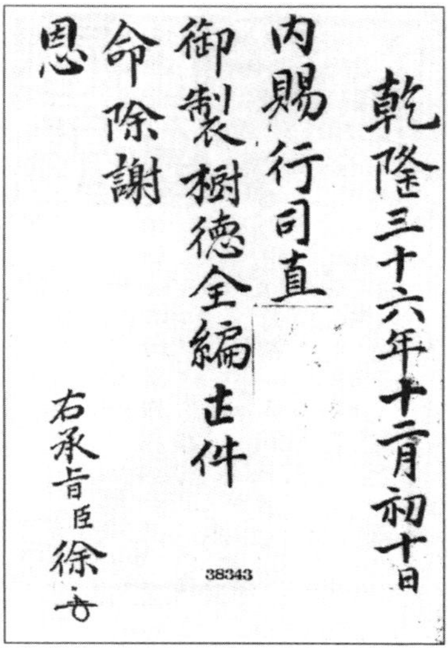
乾隆三十六年十二月初十日
內賜行司直
御製樹德全編壹件
命除謝
恩
右承旨臣徐
38343

<사진 10>

내사본에 날인된 御寶는 앞선 연구로 宣賜之記, 奎章之寶, 同文之寶, 欽文之寶 등이 확인되어 있다. 이들 중에서는 宣賜之記가 조선 초기부터 계속하여 사용되어 왔었고, 나머지는 1781년(정조 5)에 규장각이 직제의 확정으로 기능을 발휘한 시기부터 사용되었다. 이는 승정원을 거쳐 반사되던 관행이 규장각을 거쳐서도 반사된 사실을 말한다. 규장각에서 반사에 주로 사용된 어보는 奎章之寶이다. 그러므로 내사본에 가장 빈번히 나타나는 어보는 宣賜之記와 奎章之寶라 할 수 있다. 내사본에 날인된 어보에는 中村榮孝(1962)를 비롯한 앞선 연구에서 언급되지 않은 諭書之寶가 있다.[15] 원래 이 어보는 諭書에 사용되던 것이나 책의 주제가 『御製大訓』과 같이 신료에게 당쟁의 폐단을 訓諭한 내사본에 사용되어 있다. 1741년(영조 17), 1755년, 1769년의 세 차례에 걸친 이 책의 내사본에 모두 똑같은 어보가 사용되었다. 그 밖에도 특별히 訓諭의 성격이 강한 윤음에 나타나기도 한다. 그런 점으로 미루어서 여러 어보는 책의 성격과 주제에 따라 사용된 것으로 보인다. 御製, 御定書에 대하여는 奎章之寶를 날인한 것도 같은 일이다.

同文之寶의 경우는 사정이 약간 다른 것으로 보인다. 모두 1781년에 규장각 각신의 수결이 있는 내사본이지만 3월의 『文臣講製節目』과 5월의 『親臨摛文院講義』에는 同文之寶, 10월 15일의 『國朝五禮儀』에는 奎章之寶가 날인되었다. 同文之寶는 규장각 각신에게 특별히 반사하는 책에 대하여 친근함을 표시하려고 만들어 사용한 것이란 설명(백린, 1969: 14)이 있다. 그러나 현재 알려진 내사본인 『문신강제절목』과 『친림이문원강의』는 각신에게 반사한 책이 아니다. 전자는 승문원 副正字 洪仁浩, 후자는 홍문관과 규장각(이문원)에 반사된 것이다. 더욱이 종로도서관 소장의 『국조오례의』는 규장각의 각신인 檢校直閣 金載瓚에게 반사된 책인데도 奎章之寶가 날인되어 그 설명이 전혀 적용되지 않는다. 거기에 규장각의 목록서에 따르면 『문신강제절목』(건륭 46, 1781)에는 同文之寶와 奎章之寶가 다같이 날인된 것으로 되어 있다. 그러나 두 어보는 동일한 간본에 나타나지 않는다. 간본을 달리하여 사용되었다. 전자는 원간 활자본이지만, 후자는 중간본에 날인된 어보이다. 중간본은 「講製追節目」과 「文臣月講冊名次第」가 추가되었는데, 追節目에는 甲寅이란 협주

15) 어보에는 그 밖에 濬哲之寶(같은 크기의 朱文方印이다) 등이 있다. 그런데 내사인이 있을 그 자리에 날인은 되었으나 내사기가 있는 책을 필자는 실사하지 못하였다.

가 있다. 따라서 중간본은 1794년 이후의 간행으로 추정된다. 이에 同文之寶는 1781년 전반에 잠시 쓰이다가 곧 奎章之寶로 대체된 것으로 생각된다. 그러므로 同文之寶와 奎章之寶는 모두 규장각 각신의 손을 거쳐 반사된 책에 날인되었으나 시차로 말미암아 다른 것이 아닌가 한다.

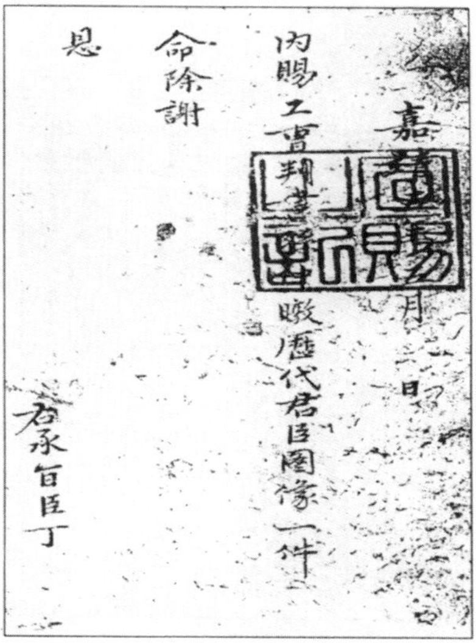

<사진 11>

다음으로 어보의 위치를 살펴보기로 한다. 이미 알려진 바와 같이 책 본문(여기에는 목록, 서문 등 권두의 부속문자도 포함된다)의 제1면 오른쪽 위의 변란 안 구석에 어보는 날인된다. 이는 일반적인 예다. 그러나 간혹 예외가 있다.[16] 저 위에서 말한 一枚物인 『(영조)어필』(<사진 1> 참조)의 제목 아래에 있는 어보가 바로 그 예다. 이와 비슷한 성격의 책에는 내사기 위에도 날인되었다. 1526년(중종 21) 5월에 반사된 『歷代君臣圖像』이 그러한 내사본이다(<사진 11> 참조). 白文인 서문과 본문의 圖像을 피한 결과이다. 그 밖에 1772년 2월 22일에 반사된 『耆科賡載錄』도 같다. 耆老를 위하여 과거를 보이고 지은 영조 어필의 칠언시 2구를 앞에 싣고 왕세손을 비롯한 百官이 賡進한 시를 실은 책이므로, 관례에 따르면 御製御筆의 책장에 날인되게 되어 그것을 피한 것이다. 그 밖에 서명의 관칭으로 御製가 있거나 본문에 御諱가 있으면 이를 피하여 날인된다(<사진 12~15> 참조).[17] 다같이 다른 책의 권두에 합부로 실린, 행관은 다르나 동일

16) 안춘근(1990: 190)에서는 御寶인 內賜印이 반드시 본문 제 1면 위로 올라가게 되어 있는데, 이따금 중간에 날인된 것을 보게 되나 이는 僞造라 할 수 있다고 한다. 다음에 설명될 바와 같이 일정한 이유가 있을 경우에는 굳이 중간에 날인하였다. 어보의 위치만으로 책의 위조를 말할 일은 아니다.

17) 『龍飛御天歌』의 '龍'과 같이 比喩的으로 쓴 경우에는 내사기의 대두법이나 어보의 날인이 수의적으로 된다. 1612년(광해 5)의 내사본은 제왕과 관계되지 않은 일반 서명과 같이 다루었으나, 1765년(영조 40)의 책은 내사기에 대두법이 지켜지고 날인에서 龍자를 피하여 飛자부터 시작되고 있다.

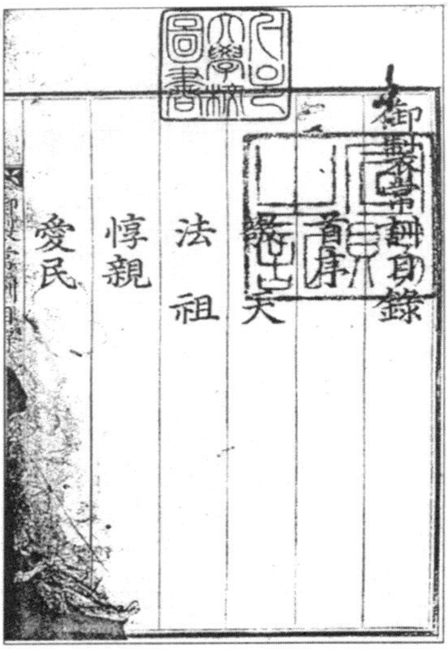
御製…目錄
首序
…天
法祖
惇親
愛民

<사진 12>

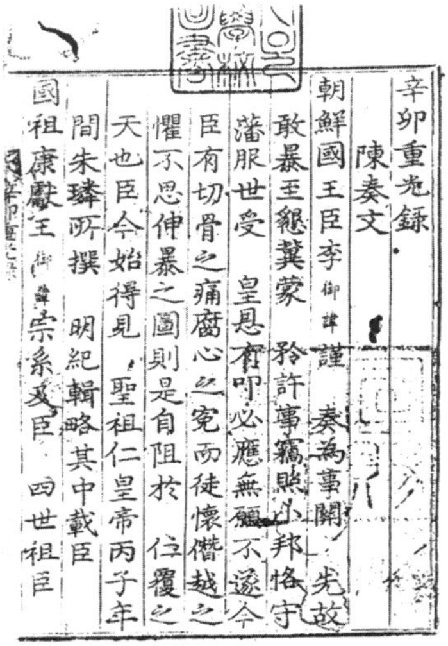
辛卯重光錄
陳奏文
朝鮮國王臣李御諱謹 奏爲事關 先故
敢暴至冤冀蒙 矜許事竊照小邦恪守
藩服世受 皇恩有叩必應無願不遂今
臣有切骨之痛腐心之冤而徒懷僭越之
懼不思伸暴之圖則是自阻於 仁覆之
天也臣今始得見 聖祖仁皇帝丙子年
間朱璘所撰 明紀輯略其中載臣
國祖康獻王御諱宗系及臣 四世祖臣

<사진 13>

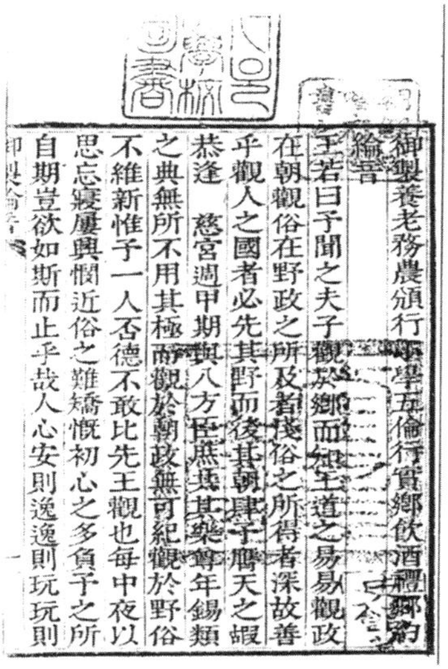
御製養老務農頒行小學五倫行實鄉飲酒禮鄉約
綸音
王若曰予聞之夫子觀於鄉而知王道之易易觀政
在朝觀俗在野政之所及者淺俗之所得者深故善
乎觀人之國者必先其野而後其朝肆予膺天之眷
恭逢 慈宮週甲期與八方臣庶共其樂尊年錫類
之典無所不用其極而觀於朝政無可紀觀於野俗
不維新惟予一人否德不敢比先王觀也每中夜以
思忘寢屢興憫近俗之難矯慨初心之多負予之所
自期豈欲如斯而止乎哉人心安則逸逸則玩玩則

<사진 14>

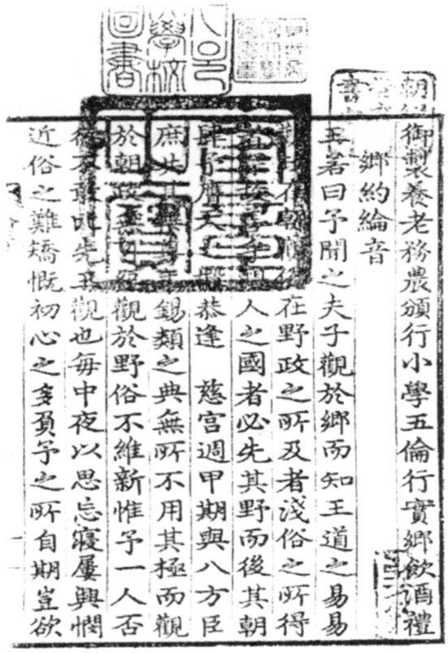
御製養老務農頒行小學五倫行實鄉飲酒禮
鄉約綸音
王若曰予聞之夫子觀於鄉而知王道之易易
在野政之所及者淺俗之所得
人之國者必先其野而後其朝
恭逢 慈宮週甲期與八方臣
錫類之典無所不用其極而觀
觀於野俗不維新惟予一人否
觀也每中夜以思忘寢屢興憫
近俗之難矯慨初心之多負予之所自期豈欲

<사진 15>

한 「綸音」에 날인된 어보가 '御製, 王曰, 夫子'를 피하여 『오륜행실도』에서는 제 1~7행의 중간 아래, 『鄕禮合編』에서는 제4~9행의 위에 나타나 있다. 1781년의 『국조오례의』도 『오륜행실도』와 같으나 제3~7행의 중간 아래쪽, 곧 '太祖康獻大王光啓(제3행), 太宗恭定大王丕承(제5행)'의 光, 丕를 피하여 날인되어 있다. 끝으로 이와는 다른 예로 1736년 돌을 맞은 세자(뒤의 壯祖)에게 영조가 『소학제가집주』를 반사하면서 제 1책의 앞 호지 앞쪽에 '內與小學壹件/ 予卽祚十二年丙辰 正月二十二日 世子周年也'이라 쓰고 '卽祚十二' 위에 宣賜之記란 어보를 날인한 책이 규장각에 전한다. 宣賜之記로 내사본이라 할 수 있지만, 글의 위치와 양식이 내사기의 그것과 전혀 다르다. 왕이 손수 써서 반사한 특이한 예라 하겠다.

이상 살펴본 바와 같이 내사기에는 일정한 양식이 있으나 관아에 반사할 경우에는 약간의 변화가 있고, 어보의 위치도 왕이나 先聖인 공자를 지칭하는 글자이면 이를 피하는 관례가 따로 있었음을 알겠다. 다른 일과 마찬가지로 내사기와 安寶에도 원칙과 예외가 있고, 일부의 예외에는 그럴 만한 이유가 있었던 것이다.

Ⅳ. 맺음말

되풀이하지만 내사본은 지질, 인쇄, 장정 등등 책의 형태가 동일한 판본보다 매우 훌륭하다. 이른바 善本인 것이다. 골동품으로서 가치가 뛰어난 것으로 생각된다. 그러나 우리에게 중요한 것은 그러한 가치만이 아니다. 서지학의 관점으로는 개론서에서부터 설명되지만 내사기가 간년 추정의 근거를 제공하는 사실에 더 주목한다. 국어사를 비롯하여 고서를 史料로 다루는 史的 연구의 관점으로는 정밀한 교정으로써 사료의 정확성을 확보하는 사실을 더욱 높이 산다. 이들을 차례로 간단히 설명함으로써 맺음말로 삼는다.

고서의 간년 추정은 원칙적으로 간기로써 행한다. 그러나 우리나라의 경우는, 특히 관판본의 경우는 간기가 거의 없다. 序跋의 年紀나 책의 형태로 추정할 수밖에 없는 어려움이 있다. 내사본은 그 어려움을 내사기의 年紀로써 바로 해결하는 열쇠를 제공한다. 책이 간행된 뒤에야 비로소 쓰여지는 내사기는 간년 하한의 絶代年代를 말하기 때문이다. 때로는 간년의 절대 연대까지 알려주기도 한다. 위의 『(영조)어필』과 같이 내사기의 연기와 간기가 일치하는 경우가 그러하다. 비교적 분량이 적은 윤음도 비슷한 경우라 할 수 있다. 예컨대 『御製大小臣僚綸音』은 간기가 1784년(정조 8) 7월 7일이고 내사기 연기가 7월 9일이다. 큰 분량인 68권 22책의 『國朝寶鑑』은 간기가 없으나[18] 御製序가 1782년 陽月(10월), 箋과 內賜記가 그 해 11월이어서 연기가 序箋의 그것과 거의 일치한다. 이는 책의 본문이 다 이루어진 뒤에 서문과 전문을 얹어 간행한 결과로 보인다. 간행의 연도만 따진다면 이러한 예들은 내사기의 연기를 그대로 간년으로 보아서 아무 문제가 없다. 그런데 날짜만으로는 큰 차이가 없으나 연도가 다른 예가 있다. 『諭中外大小臣庶綸音』은 간기가 1782년 12월 29일이고 내사기 연기가 1783년 1월이다. 이와 같이 1월이나 2월의 내사본에 간기가 있다면 대개 그와 같거나 그보다 더한 시차가 있을 것이다. 그러나 대개의 내사본에는 책에 간기가 없을 뿐 아니라 序跋과 내사기의 연기는 상당한 차이를 나타낸다. 여기에서 내사기의 연기를 어떻게 다루느냐 하는 문제가 제기된다. 장정까지 끝나야 쓰여지는 내사기의 연기가 간년의 하한을 말하는 절대연대임은 다시 말할 것도 없다. 제기된 문제의 초점은 그 상한에 있다. 절대연대의 하한이 序跋의 연기와 상관없이 그대로 간년의 상한이 될 수 있느냐 없느냐 하는 일이다. 고서목록으로 조사한 바로는 그대로 간년의 상한, 곧 간년 그것으로 인정하는 견해와 그 무렵의 간행으로 추정하는 견해로 갈라져 있다. 그 시비는 쉽게 가려지지 않는다. 이와 관련하여 우리는 현대 출판업계의 관행에 주목할 필요가 있다. 오늘날 일부의 출판물에서는 발행 날짜만을 표시하는 경향이 있지만, 원래는 약간의 시차를 두고 인쇄와 발행의 날짜 두 가지를 표시해 왔었고 지금도 그렇게 하고 있다. 필자는 이 관행을 내사본의 연대 결정에 원용할 수 있지 않을까 한다. 저 위에서 본 바와 같이 관판본이 만들어지기는 교서관이나 주자소에서 하지만 배포는 내사본으로써 비로소 행한다. 따라서 내사기의 연기가 바로 오늘날의 발행 날짜에 해당하게 된다. 현대 출판물을 인용할 때에 출판 연도로 하는 것과 같이 내사본의 간년도 내사기의 연기로 하는 것을 제의하고자 하는 것이다. 내사본에 간기가 있다면 그것은 인쇄 날짜와 같이 다루어야 한다는 뜻

18) 간행된 뒤의 『國朝寶鑑監印廳儀軌』에 편찬과 간행 경위가 자세하다. 여기 간기가 없다는 말은 『국조보감』에 그것이 나타나지 않은 사실을 두고 한 말이다.

이다.

그러나 모든 내사본에 이 방법을 적용할 수는 없다. 동일한 책이 시기를 달리하여 반사되는 경우도 있고,[19] 지방판의 판목이 중앙으로 알려져 간기보다 수 년 또는 20여 년이나 늦게 반사되는 경우도 있기 때문이다. 그러한 지방판의 예는 『이륜행실도』에서 본다. 그 원간본은 간기가 '正德戊寅(1518, 중종 13)春刊板'이라 되었으나 현재 전하는 그 내사본은 내사기가 '嘉靖十八年(1539, 중종 34)八月 日云云'이라 하여 간기의 연기보다 21년이 조금 지나서 반사가 이루어져 있다. 그 한 중간본은 '丁未(1727, 영조 3)四月 日/ 箕營開刊'이란 木記를[20] 가지고 있는데 내사기는 '雍正八年(1730)三月二十一日云云'으로 되어 약 3년 뒤에 반사된 것이다. 그러므로 내사기의 연기를 출판된 해로 볼 경우에는 간기, 서발의 연기 등등이 내사기의 연기와 근접해 있는가를 종합하여 판정하지 않아서는 안 될 것이다.[21]

다음으로 史的 연구의 자료로서 가지는 내사본의 가치를 국어사 자료인 한글 문헌을 예로 하여 다루기로 한다.[22] 우리나라 관판본은 불경을 제외한 다른 판본에 비하여 상대적으로 교정이 정밀한 것으로 알려져 있다. 誤字에 대한 엄격한 처벌 규정(『大典後續錄』 권3, 奬勵조 참조)이 그것을 보장한 측면도 없지는 않겠지만, 일반적으로 책에 대한 경외심이 배후에 있기에 가능하였을 것이다. 그러나 사람의 일이라 오자가 없을 수는 없다. 그리하여 내사본은 인출된 뒤에도 교정이 행해지고 수정이 된다. 필자는 일찍이 1574년(萬曆 2, 선조 7) 2월의 내사본인 『呂氏鄕約諺解』로써 그것을 설명한 일이 있다. 다행히 이 책은 내사본이 아닌, 동일한 을해자본이 전래하고 있어서 서로 대조

---

19) 이에 대한 전형적인 사례는 윤병태(1997: 8-9)에서 설명된 『御定人瑞錄』이다. 책이 만들어진 1794년보다 70년 가까이 지난 1860년(철종 11) 4월의 내사본이 전한다고 한다.

20) 木記의 干支만으로 절대연대를 1727년으로 잡는 것은 『속삼강행실도』 중간본의 木記가 '丁未閏三月 日/ 箕營開刊'이라 된 데 근거한다. 두 책은 책의 내용과 형태, 목기의 형식과 서체가 비슷하여 같은 18세기의 정미년에 평양감영에서 간행한 것으로 추정되는데, 윤3월이 있는 정미년은 1727년이기 때문이다.

21) 내사본 간기는 일단 인출의 연기로 본다고 하더라도, 내사본이 아닌 경우에는 간기를 어떻게 보느냐 하는 문제도 간단하지 않다. 그 책의 간기를 인출의 연기로 본다면 발행 날짜는 어떻게 하느냐의 문제가 당장 제기되기 때문이다. 이것을 포괄하여 앞으로 좀 더 논의되어야 할 것이다.

22) 이에 대한 설명은 안병희(1976) 및 안병희(1998a)에 의한다.

하여 수정의 실상을 확인하였던 것이다. 내사본의 수정을 먼저 들고서 괄호 안에 수정되지 않은 원래의 인출을 대조하여 보이면 다음과 같다.

有學行者二(一)人(1a)/ 두(훈)사름(2a)/ 成一作交(없음. 7a 上)/ 登第進官(官等第進. 16b)/
믈브려 읍(믈)ᄒᆞ고(23a)/ 쥬신곳(봇) 절ᄒᆞ거든(27a)/ 졍곳(봇) 듕ᄒᆞ거든(27b)

이들은 모두 7개인데, 예리한 칼로 잘못 인쇄된 부분을 네모 반듯하게 잘라내고 옳게 인쇄한 종이를 조금 여유 있게 하여 뒷면에 붙여 수정한 것이 대부분이나 첫 예의 '二'는 원래의 一 위에 붓으로 가획하고(<사진 16> 참조) '成一作交'는 아무것도 없는 欄上에 추가로 인쇄하여 수정하였다. 그 구체적인 내용은 조판과 인출에서 일어난 기술적인 오자의 수정이 네, 다섯 번째의 2개, 원문 내용의 검토로 된 수정이 처음 3개, 어휘 변천을 반영하여 된 수정이 마지막 2개이다. 국어사 연구에서는 후자의 2개가 수정되기 전 語形과의 대조에서 큰 의미를 지닌다. 강세의 뜻인 중세어 조사 '봇'에서 변한 '봇'이 이 시기에 이미 현대어 '곳'으로 대체된 사실을 증언하기 때문이다. 이와 비슷한 예는 1573년의 내사본인『內訓』의 수정에서도 보게 된다. 그러나 이 책은 수정되지 않은 동일한 활자본이 없기 때문에 위와 같은 대조를 전반적으로 행할 수 없음이 아쉽다.23)『여씨향약언해』와 같은 예가『杜詩諺

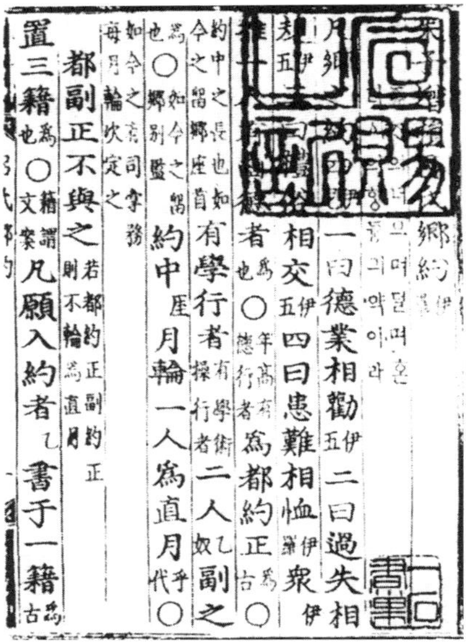
一曰德業相勸 二曰過失相
相交 四曰患難相恤 衆
者 爲都約正
有學行者 二人 副之
約中 月輪一人爲直月
都副正不與之
置三籍 凡願入約者 書于一籍

<사진 16>

23) 1973년 가을에 행한 필자의 실사로는 책장 사이에서 잘라낸 종이 조각에 '입'이라 인쇄된 글자를 확인하였다. 그 앞뒤 책장의 수정 전 誤字를 알려주는 예다. 이는 극히 예외적인 일로서, 그와 비슷한 종이 조각을 달리 보지 못하였다. 한 가지 소득은 책장 사이의 그 종이 조각으로 이 책의 교정이 제본 뒤에 행해진 사실을 추측하게 하는 점이다.

解』이다. 이 책은 제 1책이 전하지 않아서 내사본 여부를 확증할 수는 없으나, 같은 권차의 책이면서 정밀한 수정이 행해진 것과 그렇지 않은 것이 함께 전한다. 수정되지 않은 책은 책지가 얇은 楮紙에 이은 종이가 대부분이다. 내사본 아닌 『여씨향약언해』에도 이은 종이가 많다. 이에 대하여 수정된 책은 책지가 상대적으로 두껍고 이은 종이가 없는 것이다. 필자가 확인하여 대조하여 소개한 책은 권7, 17~19의 4권이다. 이 대조로 수정된 4권의 『두시언해』는 내사본으로 단정하여도 무방하리라 생각된다. 수정된 부분은 『중간두시언해』에서 그대로 따르고 있으므로 그 단정은 틀리지 않을 것이다. 요컨대 이러한 수정으로 내사본이 사료로서의 가치가 매우 큰 것은 말할 필요가 없다. 바꾸어 말한다면 이른바 原文書誌學의 관점으로도 내사본이 중요하게 다루어져야 하는 것이다.

제8장 『通文館志』의 간행과 그 史料 검증

Ⅰ. 머리말

司譯院은 조선시대 외교의 실무를 관장하고 譯官을 양성하는 官署이다. 『통문관지』는 그 사역원의 편람서인데, 17세기 70년대부터 18세기 30년대까지 한학 역관으로 크게 활약한 金指南(1654(효종 5)~1718(숙종 44)), 慶門(1673(현종 14)~1737(영조 13))[1] 부자가 중심이 되어 편찬된 것이다. 서명이 司譯院志가 아닌 것은 그 책(권1, 官舍조)에 따르면 사역원 대청의 題額이 통문관으로서, 역관들이 정식 명칭인 사역원보다 별칭인 통문관을 선호하였기 때문이 아닌가 한다.[2] 이 책은 1720년(숙종 46) 원간본이 나온 뒤로 1888년(고종 25)까지 내용을 차례로 추가하여 10여 차례나 중간되었다. 그리하여 사역원과 우리나라 외교사 연구의 기본적인 史料로 인식되고 있다. 국어학 연구에서도 譯學書의 편찬과 간행을 알려주는 자료로 중시되고 있는 것이다.

그와 같이 중요한 책임에도 그 書誌에 대하여는 온전히 해명되지 않은 부분이 있는 것으로 생각된다. 먼저 간행과 이본에 대한 것이 그러한 부분으로 지적될 수 있다. 이에 대하여는 일찍이 田川孝三(1953)에서 논의된 이후로, 김종원(1965)와 정광(1992)로 상당히 구명된 것은 사실이다. 그중에서도 田川孝三(1953)은 최초로 그 문제를 다루었지만, 필자의 생각으로는 가장 치밀하고 정확하게 논의한 업적이다. 안타까운 것은 광복 이전 서울에서 조사한

1) 이들 부자의 生年은 『譯科榜目』으로 일찍부터 알려졌으나 沒年은 아직도 미상으로 기술되는 일이 있다. 이미 오래 전에 김양수(1985)로 그들의 묘비가 발견, 소개됨으로써 몰년의 절대 연도도 분명히 드러났다. 그 밖에도 그들의 자세한 생애와 그 자손의 활약상도 그 글에서 밝혀져 있다.

2) 비슷한 일로 金慶門의 비문에서 1690년(숙종 16) 譯科 式年試에 장원으로 합격한 것을 '十八魁通文科'(김양수 1985: 113 각주 37 참조)라 기술한 사실을 들 수 있다.

기록에만 의지한 글이므로 실책의 조사로 보완되었으면 하는 내용이 있는 점이다. 특히 田川 교수는 광복 직전에 『통문관지』와 다른 역학서의 책판을 발견한 장본인이며,3) 1944년 조선사편수회에 스스로도 참여하여 간행한 이 책의 영인본 표제지 안쪽에 영인 저본의 몇 장은 사역원 樓板 곧 책판으로 수보하였다고 하므로4) 책판의 존재를 모를 리가 없는데도 전혀 언급하지 않은 것은 국교가 없었던 당시 상황을 고려하더라도 유감스러운 일이다. 정광(1992)에서 비로소 그 책판이 이용되어 이 책 간행이 논의된 것은 다행한 일이나 한두 가지 보완되었으면 하는 아쉬움이 없지 않다. 다음으로 이 책에 대한 史料로서의 충분한 검증이 없는 것을 들 수 있다. 특히 임진란 이전의 기사에는 상당한 문제가 있는 것으로 보인다. 우리는 안병희(1999b)에서 崔世珍과 漢吏科에 대한 기사를 검증한 바가 있으나, 여전히 이 책의 기사를 그대로 믿는 일이 없지 않다. 이에 우리는 그 간행과 사료로서 갖는 문제점을 다루어보려고 한다.

Ⅱ. 『통문관지』의 원간과 중간

우리나라 관판본에는 간기가 없는 일이 흔하다. 그러한 책은 판식이나 간행에 관한 관련 자료, 內賜記 등으로 간년을 추정할 수밖에 없다. 이 『통문관지』도 간기가 없다. 그러나 권8(1778년(정조 2)의 중간 목판본부터는 권9) 「紀年」편의 마지막 연도와 『일성록』 등의 간행 기사로써 간년의 절대 연대까지 밝힐 수 있는 이점을 이 책은 갖고 있다. 그러한 이점과 함께 실책의 형태를 조사하여 원간본과 중간본을 살펴보고자 한다.

원간본은 續附本5) 권8 「書籍」편에 기록된 바에 따르면 1720년에 한학 역

3) 今西春秋(1958: 53-54)에 따르면 田川 교수는 옛 사역원 건물의 천정에서 그 책판을 발견하여 조선사편수회로 옮겼다고 한다.

4) 그 영인본에는 해제가 없으므로 수보된 책장이 밝혀져 있지 않다. 앞으로 보게 되겠지만, 영인 저본은 복수의 중간본을 짜맞추어 만든 것으로 생각된다.

5) 속부본이라 함은 1778년의 중간본과 거기에 紀年편만 추가하여 간행된 그 이후의 중간본을 모두 가리킨다. 그 책에는 '續'이란 항목 아래 거의 전책에 걸쳐 내용을 추가하고 목록의 권차 아래의 편명에 '續附'라 하여 『통문관지』의 원간본 내용에 추가된 내용이 있음을 밝혀 놓았다. 정확하게는 原續本이라 하여야 하나 '續'이 붙은 것이 특징이므로 그냥 속부본이라 한다. 속부본은 권차도 달라져 있으므로 특별히 지정하지 않은 책의 인용은 앞으로 이 책으로 한다. 혼란을 피하자는

관 李先芳 등이 경비를 부담하여 8권 3책의 활자본으로 간행되었다. 田川孝三(1953)에 의하여 원간본은 현재 권6~8 1책만 국립중앙도서관에 소장된 사실이 확인되었다. 우리의 조사로도 달리 전하지 않는 것으로 나타났다. 실제로 그 책은 「기년」편의 마지막 연도인 1720년을 '今上四十六年'이라 하고 기사에 肅宗의 승하와 景宗의 즉위에 대한 것이 없다. 그런데 그 책은 현재 1758년(영조 34)의 중간본 권1~6 2책과 함께 1부로 등록되어 있다. 권6이 중복된 것은 장책이 달라져서 중간본에서는 권6이 제2책으로 옮겨지고 새로 보충된 권9 紀年續編이 제3책에 매여졌기 때문이다. 그런데 다른 간본인 3책 1부의 이 配補는 근래의 일이 아니다. 3책의 옛 소장인이 모두 [備邊司](朱文長方印)인 점에서 그러하다. 그러나 자세히 살피면, 소장인의 위치와 인묵의 빛깔이 제1, 2책은 같으나 원간본인 제3책이 다르고, 소장인 안에 있는 '備局'이란 묵서도 제1, 2책에만 있다. 그러므로 원래는 원간본과 1758년의 중간본 2부가 비변사에 함께 소장되었으나 어느 시기에 현재와 같이 두 간본을 짝지은 1부로 된 것이 아닌가 한다. 그 전래는 어떻든, 권6~8 1책의 이 원간본은 비록 缺本이지만 국내외에 오직 이 책뿐이므로 매우 귀중하다.

원간본이 나온 몇 달만인 바로 그 해에 이 책은 다시 간행되어 현재 규장각에 2부가 전한다. 그러므로 1720년의 또다른 간본이다. 활자와 판식은 원간본과 똑같으나, 권8 「기년」편(속부본의 권9에 해당)을 크게 수정한 것이므로 1720년 수정본이라 부르기로 한다.[6] 수정된 내용은 숙종 46년간의 모든 연도를 '今上'이라 한 것을 묘호에 따라 '肅宗大王'을 앞세워서 고치고 기사도 상당한 첨삭을 가한 것이다. 구체적인 차이는 田川孝三(1953: 43-56)에 제시된 對校表에 자세하다.[7] 이와 같이 동일한 책이 불과 몇 달 사이에 수정되어

뜻과 이 책이 영인본으로 널리 유포되어 있는 이유에 말미암은 것이다.

6) 수정된 紀年편의 마지막 연도의 기사에 숙종의 승하와 경종의 즉위가 나타나므로 원간본과 구별하여 田川孝三(1953: 34)와 같이 경종즉위년판이라 할 수 있다. 그러나 김종원(1965: 193)이나 정광(1992: 128, 136)과 같이 경종원년판이라 하여서는 안 된다. 1758년의 중간본 이후의 간본에는 1720년도의 기사에 새로 3조항이 추가되어 있다. 수정본이 1721년(경종원년)이 아니라 1720년인 경종즉위년에 간행되었음을 단적으로 말하는 증거인 것이다.

7) 대교표에는 오자가 없지 않다. 저명한 것으로 원간본의 1720년 庚子의 기사에 있다고 한 '章文獻武敬明元孝大王昇遐 今上卽位 ○專差院正'의 2행은 삭제되어야 한다.

다시 간행된 일은 달리 예가 있는지 알지 못한다.[8] 그 이례적인 간행의 이유에 대하여 田川孝三(1953: 35-37)은 「기년」편 연도를 예컨대 '仁祖大王十四年丙子, 仁祖大王十五年丁丑'과 같이 大字로 표기하고 이어 '崇禎九年, 崇禎十年崇德二年'과 같이 小字로 明, 淸의 순서로 중국 연호를 기록한 데서 찾았다. 이러한 연호의 사용은 당시 우리나라의 분위기를 반영한 것이기는 하나 청나라에 알려지면 여간 큰 낭패가 아니다. 그러므로 중국 연호의 주기를 아예 삭제하고 기사도 수정하여 수개월 안에 수정본이 나왔다는 것이 田川 교수의 설명이다. 이는 매우 타당한 것으로 생각된다. 다만 우리는 여기에 덧붙여 在世中인 숙종을 '今上'이라 한 표기에도 빠른 수정본 간행의 또다른 이유가 있다고 믿는다. 재세의 왕을 '今上'이라 함은 당연하다. 이후의 모든 간본, 예컨대 1758년 중간본에서 英祖의 연도는 '今上元年, 今上二年' 등과 같이 기록된다. 문제는 표기의 방식이다. 원간본은 1720년을 '今/上四十六年庚子'(/는 행이 바뀜을 표시함) 등과 같이 '今'을 앞 연도의 마지막 기사에 잇따라 쓰고 '上四十六年' 등과 같이 표기하였다(<사진 1> 참조). '今上'에서 '上'에만 平擡法을 적용한 것이다. '今上'은 '聖上, 大王, 先王' 등과 같이 전체가 擡頭法의 대상이다. '上, 王'에만 적용하는 것이 아니다. 1758년 중간본 이후로는 재세한 왕의 연도가 행을 바꾸어 '今上元年' 등으로 표기되었다(<사진 2> 참조). 올바른 대두법의 사용이다. 그리하여 마침 숙종의 승하도 있어서 그 기사도 보충하고 '今上'을 묘호에 따라 '肅宗大王'으로 고쳐서 새로이 간행한 것으로 추정된다. 그 보충된 기사에서 景宗의 즉위가 '上' 앞에 闕字 곧 空格을 두지 않고 '今上' 앞에 공격을 둔 표기(8, 59b9. <사진 3> 참조)인 사실도 1758년 중간본 이후의 '今上'이란 재세한 왕의 표기에 대한 수정을 암시하고 있다.[9]

---

8) 약간의 내용 수정도 있으나 인쇄가 나쁘다는 이유로 새로 간행된 일은 있다. 1573년(선조 6)에 교서관에서 인출된 『內訓』이 그러한 예다. 安秉禧(1992b: 103-104) 참조.

9) '今上'에 대한 대두법의 잘못은 당시 사역원이나 승문원의 관행이 아닌가 한다. '甲申(1704, 숙종 30)仲夏上浣'의 「三譯總解序」에서 1680년을 '今/上卽位之七年庚申'이라 하고 『攷事撮要』의 임진란 전 판에서 大明紀年의 宣祖 즉위를 '今(空格)上卽位'(상, 31b)라 한 것은 원간본의 '今/上四十六年庚子'와 똑같은 대두법이다. 『통문관지』의 1778년(정조 2) 중간본에서 왕의 즉위를 원간본과 같이 '今(空格)上殿下卽位'와 같이 표기한 紀年편 기사(10, 61b)를 보는 것도 그러하다. 그러

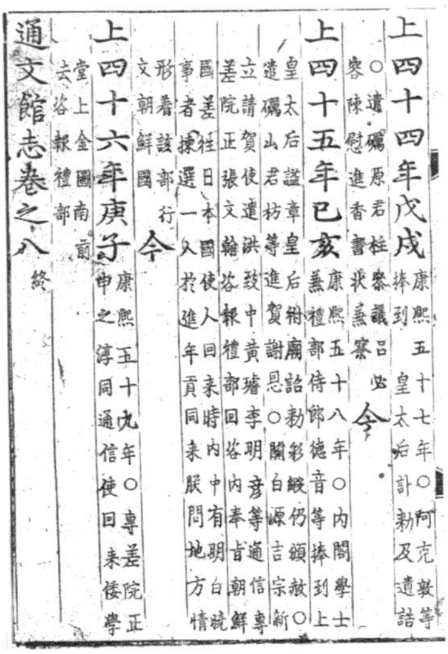

<사진 1> 1720년 원간본 8, 59b

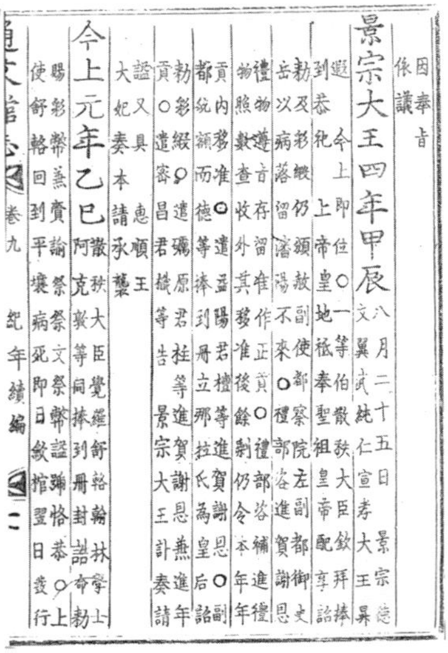

<사진 2> 1758년 중간본 9, 7a

그런데 이 수정본이 8권 전책을 새로 조판하여 이루어진 것으로 보기에는 문제가 있다. 위에 말한 바와 같이 현재 원간본은 결본으로 전하는데, 권8은 수정본과 전혀 다르나 권6, 7 2권은 수정본과 비교하여 내용은 물론이고 활자와 판식 등 책의 형태가 세밀한 부분에 이르기까지 완전히 동일하기 때문이다. 더욱이 활자본에서 간혹 보는 補正, 곧 오자를 오려내고 교정한 글자가 찍힌 종이를 붙인 부분까지 일치한다. 권6의 보정을 대괄호로 묶어서 보이면 다음과 같다. 속부본은 권7로 권차가 다를 뿐이고 똑같은 장차에 보정과 같이 인쇄되었으므로 참조하여 보면 쉽게 확인할 수 있다.

赴京時 [武宗南巡公] 乘驛 (6, 4b9)
以代兼 [金] (6, 14b8)
又能 [詩酒] (6, 24a10)

이러한 보정은 수정본 권1에도 상당히 나타난다. 그 앞쪽에서 약간의 예를 들면 다음과 같다.

나 그 책의 연도는 1758년 중간본과 똑같이 '今上元年' 등으로 기록되었다.

漢學[教授] (序, 2b10)
東[謪]要覽 (書目, 2b1)
[沿革] (1, 1~3 판심)
卽[漢吏]科出身也 (1, 12b4)

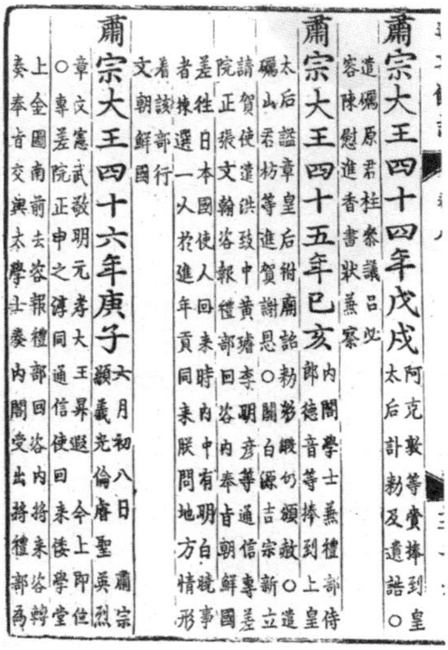
肅宗大王四十四年戊戌
阿克敦等賚捧到皇 太后訃勅及遺誥○
遣礪原君桂參議呂必 容陳慰進香書狀兼察
肅宗大王四十五年己亥
內閣學士兼禮部侍 郎德音等捧到上皇
太后諡章皇后祔廟詔勅彩緞幻頒赦○遣 礪山君枋等進賀謝恩○關白源吉宗新立
請賀使遣洪致中黃璿李明彥等通信專差 院正張文翰咨報禮部回咨內奏旨朝鮮國
差往日本國使人回來時內中有明白曉事 者揀選一人於進年貢同來朕問地方情形
着該部行 文朝鮮國
肅宗大王四十六年庚子
六月初八日肅宗 顯義光倫睿聖英烈
章文憲武敬明元孝大王昇遐今上即位 ○專差院正申之淳同通信使回來倭學堂
上金圖南前去咨報禮部回咨內將來咨韓 奏奉旨交與太學士奏內閣受出將禮部爲

<사진 3> 1720년 수정본 8, 59b

이 수정본의 보정에서 주목되는 것은 판심의 '沿革'이다. 다른 편명과 같이 이 沿革이란 편명도 中縫의 앞면, 다시 말하면 접힌 책장의 앞면에, 위 魚尾 아래에 나타나는데 보정의 오려낸 부분은 뒷면까지 걸쳐 있다. 이는 단순한 오자의 교정이 아니라, 권차인 '卷一' 등과 같이 판심 중앙에 인쇄되었던 편명을 다른 편명과 같이 앞면으로 바로잡았다고 해석할 수밖에 없다. 이러한 체재의 잘못은 원간본에서 일어나지만, 수정본이나 중간본에서 일어나는 일이 거의 없다. 1758년 중간본에서는 권차도 편명과 같이 중봉의 앞면으로 옮겨졌는데, 본문에서는 보정이 있으나 판심의 보정은 일체 없다(<사진 2> 참조). 요컨대 이러한 보정과 앞에서 말한 책 형태의 일치로 미루어서 수정본은 원간본에서 내용이 수정된 권8만 새로 조판하여 원간본의 그 부분과 바꾸어 장책한 것으로 생각된다. 권8이 수정되기 전에 일부 장책된 것이 현재의 원간본이라고 우리는 생각하는 것이다. 그렇지 않다면 한번 印出하고서 여러 달 동안 補版, 곧 조판된 상태로 판이 보존되다가 다시 인출되었다고 하여야 할 것이다. 그러나 활자본의 인쇄 과정을 생각한다면 그것은 불가능한 일이다. 만에 하나 보판이 되었다면 수정본의 보정은 조판에서 쉽게 교정할 수 있다. 앞에서 말한 원간본과 수정본 권6의 똑같은 보정을 설명할 방법이 없는 것이다.

그러나 수정본에는 원간본에 없는 보정이 오직 하나 있다. 곧 수정본에서는 보정이 되었고 속부본에서 그에 따라 간행되었으나, 원간본은 대조한 바와 같이 보정이 되지 않았다.(<사진 4> 참조)

金振興字興之善山人中譯科後爲篆文學官
從呂副學爾徵習篆文得朱天使之蕃篆訣朝
暮耽賾殆忘寢食遂通三十八體所書大學章
句篆海心鏡尤菴宋相國時烈李相國端夏金
府院萬基呂相國聖齊爲序跋刋行
李馨白字秀甫海州人丙子之亂以漢學教授
扈駕南漢搶攘中能保本院印信及文籍官至
折衝
崔貞砬爲人特立不倚當李賊馨長之柄用人
皆趨附其門成市雖以趙同樞東立尚不免私

<사진 4> 1720년 원간본 6, 21a

雖以[秩高任用者](6, 21a10) - 雖以趙同樞東立

이 구절은 원간본대로라면 결벽할 정도로 청렴한 崔貞砬이 역적 李馨長이 권세를 부릴 적에도 같은 역관으로 同知中樞府事까지 오른 趙東立과는 달리 역적에게 전혀 빌붙지 않았다는 내용이나, 수정본에서는 보정으로 조동립이란 특정인 대신에 品秩 곧 품계가 높은 벼슬아치로 바꾸어 그런 벼슬아치와 달리 빌붙었다는 기롱의 혐의를 받지 않았다고 고쳤다. 원간본 기사는 崔의 청렴을 드러내기 위하여 「인물」편에도 수록된 趙東立(9, 22)이란 특정인을 결과적으로 흠낸 것이므로 수정본을 간행하면서 막연히 일반의 고관으로 수정하였다고 이해된다. 그런데 혹 우연의 실수로 원간본의 이 부분이 보정되지 않은 것으로 의심할 수도 있다. 그러한 실수는 극히 드물지만 복본인 활자본 『능엄경언해』의 교정에서 우리는 본 적이 있다. 그런데 일본의 內閣文庫에는 수정본을 필사한 책 5부가 소장되어 있으나 모두 보정된 내용과 같다.10) 그러므로 원간본이 장책될 때에는 이 구절의 문제가 눈에 띄지 않다가 수정본을 내면서, 혹은 원간본의 장책 직후에 발견되어 보정되었다고 생각된다.11)

원간본과 그 수정본에 이은 중간본은 1758년(영조 34)의 활자본이다. 활자

10) 그 필사본의 내용은 菅野裕臣 교수의 조사로 확인되었다.

11) 김종원(1965: 188-189)와 정광(1992: 135)에서는 수정본에는 1708년부터 1720년까지의 기사 내용이 전책의 모든 항목에 증보되었다고 한다. 그러나 이 증보된 내용은 원간본에서도 나타난다. 1708년에 책이 일단 편찬되고 서문까지 붙였으나 1720년에 간행할 때까지 수정, 보완하는 일은 계속되었다고 보아야 한다. 그러므로 모든 항목의 증보는 1차 완성의 원고본을 기준으로 하여 말할 수 있지만, 원간본을 기준으로 하여서는 안 된다. 원간본과 수정본은 紀年편을 제외한 권 6, 7에서 차이를 보이지 않는다. 오직 趙東立과 관련된 보정만 다르다.

가 똑같은 무신자일 뿐 아니라 판식 등이 대체로 같은 책이다. 다만 판심에서 속부본과 같이 위 象鼻의 서명과 아래 象鼻의 장차가 大字로 바뀌고 中縫의 권차도 편명과 같이 앞면으로 옮겨지며, 魚尾가 黑魚尾에서 二葉花紋魚尾로 바뀐 차이가 있다.[12] 본문의 내용도 수정본과 똑같아서 '秩高任用者'로 되어 있다. 그러나 권6 인물 편에 金是瑜, 金慶門, 李樞 세 사람이 추가되고, 새로 권9에 紀年續編을 두어 1721년(경종 1)부터 1758년까지 38년간의 기사를 더 실었다. 권8의 마지막 연도인 1720년의 기사에도 앞(위 각주 6) 참조)에 말한 3조항의 추가가 있어서 수정본의 간행이 1721년일 수 없는 것은 이미 위에서 말한 바와 같다.

1758년의 활자본에 이은 중간본은 위에서 속부본이라 한 1778년(정조 2)의 목판본 10권 4책이다. 李湛의 「重刊通文館志序」에 의하면 사역원 도제조인 栢谷 金相國의 명령[13]으로 紀年편 기사의 추가뿐 아니라 다른 본문도 시대에 맞추어 '續'편을 각 조항에 보완하고 책의 체재도 바로잡아 간행된 책이다. 그러나 판식과 행격은 1758년의 활자본을 답습하였다. 그런데 이 이후의 모든 중간본은 이때의 책판과 중간할 때마다 추가된 「紀年」편 기사의 보판으로 인출된다. 이들 책판은 고려대 박물관에 상당수 남아 있어서 그 사실을 말한다. 그러므로 1781년 이후의 중간본은 정광(1992: 129)와 같이 일종의

---

12) 상비와 중봉에 서명, 권차, 편명, 장차를 표시한 이 판심은 『통문관지』의 한 특징이다. 이러한 판식은 그 책 편찬자가 중국본의 판식을 참고한 결과가 아닌가 한다. 서지학 특히 형태서지학에서 주목할 일이다.

13) 栢谷이란 호를 가진 당대 정승인 '金相國'의 신원은 밝혀져 있지 않다. 그런데 사역원 도제조의 栢谷은 이 책뿐 아니라 1774년(영조 50) 가을의 「重刊三譯總解序」와 1781년(정조 5)의 「重刊捷解新語序」 등 역학서의 서문에도 나타난다. 鄭允容의 「領議政金公尙喆諡狀」(『經山集』 권19)에서 계사년(1773)에 좌의정으로 사역원 도제조를 겸하였다고 한 金尙喆이 영조 말부터 정조 초까지 계속 정승의 반열에 있었으므로 그가 알려진 華西 이외에 栢谷이란 호를 가졌음에 틀림없다. 제조가 된 지 5년이라 한 1778년, 10년이라 한 1781년이 모두 도제조를 겸한 1773년부터 기산하여 맞는다. 『譯語類解補』의 金弘喆 발문(乙未(1775)夏)의 '지금 도제조 金相國'도 같은 사람이다. 그러나 그 책 편찬을 명령한 '蘇山 金相國'을 같은 사람으로 본 견해(정광 · 윤세영 1998: 118, 특히 각주 64)는 따르지 않는다. 문맥으로 보아도 책 편찬을 명령한 사람과 간행을 명령한 사람은 성은 같으나 이름과 호가 다른 金相國이다. 『정조실록』에는 영의정 金尙喆이 중국 가는 使行의 문제점을 왕께 아뢴 기사(2년 9월 병진)도 있다. 이에 이들 책의 '栢谷 金相國, 今都提擧金相國'은 金尙喆로 추정한다.

후쇄본이고, 田川孝三(1953: 39)의 복간본이나 김종원(1965: 191)의 개간본이 아니다. 그만큼 속부본은 단순한 중간본 이상의 책이다.

내용의 보완에 대하여는 이미 田川孝三(1953)에서 「중간통문관지序」를 인용하여 밝힌 바와 같다. 곧 원간본이 간행된 뒤로 60여년 사이에 달라진 외교 사례와 官制가 많으므로, 그것을 원간본의 해당 조항 아래에 '續' 자를 쓰고 추가하였는데, 앞선 간본이 9편이었으나 紀年續編이 더하여져 10편이 되고[14] 116조항도 거의 절반인 53조항에 續편을 더하였다는 것이다. 이와 같이 추가된 부분에는 '續' 자를 앞세워서 典例의 새 것과 옛 것을 구별하여 책의 이용에 혼란을 없게 한 특징도 있다. 이 밖에 인용서목에 『續大典』 이하 세 책과 권7 인물편에 玄德潤, 崔壽溟, 洪舜明 세 사람이 추가되었다. 1758년 중간본과 같이 인물편의 추가는 '續'이란 표시가 없다. 그런데 속부본은 원간본에 있는 金慶門의 「통문관지序」의 연기를 '戊子(1708, 숙종 34)陽月'에서 '庚子(1720)陽月'로 고친 것은 田川孝三(1953: 32)와 같이 분명한 잘못이다. 이 수정은 정광(1992: 132)에 의하면 책판에서 '庚'자를 埋木으로 고쳐서 이루어진 것이다. 그것은 그때 속부본의 印面에서 '庚' 자가 다른 글자보다 진하게 된 점으로도 뒷받침된다. 그러므로 이 수정은 속부본의 간행 과정에서 서문의 연기가 원간보다 12년이나 앞선 것이 오자라 생각하여 이루어졌으나, 원간본 원고의 완성과 서문의 연기가 그 간년과 일치하지 않을 수도 있음을 간과한 잘못인 것이다. 앞에서 수정본과는 달리 원간본 「기년」편의 마지막 해인 1720년 기사에는 6월 8일에 있은 숙종의 승하가 없다. 10월인 '陽月'을 그대로 두어 원간본이 4개월 전에 있은 왕의 승하에 대한 기사를 빠뜨린 책으로 되게 하였으니 그것은 너무나 분명히 잘못된 수정이다. 속부본에 나온 玉의 티가 아닐 수 없다.

책의 체재에 나타난 차이도 이미 앞선 논문에서 分卷과 目錄으로써 언급되었다. 유감스러운 일은 그 차이를 책 체재의 조정과 관련시켜 설명하지 않

14) 중간서의 '編'은 뒤에 말할 편과 다르고 책에 표시된 卷次의 권으로 이해된다. 앞선 간본의 9편은 1758년 중간본의 9권, 10편은 속부본의 10권을 가리킨다고 보아야 하기 때문이다. 그러나 紀年續編이 추가되어 10권이 되었다는 서문의 기술은 정확하지 않다. 그 추가는 이미 1758년 간본에 있었는데, 속부본에서는 영조 35년부터 정조 2년까지의 20년간 기사만 추가되었을 뿐이다. 1권이 많아진 것은 뒤에 말할 권1의 분권에 말미암는다. 다시 말하면 1758년 간본의 권9 기년속편이 그 분권으로 권10 기년속편이 되고 20여 장의 기사만 늘어난 것이다.

은 것이다. 분권은 권1에 수록된 「沿革」과 「勸奬」의 2편을 권1, 2로 나눈 일이다. 그런데 원간본에서 행한 분권은 각 편의 분량이 보이는 차이로 고르게 되지 못하였다. 「事大」, 「交隣」 2편은 분량이 많아서 각각 上,下로 분권이 되었으나 「故事」, 「率屬」, 「什物」, 「書籍」 4편은 모두 9장(속부본에서도 10장)이어서 1권으로 합쳐져 있다. 문제의 권1에도 모두 26장인 2편을 수록하였는데, 그 내용의 중요성에 비추어서 「故事」편 등과는 달리 본문에서 편 제목을 '沿革第一, 勸奬第二'와 같이 표시하였다. 속부본에서는 모두 4장의 추가가 있어서 권1, 2로 나누어 책 분권의 불균형을 바로잡으면서 동시에 2편이 갖는 내용의 중요성도 드러낸 것이다. 종래의 연구에서는 분권의 사실만 지적하고 그것이 갖는 이러한 의미를 무시한 것으로 생각된다.

다음 원간본을 비롯한 활자본과 속부본은 「事大」下, 「交隣」上의 목록에서 상당한 차이가 있다. 이 사실도 田川孝三(1953: 38)과 김종원(1965: 193)에서 이미 지적만 되었을 뿐이다. 곧 원간본의 '鴨江迎勅(見官禮/儀附), 正殿接見儀(茶禮/附)'(이상 권3 「事大」하 목록. 단, 괄호 안은 쌍행 협주인데 /은 행이 바뀜을 표시) 등이 속부본에서는 '鴨綠江迎勅(見官禮儀附), 仁政殿接見儀(茶禮儀附)'(이상 권4 「事大」하 목록) 등으로 수정된 예다. 이러한 목록에 보이는 조항 제목은 본문에 나타나는 조항 제목과 일치하는 속부본이 옳고 본문의 그것과 다른 원간본이 잘못되었다고 할 수 있다. 그러나 이 원간본의 잘못은 실수에 의한 것이 아니라, 의도적으로 목록을 고친 것이다. 원간본을 비롯한 활자본에서는, 정확하게 말하면 그 조판에서는 조항 제목을 1행 최고 7자로[15] 하여 2단으로 목록을 짰기 때문이다. 속부본 목록과 같은 본문 제목에서 1자를 빼거나 1자가 적은 동의어로 바꾸어 '鴨江, 正殿'으로 되고, 그 아래 각주와 같이 大字인 '進上物件看品式'에서 '上' 이하를 협주로 처리할 수밖에 없었던 것이다. 이에 대하여 속부본의 목록도 2단으로 되었으나, 활자본에서 2단에 맞추기 위하여 바꾼 제목은 2단이 아닌 1단 1행으로 하여 본문 제목에 일치시켜 수록하였다. 책 체재에서 목록이 목록 형식을 위한 것이 아니라 본문

15) 유일한 예외로 '進(上物件看品式公/貿易看品式附)'(권4 「交隣」上 목록)은 1행 8자이다. 속부본은 '進上物件看品式(公貿易看品式附)'(권5 「交隣」상 목록)이라 하여 본제목과 협주까지 본문과 일치시켰다. 그런데 본문의 협주는 활자본과 속부본이 모두 '(公貿易/看品附)'라 하여 '式'이 탈락되어 있다. 속부본 목록이 본문과 다른 유일한 예다.

내용의 정확한 검색을 위한 존재라는 인식의 발로인 것이다.

셋째로 紀年편에서 연도를 기사와 분리시켜 별행으로 한 것도 다른 점이다. 원간본을 비롯한 앞선 활자본은 『攷事撮要』의 大明紀年과 같이 연도 아래에 잇따라 쌍행으로 기사를 실어서 그해 첫 기사의 검색에 약간의 불편이 있었다. 속부본은 연도와 기사를 별행으로 하여 그 불편을 지양한 것이다. 그뿐 아니라, 왕이 바뀐 뒤의 중간본에서 先王의 연도만 고쳐서 앞선 책판을 이용하는 장점이 있다. 예컨대 1778년의 속부본 책판은 1777년(정조 1)의 연도 '今上元年丁酉'(10, 63b) 등을 埋木으로써 '正宗大王元年丁酉' 등으로 쉽게 수정하여 1802년(순조 2) 이후의 중간본에 사용되었다. 실지로 그러한 책판의 수정은 고려대 박물관 소장의 책판에서 정조부터 철종의 연도로 확인된다.16) 속부본의 체재가 활자본과 같다면, 연도 표시에 '大王'이란 2자가 더 있으므로 앞선 시기의 책판을 수정하여 사용하려면 기사를 조정하여야 하는 어려움이 따른다. 연도의 별행은 이러한 책판 이용의 경제성을 고려한 것이라고 생각된다. 활자본에서 왕의 즉위를 '今上卽位'라 한 기사를 속부본이 字數를 늘리어 '今上殿下卽位'라 한 것도 승하한 뒤에 묘호로 바꾸어 '正宗大王卽位'로 고칠 경우의 자수를 맞추기 위한 것이다. 실지로 '卽位' 앞의 4자는 埋木으로 책판에 수정되어 있다. 결코 이것이 우연의 일치라 할 수 없다. '今上'이라 지칭된 왕의 사후에도 그 책판의 이용을 내다본 수정인 것이다.

그러나 속부본에서도 체재의 잘못이 있다. 권9, 10의 尾題 뒤에 '終'이란 협주가 그것이다. 이 협주는 여러 권으로 된 책의 마지막 권차에만 나타나 그것으로 1부의 책이 끝난 것임을 말한다.17) 여러 권의 책인데도 그 마지막 권차의 미제에 '終'이 없으면, 일단 缺本으로 의심할 근거가 된다. 반대로 마지막 권차 앞의 미제에도 '終'이 있으면 그 마지막 권차가 없어도 결본이 아닌 것으로 판단된다. 그러므로 속부본 권9의 미제는 앞의 권차와 같이 협주가 없어야 한다. 그러나 이 분명한 잘못은 1758년의 중간본에서 원간본 권8

---

16) 책판의 실사는 극히 제한적이었으나 최호철 교수의 소개로 박물관 최관식 관장과 배성환 학예사의 배려로 가능하였다. 귀중한 문화재를 조사하도록 협력하여 준 세 분께 심심한 사의를 표한다.

17) 여기에는 예외가 있다. 몽학서인 『몽어노걸대』(8권)와 『첩해몽어』(4권)는 각권의 미제마다 '終'이란 주기를 달았다. 각권 단위로 학습한 일과 연관되었을지 모르나 다른 역학서에는 미제조차 없는 것도 있다. 이들은 모두 예외적인 일이다.

미제의 협주를 그대로 두고서 추가된 권9 미제에도 협주 '終'을 둔 일을 되풀이한 것이다. 그러므로 3년 뒤의 1781년 중간본부터는 마지막 권차의 협주까지 지우고 간행되었다. 이는 紀年편의 증보로 계속하여 책을 간행하려는 배려로 이해된다. 그 뒤의 모든 간본은 예외없이 이 관례가 지켜져 마지막 권차의 미제에도 협주는 나타나지 않는다.[18)]

이상과 같이 속부본은 잘못된 곳도 있지만 전반적으로 내용과 체재가 완비된 책이다. 그리하여 이후의 중간본은 권10 紀年續編 이하에 중간할 연도까지의 기사를 추가한 것만 다르다. 다시 말하면 권1~9는 그때 책판으로 인출하고, 권10 이하도 추가가 없는 부분은 그전 책판을 인출하되 기사의 추가 부분은 새로 刻板하여 인출한 것이다.

그전 책판을 그대로 사용하여 인출하나 매목에 의한 책판 수정은 당연히 있다. 첫째 앞에서 체재와 관련하여 설명한 연도와 기사에서 '今上'이라 지칭되던 왕이 승하하면 묘호로 바꾸게 된다. 예컨대 정조가 재세한 때의 책에서 '今上元年云云(10, 63b), 今(空格)上殿下(10, 61b)'라 한 것은 순조 이후의 책에서는 당시의 묘호에 따라 '正宗大王元年云云, (空格)正宗大王'으로 수정되어 있는 것이다. 둘째 앞 중간본 기년속편의 마지막 기사가 책판에 꽉 차고 책장 뒷면 10행에 尾題가 있으면, 매목으로써 미제를 연도로 수정한다. 1795년(정조 19) 중간본은 1781년(정조 5) 중간본의 마지막 책장 미제를 매목으로 '今上六年壬寅'(10, 72b10)이라 수정한 책판을 사용한 것이 그 예인 것이다. 그러나 앞 중간본의 마지막 기사가 책장 뒷면 9행까지 채워지지 않은 책판은 폐기되고[19)] 새 책판으로 대체된다. 여기 폐기라고 하였으나 책판 전체가 못쓰게 되었다는 뜻이 아니다. 원래 책판은 양면으로 판각되므로 한 면이 못쓰게 되어도 다른 면은 여전히 쓰일 수 있는 것이다. 여기 폐기된 책판은 정확히 말하면 매목으로 수정하여 쓰지 못하는 한 면에 국한하여야 된다. 폐기된 책판도 다른 한 면의 이용 가치로 여전히 보존된 이유인 것이다.

---

18) 이유는 어떻든, 마지막 권차의 미제 뒤에 협주 '終'을 없앤 것은 예외에 속하는 일로써 이 책 1781년과 그 이후 중간본의 한 특징이다.

19) 필자의 책판 조사는 남아 있는 것 중의 극히 일부이다. 그러므로 여기서 책장 뒷면 9행까지 채워지지 않은 책판이 새 책판으로 된다고 한 것은 세밀한 조사로 수정될 가능성이 있다. 이론상으로는 3행 정도를 잇따른 매목으로 수정할 수 있기 때문이다. 뒷날의 세밀한 책판 조사를 기다릴 수밖에 없다.

그러한 책판이 정광(1992: 137-138)에 의하면 고려대박물관에는 2장 보존되어 있다. D-1741(11, 52 및 56)과 D-1744(11, 48 및 52)[20]의 각기 둘째 면이 그러하다. 전자는 철종 7년의 마지막 기사 1행과 미제, 후자는 책장 뒷면 7행까지 철종 3년 기사와 미제가 판각되어 있다. 매목에 의한 수정이 전자는 전혀 불가능하고, 후자는 뒷면 7행의 수정도 있으므로 4행이나 매목으로 수정하여야 하므로 다른 책판으로 대체되고 폐기된 것으로 보인다. 그러나 책판은 각기 첫째 면이 철종의 승하 이후에도 연도 1행의 수정으로 계속 이용되어 보존된 것이다. 또 권1 첫머리에 있는 권10 이하의 目錄 책판도 수정되어야 하나, 序와 뒤 引用書目의 경우와 같이 그전 책판이 그대로 인출되어 추가된 紀年續編의 실제 연도가 반영되지 못한 일도 있다. 田川孝三(1953: 40-41)에 의하면 1781년과 1795년의 중간본은 속부본 목록 그대로이고, 1862년(철종 13) 이후의 중간본은 권11 목록이 '自辛酉(1801, 순조 1) 至壬子(1852) 凡五十二年'이라 되어 있으며, 1888년(고종 25) 중간본에는 권12가 새로 추가되었으나 목록은 1862년의 책 그대로여서 권12가 아예 없는 것으로 되어 있다. 그러므로 이들 중간본의 권10 이하 목록은 조심스럽게 다루지 않으면 안 된다.

그러한 중간본으로 우리가 조사한 책만 들면 다음과 같다. 간년은 紀年續編의 마지막 연도로 추정된 것이다.

1781년 辛丑(정조 5), 10권 4책.
1795년 乙卯(정조 19), 10권 4책.
1802년 壬戌(순조 2), 11권 4책(권11은 순조 1, 2년 2년간 기사 4장임).
1862년 壬戌(철종 13), 11권 5책.[21]
1874년 甲戌(고종 11), 11권 5책.

---

20) 정광(1992: 138)에서는 D-1744(권11, 48 및 67)의 둘째 면을 괄호 안 주석과 같이 책판의 장차에 따라 권11, 67이라 하였다. 그러나 판각된 본문 곧 D-1744의 둘째 면은 실책의 대조로써 권11, 52임이 확인된다. 판심 장차를 매목으로 '六十七'로 수정한 것은 그리 오래지 않은 엉뚱한 잘못인데, 그것을 그대로 믿은 鄭교수의 주석은 따르지 않는다.

21) 김종원(1965: 191 및 194)에 의하면 1861년의 중간본이 규장각(신청번호: 奎795)에 소장되어 있다고 한다. 그러나 그 책에는 1862년 곧 철종 13년의 기사가 있는 권11의 낙장(66, 67 2장)이 있다. 같은 책인 규장각의 상백문고와 장서각 소장인 1862년 중간본과의 대조로써 김종원 교수의 설명은 따르지 않는다.

1881년 辛巳(고종 18), 11권 5책.
1888년 戊子(고종 25), 12권 6책.

이 밖에 田川孝三(1953: 40)에 의하면 1862년 이후의 중간본 권11 목록에 따라 1852년 壬子(철종 3), 그 밖에 『일성록』과 실록의 기록으로 1820년 庚辰(순조 20), 1842년 壬寅(헌종 8), 1856년 丙寅(철종 7)의 중간본이 더 있는 것으로 추정된다고 한다. 1852년과 1856년의 중간은 앞에 말한 한 면이 폐기된 책판(D-1744 및 D-1741)으로 확인된다. 다시 말하면 D-1744는 1852년, D-1741은 1856년 중간 때의 보판인데, 전자의 둘째 면은 후자의 첫째 면, 후자의 둘째 면은 뒤의 중간에서 다른 책판으로 대체되어 폐기된 것이다. 김종원(1965: 191)에 의하면 『일성록』과 『승정원일기』 등으로 1875년 乙亥(고종 12)와 1883년 癸未(고종 20)의 중간본도 추정된다고 한다. 그런데 위에서 거듭 말한 바와 같이 속부본 이후의 중간본은 紀年續編에 추가된 기사만 새로 책판을 만들어서 그 앞의 책판과 함께 인출하여 이루어졌으므로 큰 의미가 없다. 다만 중간의 시차가 짧게는 3년, 길어도 20여 년인 사실로써 당시 『통문관지』가 어느 정도로 중요한 책인가를 분명히 알게 한다. 또 개화기에 들면서 우리나라를 둘러싼 국제정세가 격변하여 종래의 외교관례가 소용없게 되어 1888년의 중간본으로 마지막 간행이 된 것도 확인시켜 준다.

20세기에 들면 역사 연구의 자료로서 이 책은 다시 주목된다. 1901년(광무 11)에 京城珍書刊行會에서 1888년 중간본, 1913년에 조선고서간행회에서 1862년 중간본을 활판으로 복간하고, 1944년에 조선사편수회에서 史料叢刊 제21집으로 1888년 중간본을 저본으로 하고 몇 장은 책판으로 수보하여 축소 영인한 사실이 그것을 말한다. 이 영인본은 인쇄가 선명하여 1973년 경인문화사에서 그것을 다시 영인하여 널리 보급되었다. 1944년 영인본에는 아예 해제가 없고,[22] 1973년 영인본에는 해제가 있으나 미흡할 뿐 아니라 영인 저본에 대하여는 언급조차 하지 않았다. 영인본으로 따져볼 때, 권

22) 필자가 1973년 가을부터 약 1년반 동안 일본에서 국어사 자료를 조사하는 동안에 田川孝三 교수의 도움을 많이 받았다. 그때 국립중앙도서관의 이 책 원간본에 대한 말씀도 들었다. 그 말씀에서 받은 인상은 田川孝三(1953)이 1944년 영인본의 해제 집필을 위하여 수집한 자료를 이용하여 쓴 논문이 아닌가 하는 것이었다. 교수가 해방 직전까지 조선사편수회에 재직한 사실로 미루어 그 개연성이 크다고 생각된다.

9 尾題에 '終'이 있고 목록의 권10 내용, 그리고 권11 이하의 목록이 없는 점으로 권1~9는 1778년의 속부본을 저본으로 한 것이다. 권10도 '今(空格)上殿下(61b3), 聖和王大妃(61b5)'로 미루어서 장61까지는 1778년 책이거나 1781년의 중간본이 저본으로 되었다고 추측된다. 매목에 의한 수정으로 전자는 1802년(순조 2) 중간본부터 '正宗大王', 후자는 1795년 중간본부터 '聖哲王大妃'이기 때문이다. 그 이후의 저본은 '今上'이 묘호로 수정된 뒤의 중간본이다. 그러나 「紀年」 편을 제외하면, 다시 말하면 권1~8은 1888년 중간본까지 모두 속부본이거나 그 후쇄본이므로 국어학계의 영인본 이용에는 아무 문제가 생기지 않는다. 그나마 다행한 일이다.

Ⅲ. 『통문관지』 기사의 검증

이 글의 첫머리에서 말한 바와 같이 이 책은 국어학계에서도 사역원과 역학서의 연구에서 기본적인 史料로 이용되고 있다. 그러나 사료의 검증이 없이 이용하는 데는 문제가 없지 않다. 崔世珍과 관련하여 이 책이 그를 譯科에 합격한 譯官으로 다루는 일(7, 3b)이라든지 科擧조의 협주에서 그가 漢吏科 출신이라 한 일(2, 2a)은 出典이라 한 문헌에 그것이 없을 뿐 아니라 관계된 다른 문헌으로 미루어서 신빙성이 없는 기사인 것이다(안병희 1999b 참조). 이들 기사는 이 책 편찬자로 대표되는 18세기 초의 역관들이 최세진을 그들과 같은 신분으로 인식한 결과의 산물이다. 그 인식의 근거는 이들 기사의 출전이라 한 『패관잡기』나 『경국대전』이 아니다. 거기에는 위 기사를 뒷받침하는 내용이 전혀 없다. 필자는 그들이 자주 이용한 『사성통해』의 서문에서 최세진이 말한 '自學箕裘' 곧 스스로 家業을 공부하였다는 구절에 근거를 둔 것으로 추측한다. 실지로 이 구절은 「人物」편의 최세진조에 그대로 인용되어 있다. 역관의 아들로서 『사성통해』, 『노걸대』와 『박통사』의 언해서 등의 편찬을 가업을 이어받은 일이라 스스로 말하였다면, 18세기 당시의 신분제도를 고려하여 그는 중국어 역관일 수밖에 없다고 인식되었을 것이다. 그러나 16세기 초의 신분제도는 18세기와 같이 극도로 폐쇄적인 것은 아니다. 淸顯職 文臣의 가계가 아니므로 출세에 많은 제약과 견제가 있었으나 그는 문과 출신의 당당한 문신이었다. 이에 대하여는 뒤에 다시 언급될 기회가 있겠지만, 위 기사만으로도 이 책의 이용에는 상당한 조심성이 요망된다. 더욱이 책 첫머리의 기사도 문제로 지적되어 왔다. 「沿革」편 官制조에서 고려 충렬왕 2년 곧 1276년에 비로소 通文館을 설치하여 한어 곧 중국어를 익히게 하였는데 공양왕 3년에 漢文都監이라 고치고 조선초에 처음으로 사역원을 설치하여 여러 곳의 언어를 통역하는 일을 관장하게 하였다는 기사(1, 1a)가 그것이다. 원영환(1977: 258-259)에서는 『고려사』 권76 「百官志」1의 通文館조를 인용하여 사역원의 설치는 이미 고려말에 되었다고 수정한 일이 있다.[23] 이와 같이 임진란 이전의 이 책 기사에는 꽤 문제가 있는 것으로 생각된다. 그러한 문제를 「人物」편과 「故事」편의 두어 조를 중심으로 살펴보고자 한다.

먼저 「人物」편의 曺伸조(7, 4a)를 보기로 한다. 그는 역관이 아니다. 서얼이지만 뛰어난 詩才로 성종의 인정을 받고 雜織에 등용되어 일본과 중국의 使行을 수행하고 司譯院正을 역임한 사실은 1518년(중종 13) 姜渾이 『이륜행실도』 서문에서 영남관찰사 金安國이 前司譯院正 조신에게 그 책 편찬을 위촉하였다고 한 내용으로 분명하다. 여기에서 이 책 「人物」편에는 뛰어난 原任 역관뿐 아니라 원임 사역원정도 수록되었음을 알게 된다. 그런데 문제는 바로 거기에서 조신을 梅溪 곧 曺偉의 庶兄이라 한 기사이다. 출전은 『松溪漫錄』과 『稗官雜記』라고 되어 있다. 『大東野乘』에 수록된 두 책을 찾아보면, 전자(권하)는 "梅溪先生之庶弟也 博學强記 尤長於詩"로 시작되어 이 책 기사 앞부분과 같은 내용이나 '庶弟'라 한 것만 다르고, 후자(권2)는 安南國使와 詩를 주고 받은 내용으로 기사 뒷부분과 일치한다. 출전에 비추어서 기사의 庶兄은 큰 잘못이다. 그 밖에도 조위의 문집 『梅溪集』의 年譜나 詩題를 보면 '庶弟伸, 庶弟叔奮, 庶弟適庵'(여기 叔奮은 그의 字, 適庵은 그의 號)이란 기록이 있고, 부록의 「先生墓表」는 '庶弟適庵伸撰'이라 되어 있다. 따라서 曺偉의 庶兄이란 기사는 庶弟라야 한다. 오늘날의 안목으로는 대수롭지 않은 잘못으로 보일지 모르나, 조선시대 嫡庶의 차별과 兄弟 서열의 중시를 생각한다면 이것은 매우 큰 잘못인 것이다.

다음으로 曺伸조와 崔世珍조의 순서가 문제가 된다. 「인물」편의 수록 순서는 나이와 활동 연대의 선후에 따른 것으로 보인다. 최세진은 그의 誌石에 의하면 1468년(세조 14)에 출생하였는데, 조신은 成化 己亥 곧 1479년(성종

---

23) 이 사실은 小倉進平(1940: 3)에서 똑같은 사료로써 이미 지적된 바 있다.

10)에 통신사 申叔舟를 따라 일본에 갔다고 한다. 그러므로 조신은 나이로 보나 使行을 따라 간 일로 보나 최세진보다 10여 년 앞서 출생하여 활동한 인물이다. 당연히 조신이 최세진보다 앞에 수록되지 않으면 안된다.

다음으로는 御前文臣通事와 관련된 「故事」편의 기사(8, 2b~3a)가 문제다. 기사에 의하면 옛날에는 어전문신통사가 없었으나 임진란 중에 선조가 명나라의 사신을 접견할 때 譯官通事 秦聖男을 시켜 우리의 간절한 심정을 헤아려 황제에게 잘 주달하여 줄 것을 바란다고 하니 사신이 대답하기를 감히 어찌 '贊襄'을 하지 않겠느냐고 하였다. 그런데 진성남이 본래 중국어를 잘했으나 갑자기 사신의 대답을 통역하지 못하자 그 자리에 있던 李德馨이 곧 '贊襄' 두 글자가 성취되도록 힘쓰겠다는 뜻이라고 아뢰었는데, 선조가 기특이 여겨 이로부터 명나라 사신이 올 때에는 중국어를 하는 문신으로 어전통사를 實差와 預差 곧 정식과 후보로 차출하였다는 것이다. 이 기사의 출전이라 한 『象胥故事』를 오늘날 볼 수 없기 때문에 아쉽게도 원전과 대조하지 못한다. 그러나 옛날부터 문신이 어전통사로 차출된 일은 최세진과 관련된 것만 보더라도 1505년(연산 12) 3월의 參議 崔瀣가 있고, 1536년(중종 31) 12월에 이듬해 3월에 올 명나라 사신을 대비하여 어전문신통사의 실차와 예차로 최세진과 尹漑가 논의된 사실(안병희 1999b: 57-58)이 있으므로 의심의 여지가 없다. 우선 그러한 사실만 보아도 옛날에 어전문신통사가 없었다는 이 기사는 사실과 다른 것이라 하겠다.

선조가 임진란 이후에 비로소 어전문신통사를 두도록 하였다는 그 내용은 더욱 문제다. 선조 초에 柳希春이 經筵에서 어전통사를 담당할 문신이 매우 적으니 나라에서 미리 길러야 함을 아뢴 기록이 그의 『眉巖日記草』(계유(1573, 선조 6) 1월 12일자)에 나타난다. 그 근거로 세종 때에는 신숙주, 성삼문 등을 요동에 귀양온 중국 명사에게 보내어 중국어와 吏文을 배우도록 한 일과 중종 때에는 최세진, 윤개 등이 중국어를 잘하여 중종이 권장하고 책임지게 한 전례를 들고, 지금은 金啓 한 사람뿐인데 동래부사로 차출되어 승문원 제조가 모두 안타까워함을 아뢰고, 이어서 金啓의 말로 注書 李準이 어전문신통사를 감당할 만하다고 하니 이런 사람을 書狀官이나 質正官으로 중국에 보내면 자연히 중국어에 익숙해지리라고 한 것이다.[24] 이 기록은 선조도

24) 같은 기사가 『宣祖實錄』 6년 1월 癸巳(12일)조에도 실려 있다. 壬辰亂으로 史草

진작부터 어전문신통사에 대하여 익히 알고 있었음을 말한다. 그러므로 어전문신통사와 관련된 「고사」편의 기사는 아주 잘못된 내용이다.

부수적인 일이지만 유희춘의 이 일기로써 우리는 최세진이 신숙주, 성삼문, 윤개와 똑같이 당당한 문신임을 다시 확인하게 된다. 이 일기의 신빙성은, 최세진의 훈도를 받은 吏文學官 魚叔權과 유희춘과의 친분 관계를 고려하면 매우 크다. 그 친분 관계는 유희춘의 일기에 나오는 어숙권과 그의 『패관잡기』에 관한 많은 기록으로 알 수 있다. 최초의 기록은 유희춘이 20년에 걸친 귀양에서 풀리고 성균관 直講으로 임명되어 상경한 지 7일 만에 어숙권이 찾아온 다음 내용이다.

> 吏文學官 어숙권이 내방하다. 곧 30년 옛 친구다. 기쁘기 이루 말할 수 없다. (정묘(1567, 명종 22) 11월 5일)

매우 간단한 기록이나 30년 전부터 알고 지내던 친구를 20여 년 만에 만난 기쁨이 잘 드러난다. 30년 전이라면 유희춘의 스승인 金安國과 어숙권의 스승인 최세진이 모두 살아 있을 때다. 그들의 스승이 생존하였을 때부터 알고 지낸 사이다. 위의 이 기록만으로도 유희춘이 선조께 아뢴 중종 때의 어전문신통사 최세진의 말은 여간 큰 신빙성이 있는 것이 아니다. 이 일기의 5년 뒤부터는 『패관잡기』에 대한 내용이 많다. 초고를 빌려서 베낄 뿐 아니라 '續集二卷'의 편찬에는 스스로 도움을 준 기록이 일기(임신(1572, 선조 5) 9월 21일, 9월 30일에서 갑술(1574) 7월 24일까지)에 간헐적으로 나타난다. 그 한 기록에는 어숙권에 대하여 서얼이라 仕路에는 오르지 못했으나 사람됨이 신실하고 학문이 뛰어나다고 칭찬한 일기(갑술 5월 24일)도 있다. 同榜으로 가까웠던 김안국과 최세진, 각기 제자로서 가까운 유희춘과 어숙권의 관계는 학문상으로 世交가 인정되는 친분이다. 그러한 유희춘이 최세진을 정승까지 지낸 尹漑와 함께 중종 때의 문신통사로 중용되었다고 선조께 아뢴 일은 최세진이 문신이라는 결정적 증거가 아닐 수 없다. 그러므로 『통문관지』에서 최세진을 譯科 출신의 역관으로 다루거나 漢吏科 출신이라 한 기록은 결코

가 없어져서 실록 편찬에 『眉巖日記草』가 기본자료로 이용되었기 때문이다. 그런데 실록에서는 承文院提調가 모두 안타까워하였다는 '率多嗟惜'을 '率多嗟誤'라 하여 전혀 다른 뜻으로 되었다. 전사할 때의 잘못이다.

믿어서 안 될 내용이다.

이상 「인물」편과 「고사」편의 임진란 이전 기사에서 이 책이 史料로서 문제가 있음을 설명하였다. 이러한 문제가 있다고 하여 다른 기사까지 모두 신빙하지 못한다는 것은 아니다. 임진란 이후는 말할 것도 없고, 그 이전 기사도 대부분 그대로 이용할 수 있는 사료다. 일부 기사가 검증이 없이 이용되어서는 안 된다는 뜻으로 두 기사를 논의한 것이다. 그만큼 이 책은 구성과 체재, 그리고 기술 내용이 치밀하고 정확하게 되도록 편찬자가 노력한 흔적이 보인다. 다 아는 바와 같이 사역원의 沿革과 機構, 入屬과 科擧, 事大와 交隣의 儀式과 절차, 저명한 人物과 故事, 소유 재물을 기술한 다음 「紀年」편을 두어 병자호란이 일어난 1636년(인조 14)부터 책 간행 때까지의 외교상 주요사항을 연도별로 정리하여 수록함으로써 사역원 편람서로서의 완벽한 편제와 내용을 갖추고 있는 책이다. 그 구체적인 예로서 우선 「사대」편과 「교린」편의 분권을 들 수 있다. 「사대」편 上은 우리나라 使行이 중국으로 갈 때, 下는 중국 使行이 우리나라로 올 때의 의식 절차가 기술되나, 「교린」편 上은 일본 使行이 올 때, 下는 우리나라 使行이 일본으로 갈 때의 의식 절차가 기술된 내용이다. 당시 중국 중심의 외교 관계와 우리나라와 일본과의 관계를 잘 반영한 체재인 것이다.

다음으로 사역원의 四學 곧 漢·蒙·倭·淸學의 서열과 비중에 대한 기술을 들 수 있다. 위 서열은 청나라와의 관계로 1765년(영조 41)에 청학이 몽학의 위로 가서 漢·淸·蒙·倭學으로 되는데, 이 책의 官制, 官舍, 什物, 書籍 등 모든 기술이 그에 따르고 있다. 원간본에서는 청학이 마지막에서 다루어졌으나 속부본의 續편에서는 청학이 한학에 바로 계속되어 다루어진 것이다. 더욱이 四學 상호간의 비중에 대하여 이 책은 한학의 절대적 우위를 잘 보여준다. 사대교린을 생각하여 한학이 중심에 있는 것은 짐작되지만, 내용을 보면 중심 이상의 비중을 갖고 있다. 먼저 역과 합격의 정원이 한학은 13명이고 나머지 三學은 각각 2명으로서, 한학이 三學 정원을 합친 숫자보다도 많다. 거기에 장원은 한학으로 하고 나머지는 分數에 따라 차례로 합격시켜서, 1등에게는 종7품, 2등에게는 종8품, 3등에게는 종9품의 품계를 주는데, 取才 등으로 이미 품계가 있으면 1階씩 올려주도록 하였다.[25] 이러한 제도로

25) 『경국대전』 권3 「禮典」 및 권1 「吏典」의 諸科조, 『통문관지』 권2 「勸奬」편 科擧

말미암아 한학 출신의 역관은 다른 三學 출신보다 앞서 출세할 수 있는 길이 보장되었던 것이다. 거기에다가 중국과의 빈번한 使行의 내왕으로 한학의 역관은 공을 세워 加資를 받을 수 있는 기회가 다른 역관보다 훨씬 많았다. 그러므로 사역원이 四學을 고루 교육하고 장려한 기관으로 보이지만 사실은 한학을 우대하고 그 출신의 역관을 핵심으로 하여 운영된 것임을 이 책은 극명하게 기술하고 있다. 그리하여 한학 출신의 역관은 20대 중반에 사역원의 책임자인 正이 되기도 하였다. 金指南의 여섯째 아들인 纘門(1690(숙종 16)~1714(숙종 40))은 1710년에 한학으로 역과 장원이 되어 종7품인 直長에 叙用되고, 해마다 主簿, 僉正으로 승진하여 24살인 1713년에 司譯院正이 되었으나 불행히 이듬해에 요절하였다고 한다.[26] 이것은 예외적인 일일지 모르나 한학 출신이 아니면 불가능한 출세인 것이다. 역학서의 간행에 관여한 校正官과 書寫官의 題名記를 유심히 보더라도 이 사실은 수긍된다. 한학서에는 司譯院正이거나 그것을 역임한 사람이 복수로 나타남이 보통인데, 심한 예지만 1795년(정조 19) 『重刊老乞大』의 校整官으로 前司譯院正이 洪宅福 등 6명이나 기록되어 있다. 한학서가 아닌 다른 역학서에는 겨우 한 사람이 나타날까 말까 할 정도다. 한학을 특별히 장려하고 우대하는 사역원의 제도와 운영에 대한 이 책 기술의 정확성을 확인하는 사례다.

끝으로 17, 8세기 이후 사실의 이 책 기술, 특히 국어학계에서 자주 이용되는 역학서 기술의 구체적인 내용에서는 字句 하나도 소홀하게 되지 않았음을 설명할 수 있다. 역학서는 이 책(권8) 「什物」편과 「書籍」편에 수록되어 있는데, 편명 그대로 「집물」편에는 사역원이 소유한 목판본의 책판,[27] 「서적」편에는 목판본과 활자본의 實冊의 이름이 나타난다. 그런데 18세기 극초에 간행된 청학서의 다음 기록의 일부 자구에 대하여는 불신하는 견해가 학계의

조를 참조할 것.

26) 김양수(1985: 122)에 의한다. 거기에는 主簿가 奉事로 되었으나 奉事는 종8품이므로 主簿의 오자로 생각한다. 그 각주에 의하면 纘門의 손자 益瑞가 1798년(정조 22)에 세운 그의 묘비에 이러한 경력이 나타난다고 한다. 『역과방목』에 의하더라도 그는 1710년 增廣試에 한학으로 장원이 되고 司譯院正의 자리에 있었음이 기록되어 있다.

27) 『노걸대』의 책판에 대한 주석에서 '時在槐院'(8, 7b) 다시 말하면 현재 槐院 곧 승문원에 있다고 한 것은 원래 사역원 소유이지만 사역원에 소장된 다른 책판과는 달리 승문원에 옮겨져 있다는 뜻이다.

정설로 되어 있다.

> 老乞大板 三譯總解板 小兒論板 八歲兒板 (幷廳官李世萬等書 康熙癸未(1703, 숙종 29) 令淸學官朴昌裕等六人捐財 以活字開刊 藏於該學)(8 什物편, 7~8)

이 기록이 「什物」편에 있을 뿐 아니라 서명 뒤에 '板'이라 되어 있어 책판임이 밝혀져 있고 그 중의 한 책인 『삼역총해』의 서문에서 '이들 책을 판각하다(剞劂是書), 목수를 모아 책판에 새기다(鳩工鋟梓)'란 구절이 있으므로 이들은 목판본임이 분명하다(성백인 1999: 128-129).[28] 그러면 위 주석의 '활자로 개간하다(以活字開刊)'란 기사는 결국 신빙하지 못할 자구가 된다. 위에서 당시의 기사에는 자구 하나도 소홀하게 되지 않았다고 한 것에 정면으로 반론을 제기하는 근거가 되는 일이다. 역설적이지만, 우리는 이 문제의 자구를 따져 보면 오히려 이 책 기술의 치밀하고 용의주도함을 알게 된다.

문제의 자구를 이해하기 위하여 먼저 이 『통문관지』의 책판과 서적에 대한 기사를 전반적으로 검토할 필요가 있다. 활자본의 협주 기사는 두 유형으로 나뉜다.

> 제1형: 康熙庚戌 以鑄字印行(象院題語板. 8 什物편, 7b)/ 國初 以鑄字印行(訓世評話. 8 書籍편, 8b)/ 康熙庚子… 以鑄字印納(通文館志. 8 書籍편, 10a)
> 제2형: 康熙庚辰… 令芸閣鑄字印行(捷解新語板. 8 什物편, 7b)/ 康熙庚戌… 令芸閣鑄字印行(內賜老乞大諺解. 8 書籍편, 8b)/ 雍正甲寅… 鑄字印納(經書正音. 8 書籍편, 10a)

여기 『상원제어』와 『첩해신어』가 「집물」편에 수록된 것은 활자본으로 간행되었으나 계속된 주석에 있는 바와 같이 2, 30년 뒤에 복각되어 책판으로 수장되었기 때문이다. 그리고 『통문관지』와 『경서정음』의 경우에만 '印納'이라 한 것은 특정한 역관이 비용을 대어 印行하여 納本하였다는 뜻이다. 그러므로 두 유형은 '以鑄字印行'과 '鑄字印行'의 차이다. 이 차이가 의미는 같으나 修辭가 조금 다를 뿐이라고 할지 모른다. 그러나 필자는 의미가 결코 같

---

28) 滿蒙字로 된 역학서는 활자본이 전혀 없다. 이들 활자본이 있다면, 만몽자의 '活字'는 단어를 단위로 하여야 된다. 활자본의 능률이나 경제성에 어긋나게 된다. 이들 청학서를 활자본이라 하지 못하는 방증인 것이다.

지 않다고 생각한다. 결론부터 말하면 전자는 이미 주조된 활자로써 인행하고 후자는 그 책을 위하여 활자를 새로 주조하여 인행한다는 뜻이다. 鑄字가 전자는 합성어, 후자는 타동사와 목적어의 통사 구성으로 사용된 것이다. 이러한 용법은 활자에 관한 우리 先人들의 글에 흔히 나타난다. 저명한 예로 전자는 李奎報의 「新印詳定禮文跋尾」(『동국이상국집』 後集 권11)에 나오는 '遂用鑄字 印成二十八本', 후자는 成俔의 『慵齋叢話』(목판본. 권7, 12b)에 나오는 '鑄字之法'에서 본다. 그런데 더욱 중요한 사실은 두 유형이 주석의 자구에서 나뉠 뿐 아니라 실제 책으로도 구분되는 일이다. 제1형은 모두 한문본이나 제2형은 한자 이외의 외국 문자나 독특한 한글이 사용된 왜학서와 한학서다. 한문본은 芸閣 곧 교서관에 있는 활자로 간행할 수 있으나 제2형의 왜학서나 한학서는 새로 활자를 주조하여야 간행할 수 있는 책이다. 일본의 가나[假名]는 말할 것도 없고 일본어와 한자의 중국어 注音의 독특한 한글은 특별히 활자를 주조하여야 하기 때문이다. 요컨대 이러한 사실을 이 책 활자본 주석의 기사에 나온 '以'자의 있고 없는 차이가 나타내었다고 해석된다.

이어서 활자본의 간행을 '印行'이라 한 사실을 주목하게 된다. '印納'은 이미 말한 바와 같이 印行, 納本이므로 활자본에 대하여는 印行이란 용어만 사용된 것이다. 이에 대하여 목판본의 책판에 대하여는 하나의 예외가 없이 '刊板'이라 하였다. 목판본의 간행은 '開刊, 開板, 刊行'이란 용어를 상정하고 있음을 보게 된다. 이러한 전제 아래에서 문제의 '以活字開刊'을 보면, 전반은 한문본의 활자본, 후반은 목판본의 간행에 대한 용어가 된다. 묘한 기사인 셈이다. 이에 실책의 조사를 통하여 활자본과 목판본에 절반이 해당되면서 다른 절반이 해당되지 않는 이 구절을 해명할 수밖에 없다.

오늘날 그때의 청학서는 한 책도 전하지 않는다. 약 6, 70여 년이 지난 18세기 후반에 이들을 重刊한 『중간청어노걸대』(1765)를 비롯하여 『중간삼역총해』(1774), 『중간소아론 · 팔세아』(1777(영조 53))는 전한다.[29] 다행히 『중

---

29) 이들 서명은 「중간삼역총해序」와 『중간소아론 · 팔세아』의 서문에서 말한 '總解重刊之役'에 의한다. 간기에는 '改刊'이라 하였는데, 이 『통문관지』 「집물」편과 「서적」편에서는 '新釋'이란 冠稱이 있다. 新釋은 한학서인 『신석노걸대』, 『신석박통사』에 맞추어서 이들 책이 중간된 사정을 시사하는 것이다. 『중간청어노걸대』에는 「청어노걸대신석序」도 있으므로 新釋이 더 나을지 모르나 여기서는 「중간삼역총해序」와 관례에 따라 관칭 '重刊'을 붙인다.

간삼역총해』에는 권1 권두에[30] 「중간삼역총해序」와 함께 원간본의 「삼역총해序」가 있다. 글의 제목은 없으나 판심제가 '三譯總解序'인 그 서문은 淸語總解라 하여 『삼역총해』를 비롯한 그때의 모든 청학서에 관한 것이다. 『중간삼역총해』에만 이 서문이 있는 것은 1790년(정조 14 경술)에 쓴 李瀷의 「蒙學三書重刊序」가 이른바 몽학 3서인 『첩해몽어』, 『몽어노걸대』, 『몽어유해』의 중간에 대한 것이지만 대표로 『첩해몽어』에만 장철되어 있는 일과 같다. 그런데 「삼역총해序」의 인면을 자세히 살펴보면 책 본문이나 중간본 서문과 달리 원래 무신자로 인쇄된 것을 복각하였음이 분명하다. 이 사실에서 이른바 淸學總解라 한 『청어노걸대』를 비롯한 네 책의 책판에 대한 『통문관지』의 주석에 활자본과 목판본에 두루 해당하는 '以活字開刊'이란 어정쩡한 기사가 나타난 것이라 생각된다. 다시 말하면 전반은 활자로 된 원간본의 서문, 후반은 목판으로 되어 있는 청학서의 본문에 대한 기사인 셈이다. 그런데 이 서문이 원간본에서도 『삼역총해』에만 있었다면, 한 책의 활자로 된 서문과 목판인 네 책의 비중을 같이 다룬 기사는 문제라 할 만하다.[31] 그러나 서문

---

30) 滿蒙文의 역학서는 左書인 한문의 서문은 권1, 불분권 1책일 경우에는 책 본문이 끝난 뒤에 장철된다. 『중간소아론』 뒤의 글을 서문이라 한 것은 '余曾弁卷 今又因其請 書此以復之'라고 한 서문 내용에 의하지만 청학서 장책의 관례도 고려한 것이다. 그리하여 表題가 서문 장철 등에 따라 일반 한문본과 같이 하여 본문과 어긋나게 된 예가 많다.

31) 여기에 원간본 서문이 원래는 淸學總解의 네 책에 다 장철되어 있었으나 중간하면서 대표로 『三譯總解』에만 남겨놓았을 추측을 제기하여 두고자 한다. 같은 계기로 동시에 인출된 여러 부의 목판본에 관한 하나의 발문이, 목판본의 광곽에 맞추어서 활자로 다르게 조판되어 장철된 예들이 15세기 후반의 佛書에는 있다. 광곽에 맞추어 책판을 달리하여 여러 벌의 발문을 새기는 것보다 경제적이기 때문이다. 저명한 예가 간경도감의 언해서와 다른 불경의 책판으로 1472년(성종 3)에 인출된 책에 장철된, 갑인자로 된 金守溫의 발문(글의 제목은 없으나 판심제는 본문의 서명에 따라 '法語跋', '圓覺經跋'로 되어 이름이 다르다)이다. 중간본으로 보면 광곽의 크기가 다른 『三譯總解』와 함께 『小兒論』 등의 원간본에도 이 서문이 있었다면 광곽에 맞추어 따로 목판을 새기기보다 활자로 조판하는 것이 경제성으로 보아 극히 당연하다. 한 책에만 싣기 위한 서문이라면 책판 1장의 판각으로 충분한데, 활자로 조판하여 본문과 다르게 할 이유가 없을 것이다. 그리하여 목판본의 서문이 활자로 된 사정도 알게 되지만, 『通文館志』 주석 기사의 비중 문제도 없어지리라 생각된다. 이러한 근거로 활자로 된 서문이 모든 청학총해 원간본에 있지 않았을까 하는 추측을 제기하는 것이다. 앞으로 원간본이 나타나서 이 추측의 옳고 그름이 확인되기를 기대한다.

내용이 위에 말한 바와 같이 원간본 네 책의 간행에 관한 것이므로 서문과 청학총해의 비중을 같이 다룬 주석 기사의 균형 감각을 이해할 수도 있다. 요컨대 그 기사는 잘못된 것이 아니라, 오히려 고심한 결과로 이루어진, 매우 적절한 것이 아닌가 한다. 『통문관지』에서 활자로 된 한문본을 '以鑄字印行'이라 하였으나, 여기서 鑄字를 피하고 굳이 活字란 용어를 사용한 것도 서문만 활자로 된 사실을 고려한 것이라 하면 지나친 천착일까.

이상의 논의로 『통문관지』의 기사는 史料로서 신빙성에 양면성이 있음을 알 수 있다. 이러한 기사의 양면성은 대상의 연대와 관련이 있다. 신빙성이 결여된 기사는 임진란 이전을 대상으로 한 것에 보이고, 자구 하나까지 소홀히 못할 정도로 신빙성이 큰 기사는 18세기 이후를 대상으로 한 것이다. 그러나 전반적으로 볼 때, 이 책이 적어도 사역원에 관한 사료로는 가장 중요한 것임에 이론의 여지가 없다. 우리가 바라는 것은 다른 사료와 마찬가지로 이 책도 여기에서 논의된 기사를 포함하여 모든 기사를 엄격히 검증하고 이용하였으면 하는 일이다.

Ⅳ. 맺음말

사역원의 편람서인 『통문관지』는 1720년에 간행된 우리나라 최초의 官署志다. 이 책에 잇따라 편찬 또는 간행된 『奎章閣志』, 『侍講院志』, 『秋官志』, 『太學志』, 『弘文館志』 등 관서지의 남상인 점으로 의의가 크다. 이 책은 처음 간행된 이후로 1888년에 이르기까지 10여 차례나 간행되었다. 불과 170년 미만에 이렇게 자주, 그리고 본문을 간행할 때마다 추가, 보충한 예가 없다. 사역원의 직제와 외교 관례 등을 참고할 필요에 이유가 있겠으나, 중국과 일본과의 중요한 외교 사항을 연도 단위로 정리한 「紀年」편을 일정한 시기마다 추가할 관례가 있었기 때문에 빈번한 중간이 있었다고 생각된다. 그만큼 개화기 직전까지 이 책은 중요한 의미를 갖고 있었다. 사역원이 폐지된 이후로는 역사 연구의 필요에서 활판본과 영인본으로 각기 두 차례나 간행되었다. 목적은 같지 않으나 이 책은 간행된 뒤로 계속하여 지금까지 큰 이용 가치가 있기 때문이다.

서지학의 관점으로도 이 책은 매우 중요한 것이다. 위에서 말한 바와 같이

1720년에 활자로 원간본이 간행된 뒤에 권8만 기사를 수정, 보완하여 같은 해에 수정본이 간행된 점도 특별한 일이지만, 1778년에 續附本이라 한 목판본을 간행한 뒤로 짧게는 3년 만에 기사를 추가하여 중간한 일은 특기할 예가 아닐 수 없다. 그런데 목판본의 간행에서는 빈번한 중간에서 앞선 간본의 책판을 살려 쓰기 위하여 체재와 기사를 배려하여 손질하였다. 연도에 기사가 잇따라 기록되는 활자본의 체재가 목판본에서는 연도를 독립된 행으로 배치한 체재로 바뀌었다. 왕이 서거하면 묘호에 따라 '今上元年'이 '某大王元年'과 같이 2자가 늘어나는 연도 표기를 고려한 것이다. 1행인 연도의 埋木만으로 왕이 서거한 뒤에도 책판은 그대로 사용할 수 있다. 활자본에서 재세한 왕의 즉위 기사인 '今上卽位'가 목판본에서 '今上殿下卽位'로 고쳐진 것도 매목으로 수정할 때의 글자 숫자를 맞추어서 행한 일이다. 이것은 모두 현재의 책판에 있는 매목으로 확인된다. 역관 계층의 실용적인 성향을 느끼게 하는 대목이다. 이러한 사실은 책 판심의 형식과 함께 우리나라 목판본의 역사에서 높이 평가되어야 할 것이다.

이와 같이 중요한 책임에도 그 서지와 본문 내용에 대하여는 충분히 밝혀지지 못한 면이 있다. 단적인 예로 원간본이 田川孝三(1953)에서 국립중앙도서관에 소장되어 있다고 하였으나, 그 뒤에 이루어진 이 책의 편찬과 이본에 대한 우리나라의 연구에서는 한 번도 그 책이 조사되어 다루어지지 않았다. 이것이 필자의 좁은 소견에 말미암은 것이라면 참으로 다행한 일이겠다. 이에 우리는 나름대로 현존한 실책을 면밀하게 조사하여 이본 상호간의 관계와 계보를 밝히고, 아울러 극히 일부 기사에 지나지 않지만 史料로서의 검증을 시도하여 본 것이다. 그것은 이 책의 올바른 평가와 이용에 조금이라도 이바지하고자 한 뜻이다. 그러한 평가와 이용에서 우리 국어학 연구자가 사역원과 역학서의 실체에 더욱 접근되기를 기대하여 마지않는다.

제9장 『大明律直解』의 書名

Ⅰ. 머리말

동양의 고서는 書名이 전통적으로 목록서의 標目이 된다. 다시 말하면 우리나라와 중국, 일본의 고서는 서명이 그 책을 검색하는 길잡이인 것이다. 그러므로 고서를 검색하고 열람할 경우에는 서명에 대한 정확한 지식이 전제된다. 이 전제를 위한 고서의 서명은 오늘날의 도서와 달리 하나가 아니라 여러 가지인 점이 문제이다. 나타나는 자리에 따라서 본문 권두의 首題, 권말의 尾題, 판심과 표지의 版心題와 表題 등등이 있는가 하면 줄여서 부르는 서명이 일반화된 경우도 많은 것이다. 그리하여 목록서의 표목은 수제로 하고, 필요한 경우에는 널리 알려진 다른 서명을 주기하는 원칙이 세워져 있다. 이러한 목록서의 관례에 익숙하지 않으면 정작 보고자 하는 고서를 놓치는 일이 없지 않다.

국어사 자료의 서명에는 또 하나의 문제가 있다. 언해서와 구결서는 수제에는 물론이고 다른 서명에도 언해와 구결이 전혀 반영되지 않은 것이 대부분이다. 언해서와 구결서가 그 원전의 서명과 똑같은 것이다. 注記事項에 언해나 구결에 대한 정보가 없는 경우에는 수제를 알더라도 문제의 자료를 검색하기는 쉽지 않다. 이들보다는 워낙 수량이 적지만 吏讀의 번역서도 사정은 다르지 않다. 이 글의 제목에 나온 『대명률직해』(1395, 태종 4)는 국어사와 우리나라 법제사의 연구자들 사이에서 이두로 『대명률』을 번역한 책으로 통용되고 있다. 그러나 이 서명으로 목록서를 검색하면 바로 그 책에 접근할 수 없다. 정확하게 말하면 목록서의 표목이나 주기사항만으로는 그 서명을 찾지 못하는 것이다. 『규장각도서 한국본 종합목록』(1981, 서울대도서관)을 비롯하여 거의 모든 목록서는 수제에 따라 '大明律'이란 표목을 세우고 있고,[1]

1) 필자의 관견으로는 유일한 예외가 고려대 중앙도서관의 『漢籍目錄(舊藏)』(1984)

주기사항에서도 이두의 번역이나 '大明律直解'란 서명이 기록되지 않았기 때문이다.

목록서에서 수제에 따라 『대명률』로 등재된 책이 학계를 비롯하여 사회에서 수제와 다른 『대명률직해』로 통용되는 일은 매우 특이하다. 언해서와 구결서는 국어학계에서 수제에 '언해'와 '구결'을 붙여서 부르는 일이 있지만, 이두로 된 언해서의 경우에 이 책과 같이 '직해'나 '언해'를 붙이는 예는 없다. 1415년(태종 15)에 간행된 이두의 언해서인 『養蠶經驗撮要』와 1525년(중종 20)에 간행된 이두와 한글로 된 두 가지 언해를 가진 『牛馬羊猪染疫治療方』은 학계에서도 수제 그대로의 서명으로 부른다. 실록과 『경국대전』을 비롯한 우리의 史料에서는 『대명률』로만 불리던 책이 일제 시대에 活版으로 간행된 『校訂 大明律直解』(1936. 이하 교정본이라 한다.) 이후로 수제에 '직해'를 붙인 서명으로 굳어져 있다. 그 책의 「凡例」에서는 종래 행해지던 명칭을 따르고 類書와의 구별을 쉽게 하기 위한 것이란 간단한 언급이 있을 뿐이다. 부록인 경성제국대학 花村美樹 교수의 「『大明律直解』 解說」(이하 해설이라 줄인다.)은 상대적으로 약간 자세하나 같은 내용이다. 종래의 서명이 언제부터 시작하였는지, 나아가 그렇게 된 근거에 대한 좀더 자세한 설명은 행해지지 않았다. 이 책에 대한 뒤의 연구에서도 그 이상의 논의가 없이 '대명률직해'란 서명을 답습하고 있다. 이 글은 바로 그러한 서명의 유래와 근거를 살펴보고자 한다.

Ⅱ. 서명 '대명률직해'의 유래

학계에서 이 책을 사실상 『대명률직해』로 부르게 한 것은 위에 말한 校訂本이다. 그 교정본의 위 「凡例」는 부록의 해설을 요약한 것인데, 해설의 서명에 대한 부분도 다음과 같이 매우 간단하다.

> 더욱이 본래 이 책에 大明律直解란 題名이 붙어 있는 것이 아니라 단지 大明律이라 기록되어 있는 데 지나지 않으나, 종전에 이 책을 다른 類書와 구별하기

의 '大明律直解'란 표목이다. 그 도서관의 다른 목록서, 예컨대 『晩松金完燮文庫目錄』(1979)도 다른 公私도서관의 목록서와 같이 표목이 '大明律'인 사실은 이 예외가 착오에 말미암은 것으로 생각된다.

위하여 혹은 直解大明律, 혹은 大明律直解란 명칭이 사용되어 있어서 나도 편의상 후자의 명칭을 따르고자 하는 것이다.(11면)

여기 類書라 한 것은 『대명률』의 내용에 대하여 의문을 제기하고 설명한 '講'과 '解'를 덧붙인 『大明律講解』를 가리키는 것으로 생각된다. 해설(15면)에서는 그 책의 表題도 『대명률직해』와 똑같이 보통 '大明律'로 되어 있다고 한다. 필자가 조사한 바로도 『대명률강해』는 零本이지만 『대명률직해』의 현존본보다 앞서는 초주갑인자본(15세기 3, 40년대 간행으로 추정)과 을해자본(16세기 중반 간행으로 추정)을 비롯하여 임진란 이후의 이본도 약간 전하고 있어서 조선 초기부터 이 『대명률직해』와 함께 널리 사용되었음을 알 수 있다. 필자가 조사한 그 책의 무신자본과 경오년(1750년(영조 26)이나 1810년(순조 10)으로 추정) 평양 간본의 原裝本 표제는 '大明律'이다. 더욱이 무신자본은 판심제도 '大明律'이다.[2] 그러므로 『대명률직해』를 수제나 표제에 따라 『대명률』이라고만 하면, 『대명률강해』와 혼동될 수밖에 없다. 해설에서는 이를 피하기 위하여 '종전에' 이 책에 '직해대명률' 또는 '대명률직해'란 서명이 있었다고 한 것으로 이해된다. 그러나 해설의 본문에서는 위 인용과 같이 종전의 구체적인 사례가 제시되지 않았다.

그런데 校訂本 해설의 교정 이후에 간접으로 조사한 蓬左문고 소장의 『대명률직해』에 대하여 설명한 해설의 부기(24면)에서 18세기의 일본인이 쓴 그 소장본의 題簽이 '直解大明律'이라 되어 있는데, 그 表題는 근거가 명확하지는 않으나 魚叔權의 『稗官雜記』에서 1546년(嘉靖 병오, 명종 1)의 重刊을 설명한 기사에 '직해대명률'이란 명칭이 있으므로 우리나라에서 전래되었으리라 추측하고 있다. 이로 보아 종전에 사용되었다고 한 '직해대명률'이란 서명은 16세기의 어숙권의 『패관잡기』에 나오는 다음 기사에 근거한 것으로 보인다.

---

2) 그 판심은 上象鼻에 판심제에 해당되는 '大明律', 中縫 위쪽에 권차에 해당되는 '講解律幾'(예컨대 권16이면 '講解律十六')와 아래쪽에 張次인 숫자가 표시되어 있는데, 卷次는 판심 가운데 大字로 인쇄된 판심제나 장차와 다르게 小字로 되어 앞 반엽의 판심에 인쇄되어 있다. 그러므로 판심제가 '大明律'이라 한 것이다. 사실 『대명률강해』의 판심제는 이본에 따라 초주갑인자본은 '講解', 평양 간본과 전사자본은 '大明律講解'로 되어 통일되지 않았다.

大明律專用吏文文字 而其體簡古多曲折 非通乎吏文者 不可得以解矣……洪武乙亥(1395) 鄭道傳等 患律文難曉 以薛聰所製吏讀 逐條飜譯 名曰直解大明律 令書局印出 凡三百八十八件 歲月已久 散亡不存 予先人有家藏一件……嘉靖丙午 元參議混觀察湖西 見而嘉之 遂入梓於公州(권4)

충청도 관찰사 元混이 어숙권의 집안에 전래하던『대명률직해』를 公州에서 중간하였다고 하면서, 그 책이 원전인『대명률』을 설총이 지은 이두로 번역하여『직해대명률』이라 이름하고 388부가 인출되었다고 한다. 인출한 책의 부수를 한 자리 숫자까지 말한 것은 金祇의 발문에서 100여 부라 한 것과 사뭇 다르나 이 글과 직접 관계가 없으므로 일단 덮어두기로 한다. 그러나 이 기사가 書名에 관한 한, 상당한 근거를 가진 것으로 생각된다. 첫째 그가 위의 기사에서 원전과 이두로 된 번역본을 각각『대명률』과『직해대명률』이란 서명으로써 분명히 달리 불렀고, 둘째 그가 편찬하여 임진란 전에 간행된『攷事撮要』의 책판 목록에서 집안에 전래하던 책을 공주에서 중간한 책판을 '直解大明律'이라 하여 위의 기사와 일관된 서명으로 기록하였기 때문이다. 그 목록에서 原州, 光州, 慶州의 책은 '大明律'이라 하였는데, 이는 아마도 지방의 관아에서 올라 온 목록(어쩌면 교서관 등 중앙 관아에서 이미 수합한 목록일 가능성이 크다.)을 전재하면서 다른 책판은 그대로 옮겨 적었으나 집안에 전래하던 책의 중간본은 번역본임을 분명히 알고 있어서 '直解大明律'이라고 고쳐 썼을 가능성이 있다.[3)]

어숙권이 이두로 번역되었으므로 '직해대명률'이라 하였지만 그 나름으로 다른 근거도 있을 것이다. 여기에서 그것을 따져볼 필요가 있다. 그것은 무엇보다 먼저 金祇의 발문에서 "某等詳究反復 逐字直解"라 한 데 있지 않을까

3) 16세기 후반의 公州에서 간행된 책이『대명률직해』의 현재 알려진 이본 가운데서 확인되지는 않는다. 그러나 안병희(1992a: 368-370)에 의하면, 고려대도서관의 만송문고와 일본의 내각문고에 소장된 이본의 黑口에 기록된 僧侶인 刻手 이름이 16세기 중반 전라도에서 간행된 유간기 불서에도 보인다. 당시 승려인 각수는 전라도와 충청도의 道界를 넘나들면서 작업한 예가 따로 있다. 16세기 중반의 평안도와 황해도의 간본에 도계를 넘나들며 작업한 승려인 각수가 이름을 남긴 예와 같다. 따라서 만송문고와 내각문고 소장본은 광주와 공주의 간본이 분명하나 어느 것으로 단정할 수는 없다. 다만 광주의 간본이 16세기 중반에 되었다는 확증이 없다. 다시 말하여 그보다 더 이른 시기에 판각되지 않았다고 단언하지 못한다. 그러므로 공주에서 간행된 책일 가능성이 상대적으로 크다.

한다. 상세히 연구하기를 되풀이하여 자구를 따라 직해하였다고 한 데서 왔다고 보는 것이다. 또 어숙권은 吏文學官으로서 역학서의 하나인 『직해소학』을 익히 알고 있었다고 생각되므로[4] 이 서명에 유추하여 '직해대명률'이라 하였을 것으로 추정된다. 오늘날 산일되었으나 그 책은 偰長壽가 『소학』을 漢語로 해석 또는 번역한 책(『세종실록』 23년 8월 11일 및 『경국대전주해』 권하, 20b 참조)이다. 다시 말하면 이두냐 한어냐 하는 차이는 있으나 다같이 번역인 데다 발문에 '逐字直解'하였다고 하였으므로 『직해대명률』이라 한 것으로 보인다. 그러나 다른 史料에서는 그러한 용례를 전혀 찾을 수 없다. 그러므로 교정본의 해설에서 종전에 '직해대명률'이라 불렀다고 하였으나, 사실은 어숙권의 『패관잡기』와 『고사촬요』의 八道冊版, 그리고 蓬左문고본 『대명률직해』의 表題에 그 예가 있을 뿐이다.[5]

해설에서는 종전에 『대명률직해』란 서명도 사용되었다고 한다. 이 설명의 근거는 전혀 드러나 있지 않다.[6] '직해대명률'은 유일하게 16세기 어숙권이 사용한 우리나라 용례가 있다. '직해소학'이 '소학직해'로도 기록된 일(각주 6) 참조)이 있으므로 '직해대명률'이 '대명률직해'로 불렸을 가능성이 없지 않다. 그러나 '대명률직해'는 史料에 쓰인 일이 아주 없다. 필자의 조사로는 『조선

---

4) 실록에는 역학서의 하나로 『직해대학』이란 서명도 『직해소학』과 함께 나타난다. 詳定所에서 아뢴 諸學取才의 數目 중 譯學의 『直解大學』·『直解小學』(세종 12년 3월 18일자(무오))이 그것이다. 물론 이들 두 책은 오늘날 전하지 않으나 譯學取才의 數目에 나란히 들었으므로 같은 성격의 책이라 생각된다. 어숙권이 생존하였을 때에는 두 책이 다 존재하였을 가능성이 있다. 그러하다면 『직해대학』도 그가 알고 있었을 것이다. 그런데 실록의 영인본 標點과 국역본은 漢吏學이 '魯齋大學直解 · 小學', 譯學이 '四書直解 · 大學直解 · 小學'과 같이 되어 직해를 앞 서명의 뒤에 잘못 붙여 놓았다.

5) 한글로 번역된 원전의 수제에 '직해'를 얹은 예가 오직 하나 있다. 현재 실책이 전하지 않는 1453년(단종 1) 무렵의 『直解童子習』이다. 『成謹甫集』(권2)에 수록된 「직해동자習序」와 서문 안의 『직해동자습』으로만 알려진 서명이다. 그런데 『동문선』(권94)에는 「동자習序」로 수록되어 있다. 실책의 수제를 볼 수 없으므로, 이를 미루어서는 '직해'를 얹는 일이 당시에는 수의적이라 할 수 있다. 그러나 『대명률직해』는 수제가 '대명률'로 확인되어 사정이 다르다.

6) 설장수의 『직해소학』은 실록과 『경국대전』 등에서 모두 똑같이 나타나나, 필자의 조사로는 실록에서 오직 두 번 『소학직해』(세종 16년 4월 2일 및 5월 18일자)로도 기록되었다. 그것이 단순한 착오가 아니라면 '직해'의 위치를 크게 의식하지 않은 데서 온 일일 것이다. 그러나 이러한 용례가 해설의 근거로 설명되지는 않았다.

도서해제』(초판: 1915) 증보판(1919)의 표목으로 처음 보게 되었다. 말하자면 1919년에 처음으로 '대명률직해'란 서명의 용례가 등장한다. 그런데 현재 규장각에는 그 증보판의 일부 원고가 소장되어 있다. 成冊된 원고의 표지에는 1916년의 年紀가 있어서 초판이 간행된 뒤에 곧 증보판의 편찬에 착수된 사실을 말하고 있다. 초판에 수록된 해제는 인쇄된 초판의 해당 부분을 표목 단위로 오려 붙이고 수정하였으나 새로 작성된 원고는 國漢文으로 된 것을 朱筆로 수정하여 日文으로 번역되어 있다. 草稿가 국한문인 것은 촉탁으로 저명한 우리나라 학자가 참여하였기 때문이다. 그들은 원고의 印記로써 魚允迪, 鄭萬朝, 鄭丙朝 씨로 확인된다. 붓으로 된 그 원고의 한 묶음(表題: 大正五

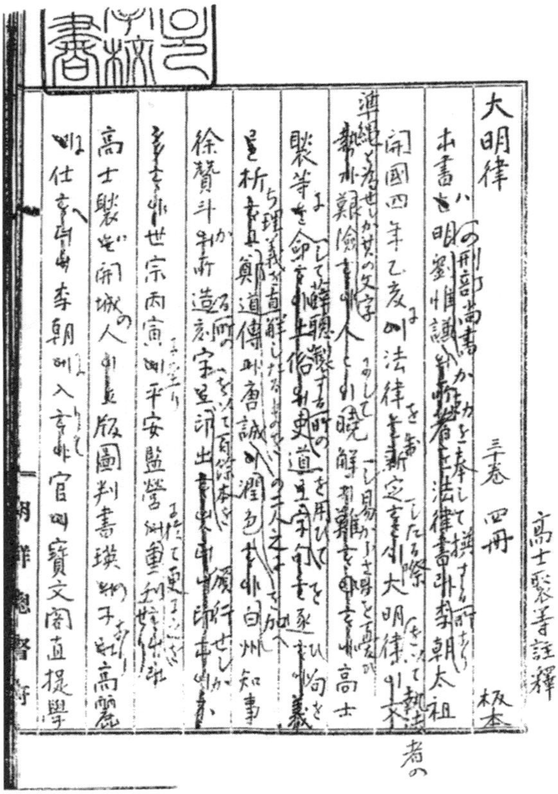

<사진 1>

年(1916) 十一月條/ 第二回 解題原稿) 속에 다행히 이 책의 해제(<사진 1>)가 포함되어 있다. 초고의 표목은 책의 수제와 같이 '大明律'인데, 다른 부분은 상당한 수정이 되었으나 이 표목은 아무런 수정을 받지 않았다. 규장각에는 이 해제 원고와 별도로 『圖書名整理原稿』(4책)가 있다. 그 제2책 표지에는 위의 원고보다 5개월이 앞서는 '大正五年(1916) 六月'이란 연기가 있는데, 그 책 안에 '大明律'이란 서명이 수정되지 않은 채로 나타난다. 그러므로 증보판에서 표목을 '大明律直解'라 한 것은 마지막에 있었던 교열에서 수정한 일로 생각된다. 경위는 어떻든 증보판의 이 표목으로써 『대명률직해』란 서명이 사용되는 계기가 된 것으로 보인다. 그리하여 『朝鮮總督府古圖書目錄』(1921)의 史部(政法類)에도 '大明律直解'로 등록되어 있다. 따라서 해설에서 종래라 한 것은 지난날의 史料에 용례가 있어서가 아니라 이러한 『조선도서해제』 증보판과 그 후의 용례를 두고 한 일이 아닌가 한다. 머리말에서 말한 바와 같이 그 해설을 실은 교정본을 계기로 일반은 말할 것도 없고 학계에서도 이 서명이 통용된 것이다.

여기에서 이 서명과 같이 다른 문헌의 수제 뒤에 붙인 直解란 용어를 검토할 필요를 느낀다. 漢籍에는 끝에 그 용어를 붙인 首題가 꽤 있다. 특히 『대명률』과 관련하여 明나라 태조 朱元璋이 吳王이라 일컫던 1367년(吳 원년)에 그 『대명률』의 전신인 『律令』을 반포하고 곧 백성의 이해를 돕기 위하여 『律令直解』란 해석서도 편찬하여 반포하였다고 한다(남만성 1964: 5). 한편 1367년에 반포한 법령이 『율령직해』란 견해도 있다(박병호 1989: 378). 그런데 오늘날 『율령』이나 『율령직해』란 책이 전하지 않는다. 당시의 史料로 검토할 수밖에 없다. 위의 두 견해, 특히 전자는 명시적으로 皇明實錄의 기사를 근거로 한다고 밝히고 있다. 그런데 『大明太祖高皇帝實錄』(吳 원년 12월 甲辰조)에는

> 律令成 命頒之初 凡爲令一百四十五條…… 律準唐之舊 而增損之 計二百八十五條

라 하고, 같은 실록(洪武 6년(1373) 윤11월 己丑조)에는 太祖가 刑部尙書에게 『대명률』의 詳定을 명하였다고 하면서 위의 기사가 다음과 같이 부연되어 있다.

先是 上旣命頒行律令 又恐小民不能周知 命大理卿周禎等直解其義 頒行民間

이들 두 기사를 종합하면 1367년에 『律令』이 이루어져 반포되고 이어서 태조가 백성이 알지 못할 것을 걱정하여 『율령』의 뜻을 直解하여 민간에 반포하도록 하였다는 것이다. 이것으로 전자인 『율령』의 반포와 시기는 분명하지만, 그것을 쉽게 해석하여 반포된 후자는 이 기사만으로는 서명이 무엇이며 반포 시기가 언제인지 분명하지 않다. 『율령직해』란 서명은 아마 위의 둘째 기사의 '直解其義'를 확대 해석한 결과로 보인다. 서명과 시기가 분명하지 않으나 『율령』의 뜻을 직해한 책이 반포된 사실만은 그 기사로 확인된다.

그러나 『明史』(권93, 志 69, 刑法 1)에서는 皇明實錄과 달리 『율령직해』에 대하여 좀더 분명히 기록하고 있다.[7] 明太祖가 吳 원년인 1367년 10월에 左丞相 李善長을 律令總裁官으로 삼아 律令을 의정하게 하여 12월에 令 145조 律 285조의 『율령』이 이루어졌다고 하고서 다음과 같이 기록하고 있는 것이다.

又恐小民不能周知 命大理卿周楨等 取所定律令 自禮樂制度 錢糧選法之外 凡民間所行事 宜類聚成編 訓釋其義 頒之郡縣 名曰律令直解 太祖覽其書而喜 曰吾民可以寡過矣

곧 大理寺卿 周楨 등에게 『율령』 중에서 민간이 행할 일을 발췌하고 類聚하여 책을 만든 뒤에 그 뜻을 해석하여 『율령직해』라 이름하고 郡縣에 반포하였다고 한다. 『율령직해』는 민간에 필요한 律과 令만을 발췌한 점과 그 律과 令의 뜻을 해석한 점이 『율령』과 다르다. 다시 말하면 『율령』의 令 145조 律 285조 중에서 禮樂制度를 비롯하여 錢糧選法 등에 관한 것이 빠지고 수록된 令과 律에는 해석을 붙였다는 것이다. 法律의 조항이 빠지지는 않았으나 이두로 해석하여 민간에서도 쉽게 이해하도록 한 『대명률직해』의 편찬이 『율령직해』의 편찬 의도와 서로 통하는 일이다. 이로써 서명 뒤의 直解가 뜻하는 바를 짐작할 수 있다.

---

7) 이 『明史』의 기록은 성균관대학교 辛承云 교수의 지적에 의한다. 교수는 草稿를 통독하고 그 밖에도 유익한 비판을 하여 이 글이 이루어지는 데에 큰 도움을 주었다.

그러나 그 『율령직해』는 관련된 史料로 책의 성격을 추측할 뿐이다. 현재 전하는 다른 실책으로 수제 뒤의 직해를 살펴보아야 그 실체에 접근하게 될 것이다. 그러한 책으로 儒家書에는 周나라 左丘明의 『春秋左傳』을 해석한 책 등이 전하고 있다. 15세기 중엽의 覆癸未字本인 宋나라 林堯叟의 『音註全文春秋括例始末左傳句讀直解』와 16세기 전반의 병진자본인 明나라 郭登의 『春秋左傳直解』가 그것이다. 전자의 句讀直解는 범례에 해당하는 그 책 綱目의 제목과 같이 '句解'로 줄일 수 있다. 그리하여 『춘추좌전』을 구절로 나누어 甲子로 된 紀年, 姓名과 地名을 풀이하고 晉나라 杜預의 古註와 宋나라 陳傅良의 議論을 더하고 스스로의 해석을 덧붙인 책이다. 후자는 수제에 이어 '郭登直解'라 하여 해석한 사람인 郭登의 直解라고 밝힌 뒤에, 본문 체재가 『春秋』의 正經을 인용하고 그에 대한 해석을 붙인 책이다. 주해가 『춘추좌전』에서 인용된 것은 '傳', 郭登 스스로가 한 것은 '登'이라 하여 권표 안에 표시하였다. 병가서로는 明나라 劉寅의 이른바 武學七書(우리나라에서는 武經七書로 더 잘 알려져 있다.)直解가 저명하다. 1577년(선조 10)의 을해자본 『三略直解』를 비롯하여 임진란 이후의 간본 등이 전하고 있다. 그중 唐나라 태종과 武將인 衛公 李靖이 高句麗 침공을 두고 주고받은 『唐太宗李衛公問對直解』를 보기로 한다. 체재는 문답을 구절로 나누어 싣고 한 자 낮추어서 권두의 수제에 이어 '前辛亥科進士太原劉寅解'라 한 바에 따른 劉寅의 해석을 실었다. 책의 첫머리에서 태종이 고구려를 칠 계책을 묻자 병력 3만이면 가능하다고 한 문답 뒤에 계속된 문답의 본문과 해석(권상, 2a)을 보임으로써 直解의 뜻을 확인하도록 한다. 괄호 안이 해석이고 /은 분절의 표시이다.

> 太宗曰兵少地遙 何術臨之(太宗言三萬兵甚少 而地數千里之遠鄉 以何法臨之)/ 靖曰臣以正兵(李靖對曰臣用正兵臨之)

여기에서 직해는 본문의 구절을 글자대로 풀이하여 직접 깨닫고 즉시 알게 하는 것임을 안다. 곧 『춘추좌전』이나 『당태종이위공문대』란 책의 구절을 고전 한문으로 해석하여 쉬 알게 한 것을 뜻한다. 그것은 『율령직해』에 대한 史料의 설명에서 간취되는 직해의 뜻과 일치하는 것으로 생각된다. 『직해소학』의 직해는 『소학』을 원전의 문체인 고전 한문이 아닌 漢語로 번역 또는 해석한 방법이 다르나 본문의 구절을 쉬 알게 한다는 점에서는 공통된다. 이상으로 수제 뒤의 직해는 문체의 차이가 있으나 實冊에서나 서명만 전하는 책에서나 똑같음을 확인하게 된다.

그러면 『직해대명률』과 『대명률직해』의 직해는 어느 쪽일까. 다시 말하면 어숙권의 설명과 같이 『직해소학』처럼 이두로 번역하여 쉬 알게 하였다는 뜻인가, 아니면 『율령직해』나 『춘추좌전직해』와 같이 본문과 같은 문체로 해석하여 쉬 알게 하였다는 뜻인가. 사실 이 책에는 이두로 된 번역 외에도 律文의 本文에 대한 해석이 많다. 해석은 律文의 正文보다 한 자를 낮추어 '謂'로 시작되는 것이 보통이나 간혹 正文의 문제되는 구절을 직접 인용하여 해석하기도 한다. 그러므로 이 책의 직해는 두 가지로 해석이 다 가능하다. 그러나 필자가 아는 범위에서는 우리나라 이외에서, 곧 우리나라와 같이 이두로 된 번역이 없는 중국이나 일본에서 이 책의 원전을 직해란 용어를 붙여 부른 일이 없다. 그러므로 이 책의 직해는 『패관잡기』의 기록과 같이 이두로 번역하여 해석한 데 말미암은 것이라 할 수밖에 없다. 다시 말하면 『직해소학』의 직해와 같은 뜻이다. 수제에 직해가 없지만 똑같이 '대명률'이라고도 불린 『대명률강해』와의 혼동을 피하기 위하여 1919년의 증보판과 1936년의 교정본에서 類書인 『대명률강해』와 『大明律附例』의 講解나 附例에 맞추어[8] 直解를 뒤에 붙여 『대명률직해』라 하면서 그 서명이 어숙권의 '직해대명률'이나 수제인 '대명률'보다 일반화한 것이다. 근래 각각 임진란 전과 후의 간본을 底本으로 한 축소영인본도 모두 그 서명으로 간행되었다.[9] 이제 이것을 『양잠경험촬요』와 같이 수제로 되돌릴 수는 없다. 수제에 언해가 없는 책이지만 『능엄경언해』, 『법화경언해』 등이 학계에 통용되는 일과 같이 『대명률직해』

8) 『明史』(권97, 志 73, 藝文 2)에는 『대명률』의 類書로 『大明律解』 12권, 『大明律釋義』 30권, 『大明律集解附例』 30권, 『大明律例』 30권이 열거되어 있다. 모두 '대명률' 뒤에 책의 특징을 말하는 어구가 붙어 있다.

9) 두 영인본은 임진란 전 간본인 만송문고본과 후 간본인 규장각 소장본을 저본으로 하였다. 전자는 1986년 보경문화사, 후자는 2001년 규장각에서 간행되었다. 그런데 후자의 底本에는 '丙寅十月 日 平安監營開刊'이란 간기가 있다. 『조선도서해제』 증보판에서 이 병인년을 세종 병인(1446)이라 잘못 추정하여 『규장각도서 한국본 종합목록』 등에서 잘못을 답습하는 일이 있다. 더욱이 그에 따라 규장각에서 귀중본으로 분류한 것은 시정되어야 할 것이다. 같은 간기를 가진 책의 내사기에 의하여 그 간년은 1686년(숙종 12)으로 바로잡아야 한다.

는 이미 관례로 확정된 서명이다. 이 글의 表題도 그러한 관례를 따른 것이다. 그러나 중요한 일은 그 관례가 어떻게 이루어졌는가를 분명히 알고 그 書名을 사용하여야 한다. 지금까지 그것을 살펴본 연유다.

Ⅲ. 直解의 실상

서명의 직해가 기본적으로 이두의 번역에서 유래하였다면, 번역의 고전적인 두 양식인 직역과 의역에 대한 이 직해의 관계를 따져보아야 할 것이다. 명칭으로 보아서 직해는 의역보다 직역에 더 가깝다. 실지로 직역에 대한 설명에서도 그러하다. 직역으로 정평이 난 국어사 자료에서 그 설명을 볼 수 있다.

국어사 자료, 특히 유가서로는 직역의 대표적인 문헌이 교정청의 경서언해이다. 그 경서언해의 선구가 된 『소학언해』(1588, 선조 21)는, 꼭 70년 앞서 간행된 『번역소학』(1518, 중종 13)의 번역이 원문에 없는 주석까지 포함된 것을 지양하고 원문을 충실히 번역하려고 표방한 것이다. 그 책은 원문과 번역을 1 대 1로 대응시키고 원문의 이해에 필요한 주석은 번역하여 협주로 처리하였다. 그리하여 『소학언해』는 오늘날의 전형적인 직역을 보이는 문헌이 되었다. 그것을 『소학언해』는 그 범례에서 "一依大文 逐字作解"라고 명시적으로 설명하였다. 직역을 가리키는 이 구절의 '逐字作解'는 『대명률직해』의 金祇 발문에 나오는 '逐字直解'와 똑같다. 이는 우연한 수사상의 일치일지 모른다. 그러나 『대명률』의 수용에 관한 모든 史料가 말할 뿐 아니라 『경국대전』「刑典」 用律조에 "用大明律"이라 한 데서 분명해진 바와 같이 『대명률직해』는 단순한 번역서가 아니다. 처음부터 나라의 刑律로 시행하기 위하여 번역하였던 것이다. 그러므로 원문에 충실한 번역이 되어야 하였다. 그러한 뜻에서 '逐字直解'라 한 것으로 이해된다. 이두로써 원문에 충실한 해석 또는 번역을 하였다는 뜻이다.

국어로 번역한 책에 '번역, 언해'를 붙이지 않는 우리의 관례에 따라 수제 등이 '大明律'로 되었는데, 어숙권이 원전인 『대명률』과 구별하려고 『직해소학』에 맞추어 『직해대명률』이라 불렀을 뿐이다. 그러나 그 刑律을 글자 그대로 직역할 경우에는 우리나라의 실정과 맞지 않는 일이 생기게 된다.

그 대표적인 예로 皇室과 六部 등등을 번역에서도 그대로 둔다면 문제가 아닐 수 없다. 그에 관련된 條文은 적용될 대상이 없어서 死文化될 수밖에 없기 때문이다. 그들 용어는 王室과 六曹 등등으로 바뀌지 않으면 안 된다. 『대명률직해』의 번역이 단순한 직역일 수 없는 한계인 것이다. 그러한 번역 곧 직역과 어긋나는 직해의 실상을 주요한 것만 유형으로 나누어 살펴보기로 한다.

1. 번역 없이 원전대로 둔 일

원전의 일부 원문은 번역하지 않고 두기도 한다. 권1 권두의 五刑之圖, 五刑名義, 遷徙, 獄具之圖 등과 본문에서도 일일이 예시할 필요가 없을 정도로 많은 부분이 原文만 제시된 채로 있다. 한문에 대한 소양이 있으면 이두의 번역이 아니라도 이해할 수 있거나, 비슷한 원문이 바로 앞에서 번역되어 있어서 그것으로 쉽게 이해할 수 있는 내용이다. 이는 직해가 필요하지 않은 경우이다. 이와는 다른 성격이나 권8(戶律, 課程)은 全卷이 번역되지 않았다. 우리나라에 적용될 수 없는 규정이기 때문이라 생각된다. 한편 번역하지는 않았으나 새로운 규정을 본문이나 번역에 추가하기도 한다. 예컨대 五刑이란 조항(권1, 1a-4a)의 경우이다. 五刑의 종류와 형벌을 대신하는 贖錢을 규정한 것인데, 위 五刑之圖 등과 같이 이두 번역이 굳이 필요하지 않은 내용이다. 그런데 그 贖錢인 銅錢은 우리나라 실정에 맞지 않아서 五升布로 准折한 규정을 추가하였다. 규정은 小字 쌍행인 번역과는 달리 본문과 같은 大字로 하되 한 자 낮추었을 뿐이다. 곧 笞刑 10의 贖錢인 銅錢 600文을 五升布 3필로 규정한 따위이다. 이러한 준절 규정에서 나아가 새로운 조항을 중복하여 하나 더 설정한 예가 있다. 徒流遷徙地方이란 조항(권1, 44b-48a)이 그것이다. 앞에 있는 원전의 조항은 徒役이나 귀양을 보내는 지방이 모두 중국의 지명이어서 규정을 번역하여도 우리나라에 적용할 수 없다. 원문대로 싣기만 한 것이다. 그런 뒤에 잇따라 우리나라 지명으로 규정한 새 조항을 추가하여 이두로 번역하였던 것이다. 새 조항의 우리나라 지명은 번역에서만 나타나게 되어 원전의 규정과 차이를 보인 것도 특이하다. 중국에 비하여 국토가 좁아서 행정 단위가 많지 않기 때문이다.

2. 번역에 새 내용을 추가한 일

많지는 않으나 원전의 법령이 우리나라의 전통적인 관습법에 충돌하는 일도 있다. 이때에는 그 법령의 조문을 번역하면서 잇따라 우리의 관습법을 이두로 추가하였다. 立嫡子違法이란 조항(권4, 4)에 세 살 이하의 버린 아이는 비록 異姓이라도 收養을 허가하고 수양한 사람의 성을 따르게 한다는 규정이 있는데, 번역은 여기에 계속하여 어린아이의 친부모가 모두 있고 재력도 있으면서 貪利를 위하여 남의 집에 제 아이를 억지로 가져다 두고 거짓으로 버린 아이라고 하는 일은 풍속을 어지럽히는 것이므로 그 규정에 따른 收養을

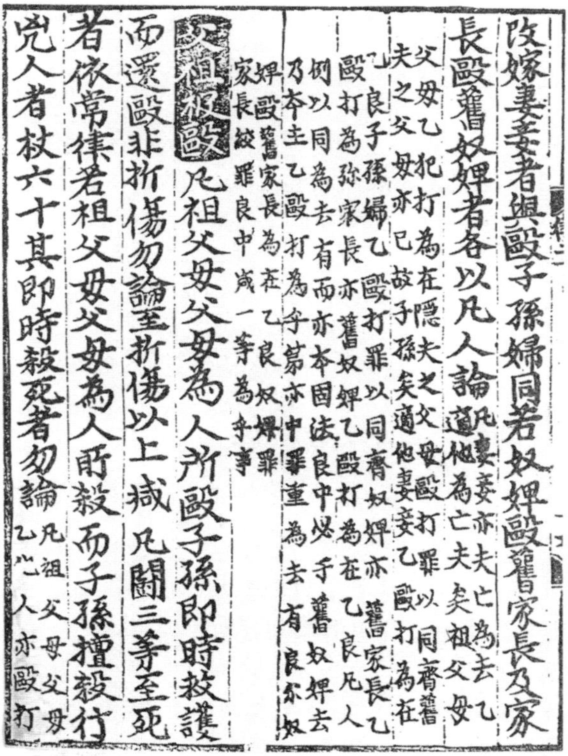
改嫁妻妾者與毆子孫婦同若奴婢毆舊家長及家
長毆舊奴婢者各以凡人論 凡妻妾亦夫亡爲去乙 適他爲亡夫矣祖父母
父母乙犯打爲在隱夫之父母毆打罪以同齊舊
夫之父母亦已故子孫矣適他妻妾乙毆打爲在
乙良子孫婦乙毆打罪以同齊奴婢亦舊家長乙
毆打爲孫家長亦舊奴婢乙毆打爲在乙良凡人
例以同爲去有而亦本因法良中必手舊奴婢去
乃本主乙毆打爲乎第亦中罪重爲去有良尔奴
婢毆舊家長爲在乙良奴婢罪
家長殺罪良中減一等爲乎事
父祖被毆 凡祖父母父母爲人所毆子孫即時救護
而還毆非折傷勿論至折傷以上減凡鬪三等至死
者依常律若祖父母父母爲人所殺而子孫擅殺行
兇人者杖六十其即時殺死者勿論 凡祖父母父母 乙亦人亦毆打

<사진 2>

허가하지 않는다는 예외를 규정하였다. 이 예외 규정이 추가된 우리나라의 관습법이다. 이러한 예외 규정이 아니라 원전의 법령을 무시하고 本國法에 따라 처벌하도록 규정한 번역도 있다. 妻妾毆故夫父母(권20, 16)과 妻妾罵故夫父母(권21, 3a)의 두 조항의 번역에 나타난다. 이 본국법이 成文化한 율령으로 존재하였는지는 모르나, 앞의 立嫡子違法 번역의 추가에서 풍속을 어지럽힌다고 한 표현보다는 강한 뜻이 담겨 있다. 그 본국법의 정신은 상전과 노비의 신분을 엄격하게 구별하여 이른바 綱常의 윤리를 지키자는 것이다. 이로써 尊卑와 班常의 구별은 우리나라가 중국보다 훨씬 엄격한 것을 알게 된다. 원전은 노비가 옛 상전을 때리거나 꾸짖는 일은 일반 사람 사이에 있은 것으로 처벌하도록 규정하였는데, 번역에서는 그것을 적용하여 일반적인 구타나 매도로 다루지 않고 노비가 현재 상전을 때리거나 꾸짖는 죄에서 구타는 1등, 매도는 2등을 감하여 처벌하도록 하였다. 구타에 관한 조항의 원문과 번역(<사진 2>)을 아래에 보인다. 번역에는 그 현대역을 덧붙인다.

若奴婢毆舊家長 及家長毆舊奴婢者 各以凡人論--奴婢亦 舊家長乙 毆打爲弥 家長亦 舊奴婢乙 毆打爲在乙良 凡人例以 同爲去有而亦 本國法良中 必于舊奴婢去乃 本主乙 毆打爲乎第亦中 罪重爲去有良尒 奴婢毆舊家長爲在乙良 奴婢罪家長絞罪良中 減一等爲乎事(권20, 16b. 노비가 옛 상전을 구타하며 상전이 옛 노비를 구타하면 凡人의 예로 같이 (처벌)하게 되어 있지만, 本國法에 비록 옛 노비라 하여도 본래의 상전을 구타한 경우에는 죄가 무겁게 되어 있으므로 노비가 옛 상전을 구타하면 노비가 (현재의)상전을 구타한 絞罪에서 1등을 감할 일.)

3. 원문의 용어를 우리나라 실정으로 고친 일

원전은 말할 것도 없이 명나라의 법령이다. 그러므로 우리나라에 없는 皇室과 官制에 관한 규정이 많이 있다. 번역에서 상응하는 우리나라의 용어로 바꾸지 않으면 적용 대상의 범죄가 없으므로 법령이 쓸모 없이 되고 말 염려가 있다. 먼저 황실과 관련된 용어를 보기로 한다.

皇家--王家 · 王室(권1, 6b), 皇親--宗親(권1, 11b), 皇親國戚--王親國戚(권1, 12a), 大皇大后 · 皇大后--王祖母 · 王親母(권1, 6b), 太皇太后 · 皇太后 · 皇后--國大妃殿 · 妃子殿(권1, 42a), 皇太子--世子殿(권1, 42a), 皇后 · 皇大子妃

--王妃 · 世子妃(권1, 6b), 旨--王旨(권1, 8a, 8b, …), 制書--王旨(권3, 2a, 2b), 稱制者 太皇太后 · 皇太后 · 皇太子令 竝同--國大妃殿 · 妃子殿隱 懿旨是如 尊稱爲白遣 世子殿乙良 勻旨 · 令旨是如 尊稱爲乎事(권1, 42a), 皇城--闕內(권13, 8a), 皇城門--金城門(권13, 2b, 5b), 皇城門內--闕門內(권13, 7b)

官制는 주로 관직명인데, 언제나 1 대 1로 대응되지는 않는다. 조선의 개국 極初이기 때문에 우리 관제가 동요된 데 말미암은 것이 아닌가 한다.

巡御史 · 按察司竝分司--檢察使 · 按廉使 · 體察使(권1, 9a), 五軍都督府--都評議使(권1, 9b, 40a), 六陪 · 察院 · 按察司--門下府 · 司憲府 · 刑曹(권1, 9b), 都指揮使司--按廉及都節制使(권1, 40a), 布政司--按廉使(권7, 11b), 六部--六曹(권3, 3b, 권12, 4b), 六部 · 察院--司憲府 · 六曹(권17, 3a), 造作局院--繕工寺果 供造署(권29, 2b), 庫子 · 斗級 · 攢攔 · 禁子--庫直 · 城上果 斗尺果 使令果 螺匠(권1, 43b), 庫子 · 斗級--庫直 · 斗尺(권7, 8a, 8b), 守門人--門直人(권7, 10a), 對同--唱准(권3, 10a, 10b)

그런데 이러한 용어를 우리나라의 실정에 맞추어 고친 일이 모두 法令을 우리나라에 적용하기 위한 이유만은 아니다. 일부 용어의 경우, 예컨대 太皇太后(大皇大后)와 皇太后(皇大后)를 각각 大王大妃나 大妃(위에 든 바와 같이 國大妃殿이나 妃子殿으로 한 예도 있다.)라 하지 않고 王祖母와 王親母라 고친 것은 그 이유 이외에 원문의 뜻을 분명히 전달하고자 한 것이다. 親姻戚의 용어에서도 그러한 뜻은 보게 된다. 고친 것이 곧 당시의 우리 친인척의 용어라고 하여서는 안 된다.[10] 원문의 뜻을 부연하여 설명하여 쉽게 이해하도록 하였을 뿐이다. 그러므로 용어가 고쳐졌을 경우에도 신중히 따져보아야 한다.

伯叔父母--父矣 兄弟果 妻, 姑--父矣 同生妹(이상 권1, 11b), 母舅--母矣 同生娚, 母姨夫--母之 同生兄弟矣 夫, 姑夫--父之 同生姉妹矣 夫, 妻姨--妻矣 同

10) 이러한 일은 언해서에서도 똑같이 보게 되는 일이다. 원문의 친인척 용어에 대응하는 언해가 곧 그 친인척을 가리키는 국어 어휘가 아니다. 원문의 뜻을 이해시키려고 부연하여 설명한 것이다. 다음이 그 예다.
姑舅哥哥--아븨 동싱누의와 어믜 동싱오라븨게 난 형이오(翻老 상, 15b)
兩姨兄弟--어믜 동싱의게 난 아ᅀ오(翻老 상, 16a)

姓三寸 少爲子(이상 권1, 12a)

이와 비슷한 사실을 流刑의 번역에서도 본다. 流刑은 권1 권두의 五刑之圖와 五刑名義에 규정된 바와 같이 2천 리, 2천5백 리, 3천 리의 3등이 있고 遷徙는 고향에서 1천 리 밖으로 옮기게 하는 일이다. 이 流刑이나 遷徙의 里數는 그대로 우리나라에 적용할 수 없다. 가령 서울에 거주한 범인을 3천 리는 그만두고라도 2천 리 떨어진 지방으로 귀양보내기도 가능하지 않은 것이다. 그리하여 徒流遷徙地方이란 조항을 원전의 그 조항에 추가하고, 번역에서 막연히 遠處, 中間, 近處란 3등을 설정하였다.[11] 다른 원문의 流刑 3등에 대한 번역에서는 어쩔 수 없이 대부분 원문(권1, 40b-42b 등)과 같이 하였지만 때로 遠流란 등급이 나타난다. 遠處, 中間, 近處의 3등을 두기는 하였으나 原文의 流刑은 모두 遠處에 해당한 遠流나 遠方付處로 번역한 것이다.

杖一百流三千里--杖一百 遠流齊(권18, 13a, 15a, 17a)
杖一百流二千里--杖一百 遠流遣(권19, 2a, 2b)
流二千里--遠流遣(권19, 3b)
杖一百流三千里--杖一百 遠方付處齊(권13, 8a)

이상에서 설명한 사례로 미루어서 이 책의 번역은 직역이라 하기 어렵다. 원전인『대명률』을 우리나라의 형률로 사용하기 위하여 원문을 쉬 이해하게 할 뿐 아니라 우리의 실정에 맞게 내용을 손질하였기 때문이다. 더욱이 내용을 바꾼 것이 아니나 동일한 조문이 다르게 번역되는 일도 있다. 예컨대 안병희(1992a: 383)에 의하면, '各從重論'이 '各各重罪以 論決爲乎事, 各各重罪以 論爲乎事, 各從重論罪爲乎事, 各從重爲乎事, 重罪以 論爲乎事, 從重論爲乎事'의 여섯 가지로 번역된 일 등이 그러하다. 이는 앞에서 한번 쉽게 번역하였으므로 뒤에서는 되도록 원문에 일치시킨 결과로 보인다. 이 책의 번역을 한 마디로 직역이라 할 수 없는 일이다. 그러므로 직해가 직역과 비슷한 의

11) 원전의 流刑 3등은 객관적인 里數로 규정되어 있으므로 법의 집행에 아무런 문제가 일어날 수 없는 규정이다. 그러나 번역에서 遠處, 中間, 近處라 한 3등은 법의 집행에 주관이 개입될 여지가 있다. 조선 시대에는 이에 대한 명확한 內規나 不文律의 관행이 있었을 것으로 생각된다. 그것은 우리의 연구 영역을 크게 벗어나는 일이다. 법제사나 역사 연구자의 관심과 해명이 있기를 기대한다.

미라면, 직해를 이 책의 서명에 붙이는 것이 반드시 적절하다고 할 수는 없다. 서명에 직해를 붙여서 부른다면, 이두로 번역되었다는 사실보다 원전인 『대명률』과 類書인 『대명률강해』와의 혼동을 피하기 위한 사실에 더 무게를 두어야 할지 모른다. 그러나 이두의 번역이 직역은 아니지만 원전을, 더욱이 우리의 사정에 비추어 쉽게 알게 하려 한 것은 더 말할 필요가 없는 일이다. 그런 점에서 『音註全文春秋括例始末左傳句讀直解』 등과 같이 수제에 직해를 붙여도 무방할 것이다. 거기에 이미 학계의 굳어진 서명의 관례도 하나의 근거로 삼을 일이다.

Ⅳ. 맺음말

『대명률직해』는 그 발문에서 말한 바와 같이 이두에 의한 '逐條直解'로써 원전을 쉬 이해하고 깨달을 수 있게 된 책이다. 이러한 원전의 이해는 우리나라에 국한된 것이 아니다. 중국에서도 똑같이 요망된 일이다. 원전의 講讀律令이란 조항(권3 公式)이 그것을 강요하고 있다. 거기에는 법을 집행할 모든 관원과 胥吏 등에게 이 율령의 정확한 이해와 그 준수를 요망하고 그것을 지키지 않을 경우의 벌칙을 규정하고 있다. 여기 관원에 대한 그 조항의 이두 번역을 현대어로 보인다.

> 무릇 나라의 律令은 사정의 輕重을 참작하여 罪名을 규정하여 天下에 반포하여 시행하고 길이 준수하도록 하신 일이니 모든 官衙의 員吏 등은 모름지기 숙독하여 律意에 정통하고 사무를 판결하되 年末마다 서울은 司憲府, 지방은 按廉使가 각 마을을 살펴서 律令을 해명하지 못하거나 律意를 통달하지 못하면 初犯이거든 한 달 俸祿을 도로 거두고 再犯이거든 笞 40에 罪過를 기록하며 三犯이거든 그 官衙에 降等하여 敍用한다(권3, 1b).

물론 여기의 율령이 『대명률』만을 가리킨다고 할 수는 없다. 그러나 죄명을 규정하였다는 일은 형률이므로 이 조항은 『대명률』에 나오는 율령이 주된 대상이라 하겠다. 발문에서는 이두의 번역이 백성으로 하여 천부의 능력으로 인도하게 할 것이라 하였다. 그러나 더욱 중요한 일은 이 조항의 시행을 위하여서 우리나라 관원과 서리에게 익숙한 이두로 번역될 필요가 있었을 것이다. 그 결과 『대명률직해』란 서명이 생겨난 단서를 제공한 것으로 생각된다. 그러나 이것이 곧 서명의 절대적인 근거는 아니다. 조선 시대 오백 년을 통하여 이 책은 『대명률』로 통용되었다. 이두의 번역이 있는 책이라 하여 서명에 직해를 붙이지도 않았기 때문이다.

『대명률직해』는 수제를 비롯한 서명이 '대명률'이다. 조선 시대의 기록에서도 그것으로 나타난다. 오직 16세기 후반 어숙권이 '직해대명률'이라 부른 일이 있으나 당대는 물론이고 후대에도 통용되지 않은 것으로 보인다. 일제시대에 우리 고도서를 해설한 『조선도서해제』의 증보판이 나온 1919년 이후로 『대명률직해』가 사용되기 시작하다가, 活版으로 된 校訂本이 유포되면서 아예 그 서명으로 굳어져 버렸다. 오늘날 전하는 증보판 원고에서는 분명히 표목이 '大明律'로 되었는데, 출판되는 과정에서 '大明律直解'로 바뀌었다. 그러나 그 이유는 밝혀진 것이 없다. 교정본 해설에서는, 증보판 이후의 서명을 가리키는 것으로 보이는 종전의 사용을 따르면서 類書인 『대명률강해』와의 혼동을 피하기 위하여 수제에 직해를 붙여서 서명으로 삼는다고 하였다. 번역의 底本인 원전 『대명률』이 우리나라에서 따로 간행된 증거는 어디에도 없으나, 간행과 상관없이 원전과의 구별도 고려되어 『대명률직해』란 서명이 채택되었다고 생각된다. 풍부한 이두 자료를 보이는 이 책이 국어사 연구에 가지는 가치는 크다. 그 가치에 비하면 書名의 문제는 아무것도 아니라 하여도 지나치지 않는다. 그러나 서지학에서는 결코 작은 문제가 아니다. 더욱이 국어사 연구를 위하여 이 책을 고서목록서에서 검색하는 데는 이 문제의 실상을 알지 않으면 안 된다. 그런 점으로는 기본적인 문제라고 할 수도 있다. 사실 학계에는 이와 같이 하찮으면서도 기본적인 문제가 무시되어 있는 예가 적지 않다. 그에 대한 관심을 불러일으켰으면 하는 뜻도 있음을 밝히는 바이다.

제10장 『洪武正韻譯訓』과 그 卷首의 編次

Ⅰ. 머리말

세종은 훈민정음 곧 한글의 창제와 관련된 언어학 업적인 『동국정운』과 『홍무정운역훈』의 편찬에 착수하였다. 『훈민정음』(해례본) 권수 본문의 「例義」에 대한 검토로 『동국정운』은 한글 창제와 거의 동시에 진행된 사업으로 생각된다. 한글 초성의 설명에 이용된 한자가 바로 『동국정운』의 字母 그것이기 때문이다. 그러나 1446년(세종 28)의 해례본을 세밀히 살피면 그때까지, 적어도 종성 ㄹ 대신에 ㄷ을 표기하도록 한 점으로 미루어서 ㅀ으로 표기한 『동국정운』의 편찬이 마무리되지는 않은 것으로 생각된다. 책의 서문과 실록의 기사에 따르면 『동국정운』은 1447년에 일단 편찬이 완료되었으나, 실지로 간행된 것은 그 이듬해의 일로 추정된다. 따라서 편찬과 간행의 마지막 단계까지 수정을 계속한 셈이다. 『홍무정운역훈』의 편찬은 분명한 기록이 없으나 그보다 늦게 착수된 것으로 보인다. 申叔舟의 「홍무정운역훈序」 年紀에 따르면 그 간행이 위의 두 책보다 훨씬 늦은 1455년일 뿐 아니라, 편찬과 관련하여 신숙주, 성삼문이 요동의 黃瓚을 처음으로 찾아간 것이 1445년 1월이다. 후대의 기록(『성종실록』 18년(1487) 2월 2일자)이지만 經筵에서 李昌臣이 아뢴 말에 세종 때에 신숙주, 성삼문을 요동의 황찬에게 보내어 語音과 字訓을 질정하게 하여 『홍무정운』(실지로는 『홍무정운역훈』을 가리킴)과 「사성통고」 등의 책을 이루었다고 한다. 위 신숙주 서문에서도 원고를 여남은 차례 고쳐 8년의 오랜 시간을 들여 자신을 가지게 되었다고 하였다. 따라서 그 책은 편찬과 간행이 가장 늦게 이루어진 셈이다. 이리하여 해례본을 비롯한 이 두 韻書의 간행으로 세종의 언어학 업적은 대단원을 짓게 되었다.

『홍무정운역훈』의 현존본이 알려진 것은 이숭녕(1959)에 의한다. 그러나 현존본은 권3~16의 14권 7책뿐인 낙질본이다. 권1~2를 비롯하여 책의 卷

首 부분이 전하지 않는다. 신숙주의 『保閑齋集』에 실린 「홍무정운역훈序」와 최세진의 『사성통해』 서문에 의하여 권수에는 「사성통고」와 「범례」도 실렸던 것으로 추정되지만, 실책으로 확인할 수 없다. 정연찬(1972)에서 권1~2를 복원한 바 있고, 『홍무정운역훈』 영인본(고려대 출판부, 1974)의 출판에 즈음하여 박병채(1974b)는 권1~2를 복원하면서 나머지 附屬文字의 복원까지 시도하였다. 그런데 박병채(1974b)는 「사성통고」는 아예 싣지 않은 것으로 단정하여 권수의 복원에서 그것을 제외하였다. 그 복원에서 이러한 「사성통고」의 제외는 상당한 문제가 있으나, 학계에서 별반 비판이 제기되지 않은 것은 이해하기 어려운 일이다. 세종의 다른 언어학 업적인 해례본과 『동국정운』은 당시의 간본이 온전히 전하고 있다. 해례본의 경우는 처음 2장이 1940년에 보수되어 본래의 모습과 다르게 되었으나 관련된 자료로 원본을 추정하기가 어려운 일이 아니다. 『동국정운』 권1~6은 낙장 하나 없는 완질과 內賜本인 권1, 6이 함께 전래되어 있어서 원본의 모습을 보여주고 있다. 이에 비하여 『홍무정운역훈』은 긴요한 권1~2와 그 앞 부분이 전하지 않는다. 그 본문의 복원은 권3~16의 그것을 참고하여 어느 정도 쉽게 할 수 있으나 卷首의 내용과 편차의 복원은 쉽지 않아 보인다. 그런데 『홍무정운역훈』은 영인본으로 널리 알려진 권3~16과 함께 複本이지만 零本 2책도 따로 현존하고 있다. 이에 『홍무정운역훈』의 내용과 그 현존본을 새로이 살펴보고, 아울러 권1의 앞에 따로 있었다고 생각되는 卷首의 編次를 다루어서 그 책의 복원에 이바지하고자 한다.

Ⅱ. 『홍무정운역훈』과 그 현존본

이 글에서도 학계의 관례에 따라 『홍무정운역훈』이란 서명을 사용하고 있다. 그러나 서명은 원칙적으로 首題를 기준으로 한다는 서지학의 규정에 따르면, 이 책의 서명은 底本인 원전과 같이 『홍무정운』이라야 된다. 수제가 똑같이 '洪武正韻'이기 때문이다. 그런데 서명에 대한 서지학의 규정이 15세기 후반의 언해본에는 적용하기 어렵다. 실지로 학계에서도 그 규정을 적용하지 않는다. 예컨대 간경도감 간행의 『법화경언해』는 수제에 따른다면, 언해의 원전과 같이 『묘법연화경』(약칭 『법화경』)이 될 수밖에 없는 것이다. 『홍무정운역훈』이나 『법화경언해』는 다같이 원전의 내용을 그대로 두고서 수록한 한자의 중국음을 한글로 번역한 책이거나 한글로 口訣과 번역을 보인 책이다. 사정이 이와 같음에도 서명이 왜 '역훈'과 '언해'로 다른가. 전자는 서문이 「洪武正韻譯訓序」로 되어 있으나. 후자에는 箋文과 같은 부속문자에 언해나 번역을 가리킬 만한 명칭이 없어서 언해본이란 관행의 용어에 따라 언해를 덧붙인 것이다.

여기에서 서명의 근거가 된 譯訓의 개념을 명확히 할 필요가 있다. 『세종실록』 예컨대 32년(1450) 1월 29일의 기사 등에 따르면, 당시에는 한자의 중국 발음은 漢訓이라 하고 우리나라 발음은 鄕訓이라 이름하여 구별하였다. 漢訓을 한글로 표기한 것은 번역의 일종이다. 『사성통해』 부록의 하나인 「번역노걸대박통사범례」의 번역도 같은 뜻이다. 그 범례를 읽으면 중국어 학습서인 『老乞大』와 『朴通事』의 한훈을 한글로 글자마다 正音과 俗音으로 구별하여 표기하여 『번역노걸대』, 『번역박통사』라 한 것이다.[1] 따라서 당시의 번역에는 오늘날과 같은 뜻과 함께 이른바 音譯의 뜻이 있다. 위의 역훈과 번역은 다같이 한자의 중국음인 漢訓을 한글로 음역하였다는 뜻이 된다. 역훈은 한훈의 번역이라는 뜻을 명시적으로 나타내기 위한 명칭일 뿐이다. 물론 15세기에 역훈 없이 『홍무정운』이라 한 일(위에 인용된 『성종실록』 참조)이 있고, 또 『增入諺文洪武正韻』(『세조실록』 2년(1556) 4월 9일자)이라 하여 한글이 덧붙여진 『홍무정운』이라 한 일도 있었으나 오늘날 학계에서는 『홍무정운역훈』이란 서명으로 굳어져 있다. 이 글에서도 그것을 따른 것이다.

이제 이 책이 원전에 수록된 한자의 音譯인 사실은 서명으로 알 수 있으나, 좀더 구체적으로 음역 곧 역훈의 실상을 확인할 계제에 이르렀다. 확인은 이 책과 원전의 대조로 이루어질 것이다. 대조에 이용한 이 책은 영인본 『홍무정운역훈』(고려대 출판부, 1974)이고, 원전은 필자가 조사한 중국본 2종과 한국본 1종이다. 3종의 원전 사이에도 차이가 있기 때문에 먼저 그 차이를

---

1) 이들 서명은 오늘날 학계에서 통용되는 崔世珍이 언해한 『번역노걸대』, 『번역박통사』와 같으나 가리키는 책은 전혀 다르다. 최세진의 언해본에는 한자마다 正音과 俗音이 하나씩 나란히 한글로 표기되었을 뿐인데, 범례의 책은 속음이 둘 이상 표기된 예도 있다고 하기 때문이다. 거기에 범례의 어느 항목도 언해본과 관련된 것이 없다. 더욱이 최세진은 자신의 언해본에 대하여 『노박집람』의 범례에서 '兩書諺解', 『사성통해』의 서문에서 '二書諺解音義'라 하여 언해란 용어를 사용하고 번역이란 용어를 사용한 일이 없다.

밝히고 역훈 작업의 저본이 된 원간본에 가까운 책을 비정할 필요가 있다.

원전인 중국본 2종은 연세대도서관 소장본과 고려대도서관 화산문고 소장본이다. 전자는 권14~15, 2권 1책의 零本이다. 四周雙邊에 半郭의 크기가 세로 가로 각각 19.9㎝, 13.8㎝(권14, 1a)이며, 有界 8행 12자에 주쌍행 24자이다. 판심은 大黑口 黑魚尾 사이에 판심제 '洪武正韻'과 권차와 장차가 놓여 있다. 이 책의 특징은 각 권의 권수에 「洪武正韻卷十四目錄」과 같이 목록이 분산되어 있고, 韻目 아래에 수록한 한자 수효를 小字로 '一屋 凡三百十六字, 二質 凡三百四十字' 등과 같이 밝힌 점이다(<사진 1> 참조). 零本이므로 간행에 관한 정보를 얻지 못하는 아쉬움이 있으나, 위의 특징들로 다음의 중국본과는 분명히 다른 간본이다.

원전의 후자는 박병채(1974a)에서 이미 다루어졌으나 미진한 부분이 있으므로 새로이 설명한다. 缺本이 없는 16권 8책의 완질본이다. 권수에 「洪武正韻序」(4장), 「凡例」(3장), 「洪武正韻目錄」(4장. 이상 張次는 각각임)이 있고 본문이 계속된다. 권말에 '隆慶元年丁卯歲(1567) 仲春吉'이란 年紀의 衡王謹題란 「後序」(2장)가 있다. 後序의 끝에는 [厚德/堂章]이란 方印이 양각되어 있어서 衡王이 누구인가를 알게 한다. 뒤에 말할 한국본에는 이 印記의 판각이 없는 대신 명나라 成化帝 憲宗 아들인 衡恭王 祐揮의 아들 厚熇가 嘉靖 19년(1540)에 襲封하여 衡莊王이 되었는데 봉록을 사양하여 종실을 구휼하였으므로 그 덕이 칭송되었다고 하는 기사가 있다. 따라서 이 책은 헌종의 손자인 衡莊王이 1567년에 간행한 것이다. 책의 변란, 행관, 판심은 전자와 똑같다. 반곽의 크기가 21.4㎝, 14.1㎝(권1, 1a)로 약간 크지만, 측정한 곳이 다르므로 이것만으로 전

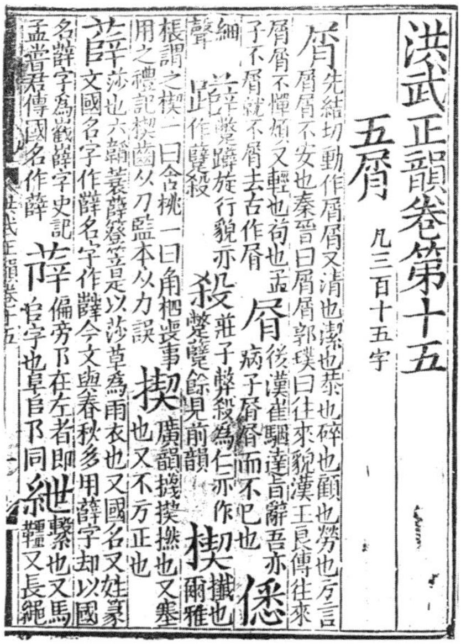
洪武正韻卷第十五

五屑 凡三百十五字

<사진 1> 중국본(연세대 소장)

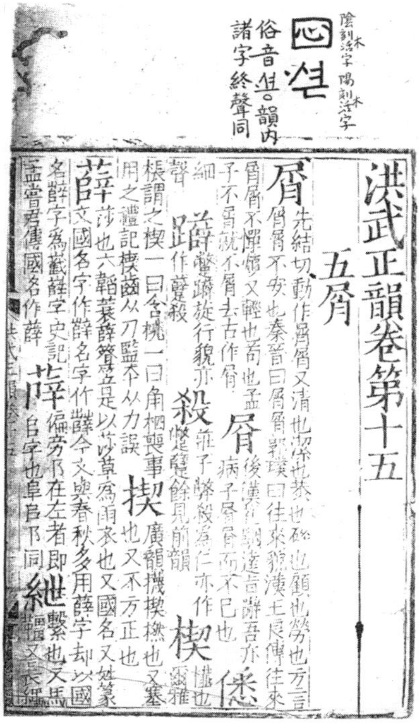

<사진 2> 중국본(고려대 화산문고 소장)

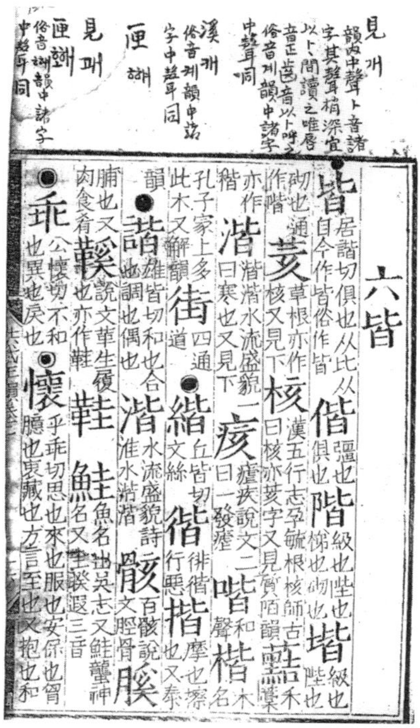

<사진 3> 중국본(화산문고 소장)

자와 다르다고 하지는 못한다. 이 책에는 總目이 책의 권수에 있으며 전자와 같이 韻目 아래에 수록한 한자 수효의 注記가 없고 일부 印面이 藍印인 점과 사진으로 확인되는 바와 같이 '正, 五'의 위아래 가로획이 사뭇 가늘어서 整理字와 비슷한 인상을 주는 점이 특징적이다(<사진 2> 참조). 그러나 책 본문은 전자와 다른 점이 발견되지 않는다. 두 책 모두 원간본의 본문 모습을 잘 보존한 것으로 생각된다.2)

---

2) 이 책 권1~2의 天頭에는 복원된 『홍무정운역훈』의 음역을 주기하여 놓았다(<사진 3>). 동일한 朱書로 권16의 뒤 표지 안쪽에 '檀紀四二九二年(1959) 十一月 日 華山 李聖儀 謹記'라 한 점으로 그 주기는 舊藏者인 李聖儀씨가 한 것이 분명하다. 스스로 복원한 것인지 다른 전문가의 복원을 전재한 것인지 분명하지 않다. 그 복원이 박병채(1974b)에 일정한 영향을 주었을 것으로 추정된다. 이 글은 권1~2의 音譯 복원을 시도하지 않으므로 더 이상의 천착을 자제하고자 하나, 유감스럽게도 박병채(1974b)는 물론이고 박병채(1974a)의 이 책 소개에서 그 주기에

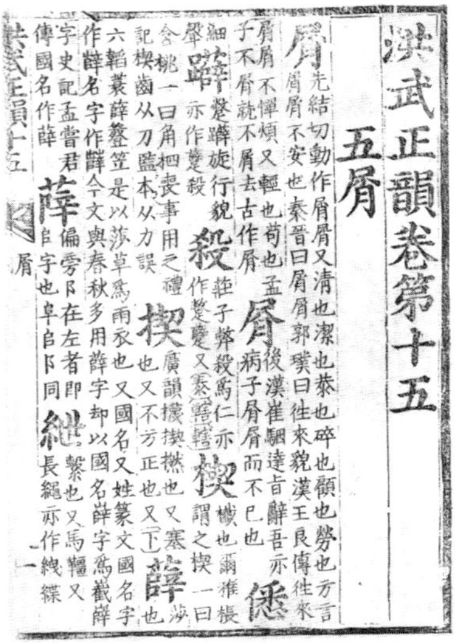

<사진 4> 한국본(교서관 중간본)

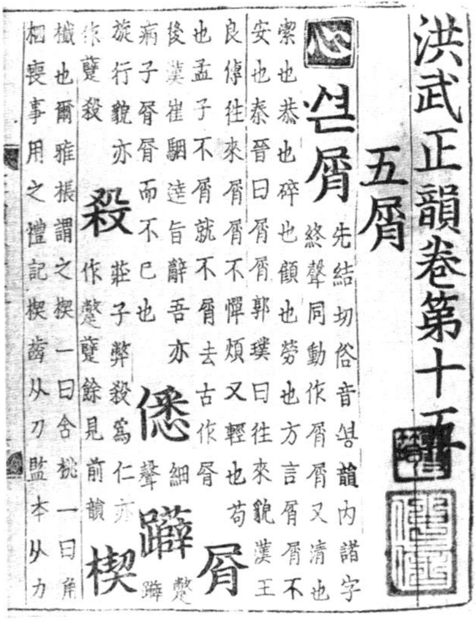

<사진 5> 홍무정운역훈

끝으로 원전의 한국본은 위 衡莊王 後序의 중국본을 저본으로 한 교서관의 중간본이다(<사진 4> 참조). 후서의 年紀가 '嘉靖二十七年 戊申歲(1548)'로 되어 위 책보다 약간 앞선다. 그런데 권두의 「洪武正韻序」 뒤에 '萬曆三年(1575) 四月 十七日 司禮監 奉旨重刊'이란 간기가 있으므로, 실지로 간행된 것은 앞의 중국본보다도 8년이 뒤진다. 이러한 연기와 간기를 종합하여 보면, 이 책의 저본은 1548년에 처음으로 중간되어 그 판본으로 1567년과 1575년에 後序의 연기를 손질하거나 간기를 추가하여 後印한 것으로 추정된다. 한국본은 1575년의 印本을 저본으로 하였으리라 추정된다. 권수에 洪啓禧가 쓴 영조의 「御製洪武正韻序」(서문 날짜는 영조 46년(1770) 端陽月(5월) 丁酉日(21일))를 얹고 後序 뒤에 '上之二十八年 壬申(1752) 因筵臣建白 命校書館翻刻'이란 우리나라의 간기가 있으므로 서문과 간기 사이에 거의 20년의 차이가 있다. 간행을 건의한 經筵官에 대하여는 어제序의 내용에서 홍계희가 致仕하기 전인 임신년에 건의하여 영조가 간행을 명령하였으나 20년 가까이

대하여 전혀 언급하지 않은 사실은 지적하여 두고자 한다. 권15~16의 天頭에도 음역의 주기가 있으나, 그것은 『홍무정운역훈』에서 전재한 것이므로 특기할 사항이 아니다.

미루어져 왔다고 한 기사로 그 차이는 이해된다. 그런데 이 책은 중국본의 복각이 아니다. 판심이 大黑口에 黑魚尾인 중국본과 달리 二葉花文魚尾의 單魚尾이고, 판심제가 18세기 간본과 같이 上象鼻 안에 놓여 있다. 더욱 중요한 사실은 복각본에서 볼 수 없는 重刊 底本의 본문 주해를 생략하거나 추가한 점이 나타난다. 예컨대 앞의 사진(1~2)과의 대조에서 확인하는 바와 같이 '殺'의 주해 '餘見前韻'이 '又泰轄轄(韻 셋에는 대괄호)'로 바뀌고, '揳'의 주해 끝에 '又下('下'에는 대괄호)'가 추가된 것(모두 권15, 1a)과 같다.3) 책의 편철이 四聲(단, 平聲은 上下 2책)에 따라 이루어져 5책으로 장정되고, 각 책을 단위로 목록이 분산되어 실려 있다. 이 또한 화산문고나 연세대 소장의 중국본과 다르므로 복각본이라 하지 못하는 근거가 된다.

이상 소개한 『홍무정운』 원전과 『홍무정운역훈』(<사진 5> 참조)을 대조하면, 역훈 부분을 제외한 목록과 본문 내용, 그리고 책의 編綴이 일치하는 것은 1567년 간행의 화산문고 소장의 중국본이다(앞의 <사진 1~2, 4> 참조). 연세대 소장의 중국본은 목록이 각 권에 분산되고 韻目 아래에 수록 한자의 수효를 주기하고 있다. 그러나 화산문고 소장의 중국본은 그와 달리 목록이 總目으로 권1의 권두에 한꺼번에 실려 있다. 이는 『홍무정운역훈』이 각 권의 권두에 목록이 없으므로 권1의 권두에 總目이 실렸을 것으로 추정되는 사실에 일치한다. 더욱이 2권 1책으로 편철된 사실까지도 일치한다. 따라서 여기

3) 근래 일부 서지학 연구자 사이에서 覆刻本이 일본의 용어이며 우리나라에서는 翻刻本이라 하였으므로 복각본 대신에 번각본이란 용어를 사용하여야 한다고 주장하면서 나아가 번각본이란 용어를 선호하는 경향이 있는 사실에 대하여 언급할 필요를 느낀다. 여기 소개한 한국본 『홍무정운』의 판심이나 본문으로 미루어서 간기의 '校書館 翻刻'의 번각이 결코 중국본의 복각일 수 없음은 분명하고 오히려 그 重刊이라 이해하여야 한다. 물론 『奎章閣志』(권1, 編次 제4, 刊印조) 正祖의 『群書標記』 기사에서는 번각이 복각의 뜻으로도 사용되었다고 보이는 용례가 있다. 그러나 이 간기와 같이 나라의 출판기관인 교서관에서 복각이 아닌 데도 번각이란 용어를 잘못 사용하였다고는 생각되지 않는다. 사실 선인들이 사용한 용어는 명확한 개념 규정을 거치지 않은 예가 적지 않다. 일부 기록에서 번각이 복각의 뜻으로 사용된 듯한 예가 있다고 하더라도, 그것을 일반화된 개념으로 비약시켜서 오늘날의 복각을 우리나라에서는 번각이라 하였다고 하여서는 안 된다. 더욱이 일본과 중국의 서지학계에서도 복각본(복간본)이란 용어와 별도로 번각본(번간본)이란 용어를 '校書館 翻刻'과 같은 뜻으로 사용하고 있다. 복각본이 일본만의 용어가 아님을 알아야 될 것이다. 그러므로 학계 관용의 용어를 함부로 바꾸는 일은 결코 바람직한 현상이 아님을 지적하고자 한다.

에서 소개한 『홍무정운』 가운데서 『홍무정운역훈』의 저본이 되었을 것으로 추정되는 『홍무정운』의 원간본에 가장 가까운 책은 1567년 판이다. 이에 1567년 판과 『홍무정운역훈』을 대조하여 역훈의 실상을 살펴보기로 한다. 다음 첫 두 항목은 이미 신숙주의 서문에서 언급된 내용을 부연한 데 지나지 않는다.

첫째 각 小韻의 首字 곧 첫 한자 앞에 陰刻의 聲母와 小韻의 중국음이 大字인 한글로 추가된 점이 다르다. 그 한글 음절은 주석에 나오는 俗音에 대립되는 正音이다. 이 성모와 정음 표기 한글의 추가는 『동국정운』의 小韻 첫 한자 앞의 字母와 한글로 표기된 한자음의 體例에 일치한다. 『동국정운』의 소운 순서는 한글 초성의 자모의 그것에 일치하나, 『홍무정운역훈』은 성모의 순서에 일치하지 않는 차이는 있다. 권3의 운목 眞의 순서가 正齒音, 半齒音, 齒頭音, 脣音 등등으로 되어 『사성통해』 권수에 실린 「洪武韻 三十一字母之圖」의 순서에 어긋난 예와 같다. 이 사실은 신숙주의 「홍무정운역훈序」에서 분명히 한 바와 같이 원전의 내용이 미흡하게 생각된 부분이다. 그러나 역훈 작업에서는 이와 같이 원전의 내용이 미흡하더라도 일절 손질하지 않았다고 한다. 이것은 명나라 태조의 欽定書를 함부로 고칠 수 없다는 의식의 발로로 생각된다. 그 미흡한 내용이, 뒤에 말할 小韻 순서를 성모의 순서에 일치시킨 「四聲通攷」 편찬의 한 계기로도 작용한 것이 아닌가 한다.

둘째 원전 小韻의 첫 한자에 주기된 反切 뒤에는 俗音이 있으면 수록하고, 필요할 경우에는 正音 표기의 한글 독법에 대한 주석이 추가되어 있다. 독법의 주석은 한글 ㅏ, ㅓ 등을 글자대로 국어의 발음으로 읽어서는 중국음과 어긋날 경우에 한한다. 속음 추가뿐이면 간단하여 원전의 주기가 바로 계속되나, 독법과 같이 주석이 길 경우에는 권표를 추가한 뒤에 원전의 주기가 계속된다.

셋째 원전에서는 각 운목의 둘째 小韻 이하의 첫 한자 앞에는 권표를 하여 소운이 달라지는 것을 표시하였으나(<사진 3> 참조), 『홍무정운역훈』에서는 성모와 正音 표기의 한글이 각 소운 앞에 있으므로 권표가 삭제되었다. 이러한 권표의 삭제와 앞에서 말한 독법의 긴 주석 뒤의 추가는 원전의 본문 문자를 손질하는 것이 아니기 때문에 가능하였을 것이다.

이제 『홍무정운역훈』의 현존본에 대하여 설명하기로 한다. 현존본은 이미 영인본으로도 간행되어 널리 알려진 고려대도서관 화산문고본 이외에 고려대도서관 만송문고본, 연세대도서관 소장본이 더 있다.

화산문고본은 권3~16의 7책이다. 국가지정문화재(보물)로 되어 열람이 쉽지 않아서 필자는 실사하지 못하였다. 유감스럽지만 영인본과 박병채(1974a)에 의하여 설명할 수밖에 없다. 전반적으로 보아서 위에 말한 바와 같이 책의 편철이 2권 1책인 점, 總目이 책머리에 있었다고 추정되는 점 등으로 미루어서 위에 소개된 화산문고 소장 중국본과 책의 편제가 일치한다. 그런데 이 책 권3, 1~5의 한글 독음 부분은 고서의 補正과 같이 칼로 오려낸 뒤에 복원한 독음을 朱墨으로 기입하였다. 기입된 한글은 인쇄된 다른 한글보다 작은 글자여서 영인본으로도 쉽게 판정된다. 복원하여 기입된 글자에는, 예컨대 '심 申'의 '신'과 같이 오자가 있다. 그것은 반절 下切字인 운모가 바로 앞의 '진 眞'과 같이 '人'인 사실로 확인된다. 권3~4의 일부 小韻의 한글 독음에는 권점을 하여 놓은 것도 있다. 권7~8의 거의 모든 한글 독음은 사각형의 墨印이 날인되어 있는데, 이 경우에도 주묵으로 복원된 독음이 기입되었다. 이러한 삭제와 말소, 그리고 주묵 복원에 대하여는 누가 언제 왜 하였는지, 그리고 이러한 일이 왜 한글 독음에 국한되었는지 등에 대하여 앞으로 좀더 논의가 필요할 것으로 생각된다.4)

만송문고본은 권9, 1책이다. 화산문고본과 동일한 판본이나 零本으로 전한다. 이 책에는 권두(1a, 제1행 天頭)에 '校正'이란 朱文長方印이 날인되어 있다. 이러한 印記는 세조 때의 간본에 간혹 나타나는데, 이 책과 같이 天頭에 날인되는 것이 일반적이나 『심경언해』(보물 1211호)와 같이 예외적으로 같은 행의 地脚에 나타나기도 한다.5) 이 인기를 가진 책들의 본문, 印墨, 紙質 등

4) 이 책의 朱墨으로 된 기입은 앞에 소개된 화산문고 소장의 중국본과 관련이 있지 않나 한다. 곧 원소장자 李聖儀 씨의 기입이 아닌가 하는 것이다. 앞으로 실책으로 판정되어야 할 일이다.

5) 이 예외에는 이유가 있어 보인다. 地脚에 날인된 행은 '進金剛心經箋'이다. 天頭에 날인하면 왕에게 올린다는 글 바로 위에 印記가 있게 되어 이를 피한 것으로 생각된다. 이는 안병희(2002: 18-19)에서 설명된 바와 같이 내사본의 御寶 [宣賜/之記](주문방인)가 원칙적으로 본문 제1장 변란 안의 右上隅에 날인되나, 그곳에 御製나 御諱의 글자가 있으면 그 자리를 피하여 날인되는 사실과 통하는 일이다. 그러나 『심경언해』보다 5년 앞선 1459년(세조 5) 간행의 서강대 소장 『월인석보』 권1의 권두에 날인된 印記 '校正'은 '世宗御製訓民正音'이란 행의 위, 다시 말하면 세종의 묘호 바로 위에 있다. 따라서 뒤에 이런 경우를 피하려는 의도에서

으로 보아서 인기는 교정 작업의 진행을 말하는 것이 결코 아니다. 교정 작업이 정확하고 완전하게 끝난 책임을 말하는 것이다. 조판 과정의 교정쇄거나 改刊을 위한 修正 과정의 校正物을 편철한 책이 간혹 전래하지만, 이 印記가 날인된 예가 전혀 없다. 따라서 이 책은 교정이 완료되어 1455년에 간행된 책 중에서도 훌륭한 책임을 말한다. 학계의 일부에서 『홍무정운역훈』의 한글 서체가 『월인석보』보다도 후대의 특징을 보인다고 하여 刊年에 의문을 갖는 일이 있으나, 이 印記는 그러한 의문을 불식하기에 충분하다고 믿는다.

연세대 소장본은 권3~4, 1책의 영본이다. 화산문고본의 권3~4와 같은 편철이다. 주목되는 것은 이 책에는 일체의 한글 독음 말소가 없다. 화산문고본은 한글 독음이 일부 말소된 사실로 正本이 아니라 인출 과정의 校訂本이 아닐까 하는 의견이 제기된 일(정연찬, 1972: 76)이 있으나, 複本인 이 연세대 소장본으로 보거나 앞의 '校正'이란 인기를 가진 만송문고 소장본으로 볼 때에 그러한 가능성은 없는 것으로 보인다.

이상의 설명으로 『홍무정운역훈』에서 행한 역훈의 실상이 드러나고, 나아가 화산문고본에서 일부 한글 독음의 말소와 교정이 있으나 복본의 존재와 '校正'이란 印記로써 『홍무정운역훈』은 1455년에 간행된 것임을 다시 확인할 수 있다.

Ⅲ. 『홍무정운역훈』 卷首의 編次

서지학에서 말하는 卷首는 卷頭, 卷端이라고도 하는데, 보통 본문의 제 1장 제 1행의 書名이 있는 곳을 지칭한다. 그러나 본문 앞의 서문, 범례, 목록 등의 附屬文字를 지칭할 때도 있다. 여기서 말하는 권수는 후자의 뜻이나 좀 더 범위를 한정하여 사용한다. 그것은 1770년 간행의 한국본 『홍무정운』 권1의 판심 上象鼻에 '洪武正韻一', 中縫에 '序, 凡例, 目錄(이상 부속문자), 東(이하 본문)'(이들의 장차는 본문의 그것에 계속된다)이 있는 점과 대립하여 첫머리에 실린 「어제홍무정운序」가 上象鼻에서 '洪武正韻首'라 하고 中縫에서 '御製序'(張次도 독립되어 있다)라 한 사실에 근거하여 원전에는 없으나 우리나라 학자에 의하여 『홍무정운역훈』의 권수에 추가된 부분을 지칭하기로 한다. 따

地脚에 날인한 듯하나 예외임에는 틀림이 없다.

라서 표제의 권수 편차는 그 추가된 내용과 차례를 말하는 것이다.

되풀이하지만 『홍무정운역훈』은 책의 권1~2와 그 앞 부분이 전하지 않는다. 따라서 여기에서 다루려는 내용은 권1~2의 복원과 밀접히 연관된다. 이에 대하여 박병채(1974b: 435-436)은 복원을 시도하여 그 결과를 다음과 같이 제시하였다.

復原된 卷頭 附載文 및 順序

(1) 「洪武正韻譯訓序」(申叔舟)
(『保閒齋集』 소재의 譯訓序 해당)
(2) 「洪武正韻序」(宋濂)
(明版 隆慶本 『洪武正韻』 소재의 序 해당)
(3) 「洪武韻 三十一字母之圖」
(『四聲通解』 卷頭의 字母圖 해당)
(4) 『洪武正韻譯訓』 凡例
(『四聲通解』 卷末 소재의 「四聲通攷」 凡例 해당)
(5) 「凡例」
(明版 隆慶本 『洪武正韻』 소재의 凡例 해당)
(6) 『洪武正韻』 目錄
(明版 隆慶本 『洪武正韻』 소재의 目錄 해당)

이러한 복원에 대하여 박병채 교수는 원본 그것과의 일치 여부는 확언할 수 없으나 『홍무정운역훈』의 저본인 『홍무정운』의 권두 附載文이나 다른 문헌에 보존된 『홍무정운역훈』의 서문에 근거하였기 때문에 순서 상의 출입은 있을지 몰라도 내용은 원형을 그대로 간직한 것이라 할 수 있다고 하였다. 그리하여 이 결과를 「缺本復原篇」이라 하여 영인본에 실었던 것이다.

그러나 필자는 유감스럽게도 그 순서는 물론이고 부속문자의 내용에 대하여도 동의하지 못한다. 우선 이들 내용의 순서 곧 編次의 문제가 있다. 순서를 일견하여 알 수 있듯이 『홍무정운역훈』의 부속문자와 원본의 그것이 뒤섞여 있다. 한국본 원전에서 본 바와 같이 영조의 「御製洪武正韻序」는 원전 권1의 앞에 '洪武正韻首'라 하여 얹고, 우리나라 교서관의 간기는 衡王의 「恭題洪武正韻後」란 원전 발문 뒤에 추가하였다. 책 앞뒤의 御製序와 간기를 제외하면, 원전 내용의 손질은 최소한에 그쳤다. 이는 서문과 간기의 성격 때문이라 할지 모른다. 그러나 위에서 설명한 『홍무정운역훈』 내용의 검토에서 小韻의 배열이 불합리하다고 생각하였으면서도 원전은 손질하지 않고 필요한 역훈만 추가한 사실에서 같은 방침을 읽는다. 명나라 태조의 欽定書인 원전은 되도록 원전의 모습으로 보존하겠다는 방침인 것이다. 따라서 위 복원된 내용에서 『홍무정운역훈』과 관련된 부분은 원전의 앞에 별도로 놓여서, 곧 여기에서 말하는 卷首 부분이 된다고 생각된다. 신숙주의 서문에서 「사성통고」를 만들어 '別附之頭面'이라 하고 또 범례를 지어 책의 이용에 指南이 되게 하였다고 한 것도 여기에서 말하는 권수 부분의 부속문자가 원전의 본문과 그 부속문자에 앞서 놓였음을 말하는 것이다. 원전의 「洪武正韻序」를 비롯한 범례와 목록은 원전인 화산문고 소장본으로 이미 확인한 바와 같이 권1의 본문 앞에 실린 원전의 부속문자인 것이다.

다음으로 卷首의 編次 내용의 문제가 있다. 첫째 「洪武正韻序」에 계속된다고 한 『사성통해』의 「洪武韻 三十一字母之圖」가 과연 실렸을까 한다. 필자의 생각으로는 이 字母圖는 『사성통해』의 「廣韻 三十六字母之圖」나 「韻會 三十五字母之圖」와 함께 최세진이 처음으로 만든 것이 아닐까 한다. 字母圖의 명칭에 '洪武韻'이란 약칭을 사용한 사실도 이상하지만, 화산문고 소장의 중국본이나 한국본 원전에 그 자모도가 일절 보이지 않는 사실에 의한다. 그뿐 아니라 위의 다른 자모도도 『廣韻』과 『古今韻會擧要』에 수록되지 않았던 것이다. 물론 『홍무정운역훈』의 편찬에서 이들 자모도가 만들어졌을 가능성이 배제되지 않는다. 그러나 원전의 본문에 손질하지 않은 편찬 방침으로 보거나 신숙주의 서문에서 그에 대한 언급이 없는 점으로 보아서는 그럴 가능성은 없어 보인다. 역시 최세진이 만들었다고 생각된다. 따라서 위의 복원에서 「洪武韻 三十一字母之圖」는 마땅히 제외되어야 할 것이다.

둘째로 이 복원 내용의 가장 큰 문제는 「四聲通攷」의 제외이다. 박병채(1974: 435)에서 신숙주의 서문은 세종 御定의 「사성통고」를 '別附之頭面'이라 하여 책의 앞머리에 붙였다고 하였으나, 각 小韻의 첫 글자 한글 독음을 '(用訓民正音)以代反切'이라 하였다가 '竝示反切'로 책의 간행 단계에서 수정된 바와 같이 서문 기초 당시의 계획이 '別附省略'으로 수정되었다고 한다. '以代反切'의 정당한 해석에 비추어 보거나[6] 일반적으로 문집에 실린 서문이

6) 신숙주의 서문에서 '用訓民正音 以代反切'의 反切을 박병채(1974b: 433)에서는

초고가 아니라 책에 실린 완성된 원고인 사실에 비추어 '別附省略'이란 서문의 수정은 도저히 이해하기 어렵다. 신숙주는『홍무정운역훈』의 편찬뿐 아니라 간행에도 관여하였으므로 실책과 다른 초고를 문집에 싣도록 하였다고 생각할 수 없다. 거기에다가 세종 御定의「사성통고」를 삭제하거나 간행하지 않은 이유가 어느 곳에도 명시되지 않았다.7) 더욱이「사성통고」의 존재를 전제하지 않고는 설명되지 않는 사실이 있다. 우선 최세진이『사성통해』의 서문에서 행한「사성통고」의 설명 내용은 아주 구체적이다. 곧 세종이『홍무정운』을 번역하게 하고, 또 책이 커서 열람하기 어려운 것을 염려하여 신숙주를 시켜 수록된 한자를 분류하여 한 책을 만들게 하였는데 각 小韻을 성모순으로 배열하되 첫머리에 한글 독음을 얹었다고 한다. 결과적으로『홍무정운』의 소운 배열이 성모 순에 따르지 않은 것을 지양하여「사성통고」의 배열은『동국정운』의 그것에 따랐다는 것이다. 신숙주 등은『홍무정운』의 편찬 방식을 마땅하게 생각하지 않았으나, 원전에 손질하지 않는 방침을 고수하면서『홍무정운역훈』을 편찬한 뒤에「사성통고」의 편찬으로 小韻의 합리적인 배열을 이룩한 것임을 알 수 있다. 다시 말하면 최세진은 신숙주의 서문과 같이 책머리에 따로 붙인「사성통고」를 실책으로 확인하고 설명하였다고 하여야 한다. 또 이미 이 글의 머리말에서 말한 바와 같이 성종 때에 李昌臣이 경연에서 신숙주, 성삼문이 요동의 黃瓚에게 語音을 질정하여『홍무정운(역훈)』과「사성통고」를 지었다고 아뢴 말도「사성통고」란 책의 실재를 말한다. 그러므로「사성통고」의 삭제는 도저히 생각할 수 없는 일이다.

원전에 주기된 반절로 해석하여 원고의 정리, 간행 단계에서 '竝示反切'로 수정된 것이라 하였다. 그러나 정연찬(1972: 76)에서는 '以代反切'의 참다운 뜻은 첫 한자의 중국음을 반절 대신에 한글로 표기한다는 것으로서,『홍무정운역훈』에서는 원전의 첫 한자 아래의 반절 주기를 없애고 한글 표기로 대신한다는 뜻이 아니라, 주기의 반절은 그대로 留存시킨 채 그것은 보지 않아도 좋고, 그 대신 한글 표기만 보아도 좋다는 의미로 해석함이 온당하다고 한다. 다시 말하면 '以代反切'의 反切은 원전에 주기된 반절을 가리키는 것이 아니라, 小韻 앞의 성모 뒤에 있는 중국음의 표기에서 반절을 대신하여 한글 표기를 大字로 한다는 뜻으로 보아야 할 것이다. 따라서 '以代反切'을 '竝示反切'로 수정할 아무런 이유가 없는 것이다.

7) 박병채 교수가 행한 '別附省略'의 해석은「사성통고」를『홍무정운역훈』의 앞머리에 붙이는 것을 그만두었을 뿐 아니라 아예 간행조차 하지 않은 뜻으로 보인다. 別冊으로『홍무정운역훈』과 상관없이 간행하였다는 설명이 전혀 없기 때문이다. 말하자면「사성통고」란 실책의 존재를 부인한 셈이다.

이와 관련된 일로 「洪武正韻譯訓凡例」가 있다. 이는 『사성통해』의 「四聲通攷凡例」를 그대로 전재하고 명칭만 바꾸어 부른 것으로서 「사성통고」가 없었다고 본 박병채(1974b)로서는 필연적인 귀결이다. 그러나 필자는 범례 내용의 검토에서 「사성통고」의 실재와 상관없이 『홍무정운역훈』의 범례라고 생각한다. 모두 10항인 그 범례에서 적어도 제1, 7항은 「사성통고」에 적용되지 않는 내용이다. 제1항은 正音과 俗音에 관한 규정인데, 정음은 韻圖와 韻書의 여러 문헌과 지금의 중국사람이 사용하는 음으로 정하였고 속음은 중국 時俗의 음으로서 널리 사용되나 韻圖와 韻書에 맞지 않는 것으로 小韻 첫 한자의 反切 아래에 쓴다는 것이다. 이 사실은 이미 위에서 본 『홍무정운역훈』 정음과 속음의 규정과 표기에 적용된다. 다시 말하면 정음은 각 小韻의 첫 한자 앞에 성모와 함께 한글 大字로 표기하고 속음은 小韻 첫 한자 뒤에 주기된 반절에 계속되어 표기되었던 것이다. 그런데 범례의 이 규정이 「사성통고」에 적용된다면, 「사성통고」의 각 小韻 첫 한자에도 『홍무정운』의 反切 주기가 전재되어 있었다고 하게 된다. 책이 커서 열람하기 어려운 것을 염려하여 흔히 말하는 바와 같이 '색인의 구실'을 겸하게 편찬된 책에 원전의 반절까지 전재하였다고 하는 것은 매우 무리한 일이다. 강신항(2003: 236)에서 지적한 바와 같이 字釋과 함께 반절도 생략되었다고 생각되므로 이 항은 『홍무정운역훈』에만 적용된다. 제10항은 더욱이나 「사성통고」에 적용하기 어렵다. 이른바 餘音說 또는 間音說로 알려진 ㅏ, ㅓ 등을 글자대로 읽지 않고 ㅏ·, ㅓㅡ 등의 間音으로 읽어야 중국음에 거의 맞으므로, 이제 중성이 이와 같이 변해야 할 것은 같은 韻의 첫 한자 아래에 설명한다는 것이다. 실지로 이러한 긴 설명은 『홍무정운역훈』에 더러 나타난다. 『홍무정운역훈』 대신에 쉽게 열람할 수 있게 편찬된 「사성통고」에도 그 설명이 있었다고 생각되지 않는다. 『홍무정운역훈』에만 적용되는 내용인 것이다.

소극적인 이유가 되지만, 이 범례가 「사성통고」에 관한 것이라면 중요한 사항이 빠졌음을 알게 된다. 앞에서 말한 바와 같이 「사성통고」는 『홍무정운역훈』의 표제자를 수록하여 그 정음과 속음만을 보인 책인데 표제자의 배열 순서를 『홍무정운』이나 『홍무정운역훈』과 달리 그 운서들의 31성모 순으로 배열하였다고 한다. 이러한 사실은 당연히 그 책의 범례에는 빠뜨릴 수 없는 가장 기본적인 사항이다. 그것이 빠진 범례는 이 사실이 적용되지 않는 책의 것이라 할 수밖에 없다. 이로써도 「四聲通攷凡例」란 篇名이 옳지 않다고 생각한다.

그러하다면 연구가 정치하기로 정평이 있는 최세진이 그 편명을 잘못 일컫게 된 것은 어찌된 일일까. 이 해답은 『사성통해』 서문에 나타난 그의 증언에서 얻을 수 있지 않을까 한다. 그에 의하면 당시 사역원이나 승문원의 중국어 학습은 『노걸대』와 『박통사』로 시작되는데 두 책의 정음과 속음은 반드시 「사성통고」를 보고 알게 되지만, 두 책의 訓解 곧 漢訓인 중국음 풀이의 잘못이 전승되고 있어서[8] 노숙한 譯官이라도 그것을 바로잡지 못할 뿐 아니라 『사성통해』 부록인 「動靜字音」에 예시된 바와 같이 한자는 字釋에 따라 字音이 변동되기도 하는데 이런 한자가 「사성통고」에 거듭 수록된 경우에 字釋이 없으므로 어느 字音을 따라야 할지 모른다고 한다. 여기에서 주목되는 사실은 중국어 학습에 참고한 운서가 讀音과 字釋이 있는 『홍무정운역훈』이 아니라 독음만 있는 「사성통고」뿐이라는 점이다. 이로써 「사성통고」가 『홍무정운역훈』을 읽기 위한 길잡이인 색인으로서 『홍무정운역훈』에 의존하여 존재한 책이 아니라 스스로 독자적으로 중국음 사전으로 사용되었음을 알 수 있다. 의존하여 사용된 책이라면 字釋에 따른 字音의 변동이 있는 한자의 경우에는 『홍무정운역훈』이나, 그 책이 없다면 책의 편제가 같은 원전 『홍무정운』을 열람하면 字釋이 있어서 字音의 판정에 아무 문제가 일어나지 않는다. 더욱이 색인의 성격이라면 小韻의 배열을 원전과 달리하여 검색을 번거롭게 하지도 않았을 것이다. 따라서 최세진이 그러한 單行書와 같은 책인 『사성통고』 앞의 범례를 「사성통고범례」로 오인하게 되었다고 생각되는 것이다.[9] 이유가 어디 있건, 「사성통고범례」는 올바른 명칭이 아니다. 정확하게

---

8) 『사성통해』 서문에서는 『노걸대』와 『박통사』 두 책의 諺解와 訓解는 구별되어 사용되었다.(앞의 각주 1) 참조) 訓解의 '訓'은 譯訓의 그것과 같이 漢訓으로 이해된다. 그러나 훈해와 언해를 같은 뜻으로 이해하는 견해가 강신항(2000: 142-143)에 나타나 있다. 참고를 바란다.

9) 잘못의 다른 근거로는 최세진이 「사성통고」로써 『홍무정운역훈』, 적어도 그 역훈까지 포괄하는 것으로 이해한 점이 아닐까 한다. 김무림(1999: 244)에서 「사성통고」가 『홍무정운역훈』을 저본으로 편찬되었으므로 「사성통고범례」가 바로 「홍무정운범례」로도 이해되고 있다고 한다. 이러한 이해가 누구에 의한 것인지 밝혀져 있지는 않다. 아마도 박병채(1974b: 435-436)의 복원에서 이 범례를 「홍무정운범례」라 한 사실을 염두에 두고 한 것이 아닌가 추측될 뿐이다. 혹 그 이해가 최세진에게도 적용된다고 한 것이라면 「사성통고」의 범례란 잘못으로 나아간 것으

「(『홍무정운역훈』)범례」라고 하여야 한다.

이제 권수의 「사성통고」의 내용과 성격에 대하여 좀더 구체적으로 살펴보기로 한다. 내용에 대한 앞선 연구는 이 글에서 설명한 것과 대동소이하다. 성격은 『홍무정운역훈』을 읽기 위한 길잡이가 아니라 독자적으로 『홍무정운역훈』에서 정한 중국어의 정음과 속음의 편람서로 편찬되어 널리 사용된 것임을 설명하였다. 이는 신숙주의 서문이나 최세진의 『사성통해』 서문에서 관련된 구절을 부연한 데 지나지 않는다. 여기서 구체적으로 살피려는 것은 그러한 책의 내용과 성격이 아니라 책의 분량이다. 지금까지의 「사성통고」의 존재를 인정하는 연구에서도 이 책의 분량에 대하여 전혀 언급된 일이 없었기 때문이다. 필자가 이 문제를 다루는 것은 단행서의 성격과도 관련되지만 16권 8책이란 『홍무정운역훈』의 책수와 관련되어 있다. 결론부터 말하면, 8책은 『홍무정운』과 『홍무정운역훈』 본문이 서로 일치하나, 『홍무정운역훈』에는 우리나라 학자들의 「洪武正韻譯訓序」와 「凡例」, 여기에 거의 1책의 분량인 「四聲通攷」가 합쳐진 권수 1책이 별도로 추가되어 있었다고 추정한다. 그 別冊은 단행서로써 사용될 수 있는 것이다. 그리하여 『홍무정운역훈』은 모두 권수 1책과 본문의 16권 8책을 합쳐 9책이 되는 셈이다.

『홍무정운역훈』에서 2권, 1책으로 편철된 책은 크기에 따라 적은 경우가 80장, 많은 경우가 110장 정도이다. 그런데 「사성통고」에는 1만 3천에서 1만 4천에 이르는 모든 표제자가 수록되었을 뿐 아니라 각 小韻의 聲母와 正音의 한글 표기가 당연히 있었을 것이다. 원전의 反切과 『홍무정운역훈』의 이른바 餘音說의 주기는 없었다고 하더라도, 『사성통해』 서문에 비추어 俗音의 주기는 있었음에 틀림이 없다. 따라서 행격이 『홍무정운역훈』 본문의 그것과 비슷하다면 8행 10자이거나 11자로 추정되어 「사성통고」의 전체 장수는 줄잡아도 90~100 내외가 되리라 생각된다. 거기에 신숙주의 서문과 『홍무정운역훈』의 범례가 당연히 얹혔을 것이므로 거의 100~110장이 넘는 분량이 된다. 본문 1책 편철의 평균 장수에 비추어서 본문 권1~2와 함께 편철되면 다른 책의 倍가 되거나 배가 넘는 분량이 된다. 뿐만 아니라 원전의 體例를 가능하면 보존하려 한 『홍무정운역훈』 편찬의 방침에 비추어서도 권수

로 생각될 수 있다. 그러나 위 서문에 그러한 이해는 보이지 않는다. 잘못의 해답은 역시 『사성통해』 서문의 「사성통고」에 대한 증언 안에 있다고 봄이 온당하지 않을까 한다.

1책이 별도로 편철되어 있었다고 하는 것이 극히 당연한 일이다. 이러한 편철과 관련하여 거듭 말하지만, 권수 1책의 대부분을 차지한 「사성통고」가 『사성통해』 서문과 같이 신숙주 서문에서 '別附之頭面'이라 하였으나 최세진의 『사성통해』 서문과 같이 단독으로 널리 사용되면서 그 앞에 있는 『홍무정운역훈』의 범례를 최세진이 범례의 통례에 비추어서 「사성통고범례」라고 오인하기에 이르게 되었고, 오늘날 학계에서 그 오인을 아무런 비판 없이 받아들였다고 생각된다.

이제 『홍무정운역훈』 권수의 편차와 그 편철을 다시 살펴보면 첫머리에 신숙주의 「홍무정운역훈序」, 이어서 『홍무정운역훈』의 「범례」가 있은 뒤에 본문인 「사성통고」의 순서로 이루어진 편차로서, 원전에 역훈을 추가한 본문 권1~2, 1책과 별도로 편철된 1책이라고 할 것이다. 앞으로 원본의 복원에는 이러한 권수 편차와 편철이 참고되었으면 하는 것이 이 글의 결론이다. 이 권수와 본문 제1책을 박병채(1974b)의 복원 내용과 같은 체재로 보이면 다음과 같다.

卷首(1책)
(1) 「洪武正韻譯訓序」(申叔舟)
(2) 『洪武正韻譯訓』의 「凡例」
(3) 「四聲通攷」

本文(제1책)
(1) 「洪武正韻序」(宋濂)
(2) 『洪武正韻』의 「凡例」
(3) 『洪武正韻』의 「目錄」
(4) 『洪武正韻』 권1~2의 本文

Ⅳ. 맺음말

지금까지 세종의 언어학 관련 3대 업적의 하나인 『홍무정운역훈』에 대한 서지학적인 검토와 그 卷首의 編次와 編綴 문제를 다루어 왔다. 그 내용을 다시 되풀이할 필요를 느끼지 않는다. 다만 이 글에서 다룬 내용을 자료로 하여 문헌의 校勘 문제에 대하여 그 중요성을 강조함으로써 맺음말로 삼고자

한다.[10)]

校勘은 校讐라고도 하는데, 廣狹의 두 뜻이 있다. 협의의 교감은 본문 字句의 誤字, 脫字, 衍字, 倒字를 찾아내어 정확한 원전의 모습을 찾는 작업이다. 광의의 교감은 문헌의 書名을 비롯하여 編次와 본문의 내용을 바로잡는 작업을 포괄한다. 대상이 문헌 자료일 경우에는 이러한 교감의 절차가 자료 이용에 필수적이라 할 수 있다. 오랜 역사를 가진 동양의 校讐學은 말할 것도 없지만, 근대 이후의 서지학 연구에서도 본문서지학이라는 분과가 있는 사실이 그것을 말한다.

이 글에서 다룬 내용은 광의의 교감에 속한다. 「사성통고범례」는 『사성통해』의 부록에 수록되어 학계에서 그 篇名이 그대로 통하고 있으나 그 내용을 검토하면 『홍무정운역훈』의 범례이다. 「사성통고」는 신숙주의 「홍무정운역훈서」나 최세진의 『사성통해』 서문에 의하면 『홍무정운역훈』 표제자를 모두 수록하여 중국음의 正音과 俗音을 보인 책이므로, 그 책과 이 범례는 간접으로 관련이 있지만 직접으로 관련이 없다. 실지로 이 책에 적용될 수 없는 조항도 거기에는 있고 이 책에 반드시 필요한 사실도 조항에 빠져 있다. 이와 같이 범례의 명칭을 밝혀서 그 성격을 분명히 하는 일은 書名이나 篇名에 대한 교감 문제이다. 박병채(1974b)에서 제기된 바와 같이 「사성통고」가 『홍무정운역훈』에 실리지 않았다는 주장은 책의 편차와 관련된 교감 문제이다. 「홍무정운역훈서」에서 권두에 「사성통고」를 따로 붙였다고 하였을 뿐 아니라, 『성종실록』에 나타난 李昌臣의 아룀과 「사성통해서」에 나타난 최세진의 「사성통고」에 대한 증언에 따라 『홍무정운역훈』 권수에는 「사성통고」가 따로 얹혀 있었다고 하여야 한다. 따라서 『홍무정운역훈』과 무관하게 별도로 간행되었다는 설명도 배제된다. 그렇다면 본문이 16권 8책인 『홍무정운역훈』의 권수에는 원전에는 없으나 우리나라에서 새로 붙인 「홍무정운역훈서」, 「(『홍무정운역훈』)범례」, 그리고 「사성통고」가 실려 있었다고 생각된다. 본문 제1책과 그 앞 부분의 결락으로 이들의 행격이 알려져 있지 않으나 『동국정운』의 서문과 『홍무정운역훈』 본문의 행격을 준용한다면 모두 100~110장을 넘는 장수가 되어 본문 1책의 평균 장수와 비슷하거나 약간 많은 분량이

---

10) 이 결론 부분은 2004년 2월 7일에 있은 한국언어학회의 2004년 겨울학술대회에서 필자가 행한 「국어학 연구와 校勘 문제」란 특강의 한 부분에서 간략히 언급된 바 있음을 밝힌다. 독자의 양해를 바란다.

다. 본문 권1~2의 제1책과 합책하면 다른 책의 배이거나 그 이상이 되는 큰 분량이다. 그러한 편철은 『홍무정운역훈』 열람의 어려움을 지양하기 위한 책에 맞지 않을 뿐 아니라 원전의 體例를 어긋나게 하는 일이다. 더욱이 책수가 많은 고서의 일반적인 편철과 장정에도 맞지 않는다. 여기에서 『홍무정운역훈』 권수의 편철 문제가 제기된다. 본문 권1~2, 1책 앞에 卷首 1책이 따로 편철되어 있었다고 하는 일이다. 그리하여 『홍무정운역훈』은 우리나라에서 만든 「홍무정운역훈서」, 「범례」 및 「사성통고」로 된 卷首 1책이 따로 있어서 원전의 16권 8책과 합하여 모두 9책이 되는 셈이다. 권수 1책은 따로 단행서와 같이 이용될 수 있을 뿐 아니라 최세진이 『사성통해』 서문에서 증언한 바와 같이 실지로 이용된 책이기도 한다. 따라서 오늘날 학계에서 『홍무정운역훈』의 현전하지 않은 책을 권1~2, 1책이라고만 하지만, 권수 1책을 합쳐 2책이 전하지 않는다고 하여야 한다. 이러한 문제는 『홍무정운역훈』의 편차와 편철에 관련된 교감이다. 그 결과로 우리는 세종의 3대 언어학 업적의 하나인 『홍무정운역훈』의 실체에도 좀더 접근하게 되리라 믿는다. 요약하면 이 글에서 다룬 내용은 모두 광의의 교감 문제에 속한다. 이 사례를 통하여 우리는 광의의 교감 문제도 협의의 교감 문제와 마찬가지로 국어사와 국어학사의 연구에 중요함을 강조하지 않을 수 없다.

제11장 국어사 자료의 정리
-기본 자료의 선정 및 복제-

I.

국어사의 자료는 지난 시기의 국어에 관한 모든 기록을 가리킨다. 이들 자료를 발판으로 하여 국어사 연구는 이루어진다. 현대의 방언 자료를 이용한 재구로써 국어사의 어떤 현상을 설명할 수 있고. 또 同系語로 추정되는 외국어의 자료를 이용한 비교로써 기록이 있기 이전의 국어, 이른바 선사시대의 국어를 기술할 수도 있다. 입으로 전승되는 민요와 판소리 등에서 국어의 또 다른 옛 모습을 더듬을 수도 있다. 그러므로 이들도 국어사의 자료가 된다. 그러나 국어사 연구는 국어의 과거 기록을 중심으로 행하여지며, 과거의 기록이 아닌 이들 자료는 그에 대한 보완적인 기능을 담당하는 것이다.

기록은 정의에 따라, 첫째 視覺에 호소하며, 둘째 문자로 이루어진다는 특성을 갖는다. 기록은 먹으로 쓰여지거나 돌에 새기거나 한 것인데 어떻게 된 것이든 눈으로 보게 되어 있다. 오랜 전승으로 눈으로 못 읽는 경우도 있다. 그러나, 적외선이나 X선 사진 등 광학적인 수단을 이용하여 궁극적으로는 눈으로 보고 읽는 자료인 것이다. 한편, 그것은 읽는 문자로 되어 있다. 문자의 종류가 한자, 한글, 假名 등 다를 수는 있어도 모두 국어로 읽을 수 있어야 국어사의 자료인 것이다. 그러므로 우리는 이들 기록을 국어사를 반영하는 문헌이라 부른다.

문헌은 문자가 기록된 대상에 따라서 金石文과 典籍으로 나뉜다. 금석문은 鍾이나 銅鏡 등 쇠붙이와 비석 등 돌, 우리나라에서는 드물지만 뼈나 나무에 새겨진 銘文을 가리킨다. 「甘山寺阿彌陀如來造像銘」, 「竅興寺鐘銘」, 「南山新城碑銘」, 「壬申誓記石銘」 등 신라 시대의 자료를 비롯한 것이 그 예다. 전적은 종이와 깁, 드물지만 竹簡에 쓰여지거나 인쇄된 서책과 고문서를 가리킨다. 이들은 고대에 있어서는 극히 적어서 금석문에 뒤지지만 중세 이후로는 질과 양으로는 금석문을 압도하고 있다. 따라서 국어사의 자료는 지난 시기의 국어를 기록한 전적이 주종인 것이다.

이들 典籍 자료도 여러 가지로 나누어 볼 수 있다. 먼저 기록 내용의 성격에 따라 과거의 국어를 그대로 기록한 문헌과 그때의 국어를 관찰 연구한 결과를 기록한 문헌으로 나뉜다. 전자가 국어사의 일차적 자료로 중요하지만, 후자도 당시 국어에 대한 증언으로서 결코 소홀히 할 수 없다. 15세기 국어를 연구할 경우, 「훈민정음해례」에 나타난 신숙주 등 집현전 학사들의 설명이 어느 정도로 중요한가를 생각하면, 후자의 중요성이 이해될 것이다.

다음으로 기록 외형인 문자에 따라 한자를 차용한 자료와 한글 자료로 나뉜다. 한 전적에 이들이 같이 나타나기도 하나, 보통은 따로 나타난다. 전자의 借字資料는 근대국어 연구에도 기여할 수 있지만, 한글 창제 이전의 국어 연구에서 차지하는 비중은 절대적이다. 후자인 한글 자료는 국어를 완전하고 정확히 표기한 점으로나 많은 수량으로나, 국어사 자료라면 이것을 가리킬 정도로 중요하다. 이 밖에 다른 문자로서 假名, 로마 자 등이 있으나, 위의 借字와 한글 자료에 비교가 안 되게 영세한 자료다.

전적은 다시 그것이 이루어진 연대와 지역, 필자의 의도에 따라 나뉠 수도 있다. 같은 시기에 중앙과 지방에서 간행된 서적이 자료로서 현저한 이질성을 보일 때가 있으며, 경전과 교화서의 언해가 사뭇 다른 문체를 보이기도 하기 때문이다. 그러나 그 차이는 서적마다 조금씩 다르기 때문에 이들에 따른 전적의 분류는 쉽지 않다. 자료를 다룰 경우에 그에 대한 배려가 충분히 있기를 요망할 뿐이다.

국어사 자료인 典籍에 대하여 이와 같이 여러 가지로 나누는 것은, 그들이 자료로서 갖는 성격을 분명히 하자는 뜻에 말미암는다. 立論의 근거인 자료에 대한 철저한 인식이 없는 연구는 결과가 부실할 것이기 때문이다. 그런데 국어사 자료는 숱하게 많다. 이들 모두를 처음부터 분석하고 이해한다는 것은 불가능한 일이다. 몇 가지 부류로 나누고 부류마다 대표적인 전적을 선정하여, 그 자료를 정확하게 인식하는 것이 바람직하다. 그 밖의 자료는 이 대표적인 자료를 기준하여 스스로 평가할 수 있을 것이다. 이 기준이 되는 자료를 우리는 국어사의 기본 자료라 부르기로 한다.

기본 자료의 선정은 국어사 연구의 기초 작업에 속한다. 그런 만큼 이 작업은 쉬운 일이 아니다. 우리는 자료의 質量을 고려하여 그것을 선정하기로 한다. 그런데 자료의 질량에 대한 고려는 우리 나름의 평가에 의한다. 주관적이며 자의적인 평가일 수 있다. 그러나 종래의 국어사 연구에서 가장 많이, 그리고 중요하게 다루어진 것을 높이 평가하여 선정함으로써 기본 자료의 객관성이 가능한 한 보장되도록 하였다. 이제 그러한 기본 자료를 구체적으로 살펴보기로 한다.

Ⅱ.

국어사의 전적 자료는 우선 借字資料와 국한문 혼용 자료를 포함한 한글 자료로 나뉘는데, 한글 자료는 분량이 방대하므로 다시 그 내용에 따라 유교서, 불교서, 교화서, 기술서, 역학서의 언해 자료와 詩歌 자료로 나뉘며, 끝으로 이들과 성격을 달리하는 국어학사 자료를 따로 두기로 한다. 이를 열거하면 다음과 같다.

1. 차자 자료
2. 유교서 언해
3. 불교서 언해
4. 교화서 언해
5. 기술서 언해
6. 역학서 언해
7. 시가 자료
8. 국어학사 자료

1. 借字 자료

한자를 차용하여 국어를 표기한 자료가 여기에 포함된다. 이른바 鄕札, 吏讀, 口訣 表記의 자료가 주된 것이지만, 史書의 地名表記도 이 부류에 속한다. 대체로 한글 창제 이전의 국어 자료다. 그러나 창제 이후에도 이두와 구결 표기에 借字가 사용되었으므로, 일부 자료는 한글 자료와 같은 시대가 있다. 또한, 중국인이 한자로 국어를 표기한 자료도 이에 소속되는 것이다. 차례로 설명한다.

(1) 향가 자료

『三國遺事』와 『均如傳』에 전하는 향가를 가리킨다. 『삼국유사』는 一然이 13세기 후반기에 찬술한 것으로 인명, 지명, 관직명도 나타나지만, 14수의 향가가 있어서 신라어의 핵심적인 자료가 된다. 이 책의 현존본은 1512년(중종 7)의 중간본이 가장 오래다. 『균여전』은 1075년(고려 문종 29)에 찬술된 것인데, 「普賢十種願往歌」 11수의 향가가 수록되어 있다. 여기에는 향가의 漢譯歌가 있으므로 더욱 가치가 큰 자료다.

(2) 이두 자료

자료 중에서는 성립 연대가 가장 오래다. 金石文은 말할 것도 없지만, 文書와 書冊도 신라시대에 이루어진 것이 전하는 것이다. 『新羅華嚴寫經』의 跋文이 그 저명한 예다. 고려 시대의 책으로는 13세기 중엽 大藏都監에서 간행된 『鄕藥救急方』(3권 1책)이 있다. 현전본은 1417년(태종 7)의 중간본이나, 覆刻으로 보이므로 원간본의 모습을 보여 준다고 하겠다. 조선 시대에는 많은 책이 있다. 『大明律直解』(30권, 1395 · 태조 4), 『養蠶經驗撮要』(1권, 1415 · 태종 15), 『鄕藥採取月令』(1권, 1431 · 세종 13), 『牛馬羊猪染疫治療方』(1권, 1541 · 중종 36)이 조선 전기의 대표적 이두 자료다. 『대명률직해』, 『양잠경험촬요』, 『우마양저염역치료방』은 임진란 이전의 중간본(『우역방』은 일본에 원간본이 있다고 하나, 공개되지 않고 있음)만 전하나, 이두에 의한 번역서로서 풍부한 자료를 제공한다. 조선 후기에는 편자 미상의 『儒胥必知』, 『吏讀便覽』, 『吏文襍例』, 『吏文大師』(모두 1권) 등 이두를 수집하여 정리한 책이 나타났다. 대체로 18, 19세기에 편간된 것으로 보이는데, 한글로 이두의 讀法을 표기하고 있다. 이 독법은 오랜 전승 과정에서 訛傳도 있을 것이므로 그대로 믿을 수는 없으나, 검토할 대상임에는 틀림없다. 이 밖에 이두 자료는 역대의 古文書가 있다. 이두가 公私의 문서에 개화기까지 사용되었으므로, 이 고문서의 이두 자료는 국어사, 특히 문자사의 중요한 자료가 된다.

(3) 구결 및 훈독 자료

口訣은 한문을 읽을 때 구절 사이에 삽입되는 국어의 조사와 어미 등을 말한다. 이들은 한글 창제 이전은 물론이고, 그 이후로도 借字로 표기되는 일이 있는데, 아예 인쇄되기도 하였으나, 거의 붓으로 記寫되어 있다. 그런데 구결 표기의 借字는 시대에 따른 변화가 크지 않기 때문에, 기본 자료로는 구결의 초기 자료라 할 수 있는, 16세기에 간행되거나 씌어진 刊本 자료와 記寫 자료를 잡는다. 간본 자료는 『書傳大文』(2권, 을해자본과 목판본의 2종), 『地藏經』(3권), 『呂氏鄕約』(1권), 『童蒙先習』(1권), 기사 자료는 『心經附註』(4권), 『誡初心學人文』(『發心修行章』, 『法語』 등 合部 1책)이 그것이다.

한편 구결 자료와 비슷한 성격의 자료가 있는데, 『舊譯仁王經』 등 佛書에 그 약간의 예가 있다. 이것은 한문을 새겨 읽는 방법의 표시이므로, 우리는 訓讀 자료라 부르기로 한다. 구결 자료로 다루는 견해도 있으나, 이들이 전통적인 구결과는 결코 같지 않으므로 구별하여야 할 것이다. 이들을 굳이 구결이라 한다면, 전통적인 구결은 음독 구결, 이들은 훈독 구결이라 하지 않으면 안 된다.

(4) 지명 자료

借字로 표기된 地名을 말한다. 『고려사』와 『세종실록』의 「地理志」 등 많은 자료가 있으나, 여기 기본 자료로는 『삼국사기』 「지리지」만을 들기로 한다. 金富軾이 1145년(고려 인종 23) 편찬한 『삼국사기』의 권34~37이 그것이다. 신라(권34~36)와 고구려 및 백제(권37)의 新舊 지명이 수록된 이 자료는 특히 고구려어의 가장 큰 자료가 되고 있다. 『삼국사기』의 원간본은 지금 전하지 않는다. 고려 간본이 零本으로는 전하나, 이 「지리지」는 1512년(중종 7) 慶州版이 가장 오랜 간본이다.

(5) 외국 자료

중국에서 한자를 빌려 국어를 표기한 자료인데, 『雞林類事』와 『朝鮮館譯語』가 그것이다. 『계림유사』는 1103년(고려 숙종 8)경 宋나라 孫穆이 편찬한 것으로, 「高麗方言」이라 하여 약 350항의 단어가 수록되어 있어서 고려어의 기본 자료가 된다. 현존하는 異本 중에서 가장 오랜 것은 明나라 寫本인 『說

郛』에 포함된 책이다. 그 밖에 淸나라 刊本인 『說郛』, 『古今圖書集成』에 포함된 이본이 있다. 『조선관역어』는 『華夷譯語』 중의 하나로서, 15세기 전반의 편찬으로 추정되고 있다. 약 600항에 걸친 국어 어휘를 보여주는데, 현재 寫本으로만 전한다.

2. 유교서 언해

유교의 경전에 관한 언해 사업은 기록(『세종실록』 30년 3월 무술 · 계축條)에 의하면 한글 창제 직후에 착수되었다. 그러나 간행을 본 것은 세조 때의 『周易傳義口訣』이 초기의 예고, 1518년(중종 13)의 『飜譯小學』이 본격적인 언해서의 예가 된다. 그런데 이의 구결과 언해가 문제되어 선조의 명령으로 校正廳이 설치되어 四書三經의 언해 사업이 추진되었다. 그리하여 간행된 사서삼경의 언해서는 官本이라 지칭되어 근대에 이르기까지 절대적인 권위를 갖고 있다. 이에 교정청과 그 밖의 언해서로 나누어 기본 자료를 설정하기로 한다.

(1) 교정청 언해 자료

교정청에서 언해한 경전은 사서삼경과 『小學』 및 『孝經』이다. 그러나 四書, 『소학』, 『효경』의 언해서만 임진란 이전에 간행되었다. 즉 1587년(선조 20)에 『소학언해』(6권), 1589년에 『효경언해』(1권), 1590년에 『중용언해』(1권), 『대학언해』(1권), 『논어언해』(4권), 『맹자언해』(14권)가 庚辰字로 간행된 것이다. 三經의 언해서는 임진란으로 원고본마저 없어져서, 1601년(선조 24) 교정청이 다시 설치되어 그 언해 사업이 진행되어 간행을 보게 되었다. 1606년 『주역언해』(9권), 1613년(광해 5) 『시경언해』(20권), 그 무렵 『서전언해』(5권)의 간행이 그것이다. 이상의 모든 언해서는 중앙과 各道 監營, 근대에 이르러서는 各處의 書肆에서 重刊되었으나, 방점과 ㅿㆁ의 폐기 이외에는 큰 차이를 보이지 않는다.

(2) 그 밖의 언해 자료

교정청보다 앞선 언해서로는 『飜譯小學』(10권 10책)이 있다. 원간본은 전하지 않고, 16세기 중엽의 복각본이 권3, 4, 6~10의 零本으로 남아 있다. 그 번역이 지나치게 의역이라 하여 교정청에서 배척되었지만, 그 의역인 점에서 국어사 자료로서는 귀중한 가치가 인정된다. 교정청보다 늦은 것으로는『四書栗谷先生諺解』가 있다. 율곡 李珥가 교정청보다 앞서 언해를 하여 稿本으로 전래되고 있었는데, 1749년(영조 25) 洪啓禧에 의하여 교서관에서 활자로 간행된 책이다. 한글로 구결만 단 자료는 1466년(세조 12)『周易傳義口訣』과 16세기 중엽의 간행으로 보이는『論語大文口訣』이 있다. 이들 모든 언해서와 구결서는 교정청 언해서의 언해와 구결과 차이를 보인다. 그러므로 이들 자료는 국어사 자료로서 중요할 뿐 아니라, 經學 연구에도 가치가 있다. 한편, 退溪 李滉에 의한『四書三經釋義』가 있다. 경서 字句의 해석을 보인 책으로, 1690년 간행된 책이다.

3. 불교서 언해

한글로 가장 일찍, 또 많이 언해되어 간행된 것이 佛敎書다. 한글로 된 최초의 산문인『석보상절』도 首陽大君의 序에 의하면 한문으로『釋迦譜』를 편찬한 뒤에 그것을 번역한 것이라 하므로 한글 창제의 이듬해부터 불교서의 언해서는 간행된 것이고, 15세기 국어사 자료의 대종을 이루는 간경도감의 번역서를 미루어 불교서 언해의 방대함은 입증되는 것이다. 유교서 언해와 대조적이라 하겠다. 이는 불교의 전통과 敎勢가 적어도 15세기 중엽에 있어서는 유교의 그것을 압도하고 있었음을 말한다. 이제 그러한 불교서 언해를 간경도감과 그 앞뒤의 시기로 나누어서 기본 자료를 보기로 한다.

(1)『석보상절』과『월인석보』

『釋譜詳節』은 1447년(세종 29) 갑인자로 간행되었다. 수양대군의 서에 따라 언해서라고 하나, 다른 언해서와는 달리 원문과 언해문이 대조된 체재가 아니며, 문체도 언해서의 그것과 같지 않다. 창작된 책이라 할 수도 있다. 모두 24권으로 되었다고 추정되고 있는데, 현재 원간본이 권6, 9, 13, 19~21, 23, 24의 8권, 중간본이 권3, 11의 2권만 전하고 있음이 유감이다.『月印釋譜』는「月印千江之曲」을 主文으로 하고「석보상절」을 주석문으로 하여 1459년(세조 5) 목판으로 간행되었다. 이 책은 25권으로 이루어졌다고 믿어지는데, 현재 전하는 것은 원간본과 중간본을 합하여 권1, 2, 4, 7~15, 17~23, 25의 20권이다. 이 중에서는『석보상절』과 중복되는 것도 있으므로, 그것을 대조하면 개편의 범위와 미묘한 언어의 변화를 알 수 있다.

(2) 간경도감의 언해서

刊經都監은 불교 경전의 간행과 언해를 위하여 1461년(세조 7) 설치된 관아다. 문신의 극렬한 반대로 1471년(성종 2) 해체할 때까지의 10년간, 여기서 간행된 언해서는 9종의 불경에 이르고 있어서 귀중한 국어사 자료가 되고 있다. 간년 순으로 보면, 1462년 『楞嚴經諺解』(10권), 1463년 『法華經諺解』(7권), 1464년 『永嘉集諺解』(2권), 『阿彌陀經諺解』(1권), 『金剛經諺解』(1권), 『心經諺解』(1권), 1465년 『圓覺經諺解』(11권), 1467년 『牧牛子修心訣諺解』(1권), 『四法語諺解』(1권)와 같다. 이들 사이에는 문자 사용과 표기법에 차이를 보이기도 하나, 대체로 균질적인 언어자료를 보인다. 이들 목판본은 후대에 복각된 일이 많은데, 언어자료로서는 원간본에 크게 벗어나지 않는다. 다만, 원간본과 달라진 중간본으로 1500년(연산 6)의 『법화경언해』와 1577년(선조 10)의 『사법어언해』(『몽산법어언해』와 합철)가 있다. 한자음 표기가 달라지는 등 독특한 자료가 된다.

(3) 간경도감 이후의 언해서

불교서의 언해는 간경도감이 없어진 뒤에도 15세기 말까지는 왕실의 후원으로, 16세기부터는 사찰이나 민간 신도의 힘으로 계속된다. 그러한 결과로 간행된 언해서에 우선 1482년(성종 13)의 『金剛經三家解諺解』(5권), 『南明集諺解』(2권), 1485년의 『佛頂心經諺解』(3권), 『五大眞言』(1권), 『靈驗略抄諺解』(1권, 『오대진언』에 合部)가 있다. 『오대진언』을 제외하고는 모두 을해자본으로 간행되었는데, 자료의 성격이 대체로 『원각경언해』에 일치한다. 따라서 이들은 간경도감에서 추진된 불경 언해의 계속사업이라 할 것이다. 이보다 약 10년 뒤인 1496년(연산 2) 역시 왕실의 후원으로 이루어진 『六祖法寶壇經諺解』(3권), 『眞言勸供』과 『三壇施食文』(각 1권, 합부 1책)이 있다. 목활자로 간행된 이들은 한자음이 『동국정운』을 지양한 점 등, 매우 중요한 자료다. 16세기 이후에 간행된 불서의 언해서는 민간에서 번역하여 간행하였을 뿐 아니라, 지방의 사찰본도 있으므로 다양한 자료를 보인다. 16세기 자료로는 1553년(명종 8) 『父母恩重經諺解』(1권), 1560년 『六字禪定諺解』(1권), 1569

년(선조 2) 『眞言集』(1권), 『禪家龜鑑諺解』(2권), 『七大萬法諺解』(1권), 1577년 『誡初心學人文諺解』, 『發心修行章諺解』, 『野雲自警序諺解』(각 1권, 합부 1책)가 있다. 17세기 이후로는 불교서의 언해가 크게 줄어드는데, 중요한 것을 든다면, 1704년(숙종 30) 『彌陀懺節要諺解』, 1741년(영조 17) 『念佛普勸文諺解』, 1762년 『地藏經諺解』(3권)가 있다. 앞 2책은 경상방언의 반영이 두드러진 자료로 알려져 있다.

4. 교화서 언해

유교의 규범과 가치관에 따른 풍속의 순화와 한자 교육을 위한 언해서가 여기에 포함된다. 이러한 책으로 이미 세조 때 『初學字會』가 편찬되었으나, 현재까지 남아 있는 것은 성종 때의 『삼강행실도언해』가 가장 빠르다. 이 책을 비롯한 기본 자료를 삼강오륜, 여성 교양, 역사를 포함한 일반 교훈, 한자 교육 관계로 나누어서 설정하기로 한다.

(1) 삼강오륜 관계 언해서

『三綱行實圖』는 원래 중국과 우리나라 역대의 효자, 충신, 열녀 각 110명씩 선정하여 그림을 붙여 한문으로 편찬한 3권 3책의 책이다. 한글 창제 이전인 1434년(세종 16)의 간행이다. 1481년(성종 12) 110명을 35명으로 줄이고, 欄上에 언해를 붙여 3권 1책으로 간행한 것이 『삼강행실도언해』다. 유교 경전의 언해와는 달리 언해가 行實의 이해에 초점을 맞추어 원문에 일치하지 않기도 하는 사실, 한글 표기에서 ㅸ을 사용하고 한자음 종성의 ㅇ을 생략한 점 등이 유명하다. 이 책에 이어 1514년(중종 9) 『續三綱行實圖』, 1518년 『二倫行實圖』, 1617년(광해 8) 『東國新續三綱行實圖』, 1797년(정조 21) 『五倫行實圖』가 간행되었으며, 『삼강행실도언해』, 『속삼강행실도』, 『이륜행실도』는 1581년(선조 14), 1730년(영조 6)의 중간본(『이륜행실도』는 1727년의 중간본도 있음)도 있다. 중간본의 언해가 조금씩 달라졌으므로, 이들은 모두 소홀히 할 수 없는 자료다.

(2) 여성 교양 관계 언해서

이에는 『內訓』과 『女四書諺解』가 있다. 『내훈』(3권)은 仁粹大妃, 곧 昭惠

王后 韓氏가 편찬하여 1475년(성종 6) 간행된 것으로 추정된다. 그러나 현전하는, 가장 오랜 것은 1573년(선조 6) 중간된 을해자본이다. 중간 당시의 언어가 부분적으로 반영되기도 하였으나 대체로 원간본의 모습을 보여준다. 임진·병자란 이후에 각각 중간되었는데, 방점이 없어지고 어휘가 조금 고쳐지기도 하였지만 원간본에서 크게 벗어나지는 않았다. 그러나 1737년(영조 13) 중간된 『御製內訓』은 책이름뿐 아니라, 번역의 문체와 어휘 등이 사뭇 달라져 있다. 완전히 근대어 자료로 탈바꿈한 것이다. 『여사서언해』는 중국의 여자 교훈서인 『女誡』, 『內訓』, 『女論語』, 『女範捷錄』의 女四書를 언해하여 1737년 간행한 것이다. 『御製內訓』과 마찬가지로 영조의 명령에 따라 만들어졌으므로 같은 성격의 자료다.

(3) 일반 교훈 관계 언해서

『家禮』, 『十九史略』, 『明義錄』의 언해서가 여기에 포함된다. 『가례언해』는 1632년(인조 10) 朱子의 『가례』를 申湜이 언해하여 원주(原城)에서 간행한 책이다. 『십구사략언해』는 『十九史略通考』를 언해하여 1772년(영조 48) 대구에서 간행한 것을 비롯한 이본이 전한다. 『명의록언해』는 정조의 명령으로 金致仁 등이 편찬한 『명의록』을 언해하여 1777년(정조 1) 간행한 것인데 활자본과 목판본이 있다. 1778년의 『속명의록언해』도 전한다. 이 밖에 각종의 『綸音諺解』가 있는데, 1757년 『御製戒酒綸音諺解』를 비롯하여 정조 때까지 약 30여 종에 이른다. 이상의 모든 자료는 모두 근대어를 보여주는 것들이다.

(4) 한자 교육 관계 언해서

한자 입문서는 『訓蒙字會』, 『千字文』, 『類合』이 대표적이다. 『훈몽자회』는 崔世珍이 한자 3,360자를 수록하여 한글로 새김과 한자음을 달아서 1527년(중종 22) 간행한 책이다. 원간본은 을해자로 되었으나, 곧 『천자문』과 같은 체재의 목판본이 간행되었다. 이 목판본을 底本으로 한 여러 중간본이 전한다. 『천자문』은 동양의 전통적인 한자 입문서인 『천자문』에 새김과 한자음을 단 것으로, 크게 두 계통이 있다. 1575년(선조 8) 光州에서 간행된 것과 1583년 石峯 韓濩의 글씨로 된 이른바 『석봉천자문』이 그것이다. 大字에도 차이가 있지만 새김에서 큰 차이가 나타난다. 그러나 『석봉천자문』이 근대에 이르기까지 『천자문』의 주류였기 때문에, 이에는 많은 중간본이 있다. 한편 1752년(영조 28) 『註解千字文』이 간행되었는데, 한자에 따라서는 2개 이상의 새김과 한자음을 달았다. 『유합』은 편자와 연대를 모르는, 우리나라에서 만든 한자입문서다. 『천자문』과 달리 1,512자의 한자를 의미 내용에 따라 유별하여 새김과 한자음을 단 책이다. 이 간본은 근대어 자료만 전한다. 그러나 柳希春이 이것을 새로이 수정하고 보완하여 한자 3,000자로 늘려 만든 1576년의 『新增類合』(2권)은 임진란 이전의 간본도 전하고 있다. 중세어 자료가 되는 것이다.

5. 기술서 언해

의약, 농사, 병학 등 기술 관계의 언해서를 말한다. 기술 관계 책은 고려 때부터 이두로 번역되었으므로(借字 자료 참조), 한글 창제 직후부터 한글에 의한 언해가 시도되었을 것이다. 그러나 현존하는 언해서는 1466년(세조 12)의 『구급방언해』가 가장 오랜 것이다. 이를 위시하여 이 관계 언해서도 상당한 양에 이른다. 이들을 유별하여 기본 자료를 설정하기로 한다.

(1) 의약 관계 언해서

한글에 의한 언해는 위의 『救急方諺解』(2권)가 효시다. 을해자로 간행된 원간본은 전하지 않고, 그것을 복간한 책만 전한다. 임진란 이전의 간행으로 보인다. 이어서 1489년(성종 20) 『救急簡易方』(8권)이 간행되었으나, 이 책도 현재 임진란 이전에 을해자본을 복각한 중간본만 남아 있다. 그것조차 권1, 2, 3, 6, 7의 5권 5책뿐이다. 1525년(중종 20) 원간의 『簡易辟瘟方』도 1578년(선조 11) 을해자로 된 중간본이 전하고, 1542년(중종 37) 원간의 『分門瘟疫易解方』도 임진란 이전의 중간인 목판본이 전한다. 이상은 모두 중간본들이나 중세어 자료다. 근대어 자료로는 許浚이 왕명으로 편찬한 1608년(선조 41)의 『諺解痘瘡集要』와 『諺解胎産集要』, 그리고 역시 왕명으로 지은 1792년(정조 16) 徐有隣이 번역한 법의학서인 『增修無冤錄諺解』가 있다. 인조 때 李曙가 엮은 『馬經抄集諺解』도 이에 속하는 책이다. 말과 그 질병에 대한 것인데, 현재 전하는 책은 1682년의 간본이 가장 오래다. 이러한 의약서는 다른 언해서에서 볼 수 없는 독특한 어휘가 유명하다.

(2) 농사 관계 언해서

순수한 농사의 언해는 기본 자료로 다룰 만한 것이 없다. 곡물명을 한글과 借字로 표기한 姜希孟의 『衿陽雜錄』을 들 수 있을 뿐이다. 1492년(성종 23)의 원간본과 1581년(선조 14)의 『農事直說』에 합부된 중간본이 있다. 이 밖에 농사와 관련된 것으로 『救荒撮要』가 있다. 흉년의 기근을 구제하는 방법이 설명된 책인데, 1554년(명종 9)의 원간이나, 현재 전하는 것은 1660년(현종 1) 申洬이 스스로 지은 『救荒補遺』와 합부로 간행한 『新刊救荒撮要』를 비롯한 중간본들이다. 근대어의 자료라 할 것이다.

(3) 병학 관계 언해서

여기 속하는 책은 모두 근대어 자료다. 먼저 隊伍와 훈련에 관한 것으로 『練兵指南』과 『兵學指南諺解』가 있다. 전자는 1612년(광해 4) 함흥에서 간행되었고, 후자는 1787년(정조 11)과 그보다 빠른 간본이 있다. 원래 『병학지남』이 5권이나, 언해는 1787년판이 권1, 2, 그 이전판이 권1에 그치고 있다. 다음 武器에 관한 것으로 『新傳煮硝方諺解』와 『火砲式諺解』가 있다. 이들은 원간이 각각 1698년(숙종 24)과 1635년(인조 13)이나, 현재 전하는 것은 각기 1796년과 1685년의 중간본이 가장 널리 알려진 책이다. 끝으로 兵法에 관한 것에 『新刊增補三略直解諺解』가 있다. 1805년(순조 5) 간본을 비롯한 이본이 전한다.

6. 역학서 언해

譯學書는 司譯院에서 通事 곧 통역관을 양성하기 위한 교재로 간행한 책을 가리킨다. 엄격한 의미에서는 이들도 기술서라 하겠지만, 그 질과 양에 있어서 유교서나 불교서의 언해에 비견될 수 있으므로, 특별히 항목을 세우는 것이다. 역학서는 대상인 외국어에 따라 중국어 교재인 漢學書, 일본어 교재인 倭學書, 몽고어 교재인 蒙學書, 만주어 교재인 淸學書로 나뉜다. 한글에 의한 역학서의 간행은 1492(성종 23)의 『伊路波』가 가장 빠르다. 그 밖에 임진란 이전 간본은 약간의 한학서가 있을 뿐이고, 나머지는 모두 근대어 자료다. 그러나 거기 나타나는 대화 등은 독특한 자료가 된다. 이제 그러한 기본 자료를 漢 · 倭 · 蒙 · 淸學의 순서로 살펴보기로 한다.

(1) 한학서

한학서의 언해는 『老乞大』와 『朴通事』를 중심으로 행하여졌다. 그 가장 빠른 것이 崔世珍이 언해한 『번역노걸대』와 『번역박통사』다. 간기는 없으나, 1517년(중종 12)의 『四聲通解』에 「飜譯老乞大朴通事凡例」가 실렸으므로, 그 무렵의 간행으로 추정된다. 『번역노걸대』는 임진란 이전의 중간본이 전질로 전한다. 을해자본의 복각으로 보이므로, 그 원간은 을해자로 된 것이라 생각된다. 『번역박통사』는 권상 1책만 있는데, 을해자본으로서 원간본으로 추정된다. 최세진이 이들을 언해하면서 어려운 語句를 뽑아 설명한 『老朴集覽』을 만들었는데, 원간으로 보이는 을해자본이 전한다. 간년이 미상이나 1517년 전후가 아닌가 한다. 『노걸대』와 『박통사』는 위의 최세진의 언해 이후로 원문의 개편과 함께 두어 번 새로이 언해되었다. 즉 1670년(현종 11)의 『노걸대언해』, 1763년(영조 39)의 『老乞大新釋諺解』, 1795년(정조 19)의 『重刊老乞大諺解』, 1677년(숙종 16)의 『박통사언해』, 1765년의 『朴通事新釋諺解』가 그것이다. 이 중 『노걸대언해』는 따로 1745년의 중간본이 있고, 『노걸대신석언해』는 零本으로만 전한다. 아무튼 이상의 책들은 근대어의 자료를 제공하여 주는 것이다.

한학서는 이 밖에 언해서로 『伍倫全備諺解』가 있고, 어휘집으로 『譯語類解』와 『方言集釋』이 있다. 『오륜전비언해』는 伍倫全과 伍倫備 형제의 이야기를 번역한 것으로 1721년(경종 1) 간행되었다. 『노걸대』와 『박통사』의 언해서는, 정도의 차는 있으나 앞선 언해를 따르고 있는 데 대하여, 이 책은 독자적인 언해로서 귀중한 자료가 된다. 『역어유해』는 天文, 時令 등으로 類別하여 어구를 수록하여 풀이한 책으로, 1690년(숙종 16)에 간행되었다. 이의 보완을 위하여 새로운 어구를 모아서 같은 체재로 편찬하여 1775년(영조 51) 간행된 『譯語類解補』가 있다. 『방언집석』은 洪命福 등이 1778년(정조 2) 편찬하였으나, 간행되지 못하고 寫本으로 전하고 있다. 중국어뿐 아니라 만주어, 몽고어, 일본어 등 주변의 외국어를 類別하여 한글로 표기하여 수록한 책이다. 한학서로만 다룰 수는 없으나, 중국어가 중심이기 때문에 여기에 포함시켜 둔다.

(2) 왜학서

이에는 『捷解新語』와 『倭語類解』가 있다. 『첩해신어』는 康遇聖이 1630년경 편찬한 讀本으로서, 편찬된 지 약 40년이 지난 1676년(숙종 2) 간행되었다. 이 책도 시일이 지나면서 수정할 필요가 생겨 1748년(영조 24)과 1765년경의 2차에 걸친 改修本이 나오게 되었다. 그러나 오늘날 전하는 것은 위의 제2차 개수본을 1781년(정조 5)에 중간한 책이다. 따라서 현존하는 『첩해신어』는 원간본과 重刊 改修本이다. 『왜어유해』는 『역어유해』와 같은 對譯 어휘집인데, 18세기 초에 이루어진 것으로 보인다.

(3) 몽학서

몽학서는 이른바 蒙學三書라 하여 독본에 『蒙語老乞大』와 『捷解蒙語』, 사전에 『蒙語類解』가 있다. 이들의 원간은 『첩해몽어』가 1737년(영조 13), 『몽어노걸대』가 1741년, 『몽어유해』가 1768년이다. 그러나 오늘날 전하는 것은 1790년(정조 14) 수정하여 간행한 책들이다. 『첩해몽어』에 있는 李瀷의 「蒙學三書重刊序」에 의하면, 이때 『몽어노걸대』와 『몽어유해』는 舊版에서 字音 표기의 修補만 행하고, 『첩해몽어』는 字音 표기와 어형까지 수정하였다고 한다. 한편 『蒙語類解補篇』도 편찬하였다. 따라서 『몽어노걸대』와 『몽어유해』는 原刊時의 국어사 자료로 이용될 수 있으나, 『첩해몽어』와 『몽어유해보편』은 改刊時의 자료로 다루어진다.

(4) 청학서

여기에는 독본으로 이른바 淸語總解인 『八歲兒』, 『小兒論』, 『三譯總解』, 『淸語老乞大』가 있고 사전으로는 『同文類解』, 『漢淸文鑑』이 있다. 청어총해의 원간은 간기가 1703년(숙종 29)으로 되어 있으나, 서문의 年記에 따라서 실지로는 1704년에 출판된 것으로 보인다. 그런데 오늘날 전하는 것은 모두 중간본들이다. 즉 1765년(영조 41)의 『新釋淸語老乞大』, 1774년의 『重刊三譯總解』, 1777년(정조 1)의 『新釋八歲兒』와 『新釋小兒論』이다. 『동문유해』는 『역어유해』의 체재를 따른 대역어휘집으로 1748년에 간행되었고, 『한청문감』은 중국어와 만주어를 표제어로 내세워 설명한 사전으로 1770년대 후반에 간행되었다고 추정된다. 『한청문감』은 한학서로도 다루어질 수 있는데, 수록된 어휘의 양과 편찬의 우수성으로써 우리나라 譯學의 높은 수준을 말하고 있다. 단순한 국어사 자료 이상의 가치를 갖는 책이다.

7. 詩歌 자료

『훈민정음』(해례본)이 나온 뒤 가장 먼저 한글로써 간행된 책은 『용비어천가』란 시가서다. 그 이후 『월인천강지곡』을 비롯한 창작 시가서와 『두시언해』 등 언해 시가서가 상당한 양으로 간행되었다. 한편 한글로 된 시가를 수록한 樂學書도 여러 책이 나오게 되었다. 필사로 전하는 歌集과 詩歌는 더욱 많이 알려져 있다. 이들은 모두 국문학사의 귀중한 자료가 되지만, 국어사에서도 빼놓을 수 없는 자료다. 그러나 국어사자료로 다룰 경우에는 年代 문제가 있으므로 세밀한 주의를 요한다. 여기서는 그러한 문제가 비교적 덜한 刊本을 중심으로 기본 자료를 설정하기로 한다.

(1) 창작 시가서

여기에는 우선 『龍飛御天歌』와 『月印千江之曲』을 들 수 있다. 이들은 다 같이 1447년(세종 29)에 간행된 것으로 추정되는데, 시가 자료로서만이 아니라 한글 자료로서도 가장 오랜 것에 속한다. 실지로 한글 사용이 어떤 문헌보다 예스럽다. 『용비어천가』의 원간본은 권1, 2(서울대 가람문고, 고려대 만송문고), 7, 8(고려대 만송문고) 2책이 전한다. 후쇄본의 전질(서울대 규장각)은 전하나, 그 완전한 모습을 보여주는 책은 1612년(광해 4)의 중간본이다. 그 밖에 1659년(효종 10), 1765년(영조 4)의 중간본도 있는데, 이들 중간본에는 부분적인 誤刻이 나타난다. 『월인천강지곡』의 원간본은 권상 1책(대한교과서주식회사 소장)이 온전하고, 따로 권上, 中 낙장 몇 매가 전한다. 그 밖의 노래들은 『월인석보』에 편입되어 남아있다. 『월인천강지곡』은 한글 위주로 하여, 한자어인 경우 한자를 협주로 표기한 점이 특이하나, 『월인석보』에서는 그 협주와 원문의 자리가 바뀌어 있다.

창작 시가서에는 이 밖에 이른바 三大歌人이라 하는 鄭澈, 朴仁老, 尹善道의 歌集이 있다. 정철의 가집은 『松江歌辭』로 간행되었는데, 현재 3종의 이본이 전한다. 1690년(숙종 16) 李選 跋의 간본, 1747년(영조 23)의 星州本, 1768년의 關西本이 그것인데, 성주본이 가장 풍부하고 정확한 책이다. 박인로의 시가는 『蘆溪集』 권3에 수록되어 간행되었다. 『노계집』은 1800년(정조 24) 간행되었고, 1904년(광무 8) 중간되었다. 윤선도의 시가도 그의 문집인 『孤山集』에 수록되어 있다. 『고산집』은 원래 1791년 간행되었으나, 잘못이 많다 하여 1798년 그의 집에 소장된 草稿를 바탕으로 수정하여 『孤山遺稿』 6권 6책으로 간행되었다. 이 『고산유고』 권6 「別集」 下에 '歌辭'라는 이름으로 그의 시조가 모두 수록된 것이다. 그런데 윤선도의 후손 宗家에는 윤선도 친필의 『歌帖』 2책이 현재까지 남아 있다. 『고산유고』에서는 한자어인 경우 한자로 원문을 삼고 한글로 독음을 협주하였으나 『가첩』에서는 모두 한글로 원문을 삼았고, 또 한글 표기가 『가첩』에서 더욱 정연하고 예스러운 모습을 보인다. 그런데 이들 시가서는 모두 근대어의 자료로 다루어진다. 『송강가사』가 일부 통사와 어휘에서 중세어 자료로 다루어질 수 있을 뿐이다.

(2) 언해 시가서

『杜詩諺解』와 『百聯抄解』가 여기에 속할 뿐이다. 『두시언해』는 杜甫의 詩를 분류하여 언해하여서 1481년(성종 12) 간행된 25권의 책이다. 을해자로 된 이 원간본은 현재 25권 중에서 권1, 2, 4가 전하지 않으나, 1632년(인조 10)의 중간본으로써 그 전모를 알 수 있다. 『백련초해』는 初學者에게 漢詩를 가르치기 위하여 유명한 七言古詩에서 聯句 100개를 가려 언해한 책이다. 聯句의 한자에는 『천자문』과 같이 한글로 새김과 음을 달았는데, 金麟厚의 편찬이라 전하여진다. 원간 연대는 분명하지 않으나, 일본 동경대학의 16세기 간본이 가장 오랜 책이다. 특히 한자의 새김이 광주판 『千字文』과 큰 일치를 보인다. 국내에는 임진란 이후의 간본이 약간 전한다. 한자의 새김이 삭제되고 번역도 같지 않다. 근대어의 자료라 하겠다.

(3) 악학서

여기에 속하는 책은 『樂學軌範』, 『時用鄕樂譜』, 『樂章歌詞』다. 『악학궤범』은 1493년(성종 24) 成俔 등이 편찬하여 간행하였는데, 현재 임진란 이전 간본으로 원간본으로 추정되는 것은 일본의 蓬左文庫에 전하고 있다. 국내에는

1610년(광해 2)과 1655년(효종 6)의 중간본만 전한다. 이 책이 갖는 국어사 자료로서의 가치는 고려가요의 한글 가사(권5)와 한글로 표기된 음악 용어다. 『시용향악보』는 편자, 간년 미상의 樂譜인데, 井間樂譜와 함께 「納氏歌」, 「儒林歌」, 「思母曲」 등 가사가 수록되어 있다. 그 가사의 한글 표기로 보아서 16세기 초기의 간본으로 추정된다. 이 책의 가치도 그러한 한글 가사에 있다. 『악장가사』는 16세기 전반기의 朴浚이 편찬하였다고 전하는 가사집이다. 고려와 조선 초의 詩歌 26곡이 수록되어 있고, 특히 「鄭石歌」, 「靑山別曲」 등의 全篇이 있는 점 등이 유명하다. 현재 전하는 간본은 17세기 이후의 것으로 보인다. 그러므로 근대어 자료라 할 것이나, 그 가사의 어휘와 통사는 중세어 자료가 된다.

8. 국어학사 자료

여기에서 말하는 국어학사 자료는 선인들의 당대 국어에 관한 연구 업적으로서, 국어사 자료로 이용되는 것을 가리킨다. 이제까지 설명된 자료가 문자 표기를 통하여 자료를 제공하여 주는 데 대하여, 이들은 선인들의 인식을 통하여 당시의 국어를 알려준다. 그러므로 이러한 자료의 이용에는 국어학사에 관한 이해가 주도하여야 할 것이다. 그런데 이들 자료는 한글 및 음운의 연구서와 韻書로 크게 나뉘어진다. 자료에 따라서는 그 소속을 명확히 할 수 없는 것도 있으나, 설명의 편의상 나누기로 한다. 이 밖에 어휘에 관한 업적도 있으나, 양과 질로 보아 기본 자료로는 채택하지 않기로 한다.

(1) 한글과 음운의 연구서

먼저, 그리고 가장 중요한 자료로 『訓民正音』(해례본)이 있다. 원간은 1446년(세종 28)이며, 내용은 세종의 御製 序와 새 문자의 예시와 해설인 본문, 그리고 집현전학사들에 의한 解例와 鄭麟趾의 解例序로 되어 있다. 원간본은 1940년 경북 안동에서 발견되어 현재 간송문고에 소장되어 있는데, 첫 2장의 낙장을 발견 당시 補寫하였으나 誤字가 있다. 이 오자는 언해본(『월인석보』 권1의 첫머리에 실림)에 의하여 쉽게 알 수 있으므로 큰 문제가 아니다. 이 책의 가치는 한글의 제자 원리, 음가와 운용법을 밝힘으로써 당시의 음운 체계에 대한 증언을 담은 「해례」에 있는 것이다. 중세어의 음운 체계에 대한 연구는 이 책을 떠나서는 불가능하다고 할 정도로 귀중한 자료다.

다음 근대어 자료로서 『經世正韻』, 『韻解訓民正音』, 『諺文志』가 있다. 『경세정운』은 '경세훈민정음', '경세훈민정음도설'이라고도 불리어지는데, 1678년(숙종 4) 崔錫鼎이 지은 것이다. 내용은 한글의 원리와 역대 韻書에 대한 연구와 韻圖의 편찬으로 되어 있다. 일본 경도대학 河合文庫에 寫本으로만 전하고 있다. 『운해훈민정음』은 1750년(영조 26) 申景濬이 지은 책인데, 書名이 일정하지 않아서 '운해', '훈민정음운해', '훈민정음도해'라고도 한다. 내용은 「經世聲音數圖」, 「訓民正音圖解」, 「韻圖」의 3부분으로 되어 있다. 「훈민정음도해」에서 한글에 관한 문자론적인 이론을 전개하고 있다. 현재 숭실대 도서관에 寫本이 전한다. 『언문지』는 1824년(순조 24) 柳僖가 지은 것으로, 그의 문집 초고인 『文通』에 수록되어 있다. 내용은 선인의 연구 업적을 바탕으로 하여 한자음의 표기에 알맞게 한글을 校正한 것이다. 그러나 그 교정 과정에서 한글의 우수성과 국어에 대한 관찰이 나타나고 있다.

(2) 운서

韻書에는 한국 한자음과 중국 한자음을 위주로 한 두 계통이 있다. 그러나 여기에서는 우리나라에서 편찬되거나 개편된 운서 중에서 기본 자료를 연대순으로 설정하기로 한다.

우리나라에서 편찬된 최초의 운서는 『東國正韻』이라 할 것이다. 1447년 완성된 이 운서는 정리된 한국 한자음을 체계화하여 한글로 표음한 것이다. 원간본은 1448년 간행되었는데 현재 전질이 전하고 있다. 이 책에서 규정된 한자음은 한글 창제 이후 모든 문헌의 한자음 표기에 적용되었으나, 傳承音과 상당한 거리가 있었기 때문에 15세기 말부터는 사용되지 않게 되었다. 그러나 당시의 한자음 연구를 위하여는 기본 자료가 되고 있다. 『동국정운』에 이어 우리나라에서 개편된 운서는 『洪武正韻譯訓』이다. 1375년(홍무 8) 明나라에서 간행된 중국 한자음의 운서인 『洪武正韻』에 한글로 표음한 책이다. 세종의 명령으로 申叔舟 등이 편찬에 착수하였으나, 간행은 1455년(단종 3)에 이루어졌다. 전질은 16권 8책이나 권1, 2가 전하지 않는다. 한글 表音은 중국 음운사 연구에 중요한 자료가 되지만 그 字體 등이 국어사 연구에도 이용될 수 있다. 『홍무정운역훈』과는 달리, 우리나라에서 본격적으로 편찬된 중국어의 운서가 있다. 崔世珍의 『四聲通解』가 그것이다. 체재는 한자를 자모 순으로 배열하여 한글로 표음하고 자세한 字釋을 단 것이다. 원간은 최세진 자신의 서문 年記에 따라 1517년(중종 12)의 일로 추정된다. 원간본으로 보이는 을해자본이 있었으나, 현재 알려진 간본으로 가장 오랜 것은 을해자본의 복각본(일본 국회도서관 소장)이다. 이 밖에 1614년(광해 6)의 중간본 등이 있다. 이 책의 한글 표음은 근세 北方의 중국 한자음 연구에 중요한 자료이며 한글로 된 字釋은 중세어의 요긴한 자료다.

근대어 시기에 편찬된 운서로는 『華東正音通釋韻考』, 『三韻聲彙』, 『奎章全韻』이 있다. 『화동정음통석운고』는 1747년(영조 23) 朴性源 등이 『三韻通考』의 각 한자마다 한글로 중국과 한국의 한자음을 표음한 것이다. 중국 한자음은 『사성통해』를 따르고, 한국 한자음은 규범적인 것이 많으나 한자음 연구를 위한 기본 자료의 하나가 된다. 그런데 『삼운통고』는 중국 운서인 『禮部韻略』을 개편한 것으로, 反切 표시도 없고 한글 표음도 없이 한자만 수록한 운서다. 편자와 연대가 미상이나, 조선 중기 이후로 널리 사용되어 『삼운성휘』의 편찬에도 영향을 미쳤다. 『삼운성휘』는 1751년 洪啓禧가 편찬하였는데, 한글로 중국과 한국의 한자음을 표시한 점 등은 『화동정음통석운고』와 같다. 그러나 字類의 배열을 한글 자모 순으로 하여 우리나라 사람이 이용하기 편하게 한 점이 다르다. 『규장전운』은 정조의 명령으로 徐命膺, 李德懋 등이 편찬하였는데, 『삼운성휘』의 체재를 모방하였으나 平 · 上 · 去 · 入聲의 4단으로 나누어 字類를 모은 점이 특이하다. 『삼운통고』 이래의 방식인 평 · 상 · 거성의 3단과 입성의 別置를 지양한 것이다. 『삼운성휘』에도 附篇으로 玉篇이 있으나, 『규장전운』에는 따로 『全韻玉篇』이 간행되었다. 어떻든, 이 『규장전운』은 정조 御定이라는 점에서 권위를 가지고 통용되었던 것으로, 한국 한자음의 귀중한 연구 자료다.

Ⅲ.

지금까지 우리는 국어사 자료 중에서 가장 중요한 典籍 자료에 대하여 논술하여 왔다. 그 자료를 몇 가지 부류로 나누고 부류마다 기본 자료를 선정하여 설명한 것이다. 기본 자료의 선정은 자의적이기는 하지만 객관성이 유지되도록 노력하였다. 국어사 자료에 대한 업적을 참고하는 한편, 그 자료가 국어사 연구에 차지한 비중을 고려하였던 것이다. 국어사 연구가 실증적인 방법으로 이루어진 것이라면 여기서 거론된 자료를 외면한 것은 없다. 이들 자료의 대부분이 이미 영인, 또는 활판으로 복제된 것도 이들의 중요성을 말한다. 그만큼 이들은 국어사 연구에서 필수적인, 글자 그대로의 기본 자료라 할 것이다.

국어사 연구를 하려면 이들 기본 자료를 명확히 인식하고 자료를 수집하여야 한다. 원전을 접하는 일이 이상적이지만, 복제본으로나마 그 작업은 행하여져야 한다. 그런 점에서 현재까지의 여러 복제본의 공헌은 큰 것이다. 그러나 복제본이 일관된 계획이 없이 단편적으로 되어 이용에 여간 불편을 준 것이 아니다. 또 어떤 것은 매우 거칠게 되었을 뿐 아니라, 복제의 原典에 대한 해제조차 없는 것이 있다. 국어사 연구의 한 장애가 이러한 복제본의 횡행에도 있다. 이에 우리가 선정한 기본 자료에 대하여, 가장 완전하고 훌륭한 원전을 선택하여 정밀한 복제가 전반적으로 행하여져야 할 것이다.

이러한 사업은 한두 사람의 힘으로는 이루어지기 어려운 것이다. 원전을 소장한 공공도서관과 개인 수장가의 이해가 따라야 하고, 관계되는 전공학자의 전폭적인 협조가 있어야 한다. 막대한 간행비도 소용될 것이다. 그러나 국어사 연구의 진전을 위하여는 꼭 이룩되어야 할 일이다. 우리의 기본 자료에 대한 기탄없는 질정과 함께 이 사업의 계획과 성취에 대한 논의와 협조를 빌어 마지않는다.

[附記] 기본 자료의 선정과 그 설명에는 많은 관계 논저를 참고하였다. 여기 일일이 인용하는 번거로움을 생략하였으나, 전공학자라면 그 논저를 알 수 있으리라 생각된다. 여기에 적어 깊은 사의를 표하고자 한다.

제 2 부

제12장 『月印千江之曲』

Ⅰ. 머리말

'月印千江之曲'은 조선조 제4대 임금인 세종이 지은 樂章體 노래인데, 그 노래를 실은 책을 가리키기도 한다. 하나의 이름으로써 책과 그 내용을 함께 부르는 일은 드물지 않다. 같은 세종이 지은 악장체 노래인 '龍飛御天歌'도 바로 그러한 예다. 노래에 주석을 붙인 책도 『용비어천가』라 불려지는 것이다. 이 글이 책 『월인천강지곡』을 대상으로 함은 말할 필요도 없다. 그러나 내용인 노래에 대한 설명도 있어야 한다. 여기에서 '월인천강지곡'이란 용어를 그대로 사용하는 일은 우리의 서술에 혼란을 가져올 수 있다. 그런데 실제 서술에서는 문맥에 따라 가리키는 바가 책이냐 노래냐가 명확히 드러난다. 그렇지 못할 경우에는 이름 앞에 책 또는 노래를 덧붙이기로 한다.

노래 「월인천강지곡」은 일찍부터 알려져 왔다. 1459년(세조 5)에 세조가 편찬하여 간행한 『월인석보』가 비록 零本이지만 實冊과 冊板으로써 진작 알려져 있었는데, 그 책은 「월인천강지곡」이 본문으로 되고 산문인 「석보상절」이 주석으로 되어 있기 때문이다. 그리하여 『월인천강지곡』이나 『석보상절』은 따로 간행되지 않았다는 주장도 한때 있었다. 그러나 1929년에 『석보상절』 4책이 황해도에서 발견되었는데, 놀랍게도 그 책장 사이에 『월인천강지곡』 권상과 권중의 斷簡이 끼어 있었다. 이에 『월인천강지곡』과 『석보상절』은 『월인석보』보다 먼저 다로따로 간행된 사실과 함께 『월인천강지곡』은 상, 중, 하 3권의 책임을 알게 된 것이다. 더욱이 1960년대에 들면서 『월인천강지곡』 권상 1책이 온전한 상태로 학계에 소개됨으로써 그 사실은 實冊으로 확인되었다. 그 책은 1961년 통문관에서 남광우 교수의 해제를 붙여 原尺 영인으로 복제되었고, 잇달아 전문 잡지와 그 주석서에 縮尺 영인으로 복제하여 크게 보급되었다.

이번에 복제한『월인천강지곡』권상도 바로 위의 책을 저본으로 한 것이다. 그 저본은 보물 제398호로 지정되어 대한교과서주식회사가 소장하고 있다. 1991년 우리나라가 국제연합에 가입한 일을 기념하여『월인천강지곡』의 원척 영인 복제본과 그것을 模造한 활자 조판 1장을 국제연합에 기증하였으나 원척 영인 복제본이 이미 절판되어 구할 수가 없기 때문에 이 새로운 복제는 계획되었다. 冊紙를 위하여 楮紙를 특별히 주문하여 만들어서 원본의 모습을 재현하려고 노력하였다. 종래의 책에 대한 해제와 논설만으로는 원본을 이해하는 데 모자라는 점이 없지 않다. 여기에 새로운 해제를 붙이는 이유가 있다.[1)]

Ⅱ. 제작과 간행

「월인천강지곡」의 주제는 모든 중생을 교화하는 釋迦의 공덕이다. 그 공덕은 '月印千江'이란 말이 상징적으로 나타내고 있는데,『월인석보』권1의 첫머리에서 다음과 같이 협주로 설명하고 있다(원문을 현대어로 고쳐 싣는다).

> 부처가 百億世界에 化身하여 교화하시는 것이 달이 천 개 江에 비치는 것과 같다.

다시 말하면, 하나의 달이 수많은 강물에 비치듯이 부처는 하나지만 모든 중생을 교화하여 제도한다는 것이다. 이 노래는 바로 그러한 無量, 無邊인 부처의 공덕을 읊었다는 뜻이다.

「월인천강지곡」의 작자가 세종인 사실은『월인석보』권1의 본문이 시작되는 책장 앞에 있는 牌記에서 "世宗御製月印千江之曲 昭憲王后同證正覺"이라 한 데서 단적으로 드러난다. 그러나 좀 더 자세한 기록은 1459년(세조 5) 7월에 된 세조의「月印釋譜序」에 다음과 같이 나타난다.

> 昔在丙寅 昭憲王后 奄棄榮養 痛言在疚 罔知攸措 世宗謂予 薦拔無如轉經 汝宜

---

1) 이 글의 작성에는 위에 말한 남광우(1961) 이외에도 많은 논저가 참고되었다. 주요한 것으로 허웅 · 이강로(1962), 이병주(1969), 박병채(1974c), 사재동(1982) 등을 들 수 있다.

撰譯釋譜 予受慈命 益用覃思 得見祐宣二律師 各有編譜而詳略不同 爰合兩書 撰成釋譜詳節 就譯以正音 俾人人易曉 乃進賜覽 輒製讚頌 名曰月印千江

곧 1446년(세종 28) 병인 3월에 소헌왕후가 돌아가자, 세종이 왕후의 追薦을 위하여 당시 수양대군이던 세조에게 석가의 일대기를 한문으로 편찬하여 국어로 번역하라는 명령을 나리게 되었다. 세조가 중국에서 편찬된 僧祐의 『釋迦譜』와 道宣의 『釋迦氏譜』를 보았으나 내용이 같지 않아서 두 책을 합쳐서 한문본인 『석보상절』을 편찬한 다음에, 그것을 훈민정음 즉 한글로 번역한 『석보상절』을 진상하였더니, 이를 본 세종이 즉시 찬송을 지어 '월인천강지곡'이라 하였다는 것이다. 여기에서 「월인천강지곡」의 제작이 왕후의 죽음, 한문본 『석보상절』의 편찬과 그 번역인 『석보상절』의 진상으로 이루어진 결과임을 알게 되며, 그 제작은 세종 자신에 의한 것임을 확인하게 된다. 그러므로 세조는 위에 인용된 「월인석보서」에 계속하여 "其在于今 崇奉曷弛"라 하여 지금에 있어서도 높이고 받들지 않을 수 없다고 하였으며, 1468년(세조 14) 5월 思政殿에서 베풀어진 잔치에서 기생 여덟 사람이 부른 「월인천강지곡」을 듣고 부왕인 세종을 생각하며 눈물을 흘렸다고 한다.2)

다음으로 『월인천강지곡』의 제작과 출판 연대가 문제된다. 이 글의 첫머리에서 『용비어천가』와 같은 해에 출판되었다고 한 바에 따르면 1447년에 출판된 셈인데, 그 근거가 문제인 것이다. 이들 문제를 밝힐 직접적인 자료는 없다. 그러나 『월인천강지곡』 제작의 자료가 된 『석보상절』의 편찬과 출판 연대로 미루어서 문제 해명에 접근할 수 있다.

『석보상절』의 편찬은 위에 인용된 「월인석보서」로써도 드러나지만, 『월인석보』 첫머리에 실린 「석보상절서」로써 더욱 뚜렷이 드러난다. 그것은 序의

2) 『세조실록』 14년 5월 辛未조 참고. 이 기사도 '世宗御製月印千江之曲'이라 분명히 기록하고 있다. 그런데 박병채(1974c)는 불교를 매개로 한 信眉, 金守溫 형제와 세종, 세조와의 관계, 김수온의 文才 등으로 「월인천강지곡」은 김수온의 제작이라 주장하였다. 『세종실록』 28년 12월 乙未條에는 세종이 김수온에게 '增修 釋迦譜'를 명령하였다고 하였는데, 이는 김수온이 『석보상절』을 편찬하는 데 참여하였음을 말한다. 그렇다고 하여 『석보상절』의 편찬이 수양대군에 의하지 않는다고 감히 말하는 사람은 없다. 더욱이 김수온이 「월인천강지곡」을 제작하였다는 기록은 野史에도 없다. 세종과의 관계로 하여 김수온이 다른 崇佛文臣이나 高僧과 함께 세종의 「월인천강지곡」 제작에 도움을 주었을 가능성은 있다. 그러나 그것은 보필 이상일 수는 없는 일이다.

후반부를 인용하면 알게 될 것이다.

> 頃因追薦 爰采諸經 別爲一書 名之曰釋譜詳節 旣據所次 繪成世尊成道之迹 又以正音 就加譯解 庶幾人人易曉 而歸依三寶焉 正統十二年七月二十五日 首陽君諱序

소헌왕후의 追薦을 위하여 한문본『석보상절』이 편찬되고, 모든 사람이 쉽게 이해하도록 한글로 번역되었다는 점은「월인석보서」와 똑같다. 다만「월인석보서」는『석가보』와『석가씨보』를 합쳐 된 것이『석보상절』이라 하였으나, 여기서는 여러 불경에서 가려 뽑아 된 것이라 한 사실이 다르다. 이것은 현재 전하는『석보상절』의 내용 검토에서『아미타경』,『약사경』,『지장경』,『법화경』등의 抄譯을 보게 됨으로써 뒷받침된다. 그러므로『석보상절』은『석가보』와『석가씨보』를 합편한 석가의 일대기이지만, 사이사이에 석가 설법의 주요한 불경이 끼어들어 있는 책이라 하겠다.[3] 그런데 중요한 사실은『석보상절』의 서문이 정통 12년 곧 1447년 7월에 된 일이다. 이는 적어도 한문본은 물론이고 번역된『석보상절』의 편찬이 이때 완성되었음을 말하기 때문이다. 더욱이 출판까지도 그 무렵에 되었을 가능성이 있다. 관판본은 序跋의 연대가 대체로 출판의 연대와 합치할 뿐 아니라,[4] 이 책은 돌아간 왕후의 추천을 위한 것이므로 출판을 서둘렀다고 짐작되는 것이다.

한문본『석보상절』은 번역의 底本으로서 원고인 채 사라졌으므로 그 분량을 정확히 알 수 없지만, 번역된『석보상절』은 모두 24권이나 되는 책이다. 이러한 책이 1년 남짓한 시일에 이루어졌으므로, 그것을 보고 지은『월인천강지곡』3권은「월인석보서」의 표현 그대로 '輒製'가 아니더라도 오랜 시일이 걸리지 않았을 것이다. 이에『월인천강지곡』의 제작과 출판은『석보상절』과 같은 1447년에 이루어진 것으로 추정된다.

이때 곧 1447년에 출판된 책은 권상 1책만 남아 있다.[5] 그러므로 세종이

---

3) 세종은 위의 불경 이외에도『金剛經三家解』와『南明集』을 언해하여 끼어 넣으려고 하였다. 이러한 사실은 1482년(성종 13)의『금강경삼가해』와『남명집언해』에 실린 韓繼禧, 姜希孟의 발문에서 확인된다.

4) 관판본은 일반적으로 序跋年記와 內賜年記가 2·3년씩 어긋나는 일이 없다. 이는 내사본의 序跋을 조사하면 알 수 있다.

5) 6·25 동란 때까지 전질 3책이 있었다는 증언이 있다. 통문관 이겸로 사장에 의

지은 「월인천강지곡」이 원래의 모습으로 전하는 것은 이 책에 실린 194수다. 저 위에서 말한, 『석보상절』의 책장 사이에 끼어 있는 斷簡도 권상에 실린 12수 이외에는 권중의 3수만 전하고 있다. 그러나 첫머리에서 말한 바와 같이 세조가 편찬, 간행한 『월인석보』에는 「월인천강지곡」이 본문으로 실려 있다. 단행본 그대로가 아니라 독특한 형식이라 하겠지만 중간본이라 할 수 있다. 더욱이 책이 나온 지 10년 남짓한 뒤에, 그것도 노래의 저본인 『석보상절』을 편찬한 세조가 간행한 것이므로 일반적인 중간본보다 높이 평가될 수 있다. 완질로 전하지 않음이 아쉽다. 그러나 190여 수를 더 알려 주고 있다. 이제 우리가 알 수 있는 「월인천강지곡」은 거의 400수에 이른다.

『월인석보』에 실린 「월인천강지곡」은 원래의 모습이 아니다. 세조의 손질이 있었던 것이다. 세조는 자신이 편찬한 『석보상절』을 『월인석보』에 실으면서 내용의 대폭 수정과 증보를 하였을 뿐 아니라 卷次의 조정까지 하였다.6) 그렇게 큰 폭은 아니지만 「월인천강지곡」도 상당한 손질을 하게 되었다. 책 『월인천강지곡』과 『월인석보』의 「월인천강지곡」을 대조하면 아래와 같은 손질이 확인된다.

첫째, 한자와 그 독음의 자리가 뒤바뀌었다. 『월인천강지곡』에서는 한자어까지 한글로 표기하고 작은 글씨로 한자를 註記하였는데, 이는 현대의 한글 전용의 글에서 괄호 안에 한자를 주기하는 일과 똑같다. 이러한 사실에서 『월인천강지곡』은 최초의 한글 전용 문헌이라 일컬어진다. 그런데 『월인석보』에서는 『석보상절』과 같이 한자어는 한자로 표기하고 그 독음을 작은 글씨인 한글로 주기하였다. 국한문 혼용의 문헌으로 바뀐 것이다. 이로써 한글 위주로 된 『월인천강지곡』의 표기가 15세기 한글 문헌의 일반적인 방식으로 통일된 것이다. 그러한 결과로 받침 ㅇ이 한자음 표기에서 덧붙여지게 되었다.

둘째, 노래 속의 어려운 어구에 대한 협주가 새로 첨가되었다. 『월인천강

하면, 고 우정상 교수가 1·4 후퇴 때 이 전질을 책보에 싸서 피난하다가 옥천에서 패잔병의 기습을 받아서 잃었다는 것이다. 고서점가에 『월인천강지곡』 전질이 있다는 풍문이 혹 이와 연관이 있지는 않을까 궁금하다. 경위는 어떻든 전질이 나타나기를 빌어 마지않는다.

6) 『월인석보』의 편간에 대하여 1992년 11월에 열린 진단학회의 제20회 한국고전연구심포지엄에서 종합적으로 다루어졌다. 다음의 서술은 그때 사용한 원고(안병희 1993)에 의한다. [본서 제13장]

지곡』에서는 권두에 서명과 권차만 표시되어 있지만 『월인석보』에서는 본장의 첫머리에 인용한 바와 같이 '月印千江'에 대한 주석이 書名 뒤에 덧붙여 있다. 기1, 2에서는 '巍巍, 邊, 萬里外, 千載上'이 협주로 주석되었다. 그러나 이러한 주석은 어려운 어구만이 아니다. 노래 내용이나 배경에 대해서도 주석이 베풀어진다. 예컨대 『월인석보』 권11의 첫머리에 실린 기272, 273은 부처 眉間의 白毫相光이 보인 기적을 읊은 노래인데, 기273의 협주에는 미륵보살이 문수보살에게 그 기적을 설명하여 달라고 한 偈頌에서 말한 보살의 布施行(이는 『법화경』 「서품 제1」에 나오는 게송이다)을 『법화경』에서 번역하여 실었는데, 다시 그 협주에 尸毘王 등의 보시를 설명하여 놓았다. 그리하여 협주만 8장이나 계속되어 있다.

셋째, 노래 본문에도 수정을 덧붙였다. 『월인천강지곡』 권상의 48수가 『월인석보』 권1, 2 및 권7에 나타나는데, 이 가운데서 1수는 상당한 차이를 보인다. 석가가 어머니 마야부인의 뱃속에 들기 위하여 도솔천에서 내려오는 사실을 읊은 기14가 바로 그러한 예이다. 두 책에서 대조하여 보인다.

> 沸星 도ᄃᆞᇙ 제 白象ᄋᆞᆯ ᄐᆞ시니 힛 光明을 ᄢᅦ시니이다 / 天樂ᄋᆞᆯ 奏커늘 諸天이 조ᄍᆞᄫᆞ니 하ᄂᆞᇗ 고지 드르니이다(월인 상 5~6, 한자 독음은 생략. 이하 같음).
>
> 沸星 도ᄃᆞᇙ 제 白象 ᄐᆞ시고 힛 光明을 ᄐᆞ시니이다 / 天樂ᄋᆞᆯ 奏커늘 諸天이 조ᄍᆞᆸ고 하ᄂᆞᇗ 고지 드르니이다(월석 2, 17a).

대조된 노래만으로는 달라진 사실이 확인될 뿐이나, 『월인석보』의 「석보상절」 부분을 보면 다음과 같이 『월인석보』의 노래가 올바로 고쳐진 것으로 생각된다.7)

> 七月ㅅ 열다쐣날 沸星 도ᄃᆞᇙ 時節에 여슷 엄 가진 白象 ᄐᆞ샤 히 ᄐᆞ샤 兜率宮으로셔 ᄂᆞ려오싫 저긔 世界예 차 放光ᄒᆞ시고 諸天이 虛空애 ᄀᆞᄃᆞ기 ᄢᅧ 좃ᄌᆞᄫᅡ 오며 풍류ᄒᆞ고 곳 비터니(월석 2, 18a~19a)

---

7) 『월인석보』 권2에 실린 「석보상절」도 당연히 손질을 입었을 것이다. 그러므로 『석보상절』 권2에서는 이 부분이 『월인천강지곡』과 같을지도 모른다. 이 설명은 『석보상절』 권2의 내용이, 적어도 이 부분은 『월인석보』와 비슷하였으리라는 전제에서 행해진 것이다.

넷째, 노래의 曲次가 달라진 일도 있다. 『월인석보』 권7에 실린 「월인천강지곡」은 기177부터인데, 이는 『월인천강지곡』 권상의 기176 이하의 노래다. 1수가 늘어났는데, 『월인석보』 권2까지의 곡차는 일치하므로 권3부터 권6 사이에서 달라진 것이나 이들 책이 전하지 않으므로 확인할 길이 없다. 다만 이 차이가 바로 위에서 본 바와 같은 노래 본문의 수정처럼 새로 1수를 지어 추가한 것에 말미암지 않을까 할 뿐이다. 그러나 『월인석보』에서 일어난 「석보상절」의 卷次 조정에 따라 『월인천강지곡』 권중 이하의 1수가 앞으로 옮아간 사실도 배제할 수 없다. 현재 전하는 책으로는 『석보상절』 권11 전반과 권13이 각각 『월인석보』 권21과 권11에 실리는 등 권11 이하에서 권차가 달라진 것이 분명한데, 그 조정이 권3~6에서 없으란 법이 없기 때문이다.

끝으로 『월인석보』의 「월인천강지곡」에서는 일부 불교 용어의 독음이 달라져 있다. 예컨대 '天龍八部'(기7, 22)의 部의 독음을 '뽕'에서 '뽕'(『월인천강지곡』 권상의 표기로는 '뽀'로 될 것)으로 바꾸었다. 이는 '解脫'의 解의 독음, 다라니의 音譯이 『석보상절』에서 『월인석보』로 오면서 수정되는 과정과 맥을 같이한다. 불교 용어에 대한 이해의 차이에서 온 사실이라 생각된다.

Ⅲ. 전하는 노래와 그 내용

「월인천강지곡」이 580여 수로 된 노래지만, 현재 전하는 것은 『월인천강지곡』 권상의 194수, 국립중앙도서관 소장인 『석보상절』에 끼어 있는 권중의 3수, 손질이 되었으나 『월인석보』에 실린 190여 수뿐임을 위에서 말하였다. 이제 그것을 구체적으로 알아보기로 하는데, 노래의 제재가 된 『석보상절』을 함께 살펴야 할 것이다.

먼저 『월인천강지곡』 권상의 노래를 현재 전하는 『석보상절』 또는 『월인석보』와 대응시키면 다음과 같다.

기1 ~ 기11: 『월인석보』 권1
기12 ~ 기29: 『월인석보』 권2
기30 ~ 기66: 『석보상절』 권3
기138~기175: 『석보상절』 권6
기176~기194: 『월인석보』 권7

이 대조를 보면 기1~기29와 기176~기194는 『월인석보』에 중복되어 나타난 노래다. 『월인석보』에 다시 실리면서 손질되어 한자의 위치 등 본문이 약간 다르고, 기176 이하는 曲次가 하나씩 늦추어져 기177로 시작되었을 뿐이다. 『석보상절』 권3, 6의 대응은 노래 내용을 비교한 결과이다. 국립중앙도서관 소장 『석보상절』에 끼어 있는 『월인천강지곡』 단간의 노래는 모두 그 소장본과 대응되는 것인데, 기145~기154와 기174, 176은 권6, 기254, 255는 권9, 권차 미상의 1수는 권13의 내용을 읊고 있다. 이로써도 『석보상절』 권3, 6의 대응을 이해할 수 있다. 그러고 보면, 남은 기67~기137은 현재 전하지 않은 『석보상절』 권4, 5에 대응될 것이다.

다음은 『월인석보』로 알게 되는 권중, 하에 있는 노래를 보기로 한다. 여기에 위 斷簡의 권중 3수도 대응하는 『월인석보』에서 설명한다. 『월인석보』의 권차에 따라 실린 노래를 보이면 다음과 같다.

권7 : 기196~기211(16수)
권8 : 기212~기250(39수)
권9 : 기260 후반(0.5수)
권10: 기261~기271(11수)
권11: 기272~기275(4수)
권12: 기276~기278(3수)
권13: 기281~기282(2수)
권14: 기283~기293(11수)
권17: 기310~기317(8수)
권18: 기318~기324(7수)
권21: 기412~기429(18수)
권22: 기445~기494(50수)
권23: 기497~기524(28수)

이들은 모두 197.5수다. 0.5수는 기260의 전반부가 落張으로 볼 수 없기 때문이다. 이와 같이 권두가 낙장으로 권9, 13, 17, 22, 23의 앞에 실린 노래는 볼 수 없다. 그러므로 이들 책의 曲次가 바로 앞 책의 그것에 연속되지 못한다. 그런데 『석보상절』 권9에 대응하는 斷簡의 기254, 255는 노래 내용이

『월인석보』 권9에도 똑같이 대응한다. 낙장으로 볼 수는 없으나, 『월인석보』 권7에서 본 바와 같이 곡차가 하나씩 뒤지게 되어 기255, 256으로 『월인석보』 권9의 권두에 실렸을 것이다. 단간의 곡차 미상의 노래는 『석보상절』 권13, 정확히 말하면 『법화경』 「방편품」 제2를 번역한 내용에 대응하는데, 卷次가 조정된 『월인석보』에는 권11의 내용에 대응하여 기275로 실려 있다. 단간에 곡차가 없으나, 『석보상절』의 권차와 맞물려 『월인천강지곡』 권중에서는 기300 전후의 곡차가 아닐까 한다. 요컨대 斷簡의 3수 중 1수가 『월인석보』에 실린 노래와 중복되므로, 권중 이하의 노래는 199.5수가 알려진 것이다. 그러므로 권상 194수를 합치면, 현재 우리가 알 수 있는 노래는 모두 393.5수가 되는 셈이다.

그런데 전체 노래가 580여 수에 이른다는 근거는 어디에 있을까. 한마디로 그것은 3권으로 된 권상에 194수가 실린 데 있다. 그러나 보통 고서의 分卷은 내용에 따르고 分冊은 분량에 따르는 사실을 생각하면, 권상과 비슷한 분량의 노래가 권중, 하에 실렸다는 보장이 없다. 『월인석보』만 보아도 卷에 따라서는 100장 미만인 것이 있으나, 책으로 맨 것을 보면 100장 안팎은 2권이 함께 1책으로 된다. 여기에서 전책이 24권 안팎으로 추정되는 『월인석보』 권23이 권말에 낙장이 있으나 현재 마지막 곡차가 기524인 사실이 580여 수란 추정의 좀 더 믿을 만한 근거가 된다. 권23에 몇 수가 더 있고, 권24 이하에 50여 수가 실렸을 것이라 생각되기 때문이다. 한편 『월인천강지곡』의 분권은 고서의 일반적인 분권이 아니라 분책과 같은 성격이 있으므로 분권에 따른 근거와 노래의 분량은 다시 따질 필요가 있다.

그 성격은 권상의 마지막 노래가 매듭이 지어지지 않고 권중의 노래로 이어지는 데서 확인된다. 곧 기181부터 19수는 那乾訶羅國의 여러 모진 龍王과 羅刹을 부처에게 귀의하게 한 이야기를 읊은 것이다. 그런데 권상은 기194까지만 싣고, 나머지 5수는 권중으로 밀려 나가 있다. 이야기의 단락에 따라 1수에서 50수의 「월인천강지곡」과 그에 대응하는 「석보상절」을 짝지어 실은 『월인석보』 권9의 이 부분은 기182부터 기199까지 19수가 함께 실려 있다. 그러므로 『월인천강지곡』의 분권은 노래의 내용이 아니라 분량에 따른 것임을 짐작하게 된다. 분량에 따라 나뉜 권상에 194수가 있다면, 전체 노래는 580여 수가 될 수밖에 없다. 여기에 『월인석보』 권23의 마지막 곡차를 함께 고려하면 전체 노래의 분량에 대한 근거는 충분하다고 하겠다.

그리하여 현재 우리가 알 수 있는 「월인천강지곡」은 전체 노래의 3/5이다. 그러나 이들과 「월인석보서」를 비롯한 관련 자료를 종합하면 그 내용과 체재는 충분히 밝힐 수 있다. 이미 말한 바와 같이 그것은 「용비어천가」와 같은 영웅 서사시다. 석가의 전생 이야기, 도솔궁에서 내려와 왕자로 탄생하여 속세에서의 성장과 생활, 출가와 수도, 중생을 교화하고 제도하다 열반하기까지의 생애가 신화와 같이 그려져 있다. 「용비어천가」가 목조에서 태종까지 조선 왕조를 건국하여 기초를 닦은 여섯 분의 행적을 노래한 데 대하여 석가 한 분을 대상으로 한 것만 다를 뿐이다. 두 노래는 구성과 형식까지도 일치한다.

첫째, 전체 노래의 짜임새가 같다. 「용비어천가」가 序詩 2수로 시작되어 마지막에 전체를 마무리하는 노래로 끝나는데, 「월인천강지곡」도 서시 2수로 시작되어 있다. 마지막 부분이 전하지 않지만, 서시 첫째 노래 곧 기1이 하나의 문장으로 된 사실까지 「용비어천가」의 제1장과 같은 점에서 「월인천강지곡」도 전체 마무리의 노래가 끝에 있으리라 짐작된다.

둘째, 노래가 모두 對句로 되어 있다. 「용비어천가」는 서시의 첫째 노래와 끝의 마무리 노래는 예외지만, 그 밖의 모든 노래는 대구가 되는 두 문장으로 되었다. 현재 전하는 「월인천강지곡」도 그와 같다. 곧 「용비어천가」의 제2장이 뿌리 깊은 나무와 샘이 깊은 물을 노래하고 있는 데 대하여 「월인천강지곡」의 기2가 석가의 일을 눈에 보듯이 하고 석가의 이야기를 귀에 듣듯이 하라고 노래한 것에서 똑같은 대구를 본다.

셋째, 문말의 어미까지 똑같다. 「용비어천가」가 '-니, -리'와 같은 반말, '-니이다, -쇼셔'와 같은 하소서체의 어미로 모든 노래가 끝나는데, 「월인천강지곡」도 거의 모두가 그와 같은 어미로 끝나는 노래다. 예컨대, 기1이 '-리', 기2가 '-쇼셔'로 끝나는 사실에서 확인되는 것이다.

그 밖에도 두 노래는 修辭와 韻律, 그리고 표기법까지 뚜렷한 공통성을 갖는다(표기법에 대하여는 Ⅳ장에서 구체적으로 설명될 것이다). 요컨대 「월인천강지곡」은 석가의 생애를 제재로 한 노래로서 「용비어천가」와 함께 조선 초기 국문 시가의 쌍벽을 이루는 노래다. 그 노래가 모두 전하지 않음이 아쉬울 뿐이다.

Ⅳ. 판본과 표기법

이제 책『월인천강지곡』의 형태와 활자, 표기법과 교정에 대하여 설명하기로 한다. 설명은 현전본 권상을 대상으로 할 수밖에 없다. 중간본이라 할『월인석보』의 판본에 대하여는 이미 다른 곳에서 행하여질 예정일 뿐 아니라 이『월인천강지곡』을 이해하는 데 반드시 필요한 것도 아니다.『월인석보』는 이 책의 이해와 설명에 필요한 경우에만 언급하기로 한다.

『월인천강지곡』 권상은 원표지까지도 완벽하게 보존되어 있다. 현재 대한교과서주식회사에 수장되어 있는 이 책은 전 광주 체신청장 陳錤洪 씨가 30여 년 전에 鞠默潭 스님에게서 손에 넣은 것이라 한다. 藏書의 印記와 정리표가 그것을 뒷받침한다. 印記는 [默潭/三昧](白文長方印, 1a 右下 및 앞 표지)와 [陳家/永藏](朱文方印, 1a 右下)이라 있고, 정리표는 앞 표지의 목록 제첨자리에 붙었는데 默潭少林法會의 154호의 책임이 표시되어 있다. 陳씨에 따르면, 원래는 來蘇寺 白鶴鳴 스님의 秘藏本이던 것이 金性連 스님을 거쳐 묵담 스님의 소장이 되었다고 한다. 아무튼 소중하게 다루어진 책임에 틀림없다.

이 책은 현재 5침안정법에 의한 선장본이다. 그러나 보통 선장본과 같이 앞뒤 표지가 따로따로 되어 있지 않다. 황갈색의 연꽃 무늬가 찍힌 표지 1장이 책등까지 감싸고 있다. 표지에 풀로 붙인 표지 안쪽 종이와 護紙 1장이 책 본체의 종이와 같은 藁精紙이므로, 이 표지는 원래의 것으로 생각된다. 그렇다면 원장정은 선장이 아니라 포배장이 아닐까 한다. 解冊으로 살펴본 針眼에서도 선장본에서 못 보는 것이 있다. 곧 종이심이 박힌 두 개의 針眼은 선장본과 포배장본에 다 같이 나타나는 임시 장정을 위한 것이고, 현재의 5침안은 선장본에서만 나타나는 것이다. 그러나 이들과는 따로 3개의 針眼이 書根에서 4.5㎝, 14㎝, 24㎝ 자리에 있다. 이 3針眼은 우리나라의 고서에서, 특히 이 책과 같이 큰 책에서는 나타나는 예가 없다. 그러므로 3침안은 原裝과 관련되고 5침안은 개장으로 말미암은 것으로 추정된다. 다시 말하면 이 책의 원장은 포배장이고 현재의 선장은 후대의 개장이라 생각되는 것이다.

표지에는 현재 아무런 書名의 기재가 없다. 그러나 원래는 題簽이 있었던 것으로 보인다. 제첨의 자리가 다른 부분과 뚜렷이 구별되고 서근에 '월인천강지곡'이란 서명이 씌어 있기 때문이다. 書根題까지 있는 책에 表題가 없을 수 없는 일이다.

책의 크기는 세로 30.9㎝, 가로 20.5㎝이다. 반곽의 크기는 세로, 가로 각각 22.0㎝, 15.6㎝이며 사주단변에 계선이 없이 1면이 8행 15자로 되어 있다. 일체의 다른 협주가 없으나 한자어일 경우에는 小字로 한자가 註記된다. 판심은 黑口에 상하내향흑어미가 있고, 판심제인 '月印千江之曲 上'과 張次가 魚尾 사이에 놓인다. 이와 같은 책과 반곽의 크기, 판식은 뒤에 말한 활자와 함께 『석보상절』과 같다. 두 책이 같은 시기의 간행임을 말한다.

이 책은 『석보상절』과 함께 갑인자본이라 일컫는다. 이는 이들 책의 한자가 1434년(세종 16 甲寅)에 주조된 활자로 인쇄되었기 때문이다. 그러나 한글 활자는 이들 책을 위하여 주조된 것이다. 한글 활자의 대자는 이들 두 책에만 사용되고 소자는 『석보상절』과 1449년 간행인 『舍利靈應記』의 인명 표기에만 사용된 점에서 그러하다. 이것은 한글 서체의 검토에서도 뒷받침을 받는다.

이 한글 활자는 『훈민정음』 해례본, 『동국정운』의 한글과 같이 篆書體다. 곧 자획의 크기가 일정한 서체다. 이는 한글 창제에서 '其字倣古篆'이라 한 말을 그대로 보이고 있는 것이다. 그러나 세밀한 점에서는 한글 활자는 해례본이나 『동국정운』의 서체와 차이를 보인다. 곧 ㅗㅏㅜㅓ의 圈點이 다음 시기의 서체를 보이는 월인석보와 같이 획으로 바뀌었고 필획의 시작과 끝이 모가 나 있는 이른바 方劃이다. 요약하여 말하면 한글 활자는 해례본이나 『동국정운』 그리고 『월인석보』의 중간 단계에 있는 서체로서, 여전히 한글 창제 직후의 전서체이다.

그런데 한글 활자에서 제기되는 또 다른 문제는 방점이 자모를 모아쓴 한글과 함께 하나의 활자로 주조되었느냐 분리되어 주조되었느냐에 있다. 이 문제는 아직 우리나라 서지학계에서 제기된 일조차 없다. 그러나 을해자본인 『두시언해』의 한글 활자는 방점이 분리된 활자라는 외국학자의 보고가 있다.[8] 을해자와 한글 활자로 된 같은 책, 같은 印面이 방점이 있는 것과 없는

8) 福井 玲(1987) 참조. 그런데 최근 국내에서도 서지학자가 아닌 박병천 교수는 한글 서예의 관점에서 『월인천강지곡』의 문자 조형미를 연구하다가 방점이 한글 글

두 가지로 나타난 사실이 그 움직일 수 없는 증거다. 이 책에는 그러한 인면은 없다. 그러나『두시언해』와 같이 동일한 성조를 가진 한글의 방점이 똑같은 자리에 있지 않다. 예컨대 거성인 '가'가 '보논가'(1a, 8행)와 '듣논가'(1b, 3행)에서 방점의 위치가 다르고, 상성인 '일'이 '일올'(4a, 2행)과 '일로'(4a, 5행)에서 방점의 위치가 다르다. 이는 방점의 활자만 밀렸기 때문에 일어난 일로 보인다. 이러한 방점이 밀린 예는 이 책과『석보상절』에서 얼마든지 볼 수 있다. 그러므로 방점은 한글과 분리되어 주조되어 조판되었다고 하겠다. 계미자와 경자자로 된 활자본은 변란이 고정되어 있었으나 갑인자본에 와서는 변란을 조합하여 조판을 쉽게 하였다는 우리나라 인쇄술의 발달은 한글 활자의 주조에서 방점을 분리하여 주조하는 경제성을 적용하지 않았을 리 없는 일이다. 더욱이 시기적으로도 그것은 서로 너무나 근접하여 있다.

이 책에는 다른 활자본과 마찬가지로 인쇄된 뒤에 校正이 베풀어져 있다. 다른 책의 교정이 한자와 한글을 가리지 않고 誤字에 두루 행해지지만 이 책에서는 한글의 받침 표기와 관련하여서만 교정이 행해진 점이 다르다.[9] 이는 한자어의 오자가 그대로 있는 데서 우선 알게 된다. 곧 '잔歎탄讚'(기180)은 한글과 대조하여 보거나, 이 책의 다른 곳에 나타나는 '讚嘆(기7), 讚歎(기84, 96)'으로 보아 한자가 아래위로 자리바꿈이 된 오자이다. 더욱이『월인석보』(7, 7a)에 실린 같은 노래에 '讚歎'(기181)으로 바로잡힌 점에서 분명한 오자다. 다른 책과 같은 교정이라면『월인석보』와 같이 교정되어야 할 예인 것이다. 그러나 한글의 받침 표기에서는 원래 ㄷ, ㅅ으로 인쇄된 것을 ㅌ, ㅈㅊㅿ으로 교정하고 ㅂ받침 글자는 ㅍ받침 글자로 교정하였다. 이 책에 보이는 모든 ㅌㅈㅊ받침과 ㅍ받침 글자, 그리고 일부의 ㅿ받침은 교정으로 된 것이다. 여기에서 이 책의 교정은 표기법과 관련된 성격임을 단언할 수 있다. 교정을 구체적으로 설명하기에 앞서 이 책의 표기법을 알아볼 필요가 있다.

이 책의 표기법은 한마디로 말한다면 형태음소적이다. 그리하여 유성 자음으로 끝나는 체언과 어간에 모음으로 시작되는 조사와 어미가 연결될 경우에 서로 분리되어 표기된다. 현대의 한글 맞춤법과 같이 分綴이 되는 것이다.

자와 분리된 활자임을 확인하는 한편, 나아가 한글 활자의 '믈, 뭀' 등은 위아래를 뒤집어서 '믈, 뭀' 등으로 인쇄되어 있음도 확인하였다고 한다. 박병천(1992)가 서지학계에서도 큰 논의를 불러일으키리라 믿는다.

9) 교정에 대한 자세한 논의는 안병희(1991) 참조.

『석보상절』을 비롯한 문헌에서는 말음의 유성 자음이 조사와 어미의 초성으로 표기되는 이른바 連綴인 사실과 대립된다. 분철의 예는 다음과 같다.

체언: 눈에(기2), 일이시나(기2), ᄆᆞᆺ님을(기4), 죵ᄋᆞᆯ(기229, 월석 8, 81a), 즈ᇫ을(기189)
용언: 안아(기241, 월석 8, 85b), 담아(기4)

다음으로는 국어의 음운 규칙에 따라 존칭 접미사 '-님' 앞에서 탈락된 ㄹ을 표기하는 일이다. 다음 예가 그것인데, 『석보상절』 등에서는 ㄹ이 표기되지 않는다. 분철과 맥을 같이하는 현상으로 어원을 밝히려 한 표기로 이해된다.

아ᄃᆞᆯ님(기31), ᄃᆞᆯ닚긔(기83), ᄯᆞᆯ님(기488, 월석 22, 18a)

이러한 표기법에 따라서 받침 표기의 교정이 행해진 것이다. 곧 『석보상절』 등에서 지켜진 8종성의 규정으로 표기되어 인쇄된 받침을 8종성이 아닌 받침으로 교정하였다. 이제 그러한 교정의 실상부터 보기로 한다. 교정은 종래에도 알려져 있었지만 정확하지 못하기 때문에 빠뜨리지 않고 제시하고 설명하려 한다.

먼저 ㄷ, ㅅ으로 인쇄된 글자에 획을 새겨서 찍은 교정의 예를 보인다. 종래 붓으로 개칠하여 획을 덧붙였다고 하였으나, 印面과 紙背를 검토하면 도장을 찍듯이, 이미 인쇄된 받침에 나무를 새긴 획이 찍힌 것으로 판단된다. 붓으로 한 것이 아니라 획이 찍혔기 때문에 교정된 ㅌㅈㅊㅿ의 자형은 초성의 그것과 다르고, 또 매우 부자연스러운 것임을 영인본으로써도 알 수 있다. 이러한 교정을 나타난 순서대로 보이는데, 출처는 張次, 面, 行으로 표시하고 괄호 안에 교정되기 전의 글자, 곧 원래 인쇄된 글자를 보인다.

3a, 7행(기7) 다ᄉᆞᆺ곶(곳)
6b, 8행(기16) 낮(낫)과
10a, 7행(기27) ᄀᆞᇫ(ᄀᆞᆺ)
15a, 4행(기40) 세낱(낟)
15b, 8행(기42) 곶(곳)이슬

18a, 4행(기49) ᄂᆞᆽ(ᄂᆞᆺ)고ᄫᅵ
18a, 4행(기49) 비ᇫ(빗)여
23a, 3행(기62) ᄒᆞᆫ낱(낟)
24a, 1행(기65) 비ᇫ(빗)이고
29b, 8행(기81) 곶(곳)비
33b, 3행(기91) ᄒᆞᆫ낱(낟)
33b, 6행(기92) ᄒᆞᆫ낱(낟)
34a, 3행(기92) ᄀᆞᇫ(ᄀᆞᆺ)
41b, 5행(기114) 처ᇫ(첫)
41b, 8행(기114) 처ᇫ(첫)
42b, 7행(기117) 비ᇫ(빗)이샤ᄃᆡ
44a, 5행(기121) 비ᇫ(빗)오ᄆᆞᆯ
45b, 2행(기124) ᄀᆞᇫ(ᄀᆞᆺ)
49a, 7행(기135) 곶(곳)머거
49b, 1행(기135) 곶(곳)먹고
49b, 3행(기136) 곶(곳)머근
49b, 6행(기136) 곶(곳)머근
58a. 4행(기158) 곶(곳)니피
58a, 6행(기158) 보ᇫ(봇)아
58b, 3행(기159) 곶(곳)
58b, 8행(기160) 곶(곳)과
65b, 4행(기178) 맞(맛)나ᄉᆞᄫᆞ며
65b, 8행(기179) 우ᇫ(웃)ᄫᅵ

다음 이미 인쇄된 글자를 물로 씻어 내고 새 활자로 다시 찍은 교정의 예를 보인다. 이와 같이 교정된 글자는 모두 ㅍ받침을 가진 글자다. 종래 인쇄된 글자를 오려 내고 改搽한 교정이라 하였으나, 교정된 글자는 자리에 물이 스민 흔적만 있을 뿐이고 다른 글자와 똑같이 원래의 冊葉에 찍혀 있다. 이들 교정에서는 원래의 글자가 없는 데도 불구하고, 앞에서 ㅂ받침을 가졌다고 한 것은 교정된 '높고'와 똑같은 글자이면서 ㅂ받침을 가진 '놉다'(36b, 3행, 기99)가 있기 때문이다. 사실 이와 같이 교정에서 빠진 예는, ㅈ이라야 될 '닛긔(41a, 2행, 기112), 앉디(9a, 4행, 기22)' 등도 있다. 아무튼 ㅂ받침을 ㅍ받침으로 교정할 경우에는 한두 획을 더하는 것으로는 불가능하다. 획을 없앤 뒤에 다시 획을 더하여야 한다. 여기에서 ㅂ받침을 가진 글자 전체를 씻어

내고 그 자리에 ㅍ받침을 가진 글자를 찍는 방법이 가장 무난하다. 그러기 때문에 이 방법으로 교정된 글자는 ㅌ, ㅈㅊㅿ 등과 달리 아주 자연스러운 字形을 갖는다. 이제 그 교정을, 획을 더한 교정의 예와 같이 보이기로 한다. 다만 교정된 글자 뒤의 괄호 안에는 추정된 원래 글자가 있는 점만 다르다.

15a, 5행(기40) 븊(븝)쁜
26a, 1행(기70) 앒(압)뒤
36b, 1행(기99) 놉(놉)고

다음에는 교정의 시기에 대하여 설명하기로 한다. 종래에 교정을 책이 간행된 뒤 또는 印後라고 간단히 언급하고 있다. 글자대로 해석하면 전자는 裝訂까지 되어 배포된 뒤, 후자는 冊葉이 인쇄된 뒤의 뜻으로 이해된다. 그런데 물이 스민 자국이 책엽의 접힌 반대쪽에 없고, 찍힌 획의 먹도 똑같이 반대쪽에 아무런 흔적을 남기지 않는다. 그러므로 교정은 인쇄가 되었으나 접어서 책으로 매기 전에 행해졌다고 할 것이다.

이상으로 교정의 실상과 시기가 밝혀진 셈이다. 그 성격은 이미 말한 바와 같이 이 책의 표기법에 말미암는다. 교정은 체언이나 어간의 기본형을 밝히기 위한 것이며, 그것은 형태음소적 표기법에서 가능하다. 그것은 『용비어천가』에서도 보는 표기법이다. 『용비어천가』는 처음부터 기본형을 밝혀 ㅌㅈㅊㅍ 받침을 표기하여 인쇄한 점이 다르다. 그 밖에도 거기에는 분철과 어원 표시의 예가 없다. 따라서 이 책은 좀 더 완전한 형태음소적 표기법을 보인다. 이들 두 책만 『석보상절』 등 중세국어의 일반적인 문헌과 다른 표기법을 보이는 것은, 두 노래가 다 세종 자신이 지은 데 이유가 있는 것으로 생각된다. 여기에서도 『월인천강지곡』이 세종의 제작임을 알 수 있다. 그 가운데서 이 책이 보다 철저한 형태음소적 표기법인 것은 한글 위주의 표기 때문이 아닐까 한다.

제13장 『月印釋譜』의 編刊과 異本

Ⅰ. 서명과 간행

『월인석보』는 세조가 1459년(세조 5) 『월인천강지곡』과 『석보상절』을 합편하여 만든 책이다.[1] 書名은 두 책 이름의 첫 두 자를 딴 것이다. 고서목록 작성의 관행에 따르면, 권두서명과 같이 '月印千江之曲/釋譜詳節'이라 되어야 하나(실지로 그 이름으로 등록한 고서목록서가 있다) 세조의 「御製月印釋譜序」와 판심서명의 '月印釋譜'에 근거하여 학계에서는 『월인석보』라 불러왔다.[2]

그러므로 『월인석보』의 편찬과 간행을 알기 위하여는 먼저 『월인천강지곡』과 『석보상절』의 그것에 대하여 살펴보지 않으면 안 된다.[3] 『월인천강지곡』과 『석보상절』이 각각 세종과 潛邸 시절의 세조가 지은 것임은 『월인석보』 권1의 본문 앞의 책장 앞뒤에 있는 牌記에 다음과 같이

> 世宗御製月印千江之曲/昭憲王后同證正覺(패기 a)
> 今上纂述釋譜詳節/慈聖王妃共成佛果(패기 b)

라 한 데서 드러나나, 좀 더 자세한 사정은 1459년 7월에 된 세조의 「月印釋譜序」에 다음과 같이 설명되어 있다.

---

1) 『월인석보』에 대하여는 고전적 업적인 江田俊雄(1936)을 비롯하여 많은 논저에서 소상한 소개가 있어 왔다. 이 글은 그러한 소개에 힘입은 바 크다. 깊은 사의를 표한다. 그러나 대부분의 소개는 이미 학계의 상식이 되었기 때문에 굳이 밝힐 필요를 느끼지 않는다. 독자의 양해를 빈다.

2) 우리의 고서목록서는 대부분이 '月印釋譜'로 등록하고 있으나, 간혹 '月印千江之曲/釋譜詳節' 또는 '月印千江之曲'이라 등록한 일이 있다. 이에 대하여는 안병희(1982/1992b)의 권두서명에 대한 설명 부분을 참조할 것.

3) 『월인천강지곡』과 『석보상절』의 편찬과 간행에 대하여는 안병희(1992c)를 참조할 것. [본서 제12장]

昔在丙寅 昭憲王后 奄棄榮養 痛言在疚 罔知攸措 世宗謂予 薦拔無如轉經 汝宜撰譯釋譜 予受慈命 益用覃思 得見祐宣二律師 各有編譜而詳略不同 爰合兩書 撰成釋譜詳節 就譯以正音 俾人人易曉 乃進賜覽 輒製讚頌 名曰月印千江

곧 1446년(세종 28) 병인 3월 돌아간 昭憲王后의 追薦을 위하여 세종이 당시 수양대군이던 세조에게 석가의 일대기를 편찬하라는 명령을 내리게 되었다. 세조가 중국에서 편찬된 僧祐의 『釋迦譜』와 道宣의 『釋迦氏譜』를 얻어 보았으나 내용이 같지 않으므로 두 책을 합쳐서 한문본인 『석보상절』을 편찬한 다음에, 그것을 모든 사람이 알기 쉽게 훈민정음 즉 한글로 번역한 『석보상절』을 만들어 진상한다. 진상된 『석보상절』을 본 세종은 석가의 공덕을 찬송하는 노래인 『월인천강지곡』을 이내 지었다는 것이다. 이것이 『월인천강지곡』과 『석보상절』이 이루어진 경위다.

이렇게 편찬된 두 책의 간행에 관한 기록은 아무데도 없다. 오직 하나의 傍證으로서 수양대군 곧 세조의 「석보상절서」의 年記가 있다. 正統 12년 곧 1447년 7월이 그것이다. 뒤에 말하겠지만 『석보상절』과 『월인천강지곡』은 활자본이며, 활자본은 校書館에서 출판한 官版本이다. 관판본은 대체로 序跋의 연대가 출판의 연대와 합치한다.4) 더욱이 『석보상절』의 편찬은 王后의 追薦을 위한 것이다. 그러므로 『석보상절』은 1447년에 출판된 것으로 추정된다. 『월인천강지곡』의 경우에는 序跋이 없으나 「월인석보서」의 표현 그대로 『석보상절』을 본 세종의 '輒製'이므로 같은 연대의 간행으로 추정하고자 한다.

1447년 원간의 『월인천강지곡』과 『석보상절』은 모두 零本으로만 전한다. 『월인천강지곡』은 권상이 온전한 모습으로 전하고, 권중의 斷簡이 『석보상절』에 끼어 전하므로 3권 3책이 전질임을 알 수 있다. 『석보상절』은 권6, 9, 13, 19, 20, 21, 23, 24의 8권 8책이 전하는데 그 일부의 책 마구리에 '共二

4) 內賜本의 序跋年記와 內賜年記, 또는 刊記와 內賜年記는 특수한 경우가 아니면 대체로 같은 해의 일이다. 예컨대 『朴通事諺解』의 李聃命序는 丁巳(1677, 숙종 7) 7월인데 내사는 康熙 16년(1677) 11월 8일에 되고, 訓練都監字本 『小學諸家集註』의 간기는 萬曆 40년(1612, 광해 2) 仲冬(11월) 上澣인데 내사는 만력 40년 12월에 된 따위다. 특수한 경우는 중간본이거나 지방 관판본을 重印하여 내사한 경우로서 내사 연기가 서발 연기나 간기와 일치하지 않는다.

十四'라 있을 뿐 아니라 권24의 내용이 석가 일대기의 마무리라 생각되므로 24권 24책이 전질이라 하겠다. 『석보상절』은 16세기 覆刻本인 권3, 11 2권 2책이 전하고 있다. 중간본을 합쳐도 절반이 안 되는 셈이다.

두 책의 판식과 활자는 똑같다. 곧 四周單邊에 無界로 1면 8행 15자이고, 판심은 黑口에 上下內向黑魚尾가 있고 版心題와 張次가 魚尾 사이에 놓여 있다. 활자는 한자가 1434년에 주조된 甲寅字로 되어 있다. 그 때문에 흔히 갑인자본이라 한다. 그러나 한글 활자는 이들 책을 간행하기 위하여 특별히 주조된 최초의 한글 활자인 것이다. 『석보상절』에 쓰인 한글 활자의 小字는 1449년 간행된 『舍利靈應記』의 人名 표기에도 쓰였으나 그 뒤로는 폐기된 것으로 보인다. 이 두 책보다 앞서 『훈민정음』 해례본, 『용비어천가』에 쓰인 한글과 같은 書體다. 자획의 크기가 일정한 篆書體인 것이다. 그러므로 갑인자와는 조화를 이루지 못하는 결점이 있다. 『월인석보』에 이르러 한글의 서체가 전서체를 지양하고 한자와 조화를 이루게 된다. 이 사실에서도 우리는 『월인천강지곡』과 『석보상절』이 합편된 『월인석보』 간행의 당위성의 일단을 볼 수 있다. 그런데 이들 한글 활자와 관련하여 字母를 모아쓴 한글과 방점이 함께 하나의 활자로 주조되었느냐 분리되어 주조되었느냐 하는 문제가 제기된다. 같은 성조의 같은 글자를 세밀히 관찰하면 방점의 자리가 일정하지 않다. 이에 우리는 분리되어 주조된 것으로 추정하게 된다. 이는 1403년(태종 3)의 癸未字나 1420년(세종 2)의 庚子字로 된 활자본은 邊欄이 고정된 銅版으로 조판하였으나 갑인자로 된 활자본에 이르러서는 변란을 조립하여 조판한 인쇄술의 발달에 비추어 보더라도 능히 추측할 수 있는 일이다.5)

이상으로 『월인석보』의 바탕이 된 『월인천강지곡』과 『석보상절』의 편찬과 간행에 대한 설명을 마치기로 한다. 요약하여 말하면 『석보상절』은 세조가 1년 남짓한 기간에 편찬한 책이고 『월인천강지곡』은 세종이 편찬이 완성된 『석보상절』을 보고 곧장 지은 노래인데, 이 두 책은 1447년에 같은 활자로 간행된 것이다. 두 책은 이와 같이 짧은 기간에 이루어졌기 때문에 수정 · 보완될 운명을 지닌 채 간행된 것으로 생각된다. 수정과 보완의 구체적인 내용

---

5) 이에 대하여는 안병희(1992c: 주 8)을 참조할 것. 최근 『월인천강지곡』의 한글 활자에 대한 문자조형미에 대한 박병천(1992)에 의하면, 방점을 제외한 한글 활자 중에는 90도를 회전하여 '므미, 모머, 무마' 등, 180도를 회전하여 '글른, 곰문, 눈곡' 등과 같이 한 활자가 두 한글 글자를 표기한 일도 있다고 한다.

은 앞으로 논의되겠지만, 이것이 『월인석보』 간행의 遠因이라 하겠다.

그러나 이 책이 간행된 직접적인 동기는 1457년 9월에 일어난 懿敬世子의 죽음이다. 세자의 명복을 빌고 스스로 三途의 괴로움을 벗어나기 위해 세조는 丁丑字本 『金剛經五家解』 등 많은 불경을 간행 또는 轉寫하였다. 그런데 이들은 모두 한문본으로 한문을 모르는 모든 有情도 석가의 말을 듣도록 하기 위해서는 국어로 번역된 책이라야 했다. 더욱이 『월인천강지곡』이나 『석보상절』은 先考인 세종이 짓거나 명령하여 된 책이다. 세종과 소헌왕후를 위해서도 이 책은 마저 완성하지 않을 수 없었던 것이다.

그리하여 세조는 『월인석보』의 편찬에 침식을 잊고 정성을 다하였다. 舊卷을 가다듬어 정밀히 하고 新編에 고쳐 더하였는데, 한두 구절의 더하고 덜함에도 소홀하게 하지 않았다고 한다. 의심스러운 곳은 반드시 물었는데, 물음에 응한 사람은 당시의 學僧인 信眉, 守眉, 雪峻, 弘濬, 曉雲, 智海, 海超, 斯智, 學悅, 學祖이며 文臣으로는 불교에 깊은 이해를 가진 金守溫이었다. 요컨대 세조는 이러한 사람들의 도움을 받으면서 2년이 채 안 되는 기간에 『월인석보』를 완성하였던 것이다. 이러한 『월인석보』의 간행 동기와 편찬 경위는 세조의 「월인석보서」에 나타나 있다.

이 경위는 『세조실록』에서도 단편적이지만 확인된다. 1458년 2월의 功臣仲朔宴에서 鄭麟趾가 啓奏하기를 세조가 이미 鑄字所에서 『法華經』 등 수백 부를 인출하고 또 대장경 50부를 인출하였는데 이제 『월인석보』를 간행하려 함은 옳지 않다고 하였다가 罷宴(2월 辛丑조)한 것이라든지, 1459년 2월에 金守溫과 成任이 『월인석보』를 베낀 공로로 승진(2월 壬戌조)한 것이 그것이다. 후자의 기사로는 『월인석보』의 완성이 1459년 2월로 생각되나, 「월인석보서」가 그 해 7월이므로 그 동안에도 수정이 있었던 것이 아닌가 한다. 수정에 수정을 거쳐 서문의 연대인 1459년 7월에 간행되었다고 생각된다.

Ⅱ. 편성의 체재와 내용

『월인석보』의 편성은 한마디로 말하여 「월인천강지곡」을 본문으로 하고 「석보상절」을 주석으로 하여 이루어져 있다. 이 체재는 『용비어천가』와 비슷하나, 『용비어천가』는 노래 한 수마다 주석이 따로따로 붙는데 『월인석보』는 이야기의 단락에 따라 「월인천강지곡」이 적게는 한 수, 많게는 50수가 함께 실리고 그에 해당하는 「석보상절」이 실린다. 『용비어천가』에 있는 漢詩 대역이 『월인석보』에는 없는 점도 다르다.

이러한 편성은 『월인석보』의 각 권이 으레 「월인천강지곡」을 먼저 싣고 잇따라 주석인 「석보상절」을 싣는 체재를 갖도록 하였다. 현재 卷首가 알려진 『월인석보』의 각 권이 다 그러하다. 오직 한 예외가 권2다. 그 첫머리는 주석에 해당하는 「석보상절」이 실려 있는 것이다. 이 「석보상절」에 대응하는 「월인천강지곡」 기10, 기11은 권1(40b~41a)에 실리고, 그 주석은 권1의 끝부분(41a~52b)과 권2의 첫더리(1a~7a)에 걸친다. 이는 고서의 권수가 내용상의 구분이라는 사실과 어긋난다. 그러나 자세히 관찰하면, 「월인천강지곡」 기10, 기11에 대응하는 권1의 「석보상절」은 석가의 前世 이야기이고 권2의 그것은 現世 이야기로서 내용상 단락이 인정된다. 다시 말하면 권2는 '迦毗羅國 淨飯王 맏아드님은 釋迦如來시고 둘째 아드님은 難陀다'라 하는 문장으로 시작되는 것이다. 현세 석가의 家系에 대한 강조로서도 卷次를 달리하여야 할 내용이다. 일종의 擡頭法의 변형이라 할 수 있다.6) 요컨대 『월인석보』의 각 권은 본문과 주석의 편성에 따라 「월인천강지곡」이 먼저 실리지만 권2만은 현세 석가의 가계에 대한 서술이기 때문에 「석보상절」이 먼저 실리게 된 것이다.

『월인석보』의 본문과 주석은 글자의 크기에서도 차이가 난다. 「월인천강지곡」은 큰 글씨로 1행에 14자인 데 대하여 「석보상절」은 작은 글씨로 1자씩 낮추어서 1행 15자이다. 이러한 글자의 크고 작음은 卷頭書名과 卷末書名의 표기에서도 확인된다.7)

『월인석보』의 전체 권수는 『석보상절』과 같이 24권으로 추정되었다. 『월인석보』는 국립중앙도서관 소장의 『석보상절』에서 보는 마구리의 기록도 없

6) 이 사실을 108번뇌 등 불교 신앙에서의 108이라는 숫자와 관련시켜 『월인석보』 권1의 총 장수를 108장으로 제한한 데서 설명하려는 주장이 있다. 1992년 10월 10일의 제 4회 영축불교문화연구원 정례학술발표대회에서 행한 金光海 교수의 「한글 創制와 佛敎信仰」이 그것이다(김광해 1992 참조). 이러한 숫자에 대한 고려도 작용하였을지 모르나, 근본적인 이유는 『석보상절』의 내용상 단락에서 찾아야 할 것이다.

7) 앞의 각주 2)에서 말한 바와 같이, 일부 고서목록서에서 『월인석보』를 '月印千江之曲'이라 한 것은 큰 글자의 권두서명에 근거한 것이다.

고, 권24가 발견되지 않았다. 그러나 두 책의 권9가 똑같이 『藥師琉璃光如來本願功德經』을 底經으로 한 데서 『월인석보』도 24권으로 추정되어 왔다. 더욱이 근년에 공개된 『석보상절』 권20, 21과 『월인석보』 권11, 12에 의하여 『법화경』이 『석보상절』 권13~21, 『월인석보』 권11~19와 같이 똑같은 9권으로 번역되어 있음이 확인되었다.[8] 물론 9권의 내용이 1 대 1로 상대되지는 않는다. 『석보상절』 권19, 20은 각각 「隨喜功德品 제18」부터 「如來神力品 제21」, 「囑累品 제22」부터 「妙音菩薩品 제24」까지인 데 대하여 『월인석보』 권17, 18은 각각 「如來壽量品 제16」부터 「常不輕菩薩品 제20」, 「如來神力品 제21」부터 「妙音菩薩品 제24」까지이다. 이것은 「월인천강지곡」 기312(월석 17: 23) 한 수가 「分別功德品 제17」부터 「法師功德品 제19」까지를 읊은 것과 같은 『월인천강지곡』과의 관계, 또 뒤에 말할 협주의 삽입에 따른 분량의 차이에서 『월인석보』가 조금씩 달라진 것으로 보인다.

이러한 책 분량의 출입이 있으나 『월인석보』의 권수는 『석보상절』과 같은 것으로 추정된다. 그러나 『석보상절』의 권11의 전반에 『월인석보』 권21의 내용이 실려 있고, 또 『석보상절』 권13 이후 9권이 『월인석보』 권11 이후 9권과 같은 내용을 실은 사실에서 권11 이후에서 卷次의 조정이 행해졌음이 확인되었다. 그런데 그 조정이 권10 이전에서도 없었다고 할 수 없다. 그러나 두 책의 권9가 똑같은 내용이고, 『월인천강지곡』 권상 끝부분의 노래인 기176부터 기194가 曲次 하나만 다르나(뒤에 말할 바와 같이 『월인천강지곡』이 『월인석보』에 실리면서 손질되었기 때문에 한 수 정도는 추가될 수 있다) 『월인석보』 권7 앞쪽에 기177부터 기195로 나타나고, 또 그 앞의 「월인천강지곡」은 『석보상절』 권6의 내용에 대응하므로 적어도 권9 이전에서는 권차가 조정되지 않은 것으로 생각된다. 따라서 『석보상절』 권7, 8, 10이 전하지 않으나 『월인석보』의 권차와 같은 내용을 실은 것이 아닌가 한다. 여기에서 지금까지 학계에서 추정된 바와 같이 『월인석보』는 권11부터 권차가 조정되었으나 권수는 『석보상절』과 같은 24권인 것으로 생각되어 왔다.

그런데 1992년 10월에 공개된 『월인석보』 원간본 권23의 내용은 『월인석

---

8) 『월인석보』 권19는 현재 전하지 않는다. 그러나 그 권18의 저경이 『법화경』 「妙音菩薩品 제24」로 끝나므로, 권19는 『석보상절』 권21과 같이 「觀世音菩薩普門品 제25」부터 「普賢菩薩勸發品 제28」까지를 저경으로 하고 있을 것임에 틀림없다.

보』의 권수에 대한 종래의 추정을 재고하게 한다. 아는 바와 같이 『석보상절』 권23, 24의 내용은 『석보상절』의 底經이 된 『釋迦譜』의 마지막 부분 곧 그 권4의 끝과 권5이며 이야기의 전개로 보아서도 그 차례를 앞으로 올릴 수가 없다. 더구나 생략할 내용도 아니다. 그러나 『월인석보』 권23에는 그 이야기가 없다. 전반의 63장에는 석가의 轉法과 大愛道의 열반 이야기가 실려 있다. 장63 이하에는 『석가보』 권4 「釋迦雙樹般涅槃記 제27」의 앞부분이 저경으로 된 내용으로 석가가 열반에 들기 직전의 이야기이다. 장63부터 장98의 내용은 이미 중간본으로써 『目連經』과 『盂蘭盆經』을 저경으로 한 것으로 알려져 왔다. 정확하게 말하면 이 저경은 협주로 처리되었고, 본문 24자는 「涅槃記」의 첫머리이다.[9] 이에 대하여 『석보상절』 권23은 전반이 「열반기 제27」의 후반부를 저경으로 한 내용으로서, 석가가 열반한 이야기이다. 그러므로 『월인석보』 권23의 후반부 이야기는 『석보상절』 권23으로 무리 없이 연결된다. 현재 전하는 『월인석보』 권23은 앞뒤가 떨어져 나간 落張本이다. 곧, 장16부터 장106만 남아 있다. 『월인석보』 권21과 같이 2백여 장으로 된 책이라면 『석보상절』 권23의 전부 또는 전반부가 뒤에 실렸을 수도 있다. 일반적으로 앞뒤가 완전하지 못한 낙장본은 앞뒤가 비슷하게 책장이 떨어져 나간다. 따라서 권23은 120장 정도의 책으로 추정된다.[10] 여기에서 『월인석보』의 전체 권수는 종래 추정한 24권보다 한두 권 정도 늘어날 가능성이 있는 것이다. 그리하여 우리는 『월인석보』는 25권 또는 그보다 1권이 많거나

9) 본문 24자의 내용은 석가가 毗耶離에서 阿難과 後夏安居를 하였다는 것일 뿐 아니라, 종결어미로 文이 끝나는 것도 아니다. 이러한 「석보상절」 부분에서의 본문과 협주의 처리는 『월인석보』 권8의 끝부분(89b-104a)에서도 그러하다. 앞쪽의 대부분이 『安樂國太子經』을 저경으로 한 내용으로서 협주로 다루어져 있으나 마지막 1장이 『方等經典』을 8년, 『般若經』을 22년 설법하였다는 본문이다. 『월인석보』의 본문인 「월인천강지곡」에 대응하는 주석은 「석보상절」의 협주 부분이지만, 「석보상절」 자체 내용은 몇 자 안 되는 「석보상절」 본문을 고리로 하여 연결되도록 한 배려에 말미암은 것이라 하겠다. 다시 말하면 권8의 끝부분은 권9의 첫머리로 이어지고, 더욱이 권23의 본문(23:71b-72a)은 거의 30장에 가까운 협주와 「월인천강지곡」 2수를 건너뛰어 '온 몸이 다 아프시거늘'(23:99a)로 자연스럽게 이어지게 한 것이다. 많은 경전을 저경으로 『석보상절』을 엮은 편찬자의 고민을 엿보게 하는 사실이다.

10) 중간본이지만 『월인석보』 권22는 권말의 총 장수 표시에 의하면 모두 109장으로 되어 있다. 그에 계속되는 권23도 그 정도의 장수를 갖는다고 할 수 있는 셈이다.

적다고 추정함이 온당하다고 생각한다.

이제『월인석보』에 실리면서「월인천강지곡」과「석보상절」이 입은 문장의 변개와 첨삭에 대하여 살펴보기로 한다. 전반적으로 보아서「석보상절」이「월인천강지곡」보다 훨씬 큰 손질을 입었다. 그러나「월인천강지곡」에도 상당한 손질이 행해졌다.

「월인천강지곡」에서는 먼저 한자와 그 독음의 자리가 뒤바뀐 사실이 지적된다.「월인천강지곡」의 특이한 방식이「석보상절」과 같이 한글 문헌의 일반적인 방식으로 통일된 것이다. 곧 한자어는 한자로 표기되고 독음은 작은 글씨인 한글로 註記되었다. 여기에서 중성으로 끝나는 한자음의 종성에 ㅇ이 덧붙여졌다. 다음으로 많은 협주가 새로 첨가되었다. 권1의 서명과 권차에 첨가된 '月印千江, 第'에 대한 주석이 그 전형적인 예이다. 그러나 협주는 어려운 어구에 대한 주석에 그치지 않는다. 노래 내용이나 배경에 대해서도 주석이 베풀어진다. 예컨대 권11에 실린 기273의 협주는 어구가 아니라 노래 내용에 대한 것이다. 곧 기272와 기273이 부처 眉間의 白毫相光이 보인 기적을 읊은 것인데, 그 협주는『법화경』「序品」에 나오는, 그에 대한 설명을 文殊에게 요구한 彌勒의 偈頌에서 보살의 布施行을 번역한 것이나 다시 그 협주로 尸毘王 등의 보시를 설명하여 놓았다. 그러한 결과 협주가 8장에 걸쳐 있다. 셋째로는 노래에도 손질이 되었다. 석가가 어머니 摩耶夫人의 뱃속에 들어가기 위하여 兜率天에서 내려오는 사실을 읊은 기14가 바로 그 예인데, 다음과 같이 문맥으로 보거나 마지막에 든「석보상절」의 해당 부분을 보거나『월인석보』의 노래가 올바로 고쳐진 것으로 생각된다.

沸星 도ᄃᆞᇙ제 白象ᄋᆞᆯ ᄐᆞ시니 ᄒᆡᆺ 光明을 ᄢᅦ시니이다/ 天樂ᄋᆞᆯ 奏커늘 諸天이 조ᄍᆞᄫᆞ니 하ᄂᆞᆳ고지 드르니이다 (월인 상: 5-6, 기14, 한자 독음은 생략. 이하 같음)

沸星 도ᄃᆞᇙ제 白象ᄋᆞᆯ ᄐᆞ시고 ᄒᆡᆺ 光明을 ᄐᆞ시니이다/ 天樂ᄋᆞᆯ 奏커늘 諸天이 조ᄍᆞᆸ고 하ᄂᆞᆳ고지 드르니이다 (월석 2:17a, 기14)

七月ㅅ 열다쐣날 沸星 도ᄃᆞᇙ 時節에 여ᄉᆞᆺ엄 가진 白象 ᄐᆞ샤 ᄒᆡ ᄐᆞ샤 兜率宮으로셔 ᄂᆞ려오싫 저긔 世界예 차 放光ᄒᆞ시고 諸天이 虛空애 ᄀᆞᄃᆞ기 ᄢᅧ 졷ᄌᆞᄫᅡ 오며 풍류ᄒᆞ고 곳 비터니 (월석 2:18a-19a)

여기에서 앞서 말한「월인천강지곡」한 수 정도의 추가가『월인석보』에 있을 수 있음을 알게 된다.11) 다음 넷째로 한자 독음에서 달라진 것이 있다. 예컨대 '天龍八部'(기7, 기22)의 部의 독음이 '뿌ᇦ'에서 '뿡'(『월인천강지곡』 권상의 표기 방식에 따르면 '뿌'로 될 것이다)로 되어 있다. 이는 불교 용어의 독음으로써, 『석보상절』의 경우에도 '解脫'(13:40a, 43b)의 解를 'ᅘᅢᆼ'에서 『월인석보』에 와 '갱'로 고친 것과 같다. 더욱이 陀羅尼의 한글 음역에서는 入聲 ㄷ이 ㆆ으로 바뀌고, 받침 ㅇ이 삭제되며, 중성의 표기가 달라지는 등 상당한 수정이 다음과 같이 일어난다.12)

佛陀 뿌ᇙ떵(석상 21:23b)	陀羅尼 떵렁넝 (석상 21:23a)
佛陀 뿌ᇹ떠(월석 10:74a)	達尼 땅니 (월석 10:73a)

이와 같이 『월인석보』의 편찬에서는 불교 용어와 고유명사의 독음과 함께 다라니의 한글 음역이 체계적으로 일관되게 수정된 것이라 하겠다. 「석보상절」 부분은 저경인 원전의 본문 번역부터 새로 한 듯한 느낌을 받는다. 이에 대하여는 굳이 예시할 필요를 느끼지 않으나, 『월인석보』 권11의 「석보상절」 부분이 『석보상절』 권13과 『법화경언해』 권1의 중간 위치에 있다는 사실만 지적하여 두고자 한다. 『월인석보』에서 협주로 처리된 주석의 추가는 본문 차이보다 더욱 두드러진다. 바로 위의 『월인석보』 권11에서 그것은 확인된다. 총 장수가 130장인데, 「월인천강지곡」이 그 주석을 포함하여 11장 정도가 있고 行款에서 1면에 1행이 적지만 『석보상절』 권13의 63장에 비교하여

11) 『월인석보』 권1, 2에 실린 「월인천강지곡」은 『월인천강지곡』 권상의 노래와 曲次에서는 일치하므로 한 수의 추가는 기30 이후, 기175 이전의 일이다. 그런데 이 추가는 글자 그대로 『월인석보』를 편찬하면서 새로 지어 보탠 것인지, 또는 『월인석보』에서 일어난 『석보상절』 권차의 조정에 따라 『월인천강지곡』 권중 이하의 한 수가 앞으로 자리만 옮긴 것인지 현재로는 단정할 수 없다. 『월인석보』 권3~6이 나타나야 판명될 것이다.

12) 우리는 이 다라니의 한글 음역으로써 두 가지 사실을 알 수 있다. 첫째는 『洪武正韻譯訓』의 한자음 한글 표기와 똑같으나 받침 ㅇ의 표기만 다르다. 받침 ㅇ의 표기가 『석보상절』은 『東國正韻』과 같고 『홍무정운역훈』과 어긋난다. 여기에서 『홍무정운역훈』의 편찬 초기는 『동국정운』과 같이 받침 ㅇ의 표기를 규정한 것으로 추정되며 그 단계가 『석보상절』에 나타나는 다라니의 한글 음역이라고 생각되는 것이다. 둘째는 다라니의 한글 음역이 『석보상절』, 『월인석보』, 『법화경언해』를 거쳐 『五大眞言』으로 현실화한 사실이다. 이에 대하여는 안병희(1987/1992b)를 참조할 것.

분량이 약 배로 늘어난 것은 주로 주석이 추가되었기 때문이다. 주석의 추가는 版 바탕이 될 책이 이루어진 뒤에도 일어난 것으로 보인다. 같은 張次가 다음과 같이 중복된 일이 그 증거다.

권2 : 二十一之一, 二十一之二止, 二十二之一, 二十二之二止
권7 : 五十四之一, 五十四之二, 五十四之三
권9 : 三十五上, 三十五中, 三十五下, 三十六上, 三十六中, 三十六下
권11: 八十四之一, 八十四之二

이들 중복된 장차는 「석보상절」의 본문이나 「월인천강지곡」이 실린 곳이 아니다. 모두 주석이 나타나는 책장이다. 끝으로 위에서 말한 바와 같이 불교용어나 고유명사의 한자 독음을 고치기도 하였으나 석가의 年譜도 『월인석보』에서 고쳐진 사실을 지적하려고 한다. 석가가 王舍城에서 법화경을 설법한 靈山會의 연대를 『석보상절』(13:1a)에서는 穆王 45년 甲子로서 석가의 나이가 71세로 기술되어 있으나, 『월인석보』(11:11a)에서는

이 ᄢᅴ 부텻나히 닐흔 ᄃᆞᆯ히러시니 穆王 마ᅀᆞᆫ여슷찻ᄒᆡ 乙丑ㅣ라

하여 이듬해인 乙丑年의 일로 기술되고 있다. 이러한 차이는 『석보상절』과 『월인석보』에서 『般若經』에 대한 설법 기간을 다음과 같이

方等 여듧ᄒᆡ 니르시고 버거 스믈ᄒᆞᆫ ᄒᆡᆺ ᄉᆞᅀᅵ예 般若ᄅᆞᆯ 니르시니라 (석상 6:47a)
方等 여듧ᄒᆡ 니르시고 버거 스믈두 ᄒᆡᆺ ᄉᆞᅀᅵ예 般若ᄅᆞᆯ 니르시니라 (월석 8:103b)

하여 각각 21년과 22년으로 한 데 말미암는다. 그 연대의 옳고 그름을 알 수 없으나, 또 지금 그것을 따질 필요도 없으나 『월인석보』의 편찬자들이 『석보상절』의 세밀한 내용까지 검토하고 수정한 것임은 분명하다.

『월인석보』의 편성에 대한 설명을 마치면서 卷頭의 부속 문자에 대하여 언급할 필요가 있다. 아는 바와 같이 『월인석보』 권1의 권두에는 다음과 같은 부속 문자가 있다.

世宗御製訓民正音(15장)/ 八相圖(8장)/ 釋譜詳節序(6장)/ 御製月印釋譜序(26장)/ 牌記(1장)

이 중 「월인석보서」와 「패기」는 그 年記 '天順三年乙卯云云'과 '世宗御製月印千江之曲 今上纂述釋譜詳節'의 내용으로 보아서 『월인석보』에 비로소 실렸을 것이나, 나머지는 『석보상절』 권1의 권두에도 그대로 실렸을 것으로 생각된다. 『훈민정음』과 「석보상절서」는 체재와 번역된 언어 등에서 완전히 일치하고 「팔상도」는 석가의 일생을 여덟 모습으로 그렸기 때문이다. 24권이나 되는 큰 책을 새 문자로 지으면서 그 문자에 대한 해설을 먼저 싣는다는 것은 『眞言集』이나 『訓蒙字會』의 예를 들지 않더라도 너무나 당연하다. 다만 '世宗御製'의 冠稱은 『월인석보』에 다시 실으면서 세조의 「어제월인석보서」의 그것과 혼동을 피하기 위해 손질하였으리라 추정된다.

Ⅲ. 현존 원간본과 중간본

『월인석보』의 현존 원간본은 권1, 2, 7~14, 17, 18, 23의 13권이며, 중간본은 권21, 22뿐이다. 그러므로 『월인석보』의 현존 간본은 모두 15권이다. 3/5이 전하는 셈이다.

원간본은 소장자의 신청만 있으면 모두 보물로 지정되어 있다. 소장자를 밝히면 다음과 같다.

권1, 2 : 서강대도서관
권7, 8 : 동국대도서관, 洪允杓 교수(권8만 소장)
권9, 10 : 金敏榮씨
권11, 12: 金敬淑씨
권13, 14: 연세대도서관
권17, 18: 강원도 壽陀寺, 三省出版文化博物館(권17만 소장)
권23 : 三省出版文化博物館

이들 원간본은 권11, 12, 23을 제외하고 모두 영인되었다. 그런데 책의 보존 상태가 대체로 좋은 편이 아니다. 낙장이 전혀 없는 권2, 11, 12는 예외라 할 수 있고, 나머지는 낙장이 있을 뿐 아니라 남아 있는 印面도 마모가 심하다. 영인본을 간행하면서 저본 그대로 영인한 것이 있으나, 중간본에 근거하여 함부로 복원하여 영인한 것도 있다.[13] 복원한 저본에 의한 영인본의 이용에는 각별한 주의가 있어야 한다.

그런데 위의 원간본이 모두 1459년에 인출된 책은 아닐 것으로 생각된다. 그때의 冊板으로 후대에 인출한 책도 있을 것이다. 刊經都監에서 간행한 불경언해의 경우에 1472년(성종 3) 金守溫의 跋文을 가진 책은 말할 것도 없고 1495년(연산 1) 學祖의 발문을 가진 책도 印面이나 紙質 등이 세조 때의 인본과 전혀 판별이 되지 않는다. 발문을 가졌기 때문에 세조 때의 책이 아니라고 비로소 인정될 정도다 1472년 인출의『圓覺經諺解』(고려대 아세아문제연구소 소장)나 1495년 인출의『金剛經諺解』,『心經諺解』(이상 개인 소장),『禪宗永嘉集諺解』(동국대도서관 소장)가 바로 그러한 책이다. 위 學祖의 발문에 따르면 이미 만든 책판을 이용하여 1495년에『능엄경언해』와『법화경언해』각 50부,『석보상절』20부 등을 인출하였다고 한다. 이『석보상절』은 목판본인 점으로나 당시 '釋譜詳節'이란 書名의 용법으로나[14]『월인석보』를 가리킨다. 그러므로 오늘날 원간본으로 일컫는 책에는 이때의 印本이 있을 것이라 생각된다. 간경도감의 언해서와 마찬가지로 이때의 인본이 세조 때의 그것과 판별되기도 어렵지만 국어사 연구 등에서 굳이 그럴 필요가 없지 않은가 한다. 그러나 적어도 初印인 1459년과 重印인 1495년의 두 가지 인본이 있다는 사실은 머릿속에 간직하고 원간본을 다루어야 할 것이다.[15]

중간본은 전질로 출판된 것이 아니다. 한두 권씩 지방 사찰에서 복각되었는데, 모두 16세기 중엽에 충청, 경상, 전라도에서 간행되었다. 그러나 현존

---

13) 그 대표적인 예는 권7, 8의 原尺 영인본(1981, 동국대출판부)이다. 권7의 앞, 권8의 뒷부분 낙장을 보사하여 영인한 것이다.

14) 당시에『月印釋譜』를 '釋譜詳節'이라 함은 이 글 제1장의 끝에서 말한『세종실록』4년 2월 신축조와 5년 2월 임술조의 기사에서 단적으로 확인된다.

15) 이와 관련하여 권말이 온전하게 보존된 책의 권말 서명 아래에 표시된 總張數의 있고 없음이 주목된다. 예컨대 권7, 8, 9는 그러한 장수가 표시되지 않았다. 간경도감 언해본의 경우, 1472년과 1495년의 발문을 가진 책에는 口訣者와 飜譯者의 표시가 삭제된 사실에 비추어 총 장수 표시가 없는『월인석보』는 1495년 인출일 가능성이 있다. 특히 그 권8(홍윤표 교수 소장)은 장수 표시가 안 되었을 뿐만 아니라, 권말서명 '釋譜詳節'이 다른 책과 달리 '月印千江之曲'과 똑같은 크기로 쓰이며, 또 장95 이하가 앞의 글씨와 다른 데다가 상당한 오자가 나타나는 사실에서 분명한 後印本 내지 補板本이 아닐까 한다.

하는 책이 아주 드문 것도 있다. 권차대로 설명하되 전하는 책이 적을 경우에는 소장자를 밝히기로 한다.

권1, 2: 1568년(선조 1) 豊基 喜方寺版, 책판이 6·25 이전까지 보존되어 후쇄본이 많음.

권7, 8: 1572년 豊基 毘盧寺版. 권7은 개인. 권8은 奎章閣 一簑文庫 소장. 宋錫夏 청사진본은 1607년(선조 40)의 印出記로 미루어서 이 책판으로 中臺寺에서 인출한 책이 분명하므로 책판이 임진란 후까지 남아 있었음. 刊記가 없으나 16세기 중엽의 다른 복각본 권8이 고려대 六堂文庫에 있음.

권21 : 1542년(中宗 37) 安東 廣興寺版. 해방 이전의 후쇄본이 많으나, 현재 책판은 불타 없음.
1562년(明宗 17) 淳昌 無量堀版. 연세대도서관, 동국대도서관, 沈載完 교수 소장.
1569년 忠淸 寒山 白介萬家刻本. 책판이 恩津 雙溪寺에 留置되었으나 현재 公州 甲寺에 약간의 결장인 채 보존되어 있음. 근래의 후쇄본이 많음.

권22 : 16세기 중엽의 복각본. 三省出版文化博物館. 誠庵古書博物館 소장.

권23 : 1559년 淳昌 無量堀版. 연세대도서관 소장.

여기 권22, 23은 현재 전하는 책도 적지만, 다른 중간본과는 달리 원간본의 全卷을 복각하지 않은 점에서 특이하다. 권22는 장차가 1부터 72까지 장차 표시만으로 보면 낙장이 없으나 권말서명 아래 '總百九張'이라 있어서 원간본의 상당 부분을 떼어버리고 복각한 것임을 알 수 있다. 권두서명이 '月印千江之曲第二十二'('第二十二'는 讀音이 없음)뿐이며, 더구나 그곳에는 「월인천강지곡」의 曲次 '其四百四十五'가 있어야 할 곳이다. 따라서 앞쪽 37장을 떼고서 복각한 셈이나, 현존본의 장24 뒤에는 底經과의 대조로 한 장의 낙장이 있은 것으로 확인되므로 실지로는 36장을 떼고서 원간본 장37을 장1로 하고 그 앞쪽 제1행을 손질하여 이루어진 중간본이다.[16] 권23은 현재 앞쪽에 상당한 낙장(1~63a)이 있으나 복각은 원간본의 장98 앞면까지 한 책이다. 마지

16) 이는 「월인천강지곡」의 曲次로써도 확인된다. 『월인석보』 권21의 「월인천강지곡」은 기429로 끝나는데 이 중간본 맨 앞의 곡차는 기445이기 때문이다. 따라서 기430부터 기444의 「월인천강지곡」과 「석보상절」이 떼어낸 36장에 실려 있었을 것이다.

막 장의 본문에 이어 刊記와 施主秩이 있기 때문이다.

중간본을 요약하면, 뒷부분을 줄였으나 원간본을 충실히 복각한 권23은 예외라 할 것이고 나머지는 모두 정확한 복각이 아니다. 이는 이미 그때에 원간본을 제대로 읽지 못했을 뿐만 아니라 版 바탕이 된 원간본의 보존 상태도 좋지 않았기 때문이 아닐까 한다. 판심서명이 '月印釋譜, 月釋, 月印' 등으로 된 데다가 略字로도 적혀 있다. 본문에는 誤字와 脫字(특히 방점에서 심하다)가 나타난다. 중간본의 이용에서는 이 점에 유의할 필요가 있다.

『월인석보』는 17세기 이후로는 중간되지 않았으나, 다만 18세기 중간본으로 『지장경언해』(3권 1책)가 새로이 추가되어야 할 것이다. 『지장경』을 저경으로 한 『월인석보』 권21을 '地藏經諺解'란 이름으로 1762년(영조 38) 文川 頭流山 見性庵에서 간행하고, 곧이어 1765년 京城外 無學寺 藥師殿에서 간행하였다. 권21은 16세기 중간본이 세 가지나 있는 사실과 맥을 같이 하는 책으로서 그만큼 『지장경』이 많이 읽혔음을 말한다. 다같이 『월인석보』에 실려 있으면서도 『법화경언해』와는 달리 이 책을 『월인석보』의 중간본이라 하는 것은 권두서명이 '지장보살본원경언히권샹/ 월린쳔강지곡제이십일/ 셕보샹제이십일('졀'이 빠짐)'(이상 권상)로 되고, 본문이 한글만으로 「월인천강지곡」(曲次는 없음)까지 『월인석보』를 옮겨 실었기 때문이다.[17] 문장의 구조는 대체로 15세기 그대로지만, 문자와 맞춤법을 18세기 당시의 것으로 바꾸었을 뿐이다. 그러므로 이 책은 『월인석보』 권21의 중간본이지만 18세기 음운사 자료가 된다.

Ⅳ. 결어

『월인석보』는 『석보상절』과 똑같이 『석가보』를 바탕으로 한 석가의 일대기지만, 사이사이에 많은 불경이 삽입된 책이다. 『아미타경』, 『법화경』, 『지장경』 등이 삽입된 불경이다. 그러나 처음 편찬할 때에는 더 많은 불경을 번

---

17) 『지장경언해』가 『월인석보』 권21을 옮겨 실은 사실에서, 거꾸로 『월인석보』 권21을 『지장경언해』로 잘못 설명하는 일이 있다. 學祖가 번역한 세조 대의 원간본은 전하지 않으나 1569년(선조 2) 雙溪寺에서 중간한 『지장경언해』가 전한다고 한 것은 1569년 쌍계사 留板의 『월인석보』 권21을 잘못 다룬 것이다. 이러한 잘못은 최현배(1961: 118, 148)을 참조할 것.

역하여 삽입할 계획이었던 것으로 보인다. 『金剛經三家解』와 『南明集諺解』에 같이 나타나는 1482년(성종 13)의 韓繼禧와 姜希孟이 지은 跋文, 특히 한계희의 발문에 따르면

> 昔世宗莊獻大王 嘗欲以國語飜譯金剛經五家解之冶父頌宗鏡提綱得通設誼 及證道歌南明繼頌 以入釋譜

라 하여 세종은 『금강경삼가해』와 『남명집』도 번역하여 『석보상절』에 삽입되기를 바랐을 뿐 아니라 친히 그 일부를 번역하였다고 한다. 그러므로 『석보상절』 내지 『월인석보』의 편찬은 주요한 불경을 망라할 계획이었다고 추정된다. 그러나 많은 불경의 번역은 쉬운 일이 아니다. 더군다나 그것은 석가일대기의 전개와 잘 어울리는 것도 아니다. 刊經都監과 성종 때 불경언해로 독립되어 간행된 것이 불경을 위해서도 그러하지만 『석보상절』을 위해서도 바람직한 일이었다. 그러한 실례를 『법화경』에 대한 세 번역인 『석보상절』, 『월인석보』, 『법화경언해』의 대조에서 보게 된다.

『법화경』은 長行(散文)과 偈頌(重頌)을 이용하여 주요한 대목을 되풀이하여 설명함으로써 독자의 이해를 돕고 있다. 그런데 같은 내용을 되풀이한다는 것이 『석보상절』이나 『월인석보』에는 적절한 것이 못된다. 『석보상절』은 아예 게송을 무시하고 장행만을 번역하지만, 『월인석보』는 『법화경』의 원문에 좀 더 충실한 번역이기 때문에 게송이 있음을 말하고 있어서 본문만 읽으면 연결이 잘 닿지 않는다.[18] 이 예를 「藥王菩薩本事品 제23」의 한 대목으로 보이기로 한다. 원문의 직역인 『법화경언해』를 보이고, 『석보상절』, 『월인석보』의 해당 부분을 보이기로 한다.

> 一切衆生喜見菩薩이 … 즉재 아바님 爲ᄒᆞ야 偈ᄅᆞᆯ ᄉᆞᆯ오ᄃᆡ 大王하 이제 반ᄃᆞ기 아ᄅᆞ쇼셔 내 뎌 고대 두루 ᄃᆞᆫ녀 卽時예 一切現諸身三昧ᄅᆞᆯ 得ᄒᆞ야 큰 精進을 브즈러니 行ᄒᆞ야 ᄃᆞᆺ논 몸 ᄇᆞ려 世尊ᄭᅴ 供養ᄒᆞᄉᆞ오니 無上慧 求호ᄆᆞᆯ 爲호미이다 이 偈 니ᄅᆞ고 아바ᄂᆈᆫ긔 ᄉᆞᆯ오ᄃᆡ 日月淨明德佛이 이제 녜ᄀᆞ티 現在ᄒᆞ시니 내 아래 부텨 供養ᄒᆞᅀᆞ와 … 等偈ᄅᆞᆯ 듣ᄌᆞ오니 大王하 내 이제 반ᄃᆞ기 이 부텨를 도로 供養

18) 이러한 사실로써는 『월인석보』가 『석보상절』보다는 원전에 충실한 직역이라 할 수 있다. 중세국어 자료의 번역 양식에 대해서는 안병희(1973)을 참조할 것.

ᄒᆞᅀᆞ오리이다 ᄉᆞᆲ고 (법화 6:146b-150a)

一切衆生喜見菩薩이 … 즉자히 아바님ᄭᅴ ᄉᆞᆯᄫᅩᄃᆡ 日月淨明德佛이 이제 순지 겨시니 내 아래 供養ᄒᆞᅀᆞᆸ고 … 等偈를 듣ᄌᆞᄫᅩ니 大王하 내 이제 도로 가 이 부텨를 도로 供養ᄒᆞᅀᆞᄫᅩ리이다 ᄒᆞ고 (석상 20:13a-14b)

一切衆生喜見菩薩이 … 곧 아비 爲ᄒᆞ야 偈를 닐오ᄃᆡ 이 偈 다 니ᄅᆞ고 아바님ᄭᅴ ᄉᆞᆯᄫᅩᄃᆡ 日月淨明德佛이 이제 순지 現在ᄒᆞ시니 내 아래 부텨 供養ᄒᆞᅀᆞᄫᅡ … 等偈를 듣ᄌᆞᄫᅩ니 大王하 내 이제 이 부텻ᄭᅴ 도로 가 供養ᄒᆞᅀᆞᄫᅡ지이다 다 ᄉᆞᆲ고 (월석 18:33b-35b)

『월인석보』의 경우에는 게송이 있음만 말하고, 정작 그 내용은 협주로 간단히 설명하기 때문에 '偈를 닐오ᄃᆡ 이 偈 니르고'와 같이 어색한 문장이 된 것이다. 이와 같은 어색한 문장은『법화경』의 거의 모든 게송에 대한 처리에서 등장하기 때문에『월인석보』권11~19의 본문은 그때마다 단절이 생기게 된다. 여기에서 간경도감과 성종 때의 불경언해는『석보상절』과『월인석보』의 편찬으로부터 파생되어 발전된 결과로 이해될 수도 있다.

『석보상절』과『월인석보』가 세종이 처음 명령하고 계획한 대로 편찬되지는 못했을지 모르나[19] 그 자체로 모두 완결된 책이다. 내용면으로 보아서 석가의 일생 이야기가 그런 대로 잘 드러나 있다.『월인석보』의 형태면으로 글씨와 板刻이나 印面, 紙質이 뛰어난 조선 초기 인쇄문화의 정수라 할 수 있다. 부분적으로 이루어졌지만 중간본도 다른 불경언해에 뒤지지 않는다.『월인석보』가『월인천강지곡』이나『석보상절』과 함께 한글에 의한 국어의 文字化를 정착하는 데 이바지한 문헌임도 국어사를 연구하는 사람은 누구나 인정한다. 未完이면서 스스로 완전한 문헌, 이것이 서지학의 관점에서 본『월인석보』의 성격이라 하겠다.

19) 앞에서 인용한『금강경삼가해』와『남명집언해』의 한계희 발문 참조.

제14장 활자본『楞嚴經諺解』
-권1, 10을 중심으로-

Ⅰ. 머리말

‘능엄경’은 권수제의 ‘大佛頂如來密因修證了義諸菩薩萬行首楞嚴經’이란 긴 書名의 약칭이다. 이 약칭은 책의 판심제로 나오는데, 인쇄된 題簽의 外題와 같이 ‘大佛頂首楞嚴經’, 목판본『능엄경언해』의 첫머리에 실린 간경도감 都提調의 箋文 제목의 ‘首楞嚴經’과 함께 통용되고 있다. 이『楞嚴經』은 唐나라 中宗의 神龍 1년(705)에 天竺國의 승려인 般刺蜜諦가 중국어로 번역한 불경이다. 번역한 승려에 대하여는 이견이 있어서 僞經이란 견해까지 있지만, 중국과 우리나라의 禪家에서 널리 읽히고 연구된 불경이다. 우리나라에서는 圓眞國師로 追贈된 承迥(1172~1221. 고려 명종 2~고종 8)이 이 불경을 높이 평가한 데로부터 禪宗에서 숭상되었는데, 고려 중기 이후로 수도승이 가장 많이 연구한 불경의 하나가 되었으며, 조선 중기 이후로 사찰의 講院과 禪院 등에서『法華經』,『金剛經』,『圓覺經』과 함께 四敎科의 하나로 채택되어 왔다고 한다.

이와 같이 널리 읽힌『능엄경』에는 많은 주석서가 있다. 그러나 우리나라에서 널리 유포된 책은 宋나라 휘종이 要解를 지은『능엄경』이다. 모두 10권인 이 책은 흔히『楞嚴經要解』라고 부른다. 우리나라의 오랜『楞嚴經』간본도 바로 이 요해다. 보물로 지정된 1372년(고려 공민왕 21) 간본을 비롯한 많은 간본이 전한다.『능엄경언해』는 바로 그 책에 한글로 口訣을 달고 국어로 번역한 것이다.

『능엄경언해』에는 세 가지 간본이 전한다. 을해자로 된 활자본과 간경도감에서 1462년(세조 8) 간행한 목판본, 그리고 16세기의 그 覆刻本이 그것이다. 현재 전하는 책은 간경도감판이 10권 완질과 零本으로 가장 많고, 다음으로 활자본이 국내외에 흩어져 있으나 합치면 완질이 된다. 복각본은 그 존재가 전혀 알려지지 않았으나 영본으로 약간 권이 전하고 있다. 이번에 영인한 활자본 권1은 그 첫째 권이며 권10은 마지막 권인데, 그 底本은 각각 誠庵古書博物館과 세종대왕기념사업회에 소장되어 있다. 이들은 귀중하기 때문에 이미 보물로 지정된 典籍이다. 이중에서 권10은 축소되어 소장처에서 『겨레문화』 5(1991)에 영인되었다. 그러나 이번에 권1과 함께 原尺으로 영인하여 명실상부한 최초의 불경언해가 500여 년 만에 재현된 것은 여간 기쁜 일이 아니다.[1] 이에 『능엄경언해』의 편찬과 간행 경위, 그 傳本과 영인 저본, 그리고 그 책의 校正 등에 대하여 설명함으로써 이 책의 이용에 이바지하고자 한다.[2]

Ⅱ. 『능엄경』의 언해와 간행

『능엄경언해』의 편찬과 간행은 진작부터 그 목판본 권1 앞머리에 있는 간경도감 도제조 桂陽君 璔의 箋文과 간행에 관여한 雕造官의 列銜으로써 알려져 왔었다. 1462년(天順 6, 세조 8) 8월 21일자의 箋文은

> 刊經都監都提調 輸忠衛社同德佐翼功臣桂陽君臣璔等 謹將新雕御譯大佛頂如來密因修證了義諸菩薩萬行首楞嚴經 粧潢投進 …… 恭惟主上承天體道烈文英武殿下 德包邃古 道契先天 蔚啓宏圖 維新睿政 光闡大道 遹追先猷 乃於宵旰之餘 深達世出之法 研覈口訣 字字務悉契於佛心 繼譯國音 言言欲易曉於鈍器 使義天朗曜於三界 而智日昭晰於九生 邪見從玆倂除 慧命由是不絶 宜壽諸梓 以廣其傳

이라 하여 세조가 친히 언해하여 간경도감에서 1462년에 간행한 것으로 알려져 왔다. 그러나 뒤에 활자본 권10의 권말에 1461년 9월의 「御製跋」, 목

---

1) 여기 최초의 불경언해라고 한 것은 원문에 구결을 달아 먼저 제시한 뒤에 번역문을 대조한 책으로는 『능엄경언해』가 가장 빠르다는 뜻이다. 『석보상절』이나 『월인석보』에도 『법화경』과 『아미타경』 등이 번역되어 수록되었지만, 원문이 제시되지 않은 점에서 명실상부한 불경언해라 할 수 없는 것이다.

2) 『능엄경언해』에 대하여는 안병희(1979, 1980)과 김완진(1960), 志部昭平(1983)에서 서지, 국어학 자료로서의 가치 등이 설명되어 있다. 이 글은 특히 뒤의 두 논문을 크게 참고하였다.

판본 권10의 권말에 같은 「御製跋」과 慧覺尊者 信眉, 金守溫 등의 발문이 나타남으로써 그 사정이 좀 더 분명해졌다.[3] 이에 그 발문에 따라서 언해와 간행을 살펴보기로 한다.

「어제발」에 따르면 언해는 원래 세종이 발의한 것이라 한다. 곧 세종이 1438년(正統 戊午, 세종 20)에 『능엄경』을 보고 1449년(己巳, 세종 31)에 번역하여 널리 펴고자 하여 세조에게 그 책을 궁구하라고 명하였다는 것이다. 그러나 여의치 못하였는데 바쁜 중에서도 잊지 못하다가 1461년 5월 14일부터 잇달아 釋迦의 分身舍利 100여 개가 나타나는 기특한 祥瑞와 異應을 만나게 되어 번역에 착수하게 되고, 여기에는 효령대군이 『능엄경』과 『영가집』을 번역하기를 청한 계기도 있었다. 이에 韓繼禧 등에게 참고를 돕게 하고 스스로도 힘을 보태었으나 모두 혜각존자 신미 등에게 질정하여 두어 달에 완료하였다는 것이다.

이러한 내용의 발문 본문의 번역에는 협주로써 번역 작업의 자세한 절차를 밝히고 있다. 그 협주에 따라 절차를 차례대로 보이면 다음과 같다.

(1) 세조가 구결을 달아 信眉에게 질정함.
(2) 貞嬪韓氏 등이 교정을 봄.
(3) 韓繼禧, 金守溫은 구결에 따라 번역함.
(4) 朴楗, 尹弼商, 盧思愼, 鄭孝常은 그것을 참조, 고증함.
(5) 永順君은 예문을 일정하게 함.
(6) 曺變安, 趙祉는 『東國正韻』에 따라 한자음을 표기함.
(7) 信眉, 思智, 學悅, 學祖는 번역을 바로잡음.
(8) 세조가 이루어진 번역을 보고 확정함.
(9) 典言曺氏豆大가 세조 앞에서 번역을 읽어 드림.

이러한 번역의 절차는 세조 때의 간경도감에서 번역, 간행된 불경언해에 그대로 적용되었다고 생각된다. 『법화경언해』 등 箋文에서는 『능엄경언해』의 전문과 같이 세조가 구결을 달고 번역하였다고만 되어 있으나, 1464년(세조 10)의 『금강경언해』의 권말에는 『능엄경언해』와 마찬가지로 孝寧大君, 判敎宗事海超, 金守溫, 韓繼禧, 盧思愼의 跋文과 「飜譯廣轉事實」이 있는데, 이

3) 목판본의 발문도 완전하지 않다. 끝에 적어도 1장 이상이 떨어져 나갔다. 그러나 그 발문조차 유일하게 故 海岩 金亨奎 선생 소장의 권10에만 나타난다.

중에서 한계희의 발문에는 위의 절차와 비슷한 작업 과정이 본문과 협주로 설명되어 있다. 본문에서 1464년 2월 1일에 왕명으로 번역에 착수되었다고 한 뒤에 그 절차를 먼저 세조가 친히 구결을 확정하였다고 하여 그 협주에서

(1) 貞嬪韓氏가 세조 앞에서 구결을 씀.
(2) 社堂慧瓊, 道然, 戒淵 등 7인이 구결을 쓰고 겸하여 교정함.
(3) 永順君이 세조의 명을 받아 出納을 맡음.

이라 하고서, 한계희는 세조의 구결에 따라 번역하고 효령대군과 海超 등이 연구를 더하였다고 하여 그 협주에서 작업의 절차를 다음과 같이 밝히고 있다.

(1) 曺變安은 『東國正韻』에 따라 한자음을 한글로 표기함.
(2) 金守溫, 姜希孟, 盧思愼은 참조하며 잘못을 바로잡음.
(3) 朴楗, 崔灝, 趙祉 등 5인이 여러 경전을 참고함.
(4) 典言曺氏, 安忠彦, 張末同 등 19인이 번역을 씀.
(5) 張治孫, 金今音同, 朴成林 등 11인이 번역을 교정함.

이어서 발문은 이러한 절차로써 『금강경언해』가 5일 만에 원고가 완성되어 간경도감으로 넘겨서 간행하여 널리 배포하라고 하였다는 것이다. 곧

凡五日告成 卽命刊經都監 鏤板印布

가 그것을 말한다. 이리하여 전문에 따르면 2개월 뒤인 그해 4월 7일에 책이 완성된 것이다. 책의 본문이 150여 장인 單卷의 『금강경언해』와는 달리 모두 10권인 『능엄경언해』의 원고는 분량도 분량이지만 최초의 불경언해이기 때문에 원고의 작성과 간행에 좀 더 시일이 걸렸을 것이다. 위의 「御製跋」에서는 두어 달에 완성된 원고를 '命印布山林白衣'한다고 하고 그 번역의 협주에서 구체적으로 설명하고 있다. 현대어로 번역하여 보면 다음과 같다.

校書館提調河城尉臣鄭顯祖를 명하시어 鑄字로 四百부를 박으라 하시고 특별히 宗室에 銀川君臣穳과 玉山君臣躋를 명하시어 校書館에 仕官하여 보아 박히

라 하시다.

세조는 교서관에서 활자로 400부를 인쇄하라는 명령을 내리고, 간행을 서두르기 위하여 銀川君과 玉山君에게 교서관의 일을 돕도록 한 것이다. 「어제발」이 '天順辛巳(1461) 9月 日'에 된 것이므로, 分身舍利가 나타나고부터 4개월 만에 활자로 간행하는 일에 착수한 것임을 알 수 있다. 그런데 그해 10월 11일자의 김수온 발문에서는

> 恭惟我主上殿下 …… 萬機之暇 特徹乙覽 親加口訣 正其句讀 命工曹參判臣韓繼禧及臣守溫 悉以國語依文而譯 於是 親定讎校 質諸信眉等名僧 旋下校書館 隨即模印 始於是年六月 至冬十月 而事已成矣

라 하여 번역을 6월에 시작하여 10월에 모든 일이 완성되었다고 한다. 여기의 완성된 일이 언해의 원고의 완성인지, 인쇄까지 완성된 것인지는 분명하지 않다. 위의 발문에 나오는 '旋下校書館 隨即模印'을 문면대로 이해하면 후자로 보아야 한다. 따라서 발문 날짜인 10월 11일까지 교서관에서 활자로 『능엄경언해』는 간행한 것이 된다. 번역에 착수한 지 약 4개월에 인쇄까지 마친 셈이다.

그런데 김수온 발문 뒤에는 또 하나의 발문이 있다. 유감스럽게도 그 발문의 후반부가 실린 책장이 떨어져 나가 필자를 알 수 없다. 그러나 「御製跋」 번역의 협주와 김수온 발문에서 번역에 관한 세조의 명령을 받은 사람이 한계희와 김수온인데, 이 발문에서 김수온과 발문의 필자가 그러한 명령을 받았다고 밝히고 있으므로 필자는 한계희가 분명하다. 여기에서는 번역의 착수와 완성의 날짜, 장소가 다음과 같이 구체적으로 드러난다.

> 上亦欣然發大誓願 乃於六月十一日 命臣反譯楞嚴經 召前尙州牧使金守溫於服中 開局於忠順堂之廡下 賜以親定溫陵要解口訣 臣等謹依口訣譯之 至八月二十二日 蒿成以進

곧 6월 11일에 번역에 대한 명령을 받고 대궐 안 忠順堂의 곁채에 장소를 마련하여 세조가 구결을 단 戒環의 『楞嚴經要解』를 번역하였는데, 8월 22일

에 원고를 진상하였다는 것이다. 번역에 착수한 지 70일 만에 완성한 것인데, 「어제발」에서 '두어 달에 이루어지다(數月而成)'라 한 것과 정확히 부합한다. 그러나 이 발문은 위 인용된 글에 이어, 세조가 다시 여러 경전과 『능엄경』의 주석 등을 참고하였다고 한다. 그러므로 번역 원고의 확정은 8월말이라고 할 수 있을 것이다. 나아가 세조가 이 책의 번역 간행을 서두른 사정과 함께 김수온 발문의 '旋下校書館 隨卽模印'을 고려하면, 세조가 원고를 확정하는 대로 교서관에 내려보냈을 것이므로 8월말부터는 이미 인쇄에 착수하였으며, 발문까지 포함한 인쇄의 완료는 늦어도 10월말이라고 생각된다. 그리하여 활자본의 간행은 이르면 10월말, 늦어도 11월초라고 할 것이다.

이상 발문에 따라 활자본 『능엄경언해』의 편찬과 간행을 살펴보았다. 정리해 보이면 다음과 같다.

(1) 언해와 간행은 멀리 1449년 세종이 번역하여 간행하려고 세조에게 궁구를 명한 데서 연유한다.
(2) 세조는 그 명령을 따르지 못하다가, 1461년 5월에 釋迦의 分身舍利가 나타나서 번역에 착수한다.
(3) 번역은 세조가 戒環이 요해한 『楞嚴經』에 구결을 달고, 그에 따라 韓繼禧, 金守溫이 번역하여 이루어진다.
(4) 구결과 번역 등 편찬에는 朴楗, 尹弼商, 盧思愼 등 文臣과 信眉, 思智, 學悅, 學祖 등 高僧, 王室의 後宮과 內人의 도움도 크다.
(5) 인쇄는 校書館에서 활자로 400부를 인쇄하여 민간과 사찰에 배포하도록 [illegible]였는데, 王子까지 파견하여 인쇄를 돕는다.
(6) 번역 착수가 1461년 6월 11일, 원고 완성이 그해 8월 22일, 약간의 수정[illegible] 겪어 인쇄에 회부되어 그해 10월말, 늦어도 11월초에는 책이 간행된다.
(7) 번역에 착수하여 4개월 남짓한 시일에 1부 10권의 활자본 400부가 간행된 것이다.

그러면 이 활자본은 저 위에서 말한 간경도감 도제조의 전문에 따라서 이듬해인 1462년 8월 21일에 간행된 것으로 생각되는 목판본 『능엄경언해』와의 관계가 다음으로 문제된다. 두 판본은 똑같이 『능엄경요해』를 저본으로 하여 번역의 방식과 내용이 기본적으로 전혀 다르지 않다. 같은 책이면서 목판본이 활자본보다 약 10개월 뒤에 새삼스럽게 간행된 연유를 밝혀야 할 것이다. 이로서 활자본의 성격은 더욱 뚜렷이 드러나리라 생각된다.

첫째로 위에서 본 바와 같이 활자본은 번역에서 간행까지 매우 빠른 시일 안에 이루어졌다. 그러한 결과로 활자본에는 번역과 인쇄에서 상당한 잘못이 나타났다. 이것을 바로잡기 위하여 목판본의 간행이 있었던 것으로 생각된다. 오늘날 전하는 대부분의 활자본에는 朱墨으로 행한 상당한 校正이 나타난다(부록 校正表 참조). 이에 대하여는 뒤에 다시 논의하겠지만, 한마디로 말하여 이들 교정은 활자본의 번역을 목판본에 일치하도록 한 것이다. 그러므로 목판본은 활자본의 잘못을 바로잡기 위한 간행으로 단정하게 된다.

둘째로는 목판본에서 「音釋」의 추가가 있다. 「음석」은 권말에 『능엄경』의 그 권 經本文에 나오는 난해한 漢字를 가려서 그 독음과 새김을 보인 것이다. 활자본에서는 번역 저본인 계환의 『능엄경요해』뿐 아니라 宋나라 咸輝의 『楞嚴經義海』, 元나라 惟則의 『楞嚴經會解』, 宋나라 思坦의 『楞嚴經集註』의 네 주석서에 있는 音釋을 각각 要解, 義海, 會解, 集註란 서명의 약칭 아래에 모았는데,[4] 목판본에서도 그것을 답습하였다. 그런데 목판본에서는 활자본에 없는 음석이 더 있다. 권10의 「音釋」에 계속하여 出典을 명시하지 않고 '第一卷, 第二卷'과 같이 卷次만 밝히고서 권1~10의 음석을 약 3장에 걸쳐 싣고 있다. 활자본 권10은 잘못이 교정된 책인데도 「音釋」에 이어 「御製跋」이 바로 계속되는데, 「음석」과 「어제발」 사이에 낙장의 흔적이 발견되지 않으므로 목판본의 추가 부분이 활자본에는 원래 없었으며, 그 부분은 校正의 대상에서 제외되었다고 할 것이다. 따라서 목판본은 활자본의 번역과 인쇄의 잘못, 거기에 原典의 미비점을 바로잡고 보완할 부분이 있어서 간행된 것임을 알 수 있다.

셋째로 목판본에는 권1의 앞머리에 간경도감 도제조의 전문과 雕造官의 열함이 있어서 그 책이 간경도감에서 간행한 것임을 분명히 하였다. 그런데 활자본 권1은 卷首가 완전한 책이 2부가 전하지만 모두 전문과 열함이 없다. 간경도감의 설치가 『능엄경』의 번역에 착수된 5일 뒤의 일이지만,[5] 활자본

---

4) 要解와 會解의 음석은 각각 한문본인 戒環이 요해한 『능엄경』과 惟則이 회해한 『능엄경』에서 확인된다. 따라서 義海와 集註도 咸輝와 思坦의 주석서에서 옮겨 실은 것으로 추정한다. 그런데 要解는 우리나라의 간본이 많으나, 會海는 1457년(세조 3)의 을해자본이 통문관에 유일하게 전한다.

5) 그 사실은 『세조실록』 7년(1461) 6월 乙酉(16일)조에 '初設刊經都監 置都提調 提調 使 副使 判官'이라 한 기록에서 확인된다.

의 간행은 간경도감과 무관하게 이루어진 것으로 볼 수밖에 없다. 실지로 간경도감에서 간행된 불경은 모두 간경도감의 간행임이 명기되어 있다. 1461년부터 서울의 本司와 지방의 分司에서 간행된 많은 한문본 불경에는 간경도감의 雕造, 또는 重修가 刊記에 밝혀져 있다.6) 언해본은 모두 本司에서만 간행되었는데, 1462년의 목판본『능엄경언해』를 비롯하여 1463년의『법화경언해』등과 같이 도제조의 전문과 조조관의 열함이 있거나, 1464년의 목판본『아미타경언해』와 1467년(세조 13)의『목우자수심결언해』와 같이 간기에서 간경도감의 조조임을 밝히고 있다. 그러므로 활자본이 세조의 명령으로 번역되어 교서관에서 간행되었으나 많은 잘못이 나타났을 뿐 아니라 책판으로 남겨 두고두고 인출할 수 있도록 하기 위하여 간경도감에서 활자본을 수정, 보완하여 목판본으로 간행한 것이며, 이를 典範으로 하여 다른 불경언해가 간경도감에서 한문본 불경과 함께 간행된 것이다.

이와 같이 간행된 목판본은 기록에 따르면 원간 이후에 적어도 두 번의 印出이 있었다. 그 첫 번의 인출은 1472년(성종 3)의 60부이다.『원각경언해』,『몽산법어』등에 실린 그때 김수온 발문에서 '法華經六十件 楞嚴經六十件 圓覺經二十件云云'과 같이 인출 서명과 부수가 밝혀져 있다. 언해나 번역이란 말이 없어서 한문본으로 생각할 수 있으나 간경도감 간행의 모든 언해본에는 서명에 언해나 번역이 부가되지 않으며, 한문본의『능엄경』으로『楞嚴義海』60부가 동시에 인출된 점으로 발문의『능엄경』은 목판본『능엄경언해』가 분명하다.『능엄경언해』의 저본인 한문본이라면 '楞嚴要解'라 하였을 것이기 때문이다. 더욱이 똑같이 서명이 '圓覺經'으로만 되었으나 김수온 발문을 가진『원각경언해』(고려대 육당문고 소장)가 존재하는 것이다. 두 번째 인출은 1495년(연산 1)의 50부이다.『금강경언해』,『심경언해』등의 學祖 발문에 '飜譯法華經楞嚴經各五十件'이라 하여 '漢字金剛經五家解五十件' 등 한문본과 구별하여 언해본 50부가 인출되었음을 명기하였다.

그런데 이들 두 印出本은 실제로 확인하기가 거의 불가능하다. 그때의 발문을 가진『능엄경언해』는 없기 때문이다. 위에서 말한『원각경언해』,『금강

---

6) 간기의 雕造와 重修는 엄격히 구별된다. 조조는 새로 책판을 새겨 간행한 경우이고, 중수는 전래되던 책판을 중수하여 간행한 경우에 사용된 용어다. 서지학계에서 조조와 중수를 혼동하는 일이 일부에 있으므로 특별히 주의를 환기하고자 한다.

경언해』 등에 발문이 없다면, 간경도감에서 판각하여 곧 인출한 책과 구별할 수가 없을 것이다. 그만큼 그 인출본도 印面의 자획에 마모가 없고 紙質이 훌륭하다. 그런데『능엄경언해』의 경우에는 불교 관련 용어의 한자 독음 표기에서 미묘한 차이가 있었던 것으로 생각된다. 곧 '阿難, 般若'의 '阿, 般'이 '항, 반'으로 된 것, 이 부분을 칼로 오려내고 '핡, 밝'로 인쇄한 종이를 붙여 補正한 것, 아예 책판을 埋木으로 수정하여 '핡, 밝'로 된 것의 세 종류의 책이 존재한다.[7] 여기에서 독음이 수정된 두 종류는 후대의 인출본이 아닐까 한다. 그러나 그 밖의 인면, 지질 등에서는 아무런 차이점이 나타나지 않는다.

간경도감의 책판이 위 1495년의 學祖 발문으로 15세기 말까지는 어떤 관아나 사찰에 보관된 것이 분명하다. 그러나 다른 책판과 함께 곧 없어진 것이 아닌가 한다. 나라의 抑佛政策이 더욱 강화된 데다가 간경도감 언해본에 대한 16세기 이후의 인출에 관한 기록이 전혀 없기 때문이다. 거기에 16세기에 들어 지방의 사찰에서 그 覆刻本이 간행되었던 것이다.『능엄경언해』의 목판본도 16세기 복각본이 公私에 零本으로 전래한다. 刊記를 볼 수 없어서 언제 어디서 복각한 것인지 밝힐 수는 없으나, 인면과 지질 등으로 보아 분명히 어느 사찰의 16세기 복각본이다. 그러나『법화경언해』,『몽산법어』 등과는 달리『능엄경언해』는 17세기 이후로 다시는 복각된 일이 없다. 명실상부한 최초의 불경언해인『능엄경언해』의 간본이 비교적 적은 소이인 것이다.

간경도감의 목판본은 오늘날 원본으로 가장 많이 전하지만, 영인본으로써도 가장 널리 보급된 판본이다. 최초의 영인본은 1959년 동국대학교에서 출판되었다. 1면에 목판본의 2장을 축소 영인하여 10권을 1책에 수록한 것이다. 당시로는 매우 정성을 들인 영인본이지만, 너무 축소되어 읽기가 어려운 데다가 底本에 대한 설명이 첨부되지 않아서 자료의 정확한 이용에 한계가 있다. 그러나 이 영인본은 1977년 대제각에서 복제된 일도 있어서 국어학계에 상당한 기여가 된 것도 사실이다. 뒤에 축소하였으나 목판본 1면을 1면에 수록하여 10권을 5책으로 한 영인본이 1987년 계명문화사에서 출판되었다. 해제가 소루한 것이 흠이나 인본에 대한 설명도 있고 읽기도 편한 영인본이다. 이와 같이 세 종류의 영인본이 있는 것은 간경도감의 다른 불경언해에도

---

7) 이에 대하여 안병희(1974)를 참조.

예가 드문 것이다.

Ⅲ. 활자본『능엄경언해』의 현존본과 영인 저본

목판본『능엄경언해』는 10권 완질로도 전래하고 있으나 활자본은 零本으로만 전래한다. 10여 년 전에 나타난 권3, 4를 합하여야 비로소 완질이 되었을 정도로 그 영본도 매우 드문 편이다. 이제 권차에 따라 활자본의 소장처와 책의 상태를 소개하기로 한다.

권1: 誠庵古書博物館, 大邱 김병구 씨 소장

誠庵本은 책 본체가 완전하다. 권수 첫장 난상에 [校正](朱文長方印)이란 印記가 있다. 印記와는 달리 활자본으로 朱墨 校正이 없는 유일한 책이다. 보물 760호로 지정되어 있다. 김병구 씨 소장본은 복사물로만 조사하였으나[8] 책 본체가 완전하다. 다른 활자본과 똑같은 주묵 교정이 행해져 있다.

권2: 서울대학교 奎章閣 소장

유일본으로서, 책 본체가 완전하다. 권2가 없는 목판본에 配補되어서 책의 天地가 목판본에 맞추어서 절단되었다. 주묵 교정이 행해져 있다. 같은 규장각 소장의 권5와 함께 보물 761호로 지정된 책이다.

권3: 동국대학교 소장

보물 948호로 지정된 책으로, 다음에 말할 권4와 1책으로 전래되다가 分冊된 것이다. 주묵 교정이 있다.

권4: 서울 李亮載 씨 소장[9]

같은 소장자의 권7, 8과 함께 보물 973호로 지정되었다. 위의 권3과 1책으로 전래되다가 분책되었는데, 주묵 교정이 있다.

---

8) 이 책의 소재는 경북대학교 南權熙 교수에 의하여 알려졌다.

9) 권4, 7, 8의 이양재 씨 소장본과 권6의 최영란 씨 소장본은 실지로 조사하지 못하였다. 국가지정문화재에 대한 문화재관리국, 동산문화재지정보고서 '88指定篇(1989) 및 '90指定篇(1991)을 근거로 설명한다.

권5: 서울대학교 奎章閣, 일본 天理大學 소장

故 가람 李秉岐 선생 소장으로 전하다가 규장각 가람문고 소장으로 된 것이다. 흔히 가람본으로 불린다. 표지까지 原裝 때의 것으로, '大佛頂首楞嚴經'이라 인쇄된 題簽까지 남아 있다. 권수의 첫장 난상에 [校正](朱文長方印)이란 印記가 있고, 주묵 교정이 행해진 책이다. 앞의 권2와 함께 보물 761호로 지정되었다. 天理大學 소장본은 책 본체가 완전하나 일본의 표지로 개장되어 있다. 주묵 교정이 있으나, 가람본과 약간의 차이가 있다. 예컨대, 가람문고 소장본만 'ᄒᆞ더라'(4a5b)의 'ᄒᆞ' 뒤에 'ᅀᆸ'을 써 넣었으며, 天理大學 소장본만 '五'(3a2a)의 독음에 상성의 방점을 써 넣었다. 天理大學 소장인 권6과 함께『朝鮮學報』106(1983)에 축소 영인되었다.

권6: 서울 崔英蘭 씨, 일본 天理大學 소장

전자는 보물 1049호로 지정된 책으로, 장1~96까지는 온전히 보존되고, 장97 이하 3장이 떨어져 나갔다. 후자는 장99만 떨어져 나갔는데, 권5와 함께 축소 영인되었다. 두 책 모두 주묵 교정이 있으나, 권5와 똑같이 약간의 차이가 있다. 예컨대, '隱'의 古字 'ㄴ'이 '丄'와 비슷한 활자로 인쇄된 것이 두 번(45b3b)이나 나타나는데 崔씨 소장본에만 ○표를 하고 'ㄴ'을 써넣었다.

권7, 8: 동국대학교, 세종대왕기념사업회, 서울 李亮載 씨 소장

유일하게 3책이나 複本으로 전한다. 모두 2권 1책으로 장정되었는데, 동국대 소장본은 보물 762호, 세종대왕기념사업회 소장본은 권9, 10과 함께 보물 763호, 李씨 소장본은 권4와 함께 보물 973호로 지정되었다. 권7은 기념사업회 소장본만 장1-37a가 떨어져 나갔으나 다른 소장본은 완전하고, 권8은 장121 또는 장119 이하가 떨어져 나갔다. 모두 주묵 교정이 있다. 기념사업회 소장본은 권7이『겨레문화』1(1987), 권8이『겨레문화』2(1988)와 3(1989)에 나뉘어서 축소 영인되었다.

권9: 故 海岩(金亨奎) 선생, 세종대왕기념사업회 소장

海岩本은 장103 이하가 떨어져 나갔고, 기념사업회 소장본은 장1~26과

장107 이하가 없다. 모두 108장이므로 두 책을 합하면 거의 완전하게 보존된 셈이다. 해암본은 원래 가람본의 권5와 함께 소장되던 것으로, 똑같이 장1a의 난상에 [校正](朱文長方印)과 [龍門/寺印](朱文方印)의 印記가 있다. 기념사업회 소장본은 권10과 1책으로 전한다. 그곳의 권7, 8, 10과 함께 보물 763호로 지정되었는데, 『겨레문화』 4(1990)에 축소 영인되었다. 모두 주묵 교정이 있다.

권10: 세종대왕기념사업회 소장.

현재 유일하게 기념사업회에 전하며, 권7, 8, 9와 함께 보물 763호로 지정되어 있다. 권9와 합철되어 권수는 완전하나 중간에 낙장이 있고, 권말에 「御製跋」만 남아 있다. 주묵 교정이 있는데, 『겨레문화』 5(1991)에 축소 영인되었다.

이상을 종합하면, 남은 책이 1책만인 것은 권2, 3, 4, 10이며, 2책인 것은 권1, 5, 6, 9이고 3책인 것은 권7, 8이다. 성암본 권1은 복본이 있으나 첫째 책인 점과 주묵 교정을 갖지 않는 유일본인 점에서, 권10은 교정이 되었고 비록 약간의 낙장이 있으나 마지막 책인 점과 傳本이 유일한 점에서 가치가 있다. 이제 影印의 底本이 된 권1, 10에 대하여 좀 더 부연하여 설명하고, 아울러 활자본의 版式 등에 대하여도 설명을 덧붙이고자 한다.

이들은 위에서 말한 바와 같이 乙亥字本이다. 1455년(세조 1) 乙亥에 주조된 동활자로 인쇄된 책인 것이다. 그러나 이 책에 사용된 한글 활자는 1455년에 주조되었다는 증거가 없다. 을해자에 대한 기록에 한글 활자의 언급이 없고,[10] 한글 활자는 이 활자본과 거의 비슷한 무렵에 간행된 것으로 보이는 『아미타경언해』와 이 책에 비로소 사용되었기 때문에[11] 1461년 이 책을 간행하기 위하여 주조한 것으로 생각된다. 이 책의 한글 활자가 을해자본인 1481년(성종 12)의 『杜詩諺解』, 1482년의 『金剛經三家解』와 『南明集諺解』 등에 사용되었으므로, 주조의 연대와 상관없이 을해자로 불러도 무방하다.

---

10) 『慵齋叢話』 권7, 12에 '乙亥年 世祖改瑢(安平大君)壬申字 命姜希顔書之 名曰乙亥字 至今用之'라 한 것이 관련 기록의 전부다.

11) 안병희(1980) 참조. 이 『아미타경언해』 활자본은 『서지학보』 10(1993)에 영인되어 공개되었다.

한글 활자는 이 책에서 小字만 쓰였으나『아미타경언해』에서는 中字도 쓰였다.

한글 활자는 이 활자본의 을해자보다 앞선 것이 있다. 최초의 예는 1447년(세종 29) 간행의『月印千江之曲』과『釋譜詳節』, 1449년(세종 31) 간행의『舍利靈應記』에 甲寅字인 한자와 함께 쓰인 것이다. 그 활자는『訓民正音』해례본의 한글 字體와 같이 현대의 고딕체 활자와 같아서 매우 경직된 느낌을 주어 함께 쓰인 甲寅字와 전혀 조화를 이루지 못하였다. 그 뒤에 한자음을 표기하기 위한 목활자가『東國正韻』과『洪武正韻譯訓』의 두 韻書에 각기 다른 자형의 大字로 만들어져 쓰였는데, 字種이 극히 제한되어서 사용의 예라고 말하기조차 힘들 정도다. 楷書의 한자와 조화되면서 유려한 字體의 한글 활자는 이 을해자가 처음인 것이다.『월인천강지곡』등 갑인자와 쓰인 한글 활자와는 달리 이 한글 활자가 뒤의 다른 언해본에도 계속하여 쓰인 이유는 함께 쓰인 한자와의 조화에 있을 것이다. 이러한 활자로써도 이들 책의 가치는 크다.

성암본 권1은 낙장이 없다. 그러나 장정이 요즘의 비닐 표지로 개장되어 있다. 책의 크기는 세로 36.7㎝, 가로 25.3㎝다. 판식은 四周單邊에, 半郭이 세로 27.3cm, 가로 19.9cm다. 행격은 有界 9행인데, 번역과 구결은 쌍행이다. 經 본문은 大字로 1행 16자이나 1자의 출입이 있다. 2행으로 된 권1의 首題 제1행이 유일하게 15자인 사실이 그 예인데, 권1의 尾題와 다른 권차의 수제 제1행 16자와 대비된다. 구결이 달린 經 본문에서는 1행 17자도 간혹 보이며, 드물게 1행 15자도 보이는 것이다. 要解 부분은 中字, 번역과 구결은 小字가 쓰였는데, 모두 1행 21자다. 판심은 上下內向黑魚尾와, 그 사이에 서명 '楞嚴經'과 권, 장차가 표시된다. 특이한 것은 장차가 서문과 본문으로 독립되지 않고 계속되는 사실이다. 곧 及南의「首楞嚴經要解序」에 이은 본문이 장1이 아니라 장5로 시작되는데, 이는『법화경언해』,『영가집언해』등 간경도감의 언해서와 다르다.

다른 권차의 책도 마찬가지지만 권1의 번역에 나오는 한자 독음 표시의 한글 활자에 대하여도 주목할 필요가 있다.『석보상절』에는 갑인자인 한자와 함께 한글 활자가 사용되었는데, 그 활자를 자세히 보면 大中小의 세 종류가 식별된다. 다시 말하면 본문은 大字, 주석은 小字가 사용된 것으로 알려져 있으나, 주석 본문과 한자 독음 표시의 한글 활자가 크기에서 차이를 보인다. 곧 주석 본문이 약간 크기 때문에 中字라 하여야 한다.[12] 그런데 을해자본에 쓰인 한글 활자는, 『능엄경언해』의 경우 번역과 한자 독음 표시의 한글, 『아미타경언해』의 경우 주석과 한자 독음 표시의 한글의 활자 크기가 똑같은 小字이다. 이 사실이 주목되어야 함은 목판본 『능엄경언해』에서도 그대로 답습되기 때문이다. 그러나 목판본 『아미타경언해』에서는 『법화경언해』, 『영가집언해』, 『금강경언해』 등 간경도감의 다른 언해서와 똑같이 한자 독음 표시의 한글은 주석이나 번역의 한글보다 조금 작은 글자로서, 행의 바른쪽에 치우쳐 있다는 인상을 받는다. 『석보상절』의 형식을 따른 것이다. 우리는 『능엄경언해』가 간경도감 언해서의 典範이 되었음을 말하여 왔으나,[13] 그것은 어디까지나 기본적인 성격에 관한 일이고 序文의 장차라든지 한자 독음 표시 한글의 크기 등 세밀한 부분에서는 차이가 있음을 간과하여서는 안 된다.

성암본 권1의 보존 상태는 비교적 양호하나, 장25~58은 書口 쪽, 장 39~41은 書惱 쪽 부분이 약간 파손되어 있다. 성암본에서 파손으로 文面까지 없어진 부분을 김병구 씨 소장본으로 괄호 안에 보이기로 한다. 앞의 숫자는 장차, a, b는 각각 앞과 뒤, 뒤의 숫자는 행의 차례, a, b는 각각 쌍행의 앞, 뒤를 가리킨다.

書口 부분: 35a9b (相·샹)·은 / 35b1a (氣·킝)·는 / 36a9b (건·ᄃᆞ로) 그우·뉴·미 / 37a9a (○)道 / 37a9b (굽ᄂᆞ)·니 / 37b1a (·곤 妄)·망 / 37b1b (·ᄃᆡ)고·도ᄆᆞ·로 / 38a9 (惑業轉)徙 / 38b1a (·터·ᄒᆞ)·ᄂᆞ / 38b1b (니)·라 / 39a9 (種異生)이 / 39b1 (觀如來)ㅅ / 39b2 (ㅣ)今 / 40a8 (佛告阿難)ᄒᆞ샤ᄃᆡ / 40a9 (ᄒᆞ야觀祇陀)林 / 40b1 (重閣淸淨)講堂 / 40b2 (ᄋᆞᆫ實在)堂外 / 41a8a (·뇨世·솅尊존)·하 / 41a8b (훤ᄒᆞᆯ·씨·이런)·ᄃᆞ·로 / 41a9 (皆且引事)辯定 / 41b1a (一·힗定·뗭)ᄒᆞ시고 / 41b1b 니(·라【牒·뗩)·은 / 41b2 (非內二) 初發令諦聽 / 42b1 (戶)牖

書惱 부분: 39a6a 브(·너:닌) / 39a6b (ㅅ根ᄀᆞᆫ) / 39a8 世間(앳十) / 39a9 身內ᄒᆞ(ᄂᆞ)니縱 / 39b1 佛面(ᄒᆞ시며我) / 39b2 아(面ᄒᆞ니如) / 39b3a ○(阿ᅙᅡᇰ難

12) 크기의 차이는, 大字와 주석 본문 한글 활자 크기가 보이는 것보다는 작다. 종래 같은 활자로 다루어 온 것이 언뜻보면 무리가 아닐 정도의 차이이다. 그러므로 여기 中字라 한 것은 小字와의 구별을 강조하기 위한 명명이다.

13) 안병희(1979)의 『능엄경언해』 항목 참조.

난) / 39b3b ᄉᆞᆯ(·오·ᄃᆡ世·솅) / 39b4a ·나(안거·시) / 39b4b 비·록(如ᅀᅧᆼ) / 40a6a 이·렛다(·가그) / 40a6b ·ᄃᆞ·로(드틀·로) / 40a8 如來(ㅅ講堂) / 40a9 世尊(하此大) / 40b1 ᄒᆞ고(今祇陀林) / 40b2a 阿항難난(ᄃᆞ·려니ᄅᆞ·샤) / 40b2b 講:강(堂땅·애번) / 40b3a 어(·ᄃᆡ잇ᄂᆞ·뇨) / 40b3b 講:강(堂땅·ᄋᆞᆫ給) / 40b4a 지·비·라(】·이) / 41a7a 林림(園) / 41a7b 잇(ᄂᆞ) / 41a9a ○(:다안) / 41a9b ᄀᆞᆯ(·ᄒᆡ·야) / 41b1 二(正破)

성암본 권1에는 주묵 교정이 없지만, 印出 뒤에 誤字를 교정한 것이 약간 나타난다. 그 교정은 같은 활자본 권2 등에서도 보이는데, 칼로써 오자를 따내고 바로잡은 글자를 찍은 종이를 책장의 紙背에 붙이는 방식이다. 우리는 이를 補正이라 부르기로 한다.[14] 권1에 나오는 보정을 괄호 안에 서너 개 예시하면 다음과 같다.

法법(니ᄅᆞ·샤·ᄆᆞᆫ) (14b8b. 목판본 18a5b)
(依)佛立言ᄒᆞ니 (18b8-9. 목판본 23a3)
此經은 以阿難ᄋᆞ로 起敎(ᄒᆞ샤)ᄃᆡ (20b8-9. 목판본 25a9)
阿難ᄋᆞ로 ᄀᆞᄅᆞ쵸ᄆᆞᆯ 니ᄅᆞ(와ᄃᆞ샤ᄃᆡ) (21b7a. 목판본 26b2b-3a)
波방尼닝沙상(陀)땅 (23a2b. 목판본 28a3b)

이들에서 보정되기 전에 인쇄된 오자는 알 길이 쉽지 않다. 그러나 '니ᄅᆞ샤ᄆᆞᆫ, 와ᄃᆞ샤ᄃᆡ'는 3자, 'ᄒᆞ샤'는 1자의 지면을 차지하였으므로 '닐오ᄆᆞᆫ, 와도ᄃᆡ'와 '호'로 추정한다. 전자는 번역문이고 후자는 원문의 구결인데, 존경법 접미사 '-시-'를 보충한 교정으로 볼 수 있는 것이다. 더욱이 '陀'는 성암본과는 달리 주묵 교정이 행해진 김병구 씨 소장본에서는 補正이 행해지지 않은 채 '陁'로 인쇄되어 있다. 주묵 교정으로써 '陁'에 ○표를 하고 '陀'가 가필되어 있다(부록 참조). 여기에서 이들 보정은 '陀'와 같이 교서관 匠人들의 기술적인 착오에 의한 오자뿐 아니라 존경법 접미사의 보충과 같이 原稿의 오자를 바로잡은 것으로 생각된다.

세종대왕기념사업회 소장의 권10은 표지도 제대로 없이 권9와 함께 1책으로 장정되어 있다. 책 크기는 세로 37.2㎝, 가로 24.5㎝이며, 판식 등은 권1과 일치하므로 설명을 되풀이할 필요가 없다. 그러나 장차인 경우, 권1의

14) 補正에 대하여는 안병희(1974)와 안병희(1976: 290-291) 참조.

서문과는 달리 권말의 발문은 독립된 장차로 되어 있다. 발문은 원전에 없고 『능엄경언해』에만 붙어 있기 때문이 아닌가 한다. 그리고 본문 권말 장81의 「音釋」은 1면 10행으로 되어 1행이 많다. 이는 언뜻 보면 9행으로 판을 짰을 경우에 2행만으로 장82를 두어야 하는 일종의 낭비를 피한 일로 생각된다. 그런데 활자본 권2의 「음석」이 장108에서는 1면 12행으로 되어 3행이나 많다. 거기에 계속되는 장109는 10행으로 界線이 쳐졌지만, 겨우 5행만으로 끝나고 나머지 행은 빈칸으로 남아 있다. 그러므로 이러한 行格은 經 본문 大字의 1행 자수와 함께 활자본 『능엄경언해』가 통일되지 못한 행격으로 간행된 결과로 이해하는 것이다.

이 책의 보존 상태는 좋은 편이 아니다. 우선 권말에 저 위에서 말한 바와 같이 「御製跋」을 제외한 발문이 없다. 현재 「어제발」이 끝나는 跋4a까지 남아 있으므로, 목판본의 발문에 비추어서 跋4b 이하에 信眉, 金守溫 등의 발문이 실린 3장 정도가 떨어져 나간 것으로 추정된다. 다음으로 책 중간의 장 37~40이 없고, 그 자리에 烏絲欄으로 9행 17~18자의 補寫 2장이 있다. 보사는 原文만인데, 略字의 借字口訣이 달려 있고 두 예뿐이나 '호매ㄴ, 호매ㄱ(호맨)'과 같이 한글과 略字의 借字 곧 ㄱ도 나타난다. 간혹 訓讀과 관련된 借字와 숫자도 보인다. 구결은 대체로 목판본과 일치한다. 보사의 연대는 紙質, 앞뒤 책장에 스민 물기의 흔적 등으로 적어도 17세기 이전으로 추정된다. 그 밖에는 낙장이 없다. 그러므로 이미 말한 바와 같이 목판본 권10의 「音釋」이 끝난 뒤에 있는 권1~10의 추가된 「음석」은 원래 활자본에 없었던 것으로 생각하고자 한다.

이상으로 影印 저본이 된 권1, 10에 대한 설명을 마친다. 동시에 활자본의 版式과 활자에 대하여도 살펴보았다. 그런데 이러한 판식과 활자는 활자본 『아미타경언해』에 완전히 일치한다.15) 匡郭과 책의 크기까지 같다. 더욱이 간경도감에서 약간의 손질을 거쳐 목판본으로 간행된 점까지도 같은 것이다. 다만 『아미타경언해』의 목판본은 1464년의 간행으로 앞선 『법화경언해』 등에 따라 주석에 나오는 한자 독음의 한글을 고유어를 표기한 한글보다 조금 작게 한 차이가 있다. 요컨대 활자본 『능엄경언해』는 1461년 교서관에서 활자본 『아미타경언해』와 같은 활자와 판식으로 간행된 것이다.

---

15) 안병희(1980)과 『서지학보』 10(1993)에 영인된 활자본 『아미타경언해』 참조.

Ⅳ. 활자본『능엄경언해』의 朱墨 校正

우리나라의 古書는 誤字가 적은 편이다. 교서관 간행 四書三經 등의 유교 경전이나 사찰에서 종교적인 발원으로 간행된 불서인 경우가 그러하다.16) 그러나 이 활자본은 王의 종교적인 발원으로 번역되어 교서관에서 간행되었음에도, 위에서 누누이 말한 바와 같이 朱墨으로써 상당한 교정이 되어 있다(부록 참조). 이것은 극히 예외에 속하는 일이다. 이것은 바로 위에서 설명된 통일되지 않은 版式과도 관련이 없지 않다. 모두 다 번역과 간행이 매우 서둘러 이루어진 데서 온 것으로 보인다. 성암본 권1의 예로써 보았지만, 인쇄 과정에서 일어난 오자와 번역 과정에서 일어난 원고의 잘못을 印出 직후에 補正으로 바로잡은 것도 그러한 서두름에 말미암은 것으로 생각된다. 그 보정으로 고쳤어도 번역과 인쇄 과정에서 온 잘못과 오자는 여전히 상당하였으므로, 그것을 바로잡아 목판본은 간행되었던 것으로 생각된다. 목판본은 판식이 정제되었을 뿐 아니라 오자가 나타나지 않는다. 그런데 활자본의 주묵 교정은 목판본에서 달라진 곳을 따라 행하여져 있다. 다시 말하면 부록의 校正表에서 확인하는 바와 같이 주묵 교정은 목판본에 일치시킨 데 지나지 않는다.

여기에서 이러한 활자본의 교정이 모두 10권 400부나 되는 분량에서 어떻게 행하여졌는지가 문제된다. 그에 관한 기록이 없으므로 다음 두 가지 추측이 가능하다. 첫째 너무 많은 잘못이 발견되어 배포하지 않고 있다가 목판본이 간행되자 그에 따라 교정하여 목판본과 함께 배포하였다는 것과, 둘째로 간행되자 곧 널리 배포하였으나 목판본이 간행되면서 잘못을 그냥 둘 수 없어 가능한 한 수거하여 주묵으로 교정하여 되돌려 주었다는 것이 그것이다. 성암본 권1과 같이 '校正'이란 印記를 가졌으면서도 주묵 교정이 전혀 안 된 책이 있는 사실과,17) 「御製跋」에서 세조가 원고가 이루어지자 교서관에 내려 "命印布山林布衣"라 한 사실에 비추어서 간행과 동시에 배포되었을 것으로 믿어진다. 따라서 둘째의 추측이 온당하다고 하겠다.

---

16) 고서의 오자에 대하여는 안병희(1989) 참조.
17) 성암본 권1의 印記는 위에서 본 補正과 관련된 것으로 이해된다.

그런데 이에 대하여는 전혀 다른 견해도 있을 수 있다. 그 활자본은 목판본의 간행을 위한 수정본이라는 견해와 활자본 소장자가 목판본에 따라 스스로 교정하였다는 견해도 가능한 것이다. 그러나 주묵 교정이 있는 활자본이 앞에서 말한 권7, 8은 각각 3책이나 있고, 더욱이 교정의 내용과 방법이 일치하므로 목판본 간행을 위한 수정본으로 볼 수 없다. 또 교정의 일치로써 책의 소장자가 개별적으로 행한 교정이라 할 수도 없는 일이다. 거기에 활자본 권5의 권말 「音釋」 중 『楞嚴經義海』에서 가져온 부분에는 탈락된 11자의 음석을 2행으로 판각하여 인쇄한 쪽지를 붙여 놓은 교정(권5, 77b)이 있다. 교정 부분의 板刻은 현대의 正誤表에 비교될 것으로 교정이 한꺼번에 대량으로 행한 것임을 말하며, 그 교정의 쪽지가 들어갈 자리를 지시하는 방식이 다른 주묵 교정과 같으므로 판각이 주묵 교정과 동시의 일이라 할 수밖에 없다. 그러므로 주묵 교정은 목판본을 위한 것도 아니지만 소장자가 개별적으로 한 것은 더욱 아니다. 한 곳에서 많은 책을 대상으로 동시에 행한 것이라 할 것이다. 唱準과 같은 교정 전문의 匠人이 있는 교서관이나 간경도감에서 배포된 활자본을 수거하여 행한 교정일 수밖에 없는 일이다.

이와 같이 행해진 주묵 교정의 내용에 대하여 부록의 권1, 10 교정표를 중심으로 살펴보기로 한다.

먼저 植字와 組版, 校正 등 인쇄 과정에서 일어난 기술상의 誤字를 바로잡은 교정을 들 수 있다. 이것은 예가 적은 편이다.

堅固不毁(권1, 5b8) → 堅固不壞
波尼沙陁(권1, 21a4b) → 波尼沙陀
唯一精이니 眞明極이(권10, 2b3) → 唯一精眞이리니 明極이
昔有今홀식 無遂以一陰ᄋ로(권10, 20a1) → 昔有今無홀식 遂以一陰ᄋ로

권1의 첫 예는 통용되는 글자이므로 원고의 잘못일 가능성도 있고, 둘째 예는 俗字를 正字로 바로잡은 것인데 성암본 권1에서는 이미 補正으로 바로잡혀 있다. 권10은 '이니, 이리니'의 차이가 있지만 모두 구결의 위치를 바로잡은 예들이다. 번역으로 미루어서 원고의 잘못으로 볼 수 없는 오자이다.

다음으로는 협주의 삭제와 이동의 교정이 있다. 『능엄경언해』에는 經 본문과 要解의 난해한 字句를 그 번역문에서 협주로 풀이한 일이 있다. 협주는

앞뒤에 魚尾를 두어 번역과 구별하는데, 협주로 문단이 끝나면 뒤의 어미는 필요하지 않으므로 생략된다. 협주의 교정은 권1에만 삭제된 '腑藏'(48b1)과 추가된 '獅子座'(74b8b)의 두 협주가 있다. 전자는 '빗소비라'라고 간단히 고유어로 풀이하였으나 곧 이어서 '五神之藏 六化之腑'와 관련하여 '五藏, 六腑'(51a4-8)란 협주에서 자세히 풀이하였으므로 극히 상식적인 협주이므로 삭제된 것으로 생각된다. 이와 비슷한 예는 권8의 '單複'의 협주(46b4b-5a)인데, 이는 똑같은 협주(13b7b)가 앞에 있어서 삭제된 것이다. 추가된 협주는 원래 활자본 권2(42a1b-3a)에 있던 것을 앞쪽으로 옮겨온 것으로, 권2의 협주는 교정으로 삭제하였다.

번역의 수정으로 행해진 교정은 꽤 있다. 고유어 'ᄒᆞ나히나(권1, 53a4a), ᄆᆞᄎᆞ매(권10, 26b2b, 26b3a)'를 'ᄒᆞᆫ디위, ᄆᆞᄎᆞᆷ내'로 교정한 것을 비롯하여, 문맥이 달라지는 예들도 상당수 나타난다.

> 塵墨劫에 流通ᄋᆞᆯ 도와 法供養을 짓노라(권1, 4a7b-8a) → 塵墨劫에 流通ᄒᆞ야 法供養 지소ᄆᆞᆯ 돕노라(翼贊流通於塵墨劫ᄒᆞ야 作法供養ᄒᆞ노라)
>
> 올마 흐르ᄂᆞᆫ 고ᄃᆞᆯ 보아 일후미 變이라 ᄒᆞ고 서르 닛ᄂᆞᆫ 고ᄃᆞᆯ 보아 일후미 덛덛호미라 ᄒᆞ고(권10, 22a5b-6b) → 올마 흘룸 보ᄂᆞᆫ 고ᄃᆞᆯ …… 서르 니숨 보ᄂᆞᆫ 고ᄃᆞᆯ 일후미 덛덛호미라 ᄒᆞ고(見遷流處ᄒᆞ야(→ᄅᆞᆯ) 名之爲變이라 ᄒᆞ고 見相續處ᄒᆞ야(→ᄅᆞᆯ) 名之爲恒이라 ᄒᆞ고)

여기서 전자는 동사 '翼贊'을 둘째 어구까지 관련시킨 교정이고, 후자는 他動詞 '見'의 목적어를 '處' 앞에서 끊고 구결도 교정하여 문맥을 바로잡은 예이다. 다음으로는 '當, 爲'를 각각 '당하다, 되다'에서 '반드시, 위하다'로 바로잡아 번역한 예가 있는데, 후자는 구결을 바로잡고 '淸明'도 형용사에서 동사로 바꾼 것이다.

> 뎌 사ᄅᆞ미 琉璃로 누네 쉬ᄆᆞᆯ 當홀씨(권1, 49a2b-3a) → 뎌 사ᄅᆞ미 반ᄃᆞ기 琉璃로 누네 ᄢᅵᆯ씨(彼人이 當以琉璃로 籠眼홀ᄉᆡ)
>
> 이 大衆이 淸明ᄒᆞᆫ 心目이 ᄃᆞ외시며(권10, 66a7b-8a) → 이 大衆 爲ᄒᆞ샤 心目ᄋᆞᆯ 淸明케 ᄒᆞ시며(爲此大衆이(→ᄒᆞ샤) 淸明心目ᄒᆞ시며)

끝으로 표기법과 언어사실에 말미암은 교정이 있다. 크게 계사의 어간 'ㅣ-'

와 방점의 두 가지로 나누어 설명한다.

15세기 중엽의 한글 문헌에서는 계사 어간의 표기는 주격조사와 완전히 일치한다. 곧 선행하는 체언의 말음이 자음이면 '이-'로 표기되고, 단모음 '이'나 'ㅣ'로 끝나는 이중모음이면 'ø-'로서 표기 형태가 없고 그 밖의 모음이면 'ㅣ-'로 표기된다. 그런데 활자본에서는 구결 표기에서 표기 형태가 없어야 될 경우에도 'ㅣ-'로 인쇄되었다가 교정으로 삭제되었다. 이러한 유형의 교정은 약 1/3에 이를 정도로 많다. 그러므로 지금까지 활자본의 주묵 교정을 다룬 글에서는 이것을 가장 중시하여 원인을 언어사실에서 구하여 당시 언어에 실제로 존재한 일종의 延音 'ㅣ'를 표기한 것이란 견해와, 초기 한글 문헌에 나타난 표기 원칙의 변화라 하여 漢文句節을 밝히기 위한 구결의 주격조사 'ㅣ'의 표기가 활자본에서 계사 어간의 표기까지 확대된 것이란 견해를 피력하였다.[18] 우리는 이것이 구결 표기에 나타나는 현상이란 점으로써 志部 교수의 접근 방법이 온당한 것으로 생각하나, 문헌에 적용된 표기 원칙의 차이로 해석하는 일은 선뜻 동조하기 어렵다. 『석보상절』이나 『월인석보』와 다른 원칙이 『몽산법어』와 이 활자본에만 적용되다가 목판본 이후로 다시 『석보상절』이나 『월인석보』의 원칙으로 되돌아갔다는 사실을 이해하기 어려운 때문이다. 우리의 생각으로는, 구결 표기가 借字로 된 것을 기계적으로 한글 표기로 바꾼 데서 일어난 결과가 아닌가 한다. 구결 표기에서 계사의 어간은 선행하는 한자의 말음에 관계없이 대개 借字 '是'로 표기되는데, 세조의 구결이 借字로 되었다가 다시 한글로 옮길 경우 자음 뒤에서는 '이-', 모음 뒤에서는 'ㅣ-'로 될 수밖에 없겠기 때문이다. 두 책에서 그러한 교정의 예를 약간만 들기로 한다.

皆執匿王琉璃ㅣ 異代ㅣ라(→라) ᄒᆞ야(권1, 8b3-4)
或蒙授記ㅣ라(→라) ᄒᆞ시니(권1, 9a3)
此ㅣ 所謂亡正徧知ㅣ라(→라. 권10, 7a4)
幻陰이 一體ㅣ며(→며. 권10, 16b5)

구결 표기에서의 이 'ㅣ'와 관련하여 '類, 西'의 한자음의 문제가 있다. 이들의 전통적인 음은 '류(六祖壇經 上, 60a), 셔(六祖壇經序 12b)'인데, 『東國正

---

18) 전자의 견해는 김완진(1960: 82), 후자는 志部昭平(1983: 15)에 나타난다.

韻』에서는 ‘룅(5, 43a), 솅(6, 6b)’로 표기되어 이중모음의 ‘ㅣ’로 끝나는 것으로 되어 있다. 그리하여 다음과 같이 ‘西’ 뒤에서 계사의 어간이 ‘ㅣ-’로 되었으나 교정에서 삭제되었다.

東看則西ㅣ오(→오. 권1, 60a5)
東으로 보면 西ㅣ오(→오. 권1, 60a8b)

그런데 주목할 사실은 둘째 예와 같이 삭제가 유일하게도 번역에서 보이는 점이다. 번역은 처음부터 한글로 될 수밖에 없으므로, 이 경우는 전통적인 한자음에 따라 ‘ㅣ-’가 표기되었으나 『동국정운』에 따른 표기가 추가되면서 삭제되었다고 생각된다. 그러나 ‘類’ 뒤의 구결에서는 주격조사나 계사로 볼 수 없음에도 ‘ㅣ’가 나타나고, 교정에서 삭제된 예가 꽤 있다.

十類ㅣ(→∅) 天魔ㅣ 不得其便ㅣ어든(권10, 4b6-7. 十類天魔ㅣ 便을 得디 몯거든)
窮生類本ᄒᆞ야 於本類ㅣ(→∅) 中에(권10, 4b7-8. 生類ㅅ根元을 ᄉᆞᄆᆞᆺᄒᆞ야 本類中에)
當於五十位類ㅣ예(→예) 審諦觀察ᄒᆞ야(권10, 58b5-6. 반ᄃᆞ기 五十位類예 審諦觀察ᄒᆞ야)

이들은 교정된 결과와 번역으로 보아 ‘ㅣ’는 전혀 필요 없는 표기다. 우연의 잘못이라 하지 못하는 것은 위의 예 이외에 두어 예가 더 있기 때문이다. 이것은 한자음과 관련되었으리라는 추측만 할 뿐이고 달리 설명할 길이 없다. 뒷날의 연구를 기다린다.

마지막으로 방점의 교정도 상당하다. 이들은 당시 聲調의 동요와 관련된 것으로 보이는데, 표기된 방점을 삭제하거나 첨가하는 방식으로 교정이 이루어져 있다. 다만 둘째 예는 주격형 ‘제’를 방점 표기로 속격형으로 고친 것이다. 여기서는 약간의 예만 들기로 한다.

빅·호·논 :사·ᄅᆞ(→ᄅᆞ)미(→·미)·라(권1, 2b4b)
:제(→제) 허·므·리 잇거·든(권1, 24a4a. 自有愆失이어든)
阿항難난·아(→아. 권1, 36a7a. 37b8a)

·이에 니ᄅ·도(→·르도)·다(권10, 20b3b)
·이 :사ᄅ미(→·미. 권10, 22a5a)

Ⅴ. 맺는말

『능엄경언해』는 우리나라에서 숭상되고 많이 연구된 불경의 하나인 『능엄경』을 한글을 이용하여 번역한 최초의 언해서로서 불교계에서 평가되지만, 국어학계와 서지학계에서도 높이 평가된다. 특히 그 활자본은 국어학계에서 한글 창제 직후의 문헌에 사용된 ㅸ을 폐기하고 새로운 한글 사용을 보인 문헌인 점에서,[19] 서지학계에서 한자와 조화를 이룬 한글 활자를 처음으로 만들어 사용하고 많은 주묵의 교정이 나타난 문헌인 점으로 일찍부터 주목되어 왔던 것이다. 이러한 활자본의 첫째와 마지막 권을 原尺으로 영인하게 됨을 계기로 하여 지금까지 장황한 설명을 행하였다. 이제 그것을 요약함으로써 매듭을 짓고자 한다.

1. 『능엄경』의 번역은 세종이 말년에 세조에게 말한 것이나, 본격적인 번역의 착수는 1461년 5월에 釋迦의 分身舍利 100여 개가 나타난 일이 계기가 되었다.

2. 세조는 효령대군의 권유도 있어서 곧 戒環의 『楞嚴經要解』에 구결을 달아 韓繼禧, 金守溫에게 궁중에서 번역하도록 하고, 慧覺尊者 信眉 등의 질정을 받게 하였다.

3. 번역은 6월 11일에 착수되어 8월 22일에 원고가 이루어졌으나, 다시 손질을 가하여 끝나는 대로 校書館에 넘겨 활자로 400부를 간행하도록 하고 특별히 왕자까지 보내어 그 일을 돕게 하였다.

4. 여기 사용된 활자의 한자는 이미 주조된 乙亥字지만 한글은 이 책을 위하여 특별히 주조된 것으로 보이는데, 한글 활자로는 비로소 한자와 조화

---

19) 이 책에서도 ㅸ이 전혀 안 쓰인 것은 아니다. '瓦礫'의 번역으로 '지벽을(권5, 63a. 목판본 72a, 지벽ᄋᆞᆯ, 지벼기(이상 권5, 63b. 목판본 72b)'란 어형이 나타난다. 이들은 뒤의 문헌에서 '지역'으로 변하는데, 한자어 '滓甓'에서 유래하여 그 어원이 고려되어 '지벽'으로 나타난 것이 아닌가 한다. 그러나 이 예를 제외하고는 이 책에서 ㅸ은 일절 나타나지 않는다.

를 이루는 유려한 字體를 가지고 있어서 다른 언해본의 간행에 계속 사용되었다.

5. 활자본 간행은 책 뒤의 발문에 의하면 이르면 10월말, 늦어도 11월초에 마친 것으로 추정된다. 모두 10권의 책이 번역에 착수하여 불과 4개월 남짓한 시일에 간행까지 되었으므로 아주 빨리 추진된 사업이다.

6. 이렇게 서두른 번역과 간행으로 활자본에는 번역과 組版, 印出에서 상당한 잘못이 나타나게 되어 일부 補正으로 바로잡기도 하였으나, 刊經都監에서 활자본을 수정하여 목판본으로 이듬해 8월에 다시 간행하게 되었다.

7. 목판본은 간경도감에서 간행한 최초의 완벽한 불경 언해서이며, 그 번역과 판식 등이 잇달아 그곳에서 간행된 다른 불경 언해서의 전범이 된 점으로, 그리고 16세기 사찰의 복각본이 있는 점으로 활자본에 못지 않은 가치가 있다.

8. 활자본은 거의 모두 주묵으로 된 상당량의 교정이 나타나는데, 이는 가능한 한 수거되어 목판본에 따라 교서관이나 간경도감에서 교정한 것으로 보인다. 유일하지만 성암본 권1과 같이 교정이 안 된 책도 있고, 똑같은 방식으로 교정된 책이 복본으로도 전래하기 때문이다.

9. 오늘날 활자본은 零本으로 국내외에 흩어져 전래하는데, 합쳐야 겨우 완질이 될 정도로 희귀한 전적이므로 발견되면 나라에서 문화재로 지정하였다. 권1과 권10도 이미 보물로 지정된 책이다.

10. 활자본의 교정은 전적으로 목판본에 따른 것인데, 교정 대상은 조판과 인출 과정에서의 단순한 오자가 약간 있으나 번역 과정에서의 잘못이 대부분이다. 그것은 모두 목판본과 다르게 된 글자와 방점들이다.

[부록] 활자본『능엄경언해』(권1 · 10) 校正表

(범례)

(1) 이 교정표는 활자본『능엄경언해』권1, 10에 나타난 주묵 교정과 간경도감판 목판본의 해당 부분을 대조한 것이다. 교정은 권10은 세종대왕기념사업회 소장본, 권1은 大邱의 김병구 씨 소장본으로 조사하였으나 복사본이므로 누락이 없다고 단정하지 못함이 유감이다.

(2) 張次와 行은 다음과 같이 기술한다. 먼저 張次와 그 앞과 뒤(각각 a, b로 표시한다)를 밝히고, 이어 行數를 밝히는데 언해인 경우 쌍행이므로 行의 앞과 뒤(각각 a, b로 표시한다)를 밝힌다.

(3) 訂正方法의 ○표는 爻周로서 말소할 글자나 글자들의 주위를 에운 것이고, 첨가는 새로 써 넣은 것이며 개칠은 인쇄된 글자의 자획이나 방점을 주묵으로 고친 것이다.

* 권10의 교정표는 菅野裕臣(1981)을 약간 보완하여 이루어졌고, 권1은 양정호 조교의 도움에 크게 의존하였다.

권1

원전 장·행	위 치	원 문	정 정	정정 방법	목판본 장·행
2b4b	'비·호·ᄂᆞᆫ' 뒤	:사·ᄅᆞ미·라	:사ᄅᆞ·미·라	'·라'의 '·'에 ○표, 'ㅣ' 왼쪽에 '·' 첨가	3a2a-b
4a8a	'流륭通통' 뒤	·올도·와	·ᄒᆞ·야	'·올도·와'에 ○표, '·ᄒᆞ·야' 첨가	5a3b
4a8a	'法·법供공養·양' 뒤	·을:짓노·라	지·소·믈:돕노·라	'·을:짓'에 ○표, '지·소·믈:돕' 첨가	5a4a
5b8	'至於實相堅固不' 뒤	毁	壞	'毁'에 ○표, '壞' 첨가	7a2
7b1b	'아·니·호·매' 뒤	니·를·에	·니·를·에	'니' 왼쪽에 '·' 첨가	9a2a
7b6a	'悉·싫怛·닳多당般반怛·닳囉랑·ᄂᆞᆫ' 뒤	白·뵉傘:산蓋·갱라니ᄅᆞ·샨:마리·니	닐·오·매白·뵉傘:산蓋·갱·니	'라니ᄅᆞ·샨:마리'에 ○표, '白·뵉傘:산蓋·갱' 앞에 '닐·오·매' 첨가	9a7b
8b4	'異代' 뒤	ㅣ라ᄒᆞ야	라ᄒᆞ야	'ㅣ'에 ○표	10b1
9a3	'惑蒙授記' 뒤	ㅣ라ᄒᆞ시니	라ᄒᆞ시니	'ㅣ'에 ○표	11a2
9a6	'道記耳' 뒤	ㅣ라	라	'ㅣ'에 ○표	11a6
10b9	'復何枝蔓於楞嚴哉' 뒤	ㅣ시리오	시리오	'ㅣ'에 ○표	13a7
11a5	'是皆倒置' 뒤	ㅣ라	라	'ㅣ'에 ○표	13b4
13a8a	'빼야' 뒤	ᄂᆞᆫ·홀·씨오	ᄂᆞᆫ·홀·씨·오	'오' 왼쪽에 '·' 첨가	16a7a
16b6a	':보·믈' 뒤	決·궗斷:돤	決·궗斷·돤	':돤'의 ':'에서 아래 방점에 ○표	20b1a
21a4b	'分뿐段·똰生싱·올' 뒤	여희·여	여·희·여	'희' 왼쪽에 '·' 첨가	25b6b

원 전 장·행	위 치	원 문	정 정	정 정 방 법	목판본 장·행
23a2b	'證·징得·득ᄒᆞ·고' 뒤	波방尼닝沙상陁땅·ᄂᆞᆫ	波방尼닝沙상陀땅·ᄂᆞᆫ	'陁'에 ○표, '陀' 첨가	28a3b
23a4b	':이·레' 뒤	ᄆᆞ·ᄎᆞ·매귿·게	畢·빓竟·경堅견固·공·케	'ᄆᆞ·ᄎᆞ·매귿·게'에 ○표, 난상에 '畢·빓·경堅견固·공·케' 첨가	28a6a
24a4a	'有:융學·ᅘᅡᆨ·이·라' 뒤	:제	제	':제'의 ':'에 ○표	29a8b
26b5b	'上·썅座·쫭·와' 뒤	阿항闍썅黎롕·왜	阿항闍썅棃롕·왜	'黎'에 ○표, '棃' 첨가	32a5b
26b6a	'上·썅座·쫭ㅣ라' 뒤	阿항闍썅黎롕·ᄂᆞᆫ	阿항闍썅棃롕·ᄂᆞᆫ	'黎'에 ○표, '棃' 첨가	32a6a
36a7a	'阿항難난' 뒤	·아	아	'·아'의 '·'에 ○표	43a9a
37b8a	'阿항難난' 뒤	·아	아	'·아'의 '·'에 ○표	45a6a
38a1b	'如셩來링ㅅ' 뒤	勝·싱相샹	勝·싱相·샹	'샹' 왼쪽에 '·' 첨가	45a9a
38a9b	'一읧切·쳬' 뒤	ㅣ	(없음)	○표	46a1a
38b9a	'ᄆᆞᅀᆞᆷ' 뒤	과	·과	'과' 왼쪽에 '·' 첨가	46a9b
39b9	'有十二類' 뒤	ㅣ	(없음)	○표	47b3
42b6b	'阿항難난·이' 뒤	對·됭答답·ᄒᆞ·ᅀᆞ오·ᄃᆡ	對·됭答·답·ᄒᆞ·ᅀᆞ오·ᄃᆡ	'답' 왼쪽에 '·' 첨가	50b8a
43a2	'實在身內' 뒤	ᆫ댄	ㄴ댄	'ㅣ'에 ○표	51a5
43a3a	'阿·항難난' 뒤	·아	아	'·아'의 '·'에 ○표	51a6a
43b2	'必不內知' 뒤	ᆫ댄	ㄴ댄	'ㅣ'에 ○표	51b7
43b6a	'果非在內矣' 뒤	로·다	로다	'·다'의 '·'에 ○표	52a3a
44b8	'在外' 뒤	ㅣ라	라	'ㅣ'에 ○표	53a6
45a8a	'니ᄅᆞ·샤·ᄃᆡ' 뒤	·이모ᄃᆞᆫ	·이모·ᄃᆞᆫ	'ᄃᆞᆫ' 왼쪽에 '·' 첨가	53a7a
45b2a	'阿항羅랑漢·한' 뒤	·이라도	·이라·도	'도' 왼쪽에 '·' 첨가	54a1b
45b8b	'林림·에' 뒤	도라오·다	도·라오·다	'라' 왼쪽에 '·' 첨가	54a9b
46a4	'實在身外' 뒤	ᆫ댄	ㄴ댄	'ㅣ'에 ○표	54b7
46a5-6	'在身際' 뒤	ᆫ댄	ㄴ댄	'ㅣ'에 ○표	54b8-9
46b7	'佛手' 뒤	ㅣ	(없음)	○표	55b3
47a2	'住在身外' 뒤	ㅣ라호미	라호미	'ㅣ'에 ○표	55b6
48b1a-1b	':몯ᄒᆞ·고' 뒤	【腑:붕藏·짱·ᄋᆞᆫ빗:소비·라】	(없음)	○표	57a9a

원전 장·행	위 치	원 문	정 정	정 정 방 법	목판본 장·행
48b4	'猶如琉璃' 뒤	ᅵᆫ댄	ㄴ댄	'ㅣ'에 ○표	57b3
49a2b-3a	':사ᄅᆞ·미' 뒤	琉륭璃링·로누·네·쥬·믈當당홀·씨	반·ᄃᆞ기琉륭璃링·로누·네·찔·씨	'琉륭璃링·로' 앞에 '반·ᄃᆞ기' 첨가, '·쥬·믈當당홀'에 ○표, '·씨' 앞에 '·찔' 첨가	58a2a
49a4a	':사ᄅᆞ·미' 뒤	琉륭璃링·로누·네·쥬·믈當당홀·씨	반·ᄃᆞ기琉륭璃링·로누·네·찔·씨	'琉륭璃링·로' 앞에 '반·ᄃᆞ기' 첨가, '·쥬·믈當당홀'에 ○표, '·씨' 앞에 '·찔' 첨가	58a3b
49b4	'無有是處ᄒᆞ니라' 뒤	(없음)	○	다음 행에서 ○을 이동	58b5b
50a2	'名爲見外' 뒤	ㅣ오	오	'ㅣ'에 ○표	59a3
50b3	'對' 뒤	ᅵᆫ댄	ㄴ댄	'ㅣ'에 ○표	59b5
53a4a	'다·시·라' 뒤	ᄒᆞ나·히·나	ᄒᆞᆫ디·위	'ᄒᆞ나·히·나'에 ○표, 'ᄒᆞᆫ디·위' 첨가	62b4b
54a5	'卽爲心在' 뒤	ㅣ로다	로다	'ㅣ'에 ○표	64b8
54b7	'若從外來' 뒤	ᅵᆫ댄	ㄴ댄	'ㅣ'에 ○표	64b2
55a6	'特空名耳' 뒤	ㅣ라	라	'ㅣ'에 ○표	65a3
55a6	'設若有體' 뒤	ᅵᆫ댄	ㄴ댄	'ㅣ'에 ○표	65a3
56b4	'若必有體' 뒤	ᅵᆫ댄	ㄴ댄	'ㅣ'에 ○표	66b3
56b5a	'阿항難난' 뒤	·아	아	'·아'의 '·'에 ○표	66b4a
58b4	'亦不在外' 뒤	ㅣ라	라	'ㅣ'에 ○표	68b6
58b5	'外' 뒤	ㅣ라	라	'ㅣ'에 ○표	68b7
60a5	'東看則西' 뒤	ㅣ오	오	'ㅣ'에 ○표	70b1
60a8b	'西솅' 뒤	ㅣ·오	·오	'ㅣ'에 ○표	70b5a
60b2b	':업수·믈' 뒤	불·기·시니·라	불·기시·니·라	'·시'의 '·'에 ○표, '니' 왼쪽에 '·' 첨가	70b9a
61a9	'知' 뒤	ᅵᆯ식	ㄹ식	'ㅣ'에 ○표	71a1
64b1	'知相' 뒤	의	ᄋᆡ	'의'에 ○표, 'ᄋᆡ' 첨가	75a9
65a9	'當由不知眞際所指' 뒤	ㅣ로소이다	로소이다	'ㅣ'에 ○표	76b2
69a1	'無始菩提涅槃元淸淨體' 뒤	ㅣ니	니	'ㅣ'에 ○표	80b4
70a2	'元淸淨體' 뒤	ㅣ라	라	'ㅣ'에 ○표	81b9
74a3b	'ᄆᆞᅀᆞᆷ' 뒤	아·니·라·ᄒᆞ·시ᄂᆞ·니잇·고	아·니·라·ᄒᆞ시ᄂᆞ·니잇·고	'라'와 'ᄒᆞ'의 '·'을 크게 개칠, '·시'의 '·'에 ○표	86b3b

원전 장·행	위치	원문	정정	정정 방법	목판본 장·행
74a3b	‘·ᄒᆞ·시ᄂᆞ·니잇·고’ 뒤	내	·내	‘내’ 왼쪽에 ‘·’ 첨가	86b3b
74b8b	‘師ᄉᆞᆼ子:ᄌᆞᆼ座·쫭·애’ 뒤	(없음)	【師ᄉᆞᆼ子:ᄌᆞᆼ座·쫭·ᄂᆞᆫ부텻座·쫭ㅣ시·니師ᄉᆞᆼ子:ᄌᆞᆼ·ᄂᆞᆫ즁ᄉᆡᆼ·들·히:다저ᄒᆞᆯ·ᄊᆡ부텻威ᅙᅱᆼ嚴엄·과德·득·과·ᄅᆞᆯ가·ᄌᆞᆯ·벼부텨안ᄌᆞ·시·ᄂᆞᆫᄯᅡᄒᆞᆯ:다師ᄉᆞᆼ子:ᄌᆞᆼ座·쫭ㅣ·라·ᄒᆞ·ᄂᆞ니·라】	난상에 【師ᄉᆞᆼ子:ᄌᆞᆼ座·쫭·ᄂᆞᆫ부텻座·쫭ㅣ시·니師ᄉᆞᆼ子:ᄌᆞᆼ·ᄂᆞᆫ즁ᄉᆡᆼ·들·히:다저ᄒᆞᆯ·ᄊᆡ부텻威ᅙᅱᆼ嚴엄·과德·득·과·ᄅᆞᆯ가·ᄌᆞᆯ·벼부텨안ᄌᆞ·시·ᄂᆞᆫᄯᅡᄒᆞᆯ:다師ᄉᆞᆼ子:ᄌᆞᆼ座·쫭ㅣ·라·ᄒᆞ·ᄂᆞ니·라】 첨가	87b1b -3b
77a6	‘無體’ 뒤	ᅵᆫ댄	ㄴ댄	‘ㅣ’에 ○표	90a9
78b2b	‘:해’ 뒤	드로·ᄆᆞᆯ	드·로·ᄆᆞᆯ	‘로’ 왼쪽에 ‘·’ 첨가	91b7a
79b7	‘不可相惠’ 뒤	ᅵᆯᄉᆡᆨ	ㄹᄉᆡᆨ	‘ㅣ’에 ○표	93a5
88b9b	‘如ᅀᅧᆼ來ᄅᆡᆼㅅ’ 뒤	·소ᇇ가락	소ᇇ가락	‘·소ᇇ’의 ‘·’에 ○표	103b1b
89a6	‘爲障’ 뒤	ᄒᆞ면	이	‘ᄒᆞ면’에 ○표, ‘이’ 첨가	103b9
89b3b	‘客·ᄏᆡᆨ塵띤’ 뒤	·이ᄀᆞ·리오미ᄃᆞ외·면	·ᄋᆡᄀᆞ·리·욤ᄃᆞ외·요미	‘·이ᄀᆞ·리오미ᄃᆞ외·면’에 ○표, 난하에 ‘·ᄋᆡᄀᆞ·리·욤ᄃᆞ외·요미’ 첨가	104a7b
90b1	‘名爲塵義’ 뒤	ㅣ라	라	‘ㅣ’에 ○표	105a6
91a2	‘此云解’ 뒤	ㅣ니	니	‘ㅣ’에 ○표	105b9
92b3a	‘俱궁生ᄉᆡᆼ’ 뒤	·과	(없음)	‘·과’에 ○표	107b8b
92b3b	‘煩뻔惱:놓’ 뒤	·와·ᄂᆞᆫ	·ᄂᆞᆫ	‘·와’에 ○표	107b8b
94b9b	‘·내’ 뒤	·보·ᅀᆞᆸᄂᆞᆫ	·보ᅀᆞᆸᄂᆞᆫ	‘·ᅀᆞᆸ’의 ‘·’에 ○표	110b1b
95b5	‘名之爲客’ 뒤	ᄒᆞ니	인댄	‘ᄒᆞ니’에 ○표, ‘인댄’ 첨가	111a9
96a3a	‘客·ᄏᆡᆨ·이·라’ 뒤	ᄒᆞ·니	·ᄒᆞᇙ·딘·댄	‘ᄒᆞ·니’에 ○표, ‘·ᄒᆞᇙ·딘·댄’ 첨가	111b7b
97a1	‘而悟哉’ 뒤	ㅣ어뇨	어뇨	‘ㅣ’에 ○표	112b9

권10

원전 장·행	위치	원문	정정	정정 방법	목판본 장·행
1b3	'畢殫其類' 뒤	ㅣᄒᆞ리니	ᄒᆞ리니	'ㅣ'에 ○표	1b3
1b4	'猶如野馬' 뒤	ᄒᆞ며	ᄒᆞ야	'며'에 ○표, '야' 첨가	1b4
2a4b	'·ᄀᆞᆫ' 뒤	ᄒᆞ·며	·ᄒᆞ·야	'ᄒᆞ' 왼쪽에 '·' 첨가, '·며'에 ○표, '·야' 첨가	2a4a
2b3	'唯一精' 뒤	이니眞	眞이리니	'이니'에 ○표, '이리니' 첨가	2b6
3a2a	'ᄀᆡ저·려' 뒤	ᄒᆞ나·히·에 :몯ᄒᆞ·며	ᄒᆞ나·히:몯ᄃᆞ외·게ᄒᆞ·며	'·에'에 ○표, ':몯' 뒤에 'ᄃᆞ외·게' 첨가	3a6b
3a2b	'靜·쪙' 뒤	·케:몯ᄒᆞᆫ	·티:몯·게·ᄒᆞ·ᄂᆞᆫ	○표, 난상에 첨가	3a7a
4b6	'十類' 뒤	ㅣ	(없음)	○표	5a7
4b8	'於本類' 뒤	ㅣ	(없음)	○표	5a8
5b1	'生類' 뒤	ㅣ	(없음)	○표	5a4
5b1	'於本類' 뒤	ㅣ	(없음)	○표	6a4
7a4a	'所謂亡正徧知' 뒤	ㅣ라	라	'ㅣ'에 ○표	8a3
16b5	'一體' 뒤	ㅣ며	며	'ㅣ'에 ○표	19a1
17b7a	'生滅分位' 뒤	ㅣ라	라	'ㅣ'에 ○표	20a6a
20a1	'昔有今' 뒤	ᄒᆞᆯᄉᆡ無	無ᄒᆞᆯᄊᆡ	'ᄒᆞᆯᄉᆡ'에 ○표, 난 외에 'ᄒᆞᆯᄊᆡ' 첨가	22b6
20b2	'狂解' 뒤	ㅣ니	니	'ㅣ'에 ○표	23a8
20b3b	'·이에' 뒤	니ᄅᆞ·도·다	니·르도·다	'ᄅᆞ'의 'ㆍ'에 'ㅡ' 개칠, 'ᄅᆞ' 왼쪽에 '·' 첨가, '·도'의 '·'에 ○표	23b1b
21b4	'見遷流處' 뒤	ᄒᆞ야	ᄅᆞᆯ	○표, 첨가	24b4
21b5	'見相續處' 뒤	ᄒᆞ야	ᄅᆞᆯ	○표, 첨가	24b5
21b6	'不見見處' 뒤	를	ᄅᆞᆯ	○표, 첨가	24b6
22a5a	'·이' 뒤	:사ᄅᆞ미	:사ᄅᆞ·미	'미' 왼쪽에 '·' 첨가	25a5a
22a5b	'올·마' 뒤	흐르ᄂᆞᆫ	흘·룸·보·ᄂᆞᆫ	'흐르'에 ○표, '흘·룸·보' 첨가, 'ᄂᆞᆫ' 왼쪽에 '·' 첨가	25a5b
22a5b	'·고·ᄃᆞᆯ' 뒤	·보·아	(없음)	○표	25a6a
22a6a	'서르' 뒤	:닛·ᄂᆞᆫ	니·숨·보·ᄂᆞᆫ	':닛'에 ○표, '니·숨·보' 첨가	25a6a
22a6a	'·고·ᄃᆞᆯ' 뒤	·보·아	(없음)	○표	25a6b
23b9	'來問' 뒤	커ᄃᆞᆫ	커든	'ᄃᆞᆫ'의 'ㆍ'에 'ㅡ' 개칠	27a5
24a1	'亦有' 뒤	ㅣ며	ㅣ	'며'에 ○표	27a6

원전 장·행	위 치	원 문	정 정	정 정 방 법	목판본 장·행
24a4a	'쏘' 뒤	이시·며	이·쇼미	'시·며'에 ○표, '·쇼미' 첨가	27a9a
26b2b	':혜요·디' 뒤	ᄆᆞ·ᄎᆞ·매	ᄆᆞ·ᄎᆞᆷ:내	'·ᄎᆞ' 아래에 'ㅁ' 첨가, '·매'에 ○표, ':내' 첨가	30a6b
26b3a	'煩뻔惱:놓·와' 뒤	ᄆᆞ·ᄎᆞ·매	ᄆᆞ·ᄎᆞᆷ:내	'·ᄎᆞ'에 /표, '·ᄎᆞ' 아래에 'ㅁ' 첨가, ':내' 첨가 ('·매'에 ○표 없음)	30a7a
26b6a	':혜니라' 뒤	ᄆᆞ·ᄎᆞ·매	ᄆᆞ·ᄎᆞᆷ:내	'·ᄎᆞ' 아래에 'ㅁ' 첨가, '·매'에 ○표, ':내' 첨가	30b2b
30b8	'俱非' 뒤	ㅣ라	라	'ㅣ'에 ○표	35a4
32b9	'是名七際' 뒤	ㅣ니	니	'ㅣ'에 ○표	37a2
36a2	'皆卽狂解' 뒤	ㅣ니	니	'ㅣ'에 ○표	41a5
41b9	'則墮因' 뒤	ᄒᆞᄂᆞᆫ	(없음)	○표	48a1
44b6	'能生彼' 뒤	ㅣ라	라	'ㅣ'에 ○표	51a6
45b5	'咸其生起' 뒤	ㅣ라	라	'ㅣ'에 ○표	52a8
46b6	'自在天' 뒤	ᄋᆡ	의	'ᄋᆡ'의 'ㆍ'에 'ㅡ' 개칠	53b3
46b7	'同矣' 뒤	ㅣ르다	로다	'ㅣ'에 ○표	53b4
47a4b	'自·쫑在:찡天텬' 뒤	·ᄋᆡ	·의	'·ᄋᆡ'의 'ㆍ'에 'ㅡ' 개칠	54a3b
47a7	'갓·ᄀᆞ·로' 뒤	두·려·우미라	두·려·우·미·라	'라' 왼쪽에 '·' 첨가	54a7b
47b4	'無擇徧知' 뒤	ᄒᆞ야	라ᄒᆞ야	'ᄒᆞ' 위에 '라' 첨가	54b4
48b5	'終謬矣' 뒤	ㅣ로다	로다	'ㅣ'에 ○표	55b8
50a3a	'見을' 뒤	일·흐·리·니	일·흐리·니	'리'의 '·'에 ○표	57b9b
51b3a	'滅·멿·ᄒᆞ·야' 뒤		브·툼	첨가	59a5b
51b3b	'永·웡·히' 뒤	브·툼	'없음'	○표	59a5b
52a2	'卽執斷空' 뒤	ᄂᆞᆫ	ᄒᆞᄂᆞᆫ	'ᄂᆞᆫ'에 ○표, 'ᄒᆞᄂᆞᆫ' 첨가	59b6
52b3	'長不傾逝' 뒤	ᄒᆞ리라	호려	'ᄒᆞ'의 'ㆍ'에 'ㅗ' 개칠, '리'의 'ㅣ'에 'ㅕ' 개칠, '라'에 ○표	60a9
53a1b	'아·니' 뒤	·호리·라	:호려	'·호'의 '·'에 ':' 개칠, '리'의 'ㅣ'에 'ㅕ' 개칠, '·라'에 ○표	60b7b
54b3	'以識陰' 뒤	ᄋᆞ로	으로	'ᄋᆞ'의 'ㆍ'에 'ㅡ' 개칠	62b5
54b3	'而互通三際' 뒤	ㅣ라	라	'ㅣ'에 ○표	62b5
54b6	'名眞' 뒤	非眞	無眞	'非'에 ○표, '無' 첨가	62b9

원 전 장·행	위 치	원 문	정 정	정 정 방 법	목판본 장·행
55a3b	'ᄀᆞ' 뒤	외·요·믈	오·요·믈	'외'에 ○표, '오' 첨가	63a8a
55a4a	'眞진' 뒤	非빙	無뭉	'非'에 ○표, '빙'는 그대로 남음, '無뭉' 첨가	63a8b
55b7	'是名第九圓精應' 뒤	ᄋᆞ로心	心ᄋᆞ로	'ᄋᆞ로'에 ○표, 'ᄋᆞ로' 첨가	64a2
56a7	'命' 뒤	ᄋᆞᆯ	을	'ᄋᆞᆯ'의 'ᆞ'에 'ㅡ' 개칠	64b5
56b3	'此則圓精應' 뒤	ᄋᆞ로	으로	'ᄋᆞ'의 'ᆞ'에 'ㅡ' 개칠	65a2
56b5a	'纏空趣寂而已' 뒤	ㅣ라	라	'ㅣ'에 ○표	65a4a
56b9b	'圓원精정應·ᅙᅳᆼ' 뒤	·ᄋᆞ·로	·으·로	'·ᄋᆞ'의 'ᆞ'에 'ㅡ' 개칠	65b1b
58b6	'當於五十位類' 뒤	ㅣ예	예	'ㅣ'에 ○표	67b2
58b7a	'斯得矣' 뒤	ㅣ리라	리라	'ㅣ'에 ○표	67b3
59b4	'故生斯位' 뒤	ㅣ니	니	'ㅣ'에 ○표	68b4
60a8	'所愛先習' 뒤	ᄋᆞᆫ	은	'ᄋᆞᆫ'의 'ᆞ'에 'ㅡ' 개칠	69a9
66a1	'爲此大衆' 뒤	의	ᄒᆞ샤	○표, 첨가	75b7
66a7b -8a	'·이' 뒤	大·땡衆·즁·이淸쳥明명ᄒᆞᆫ心/심目·목이ᄃᆞ외·시·며	大·땡衆·즁爲·윙·ᄒᆞ·샤心심目·목·ᄋᆞᆯ淸쳥明명·케·ᄒᆞ/시·며	'·이'에 ○표, '爲·윙·ᄒᆞ·샤心심目·목·ᄋᆞᆯ' 첨가, 'ᄒᆞᆫ心심目·목이ᄃᆞ외'에 ○표, 난하에 '·케·ᄒᆞ' 첨가, '·시'의 '·'에 ○표	76a5b
66a8b	'衆生' 뒤	·ᄋᆞᆯ	(없음)	'·ᄋᆞᆯ'에 ○표	76a6b
66b3	'皆人妄想之所生起' 뒤	ㅣ니	니	'ㅣ'에 ○표	76b2
68a5	'一吝五陰妄本' 뒤	五一	五 一	'五'와 '一' 사이 띄움, '五' 뒤에 ə첨가	78a8
68a6	'一色本堅固' 뒤		(한 자씩 내림)	ȝ 첨가	78a9
70b7	'心生虛' 뒤	想	像	○표, 첨가	81b3
71a1	'隨心' 뒤	호ᄃᆡ	호미	'ᄃᆡ'에 ○표, '미' 첨가	81b6
71a2b	'虛헝ᄒᆞᆫ' 뒤	想·샹	像:썅	○표, 난하에 첨가	81b8a
73a5	'多矣' 뒤	ㅣ니	니	'ㅣ'에 ○표	84a7
73a6	'不可測知' 뒤	ᅟᅵᆫ돌	ㄴ돌	'ᅟᅵᆫ'의 'ㅣ'에 ○표	84a9
74a3	'幾微' 뒤	ㅣ라	라	'ㅣ'에 ○표	85a8

원전 장·행	위치	원문	정정	정정 방법	목판본 장·행
76b9a	‘아·니’ 뒤	·호미·라	ᄒᆞ·리·라	‘·호미’에 ○표, ‘ᄒᆞ·리’ 첨가	88b6b
77b8	‘阿難’ 뒤	아	이	○표, 첨가	89b6
78a8	‘開示’ 뒤	未學	末學	‘末’에 ○표, 난하에 ‘末’ 첨가	90a7
79a3b-4a	‘末·맗劫·겁中듕·에’ 뒤	末·맗學/·ᅘᅡᆨᄋᆞᆯ	:몯ᄇᆡ·호·닐	○표(2개소), 난상에 첨가	91a4b
81b1	‘溜囊’ 뒤		‘蘡薁’ 뒤	첨가	94a3

제15장 활자본『楞嚴經諺解』의 재론
-그 권10 完本을 중심으로-

Ⅰ. 머리말

문화재청의 전신인 문화재관리국에서 1997년에 활자본『능엄경언해』권1, 10의 2권 2책을 原尺으로 영인하고, 필자의『活字本 楞嚴經諺解 解題』(본서 제14장)를 별책으로 하여 간행하였다. 영인의 底本은 권1이 성암고서박물관, 권10이 세종대왕기념사업회의 소장본인데, 공교롭게도 전자는 첫 권으로서 활자본『능엄경언해』의 한 특징인 朱墨校正이 없고 후자는 마지막 권으로서 교정이 행해져 있어서 영인의 대상으로 선정되었던 것이다. 그러나 두 책이 다 보존 상태가 좋지 않은데, 특히 권10은 장37~40의 낙장이 있고 권말의 跋文은 세조의「御製跋」로 끝나 나머지 부분이 없다. 장37~40의 자리에는 원문만을 붓으로 베껴 쓴 책장이 삽입되어 있으므로 권두에서「어제발」사이에는 다른 낙장이 더 없는 것으로 추정되었다. 목판본 권10의 권말에는 권1~9와 마찬가지로『능엄경』의 要解, 義解, 會海, 集註란 주석서의「音釋」이 수록된 뒤에 다시 별도의 권1~10의 음석 부분(목판본 권10, 94b~97a)이 추가되어 있으나, 영인의 저본에서는「어제발」바로 앞에 있어야 할 그 추가된 음석이 없다. 그리하여 필자는 그 음석이 낙장으로 없는 것이 아니라 활자본에서는 원래 없던 것으로 보고서, 해제에서 활자본을 간행하고 약 1년 뒤에 목판본을 간행하면서 새로이 추가된 것으로 설명하였다.

그런데 지난봄에 경북대학교 남권희 교수에게서 완전하게 보존된 활자본 권10의 복사본을 얻어 보게 되었다. 복사본의 원본은 필자가 해제를 집필하면서 참고한 활자본 권1과 같이 대구의 김병구 씨가 소장한다고 한다. 따라서 앞으로는 完本인 그 책을 金氏本이라 부르기로 한다. 김씨본에는 목판본에서 추가한 것으로 설명한 음석도 장82, 83에 인쇄되어 발문 앞에 나타난다. 다시 말하면 활자본에서도 그 음석이 있었던 것이다. 그러므로 영인 저본은 원래 있던 그 2장이 보존되는 사이에 떨어져 나간 것이 분명하다. 거기에 「御製跋」 뒤의 信眉, 金守溫, 韓繼禧의 발문 3장 반(跋 4b~7b)도 온전히 있다. 지금까지 목판본에 앞쪽 5행만 남은 내용으로 추정된 韓繼禧跋은 이 김씨본으로 뒷부분까지 보게 되어, 발문 필자에 대한 추정이 옳았음이 확인되었다. 거기에 더욱 중요한 사실은 그 발문의 내용이 목판본에서 크게 수정되어 있는 점이다. 같은 책의 같은 발문이 줄거리는 비슷하나 처음의 활자본과 뒤의 목판본에서 문장이 달라진 것은 달리 예가 없는 것이 아닐까 한다. 이러한 사정으로 말미암아, 우리는 완본인 권10을 중심으로 하여 지난번의 해제를 수정, 보완하는 논의를 다시 하게 된 것이다.

Ⅱ. 金氏本과 影印 底本

새로 나온 김씨본은 표지까지 온전하게 보존된 책이다. 표제가 '楞嚴經卷之十'이고 마구리에 '共十'이라 써 있다. 복사본으로 原裝인지 改裝인지를 판별할 수는 없으나, 10권 10책의 마지막 책임은 밝힌 표지이다. 장1a1의 난상이나 난하에 '校正'의 印記는 없으나, 다른 대부분의 을해자본『능엄경언해』나 그 권10의 영인 저본과 같은 주묵 교정이 행해져 있다. 그러나 교정의 방법에서는 약간의 차이도 보인다. 즉 교정된 글자를 쓴 위치가 다르거나, 또는 교정된 글자가 여럿일 경우에 그것이 놓일 위치를 밝히는 점 등이 다르다. 그러한 차이점을 약간 보이는데, 방점은 생략한다. 교정의 위치는 영인본 부록인 필자의 해제와 같이 앞 숫자와 a, b는 장차와 그 앞, 뒷면, 뒤 숫자와 a, b는 행과 雙行의 앞, 뒷행을 가리킨다.

野馬ᄒᆞ며(1b4. '며'에 권표한 것은 같으나, '야'를 저본과 달리 '며'의 위에 써 넣음.)

곧ᄒᆞ며(2a2b. '며'에 권표한 것은 같으나, '야'를 저본과 달리 'ᄒᆞ며'의 자간에 써 넣음.)

精이니 眞(2b3. '이니'에 권표한 것은 같으나, '이리니'를 '眞'의 바른쪽 아래에 쓰기만 하고 저본과 같이 들어갈 자리의 표시가 없음.)

ᄒᆞ나히에몯(3a2a. '에'에 권표한 것은 같으나, 'ᄃᆞ외게'를 '몯' 바른쪽 아래에 쓰기만 하고 저본과 같이 들어갈 자리의 표시가 없음.)

昔有今홀식無(20a1. '홀식'에 권표한 것은 같으나, '無'의 왼쪽 아래에 '홀씩'를 쓰고 들어갈 자리를 표시하였는데 저본에서는 자리 표시를 하고서 난외에 씀.)

김씨본과 저본 사이에는 교정의 내용이 다른 것도 있다. 피차 하나씩 잘못 교정한 것이다. 전자는 김씨본, 후자는 저본이 잘못되어 있다.

性不斷處롤(21b7. '롤' 권표. 왼쪽에 '롤' 씀. 바로 앞행의 '不見見處를'의 '를'의 교정을 잘못한 것.)

眞진非빙(55a4a. '非빙' 전체에 권표하고 '無뭉' 씀. 저본에서는 '非'만 권표)

그런데 두 책 곧 김씨본과 저본을 대조하면서 자세히 살펴본 결과, 지난 해제에서 빠뜨린 교정이 한 곳 있다. 두 책에서 똑같이 교정된 것이다.

本一眞이어늘(41a1. '늘'의 ·('ᄒᆞ'의 중성자)에 '一'의 개칠 있음.)

머리말에서 말한 낙장으로 영인 저본으로는 교정이 확인되지 않은 곳이 있었다. 즉 장37~40, 음석과 信眉跋 이하가 그것이다. 김씨본으로 확인한 바로는 음석과 信眉跋 이하에서만 교정이 나타난다. 장37~40은 아무런 교정이 없이 목판본과 똑같은 내용을 보인다. 그 밖에도 김씨본으로 알게 된 교정은 다음과 같다.

蒲 (82b8. 음석. 권표하고 '蒲' 첨가.)

德득이(跋5b1b. 信眉跋. '득이' 사이의 바른쪽 옆에 있는 '·'에 권표.)

勝싱흔(跋5b9b. 信眉跋. '흔'의 방점(거성점)에 권표.)

未嘗遽定(跋7a2b. 韓繼禧跋. 원래 인쇄된 '處'자에 책받침을 墨書로써 넣어 '遽'가 됨(이 교정은 주묵이 아닌 점으로 목판본과 무관하게 이루어진 것이라 하겠음.)

이상으로 교정에 대한 설명을 마치면서 덧붙여 둘 것이 있다. 첫째 필자의 해제에 부록으로 된 「校正表」에 나타난 誤字다. '곧ᄒᆞ며'의 출전을 '2a4b'라 한 것은 '2a2b', '皆人妄想'(66b3)은 '皆因妄想'의 잘못이다. 둘째로 교정 방법의 차이로 예시한 'ᄒᆞ나히에 몯ᄒᆞ며'(3a2a)와 교정인 'ᄒᆞ나히 몯ᄃᆞ외게 ᄒᆞ며'에 대한 것이다. 그곳의 'ᄃᆞ외게'는 15세기 어형으로는 달리 볼 수 없는 것이다. 당연히 'ᄃᆞ외에'로 되어야 할 어형이다. 현재로는 이것을 설명할 방도를 모른다. 활자본을 교정하여 목판본을 간행할 때에, 교정자의 개인적인 언어의식은 언해의 다른 곳에 공통으로 나타나는 'ᄃᆞ외에' 보다는 'ᄃᆞ외게'가 옳다고 판단하였고, 그 교정으로 간행된 목판본에 따른 주묵 교정이라고 말할 수 있을 뿐이다. 앞으로 ㄹ과 하강적 중모음의 副音 ㅣ 아래서의 ㄱ어미의 교체를 다루는 논의에서 해명되기를 기대하고자 한다.

김씨본이 나타남으로써 밝혀진 중요한 사실은 이미 저 위에서 말한 바와 같이 韓繼禧跋이다. 우선 그 전문을 제시하기로 한다. 행이 바뀌는 곳에는 빗금 곧 /를 넣고, 印面이 바뀌면 장차를 밝힌다. 1행의 자수가 적으면서 행이 바뀌는 것은 擡頭法 때문인데, 부처와 왕을 가리키면 雙擡, 그 언행을 가리키면 單擡로 되어 있다.

> 辛巳夏 會有/如來舍利 靈應之瑞 一國臣民 皆生希有心/ 上亦欣然發大誓願於六月十一日 復/命臣飜譯楞嚴經 驛召前尙州牧使金守溫於服中/ 開局於/禁苑忠順堂之廡下/ 賜以/親定溫陵要解口訣 臣等謹依/口訣譯之 至八月二十二日 藁成以/上於是/ 上更取諸家註 及諸經律論 幷諸世俗書史(이상 跋 6b)/ 親自校定訓釋譯語 悉皆證據經典 又聚諸本音義/ 附諸卷末 校讐義疏集解義海會解集註及要解/ 鄕唐諸本 正其訛謬/ 決擇精微 或至達署不寐 又皆質諸名僧 未嘗遽定/ 至九月二十三日 乃成/ 命下校書館 印布中外焉 臣竊惟/如來大悲憐愍衆生沈溺苦海 乃以阿難起敎誕敷秘/典 宣示明心見性 修道證果之法 窮盡無餘 然妙/道絶名與相而以言語文字 求之實難 且以唐譯/梵 已嘆飜錦 華言國語 又是一轉 是故通人達士/ 罕聞其義 而況於凡庶乎 我/殿下 學貫天人 人及庶類/ 深體首楞大定/ 廣運大慈金剛觀察 剖析了義方便解說 譯出淸淨/深經 廣開人天眼目 直使無明生死 畢竟滅盡 成無上覺斯盖/如來本願/ 世宗大志 而我(이상 跋 7a)/ 殿下能成就之 嗚呼盛矣 古之宣說妙法 作法供養者/ 其若是歟 天順五年十月 日 嘉善大夫工曹參判臣韓繼禧奉 敎謹跋(이상 跋 7b)

현재 알려진 목판본 권10은 대개 발문이 없으나, 유일하게 발문이 남아 있는 김형규 선생 소장본도 韓繼禧跋은 '幷諸世俗書史'까지만 전하고 그 이하는 낙장으로 볼 수 없다. 즉 김씨본의 跋6까지만 볼 수 있었던 것이다. 그리하여 우리는 그 해제에서 8월 22일에 한계희와 김수온이 만든 번역의 원고가 진상되어 세조가 손질하여 8월 말에는 원고가 확정되어 교서관에서 인쇄에 착수한 것이라고 추정하였다. 이 추정은 김씨본으로 한계희跋의 나머지 부분을 알게 됨으로써 잘못임이 드러났다. 그 跋에 따르면, 세조는 약 1개월에 걸쳐『능엄경』의 여러 주석서, 그 밖의 불전, 그리고 세속의 서적을 가지고서 친히 번역을 손질하고, 또 여러 주석서의 음석을 모아 권말에 붙이고 그들 주석서의 한국본과 중국본을 정밀하게 교정하였는데 모두 名僧에게 질정하여 신중히 하였으며, 그 모든 일이 9월 23일에 이루어져 교서관에 인쇄하여 널리 펴라고 명령하였다는 것이다. 즉 원고의 확정이 8월말이 아니라 9월 23일에 되어 인쇄에 넘어간 것이다. 이 책 간행에 대한 세조의 願力과 갑인자본의 간행 이후로 개량된 인쇄술을 감안한다면 10월말이나 11월에는 10권 10책의 인본이 완성된 것으로 생각된다.

그런데 위에서 말한 것이지만 김씨본의 한계희跋 앞부분은 필자의 해제에서 영인한 목판본의 그것과 상당히 달라져 있다. 목판본의 첫 대문을 인용하면 다음과 같다.

> 辛巳夏/ 如來舍利分身 於檜巖於/大內者 現有百餘枚 祥光異瑞 振古所無/一國臣民 皆生希有心/ 上亦欣然發大誓願(跋 7b)

이를 보면 여기서는 如來舍利의 分身이 일어난 장소와 분량까지 구체적으로 서술되어 있다. 인용하지는 않았으나 반대의 경우도 있다. 김씨본에서 '禁苑忠順堂'이라 하여 충순당이 대궐 안이라고 밝히고 있으나 여기서는 '忠順堂'이라고만 한 것이 그러하다. 그 밖에 문자의 차이는 많다. 따라서 한계희跋은 목판본에서 거의 새로 쓰다시피 크게 손질한 것임을 확인한다. 그런 점에서 활자본에서는 한계희가 1461년(세조 7) 10월에 공조참판으로 발문을 쓴 것이나, 목판본에서도 같은 날짜와 관직으로 발문이 되어 있는지 자못 궁금하다. 목판본의 간경도감 도제조 등의 箋이 올려진 날짜가 1462년 8월 21일인데,『세조실록』에 의하면 그해 8월 7일(己巳)에 한계희는 이조참판이 되어, 목판본의 雕造官 題名에는 嘉靖大夫吏曹參判으로 나타나기 때문에 그 책의 발문은 내용뿐 아니라 날짜와 관직이 다를 수도 있는 것이다. 목판본 권10이 완전한 모습으로 나타나서 이러한 문제가 해명되었으면 하는 마음 간절하다.

이와 같이 韓繼禧跋은 같은 책의 활자본인 김씨본과 목판본에서 달라져 있다. 한 사람의 발문이 약 1년 사이에 두 번 간행된 책에서 내용이 달라진 사실은 우리의 아는 범위 안에서 달리 예가 없는 일이다. 이와 함께 매우 주목되는 것은 김씨본의 한계희跋에는 주묵 교정이 일체 없는 사실이다. 앞에서 설명한 바와 같이 김씨본은 영인 저본과 같이 목판본과 다른 곳에는 반드시 주묵으로 교정이 행해져 있다. 그런데도 한계희跋에서 그러한 교정이 없는 것은 목판본과의 차이가 번역의 잘못이나 誤字 때문에 생긴 것이 아니라 修辭의 문제로 일어났기 때문이 아닐까 한다. 이유는 어떻든 주묵 교정이 있는 책에서 내용이 다르면서도 전혀 주묵으로 교정하지 않은 부분이 있는 것은 주목할 일이 아닐 수 없다.

다음으로 김씨본에는 목판본과 같이 주석서인 『楞嚴經要解』, 『楞嚴經義海』, 『楞嚴經會解』, 『楞嚴經集註』(각기 '要解, 義海, 會解, 集註'로 약칭됨)에서 가져온 音釋을 실은 다음에 권1부터 권10까지의 새로운 음석을 '第一卷, 第二卷' 등의 권차를 보인 뒤에 실었다. 영인 저본에 그것이 없는 것은 그 책의 전래 과정에서 탈락된 데 말미암는다. 따라서 그 새 음석은 활자본을 간행할 때에도 추가되어 있은 것이 분명해졌다. 이 추가된 음석의 출전은 해제에서 밝힐 수 없었다. 『능엄경언해』의 음석을 당해 중국본 주석서에 나타나는 음석과 비교한 권인한(1997)에서도 그에 대한 언급이 없다. 우리와 마찬가지로 출전을 확인하지 못한 결과로 보인다.

출전이 확인된 것은 아니나, 音釋에 대한 전반적인 우리의 검토로는 『楞嚴經集註』의 한 이본에서 전재한 것으로 추정된다. 음석의 방법에는 주석서에 따른 차이가 있다. 첫째 음석의 대상, 곧 표제어를 『要解』와 『集註』는 한자 1자로 하나, 『義海』와 『會解』는 二字成語로 삼기도 한다. 둘째 『요해』, 『의해』는 음석이 字音뿐이나, 『회해』와 『집주』는 字釋도 나타난다. 『의해』에서도 자석이 있으나 俗字와 正字인 '醎鹹'(권3)에서만 보일 뿐이다. 그런데 추가된 음석은 한자 1자를 대상으로 하여 자석까지 주석하고 있어서 주석 방법이 『집주』와 완전한 일치를 보이는 것이다. 거기에 이들 추가된 음석은 '集註'란 항목 아래에 붙어 있다. 만일 『능엄경언해』에 음석이 전재된 『회해』나 『의해』의 이본에서 가져왔다면 그 책의 권10 음석이 끝난 다음에 추가되어야 하고, 혹 전혀 다른 『능엄경』의 주석서에서 전재하였다면 그 서명을 추가된 음석에 앞세웠어야 할 것이다. 요컨대 음석 방법의 특징과 전재된 위치로써 추가된 음석은 『능엄경언해』의 각 권말에 다른 주석서와 함께 음석의 출전이 된 『능엄경집주』의 한 이본에서 전재한 것이 아닌가 한다. 위 권인한(1997)에 의하면, 비교의 대상이 된 중국본의 『능엄경집주』에는 음석이 전혀 실리지 않았다고 한다. 앞으로 그 책의 국내외 이본에 대한 조사에서 우리의 추정이 확인되기를 기대한다.

음석의 주석이 출전에 따라 서로 어긋난 경우도 있다. 字音의 경우를 보면, '汨'(권4)에 대하여 '古忽切(요해), 音骨(회해), 古沒 莫歷 二切(권10 추가)'이라 하여 '골, 멱'으로 읽도록 되었으나, '密筆切(집주)'이라 하여 '밀'이란 독음이 있는 것으로 되어 있고, '熠'(권10)에 대하여 '羊入切(요해, 권10 추가), 夷入切(의해), 弋入切(회해)'이라 하여 '입'으로 읽게 되어 있으나 '音乙'(집주)이라 하여 '을'로도 읽게 된 것이 그러하다. 字釋의 경우는 '遑'(권1)에 대하여 '暇也(회해), 急也 意亂也(집주)'라 하는가 하면 '不暇也(권10 추가)'라 하고, '瞬(권2, 10)'에 대하여 '目不動也(권2, 집주)'라 하는가 하면 '目睛動也(권10 추가(권2)), 目動也(권10, 집주, 권10 추가(권10))'라 하여 '不'의 있고 없음으로써 서로 상반된 뜻을 갖게 되어 있다. 이것은 어느 한 쪽이 오자라 생각되지만, 韓繼禧跋에서 말한 바와 같이 번역이 끝난 뒤에 音釋이 권말에 붙여지면서 일어난 결과로서 권10에 새로 추가된 음석과도 맥락을 같이 하는 일이다.

끝으로 영인본에서 저본의 낙장으로 해제에서 목판본의 해당 부분을 영인하였는데, 김씨본으로써 그 정확한 활자본의 장차를 대조하여 보인다. 앞이 김씨본의 해당 장차의 마지막 語句(단, 한자음은 생략)이고, 뒤의 괄호 안이 목판본의 해당 장차와 행의 차례다.

37a9 初示陰相(42b7)
37b9 不沈ᄒᆞ야(43a7)
38a9 區字ㅣ라(43b8b)
38b9 初鳴ᄐᆞᆺᄒᆞ야 雖(44b2)
39a9b 逃亡(45a4a)
39b9b 업슨(45b6b)
40a9 妄想(46a6)
40b9 留礙ᄒᆞ리니 此(46b7)
82a10 甄音堅(95a8)
82b10 黯於減切黑也(96a3)
83a10 戮(96b6)
83b10 署常恕切曉明也(97a9)
跋4b9 功德之(跋5b4)
跋5a9b 업스니(跋6a5b)
跋5a9b 두르혀샤(跋6b7a)
跋6a9b 惟我(跋7a8a)
跋6b9b 世俗書史(跋7b9b)

Ⅲ. 남은말

지금까지 을해자본『능엄경언해』 권10의 완본을 소개하면서 그 권1, 10의 영인본에 붙인 필자의 해제에 대하여 그 잘못과 미비점을 설명하였다. 이로써『능엄경언해』는 편찬과 간행, 교정 등이 더욱 분명해진 것으로 생각된다. 다만 尙宮으로서『능엄경언해』의 편찬에 참여한 典言曺氏에 대한 실록의 기사를 중심으로 약간의 설명을 덧붙임으로써 이 글을 마칠까 한다.

해제에서 설명된 바와 같이 典言曺氏는 이름이 豆大인데,『능엄경언해』의 御製跋 협주에 의하면 확정된 번역을 어전에서 읽은 일로써, 그리고『금강경언해』의 韓繼禧跋 협주에 의하면 安忠彦, 張末同 등과 함께 확정된 번역을 쓴 일로써 두 언해본의 편찬에 관여하였다. 尙宮으로는 유일한 예다. 따라서 이들 두 책과 같은 序跋의 기록이 없어서 확인되지는 않으나, 그가 다른 불경 언해서의 편찬에도 관여한 것이 분명하다. 그러나 그가 종7품의 女官으로 宣傳과 啓稟의 일을 담당하는 典言인 사실만 알 뿐이었다. 출신이나 친척에 대하여는 알 도리가 없었던 것이다. 그런데『성종실록』에 의하면 1492년(성종 23) 4월 17일(丁巳)에 進賀副使로 임명된 邊處寧이 상인인 曺福重을 軍官으로 삼아 중국으로 데려가려고 한 일이 발각되어 온 조정이 한 달 남짓 시끄러웠던 사건이 있었다. 결국 4월 21일(辛酉)에 進賀副使는 尹甫로 바뀌고, 邊處寧은 5월 16일(乙酉)에 告身이 追奪되어 충주로 付處되는 처벌을 받았다. 그러나 曺福重은 군관으로 가지는 못하였으나 刑訊도 받지 않고 무사하였는데, 이는 배후에 그 姑母인 曺典言이 있었기 때문이라 한다. 사건이 일어난 첫날의 실록 史評에서 그것은 이미 짐작되게 하는데, 우리에게 중요한 것은 거기에 曺典言의 신분이 드러나는 일이다. 史評은 다음과 같다.

> 曺福重은 典言 조씨의 조카이다. 조씨는 廣平大君의 家婢로 어려서 궁에 들어갔는데 문자를 이해하고 이두를 잘하였다. 세조조부터 자못 일을 맡아 보더니 드디어 왕의 사랑을 받아 멋대로 권세를 부리게 되니 宰相 李鐵堅 등이 빌붙었다. 邊處寧도 본디 서로 交結하여 이로써 갑자기 貴顯하게 되었다. 曺福重을 데려가는 것으로 아첨하려 하다가 마침내 이 때문에 敗하였다.(『성종실록』 23년 4월 丁巳(17일)조)

즉 曺典言은 賤民으로서 세종의 아들인 광평대군의 家婢이나 어려서 입궁하여 한문과 이두의 실력으로 세조조로부터 왕실의 일을 보아 왕의 총애를 받게 되자 권세를 휘둘렀다는 것이다. 그 결과로 조카인 曺福重이 濟用監 등에 綿布를 바치는 富商大賈로 된 것은 계속되는 그 무렵의 실록 기사에 자세하다. 천민인 曺典言이 이렇게까지 된 것은 왕실에서 맡은 일을 잘 처리하여 왕의 총애를 받은 데 있다. 그 일은 典言의 직책과 관련되었겠지만, 왕의 총애를 받았다는 점으로는 위에서 말한 御製跋, 韓繼禧跋 등에서 말한『능엄경언해』,『금강경언해』등 불경 언해서의 편찬에 관여한 것이 아닐까 한다.『능엄경언해』를 위시한 불경 언해서의 편찬, 간행에 대한 세조의 願力이 그 일에 관여한 曺典言을 총애하게 되었다고 하겠기 때문이다.

그 총애는 大妃와 성종을 거쳐 연산군에게까지 이어진다. 연산군은 뒤에 圓覺寺를 훼철하고 도성의 사찰을 公府로 하였으나, 즉위 초에는 대비의 불경 간행을 묵인하는 등 불교에 관대한 태도를 보였다. 그리하여 1495년(연산 1) 5월에 연산군은 曺典言이 공이 있다 하여 復戶의 특전을 내렸던 것이다. 처음 傳敎는 曺典言뿐 아니라 그 조카딸 醉楊妃와 조카 曺福重까지 영구히 良民이 될 것을 허락하는 것(『연산군일기』 원년 5월 癸巳(11일)조)이었으나, 院相과 承旨 등이 잇따라 문제를 제기하였다. 이튿날에도 持平과 正言 등이 불가함을 아뢰자, 연산군이

> 전교하기를 "…… 曺氏는 先王朝에도 공이 있어서 혹 各司의 노비를 하사하고 혹 그 아들에게 벼슬을 주어 祿을 받게 하였는데, 이번에도 공이 있으므로 이렇게 한 것이다."(『연산군일기』 원년 5월 甲午(12일)조)

라고 하여 그 조카를 양민이 되게 한 전교는 거두게 된다. 이때 曺典言의 공로는 기록에 나타나지 않으나 그 해 8월에 대대적으로 행해진『법화경언해』,『능엄경언해』등의 불경 인출(弘治 8년(1495) 8월의 學祖跋 참조)과 그 이듬해 5월의『六祖法寶壇經諺解』,『施食勸供』의 편찬, 간행과 관련된 것이 아닐까 한다. 이들 책의 인출과 간행에는 대비의 원력과 명령(學祖跋 및『시식권공』발문 참조)이 있었는데, 이때 曺典言은 대비전의 시녀(『성종실록』 23년 5월 丁亥조 참조)로 계속하여 있었기 때문이다. 요컨대 상궁으로는 예외적으로 한문과

이두를 잘하는 曺典言은 을해자본『능엄경언해』를 비롯한 불경 언해서의 편찬과 간행에서 세운 공로로 復戶가 되고 부귀를 누리게 되었음이 분명하다. 그것은 불경 언해서에 대한 왕실의 태도를 단적으로 말하는 대목이다. 한편으로 그 조카의 처우에 대한 왕명이 정부의 논란과 반대로 거두어진 것은 불경 언해서를 보는 문신들의 태도와 무관하지 않을 것이다.

제16장 『法華經諺解』의 서지

Ⅰ. 머리말

『법화경』은 대승불교의 대표적인 경전인 『妙法蓮華經』의 약칭이다. 고려 중기 이후로 우리나라의 修道僧 사이에서 『華嚴經』, 『金剛經』, 『楞嚴經』과 함께 가장 많이 연구된 바 있고, 조선 중기 이후로는 사찰의 講院과 禪院 등 교육기관에서 『楞嚴經』, 『金剛經』, 『圓覺經』과 더불어 四教科의 하나로 되어 널리 읽혔던 것이다. 더욱이 이 경전에는 이것을 지니고 받들며 독송하고 전파하여 얻게 되는 공덕과 이것을 훼손하여 입게 되는 罪報를 강조하는 내용이 있어서 일반 신도들에게도 소중하게 다루어졌다. 그리하여 『법화경』은 우리나라 간행 불경 가운데서 수량의 면으로도 으뜸을 차지하였던 것이다.

『법화경』의 漢譯은 모두 16회 행하여졌는데, 완역만도 6회나 된다고 한다. 그 중 현재까지 남은 것은 西晋 때 竺法護가 번역한 『正法華經』 10권, 後秦 때 鳩摩羅什이 번역한 『妙法蓮華經』 7권, 隋나라 때 闍那崛多와 達摩笈多가 함께 번역한 『添品妙法蓮華經』 7권이다. 이들은 모두 고려대장경에 편입되어 있다. 그러나 우리나라에서 단행본으로 간행되어 보급된 것은 『묘법연화경』이다. 이 번역은 내용이 간결할 뿐 아니라, 宋나라 戒環의 『法華經要解』란 주도하고 치밀한 주석이 붙어 있기 때문이다. 우리나라에서 『법화경』이라 하면 바로 계환이 要解한 이 책을 가리키게 된 것이다.

여기에서 다루고자 하는 『법화경언해』는 말할 것도 없이 바로 그 책의 번역이다. 다시 말하면 鳩摩羅什이 번역한 經 본문과 戒環이 설명한 要解 부분에만 한글로 구결을 달고서 국한문으로 된 번역을 대조한 것으로 본문이나 요해 이외에 협주로 된 주석은 구결과 번역을 달지 않은 것이다. 刊經都監에서 1463년(세조 9) 간행하였는데, 뒤에 세 번이나 복각하여 중간되었다. 오늘날에도 1463년의 원간본을 중심으로 하여 일부 중간본을 합하여 완질 7권을

1책으로 축소한 영인본이 1960년 동국대, 이를 다시 1977년 대제각에서 복제하여 널리 보급되어 있다. 그러므로 이 『법화경언해』는 그 간행과 내용이 잘 알려져 있다.[1] 그러나 원간본으로 추정되는 책 사이에도 차이가 있고, 또 영인의 저본으로 된 중간본에는 권말의 「音釋」 곧 경 본문에 나오는 어려운 한자의 음과 새김을 풀이한 부분이 간행에서 아예 삭제된 것도 있다. 이에 우리는 『법화경언해』의 번역과 그 이본을 새로이 살펴보고자 한다.

Ⅱ. 『법화경』의 국역

이미 알려진 바와 같이 『법화경언해』가 간행되기 전에 『법화경』은 국어로 번역되어 1447년(세종 29)의 『釋譜詳節』에 수록되어 있다. 『석보상절』은 그 서문에서 먼저 편찬된 한문본을 번역한 것임을 분명히 하였는데, 그 내용은 석가의 일생을 다루었으나 그의 사상을 알리는 주요 설법도 수록하고 있다. 『阿彌陀經』, 『地藏經』과 함께 『법화경』이 수록된 연유인 것이다. 그리하여 『월인천강지곡』과 『석보상절』을 합편한 1459년(세조 5)의 『월인석보』에도 『법화경』의 번역이 손질되어 수록되었다. 그런데 한문본 『석보상절』에 수록된 經典은 경전 그대로가 아니라 그 발췌다. 따라서 『석보상절』이나 『월인석보』에 수록된 『법화경』의 번역은 『법화경』을 모두 번역하여 원문과 번역을 한 문단씩 짝지어 보인 『법화경언해』와 다를 수밖에 없다. 그러나 두 책에는 『법화경』의 주요 내용이 모두 번역되어 수록되어 있고, 또 『법화경언해』의 번역과 간행에서는 두 책을 참고하였을 것이므로 깊은 관계가 있는 것으로 볼 수 있다. 더욱이 두 책과 『법화경언해』가 모두 세조의 직접 또는 간접의 참여로 이루어졌기 때문에 각기 다른 번역으로 보기 어려운 것이다.[2]

그러면 현재까지 그 전래가 알려진 『석보상절』과 『월인석보』의 각권에 배당되어 수록된 『법화경』을 그 28品으로써 알아보기로 한다.

---

1) 이 책을 단편적으로 다룬 논저는 일일이 들 수 없을 정도로 많다. 여기는 이 책의 서지와 내용을 본격적으로 다룬 이호권(1993)을 드는 데 그친다.

2) 『석보상절』과 『월인석보』의 편찬에 세조가 직접 참여한 것은 널리 아는 일이다. 『법화경언해』의 편찬과 간행에 대한 세조의 참여에 대하여는 다음 章에서 다루어질 것이다.

『석보상절』
권13: 序品제1, 方便品제2
권19: 隨喜功德品제18, 法師功德品제19, 常不輕菩薩品제20, 如來神力品제21
권20: 囑累品제22, 藥王菩薩本事品제23, 妙音菩薩品제24
권21: 觀世音菩薩普門品제25, 陀羅尼品제26, 妙莊嚴王本事品제27, 普賢菩薩勸發品제28

『월인석보』
권11: 序品제1, 方便品제2
권12: 譬喩品제3
권13: 信解品제4, 藥草喩品제5, 授記品제6
권14: 化城喩品제7
권15: 五百弟子授記品제8, 授學無學人記品제9, 法師品제10, 見寶塔品제11[3)]
권17: 如來壽量品제16, 分別功德品제17, 隨喜功德品제18, 法師功德品제19, 常不輕菩薩品제20
권18: 如來神力品제21, 囑累品제22, 藥王菩薩本事品제23, 妙音菩薩品제24
권19: 觀世音菩薩普門品제25, 陀羅尼品제26, 妙莊嚴王本事品제27, 普賢菩薩勸發品제28

이들과의 관계를 알기 위하여 『법화경언해』의 卷次에 따른 수록 品次를 보이면 다음과 같다.

권1: 序品제1, 方便品제2
권2: 譬喩品제3, 信解品제4
권3: 藥草喩品제5, 授記品제6, 化城喩品제7
권4: 五百弟子授記品제8, 授學無學人記品제9, 法師品제10, 見寶塔品제11, 提婆達多品제12, 持品제13
권5: 安樂行品제14, 從地湧出品제15, 如來壽量品제16, 分別功德品제17
권6: 隨喜功德品제18, 法師功德品제19, 常不輕菩薩品제20, 如來神力品제21, 囑

3) 현재 알려진 『월인석보』 권15는 원간본이지만, 50a~84b의 30여 장뿐이다. 50a부터 「법사품」의 약 절반 이하가 나타나고, 84b로 「견보탑품」이 거의 끝난다. 그러므로 여기서 「오백제자수기품」과 「수학무학인기품」이 앞에 있으리라 한 것은 그 권13, 14 1책이 비교적 완전히 보존된 사실에 근거한 추정이다. 권14 권말의 낙장을 1장 정도로 보고서 한 추정이기 때문에 완전한 권14와 권15가 나타나면 우리의 추정이 틀릴 수도 있음을 덧붙인다.

累品제22, 藥王菩薩本事品제23
권7: 妙音菩薩品제24, 觀世音菩薩普門品제25, 陀羅尼品제26, 妙莊嚴王本事品제27, 普賢菩薩勸發品제28

이상과 같이 『법화경언해』는 그 원전과 똑같이 7권으로 되어 있는데, 『석보상절』과 『월인석보』는 9권을 배정하여 『법화경』을 번역하여 수록하고 있다. 곧 『석보상절』은 권13으로 시작하여 권21로 끝나 있고, 『월인석보』는 권11로 시작하여 권19로 끝나는 것이 최근에 발굴된 실책으로 확인된다. 그러나 같은 9권이면서도 두 책 사이에는 차이가 있다. 무엇보다 권차가 달라서 『법화경』의 처음 두 品이 『석보상절』은 권13, 『월인석보』는 권11에 수록되어 있다. 이는 『월인석보』의 편찬에서 내용의 첨삭과 함께 調卷이 새로이 행해진 결과다.[4] 『석보상절』 권13이 『법화경』의 처음 두 品을 수록하였으나 『월인석보』 권13이 信解品제4로 시작되고, 『석보상절』 권11의 내용 절반이 『월인석보』 권21의 내용과 공통되는 사실이 알려지면서 일찍부터 지적된 일이다. 더욱이 근래 나타난 『월인석보』 권23, 권25의 내용으로 미루어서 『월인석보』는 24권의 『석보상절』과 달리 25권으로 이루어진 책이다.[5] 『월인석보』 권23은 『석보상절』 권23보다 앞선 내용을 수록하고, 그 권25는 대체로 『석보상절』 권24의 내용을 수록하고 있기 때문이다. 그리하여 『석보상절』과 『월인석보』는 권차뿐 아니라 9권 안에서의 수록 내용도 반드시 일치하지 않는다. 예컨대 위 표로 보는 바와 같이 『석보상절』 권19는 『법화경』의 品제18~21을 수록하였으나, 『월인석보』 권17은 品제16~20을 수록하였다. 다시 말하면 『석보상절』에서는 品제17이 권18에 수록되어 권19에 수록된 品제18 이하와 권차가 달라져 있으나, 『월인석보』에서는 분리되지 않고 권17에 함께 수록되어 있다. 이것은 「월인천강지곡」 其312 한 곡이 品제17~19의 내용을 읊은 것이므로,[6] 그에 대한 주석의 형식으로 『석보상절』

4) 『월인석보』 편찬에서 행한 첨삭은 月印部 곧 「월인천강지곡」에서도 행하여졌으나 주로 釋譜部 곧 「석보상절」에서 행하여졌다. 여기서 설명하는 『석보상절』과 『월인석보』의 차이는 바로 『석보상절』과 『월인석보』 釋譜部의 그것이다. 月印部에 대한 첨삭은 안병희(1992c)를 참조할 것. [본서 제12장]

5) 『월인석보』 권25는 1997년 6월에 보물 제745호로 추가 지정할 때, 그 책을 실사할 수 있었다.

6) 우리는 일찍부터 『월인석보』의 체재가 월인부를 본문으로 하고 석보부를 주석으

부분을 실은 『월인석보』로서는 品제17과 그 이하를 한 권 안에 수록할 수 밖에 없는 데 말미암는다.[7] 수록 내용의 차이는 이러한 「월인천강지곡」과의 관계와 함께 『월인석보』에는 새로운 주석이 많이 보충된 데에도 원인이 있을 것이다. 예컨대 序品제1은 『석보상절』 권13(1a-37a)과 『월인석보』 권11(15a-93a)에 수록되었는데, 『월인석보』는 『석보상절』보다 배가 넘는 지면을 사용하였다. 『법화경』 본문을 번역한 사이사이에 새로운 주석을 쌍행으로 보충한 결과이다.[8] 그 주석은 주로 『법화경언해』 원전의 戒環 要解에서 가져 왔으나, 간단한 語句의 풀이와 다른 佛典에서 가져 온 긴 주석도 있다. 『월인석보』 권11에는 彌勒에게 행한 日月燈明佛의 八子 곧 여듧 아들에 대한 설법이 있는데, 그 주석은 계환 요해의 번역과 함께 『解深密經』, 『起信論』, 『飜譯名義』 등 佛典에서 인용한 내용으로 무려 40장(46a~84·2b)에 걸쳐 있다. 이에 대하여 『석보상절』 권13(30b)에서는 '法師'에 대한 간단한 어구 풀이의 주석뿐이다. 그리하여 같은 9권이지만, 수록 내용과 권차가 두 책은 평행을 유지하지 못하고 서로 어긋나게 된 것이다.

이상으로 『석보상절』과 『월인석보』에 수록된 『법화경』의 분권이 달라진 사실은 알 수 있다. 그러나 두 책이 다 같이 『법화경』 또는 『법화경언해』보다 2권이 늘어난 이유는 드러나지 않았다. 두 책은 『법화경언해』보다 분량이 상당히 축소되어 있다. 戒環 要解가 거의 번역되지 않았을 뿐 아니라, 경 본문도 크게 생략된 번역인 것이다. 잘 알려진 바와 같이 『법화경』에는 중요한 설법이나 질문일 경우에는 그것을 산문 곧 長行으로 말하고서 곧이어 그 내용을 되풀이하는 偈頌 곧 重頌이 있다. 『법화경언해』에서 모두 번역되는 이

로 한 것임을 여러 번 지적하였는데, 이 한 곡에 대한 주석이라 할 『법화경』의 세 品은 品이 달라질 경우에도 改行을 하지 않는 사실로써도 그 지적의 정당성이 입증된다. 『석보상절』의 경우에는 品이 바뀔 때마다 개행을 한다. 예외적으로 品 제1, 제2가 개행되지 않고 연속될 뿐이다(석상 13, 37a참조).

7) 「월인천강지곡」의 주석인 「석보상절」 부분이 권차를 달리하여 수록된 예가 없지 않다. 곧 『월인석보』 권2의 앞쪽(1a~7a)은 바로 「석보상절」 부분인데, 그것을 읊은 「월인천강지곡」 其10 후반과 其11은 권1(40b~41a)에 있는 것이다. 이는 유일한 예외에 속하는데, 권차를 달리한 『월인석보』 권2가 "迦毗羅國 淨飯王ㅅ 므아드니믄 釋迦如來시고"(1a)로 시작되는 석가의 가계를 말하는 부분으로서 일종의 擡頭法의 변형을 적용하였기 때문이라 생각된다. 석가에 대한 높임으로서 권2의 첫머리에 그 가계에 관한 「석보상절」 부분을 분리하여 실은 것으로 보는 것이다.

8) 이에 대하여는 안병희(1992b)의 제13장 「月印釋譜 권11·12」를 참조할 것.

들 장행과 중송은 내용의 중복이므로 『석보상절』에서는 둘 중 하나가 채택되어 번역되고 『월인석보』는 장행만 번역되어 있다.[9] 예컨대 『법화경』 권1에 나오는 부처의 眉間白毫相光에 대하여 彌勒이 文殊에게 묻는 것은 『석보상절』(권13, 16a~26a)이 중송(법화 1, 76b~88b)이고 『월인석보』(권11, 39b~40a)가 장행(법화 1, 65b~67a)의 번역인데, 문수의 대답은 모두 장행(법화 1, 89b 이하)의 번역(석상 13, 26a 이하. 월석 11, 26a 이하)임과 같다.[10] 이와 같이 책의 분량이 줄어들었는데도 『법화경언해』보다 2권씩 늘어난 것은 두 책의 『법화경』 번역인 9권이 모두 대체로 『법화경언해』 1권 부피의 절반에도 미치지 않기 때문이다. 그러한 적은 분량의 각 권에 『법화경』의 축소한 번역을 배분하게 되어 9권으로 된 것이 아닌가 한다. 『법화경언해』의 科判에 대한 설명(권1, 10 이하)에 따르면, 『법화경』 28品은 序分 1品, 正宗分 19品, 流通分 8品으로 나뉘며, 正宗分과 流通分은 다시 내용에 따라 분류된다. 그런데 『법화경』의 분권도 이 科判과 무관하게 책의 분량에 따라 7권으로 되어 있다. 그러므로 『석보상절』과 『월인석보』가 9권으로 된 것도 같은 사정으로 이해되는 것이다.

그런데 이러한 분권이나 조권의 차이 자체는, 국어사 자료의 관점에서 보면 큰 의미가 없다. 그것이 언어 자료의 성격에 관련되어 있을 경우에 문제되는 것이다. 그것을 포함하여, 『법화경』의 세 번역인 『석보상절』, 『월인석보』, 『법화경언해』가 보이는 언어 자료로서의 특징을 보기로 한다.

우선 『법화경언해』는 원전인 『법화경』에 크게 의존하고 있으나, 다른 두 책은 의존도가 매우 적다. 이것은 『법화경언해』의 체재가 『능엄경언해』를 위시한 불경언해와 같이 원전의 大文에 구결을 달아서 제시한 다음에 쌍행으로

9) 이러한 사실에서 엄밀하게 말한다면, 『법화경언해』는 번역이지만 『석보상절』과 『월인석보』는 翻案이라 할 수 있다. 그러나 뒤의 두 책도 대부분의 경우 『법화경』의 원문을 번역하여 수록하였으므로, 학계의 관행에 따라 번역이라 부르기로 한다.

10) 『월인석보』는 長行만 번역하였지만, 偈頌의 자리를 밝힌 경우가 많다. 협주에 게송의 내용을 간단히 밝히긴 하였으나 본문의 문맥은 이상하게 되어 있다.

偈ᄅᆞᆯ ᄉᆞᆯ보ᄃᆡ 그ᄢᅴ 世尊이 (월석 13, 64, 법화 3, 63b-66a 참조)

偈로 頌ᄒᆞᅀᆞ보ᄃᆡ 그ᄢᅴ 十六王子ㅣ (월석 14, 16a, 법화 3, 98a-100b 참조)

물론 협주도 없는 다음 경우는 문맥의 이해가 더욱 어려운 것이다.

偈ᄅᆞᆯ 닐오ᄃᆡ 그ᄢᅴ 五百萬億諸梵天王이 (월석 14, 28b, 법화 3, 122b-123a 참조)

된 번역을 대조하고 있으므로, 번역문에 원전과 그 구결이 상당한 영향을 주게 된다. 이에 대하여 『석보상절』과 『월인석보』는 번역문만으로 되기 때문에 원전의 직접적인 간섭에서 자유로울 수 있다. 이러한 차이는 기본적으로 책의 편찬이 『법화경언해』는 원전의 정확한 이해를 위한 것이지만, 다른 두 책은 『법화경』의 줄거리를 알리려는 데서 온 것이다. 그리하여 『법화경언해』는 원전의 글자 하나는 말할 것도 없고 구결도 소홀히 하지 않는 번역을 보이는 데 대하여, 두 책은 그러한 구속에서 벗어난 번역을 보인다. 두 책 사이에도 차이가 없지 않아서, 『석보상절』이 훨씬 자유로운 번역이다. 그것을 알리는, 같은 원문의 번역인 예문 하나만 들기로 한다.

> 엇뎨 諸佛世尊이 다믄 ᄒᆞᆫ 큰 잀 因緣으로 世間애 나시ᄂᆞ다 ᄒᆞ거뇨 ᄒᆞ란ᄃᆡ 諸佛世尊이 衆生ᄋᆞᆯ 부텻 知見을 여러 淸淨을 得게 호려 ᄒᆞ샤 …… 世間애 나시ᄂᆞ니 (석상 13, 48b-49a)
>
> 엇뎨 諸佛世尊이 다믄 一大事因緣으로 世間애 나시ᄂᆞ다 ᄒᆞ거뇨 諸佛世尊이 衆生ᄋᆞᆯ 부텻 知見을 여러 淸淨을 得게 호려 ᄒᆞ샤 …… 世間애 나시ᄂᆞ니 (월석 12, 111)
>
> 엇뎨 일후미 諸佛世尊이 오직 一大事因緣 젼ᄎᆞ로 世間애 나 現ᄒᆞ샴고 諸佛世尊이 衆生ᄋᆞ로 부텻 知見을 여러 淸淨을 得게 코져 ᄒᆞ실씨 …… 世間애 나 現ᄒᆞ시ᄂᆞ니라 (법화 1, 179) — 云何名諸佛世尊이 唯以一大事因緣故로 出現於世오 諸佛世尊이 欲令衆生으로 開佛知見ᄒᆞ야 使得淸淨故로 …… 出現於世ᄒᆞ시ᄂᆞ니라 (법화 1, 177b-178a)

우선 '以一大事因緣故로, 云何名諸佛世尊이'에서 '故, 名'이 『석보상절』과 『월인석보』에서는 무시된 번역인 데 대하여 『법화경언해』에서는 '젼ᄎᆞ, 일후미'로 번역되어 있다. 적어도 현대국어의 직관으로는 무시된 전자가 자연스러운 번역이다. 이와 같이 원문의 글자를 직역하지는 않았으나 번역에서 그것을 배려한 것이 『법화경언해』이다. 곧 '使得淸淨故로'를 앞의 두 책은 '得게 호려 ᄒᆞ샤'로 번역하였으나, '得게 코져 ᄒᆞ실씨'로 하여 '故'를 배려한 번역이 그것이다. 다음으로 구결과 관련하여서는 '出現於世오'가 앞선 두 책에서는 마지막 어구가 각각 'ᄒᆞ거뇨 ᄒᆞ란ᄃᆡ, ᄒᆞ거뇨'와 같이 동사문이나, 『법화경언해』에서는 '現ᄒᆞ샴고'란 명사문으로 된 예에서 구결과의 일치를 확인한다. 또 원문의 '欲令衆生으로'도 두 책의 '衆生ᄋᆞᆯ'에 대한 『법화경언해』의 '衆

生ᄋᆞ로'는 구결과의 일치를 보인 예다. 그런데 '出現於世'는 구결뿐 아니라, 원문의 '出現'이 번역에서 두 책의 '나-'에 대한 『법화경언해』의 '나 現ᄒᆞ-'가 원문의 글자 하나하나가 모두 번역된 것으로서, 앞의 '故, 名' 등과 같은 예에 속한다.

둘째로 경어법의 사용 등 문법 현상에서도 세 책은 차이를 보이고 있다. 여기 경어법만 보더라도, 『법화경언해』는 『석보상절』과 다른데, 『월인석보』는 중간적 내지 과도적인 성격으로서 때로 『석보상절』과 다른가 하면 때로는 『법화경언해』와 다르다. 위에서 장행과 게송을 설명하면서 언급한 부처의 白毫相光에 대하여 미륵이 묻고 문수가 대답한 본문의 번역에서 그러한 경어법 사용을 확인할 수 있다.

> 彌勒菩薩이 …… 文殊師利ᄭᅴ 묻ᄌᆞᄫᆞ샤ᄃᆡ 文殊師利여 尊師ㅣ 엇던 젼ᄎᆞ로 …… 네 업던 이를 얻ᄌᆞᄫᆞᇇ뇨 (석상 13, 16)
> 彌勒菩薩이 …… 文殊師利ᄭᅴ 묻ᄌᆞᄫᆞ샤ᄃᆡ 엇던 因緣으로 …… 뎌 부텻 國界莊嚴을 다 보ᄂᆞ니잇고 (월석 11, 39b-40a)
> 彌勒菩薩이 …… 文殊師利ᄭᅴ 묻ᄌᆞ와 니ᄅᆞ샤ᄃᆡ 엇던 因緣으로 …… 뎌 부텻 國界莊嚴을 다 보ᅀᆞᆸᄂᆞ니잇고 (법화 1, 66b-67a)

이 예문은 彌勒이 묻는 것인데, 『석보상절』이 게송 부분의 번역이므로 내용에서도 약간 차이가 있으나 중요한 것은 文殊를 彌勒의 상위자로 이해하고서 'ᄒᆞ라體'를 쓰고 뒤의 두 책이 'ᄒᆞ쇼셔體'를 써서 번역한 차이를 보인다. 다음 예문은 文殊의 대답인데, 『석보상절』과 『월인석보』가 같고 『법화경언해』만 다르다.

> 日月燈明佛ㅅ 여듧 아ᄃᆞ니미 다 妙光ᄋᆞᆯ 스승 사ᄆᆞ신대 妙光이 ᄀᆞᄅᆞ쳐 …… 구드시긔ᄒᆞ니 (석상 13, 35a, 월석 11, 91)
> 日月燈明佛ㅅ 여듧 아ᄃᆞ리 다 妙光ᄋᆞᆯ 스승 사ᄆᆞᄂᆞᆯ 妙光이 敎化ᄒᆞ야 …… 굳게 ᄒᆞ니 (법화 1, 112a)

燈明 八子에 대하여 앞의 두 책은 '-님, -시-'를 사용하였으나 『법화경언해』는 그렇지 않다. 물론 『법화경언해』가 『석보상절』과 같고 『월인석보』와 다른 예도 있다. 앞 예문의 마지막 동사에 나오는 겸양법 접미사가 그러하다.

그러나 이것은 매우 드문 편이다. 『석보상절』과 『법화경언해』가 서로 다르고 『월인석보』는 그 중간에 있는 것이다. 그런데 『법화경언해』에서도 계환 요해의 번역에서는 '-시-'를 八子뿐 아니라 妙光에 대하여도 사용하고 있다.

> 妙光이 네 燈明을 돕ᄉᆞ오샤 然燈ㅅ 스스이 ᄃᆞ외시고 …… 八子ㅣ 燈明에 나샤 妙光ᄋᆞᆯ 스승 사ᄆᆞ시며 (법화 1, 112b)

이와 같이 같은 인물에 대한 경어법의 사용이 한 책에서 달라진 것은 원전의 이해와 관련된 것이 아닌가 한다. 전세에서 자신의 제자인 八子에 대한 文殊의 말과, 그 八子에 대한 戒環의 要解는 경어법을 달리하여 번역되고 마찬가지로 전세의 文殊 자신인 妙光에 대한 文殊의 말과 戒環의 要解는 경어법 사용이 다르게 번역된 『법화경언해』는 『석보상절』이나 『월인석보』보다 원전의 깊은 이해로써 이루어진 것으로 생각된다. 중세어 자료의 일반적인 경향이 意譯보다는 直譯에서 경어법의 사용이 덜 민감한 것이지만,[11] 이와 같이 원전의 이해 정도에 따라 그 사용이 달라지는 경우도 있다. 그러므로 같은 『법화경』을 번역한 이들 세 책에서 경어법을 비롯한 문법 현상의 차이가 원전의 이해, 번역의 양식 등에 따라 나타남을 유의해야 할 것이다.

끝으로 지적할 사실은 陀羅尼의 한글 음역이 세 책은 모두 다르다는 점이다. 한글 음역은 梵字에 대한 것이 아니라, 『법화경』(권7)에 있는 한자 음역을 대상으로 행한 것이다. 그런데 『법화경언해』(7, 110a 이하)는 한글 음역이 일체 없다. 원전인 『법화경』과 같이 한자 음역만 제시되어 있다. 번역에 나오는 모든 한자에 비록 『東國正韻』에 따르지만 한글로 독음을 단 일을 생각하면 매우 특이한 예외이다. 그런데 『석보상절』(21, 23a 이하)에서는 다라니의 어구를 단위로 하여 한글 음역이 달려 있다. 그 음역은 『동국정운』과 전혀 다르다. 단적인 예로 整齒와 齒頭의 구별이 있는 것이다. 『洪武正韻譯訓』과 같은 계통의 음역이다. 그러나 그와 똑같지는 않다. 예컨대 음역에는 『동국정운』과 같이 받침으로 ㅇ이 사용되어 있는데, 『홍무정운역훈』에서는 고유어를 표기할 경우와 같이 받침없이 중성으로 음절 표기가 끝난다.[12] 그러한

---

11) 안병희(1992a)의 제1장 「중세국어 연구 자료의 성격」 참조.

12) 『석보상절』이 8년 정도 늦게 간행된 1455년(단종 3)의 『홍무정운역훈』 계통인 한글 음역을 갖는 일은 이상하게 생각될 수 있다. 그런데 申叔舟의 서문에서 '凡

예를 정치와 치두의 구별, 방점 표기를 무시하고 「陀羅尼品 제26」의 첫 다라니의 앞 부분으로 보이면 다음과 같다.

安爾헌싱 曼爾뫈싱 摩禰뮝녱 摩摩禰뮝뮝녱 旨隷징롕 遮黎第졍롕뗑 (석상 21, 23a)

그런데 이에 해당하는 『월인석보』 권19(50b 이하)는 제1구가 마모되어 분명하지 않으나 나머지 부분은 다음과 같이 볼 수 있다.

曼爾먼숭 摩禰뭐니 摩摩禰뭐뭐니 旨隷즈리 遮梨第져리띠 (월석 19, 50b)

여기에서는 한자 음역에서도 두어 자의 차이가 있으나, 문제는 한글 음역인데 종성이 없으면 당시 문헌의 고유어 표기와 같이 중성으로 음절 표기가 끝나 있는 것이다. 그 밖에 자음과 모음의 표기에서도 상당한 차이가 확인된다. 그리하여 다라니의 한글 음역은 『석보상절』이 『홍무정운역훈』과 공통된다. 더욱이 입성운미 t도 그러하여 두 책은 다 같이 받침ㄷ으로 음역되어 있다.

佛뿓, 吉긷, 達딷, 涅녇 (석상 21, 23b)

그러나 『월인석보』에서는 모두 받침ㆆ으로 표기된다.

佛뿡, 吉깅, 達땅, 涅녕 (월석 19, 51b-52a)

여기에서 우리는 다라니의 한글 음역이 『석보상절』에서 『월인석보』로 오면서 『홍무정운역훈』과 더 크게 달라진 사실을 알게 된다. 『홍무정운역훈』의 간행이 『석보상절』과 『월인석보』의 사이이므로, 이 사실은 언뜻 이해하기 어렵다. 그러나 1476년(성종 7)의 한글판 『五大眞言』과 1485년의 『오대진언』

謄十餘藁 辛勤反復 竟八載之久'라 하여 『홍무정운역훈』의 편찬이 『석보상절』 간행 무렵에 시작되었다고 하므로 다라니의 한글 음역에 整齒와 齒頭의 구별 등이 나타나게 된 것이다. 받침 ㅇ의 차이는 원고를 여남은 차례 고치는 과정에서 생긴 것으로 이해된다. 따라서 『홍무정운역훈』도 『동국정운』과 같이 한자음 표기에서의 변동이 편찬 과정에 있었다고 할 것이다.

이후로 전혀 새로운 한글 음역이 나타나는 점으로 미루어서 『석보상절』의 한글 음역이 일찍부터 문제되어 『월인석보』에서 상당 부분 고쳐진 것으로 보인다. 고쳐진 것도 『홍무정운역훈』과 같이 整齒와 齒頭의 구별, 종성의 脣輕音 등이 사용되었으므로, 간경도감의 국역 불경인 『능엄경언해』(권7, 29a-40a)와 『법화경언해』에서 한글 음역을 없앤 과정을 거쳐 한글판 『오대진언』부터 전통적인 독송에 따른 한글 음역이 나타난 것으로 이해되는 것이다.[13] 그 차이를 알기 위하여 安心寺版 『眞言集』의 '妙法蓮華經卷第七'(61a-65b)에서 앞에 인용한 『석보상절』과 『월인석보』의 한글 음역에 해당하는 부분만 보이기로 한다.

安爾안이 曼爾만이 摩禰마녜 摩摩禰마마녜 旨隷지례 遮梨第자리뎨, 佛뫁, 吉기, 達달, 涅녈 (진언 61a-62a)

이상의 설명으로써 『법화경언해』가 『석보상절』이나 『월인석보』의 「법화경」 부분과 내용상으로 다른 점을 알 수 있다. 그런데 머리말에서 말한 바와 같이 『법화경』은 가장 널리 읽힌 경전이므로 『법화경언해』는 처음 간행된 뒤로 刊記에 따르면 적어도 세 차례 복각되어 간행되었을 뿐 아니라, 약간의 손질을 거쳐 전책 또는 일부가 발췌되어 간행되기도 하였다. 이들은 새로운 번역이 아니므로 뒤에 『법화경언해』의 중간본에서 다루기로 하고, 여기서는 활판본 이전에 전적으로 새로이 번역된 책과 『법화경』의 원문에 한글로 독음을 단 책 곧 한글 音譯本을 설명해 두기로 한다. 한글 음역본은 번역이 아니지만, 고서목록에서 '國漢文對譯, 한글譯解'로 주기되어 있어서 번역본으로 오인될 수 있기 때문이다.[14]

전책을 새로이 번역하여 목판본으로 간행한 것은 지금부터 70여 년 전의 일이고, 『법화경』의 「觀世音菩薩普門品」만을 떼어내 번역 간행한 것은 1697년(숙종 23)의 일이다. 차례로 설명하기로 한다.

---

13) 여기의 전통적 독송은 菅野裕臣 교수에 따르면, 전통적 한자음이라 하는 것이다. 다시 말하면 『오대진언』 이후의 한글 음역은 전통적 한자음에 의거하였다고 한다. 이에 대하여는 안병희(1992b: 254)의 각주를 참조. 그러나 전통적 한자음은 『동국정운』에 대한 일반 한자음을 가리키는 것이 관행이므로 여기서는 다라니의 전통적 독송에 의거한 한글 음역이라 하겠다.

14) 서울대학교도서관 편(1981: 1322) 등을 참조할 것.

전책 번역은 한글만으로 되었는데, 구두점이 쓰이고 간혹 띄어쓰기도 나타난다. 간행 연대가 미상으로 알려져 있으나,[15] 번역자가 권두에 '희동 우바식 운셔 박틱셕 언희'로 되어 있고 간행 관련자가 '셰직신유륙월상슌 쳥신샤 광화리셕규등셔'(권7, 45b) 등으로 기록되어 있으므로 1921년(辛酉)의 간행으로 생각된다. 비슷한 판식과 번역의 목판본인 『佛說大目蓮經』과 『佛說長壽滅罪諸童子陀羅尼經』이 戊午年 곧 1918년 '리광화셕규'의 관여로 간행되었고, 더욱 결정적인 사실로 新鉛活字本인 『원각경』이 1926년 朴台錫諺解로 新文館에서 간행되었기 때문이다. 그러므로 이 책은 20세기에 새로 번역된 책으로서, 활판으로 『법화경』의 번역본이 출판되기 전의 마지막 목판본으로 된 번역이다. 따라서 현대어의 자료이다.

부분 번역인 『法華經觀世音菩薩普門品諺解』는 간기가 '康熙36年丁丑(1697, 숙종 23) 7月日海州神光寺開板'이라 있으므로 1697년 간행임이 확인된다. 먼저 원문을 한 대문씩 구결 없이 싣고 한글만으로 된 언해를 대비하여 놓았다. 대문은 『법화경언해』보다 크게 나뉘고, 언해는 『법화경언해』를 참조한 듯하나 표기와 어휘 등이 간행 당시의 국어를 반영하고 있다. 근대어의 자료인 것이다.

『법화경』의 音譯本은 원문 한자와 그 독음인 한글을 2행으로 짝지어 놓은 책이다. 한글에는 행의 오른쪽에 구두점이 있어서 독송의 편의를 도모하였다. 언해가 없으나 한자음의 연구에 이용될 자료다. 우리의 조사로는 권7 끝에 '嘉慶4年己未(1799, 정조 23) 秋7月日順天松廣寺留板'이란 간기가 있는 책이 가장 빠르다. 그러나 독음 표기의 한글에 ㅿ, ㆁ이 혼란되어 있지만 사용된 점으로 보아 16세기의 原刊이 있었던 것이 아닌가 한다. 그러므로 면밀한 연구가 있어야 할 것으로 생각된다.

Ⅲ. 『법화경언해』의 원간본

『법화경언해』는 이미 앞에서 말한 바와 같이 1463년(天順 7, 세조 9) 9월에 간경도감에서 처음으로 간행되었다. 간경도감 도제조 尹師路 등이 올린 9월

15) 서울대학교도서관 편(1981)을 비롯한 고서목록에서 간년 미상으로 기술되어 있다.

2일자 箋文이

謹將新雕印御譯妙法蓮華經 粧潢投進

으로 시작된 것이 그 단적인 증거다. 같은 날짜의 『세조실록』 기사(9년 9월 戊午조)도 그것을 뒷받침한다. 간경도감에서 간행된 목판본 『능엄경언해』에 실린 간경도감 도제조 桂陽君 등의 전문이 1462년 8월 21일자이므로 1년만에 두 번째로 간경도감 불경언해가 간행된 것이다. 1461년 6월 중순에 설치된 간경도감에서 1462년까지 새로 판각하여 간행한 한문본 불경은 10종 정도에 이른다. 刊記에 '刊經都監奉敎雕造'라 한 불경이 그것인데, 이미 판각되어 전하는 판목을 손질하여 간기에 '刊經都監奉敎重修'라 하고 印出한 불경까지 합하면 그 수효는 더욱 늘어난다. 이에 비해 언해본은 2년이나 지났음에도 2종이 간행되었을 뿐이다. 이는 정해진 저본을 그대로 판각하여 간행한 한문본과 달리 구결을 달고 번역과 협주를 덧붙이는 언해본의 편찬 작업에는 시일이 꽤 걸렸기 때문이라 생각된다.

그런데 간경도감의 언해본에는 전문에 이어 '奉敎雕造'라 하여 간행에 관여한 간경도감의 관원 명단, 곧 列銜이 실린 책이 있다. 참고로 그것이 나오는 언해본을 간년 순서로 제시하고 직책에 따른 인원수를 보이기로 한다.

	都提調	提 調	副提調	使	副 使	判 官	합 계
능엄경언해	3	7	5	4	2	3	24
법화경언해	2	8	2	5	2		19
영가집언해	1	8	2	3	4	2	20
금강·심경언해	1	8	2	3	4	2	20
원각경언해	1	9	1	5	3	1	20

책에 따라 약간의 출입이 있으나 정1품인 도제조로부터 종5품인 판관까지 20명 내외의 관원이 참여한 것으로 파악된다. 『永嘉集諺解』와 『金剛·心經諺解』는 간행 시차가 3개월 뿐이어서 직책에 따른 관원 수까지 같다. 그러나 提調에서는 사람이 1명 바뀌고 다른 직책에서는 관직이 바뀐 사람도 있으므로 똑같은 열함은 아니다. 그런데 판각과 인출 등 간행의 실무는 따로 吏胥가 담당하게 되니까 상당한 인원이 간행에 동원된 것이다. 그러나 문제는 이

들이 언해본의 간행에 참여하였으나 그 편찬에 모두 참여한 것이 아니란 점이다. 그러므로 간기의 '奉敎雕造'는 글자 그대로 세조의 명령을 받들어 언해본을 만들어서 간행, 곧 출판한다는 뜻이다. 『법화경언해』에는 발문이 없어서 언해본 편찬의 경위나 내용을 밝힐 수 없지만, 다같이 전문과 열함이 있으면서 孝寧大君, 判敎宗事海超, 金守溫, 韓繼禧, 盧思愼의 발문과 「飜譯廣轉事實」이 있는 『금강경언해』와 권수의 언해참여자난에 '御定口訣/慧覺尊者臣信眉孝寧大君臣補仁順府尹臣韓繼禧等譯'이란 2행이 있는 『원각경언해』에 비추어서 열함은 언해와 분리하여 보지 않으면 안된다.

『금강경언해』의 언해 경위와 작업 과정은 한계희 발문의 본문과 협주에 자세히 설명되어 있다.[16] 곧 발문의 본문에서는 1464년 2월 1일에 세조가 한계희와 효령대군에게 내가 『금강경』을 번역하여 널리 펴려고 하니 그대들이 힘쓰라고 하였다 하고서 그 절차가 첫째 세조의 구결 親定, 둘째 구결에 따른 한계희의 번역, 셋째 효령대군과 해초 등 名僧의 덧붙인 연구로 이루어져 5일에 작업이 완성되었다는 것이다. 그러나 협주에서는 작업 절차를 아주 세밀하게 설명하였는데, 첫째 구결의 확정에서는

(1) 貞嬪韓씨가 세조 앞에서 구결을 씀.
(2) 社堂慧瓊, 道然, 淑儀朴씨 등 7인이 구결을 쓰고 겸하여 교정함.
(3) 永順君이 세조의 명령을 받아 出納을 맡음.

이라 하고, 둘째 번역과 셋째 연구에서는

(1) 禮曹參議 曺變安은 『東國正韻』에 따라 한자음을 씀.
(2) 工曹判書 金守溫, 工曹參判 姜希孟, 都承旨 盧思愼은 참조하여 바로잡음.
(3) 議政府舍人 朴楗, 工曹正郎 崔灝 등 관원 5인이 여러 불경을 상고함.
(4) 典言 曺씨, 行同判內侍府事 安忠彦, 護軍 張末同 등 19인이 번역을 씀.
(5) 行司勇 張治孫, 金今音同, 承供校尉 朴成林 등 11인이 쓴 번역을 교정함.

이라 하여 분업의 체제로 행해졌다는 것이다. 발문은 이렇게 하여 완성된 원고가 간행을 위하여 간경도감으로 넘겨졌다고 하니, 그 해 4월 7일자 전문으

16) 안병희(1997: 5) 참조. [본서 제14장]

로 따지면 언해본 간행에는 2개월이 걸린 셈이다. 그런데 그 책의 열함에는 위의 언해에 참여한 관원들이 포함되어 있지만, 각기 정3품과 정4품의 관직에 있는 曺變安과 朴楗 등 관원의 이름은 보이지 않는다. 열함이 언해와 관련된 관원의 것이라면, 효령대군을 비롯한 승려와 妃嬪, 內人, 內侍 등의 이름이 관원이 아닌 이유로 빠질 수는 있지만 관원인 조변안, 박건 등의 이름은 빠질 수가 없다. 열함이 책의 간행에 참여한 관원의 명단임을 말하는 것이다. 그러므로 언해에 참여한 관원이 열함에 있다면 그는 간행에도 참여한 것으로 이해되는 것이다.

『원각경언해』의 경우도 열함이 언해와 무관하게 이루어진 것임을 말한다. 구결을 확정한 세조나 번역을 한 신미와 효령대군 등 승려가 열함에 빠진 것은 비록 언해본의 간행에 참여하였다 하더라도 간경도감의 관원이 아니므로 당연하다. 그런데 한계희의 관직과 품계가 문제다. 언해자로서는 권수의 언해자 표시로 종2품직인 仁順府尹으로 나오지만 열함에는 정2품 資憲大夫로서 정2품직인 吏曹判書로 되어 있다. 이것은 『원각경』을 번역한 공로로 말미암아, 그 언해본이 간행되어 전문을 붙여 세조에게 진상된, 곧 전문의 날짜인 1465년(成化 1, 세조 11) 3월 19일보다 10일 앞서서 한계희는 강희맹과 함께 승진된 결과의 반영이다. 『世祖實錄』은 그것을 다음과 같이 기록하고 있다.

> 孝寧大君補 嘗讎校圓覺經 至是事訖 上御思政殿 設宴慰之 …… 以韓繼禧爲吏書(曺의 잘못: 인용자)判書 梁誠之知中樞院事 姜希孟仁順府尹 韓致仁僉知中樞院事 吳凝司憲執義 繼禧希孟以譯圓覺經功也 (11년 3월 丙辰(9일)조)

다시 말하면 열함은 한계희가 『원각경언해』 간행에 참여한 관원으로서 자헌대부, 이조판서로 승진한 날로부터 전문이 이루어진 10일 동안에 작성되고 판각된 것이지만, 언해자 표시는 번역에 참여하였을 때에 인순부윤이므로 승진 전의 관직으로 둔 것이라 생각된다. 고서의 간행도 오늘날 양장본과 마찬가지로 책의 본체가 먼저 이루어지고 序跋 등 부속문자가 나중에 이루어지는 관례임을 고려한다면, 본체에 나오는 언해자 표시는 이미 인출까지 마친 단계였을 것이다. 그러나 하려고만 한다면, 각 권수의 한 곳에만 나오는 언해자 표시는 이른바 埋木으로 교정하여 다시 그 1장만 인출하여 쉽게 바꿀 수 있다. 그것을 굳이 그대로 두어 열함과 달리 된 것은 열함이 언해에 참여한 관원과 무관함을 말한다고 할 수밖에 없다.

『법화경언해』의 열함이 그 간행에 참여한 관원의 명단이라면 번역한 사람이 누구냐 하는 문제가 제기될 수 있다. 앞 장의 「법화경의 국역」에서 본 바와 같이 『법화경언해』는 세조가 잠저시에 편찬한 『석보상절』과 즉위한 뒤에 그것을 개편한 『월인석보』에 수록된 『법화경』의 번역을 이은 세 번째 번역이다. 더욱이 전문에서 '御譯妙法蓮華經'이라 하고 있으므로 역자는 당연히 세조일 것이다. 그런데 세조, 信眉, 金守溫 등의 발문에 따르면 세조가 구결을 달고 그 구결에 따라 韓繼禧가 번역하였다고 한 목판본 『능엄경언해』의 전문도 '御譯大佛頂如來密因修證了義諸菩薩萬行首楞嚴經'이라 하고 있다. 그러므로 『법화경언해』도 이미 번역된 일이 있었지만, 『금강경언해』나 『능엄경언해』와 마찬가지로 구결은 세조가 확정하고, 나머지 절차는 그 언해본과 비슷하게 진행되었다고 하겠다.[17] 굳이 말한다면 실제 번역은 한계희, 김수온 등이 행하였다고 함이 온당할 것이다.

그런데 『법화경언해』 등 간경도감의 언해본은 하나의 원전을 번역한 데 그친 것이 아니다. 『능엄경언해』의 각 권 끝에는 어려운 한자의 독음과 새김을 보인 「音釋」이 있는데, 이 음석은 원전인 宋나라 戒環의 『楞嚴經要解』뿐 아니라 宋나라 咸輝의 『楞嚴經義海』, 元나라 惟則의 『楞嚴經會解』, 宋나라 思坦의 『楞嚴經集註』에서 그 음석을 각각 要解, 義海, 會解, 集註란 서명의 약칭으로 전재하여 놓았다.[18] 위에 인용된 발문에서 언해본의 편찬에서 불경의 참조와 고증에 많은 관원이 참여하였다고 기록한 것을 뒷받침하는 사실이다. 이 『법화경언해』의 편찬에서도 사정은 비슷하였을 것이다. 그 책의 각 권 끝에도 「음석」이 있는데, 각기 '一本'이라 하여 세 한문본에서 옮겨 실어 놓았다. 우리는 그 한문본을 구체적으로 밝히지 못한다. 그러나 언해본의 편찬에 적어도 다른 세 개의 한문본 『법화경』을 참조하고 고증한 것은 확인하게 된다. 더욱이 『법화경언해』에는 원전을 교감하여 난상에 판각한 주기가 있다. 阿丹文庫 소장 원간본 권1에만 나타나는 것으로, 모두 세 곳뿐이므로 옮겨 적기로 한다.

---

17) 『능엄경언해』의 箋文과 번역 절차에 대하여는 안병희(1997: 4-5) 참조. [본서 제14장]

18) 안병희(1997: 7) 참조. [본서 제14장]

是法下敎一 / 是諸下行一 / 下皆倣此 (182b 9 상)
舍利下人一 / 欲以下理一 (184b 8 상)
舍利弗當知下 / 亦名大乘機動 / 我卽作是念下 / 亦名佛歡喜於 / 諸菩薩中下亦 / 名正顯實菩 / 薩聞是法下亦 / 名受行悟入 (241a 6-9 상)

이들 주기는 원전 본문의 이해와 관련된 것인데, 그 근거와 출전을 우리로서는 알 길이 없다. 불교 경전의 연구자들의 해명을 기대할 뿐이다. 사실 그것은 국어사 자료로서 아무런 의미가 없다. 그러나 우리로서 주목하는 것은 원간본의 다른 책은 말할 것도 없고, 다른 곳의 권1에도 이것이 보이지 않는 점이다. 원문의 교감이 권1에서 시도되었지만 원전 이해의 참고서라 할 언해본의 이용에 그 효용이 의심스럽게 되어 중단한 결과로, 권1의 한 원간본에만 남은 것이 아닌가 한다. 그것은 어떻든, 『법화경언해』의 편찬은 다만 한 원전의 번역에 그치지 않고 많은 경전을 참고하여 이루어졌음이 위의 음석과 함께 이 주기로써 드러난다.

이와 같이 하여 이루어진 원간본은 1463년에 처음으로 인출된 뒤로 적어도 1472년(成化 8, 성종 3)과 1495년(弘治 8, 연산 1)의 두 번에 걸친 印出이 있었다. 우선 언해본의 기록으로 그 때의 갑인자로 된 金守溫跋과 목활자로 된 學祖跋이 그것을 말한다.

我仁粹王妃殿下 …… 於是 命令分詣板本所在 模印法華經六十件 楞嚴經六十件 圓覺經二十件 (김수온 발)
我王妃殿下 …… 於是 擇經律論中 開人眼目者 印出飜譯法華經楞嚴經各五十件 金剛經六祖解心經永嘉集各六十件 (학조 발)

곧 두 번 다 王妃의 명령으로 이미 만들어진 板本 곧 그 책의 목판으로 『법화경언해』가 인출된 것이다. 먼저 學祖의 발문에서는 '飜譯法華經云云'이라 하였으므로 1495년에 『법화경언해』, 『능엄경언해』 각 50부, 『금강경육조해』 곧 『금강경언해』, 『심경언해』, 『영가집언해』 각 60부 등이 인출된 것을 말하고 있다. 이 발문을 가진 『법화경언해』 권7은 없지만, 『금강경언해』, 『심경언해』 및 『영가집언해』는 이 발문을 가진 책이 전하므로 권7이 아닌 『법화경언해』의 현전하는 원간본 가운데는 이때의 인출본이 있을 것이다. 다음으로 金守溫의 발문에서는 '法華經云云'이라 하였으므로 그 책이 한문본인지 언해본인지를 발문 기록만으로 밝혀지지 않는다. 다행히 이 발문을 가진 『법화경언해』와 『원각경언해』가 현전하고 있으므로 1472년에 『법화경언해』 60부가 인출되었음이 틀림없는 일이다.[19)]

이리하여 이 책의 원간본은 30여 년 사이에 세 번의 인출을 확인한다. 1463년의 첫 인출본을 줄여 잡아 100부 내외라면 세 번에 걸쳐 모두 200부 정도가 인출되었다고 할 수 있다. 그런데 이들 인출본 사이에는 적어도 印面, 紙質 등으로 아무런 차이가 없다. 1472년의 金守溫 발문을 가진 『법화경언해』가 이 발문을 제외하면 다른 원간본과 차이나는 사실이 발견되지 않는다. 이보다 20여 년이 늦게 1495년의 學祖 발문을 가진 『금강경언해』, 『심경언해』, 『영가집언해』도 적어도 인면이나 지질로는 간경도감 언해본의 다른 원간본과 차이점을 찾기 어렵다.[20)] 학조 발문으로 1495년의 인출본이라 할 수 있고, 만일 그것이 없다면 초쇄본이라 할 수밖에 없는 상태의 책이다. 다시 말하면 판목의 변형이나 자획의 마모로 후쇄본이라 할 책이 아닌 것이다. 그러므로 이들 인출본은 모두 원간본으로 다루지 않으면 안 된다. 다만 앞에서 말한 난상의 주기를 가진 권1만은 그것이 삭제된 다른 권1에 비교하여 초쇄본이라 할 수 있을 뿐이다.

원간본 가운데서는 각 책의 첫머리 난상에 '校正'이란 印記(朱文長方印)를 가진 책이 특이하다. 우리가 확인한 것으로 권2 책상(1a1 난상), 책하(174a1 난상), 권4 책상(1a1 난상), 권5 책하(123a1 난상) 등이 있다.[21)] 이들 인기는

---

19) 『법화경언해』는 서울의 中央僧伽大學 도서관, 『원각경언해』는 고려대학교 도서관 六堂文庫에 소장되어 있다.

20) 여기서 적어도라고 한 것은 이때의 인출본에서는 원간본의 전문과 열함, 발문 등이 나타나지 않기 때문이다. 이때는 원전 언해의 목판만으로 인출한 것으로 추정된다. 물론 지질 등에서 상대적으로 좋고 나쁜 용지가 있으나, 그것으로 초쇄와 후쇄로 보기는 어렵다.

21) 이와 같이 이 인기는 대개의 경우 권수 장1a의 제1행 난상에 나타난다. 그러나 예외적으로 난하에 찍힌 책도 있다. 『능엄경언해』의 원간본인 서울 강태영 씨 소장본과 『심경언해』의 원간본인 自在庵(동두천시) 소장본 등이 그러한데, 각각 권수 1a1과 1a1 난하에 그 인기가 있다. 앞으로 논의될 문제로 남겨둔다. 그리고 '책상, 책하'라고 한 것은 『법화경언해』의 1권이 분량의 과다로 상, 하 2책으로 분책되어 있기 때문에 생긴 결과다. 그러므로 곧 설명되는 바와 같이 이 인기는 책이 장정된 뒤에 첫째 장의 제1행 난상이나 난하에 찍혔다고 한 것이다.

세조 때의 간본에 보이는데, 그 성격에 대하여는 명확하게 구명되지 않은 것으로 생각된다. 우리의 지나친 추측일지 모르나 印文의 '校正'이 오늘날 용법대로 본문의 잘못된 인쇄를 바로잡은 뜻으로 학계에서 이해하고 있는 듯이 보인다. 그러나 이러한 인기를 가진 책에서, 붓으로 된 본문의 교정이 적어도 『월인석보』나 간경도감의 언해본 등 한글 문헌에서는 나타나지 않는다. 그러므로 이러한 인기는 인출된 책장을 매는 과정, 곧 장정에서 책장의 인면 상태, 책장의 탈락과 중복, 또는 착란을 바로잡았다는 뜻으로 사용된 것으로 보인다. 실지로 이 인기를 가진 책은 모두 인면 상태가 훌륭하고 책장 순서 등에 착오가 전혀 없다.

그 의미는 어떠하든지 간에, 이 인기를 가진 『법화경언해』는 그 인기의 다른 간본과 마찬가지로 모두 세조 때에 인출된 것으로 보아야 한다. 굳이 말한다면 1463년의 초쇄본이라 하겠다. 그런데 이 초쇄본이란 추정에 대하여 언해 참여자의 이름이 권수에 나타나지 않는 점이 의문을 제시한다. 『법화경언해』의 권수에는 원전의 편저자인 '溫陵開元蓮寺比丘 戒環解(제2행), 上天竺講師住山比丘 一如集註(제3행)'는 있으나, 구결과 언해를 한 사람의 기명은 없다. 원전에 없는 제4행의 빈 칸이 있을 뿐이다. 이 빈 칸은 간경도감에서 이보다 뒤에 나온 언해본, 예컨대 앞에서 말한 『원각경언해』 등에서는 구결을 달고 언해를 한 사람의 기명이 있어야 할 자리이다. 그러나 『법화경언해』의 모든 원간본은 위의 난상 주기를 가진 권1을 포함하여 이 제4행은 빈 칸이다. 우리는 일찍이 간경도감 언해본을 포함한 당시 언해본에서의 구결과 언해 참여자 기명의 삭제가 인출 연대 추정의 기준이 된다고 한 일이 있다. 예컨대 『몽산법어언해』의 초쇄본에는 권수 제3행에 '慧覺尊者信眉譯解'라 있으나 1472년 金守溫 발문을 가진 인출본에는 그 행이 빈 칸인 사실을 예증으로 한 것이다.[22] 이 기준에 따르면 校正의 인기가 있는 『법화경언해』도 1472년 이후의 인출본이라 할 것이다. 그러나 인기나 난상 주기가 있는 책을 초쇄본이 아니라 하기는 어렵다. 여기서 언해자 기명의 빈 칸이 적어도 『법화경언해』의 경우는 인출 시기를 결정하는 절대적인 기준이 되지 못함을

22) 안병희(1992b: 509 각주 14) 참조. 그 곳에서 우리는 『원각경언해』, 『선종영가집언해』, 『금강경언해』, 『심경언해』가 그러한 언해본이라 하였으나, 『심경언해』에는 처음부터 언해자 기명이 없다. 다시 말하면 『심경언해』에는 빈 칸이 없는 것이다. 잘못을 바로잡아 둔다.

인정하지 않을 수 없다. 1472년의 『몽산법어언해』와 1495년의 『선종영가집언해』 등의 인출본에서 삭제된 빈 칸이 후대의 복각본에서는 구결을 달고 언해한 사람의 기명이 나타나기도 하는 데 대하여, 『법화경언해』의 복각본에서는 모두 빈 칸 그대로인 사실도 그것을 방증한다. 그러므로 『법화경언해』의 빈 칸은 새로운 해석이 요망된다. 우리의 생각으로는 언해자의 기명을 제4행에 밝히고자 하였으나, 그러나 기명이 없는 『능엄경언해』의 체재에 맞추어서 초쇄본부터 삭제하고 인출한 것이 아닐까 한다.23)

『법화경언해』의 원간본은 校正이란 인기, 난상의 주기를 따지지 않더라도 전래하는 책이 매우 적다. 개인과 공공도서관에 零本으로 소장되어 전할 뿐이다. 당국에 신청하면 문화재인 보물로 지정될 정도로 희귀하다.24) 모두 합하면 완질 두어 부가 될 형편이다. 원간본의 판식은 잘 알려져 있는 바와 같이 四周雙邊에 9행 17자이고, 판심은 大黑口와 黑魚尾로 되어 있다. 이는 『능엄경언해』, 『원각경언해』, 『목우자수심결언해』와 똑같은 것이다. 간경도감 언해본의 전범이라 일컫는 판식이다. 그러나 이들 사이에도 작은 차이가 나타난다. 변란과 판심은 똑같으나 行款과 匡郭에서 차이를 보이는 것이다.

먼저 행관과 광곽을 보면, 간경도감의 언해본 가운데서 『금강경언해』, 『심경언해』, 『아미타경언해』, 『선종영가집언해』는 8행 19자이다. 半郭의 크기는 이들 8행본이 세로 가로가 대체로 21㎝, 15㎝ 정도이다. 그러나 위의 『법화경언해』 등은 대체로 21.5㎝, 18㎝이고, 『목우자수심결언해』만 18.5㎝, 12.5㎝로 되어 있다. 이로써 『법화경언해』를 비롯하여 『능엄경언해』와 『원각경언해』가 광곽이 클 뿐 아니라 字徑이 다른 언해본보다 큰 것을 알게 된다. 이는 이들 책이 다른 언해본보다 중요시된 데 말미암는다고 생각된다. 다음으로 원문에 언해가 직접 연결될 경우의 ○표도 다르다. 『목우자수심결언해』를 제외한 『법화경언해』 등 9행본은 원문의 구결을 小字雙行의 제1행에

23) 『능엄경언해』의 이러한 체재가 『법화경언해』를 제외한 다른 언해본에도 답습된 것은 아니다. 따라서 『몽산법어언해』나 『선종영가집언해』 등에 나타나는 언해자 기명이 있고 없음은 여전히 인출 시기를 판별하는 기준이 된다.

24) 여기 참고로 지정 문화재인 원간본을 보이기로 한다.
보물 959호 祇林寺毘盧舍那佛腹藏典籍 No.46 권1(장130~148), 4(장107~204)
보물 1010호 권1, 3, 4, 5, 6(서울 강태영 씨 소장)
보물 1140호 권3(2책. 서울 송성문 씨 소장)
보물 1225호 권7(장107~194. 金守溫跋. 중앙승가대학 소장)

쓰고서 작은 ○표를 두고 언해를 계속한다. 따라서 구결 옆의 제2행에도 언해가 있을 수 있다. 그러나 다른 언해본은 원문의 구결을 쌍행으로 쓴 다음에 큰 ○표를 두고 언해를 싣는다. 이들 책에서는 구결과 언해가 쌍행으로 나란히 놓이는 일이 없는 것이다. 이와 같이 『법화경언해』 등 9행본 3종은 책의 형태가 완전히 일치하는 것으로 보인다. 그러나 이들 사이에도 차이가 나타난다. 『능엄경언해』는 언해에 나오는 한자와 그 독음, 그리고 고유어 표기의 한글이 똑같은 크기의 小字이다. 그러나 『법화경언해』는 한자 독음을 표기한 한글은 약간 더 작은 글자다. 다시 말하면 한자 독음 표기의 한글이 언해문에서는 주석에 해당됨을 글자의 크기로써 분명히 드러나게 한 것이다. 이러한 사실을 종합하면 『법화경언해』는 목판본 『능엄경언해』의 체재와 판식을 계승하였으나, 한자 독음 표기의 한글을 약간 작게 하여 언해본의 완전한 전범이 되었다. 여기에 이 원간본이 서지학으로 보더라도 중요한 위치에 있음을 알 수 있다.

『법화경언해』에 나타나는 국어 자료는 『능엄경언해』와 공통된다. ㅸ은 폐기되었으나 대표적인 초기 한글 문헌으로써 국어사 연구에서는 매우 귀중하게 다루어진다. 그런데 이 책의 원간본에서는 16세기 국어의 모습도 나타난다. 단순한 오자로는 볼 수 없는 예들이다. 여기 그 예를 제시하여 두기로 한다.

法化돕ᄉᆞ와 펴ᄆᆞᆯ 爲ᄒᆞᆯ씨(爲助揚法化故로. 2, 175a)
부텻 ᄠᅳ데 當티 몯ᄒᆞ소오면(不當佛意ᄒᆞᅀᆞ오면. 3, 156-7)
한 모딘 이ᄅᆞᆯ 숨겨 ᄀᆞ촐씨(6, 175a)

앞 두 예는 겸양법 접미사의 모음 ‘ᄋᆞ’가 모음 ‘오’나 반모음 w 위에서 ‘오’로 동화된 것이고, 뒤의 예는 중세어 ‘ᄀᆞ초-’가 현대어 ‘감추-’로 바뀌기 전에 겪은 어형이다. 앞으로 다른 예와 함께 논의되기를 바란다.

Ⅳ. 『법화경언해』의 중간본

간경도감의 다른 언해본과 마찬가지로 『법화경언해』의 원간본은 16세기에 들어서 다시 인출되었다는 기록이 없다. 인출을 확인하거나 부인할 확증도 없다. 더욱 강화된 排佛政策으로 중앙의 간경도감에서 판각된 목판은 도감이 폐지된 이후로 圓覺寺르 옮겨진 것으로 보인다. 목활자로 된 1495년 8월 하순의 學祖 발문을 가진 간경도감 언해본에 대하여는 이미 위에서 말하였거니와 그 해 6월 26일(丁丑)과 28일(己卯)에는 弘文館 直提學 表沿沫, 典翰 金壽童, 副應敎 洪瀚 등이 箚子로써 원각사에서의 불경 인출의 중단을 건의하였으나, 왕은 大妃의 하는 일이라고 하여 모호한 대응을 하고 있다.[25] 그 차자에서 '圓覺寺多印佛經'(26일자 차자)이라 한 것이 바로 학조 발문에 나오는 불경 인출일 수밖에 없다. 그러므로 원각사로 옮긴 판목으로 1495년에 『법화경언해』를 포함한 언해본을 포함한 불경은 인출된 것으로 생각한다. 그러나 원각사가 연산군의 폭정으로 폐사 되면서 그 판목들도 산일된 것이 아닌가 한다.[26] 현전하는 원간본은 다른 간경도감 언해본과 마찬가지로 마모된 책판으로 인출된 예가 없기 때문이다. 그리하여 16세기 이후로 『법화경언해』도 다른 언해본과 같이 지방의 사찰에서 복각되었고, 간혹 발췌되어 중간되었다. 이제 그러한 중간본을 차례로 설명하기로 한다.

복각된 중간본은 3종이 전한다. 첫 번째 복각본은 권7에 다음과 같은 刊語와 年紀가 나타난다.

> 願我大乘經典刊板功德因緣 伏願主上三殿萬歲 兆民萬安 法輪常轉 次願十方世界 四生六道 一切衆生 同歸淨土 同見彌陀 同聞正法 同化衆生 嘉靖二年癸未月有日誌 (122a)

이로써 1523년(嘉靖 2, 중종 18)에 간행된 것은 분명하나, 어떤 지방의 사찰인지 드러나지 않는다. 이 刊記에 이어 施主秩(122)과 간행에 관여한 10여명의 승려명(122b)이 있을 뿐이다. 그런데 같은 복각본의 시주질이 '菜雲里名目秩'(6, 115a)이란 제목으로 되고, 그 시주로 '石城長古背上將裵仲義兩主'(6, 115b)가 있다.[27] 여기의 '菜雲里, 石城'은 현재 충청남도에 속하는 한 지방의

25) 『연산군일기』 원년(1495) 6월 丁丑 및 己卯조 참조. 27일에는 藁精紙 1,000권을 들이라는 왕명이 있었는데(同 6월 戊寅조), 28일(己卯) 上箚에는 그 일이 불경 인출과 상관된 것이 아니냐는 내용도 있다.

26) 연산군은 掌樂院을 원각사로 옮겨 假興淸 등을 교습하게 한 일(『연산군일기』 11년 2월 丁丑조)이 있으며, 『중종실록』에도 폐사라는 기록(5년 1월 己巳, 9년 8월 丙申조 등)이 나오고 있다.

옛 지명이므로 충청도의 한 사찰이 아닐까 한다. 곧 『新增東國輿地勝覽』(권 18. 恩津縣 및 石城縣 참조)에 의하면 菜雲里는 石城縣 동쪽 접경의 恩津縣 彩雲里의 다른 표기로 보이고 石城은 恩津縣 서쪽의 石城縣이라 생각되기 때문이다.[28] 그러나 뒤에 말할 18세기 중엽의 복각본 간행에는 서울, 경기 이남의 전국에서 시주가 참여하였으므로 이 복각본이 그 지명만으로 충청도의 사찰에서 간행되었다는 추정은 반드시 고집할 것이 아니다. 이 책 판심의 黑口에 '惠刀(6, 112상), 岑(7, 113하), 今(7, 113하), 太(6, 168상. 7, 145상), 祖熙(7, 166하)' 등 각수 기명이 白文으로 나타난다. 앞으로 有刊記 불경에서 이들 각수와 위의 시주의 기명이 확인되어야 우리의 추정이 정당한지 가려질 것이다.

이 책은 복각본이므로 판식이나 본문이 대체로 원간본에 일치한다. 그러나 변란이 單邊으로도 나타나고, 판심제와 권차가 예컨대 '法華經卷七'이라야 될 것이 '法七'로 나타나는 일이 있다. 본문에서도 상당한 오각이 나타난다. 방점 표기는 상당히 문란되었고, 한글도 잘못이 더러 보이는데 권7 후반에서 약간만 예시한다. 곧 '부텽긔(부텻긔. 112b6), 뎌근돌(뎌근딜. 112b9), ㅇ經(이經. 120a6), 히므를(허므를. 125b3), 後宮리는(後宮과는. 140a2)' 등이 그것으로, 괄호 안에 올바른 글자를 덧붙인다.

두 번째 복각본은 16세기 중엽 羅州 雙溪寺에서 간행되었다. 다음 간기가 그것을 말한다.

> 嘉靖24年乙巳(1545, 인종 1) 仲春 全羅道羅州南面中峯山雙溪寺開板(3, 52a)
> 嘉靖26年丁未(1547, 명종 2) 6月上澣 全羅道羅州地中峯山雙溪寺重刊留(7, 122b)

곧 1545년에서 1547년에 걸쳐 복각되어 인출된 것인데, 그 뒤로 적어도 두 번의 인출이 있었음을 알리는 묵서가 보인다.

---

27) 이 부분이 원간본은 물론 공백으로 되었지만, 뒤에 말할 후대의 복각본에서도 공백이거나 전혀 다른 시주질로 되어 있다.

28) 민족문화추진회 편(1969)를 참조. 이 국역본에는 비고에 『大東地誌』와 『新增文獻備考』에서 필요한 부분이 번역되어 있어 큰 참고가 된다. 15, 16세기의 문헌에는 人名, 地名 등 고유명사의 표기에 동음자가 통용되는 일이 흔하므로, '菜, 彩'는 동음자로 이 복각본 간행 때에 통용된 것이라 추정한다.

嘉靖45年丙寅(1566, 명종 21) 4月夏/ 印經大施主黃八孫兩主 (권7 뒤표지 안)
萬曆37年己酉(1609, 광해 1) 9月日記/ 斡善功德主普明比丘(1, 249b)
萬曆38年庚戌(1610) 3月日書/ 募緣普明(권1 뒤표지 안)
大明萬曆39年歲次辛亥(1611)/ 6月日佛書(권7 앞표지 안)

곧 복각된 지 약 20년만인 1566년에 한 번 인출되고, 다시 40여 년이 지난 1609년에서 1611년 사이에 인출된 것이다. 이 밖에도 인출이 더 있었는지 확인되지 않으나, 적어도 위의 묵서로 확인되는 두 번의 重刷가 있었으므로 『법화경언해』의 현존본으로서는 가장 많이 전래되고 있는 책이다.

이 복각본은 위에 말한 간기 이외에 흑구나 흑어미 안에 있는 白文의 刻手 기명과 책 사이의 빈 칸과 난외의 시주명이 특징적이다. 특히 각수 기명은 복각할 때의 것이므로 판본의 확인에 결정적 증거가 된다. 난외 시주명은 重刷에서 새로 바꾸는 일이 간혹 나타나므로 주의를 요한다. 이에 비하여 판심의 白文은 판각할 때의 것이기 때문이다. 아래에 그 온전한 기명과 출처 한 곳만 괄호 안에 보인다.

셕희(5, 7 상구), 녕광슝헌(1, 84 상구), 녕슝헌(1, 85 상구), 슝헌(1, 87 상구), 희경(7, 130 상구), 天圭(1, 160 하구), 宗守(1, 186 하구), 의간(7, 107 하어미), 일훈(1, 159 하구). 슝오(4, 36 상구)

이들은 '釋, 슝, 圭, 守·修, 의·儀, 일·훈, 오' 등으로 줄여서도 표기되는데, 刻手秩(7, 122b)에 보이는 '釋熙, 崇軒, 熙敬, 天圭, 宗修, 義幹, 一訓, 崇悟'임이 틀림없다.[29] 그 밖에도 약칭의 각수 기명인 것으로 보이는 많은 白文이 흑구와 흑어미에 보인다. 간년이 확인되지 않는 불경의 간행사항을 확인하는데 도움이 되도록 예시하는데, 이 책의 복각에 光州와 順天 등지의 각수까지 동원된 사실도 알려 주는 기명이다.

光州, 莫, 莫刀, 文, 文刀, 寶, 셩, 슌, 신, 安, 彦, 元, 云, 유, 益, 人, 仁, 順天正

29) '修, 義'는 '守, 儀'와 동음자로서, 앞 주 28)에서 말한 고유명사에서의 동음자 통용의 실제 예증이 된다.

刀, 正刀, 正, 祖, 지, 志, 平, 玄刀

이 책은 앞의 복각본과 마찬가지로 판식과 본문이 거의 원간본에 일치한다. 그러나 변란에 四周單邊이 많고, 간혹 花紋魚尾가 나타나는 차이가 있다. 판심제도 '法華, 法', 권차의 '卷五'가 '五'로만 되는 일도 있다. 가장 큰 차이는 권말에 있는 「음석」을 삭제한 일이다.[30] 그러나 한글의 오각은 크게 줄었다. 1523년 복각본 권7의 오각은 모두 원간본과 같이 판각되어 있다. 물론 오각이 없지 않아서 '得흔福(得혼福. 7, 108b5)' 등이 보이고, 방점 표기는 많이 탈락되어 있다. 방점 자료로 이 복각본을 이용할 때에는 세밀한 주의가 요망된다.

이 복각본의 한 책에는 난상에

文句云 應以/者答方便力/也現身答其/問遊也 說法/答其問口也 (7, 71b3-4 난상)

이란 주기가 있다. 앞에서 말한 원간본 권1 난상 주기는 변란이 없으나, 이 주기는 單邊의 변란 안에 있다. 그러므로 이 주기는 복각에서 행한 것이라 생각된다. 주기의 내용은 경 본문의 이해와 관련된 것으로서 국어사 자료로서의 가치는 없다. 이 복각본의 한 특징이므로 덧붙여 설명하여 둔다.

세 번째 복각본이면서 원간본 전책의 마지막 중간본은 18세기 후반 충청도 德山 伽倻寺에서 간행되었다. 권7의 끝에 있는 「發願文」에 따르면 嘉善大夫 朴尙男, 通政大夫 金千同, 大禪師 担摠 등이 발원하여 각 도 각 관과 독실한 신도들에게 알려서 『법화경언해』와 함께 『아미타경』 등 4종의 불경을 1762년(壬午, 乾隆 27, 영조 37) 2월부터 판각하기 시작하여 1764년(甲申)에 끝마쳤다고 한다. 한편 책 중간(권7, 122b)의 「校正記」에서는 『법화경언해』의 인출과 裝冊이 1768년(戊子) 2월(仲春) 상순에 끝났다고 한다. 이 사실은 그 복각본의 여러 책에 있는 간기와 시주질에서도 확인된다. 먼저 年紀가 가장 빠른 것과 늦은 간기가 다음과 같은 것이다.

---

30) '音釋'이란 제목까지 삭제한 것이지만, 권6에서는 尾題 다음 행의 제목을 남겨 놓았다. 아마 권6의 음석은 다른 권과 달리 마지막 장 뒷면의 마지막 행(148b9)에 제목이 나오기 때문에 삭제되지 않은 듯하다.

乾隆29年閼逢涒灘(甲申. 1764) 仲秋日 德山伽倻寺開刊 (1, 129b)
乾隆33年丁亥(1767) 8月日 伽倻寺刊記 (1, 254b)[31)]

다음 각 책의 끝에 첨부된 시주질의 지명이 '京居(서울), 水原, 果川, 廣州(이상 경기), 唐津, 瑞山, 天安, 公州, 禮山, 洪州(이상 충청), 統營, 東萊, 釜山, 巨濟(이상 경상), 全州, 高山(이상 전라)' 등등으로 되어 경기 이남의 전국에서 시주자가 참여한 간행이다. 따라서 「발원문」과 「교정기」에서 말한 대로 충청남도 禮山의 德山 伽倻寺에서 1762년에 착수하여 1768년에 책의 장정까지 끝난 복각본이라 하겠다.[32)]

이 복각본도 행관은 원간본 그대로이지만, 변란이 四周單邊인 점과 판심에 白口가 黑口와 함께 나타나는 점이 다르다. 본문에는 상당한 차이가 있다. 방점이 사용되었으나 자료로서의 신빙성은 희박한 편이다. 한글에서는 한자음 표기의 종성 순경음이 ㅁ으로 된 것이 많고, 'ᅘᅧ'가 '혀'로 된 것이 보인다. 이는 간행 당시 이들 자음자에 대한 몰이해를 반영하는 것이다. 그러나 두 번째 복각본인 쌍계사판과 달리 「음석」까지 복각하여 원간본의 모습을 살리려고 하였다. 여기에서 이 복각의 저본은 원간본이라 생각된다. 그것이 아니면 1523년의 첫 번째 복각본일 수 있으나 「음석」으로 보아 쌍계사판이 아닌 것은 확실하다.

그런데 이 책은 쌍계사판보다 200여 년이나 늦게 간행되었는데도 전래하기는 훨씬 적다. 이유는 아마 판목이 소실 등의 원인으로 없어진 것이라 생각되는데,[33)] 없어진 시기가 판각되고 상당한 시일이 있었다 하여도 책에 나

---

31) 이 간기의 연도와 干支는 서로 맞지 않는다. 이러할 경우는 간지가 정확하므로, 乾隆 32年을 잘못 33年으로 적은 것으로 본다.

32) 「발원문」에서 말한 다른 3종의 불경에서 거명된 그 때의 『畵千手』만 알려져 있다. 다시 말하면 '乾隆27年壬午仲春 忠淸道德山 伽倻山伽倻寺留板'이란 간기를 가진 『화천수』 곧 『大悲心陀羅尼·觀世音菩薩靈驗略抄』만 전한다. 그러나 筆削記 곧 『大乘起信論疏 筆削記』와 『阿彌陀經』은 그 때의 간기 있는 책이 전하지 않는다. 요컨대 당시 가야사의 불경 간행은 『법화경언해』의 복각본과 분량이 적은 『아미타경』 등의 중간본인 셈이다.

33) 현재 가야사의 책판은 1621년(천계 1, 광해 13)의 간기를 가진 『聖觀自在求修六字禪定』의 모두 5판만 開心寺에 전하고 있다(박상국 편(1987: 188) 참조). 따라서 다른 책판은 개심사로 옮기기 전에 없어진 것으로 추정된다.

타나는 15세기 중엽의 국어가 이해하기 어려워서 새로운 인출이 없었기 때문이 아닌가 한다.

『법화경언해』의 복각본 아닌 중간본은 원간본을 발췌하여 판바탕 곧 이른바 版下本을 새로 만들어서 간행한 것이다. 그 첫 중간본은 원간본에서 經 본문과 언해만을 발췌한 책이다.[34] 戒環 要解와 그 언해, 그리고 一如 集註를 삭제한 것이다. 현재 권1, 2 2책(국립중앙도서관 소장)과 권4 1책(誠庵文庫 소장)이 전할 뿐이나 7권 전책이 간행된 것으로 추정된다. 권2의 끝에 '弘治 13年庚申(1500. 연산 6) 9月日刊'이란 간기와 王子, 公主, 妃嬪, 內人 등으로 된 시주질이 있다. 그러므로 『법화경』에 대한 깊은 이해보다는 경 본문을 독송하고 이해하기 위하여 궁중의 시주로 간행된 책이라 하겠다.

책 내용은 원문에 구결을 달아서 먼저 싣고 이어 쌍행으로 언해를 실었는데, 分節은 원간본을 답습하였으나 要解와 集註가 없기 때문에 대문이 바뀌어도 행을 따로 하지는 않는다. 판식은 원간본과 같이 大黑口 黑魚尾로 되어 있다. 그러나 四周單邊인 데다가 행관이 9행 15자로 되어 큰 차이를 보인다. 구결과 언해는 원간본에서 옮겨 왔는데, 各自竝書와 ㆆ의 폐기, 한자음 표기에서 『동국정운』의 방식을 지양하고 당시 현실음을 반영한 점, 방점 표기가 매우 소홀하게 된 점 등이 다르다. 그 밖에 국어의 어형은 원간본과 같으나 한두 예에서 차이를 보이기도 한다. 결론적으로 말하면, 이 중간본은 복각본과 달리 원간본의 영향을 제거하고서 간행 당시의 자료로 이용하여 무방한 것이다.

다음으로 원간본에서 권1의 경 본문에 앞선 부분만을 발췌한 중간본이 있다. 서명은 尾題가 '妙法蓮華經五序'라 되어 있으므로 『法華經五序諺解』라 할 것이다. 내용은 『법화경』의 「弘傳序」와 「要解序」, 그리고 권1 앞머리의 開釋科五에서 「初通釋經題」, 「二通述鄙意」, 「三通敍科判」의 원문에 구결을 달고 언해하였다. 구결과 언해는 원간본의 해당 부분을 따랐으나, 오자가 많은 편이고 쌍행인 언해가 왼쪽 행을 오른쪽 행보다 먼저 읽도록 한 특이한

34) 이 중간본에 대하여는 안병희(1992b)의 제18장 「改刊 法華經諺解」를 참조할 것. 그런데 거기에서 권1 권말에 있는 '萬曆19年 辛卯(1591. 선조 24) 臘月日'로 된 誌語와 시주질의 묵서를 복각하기 위한 것으로 설명하였으나(안병희 1992b: 281), 이는 印出과 관련된 것을 잘못 이해한 설명이다. 그러므로 적어도 권1, 2는 1591년에 1500년의 책판으로 인출한 것이다.

체재다. 언해의 한자 독음이 삭제되었는데, 한글로 그 종성을 보완하여 '討論ㄴ호믈(7a), 迷惑ㄱ이(7b)'로 한 예가 있다. 원간본의 ㅿ, ㆁ이 혼란되어 나타나고 각자병서가 거의 폐기되는 등 간행 당시의 자료로 다루어야 할 책이다. 더욱이 구개음화를 말하는 '이런드로 지월치 아니니라(故所非述 3a)'란 예가 있는데, 원간본에서는 '지술띠(序 12a)'로 표기되어 있다.

간기가 '歲次己亥4月日栖鳳寺開刊(22b)'이라 되어 干支의 己亥를 어떻게 비정하느냐 하는 문제가 있다. 용지, 용어, 書體 등으로 1599년(선조 32)으로 비정한 일이 있다.[35] 그런데 '順治16年 己亥(1659. 효종10) 正月日 昆陽郡鳳鳴山棲鳳寺留板'이란 간기의 『雲水壇謌詞』란 책이 있고, 大功德主도 같은 '敬熙比丘'이므로 1659년에 경상남도 사천군의 서봉사에서 간행된 것이다. 극히 일부를 발췌한 것이지만, 이 책은 17세기 중엽의 중간본이라 할 수 있다.

끝으로 현대의 영인본에 대하여 살펴봄으로써 중간본에 대한 설명을 마치기로 한다. 영인은 1960년 동국대학교에서 '世宗王朝 國譯藏經 妙法蓮華經'이란 서명으로 전책을 축소하여 간행되었다. 불경언해의 영인본으로는 매우 이른 일이다. 해제나 범례가 없어서 영인 저본이 어떠한지 쉽게 알 길이 없다. 서명 冠稱의 世宗은 世祖의 오자라 하더라도, 영인에서 版心 黑口가 모두 삭제된 것이 분명하나 아무런 언급이 없음은 유감이다. 더욱이 영인본은 원간본과 중간본을 모아 완질로 한 저본으로 되어 있다. 여기 저본이 중간본인 책만 보이면 다음과 같다.

권1, 130~249, 권2, 1~173, 권4, 1~201, 권5, 1~213, 권7, 1~194

권7은 1523년의 복각본이고, 그 밖의 책은 모두 쌍계사판이다. 위에서 말한 바와 같이 쌍계사판은 음석이 삭제되었으므로, 원간본에 따르면 권1, 3, 5에 각각 끝에 5, 3, 3장씩 더 있어야 완본이 된다. 권1에는 책머리에 變相圖가 있으므로 낙장은 더 늘어난다. 그 밖에 이들 저본인 중간본에는 난외와 각 品이 끝나는 여백에 간기와 시주질이 있으나, 영인에서는 모두 삭제하였다. 그러므로 영인 저본의 중간본은 원간본과 같지 않음은 말할 것도 없지만, 바로 그 영인 저본과도 다르다. 영인본의 이용에 세심한 주의가 요망된다. 그

35) 小倉進平(1940: 224) 및 최현배(1961: 151-152) 등을 참조할 것.

러나 국어사의 연구에서는 음석이나 시주질의 삭제가 크게 문제되는 것이 아니다. 실제로 이 영인본이 국어사 연구에는 크게 이용되어 기여한 바 있음도 사실이다.[36] 원본을 직접 접할 형편이 안 될 경우에는 이 영인본이 그대로 중세어 자료로 이용되어 무방하였기 때문이다. 다만 국어사 자료의 정확한 인식을 위하여 그 저본과 영인에서의 변개를 알아야 됨을 말하고자 하는 것이다.

V. 맺음말

『법화경』은 우리나라의 불교계에서 중시된 불경이므로 한글 창제의 직후에 착수된 불경 국역인 『석보상절』에 번역 수록되고 『월인석보』에서 크게 수정 번역되어 수록되었으며, 간경도감에서 본격적으로 착수된 불경 국역 사업의 하나로서 『법화경언해』로 번역 간행되었다. 그 뒤로는 『법화경언해』가 번역의 정본이 되어 복각되거나 발췌되어 간행된 일이 있다. 그리하여 『석보상절』과 『월인석보』가 16세기에 지방의 사찰에서 복각되어 간행되었으나, 『법화경』의 번역이 수록된 권차는 한 번도 간행되지 않았던 것이다. 다만 한문본의 독송을 위한 한글 음역본 『법화경』이나, 한 品만을 분리하여 새로 번역한 책이 있지만, 20세기에 들어서 전혀 새로운 번역본이 나올 때까지 『법화경』의 번역서로는 『법화경언해』가 그 이름대로 정통성을 지닌 책이다.

그러한 『법화경언해』의 올바른 이해를 위한 書誌를 밝히려고 한 것이 이 글이 의도한 바다. 그러하여 한글에 의한 『법화경』의 번역, 『법화경언해』의 편찬과 간행, 그 원간본과 중간본을 조사하고 설명하여 왔다. 특히 원간본과 중간본의 실사를 위하여 개인 소장가와 공공 도서관의 신세를 지게 되었다. 여기에 그러한 분들에게 깊은 사의를 표한다. 그러나 그 분들의 배려에도 불구하고 우리의 철저하지 못한 조사가 잘못된 설명으로 끝난 것이 아닌지 모르겠다. 더욱이 소장처를 알면서 조사하지 못한 책이 조사한 책보다도 적지 않다는 걱정이 있다. 오직 바라는 일은 이 글이 『법화경언해』의 실상에 조금

36) 그러한 결과 이것을 다시 영인한 책이 1977년 한 상업출판사인 대제각에서 간행되었다. 이 영인본은 더욱이 밝히기 어려웠겠지만 그 해제에서 저본에 대한 언급조차 없다. 우리 영인 출판의 치부를 드러낸 전형적인 사례다.

이라도 접근되었으면 하는 것이다. 끝으로 국어사와 서지학을 연구하는 분들의 도움으로 우리의 부족이나 잘못이 보완되고 수정되기를 바라면서 맺음말로 갈음한다.

[편자 후기] 이 논문이 발표된 이후『월인석보』권19가 발견됨에 따라, 저자가 논문의 일부 내용을 보완하여 둔 것이 있어, 이 책에서는 그에 따랐다.

제17장 『上院寺重創勸善文』에 대하여

Ⅰ.

15세기의 한글 자료는 모두 刊本이라 하여도 틀린 말이 아니다. 예외가 慧覺尊者 信眉가 學悅, 學祖와 함께 세조의 康寧을 위하여 강원도 오대산의 上院寺를 重創하면서, 곧 다시 지으면서 隨喜功德主를 모으려고 쓴 한문을 번역한 자료이다. 절이나 불탑을 새로 세우거나 보수할 때에 재물을 바치면 佛法에 좋은 인연을 맺는다고 한다. 그러한 인연을 맺도록 널리 재물을 권하여 모집하는 글이 원래 募緣文인데, 우리나라에서는 흔히 勸善文, 또는 普勸文이라 부른다. 그러므로 이 자료의 정식 제목은 首題와 같이 『五臺山上院寺重創勸善文』이나 보통 줄여서 여기 표제와 같이 『上院寺重創勸善文』(앞으로 『권선문』으로 줄인다. 뒤의 「御牒」과 합쳐 부를 때는 '권선문'이라 부르기로 한다.)이라 한다. 그 글에는 세조가 수희공덕주로서 물품을 보내면서 쓴 「御牒」이 뒤에 붙어 있다. 그러므로 「어첩」은 중창의 佛事에 세조도 동참한다는 증거가 되어 수희공덕주를 모으려는 『권선문』의 효과를 극대화하는 역할도 한다. 실지로 『권선문』에는 종친과 수많은 관료가 이 불사에 동참하여 서명하였던 것이다. 비슷한 예로 이보다 15년 앞선 '正統14年(1449. 세종 31) 12月 日'이란 연기를 가진 『俗離山福泉寺重修普勸文』이 있다. 福泉寺(현재 法住寺 경내의 福泉庵)를 重修하면서, 곧 손을 대어 고치면서 그 일에 널리 동참하기를 권유한 글인데, 孝寧大君을 비롯한 8명의 왕자가 서명하였다. 현재 表題가 '福泉寶藏'이라 하여 정문연에 소장된 그 글에는 앞에 '眉師前'이라 하여 信眉에게 보낸 세조의 「어첩」이 있다.[1] 거기에는 연기가 없으나, 내용으로 미루어 세

---

1) 똑같은 내용의 책이 개인 소장으로 있는 것을 20여 년 전에 실사한 일이 있다. 당시 소장자는 자기의 책이 眞本이라 하였으나, 대조하여 조사하지 못한 필자로서는 그 가부를 말할 수 없었다. 부본이나 謄本일지는 모르나, 내용을 아는 데는 정

조가 복천사에 行幸한 1464년(세조 10) 봄 이후, 아마도 그해 가을의 것이 아닌가 한다. 끝에 세조와 慈聖王妃, 貞嬪, 世子의 기명과 印記가 있으나, 『권선문』에 있는 御寶가 아니다. 印文이 모두 2자로 되어 佛家에서 사용하는 法號를 새긴 인기가 분명해 보인다. 이러한 점으로 해서 우리의 『권선문』은 시기로 보면 뒤지지만, 일찍부터 주목되어 이능화(1918: 상, 422-423)에 전문이 수록되었다. 더욱이 여기에는 번역문이 있으므로 筆書本 한글 자료로서 국어학계에서도 높이 평가되어 왔다.

이 자료는 지금으로부터 약 20여 년 전에 필자가 중세국어의 한글 자료를 정리한 글에서도2) 간단히 소개한 바 있다. 그 소개는 1970년대 중반에 月精寺에 갔다가 당시 주지이던 故 張萬化 스님으로부터 얻게 된 '御牒'이란 표제의 영인본을 자료로 하여 이루어진 것이다. 영인본은 이미 단편적으로 알려진 사진이나 내용과 다르게 된 곳이 있을 뿐 아니라, 그 안에도 중복된 구절이 영인되어 있기 때문에, 그 이용에는 주의가 요망된다고 하였다. 그러나 필자 스스로 원본을 보지 못하였으므로 큰 잘못을 저지르게 되었다. 첫째 『권선문』이 영인본과 같이 1책만 있는 것으로 알고 설명하였으나 실지로는 2책이며, 둘째 「어첩」이 『권선문』보다 먼저 된 것으로 설명하였으나 사실은 순서가 바뀌었던 것이다. 이러한 잘못은 1996년 6월 초순에 월정사에서 행한 實査로 확인하였다. 더욱이 실사로 사진과 영인본으로는 눈에 띄지 않았으나 국어사의 관점으로 중요한 사실도 나타났다. 이에 실사한 내용을 바탕으로 하여 권선문을 다시 소개하고자 한다.

Ⅱ.

이 자료는 현재 월정사에 보관된 필서본 2책이다. 모두 帖裝으로 되었으나, 붉은 비단으로 싼 표지가 書背까지 둘러 있어서 겉만 보면 包背裝의 책으로 착각하게 한다. 책의 크기는 세로 31.1㎝, 가로 12.3㎝이다. 용지는 두껍고 윤기가 흐르는 壯紙이다. 본문의 각 면은 상하로 雙邊이 있고 행간에

문연의 소장본으로도 충분하다. 여기의 소개는 정문연의 소장본으로 행한다.

2) 처음 안병희(1979)로 발표하였으나, 뒤에 안병희(1992b)에 「중세 국어의 한글 자료」로 수록되었다. 이 글의 인용은 후자로 행한다.

界線이 그려져 있다. 계선은 角筆로 먼저 그은 뒤에 가는 선을 쳤다. 변란 사이는 세로 가로가 24.5㎝, 12.2㎝이고, 행간은 2㎝ 정도이다. 각 면은 6행에 13자~18자가 배열되어 일정하지 않다. 보존 상태는 양호한 편이다. 책장의 접한 데가 마모되어 뒤쪽에 종이 또는 붉은 천으로 보수한 곳이 조금 있을 뿐이다. 한 책은 한문만으로 되고, 다른 한 책은 번역문까지 붙어 있다. 각각 한문본, 언해본이라 부르기로 하는데, 언해본의 표지에는 '御牒'이란 묵서의 表題가 있다.[3] 이제 두 책의 내용에 대하여 언해본부터 구체적으로 설명한다.

언해본은 모두 32면(단, 마지막 면에는 변란이 없다)인데, '五臺山上院寺重創勸善文'이란 수제에 이어 '天順8年 臘月 18日'이란 연기까지 쓰여 있는 한문의 『권선문』(1.1~5.1)이[4] 있다. 그러므로 『권선문』은 1464년 12월에 이루어진 글이다. 계속하여 그 번역문(5.2~9.6)이 국한 병용으로 실리는데, 일반 언해본과는 달리 한자에 독음이 달리지 않으며 한글의 크기와 1행 字數도 한문과 똑같다. 간경도감의 언해본에서는 한문보다 1자씩 낮추어 쌍행으로 번역문이 실리는 것에 비교하면, 이 체재는 특이한 예가 된다. 『권선문』이 끝나면 아무 수제가 없이 세조의 「어첩」이 위와 같은 체재로 한문과 번역문(10.1~17.5)의 순서로 실려 있다. 이 글에는 연기가 없다. 번역문이 끝나면 면을 달리하여 '佛弟子承天體道烈文英武 朝鮮國王李瑈'란 세조의 記名과 手決이 있고 그 위에 [體天/之寶]란 御寶(18), '慈聖王妃尹氏'란 왕비의 기명과 [慈聖/王妃/之寶]란 어보(19)가 그 위에 있다. 이어서 '彩色/ 米五百石/ 綿布五百匹/ 正布五百匹/ 正鐵一萬五千斤'이라 한 布施 物目(20)이 나타난다. 2면에 걸쳐 세자와 貞嬪韓氏의 기명과 印記가 각 면 중간 아래(21-2)에, 다음 면부터는 貞懿公主를 비롯한 外命婦의 기명과 인기(23-32)가 있다. 이들 기명과 어보 및 인기 위에는, 그것을 가리기 위하여 네모로 된 붉은 비단이 附箋

3) 언해본에만 '御牒'이란 표제가 있는 이유는 분명하지 않다. 앞으로 설명하겠지만, 두 책의 정본과 부본을 굳이 따진다면 한문본이 정본이라 할 것이고, 이들 책의 중심 내용은 『권선문』이지 「어첩」이 아니다. 그러므로 언해본의 표제는 정확한 것이 아니다. 세조의 글이 있다는 점에서 내용을 살피지 않고 적은 표제가 아닌가 한다. 그 표제를 근거하여 이 자료를 『상원사어첩』 또는 『(五)臺山御牒』이라 하는 일이 있으나, 필자는 따르지 않는다.

4) 이들 책의 면은 숫자로 표시한다. 예컨대, '5.1'은 설명하는 책의 면5, 제1행을 가리킨다.

으로 되어 있다. 府夫人과 貞敬夫人, 또는 貞夫人과 貞敬夫人의 기명 사이에는 백면(27, 30, 32)이 있다. 이들의 기명은 모두 신분의 순서대로 되어 公主와 府夫人의 기명이 끝나면 백면(27)이 있고, 정경부인과 정부인의 기명 뒤의 백면(30)은 순서가 바뀌어 정부인 뒤에 적힌 정경부인에 대한 배려 때문으로 보인다. 여기의 인기는 모두 朱文方印이나, 정경부인과 정부인의 인기만 黑文方印이다. 이 印肉의 차이는, 인기의 소유주에게 남편이 있고 없는 데 따른 것으로 보이게 할지 모른다. 그러나 실록에 卒記가 있는 延昌尉 安孟聃과 1462년 12월 25일에 사별한 정의공주가 朱印을 사용한 점으로 보면, 남편의 있고 없는 차이가 아니다. 이것도 신분에 따른 차이에 말미암는다고 생각된다.

한문본은 66면으로 되어 언해본의 배가 넘는 분량이다. 번역문이 없는 데도 분량이 배 이상인 이유는 수희공덕주로 많은 관료가 참여한 데 있다. 중앙의 관료는 말할 것도 없고, 경상도, 전라도, 강원도, 충청도, 황해도, 경기도의 지방 관원이 대거 참여하였다. 평안도와 함경도를 제한 전국의 관료가 기명과 수결을 하였다 하여도 지나친 과장이 아니다. 내용은 언해본의 한문과 같으나, 『권선문』 연기의 다음 행 아래쪽에 信眉, 1행을 비우고 學悅, 學祖, 行湛(5.2~5.6), 性敏(6.1)의 기명이 다른 점이다. 학열과 학조는 수결로 되어 있다. 「어첩」에서 혜각존자 信眉가 學悅, 學祖와 함께 옷을 팔아 상원사를 다시 지으려 한다는 내용이 있으므로 그 세 스님의 기명은 이해가 되나, 行湛과 性敏의 기명은 이해가 쉽지 않다. 두 스님은 당시의 문헌 자료나 금석문에 이름이 확인되지 않으며, 기명의 먹빛과 필체가 信眉 등과 사뭇 다르다. 뒤에, 아마도 그리 늦지 않은 시기에 상원사나 월정사에 있었던 스님이 써넣은 것이 아닌가 추측된다. 「어첩」은 『권선문』에 잇따라 한문(6.1~9.1)으로 쓰였는데, 언해본과 같은 세조의 기명과 어보(9), 보시한 물목(10), 중간 아래에 세자의 기명과 인기(11)에 이어 孝寧大君, 臨瀛大君, 永膺大君의 기명과 수결(14~15), 河東府院君 鄭麟趾, 蓬原府院君 鄭昌孫을 비롯한 관료들의 기명과 수결(17~63)이 나타난다. 서명 사이에 9면이나 백면이 끼어 있다. 언해본의 백면과 같이 왕세자와 대군 사이(12~13), 대군과 관료 사이(16), 경상도 지방관과 중앙 관료 사이(46~48) 등 신분 차이를 배려한 결과로 보인다. 그것은 어떻든, 이렇게 많은 관료의 수결이 한 문서에 나타난 자료는 일찍이 없다.

15세기 중엽에 활약한 중요한 관료들의 이 수결만으로도 권선문은 귀중한 자료가 될 것임에 틀림없다.

그러면 이들 『권선문』과 「어첩」의 성립 연대는 언제일까. 『권선문』은 앞에 말한 연기에 따라 1464년 12월 18일이란 절대 연대가 분명하므로 새삼스럽게 논의할 것이 없다. 문제는 아무 연기가 없는 「어첩」의 연대이다. 그 글에 잇따른 관료의 기명과 수결로써 연대를 추정할 수 있다고 할지 모른다. 그러나 권선문이 먼저 되고서 뒤에 수희공덕주를 모으는 관례에 비추어서, 기명과 수결은 책이 이루어진 연대의 하한을 알려줄 수는 있어도 글이 처음 이루어진 연대를 말하는 근거로는 미흡한 면이 있다. 기명과 수결이 비교적 앞에 있는 永膺大君과 黃守身 등이 1467년 3월과 5월에 작고하고, 또 뒤에 말할 戶曹判書 金國光이 1465년 4월 4일에 遞職한 점으로 글이 늦어도 1465년 4월 이전인 것은 알게 할 뿐이다. 이에 「어첩」의 내용과 관계 자료로 연대를 추정할 수밖에 없다. 관계 자료로 이능화(1918: 상, 423-427)에 인용된 글, 곧 1475년(성화 15, 성종 6) 1월에 된 金守溫의 「五臺山上院寺重創記」가 있다.[5] 이 글과 관련된 내용이 거기 나타난다. 곧 1464년 4월에 세조가 병환이 있어서 자성왕비가 신미 등과 상의하여 상원사의 중창을 시작하자 세조의 병환이 낫게 되었는데, 세조가 친히 공덕을 기리는 글을 지어 종친과 宰樞에게 보이자 뜻을 받들어서 각기 가진 것을 조금씩 내었다고 하였다. 따라서 그 글이 공역이 시작된 뒤에 이루어진 것은 말하나, 유감스럽게도 구체적인 시기에 대한 내용이 없다. 그러므로 「어첩」 내용의 검토로 추정하는 방법만 남는다. 글에서 세조는 자신을 위하여 신미 등이 옷을 팔아 절을 다시 지으려 함을 듣고 감동하고 수희하여 공역에 소용될 것을 보낸다 하고서, 보내는 물품으로 위에 말한 彩色, 쌀, 베, 쇠 등의 구체적인 수량을 적어 놓았다. 여기의 彩色은 절의 중수와 중창에 소용되는 丹靑 재료로 생각된다. 요컨대 이들 물품은 세조와 왕비가 보시한 내용이다. 그런데 『권선문』에는 신미 등이 자기들이 옷을 내어 절을 다시 지어 세조를 위한 祈福의 장소로 삼으려

---

5) 이능화(1918, 상: 422)에는 1466년에 세조가 강원도를 巡幸하고 상원사에 행행하였다 하고서 '備考'라 하여 이 김수온의 글이 실렸는데, 기사와 이 글 사이에 같은 '備考'로 권선문의 한문이 전재되어 있다. 그러나 윤3월의 행행 기사가 그 해 4월 이후부터 10월까지 있은 圓覺寺 舍利와 白玉佛像 등에 관한 기사 뒤에 있어서 앞뒤가 뒤바뀐 것은 유감이다.

하였더니, 왕과 왕비가 듣고 명을 내려 御衣 몇 벌을 내며 쌀, 베, 토목에 쓸 것을 주라 하였다고 하였다. 이것만 보면, 「어첩」이 『권선문』에 앞선 셈이다. 안병희(1992b: 513)은 바로 그러한 이유로 세조가 물자와 글을 내리자 그것을 보고서 『권선문』이 되었다고 설명하였던 것이다.

그런데 『세조실록』을 보면, 세조가 상원사에 물자를 내린 일은 한 번이 아니다. 두 번 기록되어 있다. 처음은 1464년 12월 22일(신축)의 기사로

> 중 신미에게 正鐵 5만 5천근, 쌀 500석, 綿布와 正布 각 500필을 내리다.

하여 있고[6], 두 번째는 이듬해인 1465년 2월 20일(정유)의 기사로

> 중 신미가 강원도 오대산에 상원사를 구축하니, 승정원에 명하여 경상도 관찰사에 馳書하여 정철 1만 5천근, 中米 500석을 주게 하고, 또 濟用監에 명하여 면포 200필과 정포 200필을 주게 하고 內需司는 면포 300필과 정포 300필을 주게 하라 하다.

하였다. 그런데 위 김수온의 상원사 중창에 관한 글에서는 중창이 시작되었을 때에 경상도 관찰사에게 쌀 500석을 강릉으로 보내게 하고, 또 제용감에 베 1천 필을 내게 하였으며(그 뒤에 병환이 차도가 있어서 글을 지어 종친과 재추에게 보였다고 한다.), 공역이 끝났음을 듣고 또 쌀 500석과 베 1천 필을 내렸다고 한다. 그 글에는 正鐵이 빠지고 보낸 시기가 실록과 다르나 쌀과 베는 수량까지 실록과 일치하므로, 세조가 적어도 두 번에 걸쳐 대대적으로 물자를 보낸 것은 분명한 일이다. 보낸 시기의 차이는 正史를 따르는 것이 온당하다. 채색이 빠졌으나 정철의 수량까지 「어첩」과 일치하는 점에서는 두 번째로 물품을 보냈다고 한 실록의 1465년 2월 20일에 「어첩」도 만들어 보낸 것으로 생각된다. 『권선문』보다 2개월 여가 지난 뒤에 이루어진 셈이다.[7] 이

---

6) 실록 등을 자료로 하여 편년체로 된 朝鮮史編修會의 『朝鮮史』 제4편 제4권(1936, p.702)에서는 『세조실록』의 이 기사를 인용하여 信眉 등이 상원사를 중창하자, 세조가 친히 권선문을 내리고 이 날 기사에 있는 물품을 보낸 것으로 서술하고, 권선문으로 「어첩」의 번역문을 사진으로 실었다. 그러나 正鐵의 수량이 일치하지 않은 사실이 간과되고, 또 다음에 인용된 두 번째 하사 기사를 무시한 것은 잘못이다.

와 같이 두 글의 내용으로 보나, 김수온의 글 내용으로 보아 두 글의 선후에 대한 종래의 견해는 수정하지 않을 수 없다.

일반적으로 권선문이나 보권문 뒤에 나타나는 수희공덕주의 서명은 반드시 동시에 이루어지지 않는다. 여기 보이는 숱한 관료들의 기명과 수결도 마찬가지다. 단적인 증거가 다음과 같이 동일 직함의 관료를 상당히 보게 되는 일이다.

> 戶曹判書 金(24)・盧(57), 전라도관찰사 金(27)・安(50), 강원도관찰사 李(28)・李(49),[8] 晉州牧使 卞(55)・申(63), 密陽府使 禹(32)・尹(40)

이 밖에도 金海府使, 慶州判官, 晉州判官 등이 복수로 나타난다. 특히 晉州判官의 경우에는 '尹(29, 55), 張(63)'과 같이 세 사람으로 나타나나, 앞의 尹判官은 수결까지 같으므로 결국 두 사람이다. 같은 사람이 두 번이나 서명한 일은 유일한데, 두 번째의 기명은 晉州牧使와 나란히 된 점으로 미루어서 목사가 기명하는 자리에서 앞선 서명을 말하지 못하고 함께 기명한 결과가 아닐까 한다. 비슷한 예로 같은 사람의 기명이 두 번인 '礪山君臣宋'(25, 56)이 있다. 이 경우는 뒤의 기명에만 수결이 있으므로, 기명과 수결이 다 있는 尹判官과 다르다. 이 礪山君과 같이 수결이 없는 기명도 '延山君臣(21), 西原君臣韓, 江城君臣, 文山君臣柳(이상 22)' 등과 같이 상당히 많다. 공덕주로 동참할 것을 기대하여 다른 사람이 기명은 하였으나, 어떤 사정으로 본인의 수결은 받지 못한 것이다.

복수인 동일 직함의 기명은 말할 것도 없고, 한 번만인 직함의 기명도 관계 사료와 수결을 판독하면 관원의 이름을 확인하여 공덕주로 서명한 시기를

---

7) 실록의 첫 번째 물품 하사 날짜는 『권선문』의 작성 날짜보다 4일이 뒤진다. 실록의 날짜가 잘못 기록된 것이 아니라면, 세조는 실록의 첫 번째 하사 전에도 御衣를 비롯한 물품을 내렸을 가능성이 있다. 김수온의 글에 의하면, 위의 두 번에 걸친 대대적인 물품 하사 이외에도 왕실에서는 뒤의 仁粹大妃인 粹嬪이 중창이 시작되었을 때에 租米 500석, 뒤에 탱화를 위하여 조미 150석을 보내고, 세조도 절에 행행하였을 때에 內帑의 베를 내린 것 등이 기록되어 있다. 그러므로 『권선문』에서 세조가 물품을 내렸다고 한 것은 실록에 기록되지 않은 일로 일단 생각한다.

8) 이들은 성이 같으나, 전자가 '江原道觀察使臣李', 후자가 '江原道都觀察使臣李'란 기명 아래에 수결이 있다. 수결이 다르므로 같은 직함인 다른 두 사람의 기명인 것이다.

추정할 수 있다. 먼저 복수인 戶曹判書를 보면, 金과 盧의 수결은 각각 國光, 思愼으로 판독되고, 당시 실록으로 김국광은 1464년 1월 18일에 임명되어 1465년 4월 4일에 노사신으로 바뀌고, 1469년(예종 1) 7월 26일에 徐居正으로 다시 바뀌었다. 그런데 노사신은 '吏曺判書臣韓'(57)과 나란히 서명하였는데, 수결의 판독으로 그 吏曹判書는 1465년 3월 9일부터 1467년 9월 22일까지 재직한 韓繼禧이다. 따라서 김국광의 서명은 「어첩」이 이루어진 직후가 된다. 늦었다고 하여도 체임하기 전에는 서명하였을 것이므로, 위에 말한 「어첩」의 성립 시기는 40여 일을 내려가지 않음을 확인하게 한다. 호조판서 노사신의 서명은 이조판서 한계희와 함께 한 점에서 1465년 3월부터 1467년 9월 사이의 일로 추정된다. 그런데 이 서명 시기의 하한은 좀 더 내려갈 수 있는 사료가 있다. 『(慶尙)道先生案』이 그것이다. 잘 알려진 바와 같이 거기에는 경상도의 관찰사와 都事 등의 到任과 離任 날짜가 기록되어 있다. 권선문 뒤에 관찰사로 서명된 '鄭'(27)은 1464년 11월에 도임하여 1465년 8월에 해임된 鄭文炯임을 그 책으로 확인할 수 있는 것이다. 서명 시기의 하한과 관련하여는 '慶尙道都事臣成'(45)과 그 수결인데, 수결의 판독과 그 책에 의하여 문제의 관료는 1466년 12월 11일에 도임하여 1468년 3월 3일에 이임한 成俶이다.[9] 상원사의 중창은, 세조가 1466년(세조 12) 윤3월 17일(무자)에 왕세자와 종친, 宰樞를 대동하고 상원사에 행행하였다는 실록의 기록과, 1466년에 공사가 끝나고 그 해 세조가 행행하였다고 한 위 김수온의 중창기로 보아 공역은 1466년 봄에 끝났다. 그러므로 성숙은 상원사의 중창이 끝나고도 거의 9개월 뒤에 경상도 도사로 부임하여 서명한 것이다. 다시 말하면 서명 시기의 하한은, 성숙이 마지막으로 서명하였다 하더라도 1466년 12월 이후에서 1468년 3월 이전이 된다. 여기에서 공덕주의 서명은 권선문의 「어첩」이 이루어진 1465년 2월로부터 시작되어 중창이 끝난 뒤까지도 계속되었음을 알게 된다.

이상으로 두 책 곧 언해본과 한문본의 현상과 내용, 거기 실린 『권선문』과 「어첩」의 성립 시기와 공덕주의 서명 시기는 밝혀진 것으로 생각된다. 그러

9) 『道先生案』에는 '行都事奉列大夫成淑'으로 되어 있다. 『國朝文科榜目』의 「乙酉(1465)春榜」과 당시 실록의 기록(세조 14년(1468) 2월 4일 등)으로 미루어 그 책의 이름은 잘못 적은 것이 확실하다. 그 무렵에 成씨로 경상도 도사로 있은 사람도 成俶뿐이다.

면 이와 같이 동일 내용의 한문본과 언해본이 따로 만들어진 이유와 그 관계는 무엇일까. 먼저 그 이유는 두 책에 나타난 대조적인 공덕주의 성격으로써 쉽게 짐작될 줄 믿는다. 공덕주는 한문본이 세조에 이어 세자, 종친과 관료들로 되어 있는 데 대하여, 언해본이 세조, 왕비, 세자, 정빈, 공주, 부부인, 정경부인, 정부인 등으로 되어 있다. 곧 한문본의 공덕주는 모두 남성이지만, 언해본에서는 남성인 왕과 세자를 제외하면 나머지는 모두 여성이다. 여기에서 수희공덕주로 권유할 대상을 남녀로 구분하여 권선문을 따로따로 만들고, 여성에게는 권선문의 내용을 좀 더 쉽게 알려 공덕주로 참여시키기 위하여 번역문이 있는 언해본을 만들었다고 해석되는 것이다. 다음으로 그 관계는 세조의 기명과 어보가 있는 점에서 대등하다고 할 수 있으나, 굳이 차이를 따진다면 한문본이 正本이고 언해본이 副本으로 생각된다. 앞에서 설명한 바와 같이 『권선문』을 만든 스님으로 信眉, 學悅, 學祖의 기명이 한문본에만 있기 때문이다. 기명이 없어도 「어첩」의 내용에서 그 스님을 알 수는 있으나 기명이 없는 권선문과 보권문은 부본일 수밖에 없는 일이다. 그러나 국어사의 관점으로는 정본이 아니라 부본이라 하더라도 언해본, 특히 그 책의 번역문이 큰 가치를 가진다. 이제 그 번역문을 살피기로 한다.

번역문은 이미 말한 대로 1행 자수와 글자 크기가 한문과 똑같다. 「어첩」의 경우는 擡頭法까지 일치한다. 곧 번역문과 한문의 두 글에서 '三寶'는 雙擡로서 2자씩 높이고, '慧覺尊者'와 그를 가리키는 '師'는 單擡로서 1자씩 높이고 있다. 『권선문』의 경우는 이 대두법에서 서로 어긋나 있다. 한문이 한문본에서는 쌍대인데 이 언해본에서는 3자까지 높이고 있다. 그러나 번역문은 단대로 되어 1자만 높이고 있다. 더욱이 한문의 대두법이 11곳이나 나타나나, 번역문의 그것은 겨우 7곳이다. 예컨대 "與國人廣利 /出御衣若干襲 /命輸米布土木之費　以某等特承/殊遇　區區涓埃之誠　欲裨/岡陵之算　幸徹/宸聰"(3.1~6. /은 대두법이 적용된 곳)이 번역문에서는

> 나랏 사ᄅᆞᆷ과로 利ᄅᆞᆯ 너포려 ᄒᆞ시고 /御衣 현ᄇᆞᆯ 내시며 ᄡᆞᆯ와 布貨와 土木 ᄡᆞᆯ 꺼슬 주라 ᄒᆞ시니 우리 特別히 달이 맛나ᄆᆞᆯ 받ᄌᆞ와 죠고맛 精誠으로 뫼 ᄀᆞᄐᆞᆫ /목수믈 돕ᄉᆞᆸ고져 ᄒᆞᅀᆞᆸ다소니 힝혀 /님긊 귀예 ᄉᆞᄆᆞ차(7.4~8.4)

와 같이 5곳이 3곳으로 줄었다. 이는 번역문의 특성으로 이해될 수 있으나,

첫 구절인 “維我/聖上誕膺天命”(1, 2~3)의 ‘聖上’은 번역문에서도 똑같은 한자어로서 “우리 聖上이 키 天命을 받ᄌᆞ오샤”(5.2)와 같이 되었으나 대두법이 적용되지 않았다(<사진 1> 참조). 이것은 분명한 잘못이다. 그리하여 이 글에는 “뉘 갑ᄉᆞ올 ᄠᅳᆮ디 업스리오마ᄅᆞᆫ”(5.6~6.1)의 ‘ᄠᅳᆮ디’와 같은 ‘ᄠᅳ디’의 오자도 나타나게 된 것이다.

이에 비하여 「어첩」의 번역문은 대두법의 차이나 잘못도 없고, 언뜻 보거나 사진으로 보면 한글의 오자도 없다. 그러나 이 글에는 잘못 적은 글자를 네모 반듯이 오려내고 뒤쪽에 같은 종이를 붙이고 고쳐 적은, 이른바 補正한 곳이 상당히 있다. 그 곳을 괄호로 묶어 보이면 다음과 같다.

> 父母ᄂᆞᆫ 목수믈 (칠) ᄆᆞ티오(13.5~6), 善知識ᄋᆞᆫ 모(ᄅᆞ)릴 引導ᄒᆞᆯ ᄆᆞ리(시)니(14.1), 오(ᄂᆞᆳ)(단, ‘ᄂᆞᆳ’의 받침 ‘ᄚ’만 보정) (나리)잇게 ᄒᆞ니(14.6), ᄂᆞᆽ므(리) 그지 업다니(16.1), 날 爲ᄒᆞ야 오ᄉᆞᆯ 다 (ᄑᆞ)라 靈ᄒᆞᆫ 뎌ᄅᆞᆯ 다시 지소려 호ᄆᆞᆯ 드로니(16.2~4)

모두 370여 자인 짧은 글 안에서, 그것도 왕의 글을 번역한 데서 8자나 잘못 적은 사실은 결코 예삿일로 넘겨버릴 실수가 아니다. 시기 상으로는 약간 뒤지지만, 校書館에서 책을 간행할 때에 한 책에 오자 1자가 있어도 관여한 관원과 장인에게 형벌을 내리도록 규정된 법령도 있다. 그러므로 세자에게 부탁하여 길이 후손에게 드리우는 글의 이 보정은, 고의나 우연의 실수로 일어난 오자를 바로잡은 것으로 보기에는 너무 많은 보정이다. 번역한 사람이거나 그것을 옮겨 적은 사람이 ‘큰’ 실수로 저지른 오자의 보정이 아닐 수 없다(유려한 글씨로 미루어서는 번역한 사람의 잘못으로 보이나, 여기에서 굳이 그것을 가릴 필요는 없다). 우리는, 한문은 말할 것도 없고 번역문의 한자도 아무런 보정이 없이 정확하게 적었으면서 한글만 잘못 적어 일어난 보정에 주목하지 않을 수 없다. 여기에서 필자는, 적어도 번역한 사람이거나 옮겨 적은 사람이 한글에 서툴러서 일어난 ‘큰’ 실수인 오자가 보정된 일로 생각한다. 안병희(2000)에서는 『세종실록』(1454년(단종 2) 3월 완성) 권140~145, 특히 권140의 필서본 「樂譜」에 나오는 『龍飛御天歌』 한글 가사의 오자와 함께 이 보정을 이해하고자 하였다. 崔世珍이 『訓蒙字會』 「凡例」의 한 항목에서 16세기 20년대인 당시에 시골에는 한글 모르는 사람이 반드시 많다고 하였는데, 창

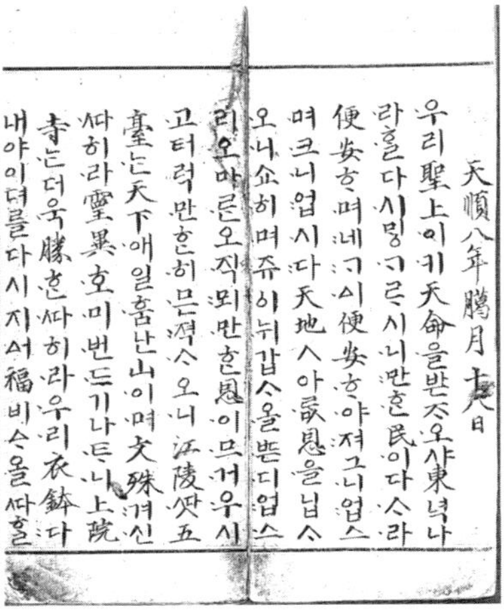

<사진 1>『권선문』 언해본 5~6

<사진 2>『월인석보』 권10, 18a

제된 지 겨우 10~20년 정도인 한글이 중앙 관료에게 잘 보급되었다고는 못할 것이다. 그러한 사정을 이 「어첩」의 한글 보정은 말한다고 설명하였던 것이다.

다음으로 언해본의 한글 자형이 주목된다. 한글 자형이 해례본『훈민정음』으로부터『월인천강지곡』과『월인석보』, 다시 刊經都監의 언해본에 이르면서 한자의 楷書體와 조화를 이루어 간 일은 이미 알려진 사실이다.『월인석보』와 간경도감의 언해본은 목판본이어서 필서한 이른바 版下本을 새긴 것이지만, 판각을 전제하지 않은 필서본과 한글 자형이 같을 수 없다. 이 권선문보다 刊年이 뒤지는 간경도감 언해본의 한글 자형도 앞선 시기의 목판본과 같은데, 필서본인 이 언해본에서 보는 한글 자형은 사뭇 다른 모습을 보이고 있다. 예컨대, ㅅ, ㅈ의 삐침획과 ㅏ, ㅓ, ㅣ 등의 세로획 끝이 漢字의 삐침획과 세로획처럼 뾰죽하게 되어 있으나, 앞의 목판본에서는 이들 획이 모두 圓筆로 마무리되어 있다. 또 ㅐ, ㅔ 등의 두 세로획이 목판본에서는 길이가 가지런하나 언해본에서는 뒤의 ㅣ가 요즘과 같이 길고, 두 획이 정점에서 만나던 ㅅ이 언해본의 병서에서는 왼쪽 삐침획이 요즘보다 덜하나 바른쪽 획보다 조금 올라가 있다. 그 밖에도 ㅍ, ㅎ 등 언해본의 한글 자형은 당시 목판본과 달리 현대의 자형에 가까워진 것이다(<사진 1, 2> 참조). 이것은 필서본과 목판본의 차이로 일단 해석되지만, 한글 자형의 변화를 보여주는 것으로도 해석된다. 16세기 간본은 물론이고, 15세기 말의 『六祖法寶壇經諺解』는 활자본인데도 한글 자형이 이 언해본과 상당히 비슷해 있기 때문이다.

各自並書의 사용에 대하여도 언해본은 중요한 자료가 된다. 학계의 상식과 같이 각자병서는 1465년 3월의 『圓覺經諺解』와 1467년의 『牧牛子修心訣』 등에서 예외가 있으나 원칙적으로 사용되지 않는다. 그러나 언해본에서는 다음과 같이 각자병서가 사용되어 있다.

지소려 홀씩(7), 이럴씩(17), 빨 꺼슬 주라 ᄒᆞ시니(7-8), 利益게 홀띠니라(9)

그러나 ㄲ, ㄸ의 경우는 각자병서가 사용될 똑같은 조건에서 全淸의 초성도 사용되어 있다. 예컨대, '빨 거슬 도와(17), 사ᄅᆞᄆᆡ 닐올디 아니니(16~17)'. 이 차이는 『권선문』과 「어첩」의 번역과 일치한다. 다시 말하면, 전자의 번역에서는 ㄲ, ㄸ이 사용되고 후자의 번역에서는 ㄱ, ㄷ이 사용된 것이다. 앞에 말한 보정도 「어첩」에서만 보이는 사실과도 관련이 있을 것으로 생각된다. 요컨대 「어첩」의 번역에서는 ㅆ이 아닌 각자병서의 사용에 변화가 있었다고 생각된다. 이 사실도 언해본이 국어사 자료로서 가지는 가치가 된다.

어휘의 면에서는 언해본에 특별히 주목을 끌 예가 없다. 눈에 띌 만한 예가 한둘 있으나 그 시기의 한글 문헌에서도 나타나는 어휘들이기 때문이다. 다만 고어사전 등에서도 인용되는 '조ᄒᆞᆫ 念을 ᄀᆞ져'(懷淨念, 14)의 'ᄀᆞ지다'에 대한 해석은 문제이다. 사전에서는 하나같이 '가지다'와 동의어로 풀이하고 있다. 그러나 단순한 동의어가 아니라고 필자는 생각한다. 일찍이 故 李崇寧 선생이 중세국어의 '벗다, 밧다'(脫)가 단순한 동의어가 아니라, 전자는 괴로움을 벗어나는 것과 같이 추상적인 행동, 후자는 옷과 모자를 벗는 것과 같은 구체적인 행동을 가리킨다는 탁견을 발표하여 학계의 정설이 된 바 있다. 필자는 바로 그 해석이 이 'ᄀᆞ지다, 가지다'에도 적용되는 것으로 믿는다. 언해본의 'ᄀᆞ지다'는 15세기 한글 문헌에 보이는 대부분의 같은 예와 함께, 여기의 깨끗한 생각을 간직할 경우와 같이 추상적인 동작을 나타내어, 구체적인 물체를 가지는 데 쓰인 '가지다'와 구별되는 말이다. 그러나 '벗다'의 경우와 같이 'ᄀᆞ지다'도 15세기에 '가지다'와 혼란된 용법을 보인다. 다음이 그 예다.

믈군 玉올 ᄀᆞ져셔 文彩ᄅᆞᆯ 사겨 德올 ᄒᆞ야ᄇᆞ룜 곤도다(如將皓玉ᄒᆞ야 彫文喪德이로다, 목우 35b)

네 몰로ᄆᆞᆯ 가져셔 아로ᄆᆞᆯ 기들올 ᄆᆞᅀᆞᄆᆞᆯ 덜오(汝ㅣ除却將迷待悟之心코, 목우 14b)

이러한 사실에서 'ᄀᆞ지다'의 용법이 이미 '가지다'와 합류되기 시작한 것으로 생각된다. 그런 점에서 언해문의 용례는 보수적인 뜻으로 사용된 것으로 생각된다.

Ⅲ.

이상으로 『권선문』과 거기에 딸린 세조의 「어첩」에 대한 설명을 마치기로 한다. 학계에 널리 소개되어 잘 알려진 문헌이지만, 정확한 소개는 아직 없었던 것으로 생각된다. 더욱이 잘못 알려진 것도 있다. 소개를 제대로 못한 필자에게도 그 책임의 일단이 없지 않다. 실사한 내용을 바탕으로 행한 이 글로써 그 책임을 면할 수 있었으면 한다. 여기에 덧붙여 강조하고자 하는 일은, 문헌 자료가 아무리 널리 알려진 것이라 하여도 반드시 실사하여 소개하지 않으면 안 된다는 교훈이다. 이제 위에서 설명된 내용을 요약하는 것으로 소개를 마치기로 한다.

첫째, 권선문은 글 내용이 같은 두 책이 있다. 한 책은 한문으로만 된 한문본이고, 다른 한 책은 한문 뒤에 계속하여 번역문이 있는 언해본이다. 한문본과 언해본의 차이는 서명한 隨喜功德主로 확인된다. 곧 공덕주가 한문본은 왕자와 관료들인 남성이나 언해본은 공주와 부부인 등 외명부인 여성이다. 언해본은 번역문까지 붙여 여성들이 공덕주로서 상원사의 중창에 보시하도록 권한 것이다. 남성은 한문만으로도 그 글을 이해하여 공덕주로 동참할 수 있기 때문에 굳이 번역문이 없는 한문본으로 보시를 권한 데 따른 차이인 것이다.

둘째, 『권선문』은 한문 뒤의 年紀에 따라 1464년 12월 18일에 되었으나, 「어첩」은 그 글에서 밝힌 물목과, 세조가 상원사에 물품을 하사한 실록의 기사에 나타난 물품 수량의 일치에 따라 1465년 2월 22일에 만들어진 것으로 추정된다. 이 추정에서 말한 날짜가 정확한 그날이 아닐 수도 있으나, 그날에서 크게 벗어나지는 않을 것이다. 戶曹判書의 직함으로 공덕주로 서명한 金國光이 그 자리에 있은 것은 1465년 4월 4일까지이다. 그가 다른 관직에 있으면서 체직되기 전의 직함으로 서명하는 일은 생각할 수도 없다. 그러므로 호조판서로서 김국광이 서명한 사실은, 늦어도 1465년 4월 4일 이전에 「어첩」이 이루어졌다고 하여야 한다. 따라서 아무리 늦더라도 2월 22일보다 겨우 40일 정도 늦추어지는 셈이다.

셋째, 이 자료의 가치로는 공덕주로 서명한 많은 관료들의 수결을 들 수 있다. 관료가 인장을 사용한 일은 개화기 이후의 일이므로, 그 이전의 古文書를 다루는 사람에게는 수결에 대한 지식이 필수적이다. 15세기 중엽의 수결이 이 권선문과 같이 많은 예가 한 책에 있는 일은 없다. 더욱이 당시의 실록이나 榜目으로 수결의 당사자를 확인할 수 있다. 다른 수결 자료는 단편적인데다가 당사자의 실명 확인이 쉽지 않은 것이 보통이다. 그러므로 고문서의 연구, 나아가 역사 연구에 이 자료의 수결은 높이 평가될 것이다.

넷째, 이 자료의 국어사 연구에 기여하는 가치로는 한글의 보정으로 추정되는 한글의 보급 문제, 필서본이란 특수성으로 한글 자형의 변천을 미리 알려주는 일, 각자병서의 혼란된 표기 문제 등을 들 수 있다. 한글의 보급과 관련된 오자는 『세종실록』의 필서본 「樂譜」에 있는 『용비어천가』 가사의 오자와 함께, 그러한 오자가 거의 없는 간본과 대조된다. 여기에서 『楞嚴經諺解』 등의 발문에 있는 번역에서의 역할 분담을 생각하게 된다. 그 언해본의 한자 注音에 曺變安 등 전문가가 동원되듯이, 그 번역문의 작성에는 한글 사용에 능숙한 전문가가 참여하였던 것이다. 그러나 이 자료와 같은 필서본에는 한글 사용의 전문가가 아닌 관료, 정확하게 말하면 한글 사용에 익숙하지 못한 관료가 동원되어 오자가 나타난 것으로 해석된다. 한글 창제 직후의 한글 보급은 중앙 관료에게도 주도하지 못하였다고 필자는 추정하는 것이다. 한글 자형과 각자병서 표기의 혼란도 필서본인 이 자료가 보이는 가치라고 생각한다. 여기에 국어사 자료로서 이 권선문의 가치는 크다고 생각된다. 필자가 행한 이 소개의 주된 목적이 바로 여기에 있다.

제18장 『杜詩諺解』의 서지

Ⅰ. 머리말

『두시언해』는 너무나 잘 알려진 문헌이다. 문학작품의 성공적인 번역으로서 다양한 어휘 자료를 제공하여 국문학사와 국어사 연구에서 일찍부터 주목을 받아 왔기 때문이다. 그러므로 이 책의 書誌를 다루는 일은 다 아는 일을 종합하여 되풀이하는 것으로 생각될 것이다. 그러나 누구나 인정하는 사실에도 간혹 맹점이 있다. 이 책의 서지에서도 그러한 것이 없지 않다. 한 僧侶가 이 책 언해자의 한 사람으로 되어 있는 것이 바로 그러하다. 그러나 그것은 확실한 근거가 없다. 후대의 野史의 기록에 근거하여 전승된 이야기가 받아들여졌을 뿐이다. 그 밖에도 책의 체재와 校正 등에 대한 사실이 분명하게 설명되지 않고 있다. 이러한 일은 필자 자신이 행한 간단한 해설(안병희 1971: 313-315 및 1992b: 521-523)에서 그대로 나타나 있다. 이와 관련된 자료를 새로이 검토하여, 이 책에 대하여 原刊本을 중심으로 한 서지적인 고찰을 본격적으로 행하기로 한다.

Ⅱ. 底本과 언해

책의 권두서명 곧 首題는 '分類杜工部詩'다. 工部는 唐나라 시인 杜甫가 檢校로 있으면서 工部員外郞을 겸한 일이 있은 데서 유래하므로, 杜工部는 곧 두보를 가리키게 되는데, 이 서명은 두보의 詩를 분류하여 수록한 책임을 뜻한다. 분류의 기준은 주제에 따른 것으로서 紀行, 述懷, 疾病 등이 그 門目이다. 언해한 책이면서도 서명에 그것을 밝히지 않은 것은, 간경도감 간행의 불경언해의 예에 일치한다. 그 책들은 원전의 서명과 똑같은 것이다. 그러나 『두시언해』의 원전은 『분류두공부시』가 아니다. 그런 원전은 존재하지도 않는다. 굳이 원전을 말한다면, 『纂註分類杜詩』(이하 『찬주두시』라고 줄인다)라고 할 수 있다. 원전과 서명이 다른 것은, 불경언해가 본문을 언해할 뿐 아니라 註疏까지 언해하거나 또는 그대로 수록한 데 대하여 이 책은 원전의 詩 본문은 모두 언해하였지만 주석은 본문 이해에 꼭 필요한 부분만을 초록하였기 때문이다. 그러므로 이 책은 『찬주두시』를 底本으로 한 언해라 할 것이다.[1)]

그러나 이 책은 이 글의 표제와 같이 일찍부터 '두시언해'로 불려져 왔다. 무엇보다도 이 책 중간본에 실린 張維의 서문이 「重刻杜詩諺解序」인 점이 그것을 단적으로 말한다. 그 밖에 『顔樂堂集』에 실린 金訢의 「飜譯杜詩序」에 따르면 '飜譯杜詩'라고도 부른 듯하나, 다른 언해와 마찬가지로 '두시언해'가 보편화된 서명이다. 이 책을 언급한 옛 문집이나 類書에서 그것을 확인하는 것이다.

저본인 『찬주두시』는 우리나라에서 편찬, 간행되어 널리 읽힌 두보의 시집이다. 조선조에 수종의 활자본과 그 복각본을 간행하게 되어 크게 보급되었다.[2)] 현존하는 활자본을 간행 연대순으로 설명하면 다음과 같다.

(1) 갑진자본

黑口에 黑魚尾로 된 판식이 가장 오랜 간본임을 말할 뿐 아니라, 책 뒤에 1485년(성종 16, 成化 21)에 쓴 金宗直의 鑄字跋이 있으므로 甲辰字가 만들어져서 곧 이 책을 간행한 것으로 추정된다. 반엽에 12행 19자로 짜여져 있다. 국립중앙도서관 일산문고, 고려대도서관 만송문고, 성암문고 등에 흩어져 있으나 합치면 25권 완질이 된다.

(2) 병자자본

1516년(중종 11, 丙子)에 주조된 활자로 간행되었는데, 간년이 1523년(중종 18)으로 추정되고 있다(김두종 1970: 193). 추정의 근거는 분명하지 않으나, 다른 고서목록에서 이 간년 추정을 따르고 있다.[3)] 이 간년대로라면 다음

---

1) 이러한 이해는 우리나라에서 『두시언해』에 관한 가장 권위를 가진 업적인 이병주(1970: 111 및 121)에 나타나 있다.

2) 이에 대하여는 이병주(1970: 111-112) 및 이병주(1983: 612-613), 심경호(1992)를 참조. 그러나 현전하는 활자본 가운데에서 갑인자본을 가장 앞선 간본으로 본 사실 등은 따르지 않는다.

에 말할 갑인자본보다 1년이 앞선다. 크게 잘못된 간본이 아니라면 1년만에 새 간본이 나오는 것은 있을 수 없는 일이다. 그러므로 16세기 20년대에서 60년대 사이의 간본으로 보는 것이 온당하지 않을까 한다. 반엽이 11행 20자로 되고, 三葉花紋魚尾가 있다. 활자본 가운데서는 전하는 책이 가장 적다. 모두 5권이 흩어져 전하는 것으로 알려져 있다.

(3) 갑인자본

활자에 근거하여 세종 때에 간행된 것으로 추정한 일(이병주 1970: 111 및 도판 설명)이 있으나, 1524년(중종 19, 嘉靖 3)의 내사본(고려대도서관 만송문고)이 있으므로 그때 간행된 책이다. 白口와 三葉花紋魚尾도 그것을 뒷받침한다. 반엽이 9행 17자로 된 행격은 뒤에 나온 간본에 그대로 답습된다. 전질에서 약간 권이 모자라지만, 여러 도서관에 흩어져 전한다.

(4) 훈련도감자본

갑인자체의 도감자본으로, 내사기에 따라 1615년(광해 7, 萬曆 43)에 간행된 것으로 확인된다. 판식도 위의 갑인자본과 같다. 전질이 더러 전한다.

목판본은 위의 갑인자본이나 갑인자체 도감자본을 복각한 것으로 추정되는 책이다. 행격이나 字樣이 같거나 비슷하다. 그런데 자양은 갑인자의 복각으로 보이면서 판심이 흑구에 흑어미로 된 책(고려대도서관 만송문고 소장본 등)이 전한다(<사진 1> 참조). 이러한 판심은 15세기 중엽이나 후반의 간본에 나타난다. 그러므로 위의 1524년에 앞선 또하나의 갑인자본의 존재를 생각할 수 있다. 그것은 1443년(세종 25)에 있은 杜詩 주해 사업의 결과로 간행된 책이 아닌가 한다. 이미 알려진 바와 같이 세종은 두시에 대한 諸家의 주해를 구입하도록 하여 집현전에서 그것을 참고, 교정하여 하나로 만들도록 하

3) 최초의 예는 국립중앙도서관 『선본해제』 I (1970, p.132)의 일산문고 소장본에 대한 기술이다. 그것은 원 소장자였던 김두종 교수의 교시에 따른 것으로 보이나, 근거에 대한 아무런 설명이 없다. 중종이 韓愈, 柳宗元의 文, 李白, 杜甫의 시를 간행, 또는 중국에서 사오도록 한 일(『중종실록』 18년 7월 丁亥조 참조)이 그 근거가 아닐까 추측될 뿐이다. 그러나 뒤에 나온 목록들은 이 간년만을 그대로 따랐을 뿐이다.

고, 엿새 뒤에는 주해에서 의심나는 점을 묻기 위하여 檜巖寺 주지인 卍雨를 서울의 興天寺에 옮겨 있도록 하여 禮賓寺에서 3품직에 해당하는 봉록을 공급하도록 한 일이 있다.[4] 그런데 그해 7월에는 심한 가뭄으로 杜詩 修撰은 그만둘 수 있다는 세종의 지시가 있으므로[5] 잠시 중단된 것으로 보인다. 그러나 1443년 6월 鞍馬를 내린 바 있는 만우에게 이듬해 5월에 옷을 내렸다는 기록이 있으므로[6] 그 사업은 적어도 1년간 계속된 것이 아닌가 한다.

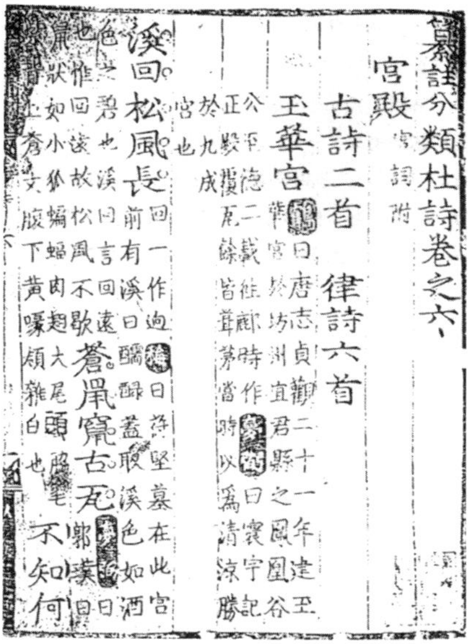

<사진 1>『찬주두시』목판(黑口魚尾)본

이 두시 주해는 착수되었을 때 아직 한글이 창제되기 전이므로, 두시의 언해와 직접 연관된 사업이 아니다. 기록 그대로 주해만 왕명에 따라 집현전 학사들이 진행한 사업이다. 그러나 만우와 같이 두시에 밝은 사람은 신분에 상관없이 동원되었다. 成俔의『慵齋叢話』에 따르면 白衣인 柳休復은 만우와 함께 참여하여 사람들이 영광스럽게 생각하였다고 한다.[7] 그는 백부이며 允謙의 아버지인 泰齋 柳方善에게 배워 두시에 익숙하기로는 당시 견줄 이가 없어서 참여하였는데, 할아버지 柳沂의 죄로 과거에 응시조차 못한 白衣였다고 한다. 뒤에 그들은 1455년(세조 1) 세조에게 과거에 나갈 수 있게 해달라는 上言을 하여 허락을 받고서[8] 휴복과 윤겸이 각각 1460년(세조 6)과 1462년(세조 8)에 문과에 급제하여 벼

4)『세종실록』25년 4월 丙午 및 壬子조 참조.
5)『세종실록』25년 7월 辛未조 참조.
6)『세종실록』25년 6월 乙酉 및 26년 5월 辛未조 참조. 그런데 어떤 사업이 끝나면 관계자에게 상으로 물품이 하사되는 관례가 있다. 1443년 5월에 하사한 것은 옷 4벌이다. 따라서 그것은 주해 사업이 끝난 데 대한 상사일 가능성이 없지 않다.
7)『용재총화』(권7, 12a-13b) 참조.
8)『세조실록』1년 8월 己巳조 참조.

슬길에 나가게 되었다.[9] 그것은 어떻든, 杜詩의 주해는 승려와 白衣까지 동원된 사업이므로, 그 결과가 간행된 것으로 생각되며, 그것이 바로 黑口에 黑魚尾인 갑인자본 복각으로 추정되는 목판본의 저본이라 생각된다. 현전하는 갑인자본의 복각이라면 저본의 판심을 옛날의 것으로 바꾸었다고 하여야 되는데 복각에서 그러한 일은 일어나지 않는다. 갑진자본에 앞서서, 1443년(세종 25) 이후에 두시 주해가 마무리되어 갑인자로 간행된 『찬주두시』를 그 저본으로 상정함이 온당한 일이다.

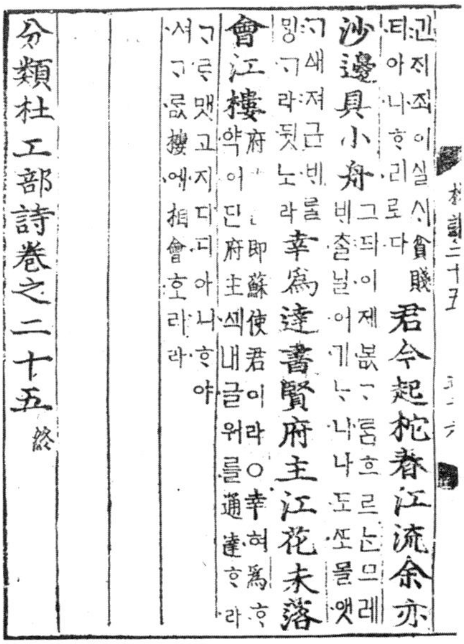
分類杜工部詩卷之二十五

<사진 2> 원간본 권25 尾題

그리하여 『두시언해』는 이 『찬주두시』를 저본으로 언해되었다.[10] 책의 卷次, 시를 분류한 門目, 시의 제목과 본문 등이 모두 『찬주두시』를 따르게 되었다. 그러므로 小倉進平(1940: 293)에서 『두시언해』를 33권이라 하고 李德懋의 『靑莊館全書』 「盎葉記」에서 33권을 편찬하였다는 기록을 인용하였는데 김일근(1964, 1966)에서 33권설이 재고될 가치가 있다고 하였지만, 이병주(1965, 1966)에서 적절히 지적된 대로 완질은 저본과 같은 25권이 올바른 것이다. 우리는 여기에 다음 두 가지 근거로써 25권임을

---

9) 『국조방목』에 따르면 世祖庚辰(1460) 平壤別試에 柳方敬의 아들인 柳孝復, 世祖壬午(1462) 秋試에 유윤겸이 합격한 것으로 되어 있다. 방경은 방선의 동생이고, 윤겸을 효복의 종제라고 하였으므로 유휴복은 뒤에 효복으로 改名한 것이라 생각된다. 『瑞山柳氏族譜』(和順, 1933)에도 방선과 방경의 아들로는 윤겸과 효복만 문과에 급제한 것으로 되어 있고(권8 上, 40), 『東華姓譜』(규장각 소장본)라는 필사본에는 윤겸과 휴복이 문과를 한 것으로 되어 있으므로 『세조실록』(10년 7월 戊寅조)에 年少文臣으로 나오는 유휴복도 뒤에 효복이라 한 것이 틀림없는 사실이다.

10) 저본이 반드시 갑인자 黑口本이라 고집하지는 않는다. 현전하는 『찬주두시』의 異本 사이에는 판식과 활자의 차이가 주된 것이므로, 현재 없어졌지만 내용이 대동소이한 어떤 간본이나 원고본이 저본이 되었다고 하여도 무방하다.

재확인하고자 한다. 첫째 근거는 원간 을해자본과 중간본 권25의 권말서명 곧 尾題에 이은 권차가 '卷之二十五終'으로 되어 여기에만 '終'이 나타나서 이 책이 모두 25권으로 끝났음을 밝히고 있는 점이다(<사진 2> 참조). 둘째 근거로는, 33권이라 한 것은 1675년(숙종 1)의 무신자본 『攷事撮要』의 附錄에 「書冊印紙數」란 항목이 있고[11] 거기의 '杜詩諺解 紙三十三卷'이라 한 기록에 말미암는데, 이것은 1부를 인출하는 데 소요되는 종이를 말하는 것이나 1부의 권수로 잘못 이해한 데에 있다. 같은 부록에 나온 '大學諺解 紙十五張, 內訓 紙七卷' 등의 기록으로 미루어도 분명한 잘못이다.

그런데 독립된 문목이 현전하는 『찬주두시』에서는 바로 앞 문목의 부록으로 처리된 예가 있다. 예컨대 갑진자본 권7의 '居室下'에 '隣里附'(1a), 병자자본 권11의 '晝夜'에 '夢附'(34a4), 都監字本 권6의 '宮殿'에 '宮詞附'(1a), 木版本 권9의 '釋老'에 '寺觀附'(16a)가 각각 주기되어 있다. 그러나 뒤의 본문에서는 주기된 문목이 독립되어 나오는데, 다만 '夢'의 경우만 문목 자리에 '古詩二首 律詩二首'(42b)란 수록된 시의 수효가 나타난다. 『두시언해』에서도 대체로 이러한 예를 따르나, 주기를 삭제하거나 문목을 새로이 추가한 예가 없지 않다. 권7의 '隣里附'(1a)는 삭제된 예인데, 『두시언해』 원간본의 영인 저본에서는 묵서로 주기를 써넣었다.[12] 권11의 문목 '夢'(51a)은 추가되고 수록 시의 수효는 협주로 처리되었다. 이러한 차이가 있기는 하지만, 『두시언해』는 1자 낮추어 문목, 다시 1자 낮추어 제목을 적는 체재까지 『찬주두시』를 답습하고 있다.

언해는 다 잘 아는 바와 같이 曹偉의 「杜詩序」에 의하여 성종이 1481년(성종 12) 가을 홍문관 典翰인 柳允謙 등에게 주석과 언해를 명하면서 착수되었다. 그러나 이의 연원은 멀리 저본의 편찬인, 세종 때의 두시 주해에 소급된다고도 하겠지만, 가까이는 바로 언해를 명령한 해에 1년이 앞선 1480년

11) 前間恭作(1957: 1426)에서는 『두시언해』를 모두 25권이라 하면서 『고사촬요』를 康熙初年의 간본이라 하여 印紙 33권이라고 정확히 인용되어 있는데, 33권 7장에서 7장이 잘못 탈락된 듯하다고 한 것은 이해할 수 없다. 그리고 『고사촬요』를 강희 초년 간본이라 하였으나 그 책은 내사기에 따라 1675년(숙종 1, 강희 14)의 간본이다.

12) 묵서가 영인본(통문관, 1954)에서는 얼핏보면 원래 인쇄된 것으로 읽힌다. 이러한 점으로도 영인본의 이용에는 세심한 주의가 필요하다.

10월의 일이다. 10월 壬申 곧 26일의 晝講이 끝난 뒤에 試讀官 李昌臣이 詩家의 근본인 杜詩 학습의 필요성을 말하고서 전 성균관 司成인 유윤겸이 그 아버지 방선에게 두시를 전수받아 자못 정통하고 능숙하니 年少 文臣으로 하여금 배우도록 하였으면 좋겠다고 아뢰자 성종이 허가하였던 것이다.[13] 그러므로 홍문관에서 이때 수업한 젊은 문신과 함께 유윤겸이 언해에 착수한 것이라 하겠다. 이때 서문을 쓴 曹偉도 홍문관 修撰으로서 참여하였을 것이나, 品階와 나이가 상당히 뒤지고 杜詩에 대한 지식에서도 앞섰다는 기록이 없으므로 언해의 중심 인물은 유윤겸임에 틀림없다.[14] 그러나 학계에서 定說로 되어 있는 義砧과 柳休復에 대하여는 새로이 검토할 필요가 있다.[15]

먼저 유휴복의 경우는 참여하였다는 분명한 기록은 없다. 그러나 위에서 인용한 『용재총화』에 따르면 그는 杜詩에 精熟하여 세종 때 白衣로서 두시 주해에 참여하였고, 成俔의 仲氏인 成侃에게 두시를 가르쳐 文理를 크게 깨치게 하였다고도 한다.[16] 그러나 그에 관한 실록 기사가 1467년(세조 13)에 承文院 副校理에 있었다는 것[17] 이후로는 나타나지 않는다. 위에 말한 대로 유윤겸이 1480년 10월에 젊은 문신에게 두시를 가르쳤을 때에도 그에 대한 아무런 언급이 없다. 그러므로 그는 당시 62세인 유윤겸의 종형으로서 故人이 되었거나 身病 등의 이유로 활동이 자유롭지 못한 처지에 있었다고 추정된다. 따라서 언해에는 참여하지 못하였다고 봄이 온당하다.

의침의 경우도 언해에 직접 참여하지 못한 것으로 보인다. 실지로 이때 그는 이미 고인이 되었을 것으로 추정되기 때문이다. 의침은 호를 月窓이라 하

---

13) 『성종실록』 11년 10월 壬申조 참조.

14) 당시 유윤겸은 62세로 종3품이고 조위는 28세로 정6품의 직위에 있었다. 윤겸이 杜詩에 대하여 탁월한 지식이 있다는 기록은 바로 위의 주 13)에 말한 실록 기사와 뒤에 말할 野史의 기사에 나타난다. 그가 1488년(성종 19) 敦寧府 都正이 되었을 때의 실록 史評에서 禁錮에 연좌되어 늦게 문과에 급제하였고 杜詩에 밝은 것으로 왕의 知遇를 받아 승지와 參議가 되었지만 평생 아내를 소박하여 대우가 박하였다고 한 점(『성종실록』 19년 9월 丁丑조)에서도 杜詩에 대한 권위는 조정의 중론이었음을 확인한다.

15) 이에 대하여는 前間恭作(1957: 1427), 최현배(1961: 122), 이병주(1970) 등을 참조. 안병희(1971, 1992b) 등에서도 의침이 언해에 참여하였다고 설명되어 있다.

16) 앞 주 7)의 『용재총화』를 참조.

17) 『성종실록』 13년 1월 戊寅조 참조.

는데, 만우에 못지 않은 韻釋이다. 그의 「靈通寺西樓 次古人韻」이란 7언율시가 『동문선』(권16)과 『동국여지승람』(권12)에 실릴 정도로 훌륭한 시를 남겼고, 두시에도 능통하여 유방선에게 그것을 가르쳤다고 한다(뒤의 주 19) 참조). 유방선이 12살 때인 1399년(정종 1) 의침을 만났는데, 그때 의침은 영통사의 주지였다. 영통사는 長湍의 五冠山 아래에 있는데, 그 만남을 유방선은 「冠山歌」(『泰齋集』 권1)로 읊고 있다. 그 1절을 보면, 만남의 상황을 여실히 알 수 있다.

> 堂頭月窓初卓錫 冠盖傾都來絡繹 居僧盡是廬山徒 採蕨賞芳事筵席 我年二六逐諸子 手携書帙出塵陌 直謁月窓便摳衣 薰陶深荷擊蒙益 餘力命題試詞賦 榜頭設宴爲勸責

이때 의침은 화엄종의 巨刹인 영통사의 주지이므로 적어도 나이 50은 지났을 것이다. 이를 뒷받침하는 글은 더러 보인다. 權近이 1380년(고려 우왕 6, 洪武 庚申) 5월 16일에 지은 「贈華嚴中德義砧序」(『陽村集』 권15, 『東文選』 권90)와 1403년(태종 3, 癸未) 경에 지은 「法王寺祖師堂記」(『양촌집』 권14, 『동문선』 권80) 등이 그것이다. 앞글의 中德은 住持에 오를 수 있는 僧階이므로 중년의 나이라야 될 수 있는 것이고, 뒤의 글은 의침이 判華嚴宗事로서 祖師堂을 중창하였을 때에 지은 것이므로 상당한 나이였을 것으로 생각된다. 그러므로 『두시언해』가 편찬된 1481년(성종 12)은 말할 것도 없고, 1442년(세종 25)의 두시 주해에도 관여한 기록이 없다. 그가 살아서 언해에 참여하였다면 130세가 훨씬 넘는 셈이다. 그러므로 그때 이미 故人이 된 것으로 추정하는 것이다.

위의 「贈華嚴中德義砧序」에 보면, 의침이 李穡의 시를 가지고 와 자기의 신분을 밝히면서 鄭夢周, 金九容, 李崇仁 등과 교류가 있음을 말한 내용이 있다. 더욱이 이색은 그와 매우 가까운 사이였던 것으로 보여 「送月窓序」(『牧隱文藁』 권8, 『동문선』 권87)를 남겼고, 의침이 위의 「증의침서」를 권근에게 부탁할 때도 그러하였지만 鄭道傳에게 「送華嚴宗事友雲序」(『三峯集』 권3, 『동문선』 권89)를 부탁할 때에도 이색의 시를 가지고 와서 그의 명령으로 글을 부탁하였다고 한다. 그러한 교분 관계를 감안하면, 곧 언급하겠지만 野史(뒤의 주 19) 참조)에서 杜詩에 능통하다고 한 의침이 생존하였다면 제자라고 할 유방선의 아들과 조카를 참여시키고 만우를 서울로 불러들인 두시의 주해 사업에 그냥 두지는 않았을 것이다. 주해 사업에는 참여한 만우도 『두시언해』가 편찬되었을 때는 이미 고인이다. 생존하였다면 120세가 넘기 때문이다.[18] 설사 이러한 승려가 생존하였어도 당시의 조정 분위기에서, 더욱이 홍문관의 사업에 승려가 참여하는 일은 상상할 수 없는 것이다. 성종 초에 단행된 刊經都監의 폐지만 보아도 그것은 알 수 있다.

이상의 설명으로 『두시언해』는 유윤겸을 비롯한 홍문관 문신들의 힘만으로 이루어진 것이 분명해졌다. 그러나 이들에게 杜詩를 가르친 사람들의 간접적인 기여가 무시되어서는 안 된다. 그 중에서도 유윤겸과 유휴복에게 두시를 가르친 유방선, 유방선에게 두시를 가르친 의침의 영향은 큰 것이 아닌가 한다. 그것을 당시 직접 두시의 언해에 대하여 듣거나 보았을 曹伸이 『謏聞瑣錄』에서 다음과 같이 기록하고 있다.[19]

> 僧義砧號月窓 泰齋(유방선의 호)所從學杜詩者 柳參議允謙 傳於父泰齋 世称通杜詩 成廟嘗令以諺文 註解杜詩 間有迂曲處 此月窓之所傳歟

여기에는 승려에 대한 부정적 시각으로 『두시언해』의 잘못이 의침의 가르침에 의한 것으로 되어 있다. 이를 뒤집어 보면 잘 된 언해는 의침의 가르침에 말미암은 것이 된다. 이것이 『두시언해』와 의침의 관계에 대한 당시 사람들의 생각이 나타난 것이며, 여기에서 한걸음 더 나아가 의침이 언해에 참여하였다는 후대의 기록으로 발전한 것이라 생각된다.[20]

그런데 모든 번역과 마찬가지로 『두시언해』에도 잘못된 곳이 있을 것이다.

---

18) 『泰東古典硏究』 5(한림대 부설 태동고전연구소, 1989)에 실린 『匪懈堂瀟湘八景詩帖』의 영인과 任昌淳 선생의 해설에 따르면, 시첩에 시를 쓴 1442년(세종 24)에 만우는 86세란 쪽지가 있으며, 『용재총화』(권6)에 따르면 成任, 성간 형제가 회암사에서 공부할 때 90여 세인 데도 정정하였다고 한다. 성임 등의 등과가 1450년(세종 32) 전후이므로 15세기 40년대 후반에 그는 90여 세가 되는 것이다.

19) 이것은 『소문쇄록』에는 보이지 않고 洪萬宗이 편찬한 『詩話叢林』에 수록되어 전한다. 여기서는 洪贊裕 역, 『譯註詩話叢林』上(通文館, 1993, p.214)에서 인용한다.

20) 여기 덧붙일 일은 유방선도 그에게 杜詩를 가르친 의침과 마찬가지로 세종 때의 두시 주해에 참여하지 못하였다. 주해가 시작되기 바로 전인 1443년(세종 25) 봄에 56세로 돌아갔기 때문이다.

조신은 언해에 간혹 괴상한 데가 있다고 하였으나 16세기의 魚叔權은 『稗官雜記』에서 그것을 구체적으로 다음과 같이 지적하였다.[21)]

> 不分二字 中國方言 分與噴同 不分卽怒也 猶言未噴其怒而含畜在心也 老杜詩 不分桃花紅勝錦 生憎柳絮白於緜 生憎卽憎也 亦方言 不分旣方言故 以生憎對之 東坡詩 不分東君專節物 亦此意也

곧 '不分'이 중국의 속어로서 蘇東坡의 시까지 예증하면서 성낸다는 뜻이나 잘못 언해되었다는 것이다. 『두시언해』(권23, 23a)에서는 이 구절에 '此ᄂᆞᆫ 愁別故로 不愛景物也ㅣ라'라 주석하고서 다음과 같이 언해하였다.

> 복셧고지 블고미 錦이라와 더오ᄆᆞᆯ 내 分엣것 삼디 몯ᄒᆞ고 버듨개야지 소오미라와 ᄒᆡ요ᄆᆞᆯ ᄀᆞ장 믜노라

여기서는 '不分'을 내 분수에 합당한 것으로 삼지 못한다고 길게 언해하였다. 언해가 지나치게 긴 점으로도 어숙권의 지적에 일리가 있는 것으로 보인다. 이러한 잘못은 조신의 말과 같이 간혹 있을 것이다. 그러나 전반적으로 볼 때 『두시언해』는 한글 창제 이후에 행해진 최초의 성공적인 문학작품의 번역임에 틀림없다. 여기에서 우리는 언해에 중심 인물로 참여한 유윤겸과, 그에게 杜詩를 가르친 유방선과 의침의 공로를 기리지 않을 수 없다.[22)]

Ⅲ. 원간본과 그 교정

『두시언해』도 다른 官版本과 마찬가지로 간행에 관한 기록이 없다. 현재 原刊本은 권1, 2, 4를 제하고 모두 전하고 있는데, 묘하게도 그 권1이 전하지 않으므로 간년의 절대연대를 알리는 내사기도 볼 수 없다. 序跋이나 책의

---

21) 앞의 주 19)의 책(p.320)에서 인용한다.

22) 유방선이 의침에게 배운 것은 앞에서 인용된 「관산가」나 『소문쇄록』의 기록으로 분명하다. 유방선의 문집(권2)에는 의침에게 보낸 「寄月窓砧上人」과 「寄月窓上人」이란 7언절구의 시가 있는데, 특히 후자에서는 杜詩를 함께 읽고 싶어하는 심정이 드러나 있다. 인용하면 다음과 같다.

十年南北苦相思 有底浮生久別離 何日更參方丈去 焚香細讀杜陵詩

형태로 간년을 추정할 수밖에 없다. 판심에 黑魚尾가 나타나고, 자획의 마모가 없는 을해자로 된 점에서 15세기 후반의 간본임이 확인된다.23) 거기에 중간본에 실린 曹偉의 서문 「杜詩序」가 1481년(성종 12, 成化 17) 12월 상한에 되었다고 하였으므로 그때에 간행된 것으로 추정된다. 그 서문에서 밝힌 바와 같이 언해에 대한 성종의 명령이 있은 지 서너 달 만에 언해를 완성하여 간행한 것이다. 이것은 金訢의 문집인 『顔樂堂集』(권2)에 실려 있는 「飜譯杜詩序」로써도 뒷받침된다.24) 서문 날짜가 없으나 그 내용에서

凡閱幾月 第一卷先成 繕寫投進 以禀睿裁 上賜覽 曰可 令卒事 仍命臣序之

라 하여 몇 달 만에 1부가 이루어졌다고 하여 조위의 서문 내용과 합치한다. 그러므로 완성된 책은 典校署(당시 교서관의 바뀐 이름)로 보내서 간행한 것으로 생각된다.25)

그런데 위 김흔의 서문에 나오는 '第一卷'에 대하여 글자 그대로 『두시언해』 전질 중 권1이란 해석(김일근 1964, 1966)은 설명할 필요가 있다. 우리는 첫 번째로 만든 1부란 뜻으로 해석한 견해(이병주 1966)를 수용하여 1481년에 전질의 원고가 완성되어 간행된 것으로 추정하였으나, 언해에 대한 王命이 내린 지 서너 달 만에 겨우 권1만이 완성되었다면 원간본의 연대는 적어도 두어 해 내리잡아야 하기 때문이다. 그러나 권1이란 해석은 책 편찬의 관

---

23) 한글 활자는 한글 창제 직후에는 갑인자와 함께 쓰였으나, 세조 때의 『능엄경언해』, 『아미타경언해』를 비롯하여 그 이후에는 을해자와 함께 쓰였다. 그 이유는 분명하지 않으나, 한글 활자의 사용에서 특기할 일임에는 틀림없다.

24) 이 서문은 김일근(1964)로 학계에 처음 소개되었다. 중간본에 이 서문이 없는 것은 아들 金安老 때문에 원간본에서 삭제된 것(김일근 1964, 1966)인지, 성종이 채택하지 않아서 원간본에 처음부터 실리지 않은 것(이병주 1965, 1966)인지 원간본 권1이 나타나야 해명될 것이다. 그러나 김흔의 서문에 새로운 사실이 없으므로 원간본에 실린 문제는 중요한 일이 아니다.

25) 1482년(성종 13) 가을 弘文館 副提學 유윤겸 등이 箚子를 올려서 흉년이 대단하므로 設局하여 추진 중인 四傳과 『春秋』, 『綱目新增』, 『文翰類選』, 『杜詩』, 『李白詩』, 『庸學口訣』과 같은 책의 편찬을 중단할 것을 아뢰어 성종의 허락을 받은 일(『성종실록』 13년 7월 癸酉조)로써 『두시언해』의 간행을 1482년 이후의 일로 추정하는 일이 있다(문화재관리국, 『동산문화재지정보고서』('90 지정편), 1991, 『두시언해』 관계 보고). 그러나 『두시언해』는 그 전 해에 편찬이 끝났으므로, 여기의 『杜詩』는 한문으로 된 다른 책의 편찬으로 보아야 할 것이다.

례가 무시되고 지나치게 글자에 얽매여 있다.

국어사 자료만 보더라도, 王命으로 편찬되거나 언해된 『용비어천가』와 『능엄경언해』 등은 그 서문이나 箋文에 따르면 언제나 전질이 繕寫되어 왕에게 진상되었다. 『두시언해』만 권1이 선사되어 진상되었다면 매우 시급하고 중요한 편찬이라야 하는데, 우리는 그러한 사실을 발견하지 못하는 것이다. 더욱이 위 김흔의 서문은 조위의 서문에 나오는 '書成 繕寫而進 命臣序'와 비교하여 '第一卷 先成'이 '書成'과 일치한다. 따라서 '第一卷'은 책 1부라고 해석된다. 실지로 지난날 우리나라에서는 '卷, 本'이 명확한 개념으로 사용되지 않았다. 예컨대 '二卷'은 2부, 2권 또는 권2를 가리켰다. '本'의 경우에도 「重刻杜詩諺解序」에서는 1부, 『通文館誌』(권8 書籍조)에서는 1권을 가리킨다. 1부를 분명히 할 때에는 '一部, 一件'이 쓰였으나 '卷, 本'도 쓰일 수 있었다. 그러므로 '卷, 本'이 쓰였을 때에는 문맥에 따른 올바른 해석이 요망된다. 문제의 구절이 '권1'이란 해석도 가능하지만, 왕명에 따른 편찬인 사실과 조위의 서문에 비추어서 전질 1부라고 해석함이 온당하다고 생각된다. 그럴 경우에 서너 달 만에 『두시언해』의 편찬이 완성될 수 있을까 하는 의문이 있을지 모른다. 그러나 분량이 비슷한 『능엄경언해』의 1461년 10월 11일자 金守溫 등의 발문에 따르면 1461년 6월 11일에 왕명에 따라 언해에 착수하여 8월 22일에 원고가 완성되고 다시 주석 등을 보완하여 10월 상순에 모든 일이 끝났다고 한다. 『금강경언해』는 韓繼禧의 발문에 따르면 불과 5일 만에 언해가 완성되었다고도 한다. 『두시언해』의 편찬도 서너 달이면 충분히 끝낼 수 있는 일임에 틀림없는 것이다.

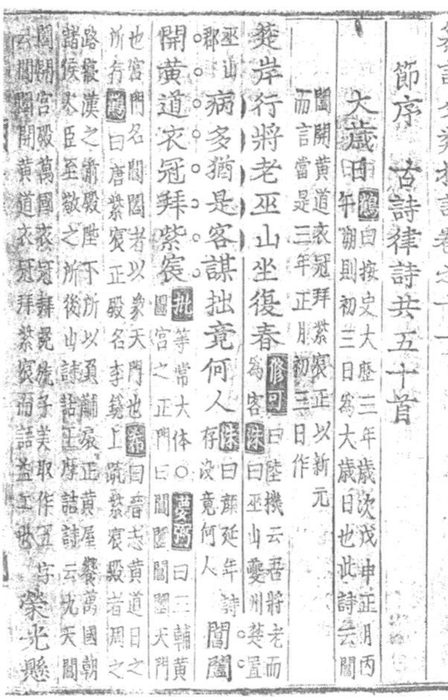
纂註分類杜詩卷之十一
節序 古詩律詩共五十首
大歲日
楚岸行將老巫山坐復春
病多猶是客謀拙竟何人
閶闔開黃道衣冠拜紫宸

<사진 3> 『찬주두시』(병자자본)

그리하여 1481년에 언해가 완성

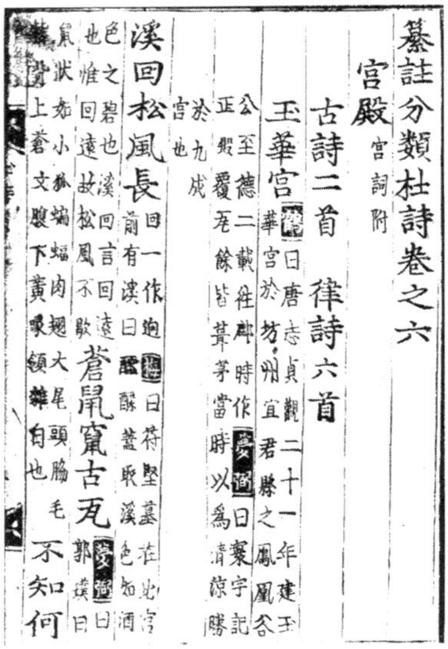
<사진 4>『찬주두시』(훈련도감자본)

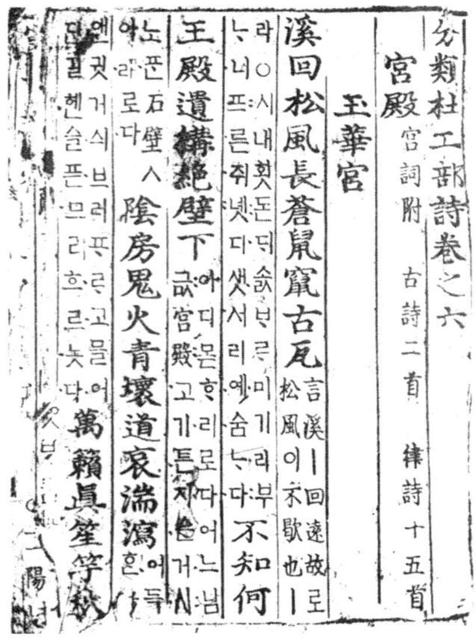
<사진 5>『두시언해』 권6, 1a

되어 간행된 원간본은 위에서 말한 바와 같이 저본인『찬주두시』의 권차, 문목과 제목의 배치 등을 따랐다. 저본에서 주석이 배제되어 '纂註'란 관칭을 삭제하였으나 두보의 관직에서 유래한 칭호인 '工部'를 저본의 '杜詩'에 추가하여 6자의 서명을 만든 것도 저본을 고려한 것이 아닌가 한다. 판심제는 저본과 함께 '杜詩'이다. 간경도감 간행의 불경언해의 서명이 판심제에 이르기까지 그 원전과 똑같이 되게 하여 원전과 언해를 짝지은 것에 맞추어서『두시언해』가 저본인『찬주두시』의 언해임을 명시적으로 밝히려 한 의도를 보인 것이다(<사진 3, 4, 5> 참조).

그러나 언해의 실제는 불경언해와 사뭇 다르다. 그 차이점으로는, 첫째 시의 제목에도 구결을 다는 일이 있고, 심지어는 언해까지 덧붙인 일이 있다. 거의 모든 제목은 간단한 어구이므로 구결이 필요하지 않지만, 긴 문장으로 된 제목에는 이해를 돕기 위하여 문맥을 밝히는 구결과, 때로 언해가 필요하였던 것으로 보인다. 그 구결의 예를 2개만 들기로 한다.

> 將別巫峽홀싀 贈南卿兄을 瀼西果園四十畝ᄒᆞ노라(권15, 15b)
> 課小竪ᄒᆞ여 鉏斫舍北果林ᄋᆡ 枝蔓荒穢ᄒᆞ야 淨訖ᄒᆞ고 移床호라(권15, 16b)

제목에 구결을 달고 언해를 덧붙인 예는 매우 드물게 나타난다. 제목이 「送大理封主簿五郎」으로 시작되어 5행인 경우(권8, 68b-69a)로서 언해(69a)까지 있다.

둘째 시 본문에는 구결이 없다. 이는 본문이 거의 5언이나 7언으로 되어 문장 구조가 분명한 데다 곧이어 언해가 되어 있기 때문이라 생각된다. 그러나 선조 때에 편찬, 간행된 『詩經諺解』는 말할 것도 없고, 이 책이 간행된 바로 이듬해인 1482년(성종 13)에 나온 『金剛經三家解』와 『南明集諺解』에서 頌을 언해한 경우와도 다르다. 이것은 『두시언해』의 한 특징이라 할 것이다. 여기 덧붙일 일은 詩序가 있을 때 구결만 단 것(권16, 46a-47a)과 구결 없이 언해만 있는 것(권16, 65 및 67b-68a), 그리고 구결을 달고 언해까지 있는 것(권19, 23a-24b)으로 나뉘는 사실이다. 이는 시 본문과 같이 다루거나 시 제목과 유사하게 다룬 차이라 하겠다.

셋째 주석에는 구결이 달려 있다. 이는 시 본문과 대조되는 일로서, 언해가 없는 사실과 관련되는데 아무리 간단한 구조의 주석문에도 예외가 없다. 당시의 口訣書나 諺解의 구결과 같이 이들 구결에는 방점이 표기되지 않는다. 그러한 예를 권7에서 몇 예를 보인다.

> 榿ᄂᆞᆫ 丘宜反ᄒᆞ니 木名이라 籠은 竹名이라(1a)
> 百花潭은 卽 浣花溪라(2b)
> 野老ᄂᆞᆫ 甫ㅣ라(3a)

주석이 간혹 국어의 문장으로도 나타난다. 이때에는 언해와 같이 방점까지 표기된다.

> 李陵曰士氣少衰ᄒᆞ니 軍中에 엇뎨 겨지비 업스리오 ᄒᆞ고 어더 주기다(권8, 68a)

그런데 구결문과 국어 문장이 합쳐진 주석도 없지 않다. 이때도 구결문으로 생각되는 부분에는 방점 표기가 없다.

町畦는 岸畔也ㅣ니 모난 양 홀ᄉᆞᆯ 니ᄅᆞ다(권7, 8b)[26]
秧은 禾莖이니 揷秧ᄋᆞᆫ 모심기라(권7, 36b)

위의 예문에서 방점은 각각 '모난양, 모심기' 이하에서만 표기되었다. 바로 앞의 어미나 조사에도 방점이 나타나지 않는다. 그러나 제목 「破船」에 대한 다음 주석에서

此는 避難ᄒᆞ얏다가 再來而見其船之破也ㅣ라

오직 'ᄒᆞ얏다가'에 방점을 표기하였다. 이것은 전체를 구결문으로 볼 수도 있으나 앞의 주석과 같이 일부를 국어 문장으로 파악한 것이 아닌가 한다. 그러나 극히 예외적인 것임은 분명하다.

넷째 언해는 국한문 혼용으로 되어 있으나, 한자에 한글로 독음을 표기하지 않는다. 따라서 순수한 국한문 혼용의 글이라 할 수 있다. 그러한 일은 당시의 언해에서는 없다. 이 책보다 1년이 늦은 『금강경삼가해』와 『남명집언해』의 계송 언해에서도 한자마다 한글 독음이 달려 있다. 오직 『용비어천가』의 국어 가사에서는 이 책과 같이 한글 독음이 달려 있지 않다. 이것은 독자를 한자와 한문에 상당한 지식을 가지는 사람으로 상정한 결과일 수 있다.[27] 거기에 덧붙여서 文臣들 사이에서는 『동국정운』의 한자음에 대한 거부감이 있었기 때문에 그에 따른 독음 표기를 보류한 것으로도 생각된다.[28] 그 이유가 어디에 있든, 국어 문장 표기에서 한자 독음을 달지 않는 것은 하나의 특징이다.

끝으로 이 책의 방점 표기가 갖는 특징이다. 이것은 이미 당시 聲調에 대

26) 후반부의 국어 문장은 교정된 것이다. 교정되지 않는 책에는 '猶言有圭角也ㅣ라'로 되어 있다(안병희 1971: 314). <사진 6, 7> 참조. 이러한 교정에 대하여는 뒤에 설명될 것이다.
27) 이러한 해석은 김완진(1972)를 참조할 것.
28) 교정된 한자음에 대한 거부감과 반대는 崔萬理의 한글 창제 반대 상소문에서 '又輕改古人已成之韻書 附會無稽之諺文 聚匠數十人刻之 劇欲廣布 其於天下 後世公議何如'라 한 일과, 『동국정운』을 8도와 성균관 四部學堂에 반사하면서 세종이 우리나라 사람이 俗韻에 익숙한 지 오래므로 갑자기 바꿀 수 없으니 억지로 가르치지 말고 학자로 하여금 수의로 하도록 하게 한 일(『세종실록』 30년 10월 庚午조)로 짐작된다.

한 연구로써 잘 알려져 있으므로 굳이 설명할 필요가 없다. 그러나 방점 표기와 활자에 대한 것은 다시 논의할 가치가 있다. 같은 책의 같은 곳에서 방점 표기가 있고 없는 차이가 있다. 곧 권16의 마지막 장(74a)은 가람문고본에서는 방점이 전혀 나타나지 않으나[29] 통문관 소장본에서는 방점이 제대로 표기되어 있다.[30] 이 사실에서 한글과 방점은 하나의 활자가 아니라 각각 따로 된 활자임을 가정할 수 있는데, 그것은 같은 한글에 표기된 같은 방점의 위치가 조금씩 다른 사실로써 확인된다는 주장이 제기되었다(福井 玲 1987: 35). 거기에 방점의 활자가 따로 되었을 때 얻는 경제성도 있다고 한다. 우리는 癸未字와 庚子字로 된 활자본은 匡郭의 변란이 고정되어 있었으나 甲寅字本에 이르러서는 변란을 조합하여 활자본의 조판을 쉽게 하였다는 우리나라 활자 인쇄술의 발달을 고려할 때, 한글과 방점을 분리하여 각각의 활자로 만들어 조판하였다는 일은 매우 자연스러운 일이다.[31]

이와 같이 방점 활자가 따로 주조된 것임을 뒷받침하는 사실이 극히 드물지만 印面에서 나타나기도 한다. 첫째로 한글 활자의 4각인 어깨(shoulder) 부분의 일부가 인쇄된 예가 있다. 권6의 '우희(4b5앞줄), 기세(15b1앞줄)'의 둘째 글자는 모두 거성인데, 머리 부분의 일부가 각각 '희, 세'의 받침 ㄴ처럼 분명히 나타난다. 이것은 浮彫 곧 돋을새김으로 한 한글의 바탕 가장자리인 어깨 부분을 다듬지 않은 데 말미암은 것으로 보이는데, 만일 방점과 한글이 하나의 활자라면 머리 부분의 일부가 거성의 방점 아래까지 나타나야 한다. 둘째로 평성인 경우에 방점이 표기될 자리에 가느다란 막대기가 나타난다. 같은 책의 'ᄀ마니(12a5앞줄), 기리(29b4앞줄)'의 '니, 기'에서 볼 수 있는데, 특히 앞의 예에서는 선명한 막대기(세로 가로가 각기 약 6㎜, 2㎜)가 보인다. 이러한 사실은 방점이 한글과 분리된 활자로 인쇄되었다고 할 때 설명이 가능

---

29) 이를 저본으로 영인한 『두시언해』 권15, 16(통문관, 1959)에서 확인된다.

30) 이에 대한 보고는 福井 玲(1987: 32)에 있다. 통문관 소장본의 방점 표기는 福井 玲(1987: 48) 부표 2에 활판으로 제시하였다. 그런데 이러한 방점 누락의 착오는 앞에서 말한 구결문과 국어 문장으로 이루어진 주석에 나타나는 방점 표기와 무관하지 않을지 모른다.

31) 이것은 갑인자본의 『월인천강지곡』에서도 확인할 수 있다. 우리는 한글과 방점이 다른 활자로 된 사실과 함께, 나아가 한글 활자의 '름, 믈' 등은 위아래를 뒤집어서 '믈, 름' 등으로 인쇄하였을 가능성도 소개한 바 있다(안병희 1992c: 10, 특히 주 8). [본서 제12장]

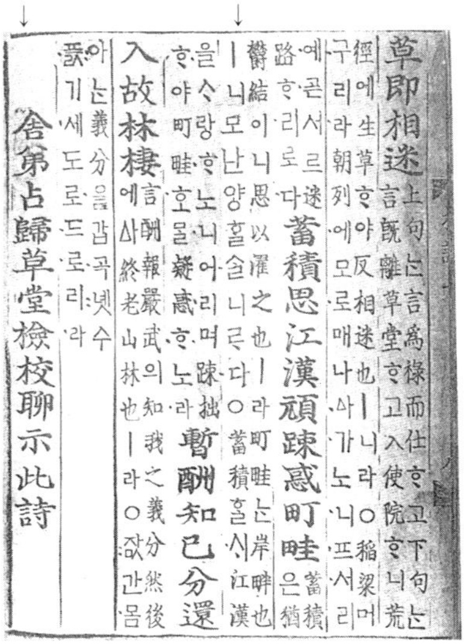

<사진 6> 『두시언해』 권7, 8b 교정(↓부분)

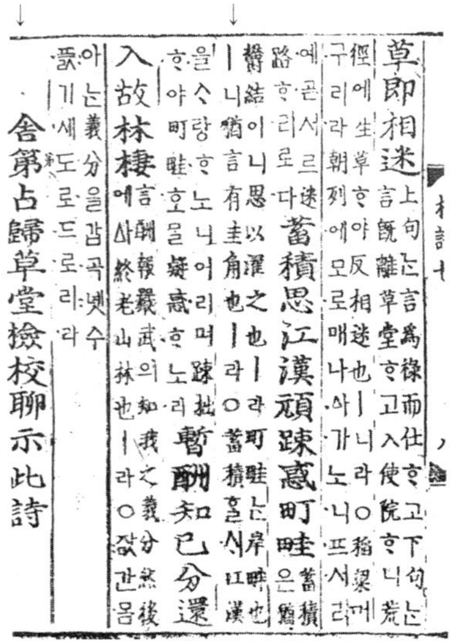

<사진 7> 『두시언해』 미교정(↓부분)

한 것이다.

『두시언해』와 같이 활자로 간행된 책일 경우에는 誤字가 있게 마련이다. 아무리 교정을 세밀히 보고 관계자에게 오자에 대한 처벌을 엄하게 하더라도 植字와 組版, 교정과 印出 등 여러 단계를 거치면 착오가 없을 수 없다. 한글 문헌만 보더라도 활자본인 『석보상절』, 『월인천강지곡』, 『능엄경언해』, 『내훈』, 『여씨향약언해』 등에서 그러하다.[32] 목판본에도 오자가 있지만 비교가 안 될 정도로 적은 것이다. 우리는 『두시언해』의 오자와 교정에 대하여 일찍이 다룬 일이 있다.[33] 오늘날 전래되는 그 대부분의 원간본은 오자를 상당히 가지고 있다. 그러한 책은 하나같이 紙質이 얇고 거칠며, 허리 이은 종이로도 인출되어 있다. 그러나 교정이 행해진 책이 함께 전하고 있다. 지질이 좋고 책장이 온종이로만 되어 있으며, 책도 약간 큰 편이다. 가람문고본 권6 · 7

32) 誤字와 校正에 대하여는 안병희(1992b)에서 이들 책과 관련하여 설명하였다. 참고하기 바란다.

33) 안병희(1971: 314-315) 참조. 활자본과 함께 그 중간본인 목판본에서도 오자가 나타나는 것은 안병희(1992b: 32-33)에서 언급한 일이 있다. 그러나 지방의 官版本이므로 실제로는 더 많으리라 생각된다.

1책이 바로 그러한 예다(<사진 6, 7> 참조).

그런데 두어 해 전에 국립중앙박물관에서도 교정본인 권17·18·19 1책을 수장하였다. 지질도 위의 책과 같고, 교정의 방법도 똑같이 예리한 칼로 오려낸 곳에 종이를 붙여 같은 활자로 인쇄하였다. 권19가 오자가 많아서 상당한 교정이 나타난다. 통문관 소장본의 해당 오자를 대조하여 보이면 다음과 같다. 앞의 괄호 안이 교정된 것이고, 뒤가 통문관본의 해당 부분이다. 단, 방점은 생략한다. 출처의 앞, 뒤는 쌍행인 언해와 주석에서의 앞줄, 뒷줄을 가리킨다.

思憶ᄒᆞ시(니라) (4a3뒤)	ᄒᆞ시놋다
ᄆᆞᆯᄀᆞᆫ (鑑ᄋᆞᆯ) (5a4앞)	ᄆᆞᆯᄀᆞᆫ 보ᄆᆞᆯ
(黃衣)書卷 (8a7앞)	누른 書卷
(그저긔) (12b5앞)	ᄯᅩ 모ᄃᆞᆫ
기(르)ᄆᆞ로 (14a6뒤)	기로ᄆᆞ로
璜ᄒᆞ(고) (16a4뒤)	璜ᄒᆞ니
絹(이니 古) (20a2)	絹也ㅣ니
(훤ᄒᆞ)도다 (26a5뒤)	어위도다
喩(薛丈)ㅣ (34b5뒤)	喩李四ㅣ
言(薛丈)ㅣ (35a1앞)	言李四ㅣ
(이 두이ᄅᆞᆯ 나ᄆᆞ라셔) (36b4앞)	用神女與鶴事ᄒᆞ야
(굴근 모기) (40b1뒤)	모기 ᄀᆞᆰ게
먹(노라) (42a5뒤)	먹놋다
애(ᄅᆞᆯ 덥다노)라 (43a1뒤)	애ᄅᆞᆯ 데요라
夜(雨剪春) (43a7)	夜剪春雨
맛(나)놋다 (47a6뒤)	맛낫놋다
(힝혀) 잇ᄂᆞᆫ (47a8앞)	몃다 잇ᄂᆞᆫ

여기 교정은 대부분이 새로 인쇄된 종이를 붙인 것이나, 자획과 받침을 따내기만 한 것도 있다. 곧 '기르ᄆᆞ로, 맛나놋다'의 '르, 나'는 '로, 낫'에서 획과 받침만을 따낸 것이고, '먹노라'의 '노'도 받침을 따내고 '라'가 인쇄된 종이를 그 자리까지 올려붙여 교정한 것이다. 교정을 되도록 쉽게 하려 한 결과로 이해된다.

방법은 어떻든 이러한 교정의 성격이 중요한 문제로 제기된다. 조판과 인출에 관여한 典校署의 匠人들이 저지른 기술적인 착오에 말미암은 것인지, 아니면 홍문관 문신들이 편찬한『두시언해』원고의 잘못을 교정한 것인지를 밝혀야 하기 때문이다. 다시 말하자면 활자본인 데서 유래한 오자의 교정인지, 서둘러 된 원고의 오류와 미비를 수정한 데서 온 교정인지가 문제인 것이다. 결론부터 말하자면, 두어 예를 제하고는 모두 원고의 잘못을 교정한 것으로 판단된다. 곧 '기르ᄆᆞ로, 野雨剪春, 맛나놋다'는 장인들의 착오로 돌릴 수 있는 오자의 교정이나, 그 밖의 예는 원고를 새로이 수정한 결과로 볼 수밖에 없다. 어휘와 의미가 원고와 같은데, 통문관본과 같은 오자를 장인들이 저지를 수는 없는 일이다. 특히 人名인 '李四, 薛丈'의 차이는 그것이 나오는 주석이「奉酬薛十二丈判官見贈」의 시에 있는 것임에도 바로 앞에 나오는「奉贈射洪李四丈」의 시에 있는 것으로 착각하여 작성된 원고에 말미암는다고 할 것이다. 실제로 앞 시의 주석에는 '李四'(32b8앞, 33b4앞)가 나온다. 이러한 성격은 권6, 7 등의 교정에서도 마찬가지로 적용되는데, 다만 권6의 경우에는 장인들의 착오가 절반 정도로 보일 뿐이다.34)

원고의 잘못을 바로잡음으로써 일어난 이 책의 교정은 언해가 상당히 서둘러 된 것으로 보이게 한다. 저 위에서 말한 바와 같이『능엄경언해』활자본의 원고는 발문에 따르면 4개월 만에 주석까지 모두 끝났다. 그렇게 이루어진 활자본에는 상당한 잘못이 있어서 인출된 책에 朱墨으로 교정이 되어 있다. 그것은 당시 교서관 장인들이 저지른 오자의 교정이 아니라 원고의 잘못을 고친 교정인 것이다. 이『두시언해』도 서너 달 만에 언해가 끝난 것이므로 원고에 잘못이 나타나고, 책이 인출된 뒤에 교정될 수밖에 없었다고 추정된다. 이 교정도 언해가 1481년에 끝난 것을 말하는 것이다.

그런데 이러한 교정은 중간본의 간행에서 그대로 지켜져 있다(<사진 8> 참조). 권19의 경우도 모두 교정본과 같다. 다만 '薛丈ㅣ'가 '薛丈이'로 되었을 뿐이다. 말음이 자음이므로 주격조사는 당연히 '이'라야 하는데 원간본 교정

34) 교정된 오자의 책임은 비율의 차이가 있지만 원고와 장인 두 곳에 있다. 1574년(선조 7)의 내사본인『여씨향약언해』에서 '副約正一人, 禮俗不相成'은 '二人, 成一作交'와 같이 교정되거나 난상에 주기되어 있다. 이것은 원고의 잘못으로 당시 校書館 提調로서 이 일을 관장한 柳希春의『眉巖日記』(1973년 11월 4일자)에 명기된 내용에 따른 것이다(안병희 1992b: 343). 그 책에도 물론 장인이 저지른 것으로 보이는 단순한 오자의 교정도 나타난다.

에서 놓친 것을 중간하면서 바로 잡은 것으로 보인다. 그러므로 교정본이 없는 대부분의 원간본의 이용에서는 중간본과의 대조가 필수적이라고 생각된다. 중간본 자체에도 잘못이 있을 수 있고, 지방판이므로 실제로 상당한 오자가 나타난다. 그러한 오자와 언어변화를 반영한 차이는 물론 고려되어야 할 것이다. 그러나 원간본이 반드시 좋은 자료라는 생각은 옳지 않은 것이다. 교정된 원간본에도 오자가 있다. 교정되지 않은 책과 똑같이 교정된 권19에 나오는 '醉거늘(19a1앞), 뷘 담 힛빗(40b7앞)'은 중간본에서 비로소 교정된 대로 '醉커늘, 뷘 닶 힛빗'이라야 될 오자인 것이다. 그러므로 널리 이용되는 원간본의 영인본에서 아무런 해제가 없는 것은 더욱 안타까운 일이다.

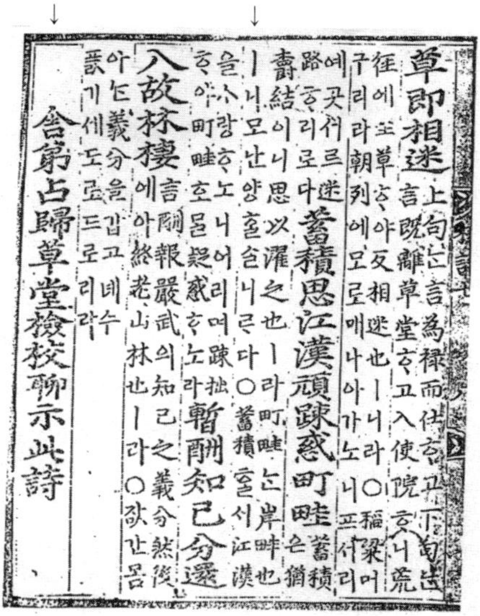

<사진 8> 『두시언해』(중간본) 권7, 8b(↓부분)

Ⅳ. 맺는말

이상으로 『두시언해』에 대한 서지적 고찰을 마치기로 한다. 머리말에서 말한 대로 원간본을 중심으로 한 것이므로 1632년(인조 10) 경상도의 여러 고을에서 관찰사와 대구부사의 지시와 감독으로 판각하여 간행된 重刊本에 대한 설명은 행해지지 못하였다. 중간본은 그 자체로도 문헌적 가치가 있지만, 지금 전하지 않는 원간본의 내용과 책이 인출된 뒤의 교정을 알려 주는 점에서도 큰 의미를 가지고 있다. 따라서 그에 대한 고찰이 없는 『두시언해』의 서지는 완전하지 못함을 모르는 것이 아니다. 그러나 중간본의 서지적 고찰은 實冊을 일일이 검토하고 대조하여야 할 힘든 작업이다. 이번 발표의 제한된 시간과 원고 분량으로는 감당하기 어려운 일이기도 하다. 이에 대한 고찰은 다른 기회로 미루기로 하고, 여기서는 그에 대한 중요한 연구를 소개하는 것으로 그치고자 한다.

중간본에는 본문 내용에 차이를 보이는 異本의 존재가 알려져 있으나, 본격적인 연구로는 권8을 중심으로 한 전재호(1973: 259-276)의 보고가 구체적이고 상세하다. 그 보고는 변란이 주로 雙邊(거기서는 重匡이라 하였다)인 계통과 單邊(거기서는 單匡이라 하였다)인 계통으로 나누고, 다시 그것을 匡郭의 크기 등에 따라 나누어 모두 4종의 이본이 존재한다고 한다. 구체적으로 적시하지는 않았으나 이병주(1970: 130)에서도 책판의 손상으로 修補와 補刻으로 된 이본이 있다고 하여 위의 보고를 뒷받침하는 설명을 한 바 있다. 그러므로 적어도 권8로써 본다면 중간본에는 크게 2종의 이본이 분명히 존재하는 것으로 보이지만, 4종의 이본을 설정하는 일은 무리하지 않을까 한다. 광곽의 크기는 印出의 선후에 따라 상당한 차이가 있기 때문이다. 그 보고에서는 언급되지 않았으나 변란에서는 左右雙邊인 것도 나타나고 있다. 그러므로 중간본에 대한 보다 정밀한 서지적 검토는 새로이 있어야 할 것이다.

이제 우리가 행한 『두시언해』 원간본에 대한 주요한 사항을 열거하고 이 서지적 고찰을 끝내기로 한다.

1. 언해의 저본은 『찬주분류두시』이나, 바로 그 저본인 책은 전하지 않는 것으로 생각된다. 갑인자본 복각으로 추정되는 黑口, 黑魚尾의 목판본이 전하는데, 그 갑인자본이 언해의 저본으로서 1443년(세종 25)에 착수된 杜詩 주해 사업이 마무리되어 간행한 책이 아닌가 한다.

2. 언해에 참여한 사람은 유윤겸을 중심한 弘文館의 문신들이다. 이때 참여한 것으로 알려진 義砧은 훨씬 전에 고인이 되었을 것이다. 세종 때의 두시 주해에는 승려와 白衣가 참여하였다는 당대의 기록이 있으나 언해에 대하여는 그러한 기록이 썩 후대에 나타날 뿐이다.

3. 『두시언해』의 체재는 다른 언해와 같지 않다. 시 제목에 구결을 달고 심지어 언해도 한 일이 있으며, 시 본문에는 일체의 구결이 없으나 주석에는 구결을 달며, 언해와 일부 주석은 완전한 국한문 혼용인 것이다.

4. 『두시언해』는 언해에 착수한 바로 1481년(성종 12) 연말에 전질 25권이 을해자로 간행되었다. 이때 한글과 방점은 별도의 활자로 만들어져 조판

되었다. 같은 책장인데도 방점만 없는 책이 있고, 印面에서 한글과 방점의 활자가 달랐음을 보이는 흔적이 나타나기 때문이다.

5. 활자본에는 상당한 誤字가 나타나는데, 이 책도 예외가 아니다. 현재 전하는 대부분의 원간본은 오자가 그대로 있으나, 그것을 교정한 책도 드물지만 전한다. 오자는 典校署 장인의 착오로 말미암은 것도 있고, 원고에서의 잘못도 있다. 오자의 교정은 중간본에서 모두 따랐으므로 원간본, 특히 교정되지 않은 원간본의 이용에는 중간본과의 대교가 필수적이다.

제19장 『老乞大』와 그 언해서의 異本

Ⅰ. 머리말

『노걸대』와 그 언해서에 대하여는 많은 소개와 연구가 있다. 더욱이 그 언해서들은 影印으로 널리 알려졌으며, 그때마다 해제가 붙어 있어 그 책의 이해를 돕고 있다. 그러한 영인본을 들면 다음과 같다.

1. 『老乞大諺解』 (규장각총서 9, 경성제대 법문학부, 1944. 해제: 末松保和)
2. 『飜譯老乞大』 권상 (중앙대출판부, 1972. 해제: 남광우)
3. 『飜譯老乞大』 권하 (인하대 인문과학연구소, 1975. 해제: 남광우)
4. 『重刊老乞大諺解』 (홍문각, 1984. 해제: 김문웅)

影1(위의 영인본 1을 가리킨다. 이하 같다.)은 규장각 소장인 17세기 후반의 활자본을 저본으로 하였는데, 책 뒤에 원전인 『노걸대』의 한 異本도 영인하였다. 해방 이후 국내외에서 이 영인본을 저본으로 한 영인본이 다시 간행되기도 하여 가장 많이 이용되었다. 影2, 3은 16세기 전반 崔世珍이 번역한 언해본이 발견되어 영인된 책인데, 『노걸대』의 언해서로는 유일한 중세어 자료이다. 影4는 書名만으로는 『노걸대』를 개수하고 언해하여 1795년(정조 19 乙卯) 간행한 『중간노걸대언해』를 영인한 것으로 생각되지만, 앞의 影1의 저본을 1745년(영조 21) 평양에서 중간한 목판본도 함께 영인한 것이다.

이들 영인본은 현재까지 학계에 알려진 『노걸대』 언해서의 이본이 모두 망라되어 있을 뿐 아니라, 현재로는 원전의 내용이 가장 오랜 모습을 보이는 『노걸대』도 포함되어 있다. 그러므로 『노걸대』나 그 언해서의 書誌를 말한다는 것은 새삼스러운 느낌이 없지 않다. 그러나 이들 영인본 중에는 그대로 국어사 자료로 이용해서는 안 될 것이 있다. 우선 底本이 잘못 선정된 경우다. 가장 널리 보급된 影1이 그러한 예이다. 다음으로는 영인 과정에서 저본을 제대로 드러내지 못한 경우인데, 影3이 대표적인 예다. 그뿐 아니라 현재까지 행해진 『노걸대』 언해서에 대한 서지적 연구로는 빠뜨려서 안 될 중요한 업적인 데도 그 내용이 전혀 알려지지 않은 것이 있는가 하면, 내용이 알려졌으나 제대로 평가되지 않은 것이 있다. 전자의 예는 김수경(1945)이고,[1] 후자의 예는 影1과 관련된 방종현(1946a, b)이다.[2] 그 밖에 알려지지 않은 언해서도 보게 되었다. 이에 이들 업적을 포함하여 종전의 연구를 참고하면서 『노걸대』 언해서와 그 원전인 『노걸대』의 이본을 종합적으로 설명할 필요가 있다.

Ⅱ. 『노걸대』의 이본

다 알다시피 『노걸대』는 『박통사』와 함께 사역원에서 가르치고 譯科에서 科試用으로 쓰인 대표적인 한학서다. 이들 책을 언제 누가 편찬하였는지 분명한 기록은 없으나, 고려 때부터 있어 온 것은 분명하다. 『번역노걸대』 등에서 우리나라를 '高麗'라 하여 '高麗王京, 高麗人'이란 어구가 나오며, 15세기 후반 중국에서 온 사신의 일행인 戴敬이 이들 책을 보고 元나라 때 말이라 당시 중국어와 달라서 모르는 곳이 많다고 하였으며,[3] 최세진이 『노박집람』에서 '者'를 주석하기를 몽고어의 諸辭라 하면서 『노걸대』와 『박통사』의 舊本이 다 원나라 때 말을 베풀어 쓴 것이라 '者'가 많으나 지금 쓰지 않기 때문에 新本에서는 '着'으로 바꾼다고 한 것 등이[4] 그것을 말한다. 그러나 현

1) 1945년 3월에 奎章閣叢書第九 『老乞大諺解』 별책부록으로 간행되었는데, 필자는 '山川 哲'이며 '訂本 老乞大諺解의 發見을 계기로 하여'란 부제가 있다. 권두의 「小引」에서 末松保和는 영인본 1의 원본이 校正未完本이나 규장각도서 중에 校正本이 있어서 조선사 연구실의 山川 囑託에게 부탁하여 이루어진 별책부록의 경위를 밝히고 있다. 그런데 뒤에 말할 方鍾鉉 선생의 앞 논문에서 末松保和의 연구실에서 金壽卿이 바로 「老乞大 諸板의 再吟味」를 발표하였음을 밝히고 있으므로, 필자인 山川 哲은 김수경의 '創氏改名'이라고 생각된다. 끝으로 이 책은 통문관 이겸로 사장의 소장본이다. 이번에 필자가 통문관 소장의 『노걸대』와 그 언해서를 조사하면서 비로소 보게 되었다.

2) 두 논문은 1946년 『한글』에 발표되고, 뒤에 방종현(1963)에 수록되어 있다.

3) 李昌臣이 성종에게 經筵에서 아뢴 말 속에 나오는 내용이다. 『성종실록』 11년 10월 乙丑조 참조.

재 우리가 볼 수 있는 『노걸대』의 이본에서 가장 오랜 것도 고려 때의 책이 아니다. 다시 말하면 최세진이 말한 舊本이 아니라 新本이다. 이 新本은 『번역노걸대』의 원전으로서, 또 현재 가장 오랜 『노걸대』로서 전하는 책인데, 원나라 때 말을 수정한 내용이다. 그 수정은 실록의 기록에 따르면 15세기 후반 성종 때에 있었던 일로 추정된다.[5)]

이때 수정된 내용에 대하여는 위에 인용된 '者'가 '着'으로 된 것을 알 수 있을 뿐이고 나머지는 알 길이 없다. 그러나 이때의 수정도 철저하지는 않은 듯하다. 예컨대 『노걸대』의 '是漢兒人有'(노걸 2b, 번노 상 6b)의 '有'에 최세진이 다음과 같이 원나라 때 말로서 지금은 쓰지 않는다고 하였기 때문이다.[6)]

> 元時語 必於言終 用有字 如語助而實非語助 今俗不用(노걸대집람 상, 1a)

여기에서 당시 중국 사람들의 교정을 거쳤음에도 최세진이 말한 新本에 이른바 '今俗不用'인, 원나라 때 쓰던 말들이 그대로 남아 있었다고 할 것이다. 요컨대 오늘날 보게 되는 가장 오랜 『노걸대』는, 비록 철저하지는 못했으나 15세기 후반 성종 때에 수정된 책이다. 국어학계에서 이용되는 자료로 말하면 『번역노걸대』와 『노걸대언해』의 원문이 담겨진 책이다. 그 『노걸대』도 서너 종의 이본이 전한다. 추정되는 간년의 차례로 그것을 살펴보기로 한다.

이본 가운데서 가장 오랠 뿐 아니라 가장 훌륭한 책은 통문관 소장인 갑인자 복각본이다.[7)] 다만 장4, 47, 48 3장의 판바탕은 복각이 아니라 새로 쓴

---

4) 『노박집람』(字解 6b) 참조. 舊本이 고려 때에 이루어진 『노걸대』임은 물론이다.

5) 위 각주 3)의 기록과 迎接都監郎廳 房貴和를 시켜 從頭目 葛貴에게 『노걸대』와 『박통사』를 교정하게 하였다는 기록(『성종실록』 14년 9월 庚戌조)에 근거한 추정이다.

6) 이에 대하여는 혹 원문 分節의 잘못으로 돌릴 수 있다. 곧 원문의 계속되는 구절인 '多少年紀'(노걸 2b, 번노 상 6b)의 첫머리에 올 '有'를 최세진이 잘못 끊었다고 할 수 있다. 실지로 『노걸대언해』(상 6a)는 최세진의 분절을 따랐으나, 『노걸대신석언해』에서는 '是漢人啊 有多大年紀了'(18a)라 하고 『중간노걸대언해』에서는 '是漢人 有多大年紀'(상, 6a)라 하여 아래 구절의 첫머리에 '有'를 붙였던 것이다. 그러나 같은 형식의 의문문인 '你那衆學生內中 多少漢兒人 多少高麗人'(노걸 3a, 번노 상 6-7, 노언 상 6a)이 『노걸대신석언해』와 『중간노걸대언해』에서는 '你那衆學生內中 有多少中國人 多少朝鮮人'(노신언 18a, 중노언 상 6)이라 된 사실에서 최세진의 분절이 잘못되었다고 할 것이 아니다.

7) 안미경(1989: 39-40, 50)에 의하면 갑인자 복각본으로, 뒤에 말할 규장각 소장

것이다. 字體가 사뭇 다르다. 모두 48장인 불분권 1책의 목판본인데, 자획의 마모가 전혀 없으므로 초쇄본으로 보인다. 판식은 四周單邊에 半郭의 크기가 세로 가로 각각 24.6㎝, 16.8㎝이며, 有界 10행에 1행 17자이다. 판심은 白口에 上下內向黑魚尾이며, 魚尾 사이에 판심제인 '老乞大'와 張次가 표시되어 있다. 魚尾는 15세기 후반의 간본에 흔히 나타나는 것이나, 紙質은 16세기 전반의 楮紙이다. 따라서 覆刻은 16세기 전반에 되었으나, 그 바탕인 갑인자본은 15세기 후반에 이루어진 책으로 추정된다. 원문은 앞의 影1에 부록으로 수록된 규장각 소장의 책과 일치한다. 어조사 '則'이 '只'로 되는 등, 약간의 차이가 있으나 기본적으로 『번역노걸대』나 『노걸대언해』의 원문과 일치한다. 최세진이 말한 新本이 바로 이 책을 가리킨 것이라 생각된다.

이 책에는 원소장자가 골똘히 공부한 흔적이 상당히 남아 있다. 우선 중국음 초성이 整齒, 齒頭이거나 各自竝書와 ㆆ, ㅸ이면 그 字母만 작은 글씨의 한글로 한자에 붙여 써 두었다. 이들은 언해서 곧 『번역노걸대』의 한자 注音에서 좌측음인 四聲通攷音과 일치한다. 성조도 한자의 왼쪽 위나 오른쪽 아래의 모서리에 기호 '·:'로써 표시하였다. 어려운 한자나 어구는 借字까지 이용하여 한글로 풀이를 달았는데, 예컨대 'ᄆᆡ실(1b), 네 ᄆᆞᄉᆞ모又(2b), 골외ᄂᆞ니 잇닷 마리ᅀᅡ 니ᄅᆞ려(3a)' 등과 같다. 더욱이 난상에는 「老乞大集覽」의 주석을 옮겨 적은 것이 더러 나타난다. 책에 기입된 이러한 한자음과 주석으로 미루어서 원소장자를 포함하는 16세기 전반의 『老乞大』 학습에는 『번역노걸대』와 『노박집람』이 참고서로 이용된 사실과 함께, 중국한자음 공부에서 四聲通攷音 다시 말하면 『洪武正韻譯訓』에 따른 표기인 좌측음도 소홀히 하지 않은 사실을 확인하게 된다.

이 밖에도 난상과 권말 여백에는 刊年의 추정과 관련된 중요한 기록이 있다. 괄호 안에 年代와 쓰여진 곳 등을 주기하여 차례로 보인다.

> 嘉靖二十六年丁未(1547, 명종 2) 二月二十八日置簿 戊申(1548) 十二月十五日 下等 二十四日 楊州除授(1a 右上. 이 기록은 원래의 책장 부분을 오려내고

인 홍문관 구장본과 영남대도서관 소장본을 들고 있다. 그러나 이들은 통문관 소장본과 다르며, 더욱이 영남대 소장본은 규장각 소장의 시강원 구장본, 안미경(1989: 39, 50)에서 임진란 이후 간행인 寫字生體字本이라 한 책과 동일하다. 그런데 영남대 소장본은 實査를 못하고 書影으로만 조사하였다.

다른 종이를 써서 붙였으나, 얼른 보아서는 원 冊紙와 구별되지 않는다.)

戊申年 殿講略 是年秋 又逢粗(17b, 8~10上)

辛亥(1551) 春 殿講略(27a, 7~8上)

丙辰(1556) 春 殿講略(47a, 1~2上)

嘉靖卄八年己酉(1549) 六月十八日 到楊州 是夜夢遊於完北宮 主上曍角乘一男子云云(48b 여백)

이들을 검토하면 원소장자인 冊主가 1547년 2월 18일에 『노걸대』를 공부할 사람으로서 이름이 장부에 올라 이듬해에 殿講에서 略과 粗의 성적을 받고 1551년과 1556년의 봄 殿講에서 모두 略의 성적을 받았는데, 1548년 12월 24일에는 外職으로 楊州에 나간 것을 알 수 있고 1549년 6월 꿈에 王을 본 것도 외직과 관련된 것으로 보인다. 『경국대전』(권1 吏典)에 따르면 양주에는 정3품인 牧使와 종6품인 敎授가 있으므로, 아마도 그 중 한 직위에 임명된 것이 아닐까 한다. 서울에서 이 책을 공부한 관원이 있는 곳은 승문원과 사역원이므로 冊主는 그 중의 한 관아에 소속되었던 것으로 추정된다. 冊主의 신분은 어떻든, 위 기록으로써 이 책이 늦어도 1547년 2월에는 출판되었음에 틀림없다.

통문관 소장의 갑인자 복각본보다는 뒤지나 16세기 후반이거나 17세기 전반의 간행으로 보이는 『노걸대』의 이본 두 종류가 규장각에 전한다. 각각 책머리의 장서인에 따라 弘文館(도서번호: 규5158)과 侍講院(규6293, 6294)에 소장되었던 이들은 행격과 본문 내용이 갑인자 복각본과 완전히 일치하는 목판본이다. 그러나 판심과 광곽의 크기에서 차이가 있다.

홍문관 구장본은 판심이 大黑口 또는 白口에 黑魚尾와 花紋魚尾가 섞여 있고, 반곽의 크기가 세로 가로 각각 24.1㎝, 16.5㎝다. 분명한 후쇄본이어서 전반적으로 印面이 희미하여 개칠한 곳이 더러 나타나며, 더욱이 장6, 9, 14, 46 4장은 인출할 때 책판이 없었던 듯하여 補寫된 책장이다. 그 책장의 紙質이 인쇄된 책장과 비슷하고 또 책장의 가장자리에 스민 물기의 자국과 기입된 내용이 똑같기 때문이다. 갑인자 복각본보다는 덜하나, 이 책에도 공부한 흔적이 붓으로 기입되어 있다. 우선 새 課가 시작되는 곳은 藍筆로 ㄱ이 표시되는데,[8] 이는 갑인자 복각본에도 나타난다. 이 책에는 난상에 課次

8) 여기 課라고 한 것은 학습의 편의를 위하여 본문을 107개 또는 111개의 단락으

를 '百七'까지 기입한 점이 다르다. 구두점도 갑인자 복각본과 같이 행간에 朱筆과 墨筆로 표시되는데, 처음부터 인쇄된 것도 있다. 성조는 藍筆로 표시되었는데, 언해서의 권상에 해당하는 부분(24b3)까지 나타난다. 기입된 성조는『번역노걸대』의 注音에서 우측음과 일치하며, '一點學字 二點曳字 無點放字 學者於此宜潛心而玩矣'(1a 右邊)란 설명이 墨筆로 되어 있다.

시강원 구장본은 複本인데, 그 하나(규6293)가 影1의 부록으로 영인되어 알려진 바 있다. 판심은 白口에 花紋魚尾로 되었으나, 간혹 黑口와 黑魚尾가 나타난다. 반곽의 크기는 세로 가로 각각 23.2㎝, 16.5㎝이다. 이러한 판심과 함께 지질로 보아 일러야 17세기 전반의 간본으로 추정된다. 이들에도 기입된 것이 있으나, 앞의 이본보다는 적은 편이다. 규6293은 새 課의 시작을 ㄱ으로 표시하고 난상에 課次를 써두었다. 구두점도 행간에 기입하였는데 간혹 처음부터 인쇄된 것이 있다. 규6294에는 성조 표시로 권점이 朱筆로 기입되어 있다.

이들 규장각본이 갑인자 복각본과 본문 내용이 같은 것은 '到你'(26b4)란 誤字가 똑같이 나타나는 사실 등으로써 단정하게 된다. 언해서는 모두 '你到'(번노 하 7a, 노언 하 6b)로 정확히 인쇄된 것이다. 그리하여 갑인자 복각본에는 붓으로, 우리나라의 전통적인 교정 방식에 따라 글자 옆에 '下上'이라 써서 교정하였고, 홍문관 구장본은 다른 종이에 '你到'로 써서 붙였다. 그러니 이들 이본은 모두 똑같이 잘못 인쇄되었던 것이다.

이들 세 이본과 본문은 같으나, 分卷된 사실과 판식 등이 사뭇 다른『노걸대』가 있다. 통문관 소장의 2권 1책인 목판본인데, '康熙四十二年(1703, 숙종 29) 四月 日開板'(下 25b8)이란 간기에 따라 숙종판이라 부르기로 한다. 숙종판의 분권은 언해서에 근거한 것으로 생각된다. 새 課가 시작될 경우에는 行을 바꾸어서 二葉花紋魚尾를 앞세웠는데, 이는『노걸대언해』에서 권두의 첫 課를 제외한 모든 課의 시작되는 곳에 二葉花紋魚尾를 앞세운 것과, 같은 한학서인『박통사』의 언해서가『번역박통사』부터 새 課를 새 行으로 바꾸어 시작한 방식을 받아들인 결과로 이해된다. 판식은 四周雙邊에, 반곽의 크기가 세로 가로 25.8㎝, 16.8㎝이며 1면 10행, 1행 18자이다. 판심은 白口에

로 나눈 것을 말한다. 김수경(1945)에서는 段, 방종현(1946)에서는 課라고 하였는데, 여기서는 후자의 명칭을 따른다.

上下二葉花紋魚尾와 그 사이에 書名과 卷, 張次가 '老乞大上 一~二十四, 老乞大下卷 一~二十五'라 있다. 上下卷의 권차 표시가 다른 것이다. 그런데 이 책은 앞 표지 마구리에 '共三'이라 써 있으므로 상하 2권 2책인 언해와 완질을 이루는 것으로 생각된다. 그러나 짝이 되는 언해본이 어떤 책인지 분명하지 않다. 課 시작의 魚尾로 보면 『노걸대언해』거나 그 중간본일 것으로 추정될 뿐이다.

『노걸대』의 이본은 이 밖에 본문 내용을 수정한 것이 더 있다. '上之三十七年辛巳(1761. 영조 37)'에 쓴 洪啓禧序를 갖는 『老乞大新釋』과 '乙卯(1795, 정조 19) 仲秋 本院重刊'이란 간기를 갖는 『중간노걸대』가 그것이다. 이들은 본문이 『노걸대』를 크게 손질하였는데, 分卷이 안 된 점만 다르고 각기 『노걸대신석언해』와 『중간노걸대언해』의 원문과 일치하므로 언해서의 이본을 설명할 때에 덧붙여 다루기로 한다.

Ⅲ. 『노걸대』 언해서의 이본

언해서는 16세기 초의 『번역노걸대』, 17세기 말의 『노걸대언해』와 그 18세기 중엽의 平壤 重刊本, 그리고 바로 위에서 말한 『노걸대신석』과 『중간노걸대』를 언해한 책을 합하여 모두 다섯 이본이 존재한다. 연대의 순서에 따라 차례로 설명하기로 한다.

(1) 『번역노걸대』

상하 2권 2책의 목판본으로, 권상은 故 白淳在 씨 소장이고 권하는 성암문고 소장이다.[9] 권하의 앞 표지만 없으나 모두 표지까지 잘 보존된 책이다. 자획의 마모가 없으므로 초쇄본이다. 판식은 사주단변에 반곽의 크기가 세로 가로 각각 23.7㎝, 17.6㎝이며, 유계 9행에 1행 19자이고 注音과 번역은 쌍행이다. 판심은 흑구에 3엽화문어미와 흑어미가 섞여 있다. 어미 사이에는 판심제인 '老乞大'와 권, 장차가 있다. 이러한 판식은 앞에서 말한 影2, 3으

9) 故 白淳在 씨 소장본은 모두 阿丹文庫로 들어간 것으로 알려져 있으나, 이 책은 제외된 듯하여 아단문고에 소장되어 있지 않다. 여기의 소장처는 1972년 우리가 조사할 당시의 것임을 밝혀 둔다.

로써 알 수 있는 사실인데, 영인에서는 원책 난상의 校正이나 補印부분을 삭제하였다. 곧 권上의 난상에는 중국음의 注音을 붓으로 교정한 것이 있고, 권下에는 본문에 누락된 것을 보정하여 인쇄한 것이 있는데, 영인본에서는 그 흔적도 없다.10) 특히 권하의 본문 누락은 원책의 소루한 간행으로 지적되기도 하였으므로, 여기에 補印된 부분을 보인다. 注音과 방점은 생략한다.

有甚麼病 므슴병이 인ᄂᆞ뇨(19a1, 2 上)
銅筋 놋져(33a6 上)
了(41a6 上)

이 책은 목판본이나 본문 字體와 印面의 인상으로써 을해자본의 복각이라 생각된다. 더욱이 을해자본인 『번역박통사』 권上과는, 판식이 간혹 흑어미가 나타나는 점만 제외하고 완전히 일치하므로 16세기 초 최세진이 번역하여 을해자로 간행한 책을 복각한 것이 틀림없다. 복각 시기를 단정할 수는 없으나 지질로 미루어서 16세기 중엽에 이루어진 것이 아닌가 한다. 임진란 이전의 한 『攷事撮要』의 책판목록에는 평양에 『노걸대』가 있으므로 평양에서 복각되었을 가능성이 없지 않다. 그럴 가능성을 뒷받침하는 사실로 본문에 상당한 誤字가 나타나는 일이다.11) 예컨대 권상의 앞쪽에서만 보아도 '항(향)ᄒᆞ야(1a), 잇(엇)디, ᄢᅵ(ᄢᅧ)디여(1b), 어재(제)(2a), 을(올)타커니와(5a), 홈콰(싀)(8a)' 등 일일이 들 수 없을 정도다. 중앙에서의 간본에는 오자가 그 정도 많이 나타나지 않는 것이다. 그런데 원책에 붓으로 잘못 교정한 것이 영인에서 인쇄된 것과 구별되지 않으므로 오자로 보이게 된 것이 있다. 곧 '다하'가 ㅁ받침을 가져 '다함'으로 된 다음 예가 그것이다.

10) 목판본의 난상 補印은 인출 뒤에 押印된 口訣 등 다른 책들에서도 드물지만 보인다. 1행 字數와 字體 등으로 미루어서 복각본의 補印이 을해자본에도 있었던 것은 분명하다. 그러나 押印인지는 實査가 있기 전에는 말할 수 없다.

11) 평양판 古書는 중앙의 관판본에 비교하여도 손색이 없을 정도로 刻板이나 紙質이 좋다. 역학서만 예를 들더라도 뒤에 말할 평양판 『노걸대언해』를 비롯하여 『박통사신석』과 그 언해, 『清語老乞大新釋』 등이 바로 그러하다. 그러므로 여기서 『번역노걸대』를 평양판이라 한 근거는 솔직히 말하면 『고사촬요』의 책판목록이라 할 수밖에 없다. 단순히 지방판이라 함이 온당할 것이다.

다함 저티 아닌ᄂᆞ니라(只是不怕, 上 7a)

『노박집람』(字解 1a)과 『번역박통사』(상 35a)에 '다하'란 용례가 있으며, 앞에서 말한 바와 같이 『번역노걸대』로써 공부한 흔적이 나타나는 통문관 소장 갑인자 복각본인 『노걸대』의 해당 구절의 '只'에도 '다하'라 주기되어 있다. 이러한 사실로써 영인본의 이용에는 각별한 주의가 요망됨을 다시 한번 강조하지 않을 수 없다.

을해자본의 복각인 이 책이 16세기 중엽이라면 다음으로 제기되는 문제는 원간의 연대에 대한 것이다. 이에 대하여는 1517년(중종 12) 11월에 쓴 최세진의 「四聲通解序」에서

> 夫始肄華語音 先讀老乞大朴通事二書 以爲學語之階梯 初學二書者 必觀四聲通攷 以識漢音之正俗 然其二書訓解 承訛傳僞 通攷諸字 有音無釋 承訛傳僞 則雖經老譯 莫能就正 有音無釋 則一字重出 無所適從 臣卽將二書諺解音義 書中古語 裒成輯覽 陳乞刊行 人便閱習

이라 한 데서 『번역노걸대』와 『번역박통사』가 『노박집람』과 함께 『사성통해』에 앞서 간행된 것임을 알게 된다. 다시 말하면 간행의 하한이 1517년임이 밝혀진 것이다. 그러나 간행의 상한에 대하여는 어디에도 기록이 없다. 최세진이 이미 알려진 바와 같이 1503년(연산 9)에 등과하였으나 이듬해 罷榜이 되었다가 1506년에 紅牌를 돌려 받았고, 1509년(중종 4)에 喪中에 있으면서 妾을 두었다고 하여 臺諫의 탄핵을 받는 등 宦路의 초기가 어려운 처지에 있었으므로 1510년 무렵의 간행으로 봄이 온당하지 않을까 한다.

정확한 간년은 어떻든, 『번역노걸대』는 『노걸대』의 가장 이른 언해서다. 그뿐 아니라 그것은 최초의 譯學書 언해다. 그때까지 漢學書를 포함하여 蒙學書나 倭學書 등 어느 것도 번역되어 간행된 일이 없었다. 이리하여 『번역노걸대』는 역학서, 좀 더 좁혀서 말하면 한학서 언해의 典範이 되었다. 經書와 醫書의 언해서는 원문을 문단으로 나누고, 그에 대한 번역을 대조하여 싣는 방식으로 되어 있다. 거기에 경서언해에는 원문에 口訣을 다는 것이 보통이다. 그런데 『번역노걸대』는 원문을 짧은 구절로 나누어 원문의 한자마다 중국음을 「사성통고」와 당시 중국어음에 따라 두 가지 注音을 한 다음에, 그

번역을 싣는 방식인 것이다. 이 방식은 『번역박통사』에도 그대로 채택되었는데, 課를 구분하는 방법만 추가되어 후대 한학서의 번역에 그대로 답습되었다. 몽학서 등 다른 역학서는 해당 외국어의 발음을 한 가지로만 주음한 것이 다를 뿐, 원문의 분절과 번역은 이 방식에 의거하였다. 그러한 데서 『번역노걸대』의 의의를 새삼 인식하게 된다.

끝으로 이 책과 「飜譯老乞大朴通事凡例」의 관계에 대하여 언급하고자 한다. 지금까지 학계에서는 문제의 凡例가 이 책과 『번역박통사』에 해당하는 것으로 받아들여 왔다. 우리도 이 책의 表題, 首題, 版心題가 모두 '老乞大'임에도 이 범례에 나오는 서명에 따라 『번역노걸대』라 불러야 한다고 말한 일이 있다.[12] 그런데 범례의 내용을 세밀히 살펴보면, 그것은 漢字의 중국음을 한글로 표기한 注音에 대한 것이다. 모두 9항인 범례의 어느 조항에도 언해에 대한 것은 없다. 그러나 범례는 이 책의 한자 주음에 해당하는 내용을 담고 있다. 특히 「諺音」이란 제3항은

> 在左者 卽通攷所制之字 在右者 今以漢音 依國俗撰字之法 而作字者也云云

이라 하여 이 책의 두 가지 注音을 단적으로 설명한다. 그러나 어떤 항목은 이 책의 주음과 무관한 내용을 담고 있는데, 「正俗音」이란 제8항이 그것이다.

> 凡字音有正音 而又有俗音者 故通攷先著正音於上 次著俗音於下 …… 今之反譯 書正音於右 書俗音於左 俗音之有兩三呼者 則或書一音於前 又書一音於後 而兩存之

이에 따르면, 최세진의 '飜譯'에서는 正音을 오른쪽, 俗音을 왼쪽에 적고 속음이 두어 가지 있으면 하나를 앞에 적은 다음에 다른 것을 뒤에 적어 함께 보였다고 한다. 여기의 正俗音을 이 책 곧 『노걸대』 최초의 언해서인 『번역노걸대』의 두 가지 주음과 결부시켜 설명할 수는 있다. 주음의 우측음과 좌측음을 이 항목의 正俗音으로 파악할 수도 있고, 달리는 이 항목의 좌우가 뒤바뀌었다고 하여 우측음을 정음, 좌측음을 속음이라 이해할 수도 있다. 그

12) 안병희(1982) 참조.

러나 이 항목에서 말하는 복수의 속음 표기는 이 책 주음의 어디에도 없다. 우측음과 좌측음의 어느 쪽이 속음이든, 단수의 주음만 있기 때문이다. 여기에서 우리는 문제의 범례는 이 책의 언해와 관계가 없으며, 중국음의 한글에 의한 주음과도 완전히 합치하지 않음을 인정하지 않을 수 있다.

그리하여 「번역노걸대박통사범례」는 『노걸대』와 『박통사』를 최세진이 언해한 책으로 학계에서 통용되는 『번역노걸대』와 『번역박통사』의 범례일 수 없다. 지금 전하지 않으나 한자의 한글 注音을 갖는 『번역노걸대』와 『번역박통사』의 凡例인 것이다. 범례의 내용으로 판단하면 그 책은 『노걸대』와 『박통사』에 대한 여러 가지 注音을 한글로 행한 것이라 생각된다.[13] 나아가 그 주음 가운데서 사성통고음과 이른바 國俗撰字의 방법으로 표기한 주음의 두 가지만 언해서인 우리의 『번역노걸대』와 『번역박통사』에 옮겨 적은 것이라 추정된다.[14] 그러므로 범례 제목에 나오는 '飜譯'은 그 내용에 나오는 '反譯'

13) 조항은 없으나 새김에 관련된 것으로 제목 아래의 '漢訓諺字 皆從俗撰'이라 한 협주가 있다. 漢訓이 원문 한자의 訓釋으로 해석되는 것이다. 더욱이 「노걸대집람」에는 유일하지만 反譯 곧 번역의 '釋' 곧 새김을 인용한 예가 있다. 곧 '剛乂帽'(노집 하 3b)에 대하여 중국에서 질문하여 적어 온 새김과는 달리 反譯의 大帽 곧 '갓'이란 새김이 옳다고 한 주석이 있다. 이에 그 책에는 부분적으로 어려운 중국어 단어의 새김인 '漢訓'을 한글로 베풀기도 한 것임을 알 수 있다. 그러나 주된 내용은 범례의 모든 조항 그대로 『노걸대』와 『박통사』 본문의 한글 注音이라 생각된다.

14) 「번역노걸대박통사범례」에 대한 이러한 해석은 일찍이 박태권 교수가 똑같이 행한 바 있다. 이에 대하여는 박태권(1976: 47-52)를 참조할 것. 그러나 박교수는 범례 내용에 대한 검토에서 근거를 찾지 않고, 「四聲通解序」의 '將二書諺解音義 書中古語裒成輯覽'을 '將二書諺解音義書中 古語裒成輯覽'이라 해석하고 언해서인 『번역노걸대』나 『번역박통사』의 원책 수제나 판심제에 飜譯이란 말이 없다는 사실을 주된 근거로 제시하였다. 후자는 이해가 되지만 전자는 잘못 해석하여 근거로 삼은 것이다. 더욱이 우리가 을해자로 간행된 언해서를 가리키는 『번역노걸대』와 『번역박통사』에 대하여, 한글로 주음만 한 飜譯老乞大朴通事가 제일 먼저 편찬된 다음 諺解老乞大朴通事가 이어서 편찬되고 뒤에 이를 바탕으로 『노박집람』이 편찬된 다음(이는 위의 잘못된 해석에 말미암는다) 분권이 된 老乞大朴通事諺解로 편찬된 책이라 설명한다. 문제의 범례가 해당하는, 곧 한글 주음인 飜譯老乞大朴通事의 편찬이 앞선 것은 인정되나, 언해서에 두 종류가 『노박집람』의 앞뒤에 있었다고 하는 주장은 수긍하기 어렵다. 우리는 한글 주음인 飜譯老乞大朴通事가 편찬된 뒤에 언해서인 『번역노걸대』와 『번역박통사』가 『노박집람』과 동시에 편찬, 간행된 것으로 생각한다. 박교수는 『번역박통사』에 『노박집람』을 참조하라는 註記가 있는 사실로써 편찬의 앞뒤를 말하고 있으나, 동시에 편찬된

과 똑같은 말로서,[15)] 『사성통해』의 범례에서 『蒙古韻略』을 설명하여

胡元入主中國 乃以國字飜漢字之音 作韻書以敎國人者也

라고 한 '飜漢字之音'과 같은 뜻을 가리킨다. 언해를 뜻하는 번역이 아니다. 언해서인 이 책은 『노박집람』의 범례에서 최세진 자신이

兩書諺解 簡帙重大 故朴通事分爲上中下 老乞大分爲上下 以便繙閱

이라 하고 앞의 「四聲通解序」에 '二書諺解音義'라 한 바와 같이 『노걸대언해』라 함이 나을 것이다. 그러함에도 굳이 『번역노걸대』라 함은 학계의 관용을 따르기로 하려니와 곧 보게 될 『노걸대』의 후대 언해서가 首題와 版心題에서 『노걸대언해』라 한 것과 혼란을 피하기 위한 배려에 말미암는다.

(2) 『노걸대언해』

상하 2권 2책의 무신자본이다. 규장각에 복본으로 4부가 소장되어 있고, 같은 책으로 內賜本 2부가 경북 漆谷(李敦柱 씨 소장)과 미국 컬럼비아대학 동아도서관에 소장되어 있다.[16)] 모두 잘 보존된 책이나, 동아도서관본은 '宣賜之記'란 印記가 있는 권상 첫머리도 깨끗하나 內賜記가 없다. 반사를 받은 사람의 후손이 책을 넘길 때 떼어버린 결과라 하겠다. 판식은 사주쌍변에 반곽의 크기가 세로 24.8㎝, 가로 17.5㎝이며, 유계 10행에 1행 19자인데 주음과 번역은 쌍행이다. 판심은 백구에 2엽화문어미가 나타나나 간혹 3엽화문어미도 있다. 판심제는 수제와 같이 '老乞大諺解'라 되어, 卷, 張次와 함께 魚

최세진의 吏文諸書輯覽에서 『吏文輯覽』, 『于公奏議輯覽』, 『駁稿輯覽』, 『擇稿輯覽』의 관련 어구가 서로 참조하도록 한 것이 있으므로 참조하라는 註記가 편찬의 앞뒤를 말하는 것은 아니다. 吏文諸書輯覽에 대하여는 안병희(1988) 참조.

15) 『사성통해』 범례에 反切을 '飜切之式'이라 한 바와 같이 당시에는 飜譯과 反譯은 음과 뜻이 똑같은 말로 사용되었다고 생각된다.

16) 칠곡의 內賜本은 약 20년 전에 책의 형태와 내사기만 조사하였고, 컬럼비아대학본은 동아도서관 李海瓊선생이 보내 준 書影으로 조사하였다. 李선생은 뒤에 설명할 『노걸대신석언해』(권1)의 全冊 복사도 보내 주었다. 특히 『노걸대신석언해』는 국내에 없는 책이므로 복사로나마 조사할 수 있게 된 것은 여간 기쁜 일이 아니다. 여기 특별히 적어서 깊은 사의를 표해 마지않는다.

尾 사이에 놓인다. 이러한 판식은 모두 같으나, 권하는 조판까지 따로 한 張이 있어서 반곽의 크기와 어미가 다른 이본이 있다. 곧 권下의 장4, 7, 11, 14 등은 본문의 교정이 잘 된 책 곧 校正本은 3엽화문어미를 갖고 있으나 교정이 제대로 안 된 책 곧 未校正本은 2엽화문어미를 갖는다. 그러나 책장에 따라서는 완전히 같은 판이다. 그러므로 교정본은 미교정본과 거의 같은 시기에 誤字가 심한 것은 조판을 새로 하면서까지 교정을 하여 이루어진 책이다. 미교정본은 일부 교정도 있으나 권하의 경우에는 오자가 있는 대로 만들어진 책인 것이다.

언해의 체재는 원칙적으로 『번역노걸대』를 따랐다. 곧 원문을 짤막한 語句로 나누어서 한자마다 두 가지 注音을 한글로 한 다음, 권표를 한 뒤에 번역을 싣는 방식이다. 어구의 분할과 한자의 주음은 방점이 없으나 『번역노걸대』와 거의 다르지 않다. 우측음의 'ᄼ, ᅎ, ᅕ'를 'ᄾ, ᅐ, ᅗ'로 바꾼 것이 크게 달라진 주음이다. 번역은 근대 국어의 모습으로 되어 상당히 다르다. 그밖에 이 책에서 체재가 달라진 사실은 각 課를 시작할 곳에 2엽화문어미를 두어서 학습에 편의를 도모한 점이다. 行은 바뀌지 않으나 課의 구분이 되기 때문이다. 다만 각 권의 처음은 魚尾가 없어도 課의 시작이 분명하여 바로 본문으로 시작된다. 이렇게 나뉜 課는 권상이 54, 권하가 53으로 모두 107課가 된다.

이 글 첫머리에 이미 지적한 바와 같이 이 책은 影1로 널리 이용되고 있으나 영인 저본의 권하는 상당한 오자가 교정되지 않은 미교정본이다. 영인본이 간행된 이듬해에 영인 저본의 잘못된 선정을 인정하여 규장각 소장의 『노걸대』와 그 언해서의 이본을 조사하고 오자가 교정된 교정본과 영인 저본의 對較를 행하여 영인본의 별책부록으로 간행하였다.[17] 다시 그 이듬해에는 그 교정과 오자에 대한 방종현 선생의 더욱 상세한 보고가 있었다.[18] 그러나 아직도 교정되지 않은 책의 영인본만 그대로 이용되고 있다. 이에 영인 저본과 교정본에 대하여 다시 설명할 필요가 있다.

影1은 규장각총서의 하나다. 그 총서는 규장각 장서에서 善本일 뿐 아니라 자료로서 가치가 인정된 책이 선정되어 영인된 것이다. 이 책의 규장각 장서

---

17) 김수경(1945) 참조.
18) 방종현(1946a, 1946b) 참조.

는 '廂庫'란 印記를 갖는 3부와 아무 印記가 없는 1부의 모두 4부이다. 전자는 후자에 비해서 冊紙가 두껍고 질이 좋은 편이다. 거기에 廂庫는 창덕궁에 있는 창고일 뿐 아니라, 그 印記를 가진 책은 선본이 많다.[19] 그리하여 영인 저본(규2044)은 이들 책의 대표로서 목록번호 '奎/3917/4A'로 등록된 것이다. 나머지 책들은 複本으로서, 전자의 두 책(규2304, 규2347)은 '奎複/3917/4A'와 '奎複2/3917/4A', 후자(규1528)는 '奎複3/3917/4A'로 등록되었다. 여기에서 영인 저본의 선정은 매우 '올바로' 되었다고 할 수밖에 없다. 겉으로 보아 영인 저본은 선본이고, 도서목록도 그것을 말하기 때문이다. 冊紙가 상대적으로 얇고 질이 떨어지며 印記도 없는 책이, 廂庫의 印記를 갖는 책들과 달리 오히려 오자가 교정된 사실은 본문에 대한 검토가 있어야 확인된다. 옛 전적에 대한 평가가 형태로만 행해져서는 안 된다는 말을 늘 한다. 그러나 이 책의 영인 저본을 선정하는 데서는 그 말이 지켜지지 않았던 것이다.

그런데 규장각 소장의 교정본이 영인 저본과 같은 미교정본에 대하여 갖는 특징은 內賜本에서 그대로 드러난다. 위에서 말한 권하의 새 조판이나 교정 등이 그러하다. 그러나 영인 저본도 권상은 교정본과 똑같이 교정이 행해져 있다. 영인으로는 드러나지 않으나, 首題의 '乞'(1a1)에 대한 注音을 오려내고 다른 종이를 붙이고 붓으로 써 넣은 것과 '마즘을'(4b3)의 '을'이 '올'에서 한 획을 긁어버리고 된 것 등 20여 곳의 교정이 확인된다. 그러므로 영인 저본을 미교정본이라 한 것은 권하에 국한된다. 그 권하의 경우에도 부분적으로는 교정이 행해졌다. 예컨대 '高'(1a3, 1a6)의 한 注音이 '갈'에서 '갈'으로 개칠되고 'ᄒᆞᆫ디위'(1b1)의 '디'가 원래의 '시'를 흐리게 한 위에 押印된 것 등이 그러하다. 교정본은 처음부터 '갈, 디'로 인쇄되어 있다. 그러나 그 미교정본에서는 주음은 말할 것도 없고 언해 부분에서도 '羊져재(1b2), 셋지형(3b6), 잇턴가(3b8)' 등과 같이 교정되지 않은 것이 많다. 교정본은 모두 '羊

19) 『태종실록』에 의하면, 1404년(태종 4) 10월에 창덕궁의 營建工事가 시작되어 1405년 10월 辛巳에 준공되었는데 廂庫 三間도 그때 건축되었다. 그러므로 廂庫란 印記를 갖는 책은 창덕궁 안에 보관된 것이라 할 수 있다. 현재 규장각 소장본에는 국어사 자료로만 보아도 1631년(인조 9)의 『대학언해』, 1656년(효종 9)의 『사성통해』, 1676년(숙종 2)의 『첩해신어』 등에 그 印記가 있다. 이러한 사실에서 방종현(1946a)에서 誤校가 많은 影1의 저본이 廂庫에 소장된 것을 이상하다고 한 설명이 이해된다.

져제, 솃재형, 잇던가' 등으로 되어 있다. 교정본과 영인 저본인 미교정본의 차이는 김수경과 방종현 선생이 조사한 것보다 더 많다. 앞으로 이 책의 이용에는 각별한 주의가 있어야 할 것이다.

이 책의 간년은 종래 『通文館志』 권8, 「書籍」조에 '內賜老乞大諺解'를 들고

> 二本 康熙庚戌陽坡鄭相國啓令芸閣鑄字印行

이라 한 기록에 따라 1670년(현종 11, 庚戌)으로 추정되었다. 그런데 칠곡의 내사본에는

> 康熙十四年正月二十九日 內賜承政院假注書李聃命 老乞大諺解一件云云

의 내사기가 있어서 1675년(숙종 1) 1월에 반사되었음을 말하고 있다. 여기에서 『통문관지』의 '康熙庚戌'이 陽坡 鄭太和의 上啓 시기냐, 芸閣 곧 校書館에서 활자로 간행한 시기이냐 하는 문제가 제기된다. 그런데 비슷한 시기의 『박통사언해』에 대한 『통문관지』 기술의 年紀가 간행한 시기로 해석된다. 종래의 추정대로 1670년이 간년이 되는 것이다. 그러나 내사 연대를 중시하여 康熙 庚戌을 上啓한 연대로 해석하더라도 5년 미만의 차이에 지나지 않는다.

(3) 평양판 『노걸대언해』

影4에 『중간노걸대언해』와 함께 영인한 책이다. 저본은 규장각 소장이다. 위의 『노걸대언해』를 1745년(영조 21) 平壤監營에서 중간한 것이다. 책머리에 있는 乙丑(1745) 仲秋上澣의 卞煜序에 '又以關西是譯舌所通之地 命印於關西'란 기록과 책 뒤의 '平安監營重刊'이란 간기가 그 증거다. 그러나 重刊은 중앙의 사역원에서 계획되어 교정이 행해져서 원고가 이루어지게 되었다. 卞煜序에

> 舊有活字印布而歲月寖久 若干印本幾盡散佚 又或有古今聲音之差殊 學譯者病之 今我都提擧虛舟金相國 課以本業 勵以製述 誘掖奬勸 靡不庸極 提擧華山洪侍郎 亦倦倦於講明成就 而念諺解之校整重刊爲急務 相國暨侍後先陳達自上 …… 於

是院之慣漢音者 相與辨明字音 考校文義 不數月而工告訖

이라 한 데서 都提調인 虛舟子 金在魯와 提調인 華山 洪侍郎의 발의로 사역원에서 字音을 밝히고 文義를 상고하여 두어 달에 일을 마쳤다고 한다.[20] 책 뒤에 校正官으로 司譯院敎授 申聖淵과 前司譯院正 卞煜 등과 書寫官으로 前司譯院僉正 林得雨 등 교정과 원고 작성에 관여한 사역원의 전현직 역관 8명의 명단이 나타난다. 교정관인 前司譯院正 朴道貫만 監印으로 注記되어 있다. 그러므로 사역원에서 이루어진 원고를 평양으로 가져 가서 朴道貫의 감독 아래서 그곳에서 간행되었으나, 처음부터 마무리까지 사역원에서 행해졌음을 알 수 있다.

이 책은 규장각 소장만이 알려져 있는데, 판식과 언해의 체재 등은 중간본답게 『노걸대언해』를 답습하고 있다. 판식은 사주쌍변에 반곽 크기가 세로 가로 각각 24㎝, 16.8㎝이며 유계 10행에 1행 19자이고 注音과 번역은 쌍행이다. 판심은 백구에 2엽화문어미와 판심제 등이 원간본과 똑같이 魚尾 사이에 있다. 課를 나누는 방식과, 시작되는 곳에 2엽화문어미를 두는 것까지도 같다. 그러나 주음과 번역에서는 상당한 차이가 있다.

우선 注音에서는 「사성통고」에 따른 표기인 좌측음이 크게 다르다. 권상 1a에서만 보아도 '大, 解, 你, 那, 裏, 麗, 今, 幾, 時, 離, 了, 旣, 是, 半'의 14자에서 다른 것이다. 모두 63자에 대한 주음이 나타나지만 중복된 한자를 제외하면 36자이므로, 2/5 정도의 주음이 수정된 것이다. 이 주음은 후대의 『노걸대신석언해』와 『중간노걸대언해』에서 계승된다. 그러나 우측음은 달라지지 않는데, 『노걸대신석언해』 등에서 대대적인 수정이 행해진다. 그러므로 注音에 관한 한 평양판은 『노걸대언해』와 『노걸대신석언해』의 중간 위치에 있다.

번역에서도 표기, 음운, 어휘에 걸쳐 두루 차이가 나타난다. 표기에서는 분철이 약간 늘어난 편이다. 괄호 안에 출처와 원간본의 『노걸대언해』의 어형을 보이는데 원간본 출처는 거의 같으므로 제시하지 않는다. 특별히 권하가 표시되지 않으면 모두 권상의 語形이다.

20) 華山 洪侍郎은 洪啓禧가 아닐까 하나, 華山이란 호를 썼는지 분명하지 않다.

> 젹이(2a, 6a, 8b, 져기), 마즘을(4b, 마즈믈), 널룸이(10a, 니르미), 널옴이(10a, 널오미), 젹으나(11b, 져그나)

음운에서는 구개음화와 순음화가 나타난다. 구개음화가 평양판에서 나타난 것은 원고가 중앙에서 이루어졌음을 뒷받침하는 사실이다.

> 가지 못홀가(2a, 가디 못홀가), 어지니라(8b, 어디니라), 엇지(15a, 엇디);
> 어듸 부리워야(10a, 어듸 브리워야), 부리우라 가(15b, 브리우라 가)

어휘에서는 '조차(1a), 만일에(3a), 當直(3b)' 등이 『노걸대언해』의 '브터, ᄒᆞ다가, 덕일' 등을 대신하였다. 이들은 고유어와 古形의 어휘가 한자어와 新形으로 바뀐 예들인데, 다음 예가 그것을 잘 드러낸다.

> 官司口舌을 만나거든(하 42a, 구의죵과 口舌의 일을 만낫거든), 孳育ᄒᆞᄂᆞᆫ 즘싱도 이시며 人口와 奴婢도 잇다가(하 43b, 기ᄅᆞᄂᆞᆫ 효근 즘싱과 굴근 즘싱도 이시며 더브런ᄂᆞᆫ 사름이며 죵들도 잇다가)

이상의 설명으로써 평양판은 『노걸대언해』보다 70년이나 뒤에 나온 책이므로 卞煜序의 '古今聲音之差殊'로써 注音과 번역이 다 새로운 모습의 책이라 하겠다.

(4) 『노걸대신석언해』

이 책은 18세기 60년대와 70년대에 걸쳐 간행된 일련의 역학서 新釋 중에서 첫 번째로 간행된 책이다. 『통문관지』 권8 什物續조에 乾隆 癸未(1763, 영조 39)에 訓長인 邊憲이 수정하여 芸閣에서 간행한 『新釋老乞大』와 그 언해의 책판이 등록되어 있고, 권8 書籍續조에 『신석노걸대』 1권과 『신석노걸대언해』 3권이 등록되어 있는데, 같은 곳에서 『박통사신석』을 『신석박통사』라 하였으므로 『노걸대신석언해』가 『노걸대신석』과 함께 1763년 교서관에서 간행된 목판본임은 분명하다.

편찬의 경위에 대하여는 1761년 洪啓禧序에 다음과 같이 서술되어 있다.

老乞大不知何時所創 而原其所錄亦甚草草 且久而變焉 則其不中用無怪矣……余嘗言不可不大家釐正 上可之 及庚辰(1760) 銜命赴燕遂以命賤臣焉 時譯士邊憲在行以善華語名 賤臣請專屬於憲 及至燕館 逐條改證別其同異 務令適乎時便於俗而古本亦不可删沒 故併錄之 蓋存羊之意也 書成名之曰老乞大新釋 承上命也 旣又以朴通事新釋 分屬金昌祚之意筵稟蒙允 自此諸書幷有新釋 可以無礙於通話也

곧 『노걸대』의 내용이 원래 거친 데다 시일이 오래되어 소용에 맞지 않아 일찍부터 고쳐야 한다고 하였는데, 1760년 북경에 사신으로 갔을 때 역관 邊憲에게 일일이 時俗에 맞게 고치게 하였으나 古本도 아예 버릴 수 없어 함께 싣는다고 하며, 따로 『朴通事新釋』을 金昌祚에게 편찬하도록 하여 중국 사람과의 通話에 지장이 없게 하였다고 한다. 그리하여 원전인 『노걸대신석』의 권말에는 檢校書寫諸官이란 판심제를 가진 1장에 檢察官으로 金昌祚와 邊憲, 校正官으로 李天埴 등 7명, 書寫官으로 趙東洙 등 4명의 전현직 사역원 관료의 명단이 있다. 매우 힘을 들인 편찬임을 말하는 것이다.

그런데 이 『노걸대신석언해』는 傳本이 없는 것으로 알려져 왔다. 그러나 1946년에 方鍾鉉선생이 宋錫夏 교수 소장의 권2, 3 2책을 소개하여 책의 내용과 언해의 체재 등을 밝혔다. 특히 課가 끝나는 대로 『노걸대언해』에서 해당되는 원문의 한자와 그 우측음을 짝지어 놓아서 洪啓禧序의 '存羊之意'를 엿보게 한 것까지 언급하고 있다. 事變으로 그 책의 행방이 알려지지 않아서 이 책은 전하지 않는 것으로 되어 있었으나, 다행히 권1 1책이 컬럼비아대학에 소장된 것이 알려졌다. 여기 권1을 중심으로 소개하기로 한다.[21)]

이 책의 판식은 사주쌍변에 반곽의 크기가 세로 23.3㎝, 가로 17㎝이며, 유계 10행에 1행 20자이고 注音과 번역은 쌍행이다. 판심은 판심제로 '老乞大新釋', 하향3엽화문어미와 그 아래에 '諺解'와 卷次 '一' 그리고 張次가 있다. 수제는 '老乞大新釋諺解'와 卷一이 나타난다. 『통문관지』의 기사로 이미 밝혀진 것이지만, 권차로써 3권임이 다시 확인된다. 이는 한 課가 끝나면 1자 낮추어서 洪啓禧序에서 말한 古本 곧 『노걸대언해』에서 해당 원문과 우측음을 옮겨 실어서 책의 분량이 늘어난 데 말미암는다. 권1이 36과까지 실렸으나 모두 59장인데, 『노걸대언해』 권상이 54과에 모두 64장을 실은 것으로

---

21) 이 책 형태에 대한 기술은 한국서지학회 편(1994)에 의한다. 사실 이 책의 소장도 여기에서 알게 된 것이다.

분량의 차이를 알 수 있다. 古本의 원문을 옮겨 실은 일은 언해의 체재까지도 『노걸대언해』와 다르게 한다. 곧 원문을 語句로 나누어서 두 가지 注音을 달고 권표 다음에 번역을 싣는 것은 똑같으나, 새 課가 새 行으로 시작하게 하여 아주 다른 방식이 된 것이다. 그 밖에 한 어구의 번역이 끝나면 부호 ㄴ을 두었는데, 이는 古本 원문의 어구를 구별하는 데도 사용되었으므로 유용한 부호이다.22)

이 책은 원전을 수정한 『노걸대신석』의 언해본이므로, 원문이 앞선 시기의 언해서와 다르다. 『번역노걸대』로부터 평양판 『노걸대언해』까지는 『노걸대』의 원문을 번역하였기 때문이다. 처음의 문답만을 대조하여 보이면

阿哥你打那裏來(1, 1a. 大哥你從那裏來)
我從朝鮮王京來(1, 1a. 我從高麗王京來)

어조사와 어휘의 사용이 달라진 것을 알게 된다. '高麗'를 '朝鮮'이라 한 것은 이미 널리 알려졌지만 '漢兒人, 漢兒言語, 漢兒地面' 등도 '中國人, 官話, 中國地方' 등으로 수정하였다.

원문뿐 아니라 注音과 번역에서도 이 책은 상당히 달라져 있다. 주음에서의 좌측음은 평양판을 따르나 우측음은 크게 수정하였다. 권1의 장1에서 바뀐 주음과 괄호 안에 이전 주음을 대조하여 보인다.

京징(깅), 去츼(큐), 着져(죠), 旣지(기), 半반(번), 是시(스)

그리하여 이 책은 두 가지 注音에서 모두 활자본 『노걸대언해』와 달라진 것이다. 번역은 평양판의 특징이 표기, 음운, 어휘에서 더욱 강하게 나타난다. 거기에 한자 사용이 더욱 늘어난다. 이 책에서 보이기 시작한 한자 사용을 처음 10장에서 들기로 하면 다음과 같다.

能히, 萬一에(2b), 詩닑기, 講ᄒᆞ노라(3b), 一定(5b), 父母(7a), 溫厚ᄒᆞ여(8a),

---

22) 『박통사신석언해』에서도 부호 ㄴ이 똑같이 사용되어 있다. 그 책은 이른바 古本에서 원문과 우측음을 옮겨 싣지 않았으나, 같은 한학서의 新釋이므로 그대로 사용한 것이 아닌가 한다.

比컨대(9a), 貴姓, 賤姓(9b), 正히(10b)

여기에 課의 수효가 늘어난 것도 이 책의 특징이다. 평양판까지는 모두 107과였으나 4과가 늘어나 111과가 된 것이다. 課가 늘어난 것은 일부 내용을 보충하여 한 課를 둘로 나누었기 때문이다. 방종현 선생의 보고에 따르면 『노걸대신석언해』 권3이 제 111과로 끝난다 하였으며,[23] 새 課 앞에 권표를 둔 『노걸대신석』에서 그것이 확인된다. 나뉜 課는 『노걸대언해』의 제81, 84, 98, 99과인데, 이 책의 권3이 전하지 않으므로 똑같이 111과인 『중간노걸대언해』(권하)로써 새 課의 차례와 시작을 보이고서 괄호 안에 『노걸대언해』(권하)의 해당 부분을 대조하여 둔다.

제82: 33b9 (제81: 31b4)
제86: 37a6 (제84: 34b4)
제101: 54b3 (제98: 52b1)
제103: 56b4 (제99: 54b2)

(5) 『중간노걸대언해』

목판본 상하 2권 2책인 이 책은 書名이 무신자본인 『노걸대언해』의 중간으로 이해되지만, 『중간노걸대』를 언해한 뜻으로 해석되어야 한다. 『중간노걸대』는 序跋이 없으나 책 뒤에 '乙卯中秋 本院重刊'이란 간기가 있고 그 바로 앞에 校檢官 李洙 등 7명, 校整官 洪宅福 등 10명, 書寫官 崔瑊 등 10명, 監印官 張壽의 명단이 있으므로 이들 28명에 이르는 사역원 전현직 관료의 활동 연대를 감안하여 1795년(정조 19, 乙卯) 사역원에서 간행된 것임을 알 수 있다. 『중간노걸대언해』는 『노걸대신석언해』와 『박통사신석언해』와 마찬가지로 아무런 附屬文字가 없다. 그러나 원전인 『중간노걸대』의 字體와 비슷하고, 간기 등을 합해도 모두 46장인 『중간노걸대』의 書寫官으로는 10명이 이해되지 않으므로 이 책도 원전인 『중간노걸대』와 동시에 편찬, 간행된 것으로 생각된다. 실지로 '熙政堂'이란 印記를 가진 규장각 소장의 한 책(규

23) 방종현(1946a)에서 처음으로 보고하였으나, 어떻게 하여 課가 늘어났는지는 언급하지 않았다. 김수경(1945)에서는 『중간노걸대』와 『중간노걸대언해』에서 난상에 붓으로 '百十一'이라 쓴 것이 있다고 하였다.

2043)은 앞 표지 上包角의 자리에 '乙卯重刊'이란 묵서가 있다. 1796년에 완성된 『鏤板考』에 '老乞大一卷 諺解二卷 司譯院藏'이라 한 기록도 『중간노걸대』와 함께 이 책이 1795년의 간행임을 말하는 것이다.

이 책은 상당히 많이 전한다. 규장각에도 원전과 합하여 20종이 넘는 책이 소장되어 있다. 그런데 이들은 초쇄본과 후쇄본의 두 종류로 크게 나뉜다. 우선 원전으로써 보면, 후쇄본은 간기가 인쇄되지 않았고, 書寫官인 '宣務郞前司譯院主簿李光祐, 宣務郞前司譯院主簿吳命毅'는 각각 처음 '宣'과 '簿' 이하 이름만 인쇄되고 '務郞前司譯院主' 등이 보사되거나 빈칸으로 되어 있다. 본문에도 脫字가 있을 뿐 아니라 자획의 마모가 있다. 이러한 탈자와 자획의 마모는 이 책의 후쇄본에도 같다. 이러한 후쇄본은 꽤 전하고 있다. 그러므로 이 책은 원전과 함께 1795년에 간행되었으나, 책판의 마모가 어느 정도 있은 뒤에 다시 상당한 부수가 인출된 것이다.[24)]

이 책의 판식은 『노걸대신석언해』와 똑같다. 차이라고 한다면, 반곽의 크기가 세로 가로 22.3㎝, 16.3㎝이며 판심에서 張次 아래 가로줄을 둔 점이다. 언해의 체재도 課를 새 행으로 한 것까지 같으나, 『노걸대언해』의 원문과 注音의 우측음이 삭제되었다. 그리하여 다른 언해서와 같이 2권으로 되어 있다.

본문의 원문은 원전에서 그대로 따온 것이나, 『신석노걸대』와 상당한 차이를 보인다. 이 책의 장1 앞쪽 원문으로써도 다음과 같이 차이가 드러난다. 괄호 안이 『신석노걸대』다.

> 大哥你從那裏來(阿哥你打那裏來)
> 如今那裏去(這回兒那裏去)
> 你幾時在王京起身來着(你多站在王京起身來着)
> 我在這箇月初一日離了王京(我在這箇月初一日間離了王京)

---

24) 김수경(1945)에서는 간기가 없는 책이나 자획의 마모가 있는 『중간노걸대』와 『중간노걸대언해』가 먼저 간행된 뒤에, '乙卯重刊'이란 간기를 가진 책들은 그것을 복각한 것이라 하였다. 그 근거는 아마도 補寫에서 간기가 있는 책의 '前司譯院主簿'가 '司譯院主簿'로 된 데서 구한 것이라 생각된다. 그러나 후쇄본의 간행에서는 편찬과 간행에 관여한 사역원 관료의 前現職이 이미 의미를 잃었기 때문에 補寫에서 '前'을 뺀 것이 아닌가 한다. 초쇄본에 보이는 변란이나 인면의 특징이 후쇄본에 더욱 두드러지게 나타난다. 복각본에서는 그러한 일이 없다.

既是這箇月初一日離了王京(既然這箇月初一日間從王京起身的)

이로써 보면, 新釋에서의 수정을 일부 다시 원래의 『노걸대』로 되돌린 것이 있다. 물론 新釋의 수정을 수용한 것도 많다. 이는 아마도 新釋의 수정이 洪啓禧序에서 말한 '逐條改證別其同異 務令適乎時便於俗'이라든지 '今此新釋以便於通話爲主'라 한 방침에 말미암아 조금 지나친 것이 아니었나 한다. 『중간노걸대』는 지나친 時俗에 따른 新釋의 수정을 받아들일 수 없다는 인식에서 편찬, 간행되었다고 하겠다. 여기에서 『노걸대신석』과 그 언해가 간행된지 겨우 30여 년인데도 다른 역학서 新釋類와는 달리 이루어진 『중간노걸대』와 이 책의 간행은 이해된다.

이 책의 주음과 번역은 『노걸대신석언해』와 크게 다르지 않다. 특히 주음은 그대로 옮겨 온 것이다. 번역문에 나타나는 표기, 음운, 어휘의 특징도 똑같다. 그러므로 국어사 자료로서 갖는 특징은 따로 설명할 것이 없다.

Ⅳ. 맺는말

『노걸대』는 지난 시기의 기본적인 漢學書였다. 그리하여 『노걸대』의 원전과 그 언해서가 譯學書 가운데서는 가장 많은 異本을 갖게 된 것은 당연한 일이다. 우리는 지금까지 그러한 이본에 대하여 검토하고 설명하여 왔다. 이제 그것을 요약하여 맺는말로 삼는다.

『노걸대』의 원전은 갑인자 복각본이, 적어도 우리가 조사한 바로는 가장 오랜 善本이다. 그 책은 책의 상태나 붓으로 기입된 내용으로 미루어서 16세기 전반의 간본으로 추정된다. 따라서 갑인자본은 늦어도 15세기 후반에 간행되었다고 할 수 있으므로, 우리는 이 복각본으로써 15세기 후반의 원전이 어떤 모습인가를 알 수 있다. 그 밖에 16세기 후반이나 17세기 간본으로 보이는 목판본 두 종류가 전한다. 내용은 위의 복각본과 같다. 앞의 세 이본이 모두 불분권이나, 언해서와 같이 상하 2권으로 분권이 된 원전도 있다. 간기에 따라 1703년에 간행된 그 책은 원문이 수정되지 않은 마지막 이본이 된다.

원문의 수정은 18세기 후반에 司譯院에서 행해진다. 15세기부터 사용되던 『노걸대』로는 중국 사람과의 通話에 애로가 있었기 때문이다. 그리하여 당시 중국어의 時俗에 따라 수정된 『老乞大新釋』이 역학서 新釋類의 단초로서 1763년 편찬, 간행되었다. 그러나 이 책의 수정이 지나치게 時俗을 좇고 通話 위주라는 인식이 곧 있었던 것으로 보인다. 『노걸대신석』의 일부 내용은 오히려 『노걸대』에 더 가까워진 수정이 행해져서 1795년 『중간노걸대』가 간행되었다. 『노걸대신석』이 간행된 지 30년 남짓한데도, 더욱이 新釋類에 그러한 예가 없는데도 『중간노걸대』가 간행된 것이 그와 같은 배경을 말하는 것이 아닌가 한다. 그러나 『노걸대신석』은 말할 것도 없지만 『중간노걸대』도 『노걸대』의 예스러운 말투를 크게 수정한 것은 사실이다. 그뿐 아니라 학습의 편의를 위하여 마련된 課가 107과이던 것을, 4과를 각기 두 課로 나누어 111과로 되었다. 그리하여 18세기 후반에 『노걸대』는 원문이 수정되고 課의 수효가 늘어난 이본 두 가지를 갖게 된 것이다.

현재 전하는 언해서는 최세진이 번역한 『번역노걸대』 2책의, 16세기 중엽의 간행으로 보이는 을해자 복각본이 가장 오랜 책이다. 을해자본은 같은 을해자본인 『번역박통사』와 함께 16세기 10년대 전반에 간행되었을 것으로 추정된다. 그러므로 이 책은 16세기 사역원에서 학습된 중국음을 알려 주며, 동시에 당시 국어 자료 곧 중세국어 자료를 제공한다. 거기에다가 이 책은 최초의 역학서 언해로서 후대의 역학서, 특히 한학서 언해의 典範이 된 점을 간과할 수 없다. 원문을 짤막한 語句로 나누어 注音하고 번역을 대조하는 역학서의 언해 방식이 이 책으로부터 시작되었던 것이다.

『노걸대』의 두 번째 언해서는 무신자본 『노걸대언해』다. 을해자본보다는 150여 년, 그 복각본보다는 100여 년 뒤에 나온 이 책은 課를 분명히 나누어 보이고 번역을 근대어로 행하였지만, 기본적으로 『번역노걸대』에서 행한 중국음의 注音과 번역을 거의 그대로 답습하였다. 그 주음은 방점을 폐기하고 부분적인 수정을 하였을 뿐이고, 번역도 ㅿ, ㆁ, 방점이 없으나 『번역노걸대』의 그것을 크게 받아들였다. 그런데 이 책은 인출 과정에서 일어난 誤字를 그대로 둔 책과, 校正을 거쳐 組版까지 새로 한 책이 전하고 있다. 영인본을 간행하면서 底本을 앞의 미교정본으로 하였으므로 영인본으로 이 책을 이용할 경우에는 특히 주의하여야 한다.

세 번째 언해서는 위의 『노걸대언해』를 사역원에서 수정하여 1745년 평양 감영에서 중간한 책이다. 서명에서 체재까지 『노걸대언해』와 같으나, 원문 한자의 주음에서 「飜譯老乞大朴通事凡例」에서 四聲通攷音을 따랐다는 좌측음을 대폭으로 수정한 것이 특이하다. 이 책으로써 200년이 훨씬 넘게 계속된 중국음 학습의 두 방식 가운데서 한 방식이 달라진 것이다. 번역에 있어서도 상당한 차이를 보이고 있다.

네 번째와 다섯 번째 언허서는 원문을 수정한 『노걸대신석』과 『중간노걸대』와 동시에 간행된 언해서들이다. 『노걸대신석언해』는 원문 한자의 주음에서 좌측음은 평양판 『노걸대언해』를 그대로 받아들이면서 우측음을 크게 수정하였다. 여기에서 중국음의 주음은 완전히 새로운 모습을 갖게 된다. 그러나 전통적인 『노걸대언해』의 우측음도 한 課가 끝나면 노걸대의 원문과 함께 실었다. 이것을 『신석노걸대』의 洪啓禧序에서 '存羊之意'라고 하였으나 원문의 수정과 注音의 우측음 개정이 너무 지나친 것으로 받아들여지는 데 대한 배려가 아닌지 모른다. 그것은 어떻든 이러한 『노걸대언해』의 원문과 우측음의 덧붙임으로 말미암아 이 책은 다른 언해서와 달리 3권 3책으로 간행되었다. 『중간노걸대언해』는 원문 한자의 주음과 번역은 『노걸대신석언해』를 따랐으나, 그 책의 덧붙익을 없이하여 다른 언해서와 같이 2권 2책으로 되었다. 이로써 『노걸대』의 언해서는 멀리는 『번역노걸대』, 내려와서는 『노걸대언해』와는 注音과 번역이 모두 달라진 것이다. 그리하여 이 책은 사역원이 없어질 때까지 『노걸대』 학습의 참고서로 사용되었다. 언해서의 다섯 번째 이본이면서 그 마지막 언해서다.

제20장 『童子習口訣』
-성암본을 중심으로-

Ⅰ. 머리말

고래로 동양에서는 어린아이를 대상으로 한 교육을 중시하여 이른바 蒙求書가 상당히 존재하였다. 이 글에서 다루는 『동자습구결』도 중국의 原典인 『童子習』에 우리나라에서 한글로 구결을 달아서 읽히던 그러한 책의 하나다.

원전은 명나라 朱逢吉이 역대 典籍에서 어린아이들이 본받을 만한 내용을 모아서 15세기 極初에 편찬한 것이다. 원전의 서문이 '永樂二年歲在甲申(1404년, 태종 4) 至前三日 安成周子治序'로 되었는데, 내용은 어린아이의 교육이 중요함을 말하고서 이제 주봉길이 『동자습』 1편을 편찬하였는데, 어린아이를 가르치면 모두 학문을 즐긴다고 한 程子의 뜻을 얻었다 하여 建陽令 潘睿가 목판으로 간행하게 되어 서문을 쓴다는 것이다. 따라서 중국의 원간본은 1404년에 편찬되어 그해 겨울에 지방의 관아에서 간행되었음을 알 수 있다. 원전의 체재는 어린아이의 행동규범에 관한 이야기를 모아서 「事親」, 「孝感」, 「事長」(이상은 권상), 「友愛」, 「灑掃」(이하는 권하) 등 17편으로 나누어서 실었다. 각 편에는 짤막짤막한 이야기를 실었는데, 앞에 이야기의 요지를 四言古詩로 읊어서 쉽게 암송할 수 있게 한 뒤에 그 이야기를 설명하였다.

원전이 우리나라에 전래된 시기는 밝혀져 있지 않다. 그러나 『동자습』이 1430년(세종 12)의 실록을 비롯하여 문헌에 더러 나타나므로 적어도 15세기 30년대부터 상당히 보급된 것으로 생각된다. 따라서 간행된 지 얼마 안 되어 수입된 것으로 추정된다. 그런데 우리나라에서 중국의 원전에 구결을 달거나 언해를 붙여서 간행할 경우에도 首題의 書名은 원전과 똑같이 하는 관례가 있다. 예를 들면 1465년(세조 11) 간경도감에서 구결을 단 책과 언해까지 붙인 『圓覺經』을 동시에 간행하였으나 수제는 원전인 한문본과 똑같이 '圓覺

經'이라 하였다. 오늘날 국어학계의 관례가 원전의 수제에 '구결' 또는 '언해'를 붙여서 서명으로 하고 있으나, 이 글의 表題와 같이 자료의 성격을 분명히 하기 위한 편법인 것이다. 15세기 30년대 이후의 기록에 '동자습'이란 서명이 나오더라도 그 책이 원전인 중국의 간본이나 그 복각본을 가리키는 것인지, 구결을 단 책인지, 또는 제3의 책인지 깊이 따져 보아야 하는 이유인 것이다.

현재까지 알려진 『동자습구결』의 간본은 우리가 알기로는 세 異本이 實冊으로 전한다. 물론 수제는 원전과 같이 童子習인데, 모두 임진란 이후의 간행이다. 이들은 구결의 모습이 중세 국어의 흔적을 보이고 있으나 모두 중간본이어서 간행 당시의 국어가 드물지만 반영되기도 한다. 그 밖에 書目으로 임진란 전인 16세기 중엽의 한 간본이 소개되기도 하였다. 그러므로 원간본은 임진란 전에 이루어져 간행된 것임을 확인할 수 있다. 그러나 實冊으로 확인하지 못하는 아쉬움이 있었다. 그런데 근자에 성암고서박물관에서 수장한 『동자습구결』(앞으로 '성암본'이라 부른다)은 책의 형태나 구결의 내용으로 미루어서 늦어도 16세기 전반의 간본으로 생각된다. 서목으로 알려진 임진란 전의 간본보다 앞설 뿐 아니라 行格도 다르다. 학계에 전혀 알려지지 않은 유일본이라고 하겠다. 이러한 귀중한 자료를 선뜻 공개하고 影印으로 출판하게 하여 준 소장자이신 趙炳舜 회장에게 심심한 사의를 표하는 바이다. 소장자의 뜻에 보답하기 위하여 간단한 설명을 덧붙여 자료의 이용에 이바지하고자 한다.

Ⅱ. 『동자습』의 우리나라 刊本

여기 소개하려 하는 『동자습구결』은 말할 것도 없이 우리나라에서 편찬된 『동자습』의 한 간본이다. 기록을 따져보면, 중국본을 복각한 『동자습』과 이 『동자습구결』 외에 적어도 두 간본이 더 존재한 것으로 생각된다. 『直解童子習』과 그 책의 언해본인 『直解童子習諺解』가 그것이다. 실책이 없으므로 기록에서 그것을 살펴보기로 한다.

『동자습』이 나타나는 최초의 문헌은 『세종실록』이다. 1430년(세종 12) 3월 18일 詳定所에서 여러 學의 取才에 사용될 經書와 技藝의 數目에 대하여 아뢰는 가운데 漢吏學과 譯學의 하나로 『동자습』을 아뢰어 윤허를 받는다. 다음 기록은 『세조실록』의 1462년(세조 8) 6월 10일에 예조의 건의에 따라 譯科에서 『동자습』을 시험하게 하였다는 것이다. 또 다른 기록은 『성종실록』의 1480년(성종 12) 5월 7일 經筵廳에 전교하기를 朝講에는 『동자습』을 없애고 『吏文謄錄』을 進講하게 하라는 것이다. 그 밖의 기록은 1485년(성종 16)의 『경국대전』 권3 「禮典」의 奬勵조에 승문원 관원에게 열흘마다 提調가 그들이 읽은 책을 강하게 하는데, 그 책의 하나에 『동자습』이 들어 있다. 이러한 기록에서 공통되는 사실은 『동자습』이 吏文과 譯學의 한 학습서로 다루어진 일이다. 그 학습서는 고전 한문으로 된 책일 수 없다. 白話文으로 된 책이라야 이문과 역학의 학습에 도움을 주기 때문이다 따라서 이때의 『동자습』은 원전을 백화문으로 번역한 책임을 짐작하게 한다. 그 번역은 그 무렵 이문과 역학의 학습서로 사용된 『直解小學』과 같이 우리나라에서 이루어진 것일 것이다. 따라서 이 책과 별도로 중국본과 같이 고전 한문으로 된 『동자습』이 이미 우리나라에 들어와 있었을 것은 말할 필요도 없다.

백화문으로 된 『동자습』은 오늘날 전하지 않는다. 그런데 成三問의 「童子習序」(『동문선』 권94)로 그 실재를 추정하기 어렵지 않다. 그 서문에는 "又以直解童子習 譯訓評話 乃學華語之門戶"란 구절이 있다. 여기의 '譯訓評話'를 '直解童子習'의 한자에 한글로 중국음을 달고 그 뜻을 국어로 풀이한 『직해동자습언해』란 서명의 한 부분으로 보는 견해(홍기문 1946: 223 및 224의 주해 3)가 있으나, 서문을 정확하게 읽으면 그 구절은 한글로 중국음을 달고 뜻을 언해하기 전의 중국어 학습서인 『직해동자습』이란 原典에 대한 설명이다. 더욱이 우리나라에서 언해서의 書名을 '직해동자습역훈평화'와 같이 길게 한 예는 전혀 없다. '譯訓評話'는 四言古詩는 그대로 두고서 그에 관한 評話 곧 이야기를 백화문으로 번역하였다는 뜻으로 해석되어야 한다. 그리하여 이 『직해동자습』이 중국어를 배우는 門戶가 되었다고 한 것이 위 구절의 뜻이다.[1] 계속하여 서문은 『직해동자습』의 한자에 한글로 중국어의 독음을 달고 그 뜻을 풀이하여 손바닥을 들여다보듯이 그 학습서를 알 수 있게 하였다고

1) 같은 서문이 성삼문의 문집인 『成謹甫先生集』 권2에는 「直解童子習序」로 실려 있다. 따라서 언해한 원전은 『직해동자습』이다. 문집의 서문은 '譯訓評話'를 李變이 지은 성종 초의 한학서 『訓世評話』로 잘못 고치는 등, 字句에서 약간의 차이가 있다.

한다. 이렇게 이루어진 책은 『직해동자습』의 언해본인 『직해동자습언해』인 것이다. 여기에서 기록의 '동자습'이란 서명은 이론 상으로는 古文인 원전 『동자습』, 그리고 白話文으로 된 『직해동자습』과 그 책의 언해본으로 성삼문의 서문을 가진 『직해동자습언해』의 세 종류를 가리키게 되는 것이 된다. 그러나 위에서 말한 바와 같이 기록의 書名은 우리나라에서 편찬된 이문 학습서이면서 역학서로 사용된 책이다. 후자의 두 책일 수밖에 없다. 최초의 기록은 한글 창제 전이므로 『직해동자습』이라야 한다. 그런데 성삼문의 서문이 1455년(단종 3)에 된 것으로 추정되므로 그 언해본은 崔世珍의 『老乞大』, 『朴通事』의 언해본보다도 훨씬 빠르다. 아마도 최초의 역학 언해서가 될 것이다. 그것은 어떻든 이들 두 책이 우리나라에서 이루어진 『동자습』의 간본이다. 이들 중의 하나가 앞의 기록에 나오는 '동자습'이다. 언해본인 『직해동자습언해』는 다른 언해본과 마찬가지로 참고서의 성격을 가지는 점에서 한글 창제와 상관 없이 기록의 책은 『직해동자습』을 가리킨 것이 아닐까 한다.

그러면 우리의 『동자습구결』은 언제 기록으로 나타날까. 이인영(1968: 39)에 지적된 바와 같이 1585년(선조 18)의 許葑 續撰本인 『攷事撮要』 「八道程途」에서 黃海道 瑞興 歸眞寺와 慶尙道 寧海에 수록된 '童子習'이 그 예로 보인다. 이 책판목록에서는 서명에 '諺解, 口訣'을 붙이지 않음이 보통일 뿐 아니라 吏文 학습서와 譯學書인 『직해동자습』이나 그 언해본이 사찰이나 지방의 관아에서 간행되지는 않았을 것이기 때문이다. 중국 원전의 覆刻일 수도 있으나, 현재 전하는 『동자습』이 모두 한글로 구결을 단 책이므로 『동자습구결』의 책판으로 생각함이 온당할 것이다. 그러므로 『동자습구결』은 16세기 후반의 이 기록에 처음으로 나타난다고 하겠다. 그런데 이들 책판은 그보다 앞서 校書館과 같은 중앙의 관아에서 간행된 책을 복각하였을 가능성이 크다. 그 원간본은 이 기록보다 앞서 간행되었다고 생각되는 것이다. 구결이 없는 원전은 당연히 『동자습구결』보다 앞서 간행되었겠지만, 유감스럽게도 『직해동자습』이나 『직해동자습언해』와 함께 실책이 전하지 않는다. 이에 우리나라에서 간행된 『동자습』은 『동자습구결』 외에 중국본과 같이 고전한문으로 된 『동자습』, 그 책을 우리나라에서 백화문으로 번역한 『직해동자습』, 다시 그 책을 한글로 언해한 『직해동자습언해』의 세 책이 존재한 셈이다.

Ⅲ. 『동자습구결』의 異本과 성암본

이미 위에서 말한 바와 같이 성암본 외에 현재까지 실책이 전하는 『동자습구결』의 이본은 세 종류가 있다. 그 밖의 한 이본은 書目으로만 알려져 있다. 그러므로 네 이본의 존재가 알려져 온 것이다. 여기에 성암본이 추가되어 모두 다섯 이본이 된다. 설명의 편의를 위하여 먼저 이미 알려진 이본부터 설명한 뒤에 성암본에 대하여 자세히 설명하기로 한다.

(1) 일사본

규장각 소장으로 다른 傳本이 없다. 책의 앞과 뒤가 떨어져 나간 낙장본이다. 따라서 刊記가 있었다 하더라도 볼 수 없어서 간행에 관한 정보를 얻지 못한다. 판식은 사주단변에 有界 9행 17자로 口訣은 쌍행이다(<사진 1> 참조). 판심은 黑口에 上下 內向黑魚尾, 또는 二紋魚尾로 되었는데, 흑구와 흑어미 안에 '上, 좀' 등의 白文이 있다. 지방판에서 흔히 보이는 바와 같이 刻手의 이름을 줄여 쓴 것으로 보인다. 그 白文이 간행에 관한 유력한 단서가 되지만, 간기를 가진 다른 간본에서 확인하지 못하였으므로 언제 어디서 간행하였는지 알 수 없다. 앞으로 같은 白文이 다른 간본에서 발견되기를 기대할 뿐이다. 이 책의 구결 표기는 모두 근대국어를 반영하고 있다. 구결의 표기에 ㅿ, ㆁ이 쓰이지 않았던 것이다. 이 책은 후쇄본이나 판각은 17세기거나 늦어도 18세기로 추정되는데, 활자본 구체적으로 말하면 을해자본을 복각한 것으로 보이게 한다. 覆刻의 底本인 을해자본은 임진란 전의 교서관 간행의 관판본으로 추정된다. 자음 명사 뒤에 조사 'ᄂᆞᆫ'을 연결한 중철의 예인 '一人ᄂᆞᆫ(4예 모두 같음, 일사본 하, 2b)'은 16세기 저본의 표기를 그대로 복각한 결과로 생각된다. 한편 복각 당시의 어형인 '人不得取라 ᄒᆞ엿써라'(상, 17a, ~라 ᄒᆞ엿더라 방각본 12a, ~라 ᄒᆞ니라 성암본 17a)와 같은 구결이 나타난다.

(2) 오구라[小倉]본

小倉進平의 舊藏本으로 현재 동경대학 문학부 언어학연구실 소장인데, 권상 1책만 전한다. 권하가 없는 책이므로 간기가 있었다 하더라도 볼 수 없게

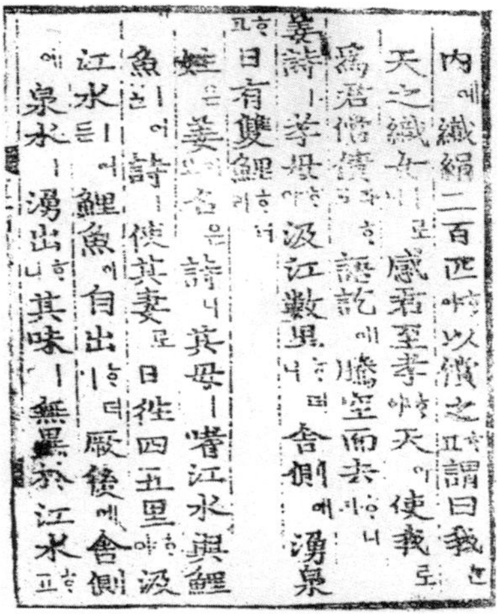

<사진 1> 일사본 권상, 18a

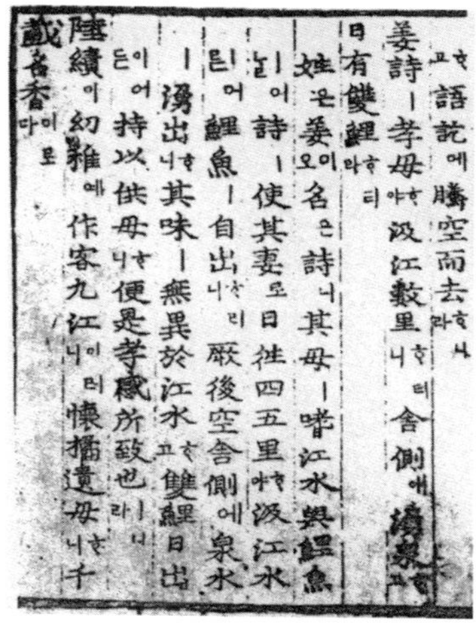

<사진 2> 小倉本 권상(張次 미상)

되었다. 일찍이 小倉進平(1940: 198-199)에 書影과 함께 간략하게 소개되었고, 형태 서지에 관하여는 福井 玲(2002: 144)에 기술되어 있다.[2)] 사주단변에 유계 10행 18자이며, 구결은 쌍행이다(<사진 2> 참조). 판심은 주로 上下內向三紋魚尾로 되어 있다. 書影으로 보아서는 판각이 매우 정교한 편이어서 임진란 후의 목판본으로는 가장 좋은 책이다. 17, 18세기의 관판본으로 추정된다.

(3) 방각본

가장 널리 유포되어 많은 傳本이 있다. 다른 책이 모두 上, 下로 分卷이 되었으나, 一, 二로 분권이 되어 있다. 사주단변에 유계 10행 21자에 구결은 쌍행이다(<사진 3> 참조). 판심은 上 下向 二紋魚尾 또는 黑魚尾이고, 書名 '童子習'과 卷, 張次가 있다. 內容은「童子習序」,「童子習目錄」과 본문에 이어 부록으로 '附勸學文'이라 하여「眞宗皇帝勸學文」,「仁宗皇帝勸學文」등 8편의 권학문이 수록되어 있다. 다른 이본과 마찬가지로 간기가 없으나, 본문 권1의 권두에 '田以采/ 朴致維梓'(장1a, 제1, 2행 아래)이라 있다. 송일기(2000)

2) 여기에서 행하는 형태 서지에 관한 기술은 小倉進平(1940: 198)의 書影과 福井 玲(2002: 144)에 의한다.

<사진 3> 방각본 권1, 13a

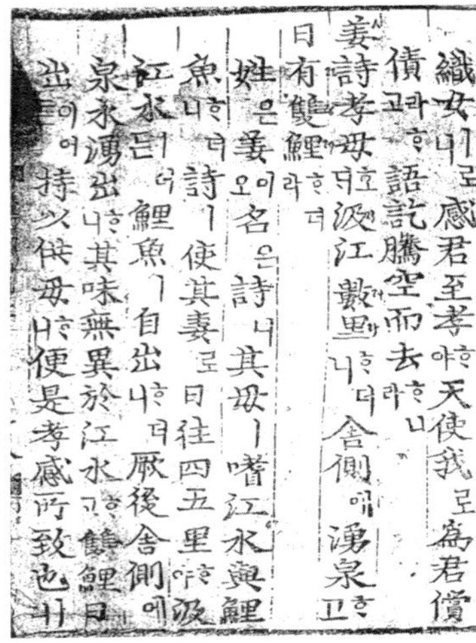

<사진 4> 성암본 권상, 18a

에 의하면, 전이채와 박치유는 1796년(정조 20)에서 1806년(순조 6) 사이의 10여 년 동안 전라도 태인에서 13종의 坊刻本을 간행하였다. 이 책에는 유일하게 간년이 밝혀져 있지 않으나 같은 무렵의 간행으로 추정된다. 당시의 국어를 반영하는 'ᄒᆞ여(<ᄒᆞ야, 상 9a), 이여늘(<이어늘, 상 9b), 이여다(<이어다, 하 13b), 蔡요(<오, 상 12b)' 등이 나타나기 때문이다.

(4) 청분실 구장본

현재 소재가 미상인 淸芬室 李仁榮 교수 舊藏本이다. 앞에서 書目으로 알려진 이본이라 한 임진란 전의 목판본으로 이인영(1968: 38-39)에 비교적 자세한 서지사항이 기술되어 있다. 여기의 설명도 전적으로 그에 의한 것이다. 이인영(1968: 38)의 標題는 '童子習懸吐'로 되었으나, 같은 口訣本인 『禮記集說大全懸吐』, 『小學集說懸吐』 등이 이인영(1968: 36)에 표제로 올린 점에서 『童子習口訣』의 다른 書名이다. 거기에서는 明宣間(1546~1607)의 목판본이라 하였는데, 이 책이 권1 「壬辰以前 刻本及鈔本」에 수록된 점으로 미루어서 이인영 교수는 임진란 전의 간행으로 판정한 것이다. 권수에 서문이 있은 뒤에 상, 하 2권의 본문이 실려서 다른 이본과 같은 체재다. 판식은 사주쌍변에 유계 10행 20자 구결 쌍행이며, 黑口가 있다. 흑구본인 사실에서 늦어도 16

세기 후반에는 간행되었다고 추정된다. 책의 소재가 미상이어서 구결을 볼 수 없음이 아쉽다. 앞의 세 이본과 달리 중세국어 시기에 이 책의 간행을 알려준 소득만 있었던 것이다.

(5) 성암본

誠庵古書博物館 소장의 목판본이다. 卷首에 「童子習序」와 목록이 있고 이어 상, 하 2권의 본문이 있는 체재는 다른 이본과 같다. 판식은 사주단변에 유계 9행 17자 구결 쌍행이다(<사진 4> 참조). 판심은 黑口에 上下 內向黑魚尾로 되고 魚尾 사이에 書名과 卷, 張次가 표시되었다. 行格이 을해자본의 복각이라 한 일사본과 같이 9행 17자인 사실이 주목된다. 이러한 판식과 넓은 발무늬의 冊紙로 16세기 전반의 간본으로 판정된다. 다만 발무늬가 冊紙의 가로로 나타남이 특이하나, 이는 印出에서 일어난 실수일 것이다. 뒤에 설명할 구결 자료의 성격으로도 간년에 대한 이 추정은 뒷받침된다, 다른 이본과 같이 성암본에도 간기가 없으나, 底本이 된 중국본의 간기가 서문이 끝난 다음 행에 '歲在旃蒙作噩(乙酉의 古甲子) 仲秋月(8월) 尙氏善慶書堂刊'이라 있다. 明나라 善慶書堂이란 서점의 尙氏가 출판한 방각본이 성암본의 저본이 된 것이 드러난다. 그러나 이것으로는 저본이 바로 그 방각본인지, 우리나라에서 그 방각본을 복각한 책인지 알지 못한다. 성암본이 그 방각본 계통임을 말할 뿐이다. 그런데 원간기의 乙酉年은 중국의 원간본이 지방에서 간행된 이듬해인 1405년이 아닐까 한다. 『동자습』이 위에서 설명한 바와 같이 15세기 30년대의 取才에서 사용될 정도로 우리나라에서 상당히 보급되었다고 생각되기 때문이다.

성암본은 책의 裝訂이나 본체가 영인으로 보면 보존이 잘 된 책으로 생각되게 한다. 그러나 장정은 옛 表紙를 이용하여 근자에 改裝된 것이다. 본체도 서문과 권상 1~7과 권하 27은 印面에 상당한 마모가 있어서 배접하고 일부 글자를 補寫하여 겨우 온전하게 하였다. 그 밖에도 마모로 인면에 글자가 없거나, 아예 인쇄되지 않아서 보사된 곳이 더러 있다. 그러한 곳을 보이면 다음과 같다. 인면의 마모로 보사한 것에는 ( ), 원래 白紙로 된 곳에 보사한 것은 [ ], 마모나 원래 백지인데도 보사하지 않고 둔 것은 후대의 이본을 참고하여 해당 글자를 { } 안에 표기한다.

父母之道ㅣ니(라)(상, 1a8)
欣然(以)興ᄒᆞ(야) (我)盥(我漱하며('ᄒᆞ며'의 잘못) 我)(상, 1a9)
乃洒(乃)掃호ᄃᆡ(상, 1b4)
或洒或殽{ㅣ어나}(상, 2a7)
進而{敬}揖(상, 2a9)
{至}老孝誠ᄒᆞ면(상, 11b)
莫不畢給{ᄒᆞ니라}(상, 20b9)
作脯ᄒᆞ라ᄒᆞ고 {讀書}(하, 5a7)
兄疾이 (旣瘥)(하, 5a9)
先以{疫}疾(하, 5b2)
癘 {氣ㅣ 方熾}(하, 5b3)
袞{이 獨留}不去(하, 5b4)
十餘旬{而}兄疾이 {得}瘥(하, 5b5)
其名顯於天下也{ㅣ}(하, 7a2)
{君子}之風(하, 25b9)
以{候}進之(하, 26b1)

그 밖에 이 책의 행간이나 난외에는 붓(아주 드물게 펜이나 연필)으로 기입한 것이 더러 있다. 예컨대 목록의 '事親, 孝感, 事長' 등 아래에 '第一, 二, 三' 등과 본문의 난상에 '事親, 孝感, 事長' 등의 篇名. 이들은 舊소장자가 책을 읽는 데 편의를 주기 위하여 한 것이다. 그 밖의 것은 初學者가 읽으면서 기입한 것이다. 모두 무시하여도 무방하여 일일이 밝히지 않는다.

이 책에는 다음과 같이 誤字가 나타난다. 뒤에 이본의 해당 부분을 대조하여 보인다.

父再娶ᄒᆞ야 生二子ㅣ라니(當作 ㅣ러니. 상, 15a): ~二子ᄒᆞ니(일사본 15a), ~二子ᄒᆞ다(방각본 11a)

爲親負米ㄴ롤(當作 ㄴ돌) 何可得也ㅣ리오 ᄒᆞ니(상, 15-16): ~負米ㄴ돌~(일사본 16a, 방각본 11b)

願以身로(當作 으로) 代其死ᄒᆞ며(상, 20b. 일사본 20b): ~身로~死ᄒᆞ여(방각본 14b)

語言를 必愼ᄒᆞ며(當作 을. 하, 13a): 語言롤~(일사본 13a), 語言을~(방각본 9b)

柳播相易ᄒᆞᄂᆞᆫ니(當作 ᄒᆞᄂᆞ니. 하, 25a): ~相易ᄒᆞ니라(방각본 17-18)

Ⅳ. 성암본의 구결 자료

『동자습구결』은 그 口訣이 국어사 자료가 된다. 그러므로 구결의 특징이나 연대가 문제된다. 결론적으로 말하면, 성암본의 구결은 중세국어 시기인 15세기 후반에서 16세기 전반의 국어를 반영한다. 물론 그 구결은 구결과 그 표기의 보수성으로 후대의 이본에서도 대부분 그대로 나타나지만, 다음과 같이 ㅿ, ㆁ의 글자와 존칭 속격 'ㅅ'과 선어말어미 '-오/우-' 등의 정확한 사용은 이 책의 특징이라 할 사실이다. 그것을 아래에 제시한다. 국어사 자료로서의 이 책의 가치를 말하는 사실이다. 뒤에 후대 이본들의 해당 표기를 대조한다.

〔ㅿ의 예〕
無一毫不盡處ㅣ라ᅀᅡ(상, 1a): ~ㅣ라사(방각본 1a)
然後에ᅀᅡ(상, 3a, 25a): ~에야(일사본 25a), ~에사(방각본 2b, 18a)
如此然後에ᅀᅡ(하, 1b, 2a): ~에야(일사본 1b, 2a), ~에사(방각본 1a, 1b)
候侍如疾이라ᅀᅡ(상, 7b): ~이라사(방각본 5b)
如疾病時이라ᅀᅡ(상, 8a): ~이라사(일사본 8a, 빙각본 6a)
長者旣行이어ᅀᅡ(상, 24b): 長者ㅣ~이어사(일사본 25a, 방각본 17b)

〔ㆁ의 예〕
請以遺之ᄒᆞᇰ노이다(상, 14b): ~ᄒᆞᇰ노이다(일사본 14b, 방각본 10b)

속격 'ㅅ'은 후대의 이본에서는 완전히 삭제되어 있다. 어미 '-오/우-'(동명사 '-옴/움-' 포함)가 성암본에서는 15세기 후반의 용법으로 정확하게 사용되어 있다. 그러나 성암본에서도 참고로, 곧 cf.로 보인 예와 같이 다른 구결로 바뀌어 '-오/우-'가 나타나지 않는 예가 있다. 이는 구결을 이본과 같이 '是以로 泣ᄒᆞᇰ노이다'로 하지 않고 원문에 더 충실하게 '是以泣이라'고 한 데 말미암은 것으로 생각된다. '-오/우-'는 이본에서도 구결의 보수성으로 대체로 유지되나 드물게 구결 전체를 다른 구결로 바꾸거나 아예 삭제한 예가 있다. 이들 삭제는 앞의 속격과 같이 문법 형태의 변화를 나타내는 사실로 보인다.

[조사 'ㅅ'의 예]

孔子ㅅ 弟子(상, 14b, 15a, 15b 등): 孔子弟子(일사본 14b, 15a, 15b 등, 방각본 10b, 11a 등)

我之父母ㅅ 一箇血脈(하, 1a): ~父母一箇~(일사본 1a, 방각본 1a)

[어미 '-오/우-'의 예]

公이 問之ᄒᆞ야시ᄂᆞᆯ 對曰小人有母호니 未嘗君之羹이라 請以遺之ᄒᆞ노이다(상,14b): ~問之ᄒᆞ야ᄂᆞᆯ~有母ᄒᆞ니~遺之ᄒᆞ노이다(일사본 14b, 방각본 10)

cf. 瑜曰~是以泣이라 ᄒᆞ니(상, 19b): 是以로~泣ᄒᆞ노이다 ᄒᆞ니(일사본 19b, 방각본 14a)

謂曰我ᄂᆞᆫ 天之織女ㅣ로니(상, 17-18, 일사본 18a, 방각본 13a)

朝於王季홀 日三ᄒᆞ더시니(상, 13b): ~王季日三ᄒᆞ더시니(일사본 13b, 방각본 9b)

親自扶持홀 十餘旬(하, 5b, 일사본 5b, 방각본 4b)

勤守不犯호미 亦是孝親之道ㅣ니라(상, 11b): ~不犯이~(일사본 11b, 방각본 8a)

이 밖에 형식명사 'ᄉᆞ'의 주격형 '홀시'가 있다. 15세기 후반의 어형이다. 유일한 예지만 성암본의 구결 자료가 매우 앞선 시기의 국어를 반영하는 것이다. 이본에서는 모두 주격조사 '이'로 바뀌었다.

勤遵行之홀시 亦曰孝理니라(상, 11b): ~行之이~(일사본 11b), ~行之ㅣ~(8a)

성암본에서 보는 구결의 한 특징은 다른 후대의 이본에서는 'ᄒᆞ더라, ᄒᆞ니라'로 된 文末 구결이 'ᄒᆞ다'로 나타나는 사실이다. 이는 그 서술을 강조하는 기능을 보이는 것이 아닌가 한다.

其孝ㅣ 如此ᄒᆞ다(상, 16a): ~如此ᄒᆞ더라(일사본 16a), ~如此ᄒᆞ니라(방각본 11b)

其孝感이 如此ᄒᆞ다(상, 16a): ~如此ᄒᆞ더라(일사본 16a), ~如此ᄒᆞ니라(방각본 11b)

巨埋其兒ᄒᆞ다가 得金一釜ᄒᆞ다(상, 16b): ~一釜ᄒᆞ니라(일사본 16b, 방각본 12a)

구결의 보수성으로 이본에서도 그대로 답습되지만 중세국어의 모습을 보이는 예가 있다. 예컨대 '-이어시든, -더시다'와 같이 존경법 접미사 '-시-'의 통합 순위가 언제나 '-거/어-, -더-'에 뒤진다든지, '大抵(大凡)ᄒᆞᆫ디'와 같은 특이한 구결이 그것이다. 앞의 '-오/우-'와 같이 이 구결도 성암본에서만 삭제한 예가 있다. 여기서는 후자의 예만 드는데, 'ᄒᆞᆫ디'를 삭제한 예도 함께 들어서 참고하게 한다.

大凡ᄒᆞᆫ디 灑掃ㅣ 亦有其法ᄒᆞ니(하, 7a, 일사본 7b, 방각본 5b)
大凡ᄒᆞᆫ디 人之容貌動靜이(하, 13a, 일사본 13b, 방각본 9b)
大抵ᄒᆞᆫ디 不可造妄誕之言이며 亦不可增減人言이니(하, 9b, 일사본 10a, 방각본 7a)
大抵ᄒᆞᆫ디 衣服은 但要蔽身而已라(하, 12a, 일사본 12a, 방각본 8b)
cf. 大抵男子ㅣ 二十而加冠ᄒᆞ며(하, 23a): 大抵ᄒᆞᆫ디 男子ㅣ~(일사본 23a, 방각본 16a)
大抵於人에 父母ㅣ 最大ᄒᆞ니(상, 1a, 방각본 1a)
大抵於人에 父母ㅣ 爲大(상, 23a, 일사본 23a, 방각본 16b)

이상이 성암본의 구결과 그 표기가 보이는 특징이다. 일반적인 구결 자료의 단순성으로 말미암아 다양한 언어사실의 파악에는 한계가 있음을 느낀다. 그러나 조사 'ㅅ'과 구결 'ᄒᆞᆯ시'의 예는 귀중한 자료로 이용되리라 믿는다. 국어사 자료로서의 성암본의 가치를 말하는 사실이기 때문이다.

Ⅴ. 맺음말

여기에서 다룬『동자습구결』은 蒙求書의 하나이다. 우리나라는 일찍부터 어린아이를 가르치기 위한 이들 몽구서를 편찬하여 간행하였다. 너무나 유명한『千字文』,『類合』을 비롯하여『訓蒙字會』,『新增類合』과 같은 한자 학습서가 있고, 기본적인 생활 규범이나 역사 지식을 가르치는『童蒙須知口訣』,『童蒙先習』이 있었다.『동자습구결』은 후자와 같은 성격의 몽구서이다. 그런데 이들 책에는 한글을 사용하여 音訓을 보이거나 한글이나 이두를 사용하여 句讀에 구결을 달아서 어린아이들이 학습하기에 편리하도록 하였다. 한자 학습서에는 한자마다 그 이름인 音訓이 한글로 달려 있다.『동몽수지구결』과『동몽선습』에는 이두로 된 구결이 있고『동자습구결』에는 한글로 된 구결이 달려 있다. 많은 구결서와 언해서가 한문 원전의 이해와 학습에 큰 편의를 준 것과 똑같은 취지에 말미암는다.

오늘날 이들 구결서와 언해서가 국어사 자료로서 크게 이용되는 사실은 두말할 것이 없다. 한글과 이두로 표기된 자료는 당시의 국어를 반영하기 때문이다. 그런데 이들 책들이 원간본이 아니라 썩 後代의 간본일 경우에는 거기에 표기된 자료의 연대를 어떻게 다룰 것인가 하는 문제가 제기된다. 원간본 당시의 국어와 중간될 당시의 국어가 뒤섞여 있기 때문이다. 여기에서 원간본이 없을 경우에는 되도록 원간본에 가까운 간본을 찾게 되는 것이다. 『동자습구결』의 경우가 바로 그러한 예였다. 지금까지 학계에 實冊이 알려진 그 異本은 모두 근대국어 시기의 간본이었다. 그런데 성암본은 늦어도 16세기 전반에 간행된 것으로 추정될 뿐 아니라, 앞에서 본 바와 같이 한글 구결의 특징이 그 간년의 추정을 뒷받침하고 있다. 우리가 이 책을 높이 평가하는 근거인 것이다. 아무쪼록 이 책이 국어사 연구에 널리 이용되기를 바라면서 이 글을 마친다.

제21장 『陰德記』의 「高麗詞之事」
-임진란 때의 假名 표기 국어 자료-

Ⅰ.

우리나라와 일본은 서로 상대방의 역사와 문화에 대한 기록을 일찍부터 갖고 있다. 언어에 대한 경우도 예외가 아니다. 일본어의 기록이 우리나라의 史籍과 倭學書에 있는 데 대하여, 국어의 고유명사와 일반 어휘가 일본의 史書인 『日本書紀』 등에 단편적으로 전하며, 근대 이후로는 국어의 어휘가 일본인에 의하여 수집되어 『和漢三才圖會』, 『朝鮮物語』 등에 실려 있다. 『三才圖會』의 「朝鮮國語」(권13), 『朝鮮物語』의 「朝鮮의 國語」(권5)는 18세기 국어의 어휘집인데, 이른바 된시옷과 관련하여 '地, 帶'의 표기로써 널리 알려진 자료다. 그러나 이들보다 앞선 시기의 어휘집은 아직 학계에서 거론된 일이 없다. 전후 7년에 걸쳐 온 나라를 휩쓴 임진란을 겪었는데도 그러한 자료가 없는 것이다. 당시의 왜병에 의한 편지와 문서 등에서 고유명사, 특히 地名의 예만 알려졌을 뿐이다. 그런데 근년 일본에서 당시의 어휘집이 발굴되어 공개된 것은 결코 우연이 아니다. 필자는 최근 동경외대 菅野裕臣 교수의 호의로 그것을 알게 되었다. 菅野 교수에게 깊은 사의를 표하면서, 이를 국내에 소개하고자 한다.

문제의 자료는 山口縣 文書館에 소장된 三卿傳編纂所史料本인 『陰德記』에 실린 「高麗詞之事」란 어휘집이다. 모두 368항에 걸쳐 일본어의 단어 또는 문장을 먼저 보인 다음, 그에 대응하는 국어를 片假名으로 표기한 것이다. 그 책은 이미 1972년에 松田修, 笹川祥生 공편으로 『陰德太平記』(臨川書店 발행)란 서명으로 간행되었고, 그 중의 「高麗詞之事」는 布田敏雄(1984)에서 다루어진 바 있다. 여기서는 菅野 교수가 보내준 후자의 글에 실린 「高麗詞之事」를 중심으로 소개하려 한다. 그 글은 語學者에 의한 것이 아닌 데다가 왜병의 잔학한 행위에 초점을 두었기 때문에, 국어를 전사한 假名에 상당한 잘못이 있는 듯하다. 그러한 잘못된 자료는 이 소개에서는 제외된 것임을 밝혀 둔다.

Ⅱ.

자료는 음운, 형태, 어휘 등 여러 측면에서 논의될 수 있다. 지면의 제약이 있으므로 음운론적인 특징에 국한하여 자료가 보이는 국어의 성격을 살펴보기로 한다.

첫째, 이른바 ㅂ불규칙 활용이 모두 규칙 활용을 보이고 있다(假名을 특별히 밝힐 경우에는 현대의 로마자 표기로 하고, 그 밖의 경우에는 한글로 옮긴다. 숫자는 항목의 번호이다). 예컨대, 고블가(麗, 130, 209) 고븐(252), 치븐가(寒, 158), 붓그로바(恥, 213), 더븐가(署, 227), 무서블가(恐, 229), 앗가브니(惜, 329) 앗가븐(330) 등.

둘째, 중세어의 ㅿ이 ㅅ으로 나타난 단어가 있다. 예, 마슨 날(四十日, 309). 그러나 마음씨가 나쁘다는 말이 '모우미 아닛고블가'(209)로 표기되어 있으므로, '모숨'(心)에서는 ㅅ이 나타나지 않는다.

셋째, 받침의 ㅅ, ㄷ이 假名의 su, tsu로 구별되어 표기된다. 예컨대, 싯거(洗, 122), 옷(衣, 159), 갇(笠, 79), 솓(鍋, 99) 등. 그러나 '닫새'(五日, 301)의 예외가 있다.

넷째, 된시옷이 su로 표기되어 있다. 예컨대, sutari(女子, 13), sutei(帶, 84), sukoru(蜜, 101) 등. 된시옷은 글자대로 假名으로 옮긴 것인 듯하나, 된소리를 평음과 표기에서 구별하기 위한 기교일 수도 있다.

다섯째, 이른바 아래아가 a, o 등으로 표기되어 있다. 예컨대, 사루미(人, 17, 192 등) 사리미(177), 할가(爲, 250, 251 등), 노리오라(下降, 178, 179), 돋가라(走, 189) 등. 특히 양순음 뒤에서의 o는 주목할 만하다. 예, 모론 고기(干魚 66), 몰(馬 182, 197) 등.

여섯째, 이중모음의 존재를 말하는 표기가 나타난다. 예컨대, 샹감(王, 1), 쇼(牛, 174), 괴(猫, 45), 쥐(鼠, 46), 가마귀(鴉, 47) 등.

일곱째, h-구개음화를 보인다. 예, 성(兄, 14), 세(舌, 26), 쇼근(小, 73), 속

다 · 쇼근(167). 假名에서 '디, 지'가 구별되지 않으므로 현대어 '좋다, 저리'의 제1음절이 같은 표기인 tsiyo로 되어 있다. 이 시기의 한글 자료에 비추어서 h-구개음화가 일어난 방언이라면 t 구개음화는 당연히 일어났으리라 추정된다. 그러나 k-구개음화와 i, y 앞에서의 n-탈락은 일어나지 않은 듯하다. 제1음절에서의 ki, ni는 엄격하게 표기되기 때문이다.

Ⅲ.

이상이 「高麗詞之事」란 어휘집의 국어 자료가 보이는 음운론적인 특징이다. 이로써 여기의 국어 어휘가 어떤 방언을 배경으로 하는가를 추정할 수 있다. 한마디로 말하여 동남방언, 곧 경상도의 어떤 방언을 채록한 것으로 보인다. 이 자료가 원래 毛利軍의 휘하에서 만들어진 것(布田敏雄 1984)이라면, 이 추정은 毛利軍의 주둔지와도 합치된다. 다음으로 채록의 방법이 문제되는데, 어휘집 끝에 있는 識語에 따르면 직접 듣고 표기한 듯하나 위에서 본 된시옷과 이중모음 등의 표기를 고려하면 한글로 표기된 방언 자료를 假名으로 옮긴 것으로도 보이게 한다. 이러한 추정은 앞으로 좀 더 검토되어야 할 것이다. 이와 함께, 여기에서 논외로 돌린 자료의 誤字도 原典부터 유래된 것인지 인쇄 과정에서 일어난 것인지도 밝혀야 할 과제다. 이를 위하여는 이미 간행된 『陰德太平記』는 물론이고, 자료의 원전을 실사하는 작업을 바탕으로 한 본격적인 연구가 요청된다. 이 글은 그러한 연구의 계기가 되었으면 하는 바람도 갖고 있다. 그러나 이 글의 소개만으로도 이 어휘집이 국어사 연구에서 갖는 가치는 충분히 드러났으리라 생각된다.

제22장 원본『靑丘永言』

Ⅰ.

南坡 金天澤이 편찬한『청구영언』은 현존하는 최초의 時調集이다. 다른 시조집과 마찬가지로 20세기에 들어서 活版으로 간행되기 이전에는 모두 寫本으로 전래되었기 때문에 내용이 크게 다른 異本들이 알려져 있다. 그 이본들 중에서 稿本으로 알려진 책이 여기 영인하는 이른바 珍本『청구영언』이다. 珍本이란 6.25 전에 서울의 한 중학교 교사인 吳璋煥 씨가 소장한 책을 底本으로 하여 朝鮮珍書刊行會에서 1948년 복제하여 간행한 활판본을 가리킨다. 진본은 珍藏의 책이란 뜻으로서 위 활판본의 방종현 선생 발문에 나타나는데, '진서간행회본'의 약칭으로도 이해되어 이미 학계에서 통용되고 있다. 그러나 활판본과 그 저본은 똑같지 않다. 우선 張次가 다르고, 활판본에는 誤字도 꽤 나타난다. 더욱이 활판본에서는 수록된 시조에 일련번호를 달고 저본에 빈칸으로 된 作者의 字號를 보충하기도 하였다. 그러므로 활판본은 진서간행회본이란 뜻으로 종래의 '진본'으로써 부르고, 그 저본은 이 영인본의 이름과 같이 '원본'『청구영언』이라 부르는 것이 좋을 듯하다. 오자가 있지만 원본의 마모된 부분의 판독이나 빈칸인 字號의 추정을 위하여는 진본에서 행해진 복원이 참고가 된다. 특히 시조의 일련번호는 여간 편리한 것이 아니다. 이에 원본과 함께 진본을 부록으로 영인하게 된 것이다.

Ⅱ.

원본『청구영언』은 현재 통문관 李謙魯 사장의 소장이다. 舊藏者인 오씨 집안에서 구입하였다고 한다. 먼저 책의 형태와 내용에 대하여 살펴봄으로써 영인본의 이용에 이바지하기로 하는데, 이에 대하여는 이미 방종현

(1948/1963: 366-369「靑丘永言跋」)과 방종현(1963: 360-365「靑丘永言」)에서 다루어져 있다. 특히 전자는 이 영인본의 부록에 실려 있으므로 함께 읽어주기 바란다.

원본은 70장으로 된 사본이다. 책의 크기는 세로 26.3㎝, 가로 17.8㎝다. 현재의 표지는 소장자인 이겸로 사장에 의하여 새로 손질되고, 표제의 '靑丘永言 單'과 목록 題簽 자리의 '南坡金天澤著'도 현 소장자에 의한 것이다. 珍本이 간행될 당시의 표지는 현재와 달랐겠는데, 方선생에 의하면 그때도 改裝의 표지라 한다. 다시 말하면 본문보다 후대에 된 것으로서, 표제에 '靑丘永言', 목록 제첨에 '列聖, 儒賢, 閭巷, 閨秀, 無名, 古調'라 쓰여 있고, 표제 아래에 '柳溪藏'이라 있었는데 柳溪가 누구의 호인지 모르나, 설사 알더라도 寫本의 성립보다 후대의 소장자이므로 큰 의미가 없다는 것이 方선생의 설명이다. 현재 앞표지와 본문 사이에 얇은 護紙가 있다. 원표지의 안쪽이 떨어져 나간 것으로 보인다. 거기에 본문과는 다른 글씨로 '靑丘永言'이라 쓰여 있으나, 이는 뒤에 말할, 본문에 나타나는 후대의 손질과 같은 것이다.

表紙를 제외한 책의 본문은 앞뒤의 序跋을 포함하여 거의 완전하게 보존되어 있다. 앞뒤 약간 장의 象鼻 부분이 마모되어 내용을 알 수 없는 곳이 있을 뿐이다. 그러나 마모된 부분은 진본에서 이미 행해진 바와 같이 異本이나 『海東歌謠』 등 다른 시조집으로써 복원이 가능하다. 이 책의 이용에 큰 문제는 없다.

본문에는 界線은 물론이고, 邊欄도 없다. 張次도 매겨지지 않았다. 행관은 1면 12행, 1행이 대체로 26자에서 28자이며 注雙行이다. 본문의 글씨는 영인으로 보는 바와 같이 한 사람의 達筆로 되고 글자의 誤脫이 거의 없다. 드물게 나타난 오자와 탈자는 周挾의 방법으로 수정하였다. 본문과 같은 필치이므로 그 校正은 책이 이루어진 때에 행해진 것임을 알 수 있다. 간혹 후대의 손질도 나타나는데, 필치가 전혀 다르다. 그러한 손질에는 잘못도 있으므로 주의를 요한다. 저명한 예가 '靑丘永言序'(1a)의 丘 옆에 획을 더하여 邱로 고친 것이다. 거기에 획을 더한 것과 같은 필치로 옆에 '靑邱永言序'라 쓰기까지 하였다. 이 잘못된 손질을 그대로 받아들여 원본의 書名을 '靑邱永言'이라 한 일(국학자료보존회 편, 1974: 253)은 주의를 소홀히 하여 생긴 큰 잘못이다.

校正과 후대의 손질은 필치가 다르므로 影印으로써도 어느 정도 구별된다. 그러나 원본에서는 분명히 드러나는 먹빛의 차이는 영인으로 판별되지 않는다. 이에 원본이 이루어진 때에 행해진 것으로 보이는 교정을 약간 예시하여 후대의 손질과 구별할 안목을 갖는 데 도움을 주고자 한다. 行間에 써 넣은 탈자는 ( ), 주위를 둘러쳐서 지운 오자는 [ ] 안에 써 보이면 다음과 같다. 숫자는 珍本에서 붙인 時調의 일련번호다.

每日에 오ᄂᆞᆯ(이)쇼셔 (No. 1)
뉘손ᄃᆡ 타낫관(ᄃᆡ) (No. 40)
돌보[져](고)져 ᄒᆞ노라 (No. 50)
고온 님 계(신) 고ᄃᆡ 가 (No. 69)

이 밖에 이미 쓴 글자를 긁어버리고 그 자리에 고쳐 쓴 글자도 있다. 이러한 교정도 본문과 같은 필치로써 원본이 이루어진 때에 행해진 것으로 보이나, 앞의 교정과는 달리 단순한 오자를 바로잡은 것이 아니다. 의도적인 改修로 생각되는데 우선 긁어서 지운 글자를 ( ) 안에 보이기로 한다.

閭巷六(七)人 (28b)
履叔(伯涵) (南坡時調序)

앞의 '閭巷六人'은 본래 '閭巷七人'으로 편찬하려다가 작가 한 사람을 제외한 데서 생긴 改修가 아닌가 한다. 이 책에 당시 南波와 함께 시조의 쌍벽을 이룬 老歌齋 金壽長의 작품이 실리지 않은 사실에 말미암은 결과인지 모른다. 뒤의 '履叔'은 그 序의 세 곳이 모두 고쳐 쓰였다. 序를 쓴 같은 黑窩 鄭來僑의 「靑丘永言序」에서는 伯涵이 고쳐지지 않은 채로 있고, 더구나 위의 時調序가 金生天澤歌譜序란 이름으로 흑와의 문집인 『浣巖集』(권4)에 실려 전하는데 다른 字句의 출입은 있으나 伯涵은 고쳐지지 않은 그대로 나타난다. 이로 보면 남파의 字가 백함으로 통용된 것은 분명하다. 남파 스스로는 또 하나의 字로서 履叔을 더 선호한 결과가 改修로 나타났다고 생각된다. 그러나 그 선호가 時調序에만 나타나고 책머리의 「靑丘永言序」에는 나타나지 않은 이유가 분명하지 않다. 이들 개수는 전문가의 검토가 있어야 할 것이다.

이 책에는 많은 藏書印이 있다. [通文/館](朱文方印), [李印/謙魯](白文朱方印), [山/氣](朱文方印) 등이 그것인데, 모두 현소장자의 것이다. 중요한 印記로 白文朱方印(3㎠)이 제1장 앞쪽 右下에 찍혀 있다. 印文은 희미하지만 '南坡/居士'로 판독된다. 방종현(1948)에서도 진본의 간행 때에 꼭 같은 판독이 있었음을 말하고 있다. 책 뒤의 編者 識記가 원본에서는 '南坡老圃識'라 되어 있으나 六堂本『청구영언』에서는 '南坡居士識'인 사실에서 위의 장서인은 남파 자신의 것임이 확인된다.

남파의 이 장서인과 위에 말한 교정, 그리고 뒤에 말할 잘 정비된 책의 체재와 내용에 의하여 원본은 남파의 '原稿本'(방종현, 1948) 또는 '稿本'(국학자료보존회편, 1974)으로 불리어져 왔다. 원고본이나 고본이 편저자가 손수 쓴 自筆本 곧 手稿本일 경우가 많으나, 제자나 다른 사람에 의한 他筆本일 수도 있다. 그러므로 이 원본은 편자인 남파의 手澤稿本이라 함이 온당하다. 남파의 글씨가 남아 있지 않은 현재로는 手稿本으로 판정할 근거가 없기 때문이다.

원본의 내용은 방종현(1948)에 이미 소개되어 있으나, 면수까지 밝히면 다음과 같다.

青丘永言序(戊申暮春上浣 黑窩)	1
初中大葉 · 二中大葉 · 三中大葉	2a
北殿 · 二北殿, 初數大葉	2b
麗末(6首)	3a-3b
本朝(203首)	3b-28a
列聖御製(5首)	28a-28b
閭巷六人(65首)	28b-35b
閨秀(5首)	35b-36a
年代欠考(3首)	36a-36b
無名氏(104首)	36b-45b
三數大葉(55首)	46a-50b
樂時調(10首)	51a-51b
將進酒辭(1首)	51b-52a
孟嘗君歌(1首)	52a-52b
蔓横淸類(116首)	53a-69b
(編者識記, 戊申夏五月旣望 南坡老圃)	70a

靑丘永言後跋(丁未季夏下澣 磨嶽老樵) 70a-70b

이 내용을 보면, 원본의 체재가 잘 정비된 것임을 알 수 있다. 다만, 「列聖御製」가 「閭巷六人」 앞으로 온 것은 表紙에 있었다는 목록 제첨과 어긋난다. 御製인 점에서는 당연히 목록 제첨과 같이 앞자리로 올려야 하지만 麗末과 本朝란 시대 구분으로는 「本朝」 앞으로 가야 하는데, 그럴 경우에는 「閭巷六人」 앞의 「麗末」과 「本朝」의 작가가 모두 儒賢인 점에서 그 사이에 끼울 수도 없기 때문에 일어난 잘못이 아닌가 한다. 이를 제외하면 나무랄 데 없는 체재인 것이다.

거기에 앞뒤의 序跋에는 명확한 年記가 있다. 干支의 丁未는 1727년(영조 3), 戊申은 그 이듬해이다. 그러므로 이 원본은 「後跋」에 의하여 1727년에는 일단 草稿가 완성되었으며 序와 編者 識記에 의하여 1728년(영조 4) 5월 중순에 이 책이 완성된 것이다. 다른 기록, 예컨대 朴氏本 『해동가요』의 「花史子序」에 의하면 남파는 그 뒤에도 『청구영언』의 修正을 계속한 듯하나, 이들 年記는 원본이 일단 1728년에 단락을 지은 사실은 움직일 수 없게 한다.

시조의 수록 방식은 작자, 시조, 출전의 序跋 순으로 하고, 작자에 대하여는 號 또는 姓名을 보인 다음에 姓名이나 字號, 官職과 謚號 등을 협주로써 부기하였다. 시조의 출전은 聾岩, 退溪, 松江 등의 시조로써 학계에 이미 정평이 나 있다. 작자의 배열은 연대순으로 되었으나, 無名氏의 경우는 戀君, 譴謫, 報效, 江湖 등 작품의 주제에 따라 배열하는 등 매우 용의주도한 바 있다.

요컨대 이 원본은 현재 가장 오래된 시조집일 뿐 아니라, 체재와 내용이 정비되고 보존 상태가 비교적 양호한 점 등으로 후대의 어떤 시조집보다도 훌륭한 것이다. 珍本으로 알려지기는 하였으나 이 影印으로 그러한 원본이 정확하게 알려지게 된 일은 학계를 위하여 다행한 일이다.

Ⅲ.

편자인 南坡는 老歌齋와 함께 18세기 전반기 時調歌壇의 쌍벽을 이룬 시조 작가이면서 시조집의 편자다. 그러나 그의 생몰 연대에 대한 확실한 기록이 없다. 박씨본 『해동가요』의 「花史子序」에 남파를 “自幼能誦詩三百 年六十

無少忘 非有聰明絶人 安能若是哉"라 하였는데, 序가 乙丑年 곧 1745년(영조 21) 仲春에 된 것이므로 1690년(숙종 16) 출생인 노가재보다 3년 정도 앞서 출생한 것으로 믿어져 왔다. 그런데 이 원본의 識記와 朱義植, 金聖器, 金裕器 등의 時調序가 '南坡老圃'로 된 사실이 주목된다. 우리나라나 중국에서 '老'는 적어도 50세가 될 경우에 사용될 수 있다. 1728년에 50세가 되려면 늦어도 1679년 출생이라야 한다. 늦추어 잡더라도 남파의 生年은 1680년 경으로 추정되는 것이다. 그리하여 위의 「花史子序」에 의하여 60세 이후까지 활약한 것으로 보인다.

시조와 관련되지 않는 경력은 『해동가요』의 作家諸氏에 의하여 오직 숙종 때 捕校로 있었음이 알려져 있다. 포교는 포도청의 종6품직인 捕盜部將이다. 光山金氏의 일부 집안에서 西浦 金萬重의 再從孫이라 하는 일이 있으나 동명 이인이라 생각된다. 서포의 재종손은 족보에 의하면 字가 和中, 號가 夢賢齋, 벼슬이 通正大夫 敦寧府都正으로 정3품 堂上官이므로 남파와 전혀 다른 字號와 신분인 것이다.

남파가 이 원본을 편찬한 동기와 경위는 따로 기록이 나타나지 않는다. 오직 원본에 실린 자신의 識記와 閭巷六人의 時調序에서 추측될 뿐이다. 동기는 識記에 짧지만 명확히 드러나 있다. 곧 文章과 詩律은 간행되어 영구히 보존되지만 時調는 한번 읊어지면 없어지기 때문에 麗末로부터 당시까지의 작품을 일일이 수집, 교정하여 널리 전하겠다는 것이다. 편찬의 경위는 漁隱 金聖器의 時調序에서 "余嘗癖於歌 裒集國朝以來名人里巷之作 獨漁隱金聖器之譜 往往傳誦 而知其全譜者鮮 故廣求而莫之得 心常恨焉"이라 하고, 金裕器의 時調序에서 "曾於丙申(1716, 숙종 42)間 余嘗造其門 叩其篋得一編 開卷而閱之 乃自家所爲新翻也"라 한 데서 책이 완성된 1728년보다 10여 년 앞선 시기부터 시조를 수집한 것으로 미루어 짐작된다. 朱義植과 金聖器의 時調序에는 이른바 敬亭山歌壇의 구성원인 卞文星과 金重昌의 협조가 그러한 수집에는 있었다. 그 밖에도 이 책에 수록된 聾巖, 退溪, 松江의 시조가 앞서 말한 바와 같이 뚜렷한 出典에서 수록된 점으로써도 편찬에 여간한 정성을 쏟은 것이 아님을 믿게 한다. 그러한 결실로써 이 原本은 훌륭한 시조집으로 편찬된 것이다.

[附記] 해제의 집필에는 본문에서 인용된 논저 이외에 정병욱(1977)과 권두환(1985)가 크게 참고되었다. 이에 적어서 깊은 사의를 표한다.

[편자 후기] 이 글은 『원본 청구영언』의 영인본 해제로 쓰여진 것이나, 어떤 사정이 있었는지 영인본은 간행되지 못한 것으로 보인다. 출판사에 보낸 원고의 복사본이 남아 있어 그것을 실었다.

제23장 『吏文』과 『吏文大師』를 다시 논함

Ⅰ. 머리말

일찍이 우리는 국어학계에서 정식으로 다루지 않았던 이두 문헌인 『吏文大師』를 내용까지 자세히 소개하고(안병희 1983a), 그 뒤에 비슷한 이두 문헌으로서 간년이 분명한 『吏文』을 소개하였다(안병희 1986b). 뒤에 이두의 학습서와 그 문헌을 종합적으로 개관한 한 편의 글과 위의 두 소개를 합쳐서 단행본으로 간행하였다(안병희 1987b). 이 단행본의 부록으로는 『이문』과 『이문대사』를 활판으로 하여 수록하였다(앞의 두 글은 안병희(1987b)로 인용한다). 그러나 이들 소개는 주도하지 못한 것이 있을 뿐 아니라, 잘못된 점도 없지 않았다. 보완과 수정은 두 이두 문헌을 처음으로 학계에 소개한 우리의 책무가 아닐 수 없다.

그런데 종래 행방을 모르던 洪淳赫 교수가 소장하던 『이문』을 실사하고 외솔 최현배 교수가 소장하던 『이문대사』의 내용도 살펴볼 기회를 갖게 되었다. 또 전혀 새로운 이본인 『이문대사』가 대구의 계명대도서관에 소장되어 있어서 간접으로나마 조사하였다. 거기에 덧붙여 대구의 한 수장가가 소장한 『이문』과 『이문대사』의 이본을 역시 간접으로 조사하였고, 서울의 阿丹文庫 소장의 『이문』도 실사하였다. 그리하여 『이문』 3책, 『이문대사』 4책을 새로 조사하게 된 것이다.[1] 이들 중에는 같은 계통의 異本도 있으나 전혀 독특한

1) 홍순혁 교수의 『이문』과 외솔본 『이문대사』의 필사본은 홍순혁(1947: 25-26)에서 간략하게 소개된 바 있다. 그러나 두 책의 행방은 전혀 모르고 있었는데, 韓泰東 교수께서 그 소장을 직접 알려주시고 실사의 기회와 복사물까지 손수 만들어 보내주시게 되어 비로소 조사하게 되었다. 한 교수는 홍순혁 교수의 서랑이시다. 전공은 다르지만 상해의 仁成학교에서 金科奉씨에게서 국어를 배운 일도 있어서 국어와 한글에 깊은 관심과 연구를 갖고 계셔서 고희를 훨씬 넘긴 연세이면서 『世宗代의 音聲學』(연세대 출판부, 1998)이란 큰 업적을 내놓으신 분이다. 생면

이본도 있다.

이에 우리는 이미 소개된 이두의 두 문헌을 다시 다루게 되었다. 새로 조사할 기회를 갖게 된 『이문』과 『이문대사』를 차례로 소개하면서, 우리가 행한 소개의 보완과 수정을 행하려고 한다. 그리하여 두 이두 문헌의 내용과 성격을 분명하고 정확하게 하여 이두의 연구, 나아가 국어사 연구에 이바지하려고 하는 것이다.

Ⅱ. 『吏文』의 이본

새로 조사한 『이문』은 홍순혁 교수의 동영문고 구장본2), 아단문고 소장본, 대구의 모씨 소장본의 세 책이다(앞으로 각각 동영본, 아단본, 대구본으로 줄여 부른다). 모두 1권 1책의 목판본이다. 차례로 설명한다.

(1) 동영본

동영본은 보존 상태가 아주 양호한 책으로 장1 앞면에 [東瀛/文庫](白文朱方印)란 장서인이 있다(<사진 1> 참조). 모두 17장으로, 크기가 세로 22.2㎝, 가로 14.3㎝의 자그마한 책이다. 우리 고서의 5침안정으로 장정되고, 표지에 '吏文 全'이라 묵서되어 있다. 판식은 사주단변으로 반곽의 크기가 세로 가로 16.1㎝, 11.8㎝이고, 유계 7행에 1행 16자가 보통이나 행에 따라서는 자수

이 없던 필자를 친히 부르셔서 두 책의 전래에 대한 소상한 설명과 함께 위에 말한 편의를 주셨다. 계명대 소장의 『이문대사』는 『계명대중앙도서관 고서목록』(1987)으로 알게 되어 그 대학 裵賢淑 교수에게 부탁하여 복사본을 얻게 되었다. 대구의 『이문』과 『이문대사』의 이본은 경북대 南權熙 교수의 복사본으로써 알게 되고 조사하였다. 아단문고 소장의 『이문』은 아단문화기획실의 하영휘 선생의 배려로 조사하고 복사본을 얻을 수 있었다. 이와 같이 우리의 조사는 위에 든 여러 분의 호의와 도움으로 가능하였다. 그분들이 아니었으면 이 조그만 글을 쓸 수도 없었을 것이다. 여기에 특별히 적어 깊은 사의를 표하고자 한다.

2) '東瀛文庫'는 그 책 권두의 장서인에 의한다. 『吏文襍例』를 다룬 홍 교수의 「吏文襍例小考」(『書物同好會會報』 17, 1942) 끝에 함흥의 '東瀛文庫書室'에서 썼다는 주기에도 나오는 동영문고는 홍 교수의 장서명이다. 다만 '瀛'자는 장서인과 주기에서 다같이 분명하게 판독되지 않으나, 연세대도서관 김상기 선생의 교시로 확인하였다. 깊은 사의를 표한다. 그런데 「이문잡례소고」는 일제의 강압으로 이른바 바뀐 성명인 '義山泰秀'로 발표되었으나, 홍순혁(1946: 35) 등에서 홍 교수 자신이 스스로 쓴 글임을 밝힌 바 있다.

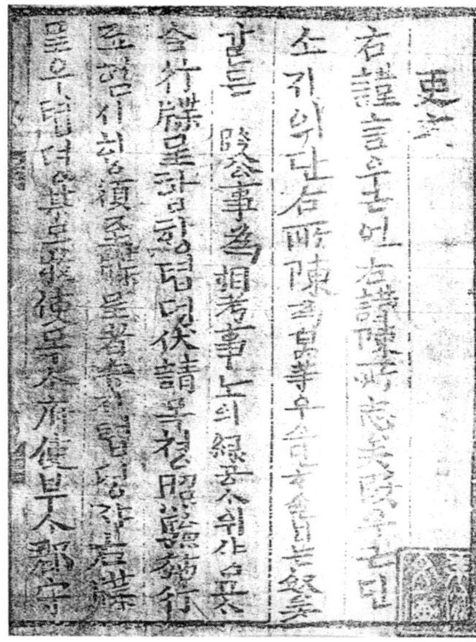

<사진 1> 동영본『이문』1a

에 상당한 드나듦이 있다. 판심은 백구인데 드물게 흑구(장5, 13, 16, 17)도 나타나며, 어미도 흑어미와 화문어미가 섞여 있다. 판심제도 통일성이 없어서 '吏文(장1, 3, 5, 10, 11, 12), 吏(장2, 9, 13, 15, 16), 文(장8)'의 3가지인데, 아예 없는 것(장4, 6, 7, 14, 17)도 있다. 장차 표시도 없는 것(장13)과 잘못되어 장12, 15에 '十, 十三'이 나타난다. 그리하여 장정에 장14, 15가 뒤바뀌게 된 것이다. 이러한 판식과 인면의 거칠고 세련되지 않은 판각으로 미루어서 이 책은 지방에서, 그것도 관판이 아니라 사사로이 출판한 것임이 분명하다.

그런데 책의 내용이나 行格이 동국대본『이문』에 완전히 일치한다. 곧 서명에 해당되는『이문』(1~11b3)은 이두로 된 문서에 사용되는 한자성어와 이두를 발췌하여 한글로 독법을 잇따라 표기하였다. 이어서 동양의 구구법, 곡식을 되는 단위, 육갑 등 이두 문서를 작성하고 이해하여야 되는 지방 서리에게 필요한 내용이 수록된다. 그러므로 이 책도 동국대본『이문』과 똑같이 지방 관아에서 문서를 다루는 서리가 이용할 학습서나 편람으로 편찬된 것이다.

이와 같이 동영본은 동국대본이나 그와 같은 계통의 책을 저본으로 하여 조잡하게 출판된 책이다. 판바탕인 책, 이른바 판하본을 만드는 과정과, 그것을 새기는 과정에서 상당한 잘못을 보이게 된 것이다. 이 잘못은 동영본과 같은 계통의 책을 찾아내는 단서가 된다. 이에 부록 부분을 제외하고 본문에 보이는 주요한 잘못을 들기로 한다. 뒤에 동국대본(안병희(1987b) 부록「이문」 참조)의 해당 부분을 대조하여 차이점이 드러나게 한다.

우소딘ᄒᆞᇒᄂᆡ든(1a3)[3] — 우소딘ᄒᆞᇒ갈든
奴矣갈든□X公事爲相考事노의緣공ᄉᆞ(1a3-4)[4] — 奴矣叚노의단爲相考事
夜間突人야간돌인(1b3-4) — 夜間突入야간돌입
別乎벼린(2a3) — 別乎벼림
是X이다(2a7-2b1) — 是如이다
報狀移文질잠리문(2b4) — 報狀移文보장이문
作弊援引決罪決杖(2b7) — 作弊援引작폐완인
爲白有昆ᄒᆞX잇곤(3b3-4) — 爲白有昆ᄒᆞᇒ잇곤
爲白置ᄒᆞᇒᄒᆞ有亦이시니여(3b4) — 爲白置有亦ᄒᆞᇒ두이시니여
符同怨吏부동완리(3b7-4a1) — 符同頑吏부동완리
년壯處女년장쳐녀(4b4-5) — 年壯處女년장쳐녀
次知並囚ᄎᆞ디슈금(4b6-7) — 次知並囚ᄎᆞ디굷슈
極爲問望(5a2) — 極爲悶望
易亦X答아ᄂᆞ혀ᄃᆡ담(5a7) — 易亦對答아ᄂᆞ혀ᄃᆡ답
誣飾欺X무식머앙(6b2-3) — 誣飾欺罔무식거망
揚臂極目양견극목(6b4) — 揚臂極目양비극목
□□□案乙良암슈X안으란(8a2-3) — 暗受立案암슈닙안으란
取納爻周爲白遣XXXᄒᆞᇒ고(8a2-3) — 取納爻周爲白遣취납효쥬ᄒᆞᇒ고
黃務伐民고무잔민(8a5) — 苦務殘民고무잔민
伺懷別定ᄉᆞ후별뎡(10a3-4) — 伺候別定ᄉᆞ후별뎡
論罪除良논죄이러(10b4) — 論罪除良논죄더러

이 밖에도 잘못된 곳이 적지 않으나, 이것만으로도 얼마나 거칠게 출판된 책인가를 알기에는 충분하리라 믿는다. 그런데 위의 예 가운데는 이 책의 출판에서는 『이문대사』(안병희(1987b) 부록 「이문대사」 참조)를 참고한 것으로 추정하게 하는 것이 있다. 곧 '奴矣갈든□公事爲相考事云云'(1a)의 '公事'는 '爲相考事'란 어구가 공문서의 허두임을 말하는데, 『이문대사』에서만 보이는 어구이다. 또 '우소딘ᄒᆞᇒᄂᆡ든'(1a)의 받침이 다른 'ㄼ'과 달리 'ㅂㄹ'로 나타나고, '爲白置ᄒᆞᇒᄒᆞ有亦이시니여'(3b)가 '爲白置有亦'인 동국대본이나 다른 『이문』과는 달리 分句된 것도 『이문대사』를 참고하여 고친 것으로 생각된다. 요컨대 이 책은 동국대본이거나 그 계통의 책을 저본으로 하였으나 사뭇 다르게

---

3) 이 'ᄒᆞᇒ'은 받침이 『이문대사』와 같이 'ㅂㄹ'로 되어 이 책의 다른 'ᄒᆞᇒ, ᄒᆞᇒ'과는 다르다.
4) 인용된 글에서의 □는 글자 1자의 空格을 말하고, X는 판독되지 않는 글자를 표시한다. 여기는 '叚'도 '望'도 아닌 글자가 있어서 X로 나타낸 것이다.

된 것이다.

그것은 국어사의 관점으로도 확인할 수 있다. 첫째로 동국대본에는 전혀 보이지 않는 구개음화가 이 책에는 반영되어 있다. 앞에 구개음화를 말하는 이 책의 예를 들고 뒤에 동국대본을 대조한다.

相考處置샹고쳐치(2b) – 샹고쳐티
的實爲白去等젹실ᄒᆞᄋᆞᆲ걷등(7a) – 뎍실ᄒᆞᄋᆞᆸ갈든
謀弄呈狀모롱졍장(9a) – 모롱뎡장

이와는 달리 구개음화가 되지 않은 어형도 이 책에 나타난다. 같은 한자의 예만 들면 다음과 같다.

置簿티부(2a), 牒呈텹뎡(1a)

다음으로 모음 ‘ㅡ’가 ‘ㅓ’로 표기된 예가 있다.

乙仍于지절우(6a) – 지즐우

이들 구개음화와 모음 표기는 이 책에 반영된 방언이 남부방언이거나 동북방언임을 말한다. 따라서 이 동영본은 경상, 전라, 함경도의 한 고을에서 간행되었다고 추정된다. 이에 반하여 동국대본은 구개음화를 경험하지 않은 그 밖의 한 고을에서 간행된 것이라 하겠다.

(2) 아단본

아단본은 현재 16장뿐이다(<사진 2> 참조). 1장이 없기 때문이다. 책 크기는 세로 21.2㎝, 가로 15.3㎝로 동영본과 비슷하다. 원표지 위에 새 표지를 덧씌워 4침안정으로 개장되어 있다. 원표지에는 ‘吏文 卷’이란 묵서로 된 표제가 있다.

판식은 동영본과 완전히 일치하고, 판각까지 똑같다. 복본이라고 할 책이다. 상대적으로 印面이 선명하여 아단본이 초쇄에 가까운 것으로 보인다. 반곽의 세로가 16.5㎝로 약간 크다. 목판본이 뒤에 인출될수록 반곽의 세로 크

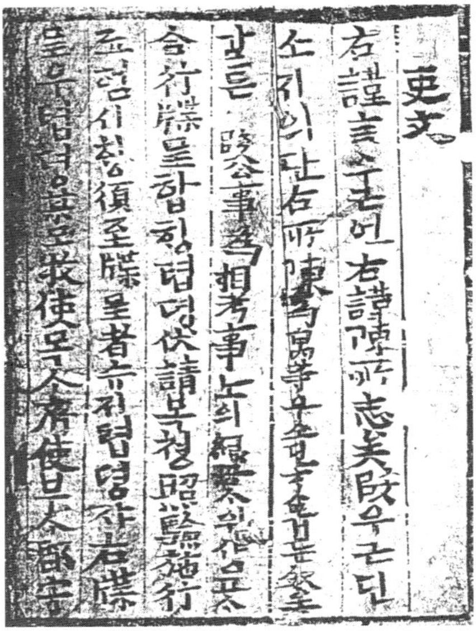

<사진 2> 아단본『이문』1a

기가 주로 줄어드는 점에서도 동영본이 아단본보다 뒤에 인출되었음을 추정하게 한다. 판심의 장차 표시가 장12, 13, 15에서 달라진 점에서도 두 책은 같은데, 아단본은 장차가 '十'인 장12가 없고 장15, 13이 장14를 사이에 두고 맞바뀌어 매여진 사실이 모두 장차 표시와 관련된 잘못으로 생각된다.

이 책의 용지는 허리 이은 점이 큰 특색이다. 종이에 나타나는 발무늬와 종이 빛깔 등으로 미루어서 17세기, 또는 늦어도 18세기 간본으로 생각된다. 그리하여 보존 상태가 좋은 편이 아니어서 책장이 부분적으로 훼손되어 있다. 곧 장2b 행1, 2의 상반부, 장5b 행1, 2의 거의 전부가 떨어져 나갔다. 장3, 4a의 紙背에는 가는 붓으로 喪中의 식사법 등을 한글로 적어 놓았다. 이것 또한 꽤 오래 보존된 책임을 말한다.

아단본은 동영본과 똑같은 간본이므로 많은 오자와 탈자가 나타난다. 이 책에서는 개칠하거나 오른쪽 행간에 올바르게 써넣은 것이 있다. 모든 잘못을 수정한 것은 아니나 상당한 부분을 붓으로 고쳐 놓은 것이다. 그 약간을 보이고, 뒤에 동영본과 동국대본의 해당 부분을 잇달아 적는다. 수정이 한글 독음에만 나타나므로 대조한 부분은 한글 독음만 보인다.

遲晩지만(2b3. '더' 옆에 '지' 기입) — 더만, 디만
報狀移文보장이문(2b4. '보, 이' 개칠) — 질장리문, 보장이문
招引設計툐인셜계(2b6. '셜계' 개칠) — 툐인졀겨, 툐인셜게
擲奸看審뎍간간심(3a5, 6. '심' 개칠) — 뎍간간싱, 뎍간간심
爲白置ᄒᆞᇸ두有亦이시니여(3b4. '두' 기입) — ᄒᆞᇸᄒᆞ…이시니여, ᄒᆞᇸ두이시니여

여기 수정된 잘못은 위의 동영본 잘못을 예시한 곳에서 제시하지 않은 것이 더 많으나, 두 책에서 똑같이 나타난 잘못이다. 위에서는 주요한 잘못만 제시하였으므로 빠졌을 뿐이다. 그런데 여기 수정에서 '遲'의 독음을 '지'로 수정한 것은 아단본을 사용한 사람이 구개음화를 경험한 방언권에 속하는 사실을 뜻한다. 이미 설명한 바와 같이 동영본은 구개음화를 반영하는데, 그 복본인 이 책에도 그것이 똑같이 반영되어 있다. 따라서 이 책은 사용된 지역도 간행한 곳과 동일한 방언권이라 할 수 있다.

이 책의 수정에는 오히려 잘못 고친 것도 있다. 그러므로 위에 제시된 수정도 어떤 책을 대교하여 이루어진 것이 아니라 책의 소유주가 임의로 행한 것이라 생각된다. 여기 잘못된 수정과 동영본의 해당 부분을 보인다.

> 矣身亦의몸이여(1b3. '이' 기입) − 의몸여
> 三切鄰並以삼졀인아오로(3a7. '인' 개칠) − 삼졀린아오로

이상으로 『이문』의 새로운 이본인 동영본과 아단본에 대한 소개를 마친다. 이들은 복본으로서 17, 18세기에 구개음화가 이미 일어난 지역에서 간행된 책임을 알 수 있을 것이다. 그런데 이 복본은 홍기문(1957)에서 소개된 『이문』과 같은 성격의 책으로 생각된다. 그 책은 실사할 수 없어서 단정하기에 주저되지만, 그 소개에 나타난 책의 주요한 특징은 그대로 여기에 소개된 복본에 해당된다. 이미 그 특징은 안병희(1987b: 79-81)에서 설명하였는데, 복본과 관련하여 살펴보기로 한다.

첫째로 오자와 탈자가 똑같다. 위에서 제시된 주요한 오자인 '奴矣갈든云云(1a), 夜間突入야간돌인(1b), 爲白置ᄒᆞᇸᄒᆞ(3b)' 등등과 탈자인 '□□□案乙良(8a)' 등과 중복된 '決罪決杖(2b)' 등이 모두 그러하다.

둘째 ㄷ구개음화의 세 예가 '샹고쳐치(2b), 젹실ᄒᆞᇸ결등(7a), 모롱졍장(9a)'으로 똑같이 나타난다. 홍기문(1957)에서 든 '身致富足신치부족(10a)'은 복본에서 '신티부족'으로 나타나므로, 그 책이 워낙 헐어서 잘못 판독한 것이 아닐까 한다. 그러한 판독의 잘못은 ㄱ구개음화의 예로 든 '已爲決折이위졀졀(10b), 結縛亂打졀박난타(11a)'가 동영본에서는 '이위셜셜, 틸박난타'로 되고 아단본에서는 '이위결졀, 결박난타'로 수정되어 있는 사실로써도 확인된다. 그러므로 ㄱ구개음화는 이들 책에 반영되지 않은 것이다. 구개음화와 관

련하여 '저'가 '져'로 표기된 것으로 우리가 이해한 '其等徒져드내(3a), 其等徒根派져드내근패(7b)'도 복본에서는 동국대본과 같이 '저드내, 저드내근패'로 되어 있고, 한자 '其'의 독음이 '기, 긔'로 혼란된 것으로 본 '持其頑惡시기완악(6b), 不無其責불무기칙(9a); □□其役욕면긔역(8b), 其惡不測긔악블측(8b)'의 '긔'는 복본에서 모두 '기'로 되어 있다. 따라서 복본과 다르게 소개된 위의 예들은 판독의 잘못이거나 홍기문(1957)의 조판에서 생긴 오자로밖에 볼 수 없다. 이를 제외한 첫째의 오자와 탈자, 둘째의 ㄷ구개음화는 단순한 우연의 일치가 아니다. 같은 간본에서만 나타날 일치인 것이다.

그런데 이 간본의 연대와 관련한 홍기문(1957: 419)의 추정이 문제된다. 곧 조선 말기의 저작이 아닌가 하고서, 구체적으로 『典律通補』나 『古今釋林』보다는 물론이요 『儒胥必知』보다도 후대의 저작'이라고 한 것이 그러하다. 그 근거는 이 책에서 지방 관아의 책임자로 '郡守'만을 들고 '牧使, 府使, 縣令, 縣監' 등을 일체 들지 않은 것으로 삼았다. 그리하여 책 본문의 '郡守군슈'에 대한 주석(홍기문 1957: 421)에서 조선 시대 지방 행정의 체계는 심히 복잡해서 郡과 같은 단위로 府와 縣이 있었으나 1894년에 이르러 郡으로 일원화하고 그 책임관도 군수로 통칭하게 되었다 하여 그 근거를 구체적으로 설명하였다. 그러나 이 근거는 장1 앞쪽 제7행이 마모되어 본문을 알지 못한데(홍기문 1957: 421)에 있다. 그 부분이 완전한 동영본과 아단본에는 '某모牧使목ᄉᆞ府使부ᄉᆞ'가 동국대본과 똑같이 분명히 인쇄되어 있다. 그러므로 이 책의 편찬과 간행이 1894년의 갑오경장 이후란 설명은 설득력이 없다. 이 책과 동영본 등의 편찬 연대는 서명과 내용이 같은 동국대본의 간기(안병희 1987b: 77)에 따라서 적어도 1658년(효종 9)까지 소급될 수 있는 것이다.

(3) 대구본

다음으로 또 하나의 이본인 대구본 『이문』에 대하여 살피기로 한다(<사진 3> 참조). 실책이 아니라 복사본을 조사하였으나, 표지까지 복사하였을 뿐 아니라 장1 앞면은 1대1로 복사하였으므로 우리의 조사는 상당한 정확성이 보장되리라 믿는다. 이것은 뒤에 소개할 두 대구본 『이문대사』에 대한 조사도 똑같다.

대구본은 수록된 내용이 순서까지 다른 이본과 다르지 않다. 곧 주된 내용인 「이문」이 장8 앞면까지 수록되고 이어서 '九九'를 비롯한 부록이 장13까지 수록되어 있다. 모두 17장인 동영본 등 다른 이본과 달리 이 책은 13장에 지나지 않는다. 동영본 등이 1면 7행 16자 내외인 데 대하여 이 책은 1면 8행 20자 내외로 행격이 다르기 때문에 일어난 차이이다. 그러나 반곽의 크기는 세로 16.4㎝, 가로 11.2㎝로 오히려 가로가 약간 작은 편이다.

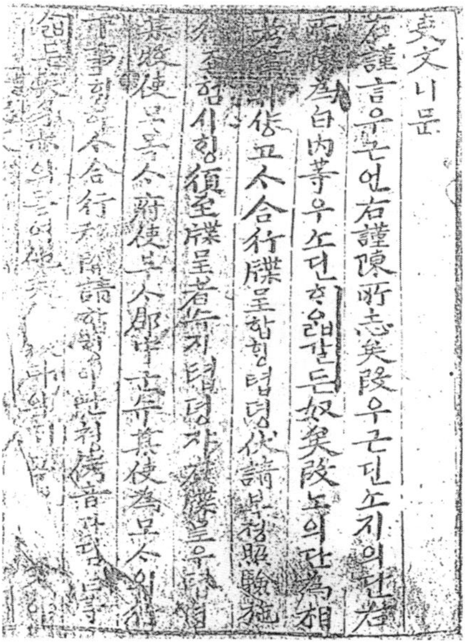

<사진 3> 대구본『이문』1a

보존 상태는 비교적 양호하다. 맨 실이 끊어지기는 하였으나 제1, 2, 4 침안에 남아 있다. 제2, 5 침안은 맨 흔적만 남았다. 표지에는 '吏文'이란 묵서 표제가 복사물로도 판독된다. 그 안쪽에는 '雖曰吏文 亦要抄行文 可□士者足以一覽處耳'란 묵서가 있다. 여기 □은 글자가 지워져 있으나 문맥으로 보아 '爲'자가 아닌가 한다. 따라서 이 책이 吏文이지만 관아에서 오가는 문서의 요긴한 것이 초록되어 있으므로 선비도 한번 볼 만하다는 뜻이다. 이 책이 서리뿐 아니라 선비에게도 소용된다는 성격을 밝힌 내용인 것이다. 본문은 모두 완전하나 장1의 판심 쪽이 마모되어 앞뒤 각 1행의 하반부 문면을 알 수 없게 되어 있다.

판식은 사주단변인 점이 같으나 판심이 모두 상하 내향 흑어미이며 그 사이에 판심제 '吏文'과 장차가 빠짐없이 나타나는 사실이 다르다. 권두에 '吏文니문'이란 수제가 일반 고서와 같이 있는데, 다른 이본은 모두 1자 내려서 '吏文'이란 수제가 있다. 이러한 점만으로도 이 책이 간본으로서 체재가 갖추어진 것임을 알게 한다. 더욱이 본문 판각도 가장 훌륭하고 오자가 거의 나타나지 않는다. 자획이 한둘 많고 적은 '導良드듸아(1b), 爲行如可ᄒᆞ려타가(2b), 尺文受出차문슈출(4b), 衙門請托아문졍탁(6a)' 등이 오자라 할 예이다. 부록의 '方田, 直田, 梯田' 등의 도면도 정확하고 분명하게 제시되어 있다. 그러므로 이 대구본은 정성을 들여서 간행한 책이라 하겠다.

이 책의 주된 내용인『이문』은 기본적으로 동영본과 같으나 구체적인 세부에서 상당한 차이가 나타난다. 첫째 한자의 4자성어를 2자성어로 나누는 일이다. 상당한 예인데, 앞쪽에서 약간 들기로 한다. 뒤에 동영본을 대조한다.

報狀보장移文이문(2a) – 報狀移文질잠리문(2b)
關字관ᄌᆞ粘移쳠이(2a) – 關字粘移관ᄌᆞ쳔미(2b)
秘密비밀私通ᄉᆞ통(2a) – 秘密私通비밀ᄉᆞ통(2b)

이러한 分句의 과정에서 위치를 바꾸거나 2자성어 하나를 없애는 일도 있다.

捉送착송搜括수괄(2b) – 搜括捉送수괄착송(3a)
荒唐황당丐乞개걸(2b) – 丐乞荒唐개걸황당(3a)
相考샹고斟酌짐쟉分揀분간(2a) – 相考處置샹고쳐치斟酌分揀(2b)
符同부동欺罔官員(3a) – 符同怨吏부동완리欺罔官員(3-4)

둘째로 한자성어나 이두를 오히려 동영본보다 더 합쳐 놓은 예도 있다. 이 예는 위의 분구나 일부 삭제의 경우보다 훨씬 적다. 오직 두 예가 있는데, 동국대본과 같은 '爲白置有亦'(2b)까지 합해도 세 예뿐이다. 위와 같은 방식으로 보이면 다음과 같다.

罰定催促乙仍于벌뎡최촉을지즈루(4) – 罰定催促벌벌최촉乙仍于지절우(5-6)
切隣色掌推閱져린식장츄열(5b) – 切鄰色掌져린식장推閱次츄열ᄎᆞ(7b)

셋째 이두나 그 독법을 올바로 수정한 결과로 일어난 차이가 있다. 두 예가 있는데 같은 방식으로 보인다.

逃亡도망슈是遣ᄒᆞ이고(3a) – 逃亡合是遣도망ᄒᆞ이고(4a)
爲白齊ᄒᆞᆲ져(5a) – 爲白齊흛져(6b)

전자는 이두의 '合'을 '㑹'으로, 후자는 독법을 같은 책의 앞 독법인 'ᄒᆞᆲ져'(대구본 2b, 동영본 3a)에 따라 고친 것이다. 이와 비슷한 경우로 빠진 이두의 독법을 추가한 예가 있다.

便亦不納爲乎様以ᄉᆞ리혀브납히온양으로(3b) - ᄉᆞ리혀브납양으로(4b)
爲白乎旀ᄒᆞᆲ오며隣里人叚置(3-4) - 爲白乎旀鄰里人叚置(5a)

끝으로 한자성어의 한자와 이두 독법을 다르게 한 일도 있다.

使得存保ᄉᆞ득존보(4a) - 使得存接ᄉᆞ득존졉(5b)
別監별감長官댱관(7a) - 別監品官별감품관(10a)
尤于過甚우위과심(5a) - 加于過甚더옥과심(6b)

앞의 두 예는 한자 1자씩 다르게 되어 뜻이 다른 말이 되었다. 끝의 예는 이두 '尤于'가 이 책 '加于더욱支當不得지당모질'(3b)의 '加于'와 같이 수의적으로 달리 적힐 수 있으나, 그 독법을 '우위'라 한 것이 특이하다. 이는 한자 '尤爲'로 이해하여 독법을 잘못 표기한 것으로 생각된다. 이와 함께 이 책의 한자가 동영본 등과는 달리 정확하게 써 있는 점으로 미루어서 이 책의 판바탕, 이른바 판하본을 만든 사람은 한자와 한문에 아주 능한 사람임이 분명하다.

그런데 위에 설명된 이 책의 동영본 등과 다른 점이 안병희(1987b)의 부록으로 보인 『이문대사』와 상당한 부분 동일하다. 『이문대사』는 한자성어에 독음이 달리지 않았으므로 4자성어의 分句에 대한 정보가 없다. 그러나 4자성어의 구성 성분인 2자성어의 위치가 뒤바뀌거나 한 2자성어가 삭제된 사실이 이 책과 똑같이 확인된다. 이두 독법의 수정과 보완, 한자와 이두의 차이 등도 그대로 『이문대사』에서 보게 된다. 이들 차이의 각기 한 예를 『이문대사』로써 보인다.

捉送搜括(2b), 栢考斟酌짐작分揀(2a), 便亦ᄉᆞ리여不納爲乎様以ᄒᆞ온양으로(3a), 尤于더욱過甚爲白齊ᄒᆞᇰ져(4b), 使得保存(3b)

이두 '尤于, 白'의 독음을 '더욱, ᄉᆞᆲ'으로 다르게 읽기는 하였으나, 기본적으로 이 대구본의 차이가 『이문대사』에 나타난다. 이것은 우연이라고 하기에는 너무나 큰 일치이다. 어느 하나가 다른 하나에 영향을 주었다고 하여야 될 일치이다. 이 관계는 『이문』과 『이문대사』의 전반적인 문제와도 관련된다. 잠정적으로 우리는 대구본이 이미 편찬, 간행된 『이문』을 저본으로 판하본을 만들어 간행되었으나, 판하본을 만드는 과정에서 『이문대사』를 참고하여 일부 수정, 보완을 거친 결과로써 그 일치를 이해하고자 한다.

국어사 자료로서 대구본이 갖는 특징은 동국대본 『이문』과 같다. 구체적으로 말하면 동영본 등이 보이는 구개음화 등 방언의 반영이 전혀 없다. '取納爻周爲白遣츄납효쥬ᄒᆞᄉᆞᆲ고'(5-6)의 예로써 ㅎ구개음화가 없음은 말할 것도 없지만, ㄷ구개음화의 예도 나타나지 않는다. 이러한 사실이 곧 이 책이 동영본 등보다 앞서 간행되었다는 것을 뜻하지는 않는다. 복사본으로도 동영본이나 아단본보다 오히려 후대의 책임을 느끼게 한다. 구개음화는 간행된 지역에 따라서 앞선 연대의 간본에 나타남을 익히 보는 일이다. 위에 언급하였지만, 이 책의 판하본은 한자와 한문에 능한 사람의 손으로 되었다. 그러한 사람은 언어와 문자에 대한 규범적인 의식이 강하였다고 할 것이므로 구개음화를 보이지 않는 동국대본 계통을 저본으로 할 경우에 한글 표기를 쉽게 바꾸지는 않았을 것이다. 그리하여 간행된 연대는 뒤지지만 언어사실은 더 보수적으로 되었다고 생각한다.

Ⅲ. 『이문대사』의 이본

이번에 조사한 『이문대사』는 대구의 모씨 소장본, 홍순혁 교수가 필사한 외솔본, 대구 계명대도서관 소장본, 대구 모씨 소장의 필사본 네 책이다(앞으로 대구본, 외솔본, 계명대본, 대구필사본으로 부른다). 외솔본은 노트에 정성스럽게 필사한 것으로, 행격과 각 행에 배정된 글자까지 대구본과 같다. 그러한 사실은 안병희(1987b)에 소개된 『이문대사』와도 일치한다. 계명대본은 한자성어에도 한글로 독음을 단 점과 본문이 '姑此書塡'으로 끝나는 점으로 보면 『이문』의 이본이라 하는 것이 온당한 듯이 생각된다. 그러나 『이문』에 있는 '九九' 등 부록이 없는 점과 수제가 '吏文大師'인 점 등으로 여기에서 설명한다. 대구필사본은 행격이 다르나 대구본 등과 내용이 같은데, 일부 간본의 오자가 수정되어 있다. 이제 이들을 구체적으로 설명한다.

(1) 대구본

대구본은 판심 부분의 마모가 심하여 장1, 2의 앞뒤 판심쪽 1행은 판독되지 않은 글자가 많다. 그러나 나머지 지면의 글자는 읽는 데 지장이 없다. 앞표지에는 '吏文大師'란 제첨이 있으나 복사본으로도 그다지 오랜 것이 아니란 느낌이 든다. 난상에는 책 소장자가 쓴 것으로 보이는 글이 상당히 있다. 장1 앞쪽에 있는 '右謹言 乃兩班之虛頭 右謹陳 乃百姓之虛頭也'는 본문 첫머리의 '右謹言 右謹陳'에 대한 주석이며, 장5 뒤쪽과 장6 앞쪽에 걸쳐 있는 '書之吏文 可謂好矣 而古今辨異 觀書者可逝而見也'는 이 책 내용이 소장자의 소견으로는 낡은 것임을 말한다. 그러나 장4, 7 앞쪽의 '東來('萊'의 잘못), 起('機'의 잘못)長, 蔚山, 彦陽, 慶州, 密陽'은 모두 경상도 고을인 점이 주목된다. 이 책이 소장되고 이용된 곳이 경상도임을 뜻하는 것이다.

이 책의 권말에는 『이문대사』로는 유일하게 간기(8b)가 나타난다(<사진 4> 참조). 곧 墨等 안에 음각으로 된 '康熙十八年'(제7행 위쪽)과 양각으로 된 '開判'(제8행 중간. '判'은 '板'의 잘못인 듯)이 있고, 권말에 실린 공문서 결사의 하나에 나오는 '合下仰'의 아래에 '己未二月 日'(제5행)이란 연기가 있다. 강희 18년이 숙종 5년 기미(1679)이므로 위 기록은 결국 '康熙十八年己未二月 日開板'이란 하나의 간기가 3행으로 흩어져 쓰인 것이 분명하다. 그러므로 이 책은 1679년에 간행된 것이다. 동국대본 『이문』이 간기에 따라 1658년(효종 9)에 간행(안병희, 1987b: 77)되었으므로, 그보다 20여 년 늦게 나온 간본인 셈이다.

<사진 4> 대구본 『이문대사』 8b

판식은 모두 사주단변으로, 가람본 『이문대사』 장1만 사주쌍변인 점과 다르다. 그러나 위에 말한 바와

같이 행격과 글자 배정은 완전히 일치한다. 판심은 마모되었으나 남은 곳(4~6)에서 상하 화문어미와 '吏文'이란 판심제가 확인된다. 반곽의 크기는 세로 가로 14.6㎝, 12.5㎝로 측정되어 가람본보다 작으나 복사본이므로 정확하지 않다. 그러나 본문의 내용과 인면의 자형이나 전반적인 인상은 가람본과 비슷하다. 물론 글자가 다른 것도 있다.

가람본과 다른 글자는 이 책이 오자이다. 뒤에 가람본을 대조하여 보이면 그 차이를 알 수 있을 것이다.

物放公文(5a) ― 物故公文
乙良二란(5a) ― 乙良으란
爲良置ᄒᆞ먀두(7b) ― 爲良置ᄒᆞ야두
是去是良尒이거이아긍(7b) ― 是去是良尒이거이아금

차이가 장5, 7에 나타나므로, 혹 보판으로 일어난 것으로 생각할지 모른다. 그러나 다른 책장과 마찬가지로 인면의 인상이나 자형이 똑같으며, 그 책장에서도 똑같은 오자가 두 책에 공통으로 나타난다. 올바로 된 고려대본 『이문대사』를 대조하여 보이면 다음과 같다.

望良白去乎ᄇᆞ리ᄉᆞᆲ거옴(5a) ― 望良白去乎ᄇᆞ라ᄉᆞᆲ거온
㖅不兪(5b) ― 㖅不喩
爲白乎旀ᄒᆞᄉᆞᆲ오긔(5b) ― 爲白乎旀ᄒᆞᄉᆞᆲ오며
教是在如中이시견中히(7a) ― 教是在如中이시견다히
進叱ᄂᆞᆺ드긔(7b) ― 進叱낫드러

그러므로 이들 두 책은 어느 한 책 또는 그와 같은 계통의 책을 저본으로 하여 다른 책이 복각된 것으로 보아야 할 것이다. 위에서 두 책의 자형이 비슷하다고 하였는데, 이두 '白, 並'의 'ᄉᆞᆲ, ᄀᆞᆲ'처럼 받침의 순서가 모두 바뀐 점 하나만으로도 확인된다. 이러한 사실로도 두 책은 저본과 복각의 관계에 있다고 추정된다.

(2) 외솔본

외솔본은 노트에 필사된 내용으로 미루어서 판심까지 완전히 보존된 책이

다(<사진 5> 참조). 전책 8장의 판심제와 장차까지 필사되어 있기 때문이다. 판심제는 통일되어 있지 않아서 '吏文大(1), 吏文大士(2), 吏文(3, 5~8), 吏(4)'로 나타난다. 홍순혁(1947: 27-28)에서도 똑같이 판심제를 소개하고서 방각본이 갖는 소박성과 정제되지 못한 모습을 보인 것이라고 하였다. 홍순혁 교수는 같은 곳에서 장1의 장차 아래에는 '哲伊'라고 새겨져 있는데, 아마도 각수의 이름이 아닌가 하였다. 그 이름은 필사된 노트에서도 분명히 나타나 있다. 그러나 어미에 대하여는 홍순혁(1947)에도 언급이 없고 필사된 노트에도 아무런 표시가 없다. 판심제와 장차가 있으므로 간본에 없을 리가 없으나 홍순혁 교수가 주의하지 않은 실수로 생각된다.

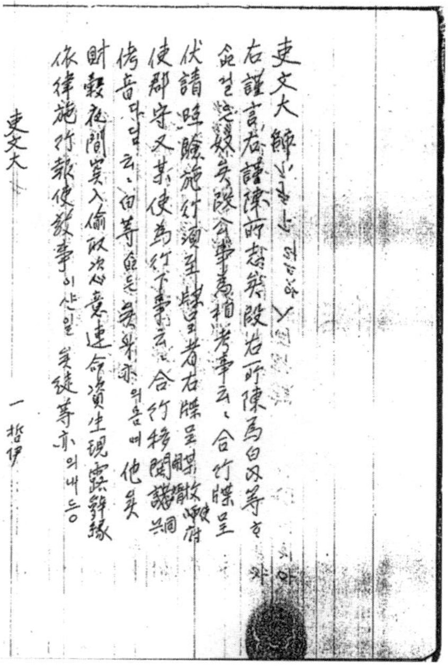

<사진 5> 외솔본 『이문대사』(필사, 1a)

반곽의 크기는 세로 가로가 16.4㎝, 13.2㎝라 노트에 기록되었으나 홍순혁(1947: 25)에는 16.5㎝, 13.5㎝라 되어 있다. 두 기록에 약간의 차이가 있으나 후자가 인쇄 과정에서 일어난 잘못이 아니라면 반곽 계측에서 생긴 오차로 이해된다. 그런데 이 반곽은 변란의 안쪽을 재는 관례가 아니라 바깥쪽을 잰 것으로 보인다. 가람본의 경우에 안쪽 세로가 15.8㎝인 데 대하여 바깥쪽은 16.3㎝로서 외솔본의 그것과 거의 같기 때문이다.

행격과 글자 배열은 대구본이나 가람본과 똑같다. 앞에서 말한 대구본과 가람본의 같거나 다른 점을 필사된 자료로써 대조하여 말하는 일은 무리할지 모른다. 그러나 그 필사본은 홍순혁 교수가 매우 정확하게 만든 것으로 보이는데, 필사가 끝난 뒤에는 외솔본과 대교하여 수정한 곳도 서너 곳이 있다. 잘못 필사하고도 수정하지 않은 '主案'(5a. '立案'의 잘못) 등이 있으나 전반적으로 간본대로 필사한 것이다. 이에 필사된 자료가 외솔본 그것이라 생각하고 대구본과 가람본을 대조하여 보면 가람본에 더 가까운 책임을 알게 된다. 위에 대구본과 가람본의 다르고 같은 예로서 제시한 부분이 외솔본에 어떻게 나타나는가를 보면 그것은 수긍될 것이다.

物故公文(5a), 乙良으란(5a), 爲良置ᄒᆞ야두(7b), 是去是良尔이거이아금(7b); 望良白去乎ᄇᆞ리ᅀᆞᆸ거옴(5a), 旀不兪(5b), 爲白乎旀ᄒᆞᅀᆞᆸ오며(5b), 敎是在如中이시견다히(7a), 進叱닛드기(7b)

마지막 두 예가 다르나 외솔본은 가람본에 일치한다. 협주 '同前'(1a)의 '前'이 가람본에서는 글자의 하반부가 없고 세로 획 둘이 나란히 있을 뿐인데 이 외솔본에서도 그대로 필사되어 있다. 제대로 글자가 인쇄된 대구본과 구별되는 사실이다. 앞으로 간본인 외솔본을 실사하여야 단정되겠지만, 위의 설명만으로도 외솔본과 가람본은 복본이거나 아주 가까운 계통의 책으로 추정되는 것이다.

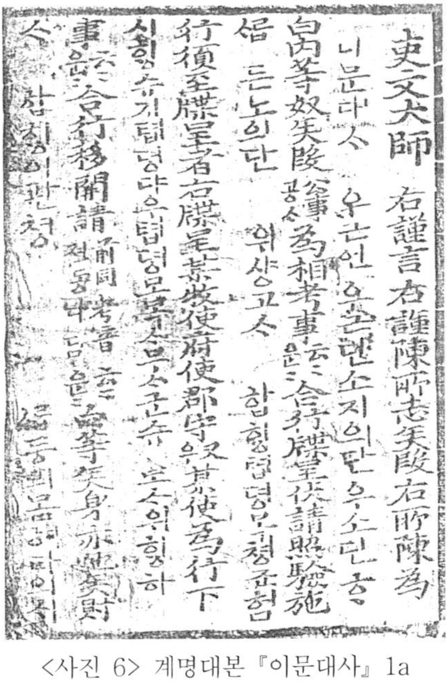

<사진 6> 계명대본 『이문대사』 1a

(3) 계명대본

계명대본 『이문대사』는 성격을 엄격히 따져 말한다면 『이문』과 『이문대사』의 중간에 있는 책이다(<사진 6> 참조). 먼저 『이문』과 공통되는 점을 들면, 첫째 한자성어까지 독음의 한글 표기가 있는 사실이다. 『이문』은 구절을 단위로 하여 한자성어나 이두에 이어 그 독법의 한글 표기가 있고 다시 그러한 짝이 번갈아 나타나는데, 이 책은 한자성어와 이두의 행에 나란히 그 독음의 행이 짝짓는 체재로 된 것이 다를 뿐이다. 『이문대사』에는 모든 한자성어의 독음이 표기되지 않는 것이다. 둘째 본문이 '姑此書塡'으로만 끝나는 사실이다. 이에 대하여 『이문대사』는 다시 50항의 이두와 그 독음이 수록된 뒤에 『經國大典』 권3의 첩정식, 평관식, 체식의 공문서 결사를 그대로 옮겨 놓았다. 그런가 하면 『이문』과 다른 점은 '九九' 등 부록이 전혀 없는 사실이 지적된다. 이것은 『이문대사』와 공통되는 것이다. 또 본문 내용의 한자성어와 이두를 검토하면 『이문대사』와 공통되고 있다. 다시 말하면 『이문』의 한자성어와 이두가 『이문대사』와 다른 사실이 이 책에도 거의 그대로 나타나는 것이다. 이 책 장1에서 한자성어만을 보기로 하는데, 여기 제시된 예는 모두 『이문대사』에도 똑같이 나타난다. 뒤에 동국대본 『이문』으로써 그 차이를 보인다.

公事爲相考事云云(1a) — 爲相考事(1a)
郡守又某使爲行下事云云(1a) — 郡守某使爲行下事(1)
合行移關請前同考音云云(1a) — 合行移關請侤音(1b)
偸取恣意連命資生(1b) — 恣意偸取連命資生(1b)
他矣帖字件記(1b) — 帖字件記(2a)

이상을 종합하여 보면 계명대본은 『이문』과 같으면서 다른 성격을 가지는데 『이문대사』와도 그러한 성격을 가진다. 그러나 바로 위에서 본 본문 내용의 일치와, 고서에서 중요한 수제에 따라서 『이문대사』의 이본으로 다루어야 함을 이해할 수 있다.

이 책은 모두 8장인 목판본으로, 8장인 다른 『이문대사』와 똑같다. 책과 반곽의 크기는 『계명대학교중앙도서관 고서목록』(1987: 172)에 의하면 각각 세로 가로가 21.8㎝, 13.4㎝와 16.7㎝, 11㎝이다. 이 점도 다른 책들과 비슷하다. 판식은 사주단변에 무계 8행, 1행 20자 내외다. 1행 자수는 출입이 많아서 적은 것은 18자, 많은 것은 25자가 있다. 매우 거칠게 만들어진 책임을 말하는 사실인데, 판심의 어미나 인면 등에서도 똑같이 느끼게 된다. 판심에는 象鼻와 中縫을 구분하는 魚尾가 없다. 그러나 보통의 어미 자리보다 아래위의 변란에 조금 치우친 곳에 가로로 줄이 있어서 상비와 중봉의 경계가 되고, 그 안쪽 곧 중봉에 판심제 '吏文'과 張次가 있다. 인면 본문의 한 특징으로 약 한 자 자리에 해당하는 장방형 묵등(8a2 아래쪽)이 있다. 들어갈 글자가 없으므로, 空格으로 있어야 되는데, 각수가 잘못 빠진 글자가 있는 자리로 보고서 새겨 넣을 경우를 위하여 묵등으로 남긴 것이 아닌가 한다. 보존 상태는 양호한 책이다. 복사본으로도 인면 특히 변란에 책판의 나이테가 드러나므로 후쇄본이라고 추정된다.

본문의 체재는 이미 말한 바와 같이 한자성어와 이두의 행에 그 한글 독음의 행을 짝지은 것으로 되어 있다. 다만 협주로 처리되어야 할 한자성어와 이두는 그 한글 독음과 함께 쌍행으로 되어서, 그 상대되는 한글 독음의 행은 비어 있다. 예컨대 '公事/공ᄉᆞ, 前同考音云云/젼동다딤운운'(1a) 등이 모두 한자성어와 이두의 행에 쌍행으로 나타나는 것이다. 그런데 1행 자수의 심한 불균형으로 한자성어와 이두에 대한 그 한글 독음이 나란히 되지 않고 '照驗施/行(1a3, 4), 典當以/爲乎(2b5, 7)'에 대한 '죠험/시힝(1a4, 6), 뎐/당으로ᄒᆞ온(2b6, 8)'과 같이 다음 행으로 밀려서 어긋난 경우도 있다. 특이한 예로 '行下'(5b5)의 '行'의 독음이 '힝/ㅇ'(5b6, 8)과 같이 나뉘어 표기된 일도 있다. 조잡한 간본임을 다시 한번 확인하게 된다.

그리하여 이 책에는 많은 잘못이나 문제점이 있다. 첫째 이두나 한글 독음의 글자를 빠뜨린 예가 있다. 빠뜨린 글자의 확인을 위하여 한자성어에도 한글 독음이 표기된 동국대본『이문』을 괄호 안에 대조하여 보이면 다음과 같다.

> 爲白沙餘(3b. 爲白沙餘良, 4b), ᄒᆞ숣온(3b. ᄒᆞ숣누온배, 5a), 시숑원(4b. 시숑원정, 5b)

둘째 한자와 이두, 또는 그 독음을 잘못 쓴 예도 있다. 빠뜨린 글자의 경우와 같이 동국대본을 대조한다.

> 考音(1a, 1b. 侤音, 1b), 悲背洗濯비빅셰텩(7a. 飛揹洗濯비빅셰탁, 9a), 詈罵惡談은마악담(4a. 詈罵惡談니매악담, 5a), 着枷챡갈(7a. 着枷탁가, 9a), 印後加書인신가셔(7a. 印後加書인후가셔, 9a), 爲乎矣ᄒᆞ숣딕(3b. 爲乎矣ᄒᆞ온딕, 4b), 尺文受出질문슈츌(4b. 尺文受出자문슈츌, 6a)

셋째 이두의 독법을 한자의 독음으로 바꾼 예가 있다. 바로 앞의 마지막 두 예와 같은 잘못으로 볼지 모르나, 이두 '尤于'를 한자 '尤爲'로 바꾸고 이

두 '有'를 한자음으로 독법을 삼은 것은 단순한 잘못이 아니라 의도적으로 저지른 점에서 차이가 있다. 이두의 예이므로 가람본 『이문대사』의 해당 독법을 대조하여 둔다.

尤于過甚우위과심(5a. 尤于더욱過甚, 4b), 爲白有昆ᄒᆞᄉᆞᆲ유ᄉᆞᆫ(2-3. 爲白有昆ᄒᆞᄉᆞᆲ잇ᄉᆞᆫ, 2b), 爲有置ᄒᆞ유두(8a. 爲有置ᄒᆞ잇두, 6b)

이상과 같은 문제가 있으나 이 책에는 국어사의 관점에서 주목되는 사실이 없지 않다. 첫째 '白'의 독음이다. 가람본을 비롯한 『이문대사』의 간본과 필사본에는 그 독음이 받침을 'ㅂㄹ'로 표기한 'ᄉᆞᆲ'으로 통일되어 있으나, 이 책에서는 'ᄉᆞᆲ'과 'ᄉᆞᆯ'로 나타나 있다. 전자는 표기상으로 다시 두 가지로 나뉜다. 곧 받침 'ㄹㅂ'을 'ᄉᆞ'의 오른쪽에 순경음과 같이 세로로 연서한 'ᄒᆞᄉᆞᆲ든, ᄉᆞᆲ등'(이상 1a) 등이 있는가 하면('ᄉᆞᆲ슈'(3b)의 'ᄉᆞᆲ'도 똑같은 방식으로 받침이 표기된다), 올바른 합용병서의 받침을 가진 'ᄒᆞᄉᆞᆲᄃᆡ, ᄒᆞᄉᆞᆲ사나마, ᄒᆞᄉᆞᆲ온'(이상 3b) 등의 예가 있다. 이것은 위에 설명된 이 책의 조잡한 성격과 관련되는 일이다. 또 하나의 독음인 'ᄉᆞᆯ'도 그러한 책의 성격과 무관하지 않겠으나, 이두 '白'의 독법에 일어난 변화를 보이는 것이 아닐까 한다. 그런 점으로 다음 예는 소중한 것이다.

爲白乎旀ᄒᆞᄉᆞᆯ오며(4a), 爲白乎去ᄒᆞᄉᆞᆯ올가(5b), 是白乎旀이ᄉᆞᆯ오며(7b)

다음으로는 구개음화가 주목되는 사실이다. ㄷ구개음화는 광범하게 나타나서 '디, 뎌, 티, 툐' 등이 '지, 져, 치, 쵸'로 표기될 뿐 아니라, 그 반대로 원래의 '지, 쟈' 등이 '디, 댜' 등으로 표기되어 있다. 그러므로 이 책에서는 '디, 티' 등과 '지, 치' 등은 글자로서의 변별력이 없는 것이다. 그 예를 장1에서만 든다. 뒤에 한자성어의 독음이 있는 동국대본 『이문』으로 대조하여 보인다.

須至牒呈者슈지텹뎡댜(a. 슈지텹뎡쟈, 1a), 專亦뎐혜(b. 젼혀, 2a), 先可最只아ᄃᆡᆨ아ᄃᆡᆨ기(b. 아직안직, 2a), 置簿치부(b. 티부, 2a)

ㄱ구개음화는 전혀 나타나지 않는데, ㅎ구개음화는 오직 한 예를 보인다.

바로 위와 같이 동국대본『이문』을 대조하면 다음과 같다.

取納爻周爲白遣취납쇼쥬ᄒᆞᅀᆞᆲ고(6a. 취납효쥬ᄒᆞᅀᆞᆲ고, 6a)

그런데 같은 조건인 '鄕吏향니(3b, 8a), 現露현노(1b), 現納현랍(6a)' 등에서는 구개음화가 나타나지 않는다. 그러므로 '爻周'는 '休紙'가 '슈지'(『첩해신어』4, 19b)로 된 것과 같은 예외적인 변화로써 '쇼쥬'로 되었다고 함이 온당하다.5) 다시 말하여 비슷한 성격의 ㄱ구개음화가 나타나지 않은 이 책은 전반적인 ㅎ구개음화를 증언하는 것이 아니다.

위에서 이 책은『이문』과『이문대사』의 중간적인 성격이라 하였는데, 이제 구체적으로 그들의 어떤 이본이 이 책과 가까운 관계에 있는가를 밝혀 둘 필요가 있다.『이문대사』는 이 책을 제외한 이본 사이에는 내용상 차이가 없다. 그러나『이문』에서는 동영본과 대구본 사이에 차이가 있는데, 그것을 이 책과 관련된 것만 보면 어느 한 쪽에 치우친 관계가 아니다. 곧 구개음화가 나타나는 점으로는 동영본과 같으나, 한자성어의 한자와 이두 독법의 특징은 대구본과 일치하는 것이다. 문제는 어느 것이 더 본질적인 일치인가 하는 점이다. 우리는 전자보다 후자가 본질적인 것으로 생각한다. 구개음화는 저본과 관계없이 중간본에서 나타난다. 저명한 예가 1481년(성종 12)의『두시언해』가 1632년(인조 10) 경상도에서 다시 간행된『중간두시언해』의 구개음화이다. 후자와 같은 본문 문자의 일치는 저본으로 하거나 참고한 책에서 나타난다. 더욱이 대구본『이문』에 나타나는 한자와 이두 독법의 차이가 이 책에 모두 그대로 나타나는 것이다.『이문대사』의 다른 이본과도 다르므로, 가람본으로써 뒤에 대조하여 보이기로 한다.

使得存保(4a) — 使得保存(3b)
別監長官(7b) — 別監將官(6a)

---

5) '休紙'의 변화는『첩해신어』의 중간본에서 추적된다. 곧 개수본에서는 원간본과 같이 '슈지'(4, 28a)로 되어 있으나 중간개수본에 와서는 '휴디'(4, 23b)로 바뀐다. 제2음절의 '디'는 ㄷ구개음화와 관련된 것으로서 다른 문제이므로, 결국 이 말은 현대어로 오면서 '휴지'로 된 것이다. 그러므로 '爻周, 休紙'가 '쇼쥬, 슈지'로 된 것은 ㅎ구개음화의 일반적인 사례라 할 수 없다.

尤于過甚우위과심(5a) － 尤于더욱過甚(4b)

이에 계명대본 『이문대사』는 『이문대사』의 한 이본과 함께 대구본 『이문』을 참고하여 간행된 것이라 생각한다.

(4) 대구필사본

대구필사본은 모두 37장으로 정성을 들여 필사한 책이다(<사진 7> 참조). 앞뒤 표지의 안쪽에 각각 '辛酉三月二十日始抄'와 '丙寅三月日畢抄冊主李(수결)'란 필사기와 소장기가 있다. 소장기는 성과 수결뿐이므로 신원을 알 수 없다. 필사 연대는 이 책의 실용성을 고려한다면, 필사를 시작한 신유년은 1861년(철종 12)이고 끝낸 병인년은 1866년(고종 3)을 하한으로 한다. 물론 학술적인 필요로 필사되었다면 이보다 60년이 늦은 20세기 20년대가 하한일 수도 있다. 그러나 소장자의 수결을 보거나, 필사의 오자가 곧 말하는 바와 같이 이두 독법에 주로 나타나는 사실을 볼 때 연대를 20세기로 내려잡을 수는 없다. 이 책이 만들어져 소장된 지역은 경상도로 생각된다. 현재 책이 대구에 소장되어 있을 뿐 아니라 책에 수록된 문서에 '己巳五月念日慈仁縣矯弊上疏草'(33a-36a)가 있는데 자인현이 현재 경북 경산군 자인면이며 또 소와 말을 도난당한 소지 안에 '玄風縣場市, 該邑桃竹村'이라 있는데 현풍현도 현재 경북 달성군 현풍면이기 때문이다.

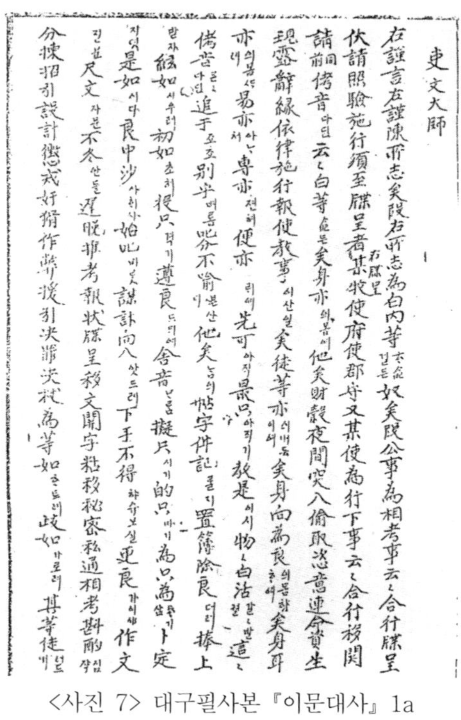

<사진 7> 대구필사본 『이문대사』 1a

이 책은 모두 37장으로, 欄格이나 판심을 구획하지 않고 정성스럽게 行楷書로 필사되어

있다. 매면 11행 24자 내외에, 협주는 쌍행 40자 정도가 배열되었다. 보존이 아주 잘된 책으로서, 5침안으로 장정되어 표지까지 완전하다. 수제가 '吏文大師', 표제가 '吏文大師 單抄'로 되어 있으므로 언뜻 보면 전책이 『이문대사』로 보인다. 그러나 첫머리 3장 반이 「이문대사」이고, 잇따라 실린 것은 과거에 私人과 관아 사이나 군현과 면, 동 사이에 주고받는 문서가 30여 장에 걸쳐 수록되어 있다. 문서는 '謹訟式, 謹陳式, 謹言式, 謹單式, 謹旨式, 通文式, 報狀式' 등등으로 類別되어 있는데, 본문 위에는 문서의 주제가 부기되고 문서 끝에 제김[題音]이 있은 경우에 '音曰'이라 하여 협주로 그 문서를 검토한 뒤에 내린 관아의 지령이 적혀 있다. 이들 고문서는 수제인 '이문대사'와 어울리지 않은 것으로 생각된다. 그러나 이두 문서의 작성과 이해를 위한 참고서인 『이문대사』에 부록으로 이두 문서의 문례를 보인다는 것은 오히려 당연하다. 이두 문서의 문례를 보인 『吏文襍例』와 『儒胥必知』에 이두를 모아서 수록한 것과 서로 통하는 일이다. 그것은 어떻든 이 책의 이러한 고문서는 실물로도 전하고, 이두 문헌인 『이문잡례』와 『유서필지』에도 전한다. 그러나 면이나 동의 문서는 아주 드문 편이다. 그러므로 이 책은 이두 자료로서의 가치보다는 고문서 연구에 귀중한 자료가 된다. 그러나 이 글의 주제에 따라 『이문대사』의 한 이본으로서 이 책의 본문만을 살펴보기로 한다.

이 책은 『이문대사』의 한 간본을 저본으로 필사한 것으로 보인다. 그 간본은 이 책으로 판단한다면 가람본과 같은 계통의 이본이다. 위의 계명대본이 갖는 특징으로 지적된 한자성어와 이두가 '使得保存(2a), 尤于더욱過甚(2a), 別監將官(3a)'과 같이 나타나서 가람본에 일치하며 '白, 並四'의 독음인 'ᄉᆞᆲ, ᄌᆞᆲ'의 받침이 'ㅂㄹ'로 된 것도 똑같기 때문이다. 그러나 가람본과 다른 점도 없지 않다. 그 대부분은 협주로 된 이두의 독법이다. 장1 앞면에서만 '物物白活갈갈발궐, 追于죠쵸, 件記볼지, 更良가이야, 其等徒러드내' 등이 있다. 가람본에서는 '간간발궐, 조초, 블긔(이상 1a), 가싀야, 저드내(이상 1b)'로 표기된 독음이다. 또 본문의 이두와 한자도 다르게 된 예가 있다. 괄호 안에 바로잡아 보이면, '望良爲(白)去乎(2b), 仕宦(官)出干(3a)'이 그것이다. 한자어 '仕宦'은 같은 뜻이므로 잘못이라 할 수 없으나, 이두는 분명한 잘못이다. 앞의 이두 독법도 잘못이므로 이 책 필사자는 한자성어와 한자에는 능하지만 이두에 대하여는 정확한 지식을 갖지 못한 사람이라 하겠다. 거기에서 필사자는 서리가 아니라 유생이나 관원으로 추정된다. 그 밖에 '便亦 릐여(1a), 徧 飾詐(1b)'와 같이 각각 'ᄉ, 聽'이 탈락되었는데, 두 곳 모두 1자의 空格이 있다. 필사 저본에서 그곳이 분명하지 않은 데서 온 결과일 것이다. 그러므로 이 대구필사본은 가람본이나 그 계통인 『이문대사』의 간본을 필사하였으나, 이두에 능하지 못하여 그 독법에는 상당한 잘못을 보이게 되었다. 한마디로 이 두 자료로는 『이문대사』의 한 이본이라는 것밖에는 의미가 없는 책이다.

Ⅳ. 맺음말

이제까지 『이문』 3종, 『이문대사』 4종의 책을 차례로 설명하였다. 안병희(1987b)에 소개된 동국대본과 홍기문(1957)에 설명된 『이문』 2종, 가람본, 고려대본, 연세대본, 통문관본의 『이문대사』 4종을 합하면 모두 13종이 된다. 이 밖에 홍순혁(1947: 25)과 이인영(1968: 422)에 소개된 『이문』 2종이 더 있으나, 현재 그 소재가 알려져 있지 않다. 어쩌면 이들은 이번에 조사하여 소개한 책일 가능성도 없지 않다. 다른 책이라 하더라도 크게 다른 이본은 아닐 것이다. 그러므로 우리의 소개로써 『이문』과 『이문대사』의 내용과 두 책의 관계는 드러난 것이라 생각된다.

두 책의 관계는 이미 안병희(1987b: 82-85)에서 설명된 바와 같이 『이문』이 먼저 편찬, 간행된 뒤에, 그것을 수정, 증보한 것이 『이문대사』이다. 이것은 책의 내용으로 확인되지만, 현재 전하는 책의 간기로써도 약간의 뒷받침을 얻는다. 물론 그 간기가 가장 오랜 것이라는 보장은 없다. 그런데 묘하게도 『이문』의 동국대본은 1658년(효종 9)의 간기(안병희 1987b: 77)를 가지고 있으나 『이문대사』 대구본은 앞에 설명한 바와 같이 그보다 약 20년이 늦은 1679년(숙종 5)의 간기를 갖고 있다. 우연히 현재 전하는 책의 간기가 그러하다고 할 수 있다. 더 오랜 간기를 가진 책이 전하지 않을 수도 있고, 간기 없는 이본이 간기 있는 책보다 앞서 간행되었을 수도 있다. 그러므로 간기의 선후를 책 편찬 연대의 선후에 대한 약간의 뒷받침이라 한 것이다. 그러나 책의 형태나 내용, 특히 이두의 독법(안병희 1987b: 86-89)에서 동국대본 『이문』은 현재 전하는 『이문대사』의 어떤 이본보다 앞선 시기의 책이다. 따라서 『이문』이 먼저 편찬, 간행되고, 『이문대사』는 그것을 수정하고 보완하여 간행된 책임에 틀림없다.

『이문』과 『이문대사』의 이러한 관계는 모든 이본에 해당되는 것이 아니다. 이본에 따라서는 『이문대사』의 영향을 받은 『이문』도 있다. 동영본과 아단본은 첫머리에 '公事' 등 어구가 추가되고 이두인 '爲白置有亦'가 分句된 것은 『이문대사』를 참고하여 손질한 것으로 설명될 수밖에 없다. 더욱이 대구본은 한자성어의 분구와 그 성분의 도치, 일부 2자성어의 삭제, 이두의 독법, 그리고 한자성어의 한자 교체 등에서 『이문대사』의 영향을 강하게 받고 있다. 여기에서 두 책의 선후, 또는 영향 관계는 처음 편찬, 간행될 때의 일이고, 유포되어 중간될 때에는 그 반대도 있음을 간과해서는 안 된다.

학계에 널리 알려진 이두 문헌은 모두 10여 종(안병희 1987b: I 장)이 된다. 그 중 가장 널리 유포되고 많은 이본을 가진 것은 『유서필지』이다. 우리의 소개로써 『이문』과 『이문대사』도 그에 버금가는 이본을 가진 것이 드러났다. 다른 이두 문헌에 비교되지 않을 정도의 이본이다. 이는 두 책이 그만큼 유포되었다는 뜻이다. 그러함에도 국어학계에서 주목하지 않은 것은 이들이 다른 이두 문헌보다 앞선 책으로서 일찍이 수요가 줄어들어 傳本이 미미하였기 때문이 아닌가 한다. 수요의 감소에는 19세기 이래로 『유서필지』의 영향력을 들 수 있다. 내용도 내용이지만 선비[儒]와 아전[胥]이 함께 알아야 한다는 책의 제목이 아전의 글이란 '吏文'을 가진 『이문』이나 『이문대사』보다 신분의 상승을 바라는 서리들에게 매력이 클 수밖에 없다. 그것은 앞에서 말한 대구본 『이문』의 표지 안쪽에 이문이지만 선비도 한번 볼 만하다는 기록으로도 느끼지만, 18세기에 편찬된 것으로 추정되어 『유서필지』의 편찬에 이용된 『이문잡례』의 전본이 극히 드문 사실과도 맥을 같이 한다. 간기에 따라 늦어도 17세기 중엽에 간행된 『이문』과 17세기 후반기에 간행된 『이문대사』는 시대의 변화로 19세기에 들면서 역사의 뒤안으로 사라지게 되어 국어학계에 상대적으로 아주 늦게 알려진 이두 문헌이 되었다고 우리는 믿는다.

끝으로 안병희(1987b)의 잘못 하나를 바로잡음으로써 이 글을 마치기로 한다. 거기에서 행한 『이문』과 『이문대사』의 소개에는 잘못되거나 미진한 것이 적지 않은데, 그 중요한 것은 이 글에서 수정, 보완되었다. 『이문대사』 본문의 주석(안병희 1987b: 31-72)은 여기에 다루지 않으나, 그 한 주석이 아주 잘못되어 있는 것이다. 곧 '仕官出干'을 관직에 있으면서 나아가 관여한다는 뜻(안병희 1987b: 61)으로 주석하여 '干'을 '不干之人乙, 不干與否'의 그것과 같이 해석하였다(안병희 1987b: 54-55). 그러나 동국대본 등 『이문』에 따르면, '不干之人乙블간지인을(7b), 不干與否블간여부(7b), 仕官出干ᄉ관츌궐(10b)'로 되어 독음이 다르므로 결코 같은 뜻이 아니다. 우리의 주석이 잘못인 것이다. 이를 바로잡는 증거로 『吏讀便覽』에 그것을 표제어로 하여 다음과 같이 풀이한 주석이 있다.

吏文闕額謂之干 音闕「行用吏文」

곧 이문에 사용되는 '干'은 일정한 액수에 차지 않는 것으로 '궐'이라 읽는다고 하였다. '간'이라 읽고 관여한다는 뜻인 '干'과는 다른 글자이다. 그러므로 '仕官出干'은 『이문』의 독음과 같이 읽고 관직에 있으면서 관아의 물건에 손실을 낸다고 해석하여야 한다. 이 잘못의 수정으로써도 『이문』과 『이문대사』의 관계를 이해하게 될 것이다.

제24장 『吏讀便覽』

Ⅰ. 머리말

이두를 수집하여 字類 곧 글자의 수효로 나누고 한글로 讀法을 보인 이두 문헌은 여러 책이 있다. 그 책의 대부분은 출판되지 않고 寫本으로 전래되고 있으나, 「吏頭(吏讀의 잘못: 필자)彙編」과 「吏文語錄」은 각각 간본인 『儒胥必知』와 『註解語錄總覽』에 실려 널리 유포되어 있다. 『유서필지』는 간년이 분명하지 않으나 대체로 19세기 초반의 坊刻本으로 추정되며, 『주해어록총람』은 1919년 한남서림에서 출판된 방각본이다. 그런데 前間恭作는 1929년에 이두를 字類로 나누어 한글로 독법을 보인 『이두편람』을 범례를 중심으로 학계에 소개하면서 館閣文臣의 손으로 편찬되어 芸閣 곧 교서관에서 활자로 간행되었으나 이내 산일되었다고 하였다(前間, 1929: 46).[1] 간행에 대하여는 아무런 근거를 제시하지 않고 1829년(순조 29, 道光 9)이거나 그 이듬해의 활자본이라 하였는데, 前間(1957: 1886-7)에서는 연대가 미상이나 주해에 인용된 문집 등으로 乾隆(1736~1795, 영조 12~정조 19) 이후의 편찬임이 분명하다고 수정하면서 간행에 대하여는 전혀 언급하지 않았다. 그러나 官撰本이란 설명에는 변화가 없는데, 그것은 권두에 있는 凡例의 한 항목에 '今此編刊 恭遵睿旨'란 구절 때문이다. 이 책은 그러한 이두 이외에 행용되는 문서의 吏文을 모아서 주석한 점도 달리 예가 없는 점에서 매우 귀중한 자료가 된다.

그러나 학계에서 이 책에 대한 연구는 말할 것도 없고 소개조차 제대로 되

1) 이 글은 前間(1974)에 다시 수록되었다. 그 책에서의 위 인용은 前間(1974: 392)가 된다. 그런데 『이두편람』은 뒤에 소개하는 바와 같이 이두를 字類로 나누어 독법을 보인 「이두편람」, 『이문집람』에서 발췌한 어휘를 수록한 「집람이문」, 당시 官府의 문서에 사용되는 우리나라의 독특한 한자어와 일부의 이두를 수록한 「行用吏文」으로 이루어져 있다. 그러므로 이두의 字類彙編이라 할 경우에는 제1편에 해당하는 「이두편람」만을 가리킨 것이다.

지 않은 것은 매우 안타까운 일이다. 일찍이 金根洙 교수가 전주고등학교(당시 全州北中學校)에 소장된 한 寫本(앞으로 '전주본'이라 부른다.)을 발굴하고 전사하여 스스로 錦峯學人이란 이름으로 편찬한 『吏讀資料集成』(油印本. 1957: 23-88)에 수록하여 소개하고, 뒤에 李基文 교수가 편찬한 『吏讀資料選集』(1975: 145-67)에서 그 앞부분인 「이두편람」만을 김근수 교수 제공의 轉寫本을 영인한 것이 소개의 전부가 아닌가 한다. 그러나 전자는 油印本이어서 널리 유포되지 못하였고, 후자는 널리 이용되고는 있으나 『이두편람』의 전체 구성을 알려주지 못하였다. 더욱이 편찬과 간행에 대한 언급조차 없었던 것이다. 소개가 이러한 형편이니, 연구는 기대할 수도 없었다. 이두의 독법을 예시할 경우에 『유서필지』 등과 함께 그저 인용되는 것이 고작이었다. 우리의 생각으로는 서지학의 관점에서 이 책이 간행되었다는 일은 생각할 수 없고, 국어학의 관점에서 「이두편람」은 표제어인 이두와 그 독법에 상당한 문제가 발견되었으며, 오히려 그 책의 제3편이라 할 「行用吏文」에 경청할 것이 더 많은 것이 아닌가 한다. 이에 책의 성격과 내용을 새로이 소개할 필요가 있었던 것이다. 필자는 일찍부터 그에 관심을 가지고서 일본에 소장되어 있는 東洋文庫의 前間恭作 舊藏本과 駒澤大學의 濯足(金澤庄三郎의 號)文庫本(앞으로 각각 '前間本'과 '濯足本'이라 부른다.)을 실사하였다. 그러던 중 근자에 규장각의 가람문고에서 『震覽』이란 책에 수록된 『이두편람』(앞으로 '가람본'이라 한다.)을 보게 되어 지금까지 조사한 책과 함께 그것을 본격적으로 소개하는 이 글을 쓰게 되었다.

Ⅱ. 가람본으로 본 『이두편람』의 편제와 내용

여기의 설명은 가람본을 중심으로 행한다(<사진 1, 2> 참조). 가람본은 모두 19장으로 되어, 『震覽』이란 寫本의 앞쪽에 편철되어 있다. 모두 19장에 수록된 이 책의 서지 사항은 다음의 제25장에 미루고 여기서는 책의 편제와 내용만 다루기로 한다.

다른 이두 문헌과 달리 이 책에는 권두에 「吏讀便覽凡例」가 있다. 책의 편찬과 그 체제 및 내용을 알려주고 있는 것이다. 그러므로 먼저 凡例를 살펴보기로 한다. 범례는 모두 5항으로 이루어져 있다.

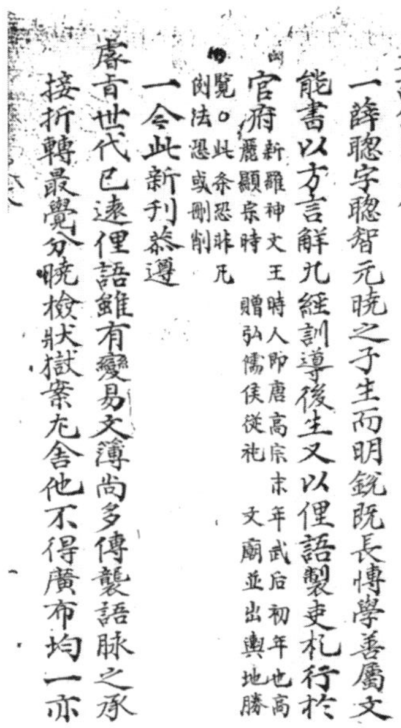

<사진 1> 가람본(범례)

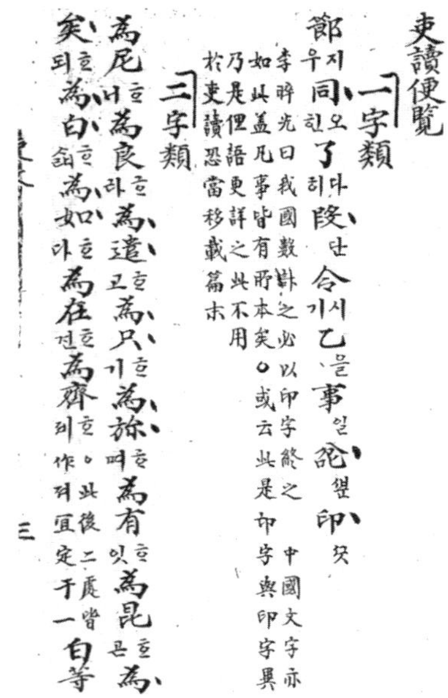

<사진 2> 가람본(본문)

제1항은 설총이 吏札 곧 이두를 지었다는 것으로서, 기사가 모두 『동국여지승람』에서 나왔다고 한다. 실지로 그 기사는 『신증동국여지승람』(1530, 중종 25) 권21(慶州府, 인물조 薛聰)에서 그대로 볼 수 있는데, 기사 앞에 '新增'이란 注記가 없으므로 원간본인 『동국여지승람』(1481, 성종 12)의 같은 곳에서 그대로 옮겨온 것이다.[2)] 그런데 이 항의 끝에 협주로 주기하기를 "이 조항은 凡例法이 아닌 듯하며, 혹 삭제하여야 할 듯하다(此條恐非凡例法 恐或刪削)."라고 하였다. 이러한 注記는 본문에서도 간혹 협주로 나타나는데, 이 책이 간행되었다는 前間(1974)의 설명을 따를 수 없게 하는 결정적인 증거가 된다. 이에 대하여는 뒤에 설명하겠지만, 무엇보다 刊本에 그러한 注記가 있었을 리 없고, 필사자가 底本인 간본에서 그러한 편찬의 잘못을 느꼈더라도 天頭에 주기할 수는 있어도 본문 안에 주기하는 일이 없다. 본문 안에 필사자가 자기의 주기를 써넣으면, 그것이 간본에 원래 있던 주기와 구별이 없기 때문이다. 아무튼 이 항은 注記와 같이 범례로는 적합한 내용이 아니다.

2) 그 책의 기사에 대하여는 안병희(2001)에서 다루었다. 참조 바란다.

제2항은 편찬의 경위와 의도를 밝힌 내용이다. 이 책의 편찬은 첫째 睿旨 곧 임금의 뜻을 받든 것이라 하여 官撰本임을 밝히고, 둘째 이두가 비록 변화가 있으나 문서에는 아직도 사용되어 문맥을 밝혀주고 있어서 屍體의 檢案書나 獄事의 調書는 이를 쓰지 않으면 안 되는데 그러한 이두를 널리 펴 통일함은 임금이 사건의 처리를 신중히 하도록 하고 백성을 불쌍히 여기는 마음의 一端이기를 바란다 하여 편찬한 목적을 분명히 하였다. 다시 말하면 이 책은 왕명에 따라 문서의 이두 사용에 통일을 기하여 檢屍나 獄事의 처리에서 억울한 일이 없도록 하기 위한 것이라고 한다. 편찬이 前間(1974: 392)에서는 館閣文臣의 손으로 되었다고 추정하고, 교서관에서 분명히 출판되었다고 하였다. 왕명에 따른 것이므로, 편찬은 구체적으로 館閣 곧 弘文館, 藝文館, 奎章閣의 하나에서 행해진 일로 이해되나, 출판은 위 제1항의 협주와 앞으로 행할 본문의 검토로 그 가능성이 매우 희박하다. 그러나 왕명에 따라 이두 사용의 통일을 위하여 편찬된 이두 문헌이 있었음을 말하는 점에서 이 조항은 주목된다.

제3항은 제1편이라 할, 이 책의 핵심인 「이두편람」에 대한 것이다. 설총이 지은 이두의 수효가 얼마인지 상고할 수 없으나 요약하면 100여 조항인데,[3] 지금의 분류는 1자에서 10자까지로 하여 이두를 수록하지만 베끼면서 빠뜨린 것이 있을지 모르나 요즘 官府에서 행용하는 것은 이것뿐이라고 한다. 이들을 서로 호환하면 얼마든지 사용할 수 있으므로 굳이 수효를 많이 할 것이 없으며, 그것은 도리어 어렵다는 기롱을 줄 것이라고 한다. 그리하여 「이두편람」에는 一字類, 二字類로 시작하여 十字類까지 모두 300조항 안팎의 이두를 싣고, 한글로 그 독법을 보이고 있다. 이들 이두와 독법에는 문제가 있기는 하나, 이 이두를 이리저리 결합하여 사용한다면 크게 불편함은 없을 것

3) 이는 범례 본문인 '要之爲百餘條'를 설총이 지은 이두의 수효를 가리킨 것으로 해석한 것이다. 그 해석은 무엇보다 「이두편람」에 수록된 실제 조항이 뒤에 설명할 바와 같이 異本에 따라 약간의 출입이 있으나 300 안팎이어서 범례와 맞지 않는 데 근거한다. 그러므로 위 본문이 여기 수록한 이두를 가리킨다면 '三百餘條'에서 脫字가 있다고 하여야 하나, 모든 이본에서 이 구절은 공통되므로 탈자는 생각하기 어려운 것이다. 수록된 조항과 관련을 굳이 짓는다면, 한 예로 '爲白-, 是白-'의 활용형을 한 조항으로 하듯이 분석하여 요약할 경우 조항의 수효가 큰 폭으로 줄어들어 '百餘條'가 될 수도 있다. 그러나 문맥으로 보아서 여기 우리의 해석이 자연스러운 것으로 생각된다.

이다. 뒤집어 말한다면, 관부의 문서에 나타나는 이두는 이것으로 모두 이해할 수 있다는 뜻도 된다.

제4항은 제2편이라 할 「집람이문」에 대한 것이다. 16세기 전반에 崔世珍이 왕명을 받들어 편찬한 『이문집람』에서 당시에 사용할 만한 것 百數十餘 조항을 가려내어 그 주석과 함께 뒤에 붙여 한문의 보조로 삼아 사용의 편의와 옛을 따르는 뜻을 겸하였다는 것이다. 잘 알려진 바와 같이 『이문집람』은 중국과 우리나라 사이에 오간 실무적인 외교 문서를 모아 엮은 『吏文』에서 어려운 語句를 모아 풀이한 책인데, 거기에서 당시에도 사용될 만한 百數十餘 조항을 가려 이 篇을 삼았다고 한다. 실지로 제2편에 수록된 吏文의 語句는 모두 121 조항이다. 이 語句는 吏文이라고만 하기도 한다. 그런데 篇名을 원전인 『이문집람』과 다르게 한 것은 원전에서 일부를 발췌한 사실만으로 설명되지 않는다. 이는 아마도 다음 篇인 「行用吏文」과의 균형도 고려된 것으로 보인다. 바로 뒤에서 설명되는 「행용이문」은 수록 대상이 行用의 吏文인데 대하여 「집람이문」은 『이문집람』의 吏文을 수록하여 주석하였다는 뜻을 드러낸 篇名이 아닐까 한다.

제5항은 제3편이라 할 「行用吏文」에 대한 것이다. 당시 方言 곧 국어가 내외의 官府와 州縣에서 사용되는 것으로 '矣, 尺文, 召史' 등이 있는데, 이들은 한문의 字音이나 字訓이 다르다. 『이문』에 輯覽이 있는 예를 따라서 이것들을 모아 실어 참고하게 한 것이 「행용이문」이라는 것이다. 말하자면 「行用吏文輯覽」으로 편찬된 내용이다. 그런데 여기 수록된 조항의 대부분은 다른 이두 문헌에서 이두로 다루어진다. 이는 이두에 대하여 그 기능을 위 제2항에서 '語脈之承接折轉 最覺分曉'라 한 바와 같이 漢文의 口訣과 같이 吏文의 吐로 이해한 사실과 관련된다. 그리하여 「이두편람」의 조항은 주로 국어의 조사와 '하-, 이-'의 활용형인 이두로 되어, 주로 명사인 이두로 된 이 篇과 대조적인 것이다.

이상 범례 제3, 4, 5항의 설명으로 이 책은 「이두편람」, 「집람이문」, 「행용이문」의 3편으로 되고, 각 편의 내용이 어떠함을 알게 된다. 그러나 현재 알려진 異本에는 이러한 編制를 그대로 따른 것이 있는가 하면 조금 다른 것이 있다. 여기서 소개하는 대상인 가람본도 약간 다른 편제로 된 책의 하나이다.

그 가람본의 편제는 「이두편람범례」, 「이두편람」, 「이문」, 「집람이문」, 「행용이문」으로 되고, 「행용이문」의 끝에 '附錄'이 더 있다. 여기 「이문」에 수록된 이문은 篇名이 없지만 前間本에서도 「집람이문」 앞에 똑같이 수록되어 있는데, 前間(1974: 395)에서는 이 조항들을 중국의 이문이기는 하나 『이문집람』[4]이 아니라 『無冤錄註』 기타의 책에서 모은 것이라 하였다. 그러나 사실은 「집람이문」의 내용 일부를 독립시킨 것이다. 「이문」[5]에 수록된 '端布(속이문 2a), 媳婦(이문 17b), 去衣(이문 32b)' 등 모든 조항은 「집람이문」의 그것과 마찬가지로 괄호 안에 보인 출전과 같이 『이문집람』의 권2~4와 『이문속집집람』에서 발췌되었기 때문이다. '부록'은 「집람이문」의 뒤에 있어야 한다. '부록'을 싣는다는 注記는 「집람이문」과 관련되었으므로 관련된 篇 끝에 있어야 할 협주이고, '부록'에 수록된 조항은 「행용이문」의 一字類에 포함될 내용인 것이다. 이와 같이 編制가 달라진 이유는 필사의 저본이 잘못되었거나 필사하는 사람이 부주의로 轉寫를 잘못하였거나 하는 데 있을 것이다.

제1편이라 할 「이두편람」은 一字類에서 十字類란 명칭 아래에 이두를 분류하여 싣고 그 독법을 한글로 주기하였다. 수록된 이두는 모두 291조항으로서 이 책의 다른 이본보다는 적으나, 이두를 수집하여 독법을 보인 다른 이두 문헌보다는 수효가 많은 편이다. 그러나 자세히 살펴보면, 이두와 독법에는 문제가 적지 않다.

먼저 이두에서는 誤字가 있다. '敎是如在中'는 '是在如中, 爲白在如中'에 비추어서 '敎是在如中'의 잘못이다. 濯足本은 가람본과 같이 잘못되었으나, 前間本과 전주본은 올바로 되었다. 이는 이본의 계통을 말한다. 오자의 다른 예는 '不知得'이다. 뜻이 '알지 못하고, 모르고'인 '知不得'의 잘못인데, 다른

---

4) 『吏文輯覽』은 그 권2~4와 『吏文續集輯覽』의 1책으로 되어 있다. 여기서의 인용은 현재 전하는 이본 중에서는 가장 오랜 『增定吏文輯覽』(동국대 소장의 활자본)에서 행한다. 이 책은 『서지학보』 제17호(1996)에 영인되어 쉽게 볼 수 있는 이점도 있다. 출전 書名은 판심제인 '吏文(『이문집람』), 續吏文(『이문속집집람』)'에 따라 '이문, 속이문'이라 한다. 『증정이문집람』은 끝에 다른 이본에서 볼 수 없는 『比部招議輯覽』이 더 매어져 있다. 그러나 「집람이문」의 조항에는 『비부초의집람』에서 온 것이 전혀 없다. 따라서 「집람이문」의 편찬에서 이용한 책은 목판본인 『이문집람』이라 생각된다.

5) 이 책의 올림말인 吏讀와 吏文의 출처는 張次로 밝히지 않는다. 각각 편명만 밝히는데, 가령 올림말 '端布'는 「이문」, 이두이면 「이두편람」으로 함과 같다. 장차가 없어도 字數로 쉽게 찾을 수 있기 때문이다. 그러나 이 책에서 인용된 원전은 다음에 보인 올림말 뒤의 괄호 안과 같이 장차까지 밝힌다.

이본들도 모두 독법까지 '알모로'로 동일하다. 따라서 단순한 誤字이기보다는 '알모질'로 읽히던 '知不得'이 와전된 결과일 가능성이 크다. 그러나 여기서는 일단 오자의 한 예로 들어 두기로 한다.

문제의 이두는 하나의 이두가 다르게 표기되는 이른바 雙形語의 예들이다. 이 책에도 나오지만, 뜻과 독법이 동일한 '加于 · 尤于'와 같은 이두가 그것이다. 그런데 다른 이두 문헌에 보이지 않는 쌍형어가 이 책에 수록되어 있다. '始只 · 始叱'과 '爲矣 · 爲乎矣, 是喩 · 是隱喩, 是可向入 · 是隱可向入'가 그것인데, 전자의 '始只'과 후자의 '乎, 隱'이 없는 예가 특이하다. 모두 후대의 변화된 이두로 생각된다. 다음으로 '爲尼, 是尼'와 같이 어미 '尼'로 끝나는 이두가 주목된다. 조선 중기 이전 자료에에는 보이지 않는 후대의 이두가 수록된 것이다. 그 밖에 '主臣亦爲白乎等以'가 있는데, 협주의 "主臣 見漢書 宜別可訓釋也"와 같이 '主臣'은 '황공하다'의 뜻으로 『漢書』, 『史記』 등 중국의 史書에 나오는 한자어이다. 그 독법인 '젓ᄉᆞ와여'는 '主臣亦'를 부사어로 풀이한 것이다. 앞선 시기의 자료에 보이던 이두가 아니다. 요컨대 문제의 이두는 위에서 오자의 예로 든 '不知得'과 같이 와전이거나 변화로 생겨난 예라 할 것이다.

독법의 문제는 더욱 심한 편이다. 이두를 어떻게 읽었느냐 하는 것은 기준으로 하는 時點에 따라 다를 것이다. 한글로 표기되기 이전의 독법은 추정할 수밖에 없지만, 한글로 표기된 이후에도 시기에 따라 상당한 변화가 있다. 우리의 조사에 의하면, 가장 이른 시기의 한글 독법은 17, 18세기의 『吏文』과 『吏文大師』에 나타난 것으로서 대체로 중세국어와 공통되는 성격을 가지고 있다.[6] 그것으로 이 책의 독법을 보면, 음운 변화를 반영한 것을 제외하여도 괄호에 보인 『吏文』 등과 달라진 '乙良 을아(으란), 教矣 이되(이샤ᄃᆡ), 不喩 아닌지(안디), 使內事 ᄇᆞ라온일(ᄇᆞ리온일)' 등이 있고, 아예 이두의 字音으로 읽은 '爲只爲 ᄒᆞ기위(ᄒᆞ기암), 其等徒 저등의(저드내)' 등이 있다. 따라서 이 책

6) 이들 두 문헌에 대한 소개는 안병희(1987b 및 1999a)에서 행하였다[뒤의 글은 본서 제23장]. 그에 따르면 두 책은 꽤 많은 이본이 전한다. 간년이 명기된 것은 1658년(順治 15, 효종 9)의 『吏文』과 1679년(강희 18, 숙종 5)의 『吏文大師』가 가장 이르다. 그러나 이두 자체와 독법이 두 책은 서로 공통되면서 후대의 다른 이두 문헌과 차이를 보인다. 위에서 후대의 변화된 이두라 한 예는 이들 두 책과 『대명률직해』를 비롯한 중세국어의 이두 문헌을 기준으로 하였고, 앞으로 독법의 변화라 할 경우도 그 두 책을 기준으로 하였음을 밝혀 둔다.

을 비롯한 후대의 이두 문헌에 나타난 독법에 근거하여 국어사의 논의를 전개하는 일은 매우 위험하다. 예컨대 이 가람본에 보이는 '右良 이마아(니믜여)'의 '이'를 '이믜(旣)'와 관련지어 설명한다든지, 가람본 이외의 다른 이본에 보이는 '矣段 의쏜(의싼)'의 '쏜'을 바로 중세국어의 조사 '(이)쏜'과 같은 것으로 보는 일 등이다. 중세국어에서는 '니·이, ᄒᆞ·하'의 변별성이 잘 알려져 있지만, 19세기 이후의 이두 문헌에 나타난 이두의 한글 독법에서는 그 구별이 없어져 있다. 그런데도 그 독법을 그대로 받아들여 중세국어의 비슷한 어형과 결부한 결과에서 온 것이다. 그러나 '右良 니믜여'는 '앞과 같이'의 뜻으로 '곰뵈님뵈, 니믜ᄎᆞ다'의 '님, 니믜'와 有緣性이 있는 이두이고, '의쏜'의 '쏜'은 '段 단(또는 싼)'과 가람본의 '의싼'에 비추어서 'ᄒᆞ·하'의 변별성이 없어진 후대에 '싼'을 잘못 표기한 이두로서 主題를 표시한다. 조사 '(이)쏜'은 호응하는 反語法을 강조하는 뜻을 나타내고 있어서 '싼'과 아무 상관이 없다. 이두에서 관련된 것을 찾는다면, 중세국어 '-ᄯᆞ녀'와 같고 'ᄯᆞ롬'과 有緣性이 있는 '耳亦 ᄯᆞ녀'가 있다. 이 '耳亦 ᄯᆞ녀'는 분명히 '쏜'과 '여'로 분석되는 것이어서 吏讀 '段, 矣段'과는 아무런 관계가 없는 것이다. 그러므로 이 「이두편람」을 비롯한 후대의 이두 문헌에 보이는 독법은 참고할 수는 있어도, 결정적인 논거로 삼을 자료는 아니다. 신중히 검토하지 않으면 안 될 자료인 것이다.

凡例의 경우와 마찬가지로 「이두편람」에도 '主臣'에서 본 것과 같은 협주가 더러 있다. 첫 예는 '印'에 대한 李睟光의 설과 다른 하나의 설을 인용하고서, 이는 이두로는 사용하지 않으므로 마땅히 篇末로 옮겨야 할 것이 아닌가 한 주석이다. 篇末은 제3편이라 할 「行用吏文」을 가리키므로, 책 편제의 잘못과 관련된 것이다. 사실 '印'은 편제에 관한 협주만 삭제하고 그 앞쪽에 있는 주석과 함께 「행용이문」의 一字類에 수록하는 것이 이 책의 편찬 방식으로 보면 일관성이 있다. 편제와 관련된 협주는 '爲白只爲' 아래에도 있는데, 三字類에 '爲白', 四字類에는 '是白'이 상세히 수록되었으나 四字類에 '爲白乎弥, 是白乎弥'가 모두 수록된 일은 마땅히 바로잡아야 할 듯하다는 것이다. 그러나 실제 수록된 이두는 '爲白'의 경우도 四字類가 훨씬 많다. 착오에 의한 협주라 생각되지만, 편제에서 수록하는 이두의 균형을 말한 점으로는 위 '印'의 그것과 같다. 독법의 통일을 고려한 협주도 있다. 곧 '爲齊 ᄒᆞ졔, 爲

白齊 ᄒᆞᄉᆞᆸ졔' 아래의 두 곳은 다 '져'로 되었으니 마땅히 통일하여야 한다고 한 예가 그것이다. 두 곳이라 함은 아마 비슷한 이두인 '敎味白齊 아산마ᄉᆞᆸ져, 爲白乎齊亦中 ᄒᆞᄉᆞᆸ올져여히'가 아닐까 한다. 이두의 같은 글자의 독법이 '졔, 져'로 다르게 되었으니 통일하여야 마땅하다는 내용인데, 앞의 범례 제2항과 관련되어 주목된다. 이두의 어원이나 뜻을 말한 협주도 있다. '卜定 디뎡, 卜役 딘역' 아래에서 '卜'을 원래 '負'의 省文 곧 半字인 ㅅ이라 하고 '딘역, 디뎡'(이 책은 구개음화가 일어난 뒤에 이루어진 것이므로, '디·지, 딘·진'은 완전히 같은 음절을 표기한다.)은 '負'의 새김인 '지다, 짐'에서 初聲을 따서 말을 편하게 한 따름이라는 것이다. 용법을 말한 협주로는 '爲白齊' 뒤에서 '爲白, 是白'이라 하는 것은 왕에게 奏達하는 문서에 사용한다고 한 예가 있다. 이상에서 여러 협주를 살펴보았는데, 그 성격은 뒤에 소개할 다른 협주와 함께 종합하여 설명하기로 한다.

제2편이라 할 「輯覽吏文」은 가람본에서는 「吏文」과 「輯覽吏文」으로 나뉘어 있다. 그런데 이미 凡例의 설명에서 말한 바와 같이 「이문」은 「집람이문」에 수록될 二字類 37조항의 이문이 잘못 분리되어 전사된 것이다. 「집람이문」에는 字類의 명칭을 생략한 채 一字類에서 四字類에 이르는 吏文 84조항이 잇달아 수록되었다. 두 곳으로 나뉜 이문은 모두 121조항으로 이 책의 모든 이본에서 공통된다. 이들 이문은 최세진이 편찬한 『이문집람』에서 당시 필요하다고 판단된 이문을 발췌하여 그 주석과 함께 옮겨실은 것이다. 이문과 주석은 대체로 원전을 따랐으나, 글자를 바꾸거나 첨삭한 것이 없지 않다. 올림말인 이문의 경우, '咨文'은 원전이 '咨'(이문 1a)이나 '文'을 덧붙여 一字類에 배치하였는데, 이는 필사하는 과정에서 일어난 잘못으로 생각된다. 글자를 바꾼 '跟捕, 禀復' 등은 원전의 '根捕(이문 11a), 禀覆(이문 13a)' 등에서 '根, 覆'을 통용되는 '跟, 復'으로 한 것이나, '勻旨'는 '鈞旨(이문 12b)'의 '鈞'이 宣祖의 諱이기 때문에 의식적으로 바꾼 것이다. 다른 이본에서도 똑같다. 주석의 경우는 첨삭으로 바뀐 것이 상당히 많다.

주석의 글자를 바꾼 것도 있지만, 주석을 줄인 예가 훨씬 많다. 약간의 예만 든다. 앞이 「집람이문」이고, 뒤가 원전인 『이문집람』의 해당 주석이다.

奏: 大小人臣奏上之文 - 大小人臣奏上之文 卽所謂奏本也(이문 1a)
照會: 上司行下司之文 - 上司行下司之文 如五軍都督部行六部 各布政司行按察使

之類(이문 1a)

考究到: 考究相考也 到謂相考而來到之意也 - 考究相考也 到謂相考而出來之意 選到取到弔到之到 皆倣此(이문 1b)

廡搭: 所以滅火者也 - 鄕言모ᄉᆞ래 所以滅火者也(속이문 3b)

節次: 連次也 - 連次也 猶鄕言벅디검(이문 7b)

줄인 주석은 위의 인용으로 알 수 있는 바와 같이 부가적이거나 예시한 내용이며, 특히 뒤의 두 예는 국어의 해당 단어이다. 한편 덧붙이거나 내용을 조금 바꾼 주석도 적지만 있다.

保結: 保保有其實 結結或其狀 凡承行上司公事者 謂保其實結其文以報 曰── - 上司有公事 其承行者 曰不敢符同以虛爲實 如涉虛 甘受重罪云云 結成文狀 回報 使上司保其不虛 曰保結(이문 16a)

光棍: 木無枝葉者 謂之── 以比白身無賴之小人 欺詐人財物 ○譯解 계집 업고 무뢰한 놈이라 - 無枝葉木仗一根 謂之光棍 以比無賴小人 只以白身 誑詐人財物 無所不爲者也(속이문 2a)

여기 내용을 조금 바꾼 주석은 원전을 축약한 것으로 앞의 줄인 주석과 비슷한 경우이다. 덧붙인 주석은 ○표 아래에 '譯解'라 하여 국어로 설명한 것이다. '譯解'는『譯語類解』로서 '계집 업고 無賴ᄒᆞᆫ 놈'(권상, 30a)을 옮겨온 것이다. 앞에서 원전의 해당하는 국어 단어를 줄인 주석과 상반된다. 한문의 주석만으로는 정확한 이해가 보장되지 않아서 덧붙인 것으로 생각된다. 이유는 어떻든 가람본「집람이문」의 편찬에는 17세기 말의『역어유해』가 참고된 사실이 확인된다.

이「집람이문」에도「이두편람」의 '主臣, 印' 등에 있는 것과 같은 성격의 협주가 있다. 먼저 '綜理'에 대하여 이 말은 이미『晉書』에 나타나므로 또한 吏文의 말이 아니라고 한 예다. 다음으로 이 책의「이문」과「집람이문」에 수록된 조항인 '防範, 三岔(兒)'와의 균형을 생각하여 각각「이문」과「집람이문」의 끝에 '甘結, 眼同'과 '口子, 暗礁'도 마땅히 실어야 한다고 한 예도 있다. 그러나 이는「집람이문」이『이문집람』에서 발췌한 이문으로써 올림말을 삼은 사실에 비추어 타당한 내용이 아니다. 곧 '綜理, 防範, 三岔兒' 등은 각각 원전(이문 5a, 20b, 23b)에 수록된 조항이나 '甘結, 眼同, 暗礁'는 원전에 수록되지 않았으므로 「집람이문」의 수록 대상이 아닌 것이다. 다만 그 협주에 따르면, 원전에 있는 '口子'(이문 12b)만 수록될 수가 있으나, 이는 『이두편람』 편찬자의 수록 방침에 관한 문제이다. 사실 원전의 많은 吏文에서 121조항만을 발췌하려면 그 선택이 쉽지 않았을 것이다. 꼭 필요한 이문의 한두 조항이 빠질 수도 있고, 그다지 필요하지 않은 조항이 들어갈 수도 있게 마련인 것이다. 다른 협주는 篇題와 관련된 것이다. 「집람이문」의 제목 아래에 "1권 안에서 篇題가 각기 다른데, 이두와 이문으로 편제를 지으면 좋을 듯하다."라 한 예가 그러하다. 이는 다음에 말할 「행용이문」의 제목 아래의 "이 또한 篇題인데, 命名이 각기 다르니 다시 상고할 조항이 아닐까 한다."란 협주와 연관이 있다. 여기의 1권은 1책을 가리키므로, 이 책 3편의 제목 곧 篇題를 다시 다듬는 것이 좋겠다는 내용으로 해석된다.

제3편이라 할 「行用吏文」은 제목 그대로 당시에 사용되는 국내의 吏文에서 우리나라의 독특한 용어만을 수록하였는데, 배열은 위의 제1, 2편이라 할 내용과 마찬가지로 一字類에서 四字類로 나누었으나 「집람이문」과 마찬가지로 字類의 명칭은 없다. 그런데 四字類가 끝난 뒤에 一字類란 명칭 아래에 「행용이문」의 一字類에 수록된 것과 같은 조항이 있다. 그 조항들은 위의 「이문」이 「집람이문」의 일부가 분리된 것과 같이 「행용이문」의 일부 一字類가 떨어져 나간 것으로 생각된다. 그 一字類 앞에 있는 다음 인용도 그것을 뒷받침한다. 이 인용은 가람본에서는 1자 낮추어 본문과 같은 大字로 되어 협주와 다르나, 내용으로는 앞에서 본 編制에 관한 협주와 다르지 않다.

> 이 篇에 베낀 것은 다만 『이문집람』을 주로 하여 『吏學指南』에 미치지 않았으므로 '甘結' 따위는 마땅히 들어가야 하는데 빠지고, '着落, 下落' 따위는 다 송나라 語錄이며 '綜理, 寅夜' 따위는 본래 어록이 아니며 더욱이 '三岔兒, 考究到, 可憐見' 따위는 또 『역어유해』에 나타난다. 많이 베끼면 방만하고 줄여 베끼면 無實하게 된다. 『이문집람』과 『이학지남』에서 함께 베낀다면 오직 긴요한 것만을 취하고 더욱이 『역어유해』 같은 것은 行用에 절실한 것만을 따로 베껴서 附錄으로 한다.

여기서 수록된 내용이 『이문집람』을 위주로 하고 『이학지남』에 미치지 않았으므로 '甘結'이 빠졌다고 한 점과 이문이 아니라고 한 '着落, 綜理, 三岔

兒' 등이 모두 「집람이문」에 있는 조항들인 점으로 이 篇은 「행용이문」이 아니라 「집람이문」을 가리킨다. 실지로 '甘結'은 『이학지남』(권2, 狀詞조)에 수록된 용어이며,[7] '着落'은 『어록해』(원간본, 9a)에 수록된 어록의 하나이고, '綜理'는 위에 말한 협주에서도 이문이 아니라 한 것이고, '三岔兒'는 '岔路 거림쐴'로 『역어유해』(권상, 6b)에 보이는 것이다. 따라서 이 인용은 내용이 정확하지만 오직 위치가 옳지 않다. 마땅히 「집람이문」에 계속되어야 올바른 위치인 것이다. 그리고 부록이라 한 一字類는 「행용이문」의 一字類에 수록될 조항이다. 전주본과 前間本은 바로 그러한 체재로 문제의 一字類에 속한 조항을 수록하였고, 더욱이 전주본은 위의 인용이 「집람이문」의 끝에 나타난다. 이 부분에 관한 한 전주본이 가장 정확하다고 하겠다.

이 「행용이문」은 다른 篇과 같이 올림말을 漢字로 제시한 다음에 주석을 쌍행으로 달았다. 주석에서는 먼저 올림말 한자가 字音대로 읽히는 '施主, 訓手' 등을 제외하고 독법을 한글로 보인다. 예컨대 '矣 주비, 迚 音둘' 등. 이어서 한문으로 용법, 어원에 관하여 설명하는 방식인데, 설명에는 李齊賢(1287~1367)의 『櫟翁稗說』, 李睟光(1563~1628)의 『芝峰類說』, 金昌協(1651~1708)의 『農巖雜識』, 南鶴鳴(1654~1722)[8]의 『晦隱集』, 南克寬(1689~1714)의 『夢囈集』 등과 『東國輿地勝覽』이 인용되어 있다. 인용은 저자의 이름으로 하였지만, 간혹 '李睟光芝峰類說, 李睟光類說'과 같이 書名을 덧붙이는 일도 있다. 이와 같이 典據가 인용되기도 한 주석에는 경청할 내용이 많다. 가령 '矣 주비'는 民名으로 作夫를 할 때에 빨리 圈點을 두르는 形象에서 되었다고 한 것, '수音마'는 위를 매어 아래로 늘어뜨린 것인데, 그 글자는 마땅히 亇이니 『동국

---

7) 『이학지남』에서는 甘結이 '所願曰甘 合從曰結 謂心肯也'이라 하여 誓約이 거짓이면 달게 벌을 받겠다고 관청에 제출하는 서약서를 가리키는 것으로 설명되었다. 우리나라 고문서의 甘結과는 다른 용어이다.

8) 인명사전 등에서는 남학명의 沒年이 미상으로 알려져 있다. 그런데 그 집안과 世誼가 있었던 朴勝彬의 그에 대한 증언이 간과된 것은 유감이다. 박승빈(1934)에 의하면, 그는 1934년을 기준으로 하여 279년 전에 태어나서 211년 전에 돌아갔다고 한다. 279년 전이 그의 생년으로 알려진 1654년(효종 5)이므로 211년 전은 1722년(경종 2)이 되어 69세까지 산 셈이 된다. 이러한 그의 생몰에 대한 증언은, 말년에 썼을 것으로 추정되는 남학명의 「晦隱翁自書墓誌」(『회은집』 권4, 30b 이하)에서 스스로 '以此終身 今近七秩'(이에 생을 마치니 이제 일흔에 가깝다.)이라고 한 기록에 비추어 보더라도 신빙성이 있다고 생각된다. 이에 그의 沒年을 1722년이라 한 것이다.

여지승람』에 의하면 廣州에 佳ケ嶺, 靈光에 ケ智島가 있다는 것, '太'는 黃豆를 가리키는데 팥(豆)의 큰 것이 黃豆이어서 大란 글자 아래에 점을 붙여 팥의 형상과 같이 한 省文이라고 한 것 등등이다. 우리도 이것을 활용하지 못하여 『이문대사』의 '仕官出于'을 잘못 해석한 일이 있었는데,9) 이 책에서는 '于'을 이문에서 闕額을 말한다고 하면서 독법이 闕과 같다고 설명하고 있는 것이다. 설명은 이뿐이나, 이 글자도 財物의 官簿에서 없어진 物目을 말소하는 필획의 형상에서 생긴 글자로 생각되어 '矣, 今, 太'와 비슷한 방식으로 된 것이 아닌가 한다.

주석의 하나에서 이 책의 編制를 알려주는 것이 있다. 一字類의 'ㅏ'에 대하여 "ㅏ은 본래 負의 尺 점인데 前篇에 상세히 나타나 있다. ㅏ馬, ㅏ馱를 다 本音에 따르나 옳지 않다."라고 한 주석이 그것이다. 여기 前篇이라 한 것은 「이두편람」을 가리키며, 구체적으로 二字類의 'ㅏ役'의 주석이다. 그에 의하면 'ㅏ'은 원래 負의 ㅅ 점에서 온 것으로 설명되어 있다. 따라서 여기의 尺은 ㅅ의 잘못이다. 그리하여 'ㅏ'은 負의 밑에 있는 두 필획인 ㅅ에서 첫 획을 바로 세운 데서 생긴 글자로 설명하여, 위의 '于'과 같은 것으로 이해하였다. 그러나 編制와 관련하여 중요한 것은 「이두편람」을 前篇이라 한 사실이다. 그것은 앞에서 「이두편람」 一字類의 '印'에 대하여 이두로 사용되는 것이 아니라 하여 篇末로 옮기는 것이 옳으리라 한 협주와 함께, 이 책이 범례의 설명과 같이 前篇인 「이두편람」, 中篇인 「집람이문」, 篇末인 「행용이문」의 3편으로 구성되어 있음을 말한다. 그리하여 우리가 범례와 책의 내용을 설명하면서, '제1편이라 할 「이두편람」' 운운한 것은 제1편 「이두편람」이라 수정하여야 할 것이다. 다시 말하면, 위의 이 책 내용에 대한 검토로써 책의 編制는 앞에 「이두편람범례」를 두고서 본문이 「이두편람」, 「집람이문」, 「행용이문」의 3편으로 되었음을 안다.

끝으로 凡例 제1항의 협주에 대한 설명에서 그것이 저본인 刊本에는 말할 것도 없고 寫本에서도 있을 수 없다고 언급한 문제와 관련하여, 앞에서 설명을 보류하였던 본문의 협주와, 「행용이문」의 뒤에 있는 주기 등의 성격을 종

---

9) 이에 대하여는 안병희(1987b: 61)에서 관직에 있으면서 나가서 이것저것 관여한다고 한 잘못된 주석을 하였으나, 안병희(1999a: 20)에서 이 책의 설명을 인용하여 '于'을 관청의 재산을 축낸다고 바로잡은 일이 있는 것이다. [본서 제23장]

합하여 살펴보기로 한다. 협주와 주기에서는 위에서 본 바와 같이 책의 編制와 내용에 대한 비판이 있고, 그 대부분의 비판은 책의 편찬에 반영되어야 할 지적을 담고 있다. 그러한 협주와 주기를 그대로 본문 안에 인쇄한 간본을 우리는 본 일이 없다.[10] 더욱이 협주와 주기는 字句의 출입이 있고 베낀 체재가 조금 다르기는 하지만, 前間本을 제외한 모든 이본에 공통된다. 그것은 그 이본이 같은 저본으로부터 왔음을 말한다. 간본이건 사본이건 그것을 底本으로 하여 전사한 사본인 경우에, 編制와 내용에 대한 필사자의 비판이 간혹 덧붙여 쓰여지는 일이 있다. 그러나 그것은 天頭나 地脚 등 난외의 여백에 나타난다. 이들 이본과 같이 본문 안에 책의 주석처럼 아예 쌍행이거나, 심지어 「행용이문」 뒤의 주기처럼 본문과 같은 글자로 쓰여지거나 하는 예가 없다. 이러한 일은 간본을 전사한 경우에는 더욱 일어나는 일이 없다. 前間本의 경우도 뒤에 그 이본의 설명에서 언급되겠지만, 간본이 저본이라 하기에는 미타한 점이 있다. 그러므로 前間本을 포함한 『이두편람』의 모든 이본이 간본을 저본으로 한 것일 수는 없다. 여기에서 『이두편람』이 간행되었다는 前間(1974)의 말은 인정하기 어렵다. 저본을 간본으로 인정할 수 있는 이본이 없을 뿐 아니라, 18세기 말기 이후의 간본이라면서 1부의 實冊조차 없다는 사실도 간행을 부인하는 방증이 될 것이다. 비슷한 시기의 간본인 이두문헌 『吏文襍例』도 前間本만 알려져 있었으나 홍순혁 교수 舊藏本이 있어서 복수의 傳本이 확인되었고, 따로 寫本도 존재하고 있는 것이다.[11] 그러나 범례를 보면 이 책이 왕명으로 편찬된 것은 인정된다. 있지도 않은 왕명을 범례에 함부로 내세울 수는 없다. 왕명에 따라 편찬된 책의 존재는 일단 인정하여야 할 것이다. 그 책은 草稿本이라 할 수 있다. 그것을 저본으로 한 책은 없다. 前間本이 그것을 저본으로 한 것으로 볼 수 있으나, 뒤에 설명하게 되

10) 선조 초에 교서관에서 중간한 『내훈』, 『여씨향약』 등에서 紙頭 곧 天頭에 그러한 주기를 인쇄한 예는 있다. 간행을 주도한 校書館提調 柳希春의 엄격한 校正의 결과를 반영한 주기이다. 그 주기는 상당한 근거를 가지고 있었지만, 본문에 협주로 넣지 않았던 것이다. 天頭의 이 주기에 대하여는 안병희(1992b: 104 및 106)을 참조.

11) 『이문잡례』의 국내 소장은 刊本인 홍순혁 교수 구장본이 홍순혁(1949) 등에 소개되었고, 寫本이 연세대도서관 성공회 장서의 『士子須知』에 수록되어 있다. 이 간본을 전사하고서 『사자수지』의 사본을 대조하여 교정한 사본이 서울대도서관 일사문고에 수장되어 있다.

겠지만 그 책에도 협주의 일부 내용이 본문에 기록되어 있을 뿐 아니라 편제가 잘못된 것이 있다. 그 초고본에 약간 손질하여 전사한 것이 前間本이라 할 수밖에 없다. 그러면 협주 등을 가진 나머지 이본은 어떻게 설명할 수 있을까. 여기에서 우리는 감히 다음과 같은 추정을 하고자 한다. 먼저 왕명으로 이 책의 초고본이 편찬되었으나, 협주와 주기로 나타난 비판이 일자 定本을 새로 만들기 위하여 초고본에 비판을 적어 넣은 稿本이 작성되었지만, 그 稿本은 어떤 사정으로 끝내 수정되지 못하여 간행에 이르지도 못한 것으로 추측한다. 그러나 그 稿本의 가치를 인정한 사람이 그 稿本이나 그것을 베낀 한 寫本을 유출하게 되어 그것을 저본으로 삼아 전사하여 유포한 것이 협주와 주기를 가진 오늘날의 이본이 아닌가 추정하는 것이다. 이는 추정에 추정을 더한 것이나, 왕명에 의한 편찬과 현재의 이본을 설명할 수 있는 유일한 가설로 제기하는 바이다.

Ⅲ. 현재 알려진 『吏讀便覽』의 이본

지금까지 가람본을 중심으로 하여 『이두편람』을 소개하였다. 거기에서 현재까지 傳來가 알려진 다른 이본에 대하여도 부분적으로 언급되었다. 그러나 다른 이본을 구체적으로 설명하고, 나아가 그 계통을 밝혀 둘 필요가 있다. 이 책의 실상에 좀 더 접근하는 길이기 때문이다. 가람본과 가까운 이본의 순서로 설명한다.

(1) 濯足本(<사진 3, 4> 참조)

이 책은 前間(1957: 1887)에서 이미 간단히 설명되었으나 잘못이 많다. 필자의 實査는 일본을 여행하였을 때에 하였으나, 내용에 대한 자세한 조사는 불가능하였다. 뒤에 복사본으로써 내용을 검토할 수 있었다.[12]

濯足本은 모두 19장인데, 五針眼訂으로 된 한국본이다. 사주쌍변으로 된 題簽에 '吏讀便覽(吏讀攷)'이란 外題가 쓰여져 있다. 괄호가 사용된 점으로 보아서 외제는 金澤庄三郎의 舊藏이 된 뒤에 한 것으로 보인다. 권두인 범례

12) 여기서의 기술은 작고한 志部昭平 교수가 보내주었던 복사본을 중심으로 행한다.

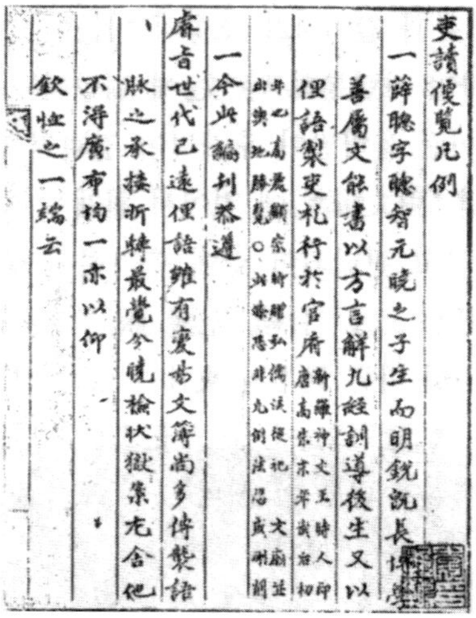

<사진 3> 濯足本(범례 1a)

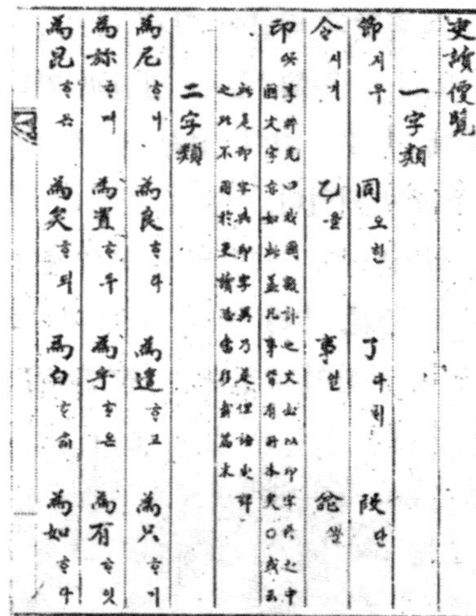

<사진 4> 濯足本(1a)

의 첫 장 앞쪽에 '李印/致範'이란 白文方印이 있다. 濯足文庫에 수장되기 전에 한국인이 정성을 들여서 필사하여 소장하였던 책임을 알려준다. 그러나 李致範이란 사람은 알아볼 방도가 없으므로 寫本의 연대나 필사자가 확인되지 않는다. 다만 제1 針眼의 끈이 끊어지고 풀어진 채로 있어서 제법 사용되다가 일본인의 손에 들어간 것으로 추정된다. 따라서 필사는 늦어도 19세기 후반에 되었다고 짐작할 뿐이다.

변란은 인쇄되었는데, 사주단변에 10행이다. 범례는 1행 19자, 주 쌍행이나 본문은 字類와 주석의 길이에 따라 段을 나누었다. 「집람이문」, 「행용이문」은 대체로 2단, 「이두편람」은 4단(1~2자류), 3단(3~4자류), 2단(5~7자류), 1단(8~10자류)으로 되었다. 판심은 上二葉花紋魚尾가 있으나 판심제와 장차는 없다.

첫머리에 있는 「吏讀便覽凡例」는 가람본과 완전한 일치를 보인다. 擡頭法이 가람본보다 엄격하게 적용된 것이 특이하다. 곧 '睿旨'는 雙擡, '欽恤'은 平擡가 적용되고, '文廟, 大明, 敎' 등 앞에는 空格이 있다. 이에 대하여 가람본은 空格만 같으나, '睿旨'가 單擡로 되고 '欽恤'은 공격도 나타나지 않는다. 다른 이본에 비교되지 않을 정도로 정성을 들여 쓴 楷書와 이 정확한 대두법의 사용으로 보아서, 編制 등에 관한 협주만 삭제하면 濯足本은 간본의 版下

로 이용되어도 무방한 책이다.

「이두편람」은 가람본과 같이 字類의 명칭에 이어 이두가 294조항 수록되어 있다. 가람본에 없는 '爲乎, 爲置, 爲白乎'가 더 수록되었기 때문이다. 두 책에 함께 수록된 이두도 필사에서 잘못이 있다. 괄호 안에 옳게 된 가람본을 대조해 보이면 '是白餘良(是沙餘良), 爲置有是亦(是置有是亦)'가 있고, 역으로 괄호 안에 보인 가람본의 잘못이 수정된 '是白有亦(是白有如), 是置有亦(是置有如)'가 있다. 독법에서도 가람본과 작은 차이를 보이만, '惟只 아직 當作오직'이라 하여 가람본의 '惟只 오직'과 아주 다르다. 그러나 濯足本과 가람본은 '敎是如在中'이란 誤字와, 많은 협주가 내용과 위치까지 일치하고 있다.

「집람이문」의 경우는 가람본과 더욱 두드러진 일치를 보인다. '吏文'이란 제목 아래에 「집람이문」의 二字類를 독립시킨 것과, 編制에 관한 협주 등이 그러하다. 一字類에 '咨文'을 수록한 것도 같다. 다만 '甘結, 完議, 眼同'과 '口子, 暗礁'를 실어야 한다는 협주의 위치가 가람본에서는 각각 「吏文」과 「輯覽吏文」의 끝에 있으나, 濯足本은 '防範'과 '三岔兒'의 주석 다음의 ○표 아래 있는 차이 정도다.

「행용이문」도 올림말의 수효와 주석 등이 가람본과 같다. 編制에 관한 협주와, 一字類란 명칭 앞의 「집람이문」에 수록된 이문에 관한 大字로 된 注記가 똑같다. 그러나 작은 차이가 없지 않다. 올림말에서 '木, 牌頭, 沙工'이 빠지고, '把持'는 주석이 빠져 있다. 올림말 특히 二字類의 배열순서도 같지 않아서 '捧上, 上下' 등이 '施主, 鄕闇' 등 앞으로 수록된 것 등이다.

이상으로 이 濯足本은 編制와 내용이 가람본과 같은 계통의 책임을 알 수 있다. 그것은 다른 이본의 검토로 더욱 드러날 것이다.

(2) 전주본

이 책은 實査가 불가능하므로 金根洙 교수의 『吏讀資料集成』(油印本)에 수록된 책으로써 설명한다.13) 모두 22장인 이 책의 체재나 내용은, 자료를 소

13) 이 책의 조사를 위하여 소장처인 전주고교에 알아보았는데, 某大學으로 전직하여 간 李某 교사가 대출한 것으로 되어 있으나 본인은 모르는 일이라 하여 현재 책의 향방이 묘연하다고 한다.

홀히 다루지 않는 金교수의 연구 태도로 미루어서 원전인 寫本을 충실히 따랐을 것으로 판단된다. 그러나 옮겨 쓰고 油印하는 과정에서 뜻하지 않게 誤字가 있을 수 있다. 여기서는 그러한 오자로 생각되는 것은 무시하고 편제와 내용을 알아보기로 한다.

권두의 범례는 대체로 가람본과 같다. 擡頭法에서 차이가 있는데, '欽恤'이 平擡로 되고 '文廟' 등 앞의 空格이 지켜지지 않은 것 등이 그러하다. 또 범례로는 적합하지 않다는 제1항 뒤에 있는 협주가 「吏讀便覽凡例」의 제목 아래로 옮겨지고, 계속하여 이두의 올바른 독법을 보인 '讀音두'란 협주도 차이이다.

「이두편람」은 一字類부터 이두를 수록하고 간혹 가람본과 같은 협주를 붙여 놓았다. 그러나 字類의 명칭이 없는 점과 이두의 배열이 六字類까지 2단으로 되다가 六字類 마지막 이두부터 1단인 점이 다르다. 수록한 이두는 303조항으로 가람본보다 12조항이 많다. 구체적으로 말하면, '爲乎, 爲置, 是乎, 爲白乎, 等用良, 乙用良, 無乎事, 爲乎喩(중복), 爲有等以, 爲有在果, 爲有乎事, 是乎等乙用良, 可于支當不得, 爲白乎等乙用良'이 더 있고, 가람본의 '白乎弥, 是置有是亦'이 없다. 여기 추가된 '是乎等乙用良, 爲白乎等乙用良'은 가람본 등의 '爲乎等用良'이나 이 책에 추가된 '等用良'이 전통적인 이두이므로 '乙'이 잉여적이다. 그 밖에도 한둘 미심쩍은 이두가 있다. 이와 같이 이두를 많이 수록하는 것이 범례 제3항의 지적과 같이 이두의 사용에 편익을 주기보다 오히려 어려움을 줄 수도 있다. 그러나 '無乎事 무온일'은 독법이 『이문대사』의 '어오론일'에서 字音으로 바뀌기는 하였으나 자주 사용되는 이두이다. 이 독법에서 보듯이 이 책 이두의 독법도 가람본과 같이 대체로 후대의 변화된 것이다. 공통되는 이두도 가람본과 같은 성격이다.

협주는 가람본보다 더 많다. '持是遣 딘이고' 아래에 다음의 持是乎弥는 '딘니'라 하니 마땅히 하나로 정할 일이라 하여 독법의 통일에 대한 것이 3개, '向爲良' 아래의 '除除良의 아래에 두어야 할 듯.'과 같이 배열 위치에 대한 것이 2개다. 다른 하나는 '爲尼' 아래의 "爲자와 是자로 시작하는 이두 아래에 있는 말은 뒤바꾸어 통용되는데, 시작되는 곳 아래에 비교적 상세히 수록하여 이 뒤의 참조를 曲盡하게 함이 좋을 듯하다."이란 협주다. 이는 '爲, 是'로 시작되는 이두 아래에 오는 형태부는 통용되므로 어느 한쪽으로만 수록할 수도 있지만 이용자의 편의를 생각하여 많이 수록하였다는 것이다. 이는 이 책의 이두가 다른 이두 문헌보다 많은 이유를 말한 협주로서 주목된다. 앞에서 말한 가람본의 '爲白只爲' 아래 협주와 같은 내용이지만, 이 책에서는 '爲在果' 아래에 있을 뿐 아니라 내용도 '三字類於爲白詳載 此則於爲白詳載 而爲白是白 竝在乎弥 恐當釐定'과 같이 약간 다르게 되었다. '爲白, 是白' 아래 형태부 표시의 이두를 일정한 기준으로 수록하여야 한다는 내용이나, 두 협주에 다 誤字가 있는 것으로 생각된다.

「집람이문」은 전주본의 편제가 가장 잘 되어 있다. 두드러진 것으로 가람본에서 '吏文'이란 제목 아래에 따로 떨어져 수록된 이문이 이 책에서는 二字類 속에 들어 있고, 가람본에서 「행용이문」의 四字類 뒤에 있는 「집람이문」에 대한 비판적인 주기가 여기에서는 「집람이문」 뒤에 올바로 들어 있는 것이다. 수록된 이문과 그 주석은 가람본과 같으나 차이도 있다. 곧 올림말 '咨文, 跟捕, 禀復'이 원전인 『이문집람』과 같이 '咨, 根捕, 禀覆'으로 되고, '去衣, 根捕'의 주석에서 ○표 아래에 각각 원전에도 없는 '本文旣云非淫婦 單衣受杖 去彼取此 恐(원문대로. 탈자가 있는 듯.), 註根與跟通 謂跟尋'이란 주석이 더 있는 예이다. 이들 주석은 올림말을 이해하는 데 도움이 되어 추가한 것으로 생각되지만, 추가한 사람에 대하여는 쉽게 단정할 수는 없다.

「행용이문」도 「집람이문」과 관련되어 編制로는 옳게 되어 있다. 가람본의 잘못된 「집람이문」에 대한 주기의 자리가 옳게 옮겨지고, 그 주기 뒤에 수록된 一字類가 앞쪽으로 옮겨져 합쳐진 것이 그러하다. 그러나 수록된 올림말이 가람본과 같이 172조항이다. 곧 濯足本에서 빠진 올림말 '木, 牌頭, 沙工'이 주석과 함께 수록되고 '把持'의 주석도 나타나 있다. 다만 다른 이본에 없는 올림말인 '作紙, 抽栍, 打量, 反庫, 反作, 無面, 刷還, 推刷, 解由, 斜出'의 10조항이 一字類가 끝난 뒤에 더 수록되었는데, '反庫, 無面, 解由'에는 주석도 달렸다. 이들 조항은 모두 「행용이문」의 올림말이 될 만한 것이어서 보완하려 한 것으로 생각된다. 이에 대하여는 一字類의 마지막 장에 誤脫字가 있어서 모두 정확하게 이해되지는 않으나 대체로 一字類와 二字類 이하는 중국의 이문에 관계되는 것이 많아서 따로 '作紙'부터 '斜出'까지 베끼는 일도 그와 같은 것이라고 보이는 협주로써 그 보완한 이유를 말하고 있다. 문제는 이 보완이 위의 '去衣, 跟捕'의 주석과 함께 이 책에만 나타나는 사실을 어떻게 설명하느냐이다. 전주본의 필사 저본이 가람본과 濯足本과는 다르거나, 아니면 저본은 같지만 필사자가 추가하였다고 설명하는 방법이 있다. 단정하기는 어렵지만, 잠정적으로 필사 저본의 차이에 무게를 두고서 후일을 기다리기로 한다.

(3) 前間本(<사진 5, 6> 참조)

이 책은 17장에 걸쳐 원소장자인 前間恭作이 스스로 펜으로 전사한 것이다. 머리말에서 말한 바와 같이 前間(1929)에서는 필사의 저본에 대하여 전혀 언급하지 않았다. 底本은 책의 내용으로 추정할 수밖에 없는데, 다행히 이 책은 추정의 근거가 될 큰 특징을 가지고 있다. 그것은 책의 編制나 내용을 비판한 협주가 일절 없는 사실이다. 예컨대, 범례 제1항이나 「이두편람」 一字類의 '印' 뒤에 있는 협주 등이 없다. 원전인 『이문집람』에는 없으나 「집람이문」의 주석에 보완된 협주가 없는 점도 그러한 특징이다. 곧 '光棍' 뒤의 『역어유해』에서 가져온 '계집 업고……'와 '綜理' 뒤의 이문이 아니라는 주석

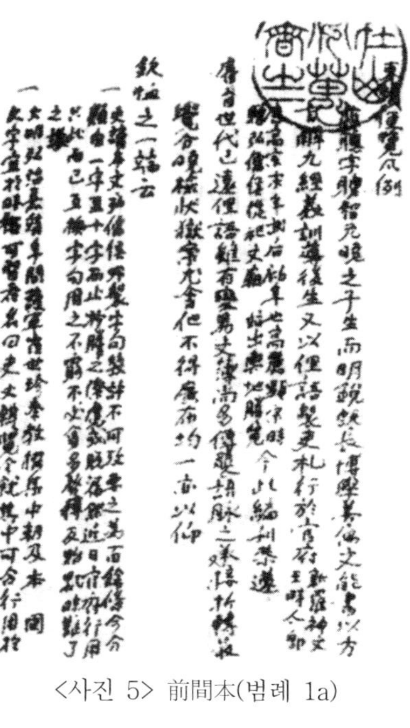

<사진 5> 前間本(범례 1a)

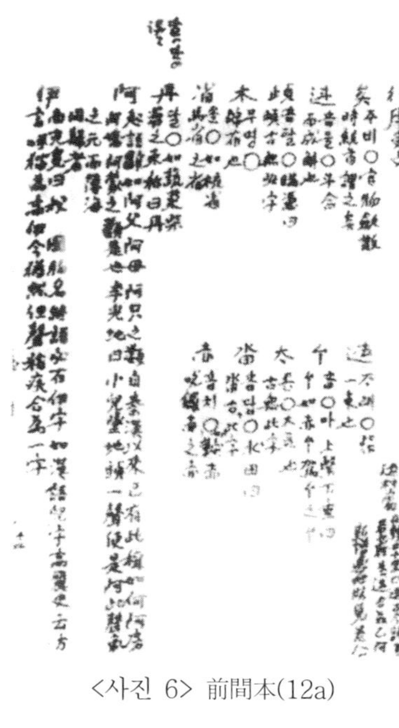

<사진 6> 前間本(12a)

이 없는 것이다. 그러므로 가람본을 중심으로 행한 이 책의 편제와 내용에 대한 설명에서 말한 바 있지만, 가람본을 비롯하여 濯足本과 전주본의 저본이 修正을 위하여 비판이나 보완을 더하여 된 稿本이라 한다면, 前間本은 비판이나 보완이 있기 전의 草稿本이거나 그것의 轉寫本을 저본으로 하여 약간 손질하여 전사한 책이라고 생각된다. 다시 말하면, 前間本의 저본은『이두편람』의 초기 모습을 보여 주는 책이라 추정되는 것이다. 그런 점으로도 저본에 대한 일언반구 언급이 없음은 매우 안타까운 일이다.

본문은 변란이 없이 10행, 1행 26자 내외에 주 쌍행으로 되었다. 모든 올림말은 字類의 명칭이 없이 一字類, 二字類의 순서로 수록하였다. 이두는 三字類까지 4단, 四字類가 3단, 五, 六字類가 2단, 그 이하를 1단으로 수록하고, 이문은 대개 2단으로 수록하나 주석이 길면 1단으로 되어 있다. 이러한 체재는 저본을 따른 것이 아닐까 한다. 前間가 참고하기 위하여 추가한 내용은 附箋에 기록되어 저본과 구별하였기 때문이다.「행용이문」의 '法' 아래에『신증동국여지승람』(권8, 15b)의 '法村處'란 地名과 "法는 古今의 운서에 없다. 우리나라 말에 풀을 섶과 같이 묶은 것을 '자라'라 하는데, '玆乙阿' 세 글자를 訓으로 하고 音義가 없다."란 협주를 옮겨 쓴 쪽지를 붙여놓은 것이다.[14] 그러므로 이 책은 비록 펜으로 된 前間의 轉寫本이지만 저본 그대로 베낀 것으로 보아야 한다.

범례는 가람본 등의 제1항, 제2항을 합쳐 놓았으나, 앞에 제3항 이하에 있는 '一'이란 숫자가 없을 뿐 아니라 설총에 대한 협주는 쌍행이나 본문은 大字로 되어 쌍행인 제3항 이하와 다르다. 따라서 처음 두 조항은 범례에 들긴 하였으나 제3항 이하와 달리 序文의 성격임을 드러내려고 한 데서 行格이 달라진 것이 아닐까 한다. 擡頭法은, '睿旨, 欽恤'은 雙擡가 적용되고 空格은 '本國'의 '國'에만 나타나서 엄격하지 않다.

「이두편람」에 수록된 이두는 305조항으로 가장 많다. 수효가 전주본과 대체로 일치한다. 이두 '爲乎喩'가 다 같이 중복되나 수효만 2조항이 많을 뿐이

14) 'ᄌᆞ래(法)'는 17세기 이후의 언해본에 나타나는 말이다.『新傳煮取焰焇方諺解』(1635, 인조 13) 간행『火砲式諺解』의 合部本)의 '燒木 ᄒᆞᆫ ᄌᆞ래(燒木一法, 12b)',『新傳煮硝方』(1796, 정조 20)의 'ᄒᆞᆫ ᄌᆞ래 吐木(一法吐木, 9a)'이 그 용례이다. 더욱이 전자에서는 한글로 독음이 '거'로 달리고, 협주로 '네 발로 ᄒᆞᆫ ᄌᆞ래를 ᄒᆞ라(四把爲度, 12b)'라 하여 그 단위를 구체적으로 설명하고 있다.

다. 전주본에 빠졌으나 가람본에 수록된 '白乎弥, 是置是是亦'가 더 있기 때문이다. 후자는 가람본과 같이 '是置有是亦'이어야 하는데 잘못 쓴 것이다.

「집람이문」은 가람본과 같이 두 부분으로 나뉘었으나 '吏文'이란 제목만 없다. 올림말의 배열이 약간 다르나 가람본과 같이 121조항의 이문이 수록되어 있다. 一字類 '峇'는 원전과 같다. 다만 가람본의 「이문」에 해당되는 부분 끝에 주석은 없이 '甘結, 完議, 眼同'이란 올림말이 추가되어 결과적으로 124조항이 되었다. 이들 올림말은 원전인 『이문집람』에 없어서 원래 수록되지 않았지만 이 제2편에 수록하여야 한다고 판단되어 끝에 추가하여 놓은 듯하다. '防範, 走透' 따위가 이미 수록되었으므로 '甘結, 完議, 眼同' 따위도 마땅히 수록하여야 한다는, 前間本을 제외한 다른 이본의 협주가 있게 된 내력이 오래인 사실을 알게 된다. 요컨대 「집람이문」이 두 부분으로 나뉘고 '甘結' 등의 올림말의 추가는 前間本의 저본이 비록 이 책의 초기 모습을 보인다고는 하여도, 그 저본이 刊本일 수 없음을 말한다.

「행용이문」은, 올림말은 가람본과 같으나 '矣-丹'에 계속하여 '阿, 伊' 등이 수록되어 배열에 차이가 있다. 이 배열은 前間本이 옳은 것이다. 주석도 같으나, '矣, 法, 辶, 今, 太'는 앞의 주석만 있고, ○표 아래에 계속되는 주석이 없다. 前間本에 없는 주석도 위의 협주와 같이 원래 있던 것을 삭제하였다기보다는 수정을 위하여 가람본 등의 저본에서 뒤에 보완하였다고 함이 자연스럽다. 다른 올림말의 주석은 삭제하지 않고 이들만 삭제하였다고는 설명되지 않기 때문이다. 그리하여 이 또한 前間本의 저본이 다른 이본의 그것보다 앞섰다고 하는 근거가 된다.

이 밖에 온전하지는 않으나 20세기 30년대에 한 이본이 따로 있었던 사실이 알려져 있다. 鮎貝(1972: 23)에서 "최근 稻葉君이 저자 및 연대 미상의 『輯覽吏文補』라고 이름하는 한 寫本을 보였다."라고 하면서 그 책에서 'ㅏ, 太, 矣'의 주석을 인용하였다. 여기 稻葉君은 鮎貝房之進와 친교가 있을 뿐 아니라 우리나라 고서를 수집하였던 사람으로 號 君山으로 더잘 알려진 稻葉岩吉이고, 그 최근은 鮎貝(1972)의 초판이 출판된 1934년 1월 직전으로 보아야 할 것이다. 따라서 20세기 30년대 초에 稻葉岩吉가 소유한 『輯覽吏文補』란 사본이 있었음이 확인된다. 書名이 『이두편람』과 다르나, 인용된 주석은『이두편람』의「행용이문」에 있는 그대로다. 현재 소재가 분명하지 않으므로 책의 내용은 書名과 引用만으로 추측하게 된다. 서명의 '補'는 가람본과 濯足本에서「행용이문」 뒤의 注記에서 부록으로 삼는다 하고서 '一字類'란 제목으로 '阿, 伊' 등등의 행용되는 이문이 수록되고 전주본에서「집람이문」뒤의 같은 注記에 이어「행용이문」이 수록된 사실과 관련되었을 가능성이 있다. 다시 말하면 그 책은 원래 전주본과 비슷한 편제로 된 것이 아닌가 한다. 인용된 올림말을 보면, 가람본과 濯足本의 경우에는 '卜'은 그 이른바 '부록'에 수록되고 '太, 矣'는「행용이문」에 나뉘어 수록되어 있으나, 전주본에서는 '부록'에 계속되는「행용이문」에 모두 수록되어 있기 때문이다. 그리하여『輯覽吏文補』는 書名에 '吏讀便覽'이 없고 '輯覽吏文'과 '補'가 있는 점에서 전반부의 범례와「이두편람」이 떨어져 나가고 후반부인「집람이문」과「행용이문」만 남은 책이라 생각된다.『집람이문보』에서「행용이문」만 인용되고「집람이문」의 인용이 없는 사실은 鮎貝(1972)가 우리나라 俗字를 다루었으므로「집람이문」을 인용할 필요가 없었던 데 이유가 있다. 이로써 우리는 稻葉岩吉 구장본인『집람이문보』가 완전하지 않지만『이두편람』의 한 사본이란 사실을 알게 되며,『이두편람』이 사본으로는 제법 유포되었음을 인정하지 않을 수 없다.

지금까지 행한 이 책 이본의 종류와 계통은 어느 정도 짐작되리라 믿는다. 이제 개별적으로 설명된 내용에 근거하여 이본의 계통과 그 저본을 추정하기로 한다. 먼저 왕명에 따라 편찬된『이두편람』의 草稿本이 이뤄졌으나 거기에는 많은 문제점이 제기되어 간행에 이르지 못하고, 그 문제점을 수정하고 보완하기 위하여 修正稿本이 이루어진 것으로 추정한다. 초고본과 수정고본은 권두에「吏讀便覽凡例」가 있고 本文이「吏讀便覽」,「輯覽吏文」,「行用吏文」의 3편으로 된 編制와 내용이 똑같으나, 수정고본에는 책의 내용과 편제를 비판한 注記가 본문 안에 나타나는 차이가 있다. 다음으로 오늘날 전하는 寫本은 두 稿本을 각기 저본으로 한 두 계통이 인정된다. 초고본을 저본으로 한 것은 前間本이나, 초고본과 똑같지는 않고 약간의 차이가 있다.「집람이문」의 二字類 한 장을 따로 분리한 잘못이 있고「집람이문」에 올림말을 추가한 수정도 있는 것이다. 수정고본을 저본으로 한 것은 비교적 충실히 따른 전주본이 있고, 「집람이문」 二字類 한 장을 前間本과 똑같이 분리하였으나 앞에 '吏文'이란 篇名을 붙인 가람본과 濯足本이 있다. 가람본과 濯足本은 그 밖의 세밀한 부분에서도 일치하여 같은 이본으로 다루어도 무방할 것이다. 그런데 수정고본에 기초한 수정본, 다시 말하면 간행을 가능케 할 『이두편람』은 끝내 편찬되지 못하고 만 것으로 보인다. 수정고본의 비판이 반영되고 본문에서 그 비판의 협주가 삭제된 이본이 현재까지 나타나지 않은 것이 그 근거이다. 이러한 사실에서도 그 책의 간행은 없었다고 생각된다.

Ⅳ. 맺음말

이상에서 현재로는 국내 유일본이라 할 가람본을 중심으로 하여 『이두편람』과 그 이본에 대하여 살펴보았다. 거기에서 이 책이 이두 연구, 나아가 국어사 연구에서 가지는 가치는 어느 정도 드러났으리라 생각된다. 그것을 바탕으로 한 본격적인 연구로써 이 책의 가치가 더욱 구명되기를 기대한다. 다만 그러한 연구에 이바지하는 뜻에서 앞에서 다루지 못한 한두 가지를 보충하여 설명함으로써 맺음말로 삼는다.

첫째로 책의 연대 문제가 있다. 연대에 관한 언급은 머리말에 인용된 前間의 두 소개가 있을 뿐이다. 다시 말하면 前間(1929: 46, 곧 1974: 392)에서는 1829년이거나 그 이듬해라 하였으나, 그것을 뒤에 수정한 前間(1957: 1887)에서는 乾隆 이후라 하였던 것이다. 전자의 근거는 제시되지 않았으므로 알 수 없으나, 후자의 근거로는 南鶴鳴(1654~1722, 효종 5~경종 2)의 『晦隱集』과 南克寬(1689~1714, 숙종 15~숙종 40)의 『夢囈集』이 「行用吏文」에 인용된 점을 들고 있다. 「행용이문」에는 이 밖에도 문집이 더 인용되었지만, 저자의 生沒年으로 이 두 문집이 가장 늦은 연대의 책으로 본 것이다. 다만 두 문집이 같은 이른바 後期芸閣印書體字로 간행되었으나, 우리 고서의 관례대로 간년이 명시되지 않은 점이 문제이다. 前間가 이 책을 乾隆 이후라 한 것은 두 문집의 간년을 18세기 후반으로 보았기 때문일 것이다. 이 추정의 근거는 옳은 것으로 생각된다. 그러나 간년은 좀 더 따져볼 여지가 있다. 두 문집에는 19세기의 같은 활자본인 다른 문집에 보이는 補字가 없다. 18세기 후반 이전의 간행으로 보이게 한다. 그런데 남학명은 南九萬(1629~1711, 인조 7~숙종 37)의 아들이고, 남극관은 남구만의 손자인데, 남구만의 『藥泉集』도 같은 활자로 간행되었을 뿐 아니라, 거기에는 1723년(경종 3)이란 간기(總目 2b)가 나타난다. 이들 세 사람의 문집은 책의 판식이 다른 운각인서체자본과 달리 左右雙邊인 변란까지 같으나[15] 오직 『약천집』의 上象鼻가 조금 길 뿐이다. 그 차이는 두 문집과 달리 34권의 巨帙인 『약천집』에서는 卷次를 書名과 함께 上象鼻에 표시한 데서 온 것이다. 그러므로 『회은집』과 『몽예집』도 1723년의 『약천집』에 계속하여 간행되었을 가능성이 있다. 그러나 잇달아 간행되었다는 확실한 증거가 없으므로 두 문집은 『약천집』보다 늦은 18세기 중엽의 간행으로 보는 것이 무난하지 않을까 한다.[16] 간행되기 이전의 稿本을 인용할 수도 있지만, 인용이 刊本과 너무나 일치하고 『이두편람』이 그들 집안이 아닌 館閣에서의 편찬이라면 유포된 간본을 이용하였다고 함이 자연스럽다. 간본과 이 책 인용의 일치를 확인하기 위하여, 여기 『몽예집』에서 '伊, 吐'의 해당 부분을 인용한다. 『이두편람』의 달라진 곳은 뒤의 괄호 안에 가람본으로 대조하기로 하는데, 이는 필사에서 일어난 수정이거나 잘못이다.

> 我國物名(物色)終語 必有伊字 如漢語兒字 高麗史(麗史)云 方言呼猫爲高伊 今猶然 但聲稍疾 合爲一字(권 坤, 18a)
>
> 我國所謂吐 中國之助辭也(語助辭) 之於(於)曰의 乎曰오 或(古)稱고(古) 耶曰아 或稱가 也曰다 兮曰여 音皆略同(권 坤, 17)

따라서 『이두편람』의 편찬은 일러도 18세기 중엽 이전일 수 없다. 18세기 후반이거나 그 이후라 하는 것이 옳을 것이다. 그러나 이 책의 「이두편람」에 보이는 이두와 그 한글 독법이 『유서필지』의 「이두휘편」보다 통일성과 정확성이 떨어질 뿐 아니라 이미 이두를 字類로 나누고 독법을 보인 坊刻本이 있

---

15) 국립중앙도서관을 비롯한 도서관의 고서목록에서는 『약천집』이 左右單邊으로 잘못 기술되어 있다. 정확하지 못한 기술이다.

16) 김두종(1974: 317-318)에서는 『회은집』은 영조조, 『몽예집』은 정조조의 간행으로 추정하였으나, 이유는 설명되지 않았다. 아마도 저자의 生年으로 추정한 것이 아닌가 한다. 沒年으로 추정하면 그 순서는 거꾸로 되어야 할 것이다. 『약천집』과 함께 대조한 필자의 조사로는 책의 형태와 활자의 사용에서 그러한 간년의 차이를 찾지 못하였다. 그러나 著者의 명성이나 家系의 서열로 미루어 『약천집』이 가장 일찍 간행된 것은 분명한 일이다. 상대적으로 늦은 두 문집은 18세기 중엽의 간행으로 일단 추정하여 두기로 한다.

는데 館閣에서 새삼스럽게 「이두편람」을 편찬할 필요가 없었을 것이란 점에서 그 편찬이 19세기까지 내려가지는 않을 것이 아닌가 한다. 결과적으로 편찬의 연대는 前間와 같아지게 되었다. 그러므로 이 책의 이용에서는 그러한 연대에 대한 고려가 있어야 할 것이다.

다음으로 국어사 연구에 기여할 가치로 이미 위에서 말한 바 있지만, 「이두편람」보다 「행용이문」이 더욱 중요하다. 특히 그 一字類 올림말의 주석과 거기에 인용된 문집 등 우리 先人들의 업적이 주목된다. 바로 위에서 『몽예집』에 나타난 남극관의 說을 보았는데, 이 밖에도 여러 선인의 說이 인용되어 있다. 그것은 그것대로 가치가 있지만, 이를 단서로 그 문집을 섭렵하면 그 밖에도 재미있는 자료가 더러 보인다. 물론 그 가운데는 황당무계한 내용도 없지 않으나 음미해 읽어야 할 것도 있다. 가령 『몽예집』(권坤, 16a)에서 諺文에 詳略 두 가지가 있어서 『훈민정음』, 『용비어천가』는 그 상세함이고 경서언해와 당시의 行用은 그 간략함인데, 그 條例를 섬세하고 자세하게 하여 婦人들에게 시행하면 너무 번거로워서 줄였다 하는 점과, 또 鄭麟趾의 諺文跋에서 바람소리 鶴의 울음을 다 적을 수 있다고 한 것은 옳지 않다고 하여 字母란 사람의 말소리를 근거하고 그 밖의 것은 적을 수도 없거니와 적더라도 읽을 수 없다고 한 따위다. 후자인 정인지의 「訓民正音解例序」는 오늘날 한글의 우수성을 말할 때에 흔히 인용되지만, 글자 그대로 읽을 경우에 정인지의 말은 文字의 본질에 비추어 비판되어 마땅하다. 문자체계의 우수성이란 한 언어의 문자화를 성공적으로 하느냐 못하느냐로 결정되며, 더욱이 그것이 음성기호로도 표기가 불가능한 자연계의 소리를 표기하느냐 못하느냐로 판정될 일은 아니기 때문이다. 그런데 諺文跋이라 한 말은 『훈민정음』 언해본만 보고서 책의 체재로 미루어 정인지의 글이 뒤에 편철될 수밖에 없을 것이라 추측한 데서 나왔다면 대수롭게 볼 것이 아니다. 그러나 『훈민정음』 해례본을 보고서 한 말로도 해석되어 주목되는 것이다. 잘 아는 바와 같이 정인지의 「훈민정음해례서」는 아무런 제목이 없이 『훈민정음』 해례본의 말미에 있어서 언뜻 보면 跋文으로 보이게 한다. 『세종실록』(28년 9월조)에서 '禮曹判書鄭麟趾序曰'이라 하고 그 글이 전재되었으므로 序文인 사실을 알게 된 것이다. 그런데 박승빈 구장본으로 현재 六堂文庫에 수장되어 있는 『훈민정음』 언해본에는 南鶴鳴의 藏書印이 있다. 박승빈(1934)에 의하면, 원래 그 집안에 전래되다가 다른 사람을 거쳐 자기 집안으로 왔다고 한다. 남학명이 생존하였을 당시의 그 집안에는 그 언해본과 함께 해례본도 있어서 그것만 보고『세종실록』을 못 보았다면, 諺文跋이라 할 수밖에 없었을 것이다. 그러하다면 17, 8세기에 서울에도『훈민정음』해례본이 있었다는 말이 된다. 그러한 책으로 말미암아 그들 父子가 남달리 국어에 관심을 가져서 단편적인 언급을 문집에 남겨 놓은 것이 아닌지도 모른다. 이와 같이 여기에 인용된 업적이 나타나는 이들 문집뿐 아니라 다른 문집에 대한 조사도 여러 면에서 국어사 연구에 기여하게 될 줄로 믿는다. 그러한 사실을 인식하게 한 일도 이 책의 가치라고 생각되는 것이다.

제25장 『震覽』

여기에 소개하는 자료는 규장각의 가람문고 소장인 『진람』이다. 필자가 알기로는 국내외에 傳來가 보고된 일이 없는 유일본이다. 이 책에 대한 간단한 설명을 하고자 한다.

이 책은 불분권 1책의 寫本이다. 본체는 장28만 떨어져 나갔으나 앞 護紙와 함께 잘 보존되었으며, 장정도 원래대로 보존되어 상태가 아주 양호하다. 근대 이후의 우리 고서의 일반적인 황갈색 표지에 5침안으로 장정된 것이다. 표지에는 묵서로 '震覽'이란 外題가 있다.

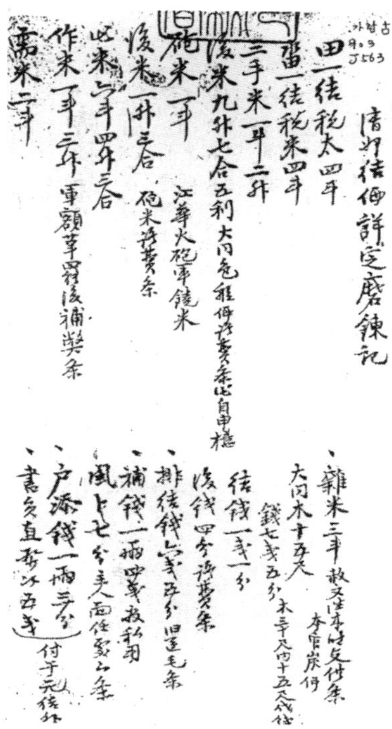
清州結價詳定磨鍊記

<사진 1> 清州結價詳定磨鍊記(앞護紙)

書名은 '震'이 東國 곧 우리나라를 가리키므로 우리나라의 便覽이라고 해석된다. 비슷한 서명인 『震維勝覽』이 우리나라의 뛰어난 山水의 要覽을 뜻하고, 『震表』와 『震鑑』이 각각 우리나라의 科表, 우리나라 黨爭의 역사를 뜻하는 것에서 유추된 해석인 것이다. 책의 내용이 우리나라 관아에서 문서를 작성하고 이해하는 데 필요한 吏讀와 특수한 용어인 吏文의 주석을 비롯하여 중국과 일본 외교사절과 그 접대, 우리나라 8도의 地形과 田結 등등으로 된 점도 그것을 뒷받침한다. 그리하여 이 책은 우리나라의 관리가 읽고 알아야 한다는 뜻의 서명을 갖게 되었다고

생각된다.

이 책의 유래에 대하여는 직접적인 단서가 없다. 필사에 대한 識記도 없고, 원소장자의 記名이나 印記도 없다. 다행히 앞 護紙의 앞쪽에 「淸州結價詳定磨鍊記」란 제목으로 '田一結稅太四斗/ 畓一結稅米四斗……'란 기록이 있어서, 그 유래를 추정할 수 있다(<사진 1> 참조). 이 기록은 청주 지방의 田稅에 대한 자료로 이용될 수 있지만, 그 안에 '赦文往來時支供條 本官炭價'로써 제목의 청주와 연관하여 책이 원래 淸州牧 관아의 소장이었던 사실을 알게 한다. 다음으로 책의 시기에 대하여는 역시 그 안의 '後米九升七合五利 大同色船價路費條 出自申檍'에 나오는 申檍이 1864년(고종 1) 좌의정 李裕元의 추천으로 公忠道觀察使로 임명되어 청주 上黨山城을 대대적으로 보수하는 등 많은 치적을 남긴 사람인데, 그 申檍으로부터 船價路費條가 시작되었다고 하므로 이 책은 19세기 60년대 중반 이후에 된 것으로 추정된다. 위 기록에 계속된 '砲米一斗 江華火砲軍饒米/ 後米一升三合 砲米路費條'가 1873년에 축조된 강화도의 南障砲臺와 관련되었다고 하면 그 연대는 약 10년 더 내려갈 것이다. 물론 이 護紙의 기록이 成冊과 동시에 되었다는 보장은 없다. 본문의 내용이 관리에게 필요한 것이므로, 어쩌면 소장처와 달리 成冊은 청주목으로 부임한 牧使가 서울이거나 다른 곳에서 만들어 간 것인지도 모른다. 그럴 경우에는 護紙의 기록이 성책보다 뒤가 될 수밖에 없다. 그러나 19세기 6, 70년대란 시기는 책의 상태나 지질 등과 『吏讀便覽』의 편찬 연대를 고려하면 크게 벗어나지 않을 것으로 믿는다. 그러한 사실들을 종합하면, 이 책은 19세기 후반을 상한으로 하여 그리 멀지 않은 시기, 일러도 20세기 극초에는 이루어진 것이라 하여 무방할 것이다. 그리하여 19세기 후반 또는 20세기 극초의 淸州牧에 소장되었다가 뒤에 李秉岐선생의 소장을 거쳐 규장각에 수장되었다고 생각된다.

책의 크기는 세로 29.3㎝, 가로 18.6㎝이다. 모두 41장인 본문은 邊欄이 없이, 8행 22자에 注雙行으로 되었다. 판심제는 '吏文'인데, 근대 이후로 이두를 이문이라 하기도 하였으려니와 순수한 이문도 수록한 책인 『이두편람』의 판심제인 것이다. 거의 절반에 달하는 분량으로 앞쪽에 편철된 『이두편람』의 이 판심제가 내용이 다른 뒤쪽까지 계속되어 外題와 사뭇 달라진 것이다.

이 책은 간행을 위하여 편찬된 것이 아닌 것으로 생각된다. 내용과 編制에 일관된 주제를 찾기 어려운 까닭이다. 이미 당시에 유포되고 있던 책이나 문서에서 관리가 상식으로 알아두어야 할 것을 全冊 또는 일부를 이것저것 발췌하여 비망록 또는 편람으로 삼으려고 만든 책이라 하는 것이 온당하다. 그것은 다음에 보이는 주요 내용의 제목과 배열로써 알 수 있을 것이다. 뒤의 괄호 안에 있는 숫자는 내용이 수록된 책장이다.

> 吏讀便覽(장1a~19b), 中原十三省道里(장20), 勅行時迎送例(장20b~25a), 日本路程(장25a~26b), 本國八道地形田結(장26b~27b), 東國諸邑古都山川(장29a~32b), 三營門所屬(장33a~36b), 各司所任錄(장37a~38b), 各道鎭驛山城(장39a~41b)

이 가운데서 책 전부를 고스란히 베낀 것은 『吏讀便覽』이고, 나머지는 모두 『通文館志』, 『攷事撮要』, 『新增東國輿地勝覽』 등에서 발췌하여 적당히 요약하여 초록한 것이다. 全冊을 전재한 『이두편람』은 국어사 연구 특히 이두 연구에 귀중한 자료이지만, 현재 국내에서는 전하지 않은 책으로 알려져 있다. 유일하게 전주고교(前 全州北中校)에 1부가 소장되어 내용의 소개까지도 이미 되었으나, 지금은 그 향방을 모르기 때문이다. 일본에는 寫本 2부가 전하는 것으로 알려져 있고 필자도 실사한 일이 있다. 이와 같이 傳本이 매우 드문 것은 18세기 중반에 왕명으로 편찬되었으나 간행에 이르지 못하였기 때문일 것이다. 이제 『진람』의 前半에 실린 『이두편람』은 국내의 유일본일 뿐 아니라 국외의 傳本을 포함하여도 매우 희귀한 책의 하나인 셈이다. 따라서 이 사실 하나만으로도 『진람』은 매우 귀중한 책이라 하겠다. 『이두편람』은 권두에 凡例가 있어 편찬의 의도와 책의 내용을 분명히 한 다음에, 「吏讀便覽」, 「輯覽吏文」, 「行用吏文」의 3편으로 이루어진 책이다(이 책의 자세한 내용은 앞의 제24장을 참고할 것). 책의 일부를 발췌한 경우는 여러 책을 대상으로 하였다. 예컨대, 「勅行時迎送例」는 『통문관지』(續撰本)의 「事大」편(권3, 4), 「日本路程」은 같은 책의 「交隣」편(권5, 6), 「中原十三省道里」는 『고사촬요』의 「各省道里」(권상, 80b-81b)를 참고하여 적절히 손질하여 초록한 것으로 추정되는 따위다. 그러나 직접 대상으로 하여 발췌하고 옮겨 쓴 底本이 반드시 이들 책이라 단정할 수는 없다. 이들 책과 전혀 다른 문헌이 직접 초록한 대상이 되었을 가능성이 있다. 관계 전공학자의 가르침을 기대한다. 직접으로 초록한 대상이 된 문헌이 따로 있다고 하여도, 여기서 지목한 위 책들은『진람』의 해당 부분과 공통되는 내용을 가지고 있기 때문에 간접으로는 초록한 대상이 되었다고 할 수 있다. 사실 발췌한 대상의 문헌이 구체적으로 무엇인가는 중요하지 않다. 중요한 것은 이 책의 내용이 지난 날 관리가 가져야 할 소양을 우리들에게 알려주는 점이다. 이두 문헌인『이두편람』의 수록이 이 책의 그러한 의미를 단적으로 말한다.「吏頭('吏讀'의 잘못)彙編」 등이 수록된『儒胥必知』와『吏文襍例』가 수록된『士子須知』(寫本)의 書名에 나오는 '必知, 須知'가 증언하기 때문이다. 이 점만으로도 책의 가치는 있다. 더욱이『이두편람』은 국어사 연구의 중요한 자료이므로 이 책이 국어학계에 제공하는 의미가 크다고 하지 않을 수 없다.

본서 수록 논문의 출전

1. 국어사 연구와 한글 자료: 「國語史硏究와 한글資料」, 『국어사 연구 어디까지 와 있는가』(임용기 · 홍윤표 편), 연세국학총서 66, 태학사, 2006. pp.71-85.
2. 언해의 역사: 「諺解의 史的 考察」, 『민족문화』 11, 민족문화추진회, 1985. pp.7-26.
3. 초기 불경언해와 한글: 「初期佛經諺解와 한글」, 『불교문화연구』 3, 영축불교문화연구원, 1992. pp.23-41.
4. 刊經都監의 언해본: 「刊經都監의 諺解本에 대한 硏究」, 『월운스님 고희기념 불교학논총』, 동국역경원, 1998. pp.603-627.
5. 왕실 자료의 한글 필사본: 「王室資料의 한글筆寫本에 대한 國語學的 檢討」, 『장서각』 1, 한국정신문화연구원, 1999. pp.1-20.
6. 중세어의 口訣 記寫 자료: 「中世語의 口訣記寫 資料에 대하여」, 『규장각』 1, 1976. pp.51-65.
7. 內賜本: 「內賜本의 한 硏究」, 『장서각』 8, 한국정신문화연구원, 2002. pp.5-30.
8. 『通文館志』의 간행과 그 史料 검증: 「通文館志의 刊行과 그 史料 檢證」, 『규장각』 23, 2000. pp.47-70.
9. 『大明律直解』의 書名: 「大明律直解의 書名」, 『한국어연구』 1, 한국어연구회, 2003. pp.117-140.
10. 『洪武正韻譯訓』과 그 卷首의 編次: 「洪武正韻譯訓과 그 卷首의 編次에 대하여」, 『한국어연구』 2, 한국어연구회, 2004. pp.5-30.
11. 국어사 자료의 정리: 「國語史資料의 整理를 위하여: 基本資料의 選定 및 複製와 관련하여」, 『한국학문헌연구의 현황과 전망』, 아세아문화사, 1983. pp.295-310.
12. 『月印千江之曲』: 『月印千江之曲解題』, 영인본 월인천강지곡 별책, 문화

재관리국, 1992. pp.1-87.

13. 『月印釋譜』의 編刊과 異本: 「月印釋譜의 編刊과 異本」, 제20회 한국고전연구심포지엄: 월인석보의 종합적 검토, 『진단학보』 75, 진단학회, 1993. pp.183-195.

14. 활자본 『楞嚴經諺解』: 『活字本 楞嚴經諺解 解題: 권1 · 10을 中心으로』, 영인본 대불정여래밀인수증료의제보살만행수능엄경 별책, 문화재관리국, 1997. pp.1-62.

15. 활자본 『楞嚴經諺解』의 재론: 「活字本 楞嚴經諺解의 再論: 그 권10 完本을 중심으로」, 『서지학보』 23, 한국서지학회, 1999. pp.5-14.

16. 『法華經諺解』의 서지: 「法華經諺解의 書誌」, 『서지학보』 22, 한국서지학회, 1998. pp.3-33.

17. 『上院寺重創勸善文』: 「上院寺重創勸善文에 대하여」, 『한일어문학논총(梅田博之교수 고희기념)』, 태학사, 2001. pp.465-481.

18. 『杜詩諺解』의 서지: 「杜詩諺解의 書誌的 考察」, 『한국문화』 19, 서울대 한국문화연구소, 1997. pp.1-29.

19. 『老乞大』와 그 언해서의 異本: 「老乞大와 그 諺解書의 異本」, 『인문논총』 35, 서울대 인문학연구소, 1996. pp.1-20.

20. 『童子習口訣』: 「童子習口訣에 대하여: 誠庵本의 解題를 겸하여」, 『서지학보』 28, 한국서지학회, 2004. pp.233-247.

21. 『陰德記』의 「高麗詞之事」: 「壬辰亂 때의 假名표기 國語 資料: 陰德記의 高麗詞之事에 대하여」, 『국어교육월보』 1988년 1월호. 3면.

22. 원본 『青丘永言』: 「原本 青丘永言 解題」 원고본.

23. 『吏文』과 『吏文大師』를 다시 논함: 「이문(吏文)과 이문대사(吏文大師)를 다시 논함」, 『겨레문화』 13, 한국겨레문화연구원, 1999. pp.3-27.

24. 『吏讀便覽』: 「吏讀便覽에 대하여」, 『서지학보』 25, 한국서지학회, 2001. pp.5-34.

25. 『震覽』: 「震覽 解題」, 『서지학보』 25, 한국서지학회, 2001. pp.219-222.

참고문헌

강신항(1978), 『이조시대의 역학정책과 역학자』, 탑출판사.
______(2000), 『한국의 운서』, 태학사.
______(2003), 『훈민정음연구』(수정증보판), 성균관대 출판부.
고려대중앙도서관 편(1984), 『한적목록(구장)』.
고려대중앙도서관 편(1979), 『만송김완섭문고목록』.
국립중앙도서관 편(1970), 『선본해제』 Ⅰ.
국학자료보존회 편(1974), 『한국전적종합목록』 1: 山氣文庫목록.
권두환(1985), 「조선후기 時調歌壇 연구」, 서울대 박사학위논문.
권인한(1997), 「韓中 『능엄경』 音釋의 비교 색인」, 『울산어문논집』 12.
김광해(1992), 「한글 창제와 불교 신앙」, 『불교문화연구』 3, 영축불교문화연구원.
김근수(錦峰學人) 편(1957), 『이두자료집성』(유인본, 自家出版).
김두종(1974), 『한국고인쇄기술사』, 탐구당.
김무림(1999), 『홍무정운역훈 연구』, 도서출판 월인.
김수경(1945), 『老乞大 諸板의 再吟味』(日文), 油印本, 경성제대 법문학부.
김양수(1985), 「조선후기 역관 가문의 연구: 金指南·金慶門등 牛峰金氏 가문을 중심으로」, 『백산학보』 32.
김영배 · 장영길 편(1995), 『반야심경언해의 국어학적 연구』, 태흥기획.
김완진(1960), 「능엄경언해」에 관한 몇 가지 과제, 『한글』 127.
______(1972), 「세종대의 어문정책에 대한 연구」, 『성곡논총』 3, 성곡학술문화재단.
김일근(1964), 「두시언해와 황산곡시집언해에 대한 이견」, 『국어국문학』 27.
______(1966), 「두시언해와 황산곡시집언해에 대한 재론」, 『국어국문학』 31.
김종원(1965), 「통문관지의 편찬과 중간에 대하여: 田川씨의 說에 대한 몇 가지 存疑」, 『역사학보』 26.
남광우(1961), 「월인천강지곡 해제」, 『월인천강지곡』(원척영인본), 통문관.
남만성(1964), 「해제」, 『대명률직해』(국역본. 法制資料誌 제13집), 법제처.
민족문화추진회 편(1969), 『국역 동국여지승람 Ⅱ』.
박병채(1974a), 「홍무정운역훈 해제」, 『홍무정운역훈』(영인본), 고려대출판부.
______(1974b), 「홍무정운역훈 缺本의 復原概說」, 『홍무정운역훈』(영인본), 고려대출판부.

______(1974c), 『논주 월인천강지곡(상)』, 정음사.
박병천(1982), 『한글궁체연구』, 일지사.
______(1992), 「한글 고활자의 문자 조형미 고찰」, 『서예관 논문집』 2, 예술의 전당.
박병호(1989), 「대명률」, 『한국민족문화대백과사전』 6, 한국정신문화연구원.
박상국 편(1987), 『전국사찰소장목판집』, 문화재관리국.
박승빈(1934), 「훈민정음 原書의 考究」, 『정음』 4.
박태권(1976), 『국어학사논고』, 샘문화사.
방종현(1946a), 「노걸대언해」, 『한글』 11-2. [방종현(1963)에 수록]
______(1946b), 「노걸대언해의 영인 원본과 정정본과의 비교」, 『한글』 11-3. [방종현(1963)에 수록]
______(1948), 「청구영언跋」, 『청구영언』, 조선진서간행회. [방종현(1963)에 수록]
______(1963), 『일사국어학논집』, 민중서관.
백 린(1969), 「內賜記와 宣賜之記에 대하여」, 『국회도서관보』 6-8.
사재동(1982), 「월인천강지곡의 몇 가지 문제」, 『어문연구』 11.
서울대학교도서관 편(1981), 『규장각도서 한국본 종합목록』.
서울대학교부속도서관 편(1972), 『규장각도서 중국본 총목록』.
성백인(1999), 『만주어와 알타이어학 연구』, 태학사.
송일기(2000), 「태인 방각본의 출현시기 및 養眞居士 朴致維의 行歷考」, 『古書』 9.
심경호(1992), 「찬주분류두시 해제」, 『찬주분류두시』(영인본), 이회문화사.
아단문화기획실 편(1996), 『아단문고 장서목록 (2)고서』.
안미경(1989), 「조선조 譯學書의 판종에 관한 연구」, 성균관대 석사학위논문.
안병희(1971), 「해제」, 『국어학자료선집Ⅱ』, 일조각.
______(1972), 「임진란직전 국어사자료에 관한 이삼 문제에 대하여」, 『진단학보』 33. [안병희(1992b)에 수록]
______(1973), 「중세국어 연구자료의 성격에 대한 연구」, 『어학연구』 9-1. [안병희(1992b)에 수록]
______(1974), 「석보상절의 교정에 대하여」, 『국어학』 2. [안병희(1992b)에 수록]
______(1975a), 「고서의 紙背文書에 대하여: 排字禮部韻略에 보이는 牒呈을 중심으로」, 『도서관보』 11, 서울대학교도서관. [안병희(1992b)에 수록]
______(1975b), 「臺灣公藏의 한국본에 대하여」, 『한국학보』 1.
______(1976), 「여씨향약언해 해제」, 『여씨향약언해』(영인본), 단대동양학연구소. [안병희(1992b)에 수록]
______(1977a), 『중세국어 구결의 연구』, 일지사.
______(1977b), 「양잠경험촬요와 우역방의 이두의 연구」, 『동양학』 7. [안병희(1992a)에 수록]
______(1979), 「중세어의 한글자료에 대한 종합적인 고찰」, 규장각 3. [안병희

(1992b)에 수록]
______(1980), 「아미타경언해 활자본에 대하여」, 『남광우박사 화갑기념논총』. [안병희(1992b)에 수록]
______(1982), 「국어사자료의 서명과 권책에 대하여」, 『관악어문연구』 7. [안병희(1992b)에 수록]
______(1983a), 이두 문헌 吏文大師에 대하여, 『동방학지』 38. [안병희(1987b)에 수록]
______(1983b), 「세조의 경서구결에 대하여」, 『규장각』 7. [안병희(1992b)에 수록]
______(1983c), 「국어사자료의 정리를 위하여」, 『한국학문헌연구의 현황과 전망』, 아세아문화사.
______(1984), 「한국어 차자표기법의 형성과 특징」, 『제3회 국제학술회의논문집』, 한국정신문화연구원. [안병희(1992a)에 수록]
______(1985a), 「훈민정음 사용에 관한 역사적 연구」, 『동방학지』 46·47·48 합집. [안병희(1992a, 2007a)에 수록]
______(1985b), 「별행록절요언해에 대하여」, 『김일근박사 화갑기념 어문논총』. [안병희(1992b)에 수록]
______(1985c), 「대명률직해 이두의 연구」, 『규장각』 9. [안병희(1992a)에 수록]
______(1986a), 「이두의 학습서에 대하여」, 『제1차 KOREA학 국제교류 세미나 논문집』, 중국 목단강시: 흑룡강조선민족출판사. [안병희(1992a)에 수록]
______(1986b), 「이두 문헌 吏文에 대하여」, 『배달말』(경상대) 11. [안병희(1987b, 1992a)에 수록]
______(1987a), 「한글판 오대진언에 대하여」, 『한글』 195. [안병희(1992b)에 수록]
______(1987b), 『이문과 이문대사』, 탑출판사.
______(1988), 「최세진의 이문제서집람에 대하여」, 『주시경학보』 1. [안병희(1992b, 2007b)에 수록]
______(1989), 「국어사자료의 오자와 오독」, 『이정 정연찬선생 회갑기념논총』. [안병희(1992b)에 수록]
______(1991), 「월인천강지곡의 교정에 대하여」, 『석정 이승욱선생 회갑기념논총』. [안병희(1992b)에 수록]
______(1992a), 『국어사 연구』, 문학과지성사.
______(1992b), 『국어사 자료 연구』, 문학과지성사.
______(1992c), 「월인천강지곡 해제」, 『영인 월인천강지곡 상』 별책, 문화재관리국.
______(1992d), 「초기 불경언해와 한글」, 『불교문화연구』, 영축불교문화연구원.

______(1993), 「월인석보의 편간과 이본」, 『진단학보』 75.
______(1997), 「활자본 능엄경언해 해제」, 『영인 활자본 능엄경언해 권1·10』 별책, 문화재관리국.
______(1998a), 「두시언해의 서지적 고찰」, 『두시와 두시언해 연구』, 태학사.
______(1998b), 「법화경언해의 해제」, 『고전작품역주 연구 및 한국근대화과정 연구보고서』, 서울대학교 한국문화연구소.
______(1999a), 「이문과 이문대사를 다시 논함」, 『겨레문화』 13, 한겨레문화연구원.
______(1999b), 「최세진의 생애와 연보: 그의 誌石 발견을 계기로 하여」, 『규장각』 22. [안병희(2007b)에 수록]
______(2000), 「한글의 창제와 보급」, 『겨레의 글 한글』, 국립중앙박물관. [안병희(2007a)에 수록]
______(2001), 「문자사에서 본 설총」, 『한국문화와 역사인물 탐구』, 한국정신문화연구원.
______(2002), 「내사본의 한 연구」, 『장서각』 8.
______(2004), 「홍무정운역훈과 그 卷首의 編次에 대하여」, 『한국어연구』 2.
______(2007a), 『훈민정음 연구』, 서울대학교출판부.
______(2007b), 『최세진연구』, 태학사.
안춘근(1990), 『한국서지학원론』, 범우사.
원영환(1977), 「조선시대의 사역원 제도」, 『남계 조좌호박사 화갑기념논총: 현대사학의 제문제』.
윤병태(1983), 「內賜記와 內賜印記」, 『도서관학연구지』(숭의여전) 8.
______(1997), 「內賜記 이야기」, 『古書』(한국고서협회) 4.
윤용선(1993), 「두시언해」, 『국어사자료와 국어학의 연구』, 문학과지성사.
이광린(1965), 「양잠경험촬요에 대하여」, 『역사학보』 28.
이기문 편(1975), 『이두자료선집』, 아세아문화사.
이능화(1918), 『조선불교통사』, 신문관.
이병기(1940), 「조선문학 명저 해제」, 『문장』 19.
이병주(1965), 「김흔의 飜譯杜詩序에 대하여」, 『불교사학논총』(조명기박사 화갑기념논문집).
______(1966), 「김흔의 '飜譯杜詩序'에 대한 재론」, 『국어국문학』 32.
______(1969), 「석보상절 제23 · 24 해제」, 『석보상절 제23 · 24』(원척영인본), 문교원.
______(1970), 『두시언해비주』(증보판), 통문관.
______(1983), 「두시언해의 경위와 그 聲價」, 『우전 신호열선생 고희기념논총』.
이숭녕(1959), 「홍무정운역훈의 연구」, 『진단학보』 20.
이인영(1968), 『청분실서목』, 보련각.

이호권(1993),「법화경언해」,『국어사자료와 국어학의 연구』, 문학과지성사.
전재호(1973),「두시언해의 국어학적 연구」, 통문관.
정 광(1992),「통문관지의 편찬과 이본의 간행에 대하여: 고려대학교박물관 소장 의 통문관지 목판을 중심으로」,『덕성어문학』7.
정광·윤세영(1998),『사역원 역학서 책판 연구』, 고려대학교출판부.
정병욱(1969),「낙선재문고본 목록 및 해제」,『국어국문학』44-45.
______(1977),『한국고전시가론』, 신구문화사.
정연찬(1972),『홍무정운역훈의 연구』, 일조각.
정인승(1957),「이두 기원의 재고찰」,『이희승선생 송수기념논총』.
천혜봉(1989),「반사본」,『한국민족문화대백과사전』9.
______(1991a),「조선전기 불서 판본」,『계간서지학보』5.
______(1991b),『한국서지학연구』, 천혜봉교수 정년기념선집 간행위원회.
최현배(1961),『고친 한글갈』, 정음사.
한국서지학회 편(1994),『해외전적문화재 조사목록: 미국 Columbia대학 동아도서 관소장 한국본 목록』.
한국정신문화연구원 편(1984),『장서각도서한국판총목록(附보유편)』.
허웅·이강로(1962),『주해 월인천강지곡(상)』, 신구문화사.
홍기문(1946),『정음발달사』(상), 서울신문사 출판국.
______(1957),『이두 연구』, 평양 : 과학원출판사.
홍순혁(1946),「汲古隨錄」,『향토』3, 정음사.
______(1947),「汲古隨錄(二)」,『향토』6, 정음사.
______(1949),「이두문헌『이문잡례』小考」,『한글』105.

臺灣 國立中央圖書館(1959/1973),『國立中央圖書館中文圖書編目規則』, 臺北, 7版.

鮎貝房之進(1934),『雜攷』第三輯 [鮎貝房之進(1972) 所收].
__________(1972),『雜攷 俗字攷 · 俗文攷 · 借字攷』, 國書刊行會.
今西春秋(1958),「漢淸文鑑 解說」,『朝鮮學報』12.
江田俊雄(1936),「釋譜詳節と月印千江之曲と月印釋譜」,『朝鮮』255.
________(1977),『朝鮮佛敎史の硏究』, 東京: 國書刊行會.
小倉進平(1940),『增訂朝鮮語學史』, 東京: 刀江書院.
菅野裕臣(1981),「鑄字本楞嚴經諺解の校正部分に關する表」,『朝鮮學報』106.
志部昭平(1983),「乙亥字本 楞嚴經諺解について」,『朝鮮學報』106.
________(1986),「李朝刊經都監本 諺解樣式의 確立과 蒙山和尙法語略錄諺解의 成立」,『제1차 KOREA학 국제교류 세미나 논문집』, 중국 목단강시: 흑룡강성 조선민족출판사.

田川孝三(1953), 「通文館志の編纂とその重刊について」, 『朝鮮學報』 4.
中村榮孝(1933), 「印刷と製本」, 『京城雜筆』 昭和8年(1933) 7月號.
________(1962), 「朝鮮官版の內賜記と國王印について」, 『朝鮮學報』 25.
日本國立國會圖書館參考書誌部編(1975), 『國立國會圖書館所藏朝鮮關係資料目錄』.
布田敏雄(1984), 「陰德記の日朝會話集について」, 『山口縣地方史研究』 51.
花村美樹(1936), 「『大明律直解』 解說」, 『校訂 大明律直解』, 朝鮮總督府中樞院.
福井 玲(1987), 「杜詩諺解 初刊本について」, 『東京大學言語學論集』 '87, 東京大學 文學部言語學研究室.
_______(2002), 「小倉文庫目錄」, 『朝鮮文化研究』 9, 東京大 朝鮮文化研究室.
蓬左文庫編(1975), 『名古屋市蓬左文庫漢籍分類目錄』.
前間恭作(1929), 「吏讀便覽に就いて」, 『朝鮮』 165. [前間恭作(1974) 所收]
________(1957), 『古鮮冊譜』 第三冊, 東京: 東洋文庫.
________(1974), 『前間恭作著作集』(下), 京都大文學部 國語學國文學研究室.
三木 榮(1965), 「朝鮮牛疫史考」, 『朝鮮學報』 34.

찾아보기

㉦

저자 약력

安秉禧(1933~2006)
경남 진양 출생
서울대학교 국어국문학과 졸업
서울대학교 대학원(석사, 박사)
서울대학교 인문대학 국어국문학과 교수,
국립국어연구원장 역임

논저
『중세국어 구결의 연구』,
『국어사 연구』, 『국어사 자료 연구』,
『훈민정음연구』, 『최세진연구』 외
국어학 관계 논문 100여 편.

國語史 文獻 硏究

초판 1쇄 발행 2009년 10월 24일

지은이_ 安秉禧
펴낸이_ 이재선
펴낸곳_ 신구문화사
출판등록_ 1968년 6월 10일

주소_ 경기도 성남시 중원구 금광2동 2661번지
전화_ 031-741-3055
팩스_ 031-741-3054
홈페이지_ www.shingubook.com
전자우편_ shingupub@naver.com

ISBN 978-89-7668-164-5 93710

값 25,000원